倒産法
実務大系

今中利昭　編集
四宮章夫・今泉純一・中井康之・野村剛司・赫　高規　著

発行　民事法研究会

はしがき

　今般の『倒産法実務大系』は、今泉純一弁護士と中井康之弁護士に執筆していただき法科大学院用のサブテキストとして出版した旧版（『実務倒産法講義（実務法律講義5）』）の内容を全く一新し、新たに倒産法全般はもちろん、近年は私的整理に関する研究・実践にも取り組まれている四宮章夫弁護士には私的整理手続を、倒産法の学者的実務家として活躍中の野村剛司弁護士には個人再生手続・個人破産手続を、本書全体を俯瞰する総論を赫高規弁護士に担当していただき、名実ともに現下の倒産法の理論を徹底的に検討し、その現実的実務を総覧することにして、全頁を書き下ろしたものであります。本書の編集にあたって、その内容について次の4点を心掛けております。

　第1　倒産関係に携わる実務法曹のための実務手引書とすること
　第2　倒産法実務大系という著書にふさわしい質的水準・利便性の高い内容とすることに努め、本文中に伊藤眞＝多比羅誠＝須藤英章編集代表『コンパクト倒産・再生再編六法2018―判例付き―』に収録されている判例はすべからく収録すること
　第3　実務家にとって有用かつ必要な理論的論点についても解説すること
　第4　本書の構成としては、①総論、②私的整理手続・特定調停手続、③再生型手続・特別清算手続、④事業者破産手続、⑤個人再生手続・個人破産手続の順に編集すること

　本書の執筆者はすべての倒産手続を長年にわたり担当し、その経験を基に理論的研究を継続され、わが国における倒産法分野の代表的な学者的弁護士でありますが、本書の内容を充実強化するため特にお願いし、超多忙な時間を割いて執筆いただいたものです。その執筆担当範囲は次のとおりです。

　第1章　総　論（赫　高規弁護士）
　第2章　私的整理・特定調停（四宮章夫弁護士）
　第3章　通常再生（中井康之弁護士）
　第4章　会社更生・特別清算（中井康之弁護士）
　第5章　事業者破産（今泉純一弁護士）

はしがき

第6章　個人再生・個人破産（野村剛司弁護士）

　その内容は、現在における倒産法分野の実務と理論の交錯した部分に十分配慮した解説書としては最良・最適の内容であると確信しております。各章担当執筆者はそれぞれ過去の実績に基づく豊かな個性を存分に発揮された解説をしていただくように記述方法をお任せしたため、脚注の多少などはあえて統一しておりませんが、読者の利用・利便のため目次を詳細に記載して30頁をあてて巻頭において索引的役割を果たすものとし、巻末の事項索引・判例索引も詳細に収録しており、多くの購読者に満足をいただけるように配慮しております。

　なお、本書の前身となる『実務倒産法講義』は、前出のとおり、もっぱら司法制度改革に伴って発展した法科大学院用のサブテキストとして、2004年（平成16年）10月に今泉純一弁護士とともに上梓し、その後、新倒産法が出揃ったのを機に、改正会社法に収録された新特別清算手続についても、倒産法の理論と実務に精通された中井康之弁護士に新しく加わって執筆していただいて収録した改訂増補版（上下巻分冊）を2006年（平成18年）3月に出版し、次いで2009年（平成21年）10月に第3版（合本1冊）を同じ執筆者により出版したものです。

　最後に本書出版に至るためには各執筆者の精緻な論述を実務と理論の交錯部分をも読者に理解しやすいように努めていただいたことと、本書の出版社である株式会社民事法研究会の田口信義社長、編集担当の南伸太郎氏はじめ同社の社員のご尽力ご協力の賜であると深く感謝申し上げます。

　2018年（平成30年）3月吉日

　　　　　　　　　　　　　　　　　　　　　　今　中　利　昭

『倒産法実務大系』

● 目　次 ●

第1章　総　論

Ⅰ　はじめに	2
Ⅱ　倒産手続の意義、目的、構成要素	2
1　倒産手続の意義	2
2　倒産手続の目的	3
(1)　総説	3
(2)　債権者の債権の回収	3
(3)　債務者財産の清算および債務者である法人の清算	5
(4)　債務者の事業の継続・再生	6
(5)　債務者の経済生活の再生	8
3　倒産手続の構成要素	8
Ⅲ　倒産手続の理念	10
1　総説	10
2　債権者平等	11
3　債権者の手続保障	12
Ⅳ　倒産手続の分類および特徴	13
1　倒産手続の分類の観点	13
(1)　法的倒産手続と私的整理手続	13
(2)　個人債務者を対象とする手続と法人債務者を対象とする手続	14
(3)　事業者についての清算型手続と再建型手続	14
(4)　個人債務者についての固定主義の手続と膨張主義の手続	14
(5)　手続主体についてのDIP型手続と管財人型手続	15
(6)　手続の対象となる債権者の範囲および対象債権者のクラス分けの方法	15
(7)　手続における比例弁済額等、債務免除額等の決定への債権者	

目　次

　　　　　の関与の態様……………………………………………………18
　　2　各倒産手続の特徴……………………………………………………19
　　　(1)　破産手続………………………………………………………19
　　　(2)　再生手続………………………………………………………21
　　　(3)　更生手続………………………………………………………23
　　　(4)　特別清算手続…………………………………………………25
　　　(5)　私的整理手続…………………………………………………27
V　事業再生の手法と各種法的スキーム………………………………29
　1　自主再建型再生とスポンサー型再生………………………………29
　2　事業再生の各種法的スキーム………………………………………30
　　　(1)　事業を行う法人に変更がない場合…………………………30
　　　(2)　事業を行う法人に変更がある場合…………………………32
VI　法的倒産手続の相互関係……………………………………………34
　1　法的倒産手続の競合と優先ルール…………………………………34
　　　(1)　優先ルールの原則的内容……………………………………34
　　　(2)　劣位手続によるほうが債権者の一般の利益に適合するとき………35
　　　(3)　優先ルールの根拠……………………………………………36
　2　破産手続以外の法的倒産手続における計画等の認可要件等と破
　　産手続との関係…………………………………………………………37
　　　(1)　債権者の多数決による計画案等の否決と破産手続への移行………37
　　　(2)　債権者の一部の組が計画案等に不同意である場合と権利保護
　　　　　条項の設定による認可………………………………………39
　　　(3)　債権者の多数決による計画案等の可決があっても計画等の認
　　　　　可が認められない場合………………………………………41
　　　(4)　清算価値保障に係る認可要件………………………………42
VII　倒産手続と憲法………………………………………………………43
　1　前　説…………………………………………………………………43
　2　財産権（憲法29条）…………………………………………………44
　3　裁判を受ける権利（憲法32条1項）等……………………………48
　4　その他の人権規定等…………………………………………………50

第2章　私的整理・特定調停

第1節　私的整理

Ⅰ　私的整理総論……………………………………………………………52
　1　私的整理とは…………………………………………………………52
　　(1)　私的整理の意義…………………………………………………52
　　(2)　私的整理の必要性………………………………………………53
　　(3)　私的整理における同意の成否…………………………………54
　　(4)　私的整理の定義…………………………………………………55
　2　私的整理のメリット・デメリット…………………………………55
　　(1)　私的整理のメリット……………………………………………55
　　(2)　私的整理のデメリット…………………………………………56
　　(3)　私的整理のデメリットの克服…………………………………56
　3　私的整理をめぐる環境の変化………………………………………58
　　(1)　倒産をめぐる経済環境…………………………………………58
　　(2)　準則型手続の確立………………………………………………62
　　(3)　金融機関における不良債権処理の多様化……………………66
　　(4)　私的整理と弁護士………………………………………………67
　4　私的整理における商取引債権の優先と債権者間の衡平…………70
　　(1)　商取引債権の保護の経済的意義………………………………70
　　(2)　商取引債権の保護と債権者間の衡平…………………………72
　　(3)　私的整理における商取引債権の優先…………………………74
　5　法的整理と私的整理との関係………………………………………75
　　(1)　私的整理の再評価………………………………………………75
　　(2)　私的整理相互間の優先関係……………………………………75
　　(3)　法的整理に対する私的整理の優先性…………………………77
Ⅱ　各種の私的整理手続……………………………………………………82
　1　私的整理ガイドラインによる手続…………………………………82

目　次

　　(1)　私的整理の申出··82
　　(2)　私的整理の開始··83
　　(3)　一時停止··83
　　(4)　第1回債権者会議··83
　　(5)　債権者委員会··84
　　(6)　DIPファイナンス··84
　　(7)　再建計画案··84
　　(8)　再建計画の成立··85
　　(9)　再建計画成立後の手続··85
　2　各種ADRを利用した私的整理···85
　　(1)　整理回収機構の再生計画の要件と私的整理の進め方························86
　　(2)　中小企業再生支援協議会の第二次対応····································87
　3　準則型に準ずる私的整理···88
　　(1)　倒産処理に普遍的な原則··88
　　(2)　私的整理ガイドラインに準拠した私的整理の具体的な手順···················89
Ⅲ　私的整理のリスクとその克服··92
　1　債権者の個別権利行使···93
　　(1)　債務者以外の第三者への権利行使······································93
　　(2)　債務者財産への執行の申立て··94
　2　法的倒産手続開始···96
　　(1)　否認権の行使··96
　　(2)　私的整理と相殺制限··96
　　(3)　双方未履行の双務契約の解除··97
Ⅳ　詐害行為取消権と否認権··101
　1　詐害行為取消権···101
　　(1)　概　要··101
　　(2)　詐害行為をめぐる裁判例··102
　2　否認権···105
　　(1)　概　要··105
　　(2)　詐害行為否認をめぐる裁判例··105

（3）　偏頗行為否認をめぐる裁判例……………………………………107
　Ⅴ　私的整理と刑罰法規…………………………………………………114
　　1　私的整理と破産犯罪………………………………………………115
　　　（1）　概　　要……………………………………………………115
　　　（2）　詐欺破産罪に係る規定……………………………………116
　　　（3）　特定の債権者に対する担保供与等の罪に係る規定…………118
　　2　私的整理と強制執行妨害目的財産損壊等罪……………………119
　　　（1）　概　　要……………………………………………………119
　　　（2）　強制執行妨害目的財産損壊等罪の規定…………………121
　　　（3）　加重封印破棄等罪の規定…………………………………123

第2節　特定調停

　Ⅰ　序　説………………………………………………………………124
　Ⅱ　特定調停の手続……………………………………………………124
　　1　特定調停の申立て…………………………………………………124
　　2　調停手続の進行……………………………………………………125
　　3　調停委員会…………………………………………………………125
　　4　特定調停の成立……………………………………………………125
　　5　特定調停の利用の実際……………………………………………126
　　6　私的整理と特定調停………………………………………………129

第3章　通常再生

　Ⅰ　再生手続の開始……………………………………………………132
　　1　再生手続開始の申立て……………………………………………132
　　　（1）　民事再生能力………………………………………………132
　　　（2）　再生手続開始の申立権者…………………………………133
　　　（3）　再生手続開始原因…………………………………………134
　　　（4）　再生手続開始の申立て……………………………………135

目　次

　　(5) 再生手続開始決定前の措置………………………………………137
　　(6) 再生手続開始の申立ての審理……………………………………142
　　(7) 再生手続開始の申立ての取下げの制限…………………………146
　　(8) その他再生債務者が再生手続開始決定までに行うこと………146
　 2 再生手続開始決定………………………………………………………148
　　(1) 再生手続開始決定の手続…………………………………………148
　　(2) 再生手続開始決定と同時に定められる事項……………………148
　　(3) 再生手続開始決定の効力…………………………………………150
　　(4) 再生債務者の権限・地位…………………………………………153
　　(5) 再生手続開始決定の取消し………………………………………154
Ⅱ　再生手続の機関……………………………………………………………155
　 1 監督委員…………………………………………………………………155
　　(1) 監督委員の選任……………………………………………………155
　　(2) 監督委員の職務……………………………………………………156
　 2 調査委員…………………………………………………………………158
　 3 管財人……………………………………………………………………159
　　(1) 管財人の選任………………………………………………………159
　　(2) 管財人の職務………………………………………………………159
　 4 債権者集会………………………………………………………………160
　 5 債権者委員会……………………………………………………………161
Ⅲ　再生債務者に対する債権…………………………………………………162
　 1 再生債権…………………………………………………………………162
　　(1) 再生債権の要件……………………………………………………163
　　(2) 再生債権の優劣……………………………………………………164
　　(3) 再生債権の弁済等の禁止…………………………………………164
　　(4) 多数債務者と再生債権……………………………………………167
　　(5) 再生債権の議決権…………………………………………………168
　 2 共益債権…………………………………………………………………169
　　(1) 一般規定……………………………………………………………169
　　(2) 個別規定……………………………………………………………171

（3）共益債権の行使……………………………………………… 172
　3　一般優先債権………………………………………………………… 173
　　（1）一般優先債権の範囲………………………………………… 174
　　（2）一般優先債権の行使………………………………………… 174
　4　開始後債権…………………………………………………………… 175
Ⅳ　再生債務者をめぐる契約・権利関係……………………………… 176
　1　再生債務者の地位…………………………………………………… 176
　2　再生手続開始前に再生債務者が行った法律行為の効力………… 177
　3　再生債務者が再生手続開始後に行った法律行為の効力………… 178
　4　再生債務者の行為によらない再生手続開始後の権利取得……… 178
　5　善意取引の保護……………………………………………………… 179
　　（1）再生手続開始後の登記・登録……………………………… 179
　　（2）管理命令後の再生債務者の行為や弁済…………………… 181
　　（3）再生手続開始後の手形等の引受け・支払い……………… 182
　6　未履行契約の処理…………………………………………………… 182
　　（1）双方未履行の双務契約……………………………………… 183
　　（2）相手方の契約解除権………………………………………… 185
　　（3）継続的供給契約……………………………………………… 187
　　（4）賃貸借契約…………………………………………………… 188
　　（5）ファイナンス・リース契約………………………………… 191
　　（6）労働契約……………………………………………………… 192
　　（7）ライセンス契約……………………………………………… 194
　　（8）商品取引契約………………………………………………… 194
　7　取戻権………………………………………………………………… 196
　8　別除権………………………………………………………………… 196
　　（1）担保権者の処遇……………………………………………… 196
　　（2）別除権の基礎となる担保権………………………………… 197
　　（3）別除権の要件………………………………………………… 197
　　（4）別除権の行使………………………………………………… 199
　　（5）別除権に対する対処………………………………………… 200

9

目　　次

　　　（6）　別除権者の再生手続参加 …………………………………… 206
　　9　相殺権 ……………………………………………………………… 206
　　　（1）　相殺適状と行使の時期 ……………………………………… 207
　　　（2）　自働債権と受働債権 ………………………………………… 208
　　　（3）　相殺権の行使 ………………………………………………… 209
　　　（4）　相殺の制限 …………………………………………………… 210
Ⅴ　再生債権の届出・調査・確定 ………………………………………… 210
　　1　再生債権の届出 …………………………………………………… 210
　　　（1）　届出と方式 …………………………………………………… 210
　　　（2）　届出の効果 …………………………………………………… 212
　　　（3）　再生債権者表の作成 ………………………………………… 213
　　2　再生債権の調査 …………………………………………………… 214
　　3　再生債権の確定 …………………………………………………… 215
　　　（1）　確定の要件と効果 …………………………………………… 215
　　　（2）　未確定の場合の措置 ………………………………………… 216
　　4　罰金等の請求権の特例 …………………………………………… 222
Ⅵ　再生債務者財産の調査・確保 ………………………………………… 222
　　1　財産状況の調査等 ………………………………………………… 222
　　　（1）　財産評定 ……………………………………………………… 222
　　　（2）　財産状況の報告（125条報告） …………………………… 226
　　2　否認権 ……………………………………………………………… 226
　　　（1）　否認権の行使方法 …………………………………………… 227
　　　（2）　否認権のための保全処分 …………………………………… 229
　　3　事業等の譲渡 ……………………………………………………… 230
　　　（1）　事業譲渡の許可 ……………………………………………… 230
　　　（2）　株主総会決議に代わる許可 ………………………………… 231
　　　（3）　再生手続開始前の事業譲渡 ………………………………… 232
　　4　法人の役員等の責任の追及 ……………………………………… 233
Ⅶ　再生計画 ………………………………………………………………… 234
　　1　再生計画案 ………………………………………………………… 234

(1)　再生計画の類型……………………………………………………234
　　(2)　再生計画案の提出…………………………………………………238
　2　再生計画の条項……………………………………………………………239
　　(1)　再生債権者の権利変更……………………………………………240
　　(2)　共益債権および一般優先債権の弁済の条項……………………245
　　(3)　未確定再生債権に関する条項……………………………………245
　　(4)　別除権行使による不足額が未確定の場合の条項………………246
　　(5)　第三者の債務引受け、保証条項、担保提供の条項……………246
　　(6)　株式の取得等、募集株式を引き受ける者の募集に関する条項…247
　3　再生計画案の決議…………………………………………………………249
　　(1)　付議決定……………………………………………………………249
　　(2)　議決権の行使方法…………………………………………………249
　　(3)　議決権と可決要件…………………………………………………250
　4　再生計画の認否……………………………………………………………252
　5　再生計画の効力……………………………………………………………255
　　(1)　再生計画認可決定の効力発生時期………………………………255
　　(2)　再生計画認可決定の確定の効力…………………………………255
　　(3)　債権者の権利行使…………………………………………………256
　　(4)　その他………………………………………………………………256
　6　再生計画の遂行……………………………………………………………257
　7　再生計画の変更……………………………………………………………257
　8　再生計画の取消し…………………………………………………………258
Ⅷ　再生手続の終了………………………………………………………………259
　1　再生手続の終結……………………………………………………………259
　　(1)　単純なDIP型の場合………………………………………………260
　　(2)　監督委員が選任されている場合…………………………………260
　　(3)　管財人が選任されている場合……………………………………260
　2　再生手続の廃止……………………………………………………………261
　　(1)　再生計画認可前の手続廃止………………………………………261
　　(2)　再生債務者の義務違反による手続廃止…………………………263

(3)　再生計画認可後の手続廃止……………………………………… 263
　(4)　再生手続廃止の手続と効果…………………………………… 264
3　再生手続の終了等と破産手続への移行……………………………… 265
　(1)　職権破産………………………………………………………… 265
　(2)　保全処分………………………………………………………… 265
　(3)　各種債権の処遇………………………………………………… 266
　(4)　その他…………………………………………………………… 267
4　再生手続の終了等と再生債権確定手続の帰趨……………………… 267
　(1)　査定手続………………………………………………………… 267
　(2)　査定に対する異議訴訟………………………………………… 268
　(3)　受継された再生債権に関する訴訟…………………………… 269

第4章　会社更生・特別清算

第1節　会社更生

Ⅰ　会社更生手続の特色および利用状況……………………………… 272
　1　会社更生手続の特色……………………………………………… 272
　2　会社更生手続の利用状況………………………………………… 273
Ⅱ　更生手続の開始……………………………………………………… 274
　1　更生手続開始の申立て…………………………………………… 274
　　(1)　会社更生の適用対象…………………………………………… 274
　　(2)　更生手続開始原因……………………………………………… 274
　　(3)　更生手続開始の申立権者……………………………………… 274
　　(4)　更生手続開始の申立て………………………………………… 275
　2　更生手続開始決定前の措置……………………………………… 277
　　(1)　他の手続の中止命令…………………………………………… 277
　　(2)　包括的禁止命令………………………………………………… 278
　　(3)　商事留置権の消滅請求………………………………………… 278

		(4) 保全管理命令……………………………………………………280
		(5) 監督命令………………………………………………………281
		(6) 調査命令………………………………………………………282
		(7) その他…………………………………………………………283
	3	更生手続開始決定……………………………………………………283
		(1) 更生手続開始の申立ての審理………………………………283
		(2) 更生手続開始決定の手続……………………………………285
	4	更生手続開始決定の効果……………………………………………286
		(1) 更生債権等の弁済の禁止……………………………………286
		(2) 強制執行等の中止……………………………………………286
		(3) 他の手続の中止………………………………………………286
		(4) 組織法上の行為………………………………………………287
Ⅲ	更生手続の機関……………………………………………………………288
	1	管財人…………………………………………………………………288
		(1) 管財人の権限および資格……………………………………288
		(2) DIP型更生手続………………………………………………288
		(3) 管財人の職務…………………………………………………289
		(4) 管財人に対する監督…………………………………………290
		(5) 競業避止義務等………………………………………………290
	2	管財人代理……………………………………………………………290
	3	調査委員………………………………………………………………291
	4	関係人集会……………………………………………………………291
		(1) 関係人集会……………………………………………………291
		(2) 法律で開催が予定されている関係人集会…………………292
	5	更生債権者委員会等…………………………………………………292
	6	代理委員………………………………………………………………293
Ⅳ	更生会社に対する債権・担保権等……………………………………294
	1	更生債権等……………………………………………………………294
		(1) 更生債権………………………………………………………294
		(2) 更生担保権……………………………………………………296

目　次

　　(3)　更生債権等の弁済等の禁止……………………………………302
　　(4)　弁済禁止等の例外………………………………………………303
　　(5)　多数当事者と更生債権等………………………………………303
　　(6)　更生債権等の議決権……………………………………………303
　2　共益債権……………………………………………………………303
　　(1)　共益債権の内容…………………………………………………304
　　(2)　共益債権の行使…………………………………………………305
　3　開始後債権…………………………………………………………305
　4　株　主………………………………………………………………306
Ⅴ　更生会社をめぐる契約・権利関係……………………………………307
　1　管財人の実体法上の地位…………………………………………307
　　(1)　更生手続開始前に会社が行った法律行為の効力……………307
　　(2)　更生会社が更生手続開始後に行った法律行為の効力………308
　　(3)　管財人等の行為によらない更生手続開始後の権利取得……309
　　(4)　善意取引の保護…………………………………………………309
　2　未履行契約関係の処理……………………………………………309
　3　担保権の処遇………………………………………………………310
　　(1)　担保権者の処遇…………………………………………………310
　　(2)　担保権実行禁止の例外…………………………………………311
　　(3)　担保権消滅の許可………………………………………………311
　　(4)　権利質の第三債務者の供託……………………………………313
　4　取戻権………………………………………………………………313
　5　相殺権………………………………………………………………314
Ⅵ　更生債権等の届出・調査・確定………………………………………314
　1　更生債権等の届出…………………………………………………314
　　(1)　更生債権者………………………………………………………314
　　(2)　更生担保権者……………………………………………………315
　　(3)　届出の有無と効果………………………………………………316
　2　更生債権等の調査…………………………………………………316
　3　更生債権等の確定…………………………………………………317

(1) 確定の要件と効果……………………………………………317
　　　(2) 未確定の場合の措置…………………………………………318
　Ⅶ　更生会社財産の調査・確保………………………………………320
　　1　財産の評定等…………………………………………………………320
　　　(1) 財産評定………………………………………………………320
　　　(2) 評定の目的と評価の手法……………………………………321
　　　(3) 財産状況の報告………………………………………………322
　　2　否認権…………………………………………………………………323
　　3　事業譲渡………………………………………………………………323
　　　(1) 事業譲渡の許可………………………………………………323
　　　(2) 更生計画による事業譲渡……………………………………325
　　4　更生会社の役員等の責任の追及……………………………………325
　Ⅷ　更生計画……………………………………………………………326
　　1　更生計画案の作成……………………………………………………326
　　　(1) 更生計画の類型………………………………………………326
　　　(2) 更生計画案の提出者と提出時期……………………………327
　　2　更生計画の条項………………………………………………………327
　　　(1) 更生債権者等・株主の権利変更……………………………328
　　　(2) 更生会社の取締役等の定め…………………………………333
　　　(3) 共益債権の弁済、弁済資金の調達方法、予想超過収益金の使
　　　　 途、開始後債権の内容…………………………………………333
　　　(4) 担保権実行禁止の解除に基づく担保権実行による換価金や担
　　　　 保権消滅の許可による裁判所への納付金の金額やその使途………334
　　　(5) 未確定の更生債権等の取扱い………………………………334
　　　(6) その他…………………………………………………………335
　　3　更生計画案の決議……………………………………………………337
　　　(1) 付議決定………………………………………………………337
　　　(2) 議決権の行使方法……………………………………………337
　　　(3) 議決権…………………………………………………………337
　　　(4) 可決要件………………………………………………………338

4　更生計画の認可………………………………………………339
　　　　(1)　認可の要件………………………………………………339
　　　　(2)　同意が得られなかった種類の権利がある場合の認可等……340
　　　5　更生計画の効力……………………………………………342
　　　　(1)　効力発生時期……………………………………………342
　　　　(2)　認可決定の効力…………………………………………343
　　　　(3)　権利者の権利行使………………………………………343
　　　　(4)　その他……………………………………………………344
　　　6　更生計画の遂行……………………………………………344
　　　7　更生計画の変更等…………………………………………345
　Ⅸ　更生手続の終了…………………………………………………346
　　　1　更生手続開始の申立ての棄却……………………………346
　　　2　更生手続開始決定の取消決定……………………………346
　　　3　更生計画不認可決定………………………………………347
　　　4　更生手続廃止決定…………………………………………347
　　　　(1)　更生計画認可前の手続廃止……………………………347
　　　　(2)　更生計画認可後の手続廃止……………………………348
　　　　(3)　更生手続廃止の手続と効果……………………………348
　　　5　更生手続終結決定…………………………………………349
　　　6　更生手続の終了等と破産手続への移行…………………350
　　　　(1)　職権破産…………………………………………………350
　　　　(2)　保全処分…………………………………………………350
　　　　(3)　各種債権の処遇…………………………………………351
　　　　(4)　その他……………………………………………………353

第2節　特別清算

　Ⅰ　特別清算の概要と特色…………………………………………354
　　　1　特別清算の概要……………………………………………354
　　　2　特別清算の特色……………………………………………355
　Ⅱ　通常清算との関係………………………………………………357

Ⅲ 特別清算の開始……………………………………………………… 359
1 特別清算開始の申立て……………………………………………… 359
(1) 特別清算開始の申立ての方式………………………………………… 359
(2) 管轄裁判所……………………………………………………………… 360
(3) 特別清算開始の申立権者（義務者）………………………………… 361
(4) 特別清算開始の申立て能力…………………………………………… 362
(5) 特別清算開始の申立ての時期………………………………………… 363
(6) 特別清算開始原因……………………………………………………… 364
(7) 特別清算開始の障害事由……………………………………………… 365
(8) 他の手続の中止命令…………………………………………………… 366
(9) 保全処分………………………………………………………………… 369
(10) 特別清算開始の申立ての取下げの制限……………………………… 374
(11) 特別清算開始の申立ての審理………………………………………… 374
(12) 記録の閲覧等…………………………………………………………… 375
2 特別清算開始の申立てに対する裁判……………………………… 376
(1) 特別清算開始命令……………………………………………………… 376
(2) 特別清算開始命令と同時に定められる事項………………………… 377
(3) 特別清算開始命令に対する不服申立て……………………………… 377
3 特別清算開始の効果………………………………………………… 378
(1) 裁判所の監督…………………………………………………………… 378
(2) 他の手続の中止等……………………………………………………… 378
(3) 担保権の実行手続の中止命令等……………………………………… 379
(4) 時効の完成停止………………………………………………………… 380
(5) 相殺の禁止……………………………………………………………… 380
Ⅳ 特別清算の機関……………………………………………………… 381
1 清算人………………………………………………………………… 382
(1) 清算人の選任・解任…………………………………………………… 382
(2) 代表清算人・清算人会………………………………………………… 383
(3) 清算人代理……………………………………………………………… 384
(4) 清算人の地位…………………………………………………………… 384

- (5) 清算人の責任……………………………………………386
- (6) 清算人の報酬……………………………………………387
- 2 監督委員………………………………………………………387
  - (1) 制度趣旨…………………………………………………388
  - (2) 監督委員の選任・解任・辞任…………………………388
  - (3) 監督委員の職務・注意義務……………………………389
  - (4) 監督委員の報酬…………………………………………390
- 3 調査委員………………………………………………………390
  - (1) 調査委員の選任・解任・辞任…………………………391
  - (2) 調査委員の業務…………………………………………391
  - (3) 調査委員の報酬…………………………………………392
- V 清算事務の遂行……………………………………………………393
  - 1 財産状況の把握………………………………………………393
  - 2 負債額の把握と債務の弁済…………………………………395
    - (1) 債権の申出………………………………………………395
    - (2) 弁済の禁止………………………………………………396
    - (3) 割合的弁済………………………………………………397
    - (4) 相　殺…………………………………………………400
  - 3 財産の換価処分………………………………………………400
    - (1) 許可を要する行為………………………………………401
    - (2) 事業譲渡…………………………………………………403
    - (3) 換価の方法………………………………………………405
  - 4 監督上必要な処分……………………………………………406
  - 5 清算会社の役員等の責任の追及……………………………408
    - (1) 役員等の責任に基づく損害賠償請求権の査定………409
    - (2) 役員等の財産に対する保全処分………………………410
    - (3) 役員等の責任の免除の禁止・取消し…………………411
- VI 協定債権とその取扱い…………………………………………413
  - 1 協定債権………………………………………………………413
  - 2 一般優先債権…………………………………………………414

	3	清算に関する債権 ··	414
	4	国税徴収法またはその例によって徴収できる債権 ·················	415
	5	担保権を有する債権 ··	415
	6	民法上の留置権のある債権 ······································	417
	7	非典型担保権を有する債権 ······································	418
	8	少額債権 ··	419
Ⅶ	債権者集会 ··	420
	1	債権者集会の種類と決議事項 ·····································	420
	(1)	債権者集会の種類 ··	420
	(2)	清算事務説明のための債権者集会 ······························	420
	(3)	協定の決議のための債権者集会 ································	421
	2	債権者集会の招集 ··	421
	(1)	招集権者 ··	421
	(2)	招集に際しての決定事項 ······································	422
	(3)	議決権額 ··	422
	(4)	招集通知 ··	424
	(5)	議決権行使書面の交付 ··	424
	3	債権者集会の開催 ··	425
	(1)	指　揮 ··	425
	(2)	議決権 ··	425
	(3)	決　議 ··	425
	(4)	議決権の代理行使 ··	426
	(5)	書面による議決権の行使 ······································	426
	(6)	議決権の不統一行使 ··	426
	(7)	担保権を有する債権者等の出席等 ······························	427
	(8)	延期または続行の決議 ··	427
	(9)	議事録の作成 ··	427
	(10)	決議の効力 ···	427
Ⅷ	協　定 ··	428
	1	協定の意義 ··	428

(1)　協定の類型……………………………………………………428
　　　(2)　協定の利用方法………………………………………………428
　　　(3)　協定の法的性質………………………………………………430
　　2　協定の対象となる債権……………………………………………430
　　　(1)　対象債権………………………………………………………430
　　　(2)　担保権付債権者等の協定参加………………………………432
　　3　協定による権利の変更……………………………………………434
　　　(1)　権利変更の原則………………………………………………435
　　　(2)　平等原則の例外………………………………………………435
　　4　協定の成立…………………………………………………………437
　　　(1)　協定の決議のための手続……………………………………437
　　　(2)　協定の可決要件………………………………………………438
　　　(3)　協定の認可の申立て…………………………………………438
　　　(4)　協定の認可・不認可…………………………………………439
　　5　協定の効力…………………………………………………………440
　　　(1)　協定の効力発生の時期………………………………………440
　　　(2)　協定の効力……………………………………………………440
　　　(3)　協定の実行……………………………………………………442
　　　(4)　協定の取消し…………………………………………………443
　　6　協定内容の変更……………………………………………………443
Ⅸ　特別清算の終了…………………………………………………………444
　1　特別清算の終了原因…………………………………………………444
　2　特別清算の結了………………………………………………………445
　　　(1)　協定が実行された場合………………………………………445
　　　(2)　和解が成立した場合…………………………………………445
　　　(3)　すべての債務を弁済した場合………………………………446
　　　(4)　特別清算の結了………………………………………………447
　　　(5)　決算報告の要否………………………………………………447
　3　特別清算の必要がなくなった場合…………………………………448
　4　特別清算の終結手続…………………………………………………449

(1) 特別清算終結の申立て……………………………………………449
　(2) 特別清算終結決定…………………………………………………449
　(3) 特別清算終結決定確定後の手続…………………………………450
 5 他の手続への移行………………………………………………………451
　(1) 破産手続への移行…………………………………………………451
　(2) 再建型倒産手続への移行…………………………………………454

第5章　事業者破産

I 破産手続の開始……………………………………………………………458
 1 破産手続開始の申立て…………………………………………………458
　(1) 破産能力……………………………………………………………458
　(2) 破産手続開始の申立権者…………………………………………459
　(3) 破産手続開始の申立ての時期……………………………………460
　(4) 破産手続開始原因…………………………………………………460
　(5) 破産手続開始の申立て……………………………………………463
　(6) 破産手続開始決定前の措置………………………………………465
　(7) 破産手続開始の申立ての取下げの制限…………………………467
 2 破産手続開始の決定……………………………………………………467
　(1) 破産手続開始の申立ての審理……………………………………467
　(2) 破産手続開始の申立てに対する決定……………………………469
　(3) 破産手続開始決定の手続…………………………………………470
　(4) 破産手続開始決定と同時に定められる事項……………………470
 3 破産手続開始の効果……………………………………………………472
　(1) 破産財団……………………………………………………………472
　(2) 事業の継続…………………………………………………………475
　(3) 法人に対する破産手続開始の効果………………………………475
　(4) 説明義務と重要財産開示義務……………………………………475
　(5) 個別的権利行使の禁止と手続の失効……………………………476

(6) 訴訟手続の中断···477
　　(7) 国税滞納処分の特則··480
Ⅱ 破産手続の機関··482
　1 破産管財人···483
　　(1) 破産管財人の選任··483
　　(2) 破産管財人の職務··483
　2 債権者集会···486
Ⅲ 破産財団に対する債権···487
　1 破産債権···487
　　(1) 破産債権の要件···488
　　(2) 破産債権の順位···489
　　(3) 破産債権の額（金銭化、現在化）·····························493
　　(4) 破産債権の行使···493
　　(5) 多数債務者と破産債権···494
　2 財団債権···498
　　(1) 財団債権の内容···499
　　(2) 財団債権の行使···504
　　(3) 財団債権の第三者弁済と代位する財団債権の行使·······506
Ⅳ 破産財団をめぐる法律関係··507
　1 破産管財人の実体法上の地位··508
　2 破産者が破産手続開始後に行った法律行為の効力··············509
　3 破産者の行為によらない破産手続開始後の権利取得···········509
　4 善意取引の保護···510
　　(1) 破産手続開始後の登記・登録···································511
　　(2) 破産手続開始後の破産者に対する弁済························512
　5 未履行契約の処理···513
　　(1) 双方未履行の双務契約···514
　　(2) 相手方の契約解除権··517
　　(3) 継続的供給契約の相手方の破産································517
　　(4) 賃貸借契約··519

(5)　請負契約……………………………………………………523
　　　(6)　委任契約……………………………………………………525
　　　(7)　使用者の破産………………………………………………526
　　6　取戻権…………………………………………………………529
　　　(1)　一般の取戻権………………………………………………529
　　　(2)　特別の取戻権………………………………………………530
　　7　別除権…………………………………………………………532
　　　(1)　担保権者の処遇……………………………………………532
　　　(2)　別除権の基礎となる担保権………………………………532
　　　(3)　別除権の要件………………………………………………533
　　　(4)　別除権の行使………………………………………………534
　　　(5)　破産管財人の担保価値維持義務…………………………536
　　　(6)　別除権への対応……………………………………………537
　　　(7)　別除権者等の破産手続参加………………………………537
　　8　相殺権と相殺の禁止…………………………………………539
　　　(1)　相殺権………………………………………………………540
　　　(2)　相殺の禁止…………………………………………………544
　Ⅴ　破産財団の管理……………………………………………………552
　　1　財産状況の調査等……………………………………………552
　　　(1)　財産の評定…………………………………………………552
　　　(2)　破産財団に属する財産の引渡し等………………………552
　　　(3)　裁判所等への報告…………………………………………553
　　2　否認権…………………………………………………………554
　　　(1)　否認類型……………………………………………………554
　　　(2)　否認の一般的要件…………………………………………554
　　　(3)　財産減少行為の否認………………………………………555
　　　(4)　相当の対価を得てした財産の処分行為の否認…………559
　　　(5)　偏頗行為の否認……………………………………………561
　　　(6)　権利変動の対抗要件の否認………………………………568
　　　(7)　執行行為の否認……………………………………………569

(8)　否認の制限 571
　(9)　否認権行使の効果 572
　(10)　転得者に対する否認 576
　(11)　否認権の行使方法 579
　(12)　否認権のための保全処分 581
　3　法人の役員の責任の追及 582
　(1)　損害賠償請求権の査定と異議訴訟 582
　(2)　損害賠償請求訴訟 583
　(3)　法人の役員の財産に対する保全処分 583
Ⅵ　破産債権の届出・調査・確定 584
　1　破産債権の届出 584
　(1)　届出と方式 584
　(2)　届出の有無と効果 586
　2　債権調査 587
　(1)　期間調査方式 588
　(2)　期日調査方式 589
　3　破産債権の確定 590
　(1)　確定の要件と効果 590
　(2)　未確定の場合の措置 591
　4　租税等の請求権、罰金等の請求権の特例 597
　(1)　届　出 598
　(2)　調査、確定手続 598
Ⅶ　破産財団の換価 602
　1　破産財団の換価方法 602
　(1)　通常の換価の方法 602
　(2)　民事執行手続等による換価 606
　(3)　任意売却による担保権の消滅 606
　2　破産財団からの放棄 610
　3　破産管財人の税務 613
　(1)　破産者が個人の場合 613

		(2) 破産者が法人の場合………………………………………… 614
Ⅷ	配 当……………………………………………………………………… 615	
	1	最後配当……………………………………………………………… 616
		(1) 裁判所書記官の許可………………………………………… 617
		(2) 配当に加えられる債権……………………………………… 617
		(3) 最後配当からの除斥………………………………………… 619
		(4) 配当表の作成等……………………………………………… 620
		(5) 配当公告等…………………………………………………… 621
		(6) 配当表の更正………………………………………………… 621
		(7) 配当表に対する異議………………………………………… 623
		(8) 配当額の通知………………………………………………… 623
		(9) 配当金の交付、供託………………………………………… 624
		(10) 配当の裁判所への報告……………………………………… 624
	2	簡易配当……………………………………………………………… 625
		(1) 簡易配当の要件……………………………………………… 625
		(2) 簡易配当の手続……………………………………………… 626
		(3) 実務運用……………………………………………………… 628
Ⅸ	破産手続の終了……………………………………………………………… 628	
	1	破産手続の終結……………………………………………………… 629
		(1) 任務終了による計算報告…………………………………… 629
		(2) 破産手続終結決定…………………………………………… 630
		(3) 破産手続終結決定の効果…………………………………… 630
	2	異時廃止……………………………………………………………… 631
		(1) 異時廃止の手続……………………………………………… 631
		(2) 異時廃止の実務……………………………………………… 632
		(3) 異時廃止決定確定の効果…………………………………… 633

第6章　個人再生・個人破産

第1節　個人再生

Ⅰ　序　説……………………………………………………………636
　1　個人再生の制度趣旨……………………………………………636
　2　個人再生利用の可能性の検討…………………………………637
　3　個人再生手続の利用状況………………………………………638
　4　個人債務者の倒産処理手続……………………………………639
　　(1)　任意整理……………………………………………………639
　　(2)　特定調停……………………………………………………640
　　(3)　手続選択……………………………………………………640
Ⅱ　小規模個人再生…………………………………………………642
　1　再生手続開始の要件……………………………………………643
　　(1)　小規模個人再生の特則の利用資格者……………………643
　　(2)　小規模個人再生の特則の適用を求める申述……………644
　　(3)　小規模個人再生の申述の方式……………………………644
　2　保全処分…………………………………………………………646
　3　再生手続開始の申立て…………………………………………646
　　(1)　再生手続開始の申立ての審理……………………………646
　　(2)　再生手続開始に伴う措置…………………………………647
　　(3)　再生手続開始決定の効果…………………………………647
　4　小規模個人再生の機関──個人再生委員……………………652
　　(1)　個人再生委員の選任………………………………………652
　　(2)　個人再生委員の職務………………………………………652
　　(3)　実務上の運用………………………………………………653
　5　債権の届出・調査・手続内確定………………………………654
　　(1)　債権の届出…………………………………………………654
　　(2)　債権調査……………………………………………………655

(3)　手続内確定……………………………………………………655
　(4)　再生債権の評価の申立て…………………………………655
6　再生債務者の財産の調査・報告………………………………656
7　再生計画案…………………………………………………………656
　(1)　再生計画案の提出者と提出時期…………………………656
　(2)　再生計画案の内容……………………………………………656
8　再生計画案の決議…………………………………………………663
　(1)　付議決定………………………………………………………663
　(2)　決議方法………………………………………………………665
　(3)　可決要件………………………………………………………665
9　再生計画の認可……………………………………………………666
　(1)　再生計画の認可・不認可の判断…………………………666
　(2)　再生計画認可決定の確定の効力…………………………667
10　再生手続の終了……………………………………………………669
　(1)　再生手続の終結………………………………………………669
　(2)　再生手続の廃止………………………………………………669
　(3)　再生債務者の死亡……………………………………………670
11　再生計画の取消し…………………………………………………670
12　再生計画の変更……………………………………………………671
13　ハードシップ免責…………………………………………………672
　(1)　ハードシップ免責の要件……………………………………672
　(2)　ハードシップ免責の手続……………………………………672
　(3)　ハードシップ免責の効果……………………………………673
Ⅲ　給与所得者等再生……………………………………………………673
1　再生手続開始の要件と再生手続の開始………………………673
2　給与所得者等再生の機関…………………………………………675
3　債権の届出・調査・手続内確定…………………………………675
4　再生債務者の財産の調査・報告…………………………………675
5　再生計画案…………………………………………………………675
　(1)　再生計画案の提出者と提出時期…………………………675

(2) 再生計画案の内容 ·· 675
　6　再生計画案の決議不要 ·· 677
　7　再生計画の認可 ·· 677
　　　(1) 再生計画の認可・不認可の判断 ·· 677
　　　(2) 再生計画認可決定の確定の効力 ·· 678
　8　再生手続の終了 ·· 678
　　　(1) 再生手続の終結 ·· 678
　　　(2) 再生手続の廃止 ·· 678
　9　再生計画の取消し ·· 679
　10　再生計画の変更・ハードシップ免責 ···························· 679
Ⅳ　住宅資金貸付債権に関する特則 ·· 679
　1　住宅資金特別条項の趣旨と利用場面 ···························· 679
　　　(1) 住宅資金特別条項の趣旨としくみ ·· 679
　　　(2) 住宅資金特別条項の利用場面 ·· 680
　　　(3) 住宅資金特別条項のみの再生計画 ·· 681
　2　住宅資金貸付債権の特則の適用の要件 ························ 681
　　　(1) 住　宅 ·· 681
　　　(2) 住宅資金貸付債権 ·· 682
　　　(3) 住宅資金特別条項が定められない場合と別除権協定の可否 ······ 683
　3　再生手続中の住宅資金貸付債権の弁済許可 ················ 683
　4　住宅資金特別条項 ·· 684
　　　(1) 住宅資金特別条項の定めができる要件 ································ 684
　　　(2) 住宅資金特別条項の内容 ·· 687
　　　(3) 権利変更をしない場合──約定型・そのまま型 ···················· 689
　5　抵当権の実行手続の中止命令 ·· 689
　6　住宅資金貸付債権の調査・確定 ···································· 690
　7　再生計画案の提出 ·· 691
　8　再生計画案の決議 ·· 691
　9　再生計画の認可・不認可 ·· 692
　10　再生計画認可決定の確定の効力 ···································· 692

11　保証会社による代位弁済がある場合……………………………693
　　　(1)　巻戻し……………………………………………………………693
　　　(2)　巻戻しの効力と競売費用の負担……………………………694

第2節　個人破産

Ⅰ　個人破産の特色と傾向…………………………………………………695
　1　個人破産の特色――特に消費者破産の特色………………………695
　2　個人破産の手続の概略………………………………………………697
　3　個人破産手続の利用状況……………………………………………698
　　　(1)　破産申立て件数の推移…………………………………………698
　　　(2)　同時廃止と破産管財人選任数の推移…………………………700
Ⅱ　破産手続開始の申立て…………………………………………………700
　1　破産手続開始原因と破産手続開始申立て…………………………701
　　　(1)　破産手続開始原因………………………………………………701
　　　(2)　破産手続開始の申立権者………………………………………701
　　　(3)　破産手続開始申立て……………………………………………701
　2　破産手続開始決定……………………………………………………703
　　　(1)　破産手続開始決定………………………………………………703
　　　(2)　破産手続開始決定の私法上の効果……………………………703
Ⅲ　同時廃止による破産手続の終了………………………………………706
　1　破産手続開始決定と同時廃止決定…………………………………706
　2　同時廃止基準…………………………………………………………707
　3　同時廃止のための按分弁済…………………………………………708
　4　同時廃止決定の効果…………………………………………………709
Ⅳ　管財事件…………………………………………………………………710
　1　破産手続開始決定と同時決定事項…………………………………710
　2　個人に対する破産手続開始の効果…………………………………710
　　　(1)　居住制限…………………………………………………………711
　　　(2)　引　致…………………………………………………………711
　　　(3)　説明義務…………………………………………………………712

(4)　重要財産開示義務……………………………………………………712
　　(5)　物件検査…………………………………………………………………713
　　(6)　郵便物等の回送嘱託……………………………………………………713
　　(7)　破産財団に属する財産の引渡命令……………………………………713
　3　他の手続への影響……………………………………………………………714
　　(1)　他の手続の失効等………………………………………………………714
　　(2)　訴訟手続の中断・受継…………………………………………………714
　　(3)　破産登記…………………………………………………………………715
　4　自由財産と自由財産の範囲の拡張…………………………………………716
　　(1)　破産財団と自由財産の範囲……………………………………………716
　　(2)　自由財産の範囲の拡張…………………………………………………717
　　(3)　自由財産拡張の運用基準………………………………………………718
　　(4)　最近の問題点……………………………………………………………723
　5　破産財団の占有・管理・換価………………………………………………725
　　(1)　固定主義と破産管財人の管理処分権…………………………………725
　　(2)　自宅不動産の処理………………………………………………………725
　6　否認権、相殺禁止……………………………………………………………726
　　(1)　否認権……………………………………………………………………726
　　(2)　相殺禁止…………………………………………………………………728
　7　破産債権の届出・調査・確定………………………………………………729
　　(1)　個人破産の場合の特徴…………………………………………………729
　　(2)　破産者の異議……………………………………………………………730
　8　債権者集会……………………………………………………………………730
　9　異時廃止による破産手続の終了……………………………………………731
　10　配当と破産手続の終結………………………………………………………731
　　(1)　配　当……………………………………………………………………731
　　(2)　破産手続終結決定………………………………………………………732
　11　個人破産と税務………………………………………………………………732
Ⅴ　免　責……………………………………………………………………………733
　1　免責の理論的根拠……………………………………………………………734

2 免責許可の申立て……735
- (1) 申立権者……735
- (2) 申立期間……735
- (3) みなし申立て……736
- (4) 債権者名簿の提出……737
- (5) 同意廃止、再生手続との関係……737
- (6) 債務者(破産者)が死亡した場合……738

3 強制執行の禁止・中止……738
- (1) 強制執行等の禁止……738
- (2) すでにされている強制執行等の中止……739
- (3) 消滅時効の特例……740

4 免責許可の要件……740
- (1) 免責許可……740
- (2) 裁量免責……750

5 免責許可に関する調査・報告と意見申述……757
- (1) 免責についての破産管財人の調査および報告・意見申述……757
- (2) 免責についての破産債権者の意見申述……759

6 免責許可申立てに対する裁判……760
- (1) 免責許可の決定……760
- (2) 免責不許可の決定……760
- (3) 免責に関する裁判に対する不服申立て……760

7 免責許可決定の確定の効果……760
- (1) 一般原則……760
- (2) 非免責債権……761
- (3) 免責と保証人等に対する効力……768
- (4) 免責と別除権の関係……769
- (5) その他……769

8 免責の取消し……769
- (1) 免責の取消事由……770
- (2) 免責の取消手続……770

(3)　免責の取消しの決定確定の効果……………………………………771
Ⅵ　復　権………………………………………………………………………771
　1　当然復権……………………………………………………………………772
　　(1)　免責許可決定の確定………………………………………………………772
　　(2)　同意廃止決定の確定………………………………………………………772
　　(3)　再生計画認可決定の確定…………………………………………………772
　　(4)　破産手続開始後10年の経過………………………………………………773
　2　裁判による復権……………………………………………………………773
　　(1)　復権の原因…………………………………………………………………773
　　(2)　復権の手続…………………………………………………………………773

・事項索引／775
・判例索引／783
・編者・著者紹介／796

●凡　例●

〔法令等〕

憲	日本国憲法
民再	民事再生法
民再規	民事再生規則
会更	会社更生法
会更規	会社更生規則
破	破産法
破規	破産規則
特調	特定債務等の調整の促進のための特定調停に関する法律
民	民法
民訴	民事訴訟法
民訴費	民事訴訟費用等に関する法律
行訴	行政事件訴訟法
不登	不動産登記法
仮登記担	保仮登記担保契約に関する法律
借地借家	借地借家法
刑	刑法
会社	会社法
会社規	会社法施行規則
会非規	会社非訟事件等手続規則
商	商法
有限	有限会社法
商登規	商業登記規則
民保	民事保全法
民執	民事執行法
民執令	民事執行法施行令
民調	民事調停法
企担	企業担保法

凡　例

特許	特許法
税通	国税通則法
通通令	国税通則法施行令
税徴	国税徴収法
税通	国税通則法
所税	所得税法
消税	消費税法
租特法	租税特別措置法
法税	法人税法
法税令	法人税法施行令
地税	地方税法
地税令	地方税法施行令
手形	手形法
労契	労働契約法
労基	労働基準法
国年	国民年金法
健保	健康保険法
厚年	厚生年金保険法
産活	産業活力の再生及び産業活動の革新に関する特別措置法
外国倒産	外国倒産処理手続の承認援助に関する法律
弁護	弁護士法
動産債権譲渡特例	動産及び債権の譲渡の対抗要件に関する民法の特列等に関する法律

〔判例集等〕

民録	大審院民事判決録
民集	最高裁判所民事裁判例集（大審院民事判例集）
刑集	最高裁判所刑事裁判例集（大審院刑事判例集）
集民	最高裁判所裁判集民事
高民集	高等裁判所民事裁判例集

凡　例

高刑速　　高等裁判所刑事裁判速報集
高検速報　高等裁判所刑事裁判速報
下民集　　下級裁判所民事裁判例集
行集　　　行政事件裁判例集
東高刑時報　東京高等裁判所刑事判決時報
訟月　　　訟務月報
刑月　　　刑事裁判月報
裁時　　　裁判所時報
裁判所HP　最高裁判所ホームページ「裁判例情報」
判時　　　判例時報
判タ　　　判例タイムズ
金商　　　金融・商事判例
金法　　　金融法務事情
新聞　　　法律新聞
WLJ　　　Westlaw Japan

第1章

総論

第1章 総　論

I　はじめに

　本書は、『倒産法実務大系』とのタイトルの下、破産手続、民事再生手続、会社更生手続、特別清算手続および私的整理・特定調停手続をその解説の対象としている。これらの手続は、一般に倒産（処理）手続といわれ、特に前四者は法的倒産手続といわれる。

　本章では、第2章以下で個々の倒産手続について解説するのに先立ち、各倒産手続に共通する事項や相互関係にかかわる事項について解説する。具体的には、まず倒産手続の意義、目的、および構成要素について解説し（後記II）、倒産手続の理念についても解説する（後記III）。次に、倒産手続の分類の観点を解説したうえで、当該各観点を踏まえて各倒産手続の特徴を解説し（後記IV）、さらに事業再生を行う場合の手法と各種法的スキームについても解説する（後記V）。そのうえで各種法的倒産手続の相互関係について考察し（後記VI）、最後に倒産手続と憲法について考察を試みる（後記VII）。

II　倒産手続の意義、目的、構成要素

1　倒産手続の意義

　市場主義経済では、個々の自由な取引主体の活動の集積により市場価格が形成され、最適な需給調整がなされて、経済全体が効率的発展を遂げるとの基本的見地に立っている。そこでは、個々の取引主体は、自らの利潤を最大化しようと自己責任により経済活動をする存在であることが措定されており、経済活動の結果、富を築く成功者が現れる一方で、窮境に陥る失敗者が生じることも、当然に想定されている。

　経済活動の失敗の程度がそれほどのものではなく、一時的散発的な債務不履行を生じているにすぎないときには、その者に対する債権者は、債務者と協議のうえ任意履行を得る、あるいは、おのおの判決を取得して強制執行を実施する等の手段で対応することになる。

しかし、失敗の程度が深刻で債務者が一般的かつ継続的に債務不履行を生じさせている状態（支払不能）にあるときには、かかる状態の処理にふさわしい手続が用意されることが、債権者にとっても債務者にとっても妥当であろう。本章では、ひとまず、かかる支払不能状態を債務者の倒産の典型的場面ととらえ、倒産した債務者に対する、強制執行に代わる手続を倒産手続の中心場面ととらえて、以下、倒産手続の目的等の考察を試みる。

なお、前述のとおり、倒産場面の典型は債務者の支払不能時であるが、債務者の属性や倒産手続の種類によっては、より早期の段階で債務者を倒産手続に乗せることに合理性が認められる。各倒産手続の開始原因についての解説を参照されたい。

2　倒産手続の目的

(1)　総　説

倒産手続の目的は、①債権者の債権の回収、②債務者財産（さらには法人債務者の法人格）の清算、③債務者の事業の維持・再生、④個人債務者の経済生活の再生の４点にまとめることができる。これらは、倒産手続を通じて実現をめざす社会的価値のある事項にほかならない。

各倒産手続に共通する最も基本的かつ重要な目的が①の点にあることは、倒産手続が倒産状態にある債務者につき強制執行制度の適用を排除して実施される手続であることからも明白である。

さらに、各倒産手続において、②〜④の目的を達成するために適した諸制度が用意されることになる。なお、②〜④については、法的倒産手続における根拠法の目的規定にも規定されている（破１条、民再１条、会更１条参照）。

(2)　債権者の債権の回収

前記１のとおり、倒産手続は、倒産状態にある債務者に対する債権者が一定の弁済を受けるための手続である。すなわち債務者が倒産状態（支払不能状態）にある場合の、強制執行制度よりも適切な債権回収制度として、倒産手続が位置づけられている。債権者の債権の回収の点は、各倒産手続に共通の本質的目的であるものといえる。

なにゆえ債務者が倒産状態にある場合に、強制執行制度が適切ではなく、

倒産手続によるべきなのか、強制執行手続とは別に倒産手続を設ける目的は何かについて議論（制度目的論）があり、次の2点が指摘されている。

まず、債務者財産の価値の最大化の点である。すなわち倒産手続が存在せず、債権者がそれぞれ個別的に権利を行使して債権を回収する場合には、債務者財産が分断されがちであり、財産を一体として換価する場合に比べて換価価値が下落しがちである。各債権者が協調して個別的権利行使を控え、債務者財産を一体的に扱って適切に換価するならばかかる弊害を回避できるが、債権者の中に一人でも裏切り者の非協調者が存在すればその者だけ事実上優先回収を得て他者は甚大な被害を受けうる。そうはさせまいと疑心暗鬼になって皆が個別的回収に走れば、結局、債務者財産の総合的な換価価値は損なわれてしまう（いわゆる囚人のディレンマ）[1]。このように債務者の倒産状況下での債権者の協調関係は類型的に成立しにくいのである。そこで、債務者財産を一体として手続の対象とし、その価値を損なわずに換価する途を与える倒産手続が必要だというのである。

また、全債権者への比例弁済が確保・促進される点も重要である。債権回収を債権者の個別的権利行使に委ねると、各自の債権の効力、各債権者の法的地位は等しいにもかかわらず、早い者勝ち競争となり、あるいは債務者への事実上の影響力の強い者が事実上優先的に任意弁済を受けるといった状況がもたらされる。このような早い者勝ちルールないし優勝劣敗ルールによる債権回収は、自由競争、自己責任の観点からは一定の合理性が認められ、一概に否定されるべきものではない。しかし、債務者が一般的継続的な債務不履行状態にある場合にまでかかる自由競争に基づく債権回収制度しか用意されないならば、このことが結果的に債権者全体に強いる総体コストやリスクを多大なものにし、社会制度として非効率になりかねない。すなわち、個々の債権者があらゆる債務者について常に情報収集を行い影響力を確保・維持して債務者破綻時の債権回収に備えるコストを払い、また、債務者破綻時に一度乗り遅れると事実上ほとんど回収を受けられないといったリスクを負うよりも、債務者破綻時の債権回収のあり方としては、個別的権利行使を禁止

1　山本和彦『倒産処理法入門〔第4版〕』2頁。

し、債権者に広く手続参加を許し按分弁済が保障されることとしたほうが、社会制度としてより効率性に優れた合理的なものといいうるところである。

以上の2点は、そのいずれもが倒産手続における重要な制度目的であり、また両目的は表裏・密接な関係にあるものといえる。債務者財産を一体として手続対象とする場合には債権者が個別的権利行使を控えて広く債権者への按分弁済を実施することを当然の前提にしているといえるし、また、全債権者への按分弁済の理念を広く実現するためには債務者財産一般を手続対象とすることが不可欠であるといえるからである。ただ、あえていずれがより本質的に重要な制度目的かを問うとすれば、後者の、全債権者への比例分配の確保の点であろう。事案によっては、債務者財産を一体的に換価しても個別的に換価しても換価価値に違いがなく、債務者財産の価値の最大化の観点からは倒産手続によるメリットが存在しない場合がありうるが、かかる場合にも全債権者への按分弁済の観点から倒産手続を実施する意義は否定されないところである。[2] 他方で、早い者勝ち・優勝劣敗のルールを温存した倒産手続には、その存在意義が認められないものと解されるからである。

(3) 債務者財産の清算および債務者である法人の清算

債務者が広範な債務不履行状態にある場合、債権者としては、債権回収のために、債務者には従前の態様による財産管理処分をやめてもらい、全財産を処分換価して債権者への弁済にあててもらいたいと思うのが、最も一般的なことであろう（債務者財産の清算）。確かに債権者としては、債務者においてその有する財産を引き続き保有させ、債務者の従前の財産管理処分の態様を継続させつつ、その経済活動によって財産を増殖させ、その増殖分をもって債権を回収する方法も存するところである。しかし経済活動に基づく財産増殖によって確保される弁済原資の予測は、長期にわたる将来の収益予測を伴うのが一般的であり、現に存在する債務者財産を処分換価する場合に確保される弁済原資の予測に比較して不確実性が高い。したがって、債務者財産の清算は、債権者にとって最大回収とはならない可能性があるもののリスクの少ない安定的な債権回収方法といえるのであり、債務者財産の清算のため

2　松下淳一『民事再生法入門〔第2版〕』2頁。

の倒産手続は、倒産手続の基本といいうるであろう。

　また、債務者が法人の場合に全財産を清算して法人の財産的基礎を皆無とすることは、通常、法人そのものの清算、法人格の消滅を意味する。財産的基盤を皆無にして、法人の目的を達することはできないからである。なお、法人の清算にあたって、弁済をなし得なかった債務者の債務について債権者から免除を受けるプロセスをもつか否かは、当該清算手続の技術的しくみにかかわるものであり、双方ありうるところである。破産手続は免除のプロセスをもたず債務を残したまま法人格が消滅する扱いとされるのに対し、特別清算手続では債務者が債務免除を受け、資産のみならず負債もゼロとなったことをもって清算結了となる前提をとる（負債が残る場合は破産手続を実施することが予定される）。

　個人債務者の場合には、一定時点の債務者財産が清算されても、その債務者の経済生活はその後も続くものであり、当然のことながら債務者の法人格が消滅することもあり得ない。債権者としては、一定時点の債務者財産を清算し弁済を受けた時点で債務免除を行うのではなく、その後の債務者の経済活動によって増殖した財産からも債権回収を図りたいと考えるであろう。したがって、個人債務者の倒産手続に債務免除的なプロセスを設けるか否かは、後述の別の倒産手続の目的にかかわるものである。

(4) 債務者の事業の継続・再生

　事業を清算解体して換価し、その換価金を弁済原資とする場合よりも、事業を継続して再生し、そこからの収益金を弁済原資とし、あるいは事業そのもの（従業員の雇用関係や得意先・仕入先関係を含むことになる）を処分して換価した換価金を弁済原資とした場合のほうが、債権者が多くの弁済を受けられることも少なくない。債務者の事業の毀損がそれほど進んでおらず、営業収支レベルで十分な黒字があるときは、収益金を弁済原資として長期に分割して弁済をすることが考えられ、あるいは第三者（スポンサー）への事業の処分により、その事業対価に、仮に廃業して当該事業に供されている財産を物として売却するとした場合の代金合計額よりも上乗せされる部分（営業権ないしのれん代）が相応に生じることが期待される。事業が営業収支レベルで赤字に陥っている場合であっても、スポンサーへの事業処分によりのれん

代を確保できることがあり、これを期待できるときは、なお事業を継続したほうが債権者への弁済原資確保に資することがありうる。

そこで、債務者の事業の継続・再生に資するための諸制度を備えた倒産手続が用意されるべきことになる。

ところで、倒産手続により事業再生を図ることの意義は、債権者への弁済原資の増加をもたらす点にとどまらない。事業再生は、従業員の雇用維持の利益、将来にわたって債務者への販売機会を確保できる取引先の利益、債務者からの商品等の供給を確保できる顧客の利益、さらには、地域の活発な経済活動が維持されることによる地域経済の利益等をももたらしうるものであり、事業再建型の倒産手続は、これらの社会的価値の実現手段としても意義をもつものである。

もっとも、倒産手続の具体的局面において、債権者への弁済原資確保の価値とそれ以外の社会的価値のいずれを重視するかで、結論が異なることも少なくなく、両観点は矛盾対立する契機を孕む。その調和点を見出すための基本的な考え方は、次のようなものであろう。すなわち、事業を継続することにより得られる弁済原資が、仮に事業を廃止して債務者財産を清算したとすれば得られるであろう弁済原資よりも上回る見込みがあること（清算価値保障）が、倒産手続中に債務者（ないし債務者財産の管理処分権者）が事業を継続するための条件となるものであり（条件充足性の第一次的判断権者は債務者等であるが、倒産手続中に事業を継続する債務者等は、不断に当該条件の充足性判断を問われ続けるものであり、裁量を逸脱した判断はこれらの者の誠実義務違反ないし善管注意義務違反となりうるものと解する。会更80条1項、民再38条2項・78条・60条1項、会社523条、破85条1項）、いかに他の社会的価値を強調しても、清算価値が保障されなければ事業継続は許されない、というものである。他方で清算価値が保障される限りにおいては、確保できる弁済原資の多寡が種々の場面における判断の絶対的な基準となるものではなく、多数債権者の同意を得られることを前提に、他の社会的価値に一定程度依拠して判断することも許されるものと解すべきである。具体的には、清算価値が保障される前提で、どのような手法で事業再生をするか（たとえばいわゆる自主再建によるかスポンサーへの事業譲渡によるか、後者の場合にどのスポンサーを

譲渡するか）を選択する場面では、債権者への弁済原資の最大化の観点は最も重視される考慮要素であることに変わりはないが、それのみが考慮要素であるわけではなく、従業員の雇用の利益、取引先や地域社会の利益、その他の観点も踏まえた総合考慮により決せられ、他候補者より事業譲渡代金の金額では若干劣るものの、事業譲渡後の事業への投資計画が極めて優れており事業価値向上による従業員、取引先、地域社会の利益の増進が図られるとして当該候補者をスポンサーに選定するがごとくも認められるものと解される。

(5) 債務者の経済生活の再生

債務者について清算型倒産手続が実施されその時点のすべての債務者財産の清算がなされた場合でも、債務者が個人である場合はその後も経済生活が継続するから、再び財産が形成されうる。債権者が、倒産手続後に形成された財産を対象にして、倒産手続において弁済を受けられなかった残債権の部分の弁済を求めたり、強制執行することが可能であったりするならば、その個人債務者の生活は、債権者への弁済を完済するまでの間ずっと困窮を極めることとなろう。

そこで今日、個人債務者を念頭に、倒産手続の目的として債務者の経済生活の再生が掲げられ、それを裏づける制度として清算型倒産手続（破産手続）に基づく弁済後、それによって弁済を受けられなかった部分の債務者の債務を免責する制度が設けられる。また、債務者が手続後も財産を引き続き保有管理することが許され（非清算型倒産手続）、その家計収支から弁済原資を捻出し、債権者への一定額の分割弁済の実施と残債権部分の債務免除の取得により生活再生を図るタイプの倒産手続（個人再生手続）も用意される。倒産手続は、古くは、債務を支払えなくなった債務者に対する制裁のための制度（懲戒主義）と位置づけられていたが、これが転換され、個人である債務者に最低限の生活基盤を保障して経済的再起を促すための制度（債務者更生主義）と位置づけられることになったものといえる。

3 倒産手続の構成要素

倒産手続の制度目的の本質が、前述のとおり、債権回収の促進の点にあり、その中でも、全債権者への比例弁済の確保の点にあることからすると、倒産

Ⅱ 倒産手続の意義、目的、構成要素

手続には、次の構成要素を含むことが合理的である。

まず、倒産手続実施中に、全債権者につき個別的権利行使が制限されることがその構成要素となる（債権者の個別的権利行使の制限）。個別的権利行使がなされると全債権者への比例弁済は実施できなくなるからである。その結果、倒産手続においては債務者の全財産が包括的に、処分換価の対象ないし事業継続のための利用対象となる（対象財産の包括性）。また、倒産手続によっては、手続開始時あるいは途中で、債務者の財産の管理処分権ないし事業の経営権を債務者自身から奪って、第三者（管財人）に専属させる場合もある（管財人への管理処分権の専属）。

次に、手続対象債権者に広く手続参加のための実質的機会が与えられること、具体的には、債務名義を有さない債権者に手続参加資格が認められることや、債務者に知れている対象債権者全員への個別通知、債務者の知らない債権者への配慮としての公告等の手段により手続実施の事実が広く債権者に周知されること等が、倒産手続の構成要素となる（対象債権者の手続参加機会確保）。

また、比例弁済実施の前提として、倒産手続には、各債権者の債権額を把握・決定するプロセスがその構成要素として含まれることとなる（債権額把握プロセスの内包）。債務名義のない債権についてどのようなプロセスで債権額を把握するかは倒産手続によって異なり、法的倒産手続では、多数の債権を合一的に確定し集団的債務処理を可能にするために、特別の手続が設けられるのが原則である。

さらに、倒産手続は、債権者への弁済を目的とするものである以上、弁済原資を確保するためのプロセスが内包される（弁済原資確保プロセスの内包）。前述のとおり、倒産手続においては、個別執行と異なって、債務者の全財産が包括的に手続の対象となっていることから、当該財産の管理処分権者において、事業を継続してその収益金を弁済原資としたり事業そのものを処分の対象として換価金を弁済原資としたりすることが可能となる。個別財産を処分換価する場合も、管理処分権者の適宜の判断による任意売却の方法でなされるのが一般である。

以上のようにして、各債権者の債権額が把握され、弁済原資が把握・確保

されると、弁済原資を各債権額に応じて比例弁済するために、各自の具体的弁済額を確定し、実際に弁済するプロセスに進むことになる（弁済プロセスの内包）。このプロセスによって倒産手続の目的が達成されることになる。

なお、弁済プロセスによって弁済対象とされなかった債権の部分について、債務者が免除ないし免責を受けるプロセス（免除等プロセス）も、設けられるのが一般的である。まず、債務者事業の維持・再生のための倒産手続においては、その目的達成のために債務免除が不可欠であることから免除のプロセスが設けられる。また、個人債務者に関する倒産手続は、債務者の経済生活の再生の観点から、免責ないし免除制度が設けられる。法人の清算を目的とする倒産手続については、技術的観点から免除プロセスを設ける場合と設けない場合がある（前記2(3)参照）。

また、倒産手続の目的に照らして、債権者の有する担保権を制限する必要性から、担保目的物の評価手続を含む担保権の制限プロセスが設けられる場合がある（担保権制限プロセス）。

また、倒産手続は以上のように債権者の重大な利益にかかわる手続であるから、手続が適正に実施されているかどうかについて債権者が手続監視ができるように手続に関する情報を取得確保できる手段・機会が与えられるべきことになる（債権者の手続情報取得手段・機会の確保）。

これらの倒産手続の各構成要素については、法的倒産手続にあっては法律に当該構成要素にかかわる規律が規定され、私的整理手続にあっては債務者と対象債権者全員との間で各構成要素にかかわる事項が合意され、実践される（なお、準則型私的整理手続では、一部の手続的規律が、手続実施機関ないしその監督官庁によってあらかじめ手続準則として定められて実践される）。

Ⅲ　倒産手続の理念

1　総　説

倒産手続に共通する指導理念としては、実体法的観点から債権者平等を、手続法的観点から債権者の手続保障を、それぞれ指摘できるところである。

前述のとおり、倒産手続の制度目的の本質が、債権回収の自由競争、早い者勝ちを排して、全債権者に手続参加の機会を与え、債権額に応じた比例弁済を図ろうとする点に求められることからすると、倒産手続の実体法的な指導原理は、早い者勝ちの対立概念であり、比例弁済の中身にかかわる原理としての債権者平等にあるものといえ、手続法的な指導理念は、全債権者の参加による比例弁済の実現手段にかかわる原理としての債権者の手続保障に求められることになる。

　これらの理念は、倒産法規の解釈や手続運用における指針・観点を提供するものである。さらに、倒産手続を憲法論（人権論）的に考察する際の有用な視座を提供するものであるが、この点については後述する（後記Ⅶ参照）。

2　債権者平等

　債権者平等の理念は、倒産手続において債権者の有する債権の性質が同一である限り、債権額に応じて平等な取扱いがなされるべきであるというのが、その意味するところである。もっとも、平等の観念は、等しいものを等しく取り扱うべきということのほか、等しくないものは等しくなく取り扱うべきことをも含意しているのであって、債権者平等についても、等しい性質の権利を有する債権者、すなわち同一クラス内の債権者についてその有する債権額に応じた比例弁済がなされるべきことのほか、異なる性質の権利を有する債権者間、すなわち異なるクラスの債権者間では弁済内容に優劣の差が設けられるべきことが要請されていることになる。ここで、債権者をどのようにクラス分けし、クラス間でどのような優先順位を設けるかに関するルールを、プライオリティ・ルールという。

　倒産手続に妥当するプライオリティ・ルールは、債務者が倒産する以前の平時の債権回収（強制執行手続）の場面で妥当しているプライオリティ・ルール、すなわち民法等や民事執行法に表現されている平時実体法のプライオリティ・ルールに、基本的に準拠したものであるべきである。前述のとおり、倒産手続の制度目的は、平時の債権回収手続において手続上ないし事実上陥っている、早い者勝ち自由競争的側面を是正しようとする点に主眼があり、平時における実体的なプライオリティ・ルールそのものを直ちに問題視する

11

第1章 総　論

ものではない。そして、平時の債権回収手続と倒産手続とで実体的なプライオリティ・ルールを違えるならば、自らの権利内容についての取引当事者の予測可能性を困難にしあるいは取引対応を複雑化することとなり、妥当なものとはいえないからである。

　以上のとおり、債権者平等の理念により、倒産手続において、平時実体法のルールに則した債権者の平等取扱いが要請されるものと理解すべきであるが、実際の各倒産手続において、当該平等の理念が形式的絶対的に実践されているわけではなく、別の制度目的ないし理念からの要請や平等の実質化の要請から、一定の変容や譲歩が迫られることがあることに留意すべきである。たとえば、再生手続や更生手続において、同一クラスの債権についても絶対的な平等取扱いを要請しておらず、例外的に計画によらない弁済や、計画条項における衡平な差の設定を法律上明文で許容しているところである（民再85条2項～5項、会更47条2項～5項、民再155条1項、会更168条1項）。また、資産換価の促進、契約関係清算の促進、事業再生の促進、債権者平等の実質化（前倒し）といった特別の手続目的、あるいは債権者平等の実質化のために、法律上明文で、担保権に特別な制約を設けたり（破184条2項・186条1項、民再31条1項・148条1項、会更47条1項・50条1項・205条1項、会社516条等）、契約関係や相殺の規律について平時の規律内容を一定程度変容させたりする場合がある（破53条1項、民再49条1項、会更61条1項、破71条・72条、民再93条・93条の2、会更49条・49条の2）。

　他方で、債権者平等の理念の重要性に鑑みれば、法律上の明文の規律がなく、かつ不利益を受ける債権者の同意がないにもかかわらず、債権者平等に反する取扱いをすることは原則として認められないものと解される。

3　債権者の手続保障

　倒産手続が利害関係人の権利義務にかかわる手続である以上、その指導理念として手続保障があげられるべきことは当然であるが、とりわけ重要なのが債権者の手続保障である。なぜなら、倒産法の目的、すなわち、債権者の債権回収、債務者財産等の清算、債務者事業の再生、債務者の経済生活の再生といった目的達成にあたって、最も利害関係を有するのが債権者だからで

ある。

　債権者の手続保障が問題となる倒産手続における具体的局面は、次のとおりである。

　倒産手続の目的の本質部分が、早い者勝ち競争を排した全債権者への比例弁済の実施の点にあることに照らせば、まず、対象債権者に手続実施の事実を知らせて手続参加機会を確保することが債権者の手続保障が問題となる第一の局面である。また第二に、比例弁済実施のためには各債権者が有する債権の内容・金額が正しく手続上の前提とされなければならないから、債権額把握プロセスにおける債権者の手続保障が問題となる。第三に、債権者への弁済を実施するプロセスにおいて弁済額の適正を確保するための債権者の手続保障が問題となる。

　さらに倒産手続では債務者の債務の免除ないし免責のプロセスが含まれるのが一般的である。免除等のプロセスにおける債権者の手続保障が問題となる。

　そして、手続全般にわたって債権者は管理処分権者の手続追行が適正かどうかを監視する機会が与えられるべきであろう。そのための情報取得手段・機会の確保のためのプロセスが問題となる。

　各倒産手続の各局面において、債権者にどのような手続保障が与えられ、あるいは与えられるべきかについては、第2章以下の各倒産手続の解説に譲る。

Ⅳ　倒産手続の分類および特徴

1　倒産手続の分類の観点

　各倒産手続の特徴を説明する前提として、各倒産手続はどのような観点により分類できるかを説明する。

(1)　法的倒産手続と私的整理手続

　倒産手続は、法的倒産手続と私的整理手続に分類できる。法的倒産手続は、法律に根拠をもち裁判所が手続を主催し、手続が開始されると、債権者は法

律の規定に基づき個別的権利行使が制限される等の手続的規制に服する。また、当該倒産手続によって弁済を受けることができる金額、その反面として弁済を受けることができない金額が法律所定の手続に基づいて確定され、すべての債権者がその結果に拘束される。私的整理手続は、これら法的倒産手続の要素の全部または一部を欠く手続である。

(2) 個人債務者を対象とする手続と法人債務者を対象とする手続

倒産手続の対象となる債務者が、個人か法人かによって倒産手続を分類することが可能である。個人である債務者については、必然的に、倒産手続中さらには手続終了後も、債務者が経済活動を行う主体として存在し続けることを前提としなければならず、また個人の経済生活の再生は、前述のとおり、倒産手続の主要な目的であり、そのことへの配慮が必要となる。これに対し法人債務者については、清算型手続を実施することは経済主体である法人格を消滅させることを意味することになる。

(3) 事業者についての清算型手続と再建型手続

債務者が事業者であることを前提として、事業の清算を目的とするか再建を目的とするかとの観点によって、清算型手続と再建型手続を区別できる。この意味における清算型手続は、債務者が行っている事業を廃止し、事業用資産を含めてすべての資産を処分換価して債権者への弁済原資を捻出することを目的とする手続である。これに対し再建型手続は、事業を継続して、事業活動から得られる収益金（キャッシュフロー）や、第三者による当該事業への出資金ないし融資金、第三者への当該事業そのものの処分の対価により債権者への弁済原資を捻出することを目的とする手続である。再建型手続においては手続中も事業を継続することが前提となるから、たとえば、従業員との雇用契約、取引先との取引契約をはじめとする契約関係も原則として維持され、事業に必要な資産は事業と切り離されて換価処分されることなく債務者において引き続き使用されることを予定し、法的手続にあってはそれに適した規律が設けられる。

(4) 個人債務者についての固定主義の手続と膨張主義の手続

個人の債務者についての倒産手続は、当該倒産手続における債権者への弁済の原資となる債務者財産を一定時点（倒産手続開始時）のものに限定する

か、その後に債務者が取得する財産も含めるかとの観点から、固定主義を採用する手続と膨張主義を採用する手続に分類できる。

　固定主義は、当該倒産手続における債権者への弁済の原資となる債務者の財産を、倒産手続開始時点のものに限定する立場である。免責制度と結びついた固定主義では、倒産手続開始後に債務者が取得した財産（新得財産）については、債権者への弁済原資から除外され債務者が倒産手続後の経済生活のために自由に使用・処分できることとなるから、その点で債務者の経済生活の再生に資するが、他方で、固定主義が採用される倒産手続においては、通常、倒産手続開始時点に存在する原則としてすべての債務者財産が清算（処分換価）の対象となり、その換価金が債権者への弁済原資となり、債務者が倒産手続開始時に有する財産を引き続き保持する自由・利益は原則として確保されない（債務者財産についての清算型手続）。膨張主義は、倒産手続開始後に債務者が取得した財産をも債権者への弁済原資とする立場であり、弁済条件によっては経済生活の再生のために負担となるものである。他方で、膨張主義をとる場合には債務者が倒産手続の前後を通じて一定の財産を保有する自由・利益が確保されるのが前提となっている（非清算型手続）。

(5) 手続主体についての DIP 型手続と管財人型手続

　倒産手続中に債務者財産を管理しあるいは債務者事業を遂行する権限を誰が有するかという観点から、DIP 型手続と管財人型手続に分類できる。

　倒産手続中も、それまでと同様に債務者自身が財産管理処分権等を有する手続が DIP 型手続である。DIP とは、Debtor in Possession（占有を継続する債務者）の略である。DIP 型手続は、事情をよく把握している債務者がローコストで効率的に手続遂行できる等の点で優れている。これに対し、倒産手続中、債務者とは別の第三者が管財人として債務者財産の管理処分権や事業遂行権限を有する手続が、管財人型手続である。公平公正な管理処分権の行使が期待でき、手続の透明性が確保される等の点で優れている。

(6) 手続の対象となる債権者の範囲および対象債権者のクラス分けの方法

　倒産手続において債権者への按分弁済の対象となりうる債権は、倒産手続前に生じた債権（正確には倒産手続開始前の原因に基づいて生じた債権）である

が(これに対し手続中にその必要に応じて発生する債権は総債権者の負担に帰すのが正当であるため原則として倒産手続前の債権の弁済に先立って最優先で弁済される)、倒産手続前に生じた債権にも、優先権のあるもの、ないもの、劣後性のあるものなど各種の債権が存するところであり、倒産手続における取扱いが問題となる。そして、優先権の手続外行使等を許容するか、各種債権をどのようにグルーピングし、それぞれをどのように取り扱うかは、倒産手続ごとに異なりうるものである。倒産手続ごとに取扱いが異なりうる債権等の類型は次のとおりである。

　　(ア)　担保権およびその被担保債権

　特別の先取特権、質権、抵当権等の特定の財産についての担保権および当該担保権の被担保債権の取扱いは、大きく分けて、倒産手続における担保権実行を一般的に禁止し、その被担保債権の価額を調査・確定し、倒産手続に基づく弁済・権利変更の対象とする場合と、原則として倒産手続中も倒産手続外での担保権の行使を妨げられないもの(別除権)とし、その被担保債権を倒産手続に基づく弁済対象としない場合に分けられる。

　　(イ)　一般の先取特権等一般の優先権がある債権の取扱い

　一般の先取特権は、債務者の総財産について優先権をもっている点に特徴があり、担保権の一種として、平時において債務名義不要の担保執行手続により実行が可能であるものの、特別の先取特権その他特定の財産についての担保権(特別担保権)に劣後する扱いがなされる(民329条2項・334条・335条3項等)。

　このような一般の優先権がある債権(一般優先債権)については、倒産手続において、特別担保権がある債権と一般債権の中間的に位置する債権としてそれらとは別の取扱いをするのが一般的である。

　一般優先債権の具体的な取扱いについては、倒産手続中債権者による権利行使を許し、債務者は随時に全額を弁済すべきものとする場合と、権利行使を一般的に禁止しその金額・内容を調査・確定して一般債権より優先的に、倒産手続に基づく弁済対象とする場合に分けられる。

　　(ウ)　租税債権の取扱い

　租税債権も、債務者の総財産について優先権のある債権であるが(税徴8

条、地税14条)、平時において一般の優先権のある私債権よりも優先した扱いがなされ、また、任意の履行を得られないとき裁判所の手続的関与なく債権者自ら自己の債権を満足できる効力（自己執行力）を有している。

租税債権の倒産手続における取扱いについては、倒産手続中の滞納処分も容認し、債務者は随時に全額を弁済すべきものとする場合と、権利行使を一般的に禁止し倒産手続に基づく弁済対象としつつ、全部または一部の租税債権について他の一般優先債権よりも優先して取り扱う場合などがある。

(エ) 一般債権の取扱い

一般の優先権をもたず、また特別担保権によって担保されていない債権（無担保債権のほか、担保権付債権であって担保権の行使によって弁済を受けることができない部分を含む）であって、劣後的取扱いを受けないものが、いわゆる一般債権である。

前述のとおり、倒産手続の目的は債権者の早い者勝ち・優勝劣敗を排し債権額に応じた平等弁済を実施することにあると考えられるが、そこにいう債権者は、一般債権を有する債権者を想定しており、まさに倒産手続は一般債権者のための手続であるといえる。すなわち、一般債権者は常に倒産手続の対象債権者であり、手続中個別的権利行使を禁止され、手続に基づいて弁済を受けることが予定される（ただし、事業再建型の私的整理手続においては債務者事業の価値を維持する目的で、一般債権者のうちの金融機関債権者等のみが対象債権者となることについて対象債権者自身が全員で同意し、取引債権者等を優先扱いするのが通例である）。

(オ) 倒産手続開始後の利息、不履行による損害賠償等の請求権の取扱い

倒産手続中は債権者の個別的権利行使が禁止されるから、手続中刻々と利息債権や不履行による損害賠償等の請求権が発生しうる。しかし、倒産手続中に個別的権利行使が禁止されるのは、比例弁済の実施という倒産手続の目的を達するためのものであるのだから、権利行使禁止によって生ずる不利益は倒産手続に参加する債権者各自が負担すべきであり、開始後の利息、損害金等の請求権は原則として比例弁済の基礎である対象債権の金額に反映させないことが公平に資するものとも考えられる。この考え方に依拠すると、手

17

続開始後の利息や不履行による損害賠償等の請求権について、一般の債権よりも劣後的に取り扱うことが妥当であることになる（なお、この点についてはむしろ、債権者の個別的権利行使の禁止の結果として、そもそも債権者は開始後の元本使用の対価を請求し得ず、開始後の不履行による損害賠償請求権も発生し得ないところを、政策的に劣後的に請求しうるものとしたととらえるのが一般的である。しかし、倒産手続上元本を履行請求できないことが直ちに利息や損害賠償請求権の不発生を意味するのか疑問である。なお、破産手続中に抵当権が実行された場合に開始後の利息や損害金が発生することを前提に競売代金がこれらに充当される実務も存するところである）。

倒産手続開始後の利息や不履行による損害賠償等の請求権の倒産手続における取扱いは、大きく分けて、一般債権より劣後的に取り扱うことを義務づける場合、一般債権に含めつつも取扱いに差を設けることを許容する旨の規律を設ける場合、特段の規律を設けない場合がある。

(カ) 約定劣後債権の取扱い

社債や金銭消費貸借において、債務者に破産手続が開始される等の一定の事由（劣後状態発生事由）が生じたときに債権者に対する元利金の支払いを他の債権者に対する債務の履行よりも後順位におく旨の特約（劣後特約）を付することがある。このような劣後特約付債権（約定劣後債権）については、平時には通常の債権と同様に約定どおりの元利金の弁済を実施するにもかかわらず、企業の信用力の格付け等の場面で当該債務者企業の自己資本比率が問題となるときに、負債勘定ではなく、株式に準じて自己資本として考慮される。約定劣後債権は、今日では、広く企業や投資ファンドにおける多様な資金調達の方法の一つとして普及している。

約定劣後債権の倒産手続における取扱いは、一定の定義の下で最劣後の債権としての取扱いを義務づける場合と、特段の規律を設けない場合がある。

(7) **手続における比例弁済額等、債務免除額等の決定への債権者の関与の態様**

倒産手続は、債権者への比例弁済を目的とするものであるが、比例弁済額やその実施時期等の決定にあたって、債権者がどのように関与するかは倒産手続によって異なりうる。また、弁済できない部分につき免除を受けること

を制度的に予定するか否かについても、倒産手続によって異なる。

具体的には、弁済対象とならない債権の部分について債権者から免除を受けることを制度的に予定し、比例弁済・免除の案について債権者の金額等による多数決に基づく同意を要求する場合、同じく免除を受けることを予定し債権者全員の同意を要求する場合、さらには、債権者から免除を受けることを制度上当然には予定せず、所定のルールに従って個々の債権者への弁済額が定まり、弁済内容について債権者の個別同意も多数決に基づく同意も要さないものとする場合がある。

2　各倒産手続の特徴

以下は、破産手続、再生手続、更生手続、特別清算手続および私的整理手続の順に、前記1の各観点を踏まえて各手続の特徴を説明する。

(1) 破産手続

破産手続は、破産法に根拠をもち、個人、法人を問わず広く権利義務の帰属主体性のある者を対象とした法的倒産手続である（破2条4項、民訴28条以下。なお、民訴222条以下・244条の2以下も参照）。破産手続は代表的な管財人型手続であり、手続開始と同時に裁判所から選任される破産管財人が、債務者財産（破産財団）の管理処分権を専有し、その反面として債務者は自身の財産の管理処分権を喪失する（破31条1項・78条1項）。破産管財人は、利害関係のない弁護士が選任されるのが通例である。

また、破産手続は清算型手続の典型であり、債務者の財産を清算することを目的としている（破1条）。破産管財人は破産財団に属するすべての資産を換価し、債権者の有する債権の金額および内容を調査・確定させて、債権者への按分弁済（破産配当）を実施する。破産手続においては債権者が破産配当を受けることができなかった債権の部分について、債務免除がなされることはなく、破産者の債務は法的に残存したまま手続を終えることが予定されている（法人債務者に対する債権は事実上の回収不能が確定し、個人債務者は通常、免責手続が実施される）。破産管財人が破産配当を実施するにあたり債権者の多数決による同意は必要とされておらず、そのほかにも債権者の多数決の同意を得られないことにより手続が頓挫するような場面は存在しない。

以下にみるように他の法的倒産手続が債権者の多数決による同意を得られず、またはその他の事由により頓挫した場合に、その後の債務者の受け皿となる倒産手続は破産手続が予定されている。そこで破産手続は、他の倒産手続で扱えなかった債務者をも扱う、究極の倒産手続ともいわれる。

　事業者について破産手続が開始される場合、事業の清算のために用いられるのが通例である（事業についての清算型手続）。したがって、破産手続開始後直ちに事業は廃止され、あるいは開始前にすでに廃止されているのが原則であり、破産手続開始後の事業継続は例外的なものと位置づけられる（事業継続には裁判所の許可が必要である。破36条）。また、例外的に事業を継続する場合も暫定的な措置であり、手続中に事業を廃止し、あるいは第三者に事業譲渡すること（破78条2項3号）を予定しており、手続終了後も当該債務者をもって事業継続することは想定されない。なお、破産管財人による事業譲渡がなされ、その後に第三者のもとで当該事業が継続する場合には、破産手続により事業再生の結果が達成されることになり、その点では破産手続も事業についての再建型手続たりうることとなる。もっとも、破産手続は必ずしも事業再生に適した制度設計になっておらず（開始時の未履行契約は解除されるのが原則であり（破53条1項・2項・78条2項9号）、事業継続に不可欠な財産に設定されている担保権の効力を制限する諸制度も存在しない）、当初より事業再生を目的とする場合にあえて破産手続を選択すべき合理性は通常は存在しない。

　また、法人債務者についての破産手続開始決定は、当該法人の解散事由とされるのが通例であり（会社471条5号・641条6号、一般社団法人及び一般財団法人に関する法律148条6号・202条1項5号、宗教法人法43条2項3号、弁護士法30条の23第1項4号、医療法55条1項6号ほか）、破産手続は法人の根拠法上も清算手続と位置づけられ、破産手続の終了をもって法人格そのものが消滅する扱いとなる（破35条参照。破産手続終結ないし廃止後、法人登記は閉鎖されることについて商登規117条3項）。

　他方、個人の債務者については、破産手続開始時に有する債務者財産（破34条1項。ただし、民事執行法上の差押禁止財産等は除かれる（同条3項・4項））を清算して債権者への弁済原資とすることが破産手続の目的となる（固定主

義)。さらに、破産手続には個人の債務者を対象とした免責手続が設けられている（破248条以下）。これは、破産者に破産法に定められた免責不許可事由（破252条1項各号）が存在しない限り、破産者は、一部の債権（非免責債権。破253条）を除き、免責を得ることができる制度であり、免責決定を得るにあたって債権者の多数決による同意も不要である。さらに免責不許可事由があっても裁判所が裁量的に免責を与える裁量免責制度も定められている（破252条2項）。これらの制度により、個人の債務者は、破産手続によって開始時に有している財産の管理処分権をすべて剥奪されるものの（個人債務者についての清算型手続）、開始後に取得する財産は自由な債務者の管理処分に委ねられ、かつ、開始時に存する、原則としてすべての債務の免責を得ることによって、事後の経済生活の再生を図りうることになる。

破産手続においては、担保権者は、原則として担保権の行使を制限されず、別除権として破産手続外の権利行使が可能である（破2条9項・65条1項）。一般の優先権がある債権のうち、租税債権や労働債権の一部（破148条1項3号・149条）は政策的に優先権が強化され、倒産手続中にその必要性に基づいて発生する債権等と同列の最優先の取扱いがなされ（財団債権）、随時弁済の対象とされる（破151条）。それ以外の一般優先債権は優先的破産債権として、一般債権（破産債権）に対する優先性が与えられるものの（破98条）、破産手続による調査・確定（破116条・124条1項等）、配当（破193条1項）の対象となる。

開始後の利息や開始後の不履行による損害金等の請求権は、劣後的破産債権として一般の破産債権よりも劣後的に扱うことが義務づけられている（破99条1項）。さらに、破産債権者と破産者間で、破産手続開始前に、破産手続が開始されたとすれば配当の順位が劣後的破産債権に後れる旨の合意がされた債権を約定劣後破産債権と定義したうえで、劣後的破産債権に劣後する取扱いとしている（破99条2項）。

(2) 再生手続

再生手続は、民事再生法に根拠をもち、破産手続と同様に、個人、法人を問わず広く権利義務の帰属主体性のある者を対象とした法的倒産手続である（民再2条1項・18条、民訴28条）。再生手続は、手続中も債務者自身が財産管

理処分権を保持し続ける DIP 型手続であることを原則としており（民再38条1項）、法人債務者については管財人型手続も用意されているものの管財人が選任されるのは債務者の財産管理が失当である等の事情がある場合に限られる（民再64条1項）。

　また再生手続は、事業者である債務者について、事業再生を目的とする再建型手続の典型である。手続中も債務者が事業を継続することを前提とする規律、さらにはこれを促進する規律が設けられている（業務遂行権に関する公平誠実義務、善管注意義務につき民再38条2項・78条・60条、開始時の未履行契約は継続するのが原則であることにつき民再49条2項・41条1項4号、事業継続に不可欠な財産に設定されている担保権の効力を制限する制度として民再31条・148条、事業継続の著しい支障回避のための少額の再生債権弁済制度につき民再85条5項後段、開始前の借入金等の共益債権化の制度につき民再120条1項など）。また法人債務者は、手続終了後も引き続き事業遂行主体として存続することを予定しており、法人格の清算のための手続とされる破産手続とは対照的に位置づけられる。もっとも、実務的には、再生会社の事業の全部を第三者（スポンサー企業）に承継させ、当該事業承継の対価を原資として再生計画に基づき再生債権弁済を実施する等して再生手続を終結させ、その後再生会社を通常清算する場合も少なくない（後記Ⅴ2⑵参照）。また、民事再生法もかかる場合があることを想定している（「営業又は事業の全部……の譲渡」（民再42条1項1号）参照）。

　再生手続による事業再生は、債権者への按分弁済の金額および時期、並びに、弁済対象としない部分の債権について債務免除を受けること等の内容を含む再生計画について、法定の条件による債権者の多数決に基づく同意を取得し（民再172条の3第1項）、裁判所による認可、確定を経て（民再174条1項・176条）、債務者（または管財人）がこれを履行することによって達成される。なお、再生手続においても、破産手続と同様に、各債権者の有する債権の調査・確定の手続が実施され（民再100条・104条1項等）、その結果は再生計画に反映される。

　また、再生手続は個人の非事業者である債務者が経済生活の再生のために利用することも想定している（民再221条1項・239条1項参照）。手続開始時

　　　　　　　　　　　　　　　　　　　　Ⅳ　倒産手続の分類および特徴

に有する財産の換価処分が要求されないので（非清算型手続）、債務者には、破産免責制度との比較で、自宅等の一定の資産を手続後も引き続き保有できるメリットがあるが、他方、膨張主義がとられるため、開始後の収入の一部を過去の負債の返済に回さなければならず、生活再建の負担となりうる。

　再生手続では、担保権者は、破産手続と同様、原則として担保権の行使を制限されず、別除権として再生手続外の権利行使が可能である（民再53条1項・2項）。担保権を手続的規制の対象としたほうが再生手続の目的である事業再建が円滑に達成できるメリットもあるが、手続にかかる負担が増加し、とりわけ中小事業者による手続利用が妨げられる懸念が生じることから、担保権については、債務者と担保権者の自律的交渉に委ねる方針を採用したものである。もっとも、債務者が、担保権者との交渉の時間的余裕を設けるために担保権の実行手続を中止する制度（民再31条1項）や、担保権者との協議が成立せずに事業継続ができなくなる事態を回避するために担保権を消滅させる制度（民再148条1項）が用意されている。

　一般優先債権は、債権者による権利行使は禁止されず、手続中、随時弁済の対象とされる（民再122条1項・2項）。他方、開始後の利息や開始後の不履行による損害金等の請求権も、一般債権（再生債権）と同じ範疇に分類されるが（民再84条2項）、弁済の場面で劣後的に取り扱うことが認められる（民再155条1項ただし書）。さらに約定劣後再生債権を、約定劣後破産債権となるべき合意をした債権と定義したうえで、一般の再生債権に劣後する取扱いとしている（民再155条2項）。

　再生手続は、株式会社における株主の権利の変更を原則として予定しておらず、株主の手続参加を予定していない。しかし、事業再生にあたっての必要性が大きいことから、債務会社が債務超過であることを要件として、事業譲渡に関する株主総会の承認に代わる許可制度（民再43条1項）、再生計画に基づく株式の取得、併合、資本金の額の減少、株式の発行可能総数についての定款変更、新株発行等の各制度（民再161条・162条）が設けられ、株主総会を開催せずにこれら組織法上の行為をなしうるように手当てされている。

　(3)　**更生手続**

　更生手続は、会社更生法に根拠をもち、株式会社を対象とした法的倒産手

続である（会更1条・2条1項等）。更生手続も管財人型手続であり、手続開始と同時に裁判所から選任される管財人が、債務会社財産の管理処分権および業務遂行権を専有する（会更42条1項・72条1項）。多くの場合、管財人には利害関係のない弁護士が選任され、管財人型手続に期待される手続の透明性が確保される。しかし、事案によってはあえて債務会社の代表取締役等の取締役を管財人に選任する運用も存在し、かかる運用も、会社更生法が予定するところである（会更67条3項参照。更生手続のDIP型運用）。更生手続でありながらDIP型手続のメリットを活かすことができる。

　また、更生手続も再生手続と同様、事業の再建を目的とする再建型手続であり、手続中、債務者が事業を継続することを前提とする規律やこれを促進する規律が設けられている（管財人の事業経営権につき会更72条1項、管財人の競業の制限につき会更79条1項、開始時の未履行契約は継続するのが原則であることにつき会更61条2項・72条2項4号、事業継続の著しい支障回避のための少額の更生債権弁済制度につき会更47条5項後段、開始前の借入金等の共益債権化等の制度につき会更128条1項・2項など）。また、債務会社は、更生手続終了後も引き続き事業遂行主体として法人格が存続することを予定している。もっとも、再生手続の場合と同様、更生会社の事業の全部を第三者（スポンサー企業）に承継させ、更生会社自身は解散して清算する場合も少なくない（会社更生法がかかる場合があることを想定していることについて、会更185条1項参照。また、更生計画に基づく解散も可能である（会更178条））。

　また、更生手続においては担保権者による担保権行使も一般的に制限され（会更47条1項・50条1項）、更生計画に基づく弁済によることになるから、管財人は、手続中、特段の対応をしなくても担保目的財産を引き続き使用でき、事業継続に都合がよいが、その反面として、債権者の有する債権のみならず担保権についても、一般的に、調査、確定のための手続対象となり、担保権の目的財産の価額を決定する手続も用意され（会更153条1項）、重厚な手続となっている。なお、一般優先債権の行使も制限され、更生計画に基づき弁済されることとされている（会更138条1項2号参照）。

　更生計画には、担保目的財産の価額の範囲での各担保権者への弁済、一般優先債権の弁済、一般債権の按分弁済等に関して、それらの金額および時期、

並びに、弁済対象としない部分の債権について債務免除を受けること等が規定されるのが一般的である。更生計画は、法定の条件による担保権者および債権者等の多数決に基づく同意を取得し（会更196条）、裁判所による認可を経て効力を生じ（会更199条1項・201条）、管財人ないし更生会社がこれを履行することによって、事業再生が達成される。

更生手続は、株主の権利を手続の規制対象に含めており、その前提として株主の手続参加を認めている（会更165条1項。もっとも、更生会社が債務超過の場合には議決権が認められない（会更166条2項））。更生計画が認可されると、更生計画によって認められた権利等以外の株主の権利は消滅することとされている（会更204条1項）。また、更生手続においては、通常であれば株主総会決議等を経なければなし得ないさまざまな組織法上の行為を、更生計画の定めに基づいてなすことが認められる（会更173条〜183条参照）。

以上のとおり、更生手続においては担保権者や株主など、多様な利害関係人が手続対象に取り込まれており、その権利行使の方法や更生計画における権利変更の内容に関して種々の規制がなされている。すなわち、更生計画案の決議は、原則として、①担保権の被担保債権のうち担保目的財産の価額相当部分の権利（更生担保権）、②一般優先債権、③一般債権、④約定劣後債権、⑤残余財産優先株式、⑥それ以外の株式の各権利を有する者にクラス分けをして行うものとされ（会更196条1項）、可決要件もクラスや更生計画の内容によって異なるものとなっている（同条5項）。また更生計画の内容についても、①〜⑥のそれぞれの権利者間で平等でなければならず（会更168条1項）、異なる種類の権利者間について平時のプライオリティ・ルールを考慮して衡平な差を設けるべきものとされる（同条3項）。開始後の利息や開始後の不履行による損害金等の請求権は、③の範疇に分類されるが（会更2条8項）、弁済の場面で劣後的に取り扱うことが認められる（会更168条1項ただし書・136条2項1号〜3号）。

(4) 特別清算手続

特別清算手続は、解散した株式会社等（清算株式会社）を対象とする法的倒産手続であり、会社法の株式会社の編（第2編）、清算の章（第9章）に、通常清算の特則を定める形（第2節）で規定される清算型手続であり、同手

続の結了により債務会社の法人格も消滅した扱いとなる。特別清算手続はDIP型手続であり、債務会社は手続開始後も自身の財産の管理処分権を保有し、会社解散時等に会社法の規定に基づき就任した清算人ないし代表清算人が手続開始後も引き続き債務会社の代表機関となる。

　特別清算手続は、清算株式会社に関して、厳格な破産手続によることを回避して、清算人による自立的で簡易迅速柔軟な清算処理を可能とする目的で設けられた制度である。債権者の有する債権の金額および内容について債務会社と債権者との間で深刻な争いがない場合に利用されることを前提とし、債権調査確定手続が存在せず、また、手続開始後、債権者による個別的権利行使は禁止されるものの（会社515条1項）、債務会社は債権者に対する公告等の期間経過後は債権額の割合に応じた弁済（按分弁済）を随時に行うことが法的には可能であり（会社500条1項・537条1項参照。ただし実務的には協定の認可決定確定後、当該協定に基づき割合弁済するのが一般的である）、同じく清算型法的手続である破産手続と比較して簡易な手続構造となっている。

　特別清算手続においては、債務会社の債務のうち弁済対象としない部分について、協定に基づいて債務免除を受けることを前提としている。協定は、法定の条件による債権者の多数決による同意に基づく可決を得て、裁判所による認可、確定を経て、効力を生じる（会社567条・569条1項・570条）。協定が履行されると特別清算は結了し、清算の目的を達することになる。

　また、特別清算手続は株式会社が行っていた事業を清算するために用いるのが通例であり（事業についての清算型手続）、手続開始前にすでに債務会社の事業は廃止されており、あるいは開始後直ちに事業を廃止されることが多い。開始後に事業を継続することもあるが暫定的な措置であり、手続中に事業を廃止し、あるいは第三者に事業譲渡をして（会社536条1項参照）、手続終了時には債務会社は清算消滅することとなる。なお、手続中に事業譲渡がなされ、当該事業が第三者の下で継続する場合には特別清算手続が結果的に事業についての再建型手続となる点は、破産手続において述べたのと同様である。もっとも、特別清算手続は制度が簡易であり事業再建に適した制度が十分に備えられているとはいえず（担保権の実行手続等の中止命令制度は存するが（会社516条）、担保権の消滅制度までは設けられておらず、また、開始時に

未履行状態にある双務契約についての規律は設けられておらず平時の規律による対応による)、手続中に事業譲渡を実施するためのDIP型再建手続としては再生手続のほうが優れているといえるところである。

　以上は、特別清算手続において債権者の多数決による同意を得た協定に基づき債務免除を受ける場合、すなわち特別清算手続が当該債務会社の倒産処理手続の全部ないし主要部分を担う場合を前提に説明したが（いわゆる協定型）、特別清算手続には、もう一つ別の用途がある。特別清算手続外で債務会社の倒産処理案が実質的に成立・確定しておりその履行手段として特別清算手続を利用する場合、すなわち、特別清算の申立て時において、すべての債権者が、すでに債務会社に対し、その有する債権のうちの弁済額およびその余の額の免除について同意しており、債権者が当該債務免除による貸倒損失を、確実に法人税法上の損金に算入できるようにするため、債務会社について特別清算手続を実施し、裁判所の許可に基づく和解の履行として債務免除を実施することを目的として、特別清算手続を利用する場合である（いわゆる対税型ないし個別和解型）。具体的には、次にみる私的整理手続に基づいて債務免除を受ける段階で特別清算手続を利用する場合や、債務会社の親会社等が唯一の債権者として特別清算手続を申し立てる場合などがある。

　特別清算手続においては、担保権者は、原則として担保権の行使を制限されず（例外として会社516条参照）、一般の優先権がある債権の行使も制限されない（会社515条1項・3項・522条2項参照）。

　開始後の利息や開始後の不履行による損害金等の請求権や約定劣後債権については、一般債権（協定債権）と同じ範疇に分類されるが（会社515条3項）、「その他協定債権者の間に差を設けても衡平を害しない場合」として弁済の場面で劣後的に取り扱うことが認められるものと解される（会社565条ただし書）。

(5) 私的整理手続

　私的整理手続は、典型的には、法律に根拠をもたず裁判所が関与せず、債務者と債権者との間の合意に基づき進められる手続である。すなわち、手続対象である債権者が個別的権利行使を控えて手続実施に協力するか否かは、個々の債権者の意思に委ねられるから、対象債権者全員の同意があることが

手続が開始される前提となる。また、手続によって弁済を受けることができる金額、その反面として弁済を受けることができない金額が確定するのは、手続対象の債権者全員の同意があるときに限られる。

　ところで、事業再建を目的とする私的整理手続に関して、法律に、手続の実施主体となり中立的立場から債務者を監督する役割を果たす第三者機関についての資格ないし根拠規定を設け、当該機関の実施する私的整理手続を促進するさまざまな施策が設けられる場合がある（産業競争力強化法における事業再生ADR、中小企業再生支援協議会スキーム、株式会社地域経済活性化支援機構法におけるREVICスキーム等）。これらの第三者機関が実施する私的整理手続については、手続実施機関ないしその監督官庁等が、手続を利用できる債務者の要件、債権者による個別的権利行使の抑止（一時停止）の要件・手続、事業再生計画の内容的要件、その適正性の検証方法、債権者からの同意取得手続等について、あらかじめ準則を定めており、当該手続準則に従って手続が進められるが、いずれにしても対象債権者全員の同意がなければ、手続が進まず再生計画も成立しないことに変わりはない。なお、同じく事業再建を目的とし、第三者機関が関与せず、債務者およびメインバンク等の主要債権者が手続を主導するタイプの手続にかかる準則として、「私的整理に関するガイドライン」がある。

　また、特定調停手続は、特定債務等の調整の促進のための特定調停に関する法律に基づいて裁判所の関与の下に実施されるものであり、債権者の個別的権利行使を抑止する強制的制度も備えるが（特調7条1項）、弁済額および免除額の確定に対象債権者全員の同意が必要であることから、私的整理手続の一種と位置づけられる。

　私的整理手続は、対象債権者全員の同意を得られる限り、債務者は、法人、個人問わず利用可能であり、また事業の清算、継続のいずれを目的とすることも可能である。また対象債権者の範囲についても、対象債権者自身の全員による同意が得られるのであれば特段の制約はない（もっとも準則型手続ではこれらの事項について準則上の制約が設けられる）。事業再建を目的とする手続においては、一般債権者のうち商取引債権者を手続対象に含めず手続中も本旨弁済を行って債務者の信用不安が生じるのを回避して事業価値の毀損を

防ぎ、事業売却時の売却代金、ひいては対象債権者への弁済原資を高額に確保しつつ、金融機関債権者は担保権者も含めて対象債権者とする取扱いが、準則型手続における場合も含めて一般的である。このように一般債権者間で取扱いの不平等が生じても、本旨弁済を受けられない対象債権者全員が同意することが前提であるため、債権者平等原則への抵触は問題とならない。

このように私的整理手続は、対象債権者の自治の下に手続が進められるため、対象債権者の協力を得られる限り、手続を柔軟、迅速、低廉に進めることができるメリットがあるが、その反面として手続の透明性に欠けるきらいがあり（なお、準則型の私的整理手続は、法律の規定に根拠をもつ第三者機関が手続に関与することにより、手続の透明性が相当程度確保されるが、手続費用が相当高額になることがある）、また、対象債権者の中に一人でも強硬に手続に反対する債権者がいると手続が頓挫する脆弱性がある。またメリットとして、事業再生を目的とする場合には、私的整理手続中であることを取引債権者に知らせずに密行的に手続を実施して信用不安を回避できる点は重要である（ただし債務者が上場企業である場合は、私的整理手続の実施が適時開示事項に該当し密行性を貫けないことが多い）。

V　事業再生の手法と各種法的スキーム

事業再生は、どの倒産手続を利用して事業再生をするかという点とは別に、事業再生の手法と法的スキームについて複数のパターンがあるので以下考察する。

1　自主再建型再生とスポンサー型再生

事業再建の方法として、再建しようとする事業の経営権者の変更の有無の観点から、自主再建型再生とスポンサー型再生に区分できる。

自主再建型再生とは、従前から経営権を有する者が引き続き当該再建対象事業の経営権を保持する場合の再建手法のことであり、DIP型再生ともいう。これに対し、再建対象事業の主体の経営権を有する者が、従前の経営権者から交代する場合をスポンサー型再生という。

第1章 総　論

　自主再建型再生においては、債権者への弁済のための原資は、倒産手続後の事業活動からの収益によって捻出されるのが通常であるため、担保権者を含めた債権者への弁済は長期分割弁済となるのが一般的である。スポンサー型においては、第三者が対象事業の経営権を事業譲渡、会社分割、第三者割当増資などによって取得し、それと引き換えに債務者が事業譲渡等の対価ないし出資金を受け取ることとなるため、債権者への弁済は、当該対価等を原資として一括弁済されるのが一般的である。

　自主再建型再生をめざして倒産手続を実施する場合には、通常、（手続主体に関する）DIP 型倒産手続を採用することになる。管財人型手続において管財人は、債権者への一括弁済が可能であり、債権者の支持を得られやすいスポンサー型再生を志向するのが一般的であるからである。もっとも、スポンサーが見つからない事業においては、管財人が、従前の経営者に引き続き経営を担当させ、事業の収益を原資に債権者への長期分割弁済を行う場合もあり、この場合は管財人型倒産手続による自主再建型再生となる（モラルハザードの観点から従前の経営陣のうちオーナー一族のみ退任させ従業員出身者等のそれ以外の経営陣に株式を持たせて引き続き経営を担当させる場合もある）。スポンサー型再生をめざして倒産手続を実施する場合には、DIP 型倒産手続、管財人型倒産手続のいずれもがとられることがある。

2　事業再生の各種法的スキーム

　事業再生の際の法的スキームないしストラクチャーについて、再建対象事業を行う法主体が株式会社であることを前提に、主なものを説明する。

(1) 事業を行う法人に変更がない場合

　倒産状態に陥った当該事業主体と同一の法人が、引き続き再建対象事業を行う方針がとられる場合がある。

　当該法人が倒産状態を脱するための方法としては、債務の減免を得ることのほか、単に、債務の期限の猶予を得る方法（リスケジュール（リスケ））、債務の一部を株式化する方法（デッドエクイティスワップ（DES））、債務の一部に期限の猶予を与えたうえで劣後債務化する方法（デッドデッドスワップ（DDS）。破99条2項参照）などが存する。スポンサー型再生の場合は、債務

の減額と残額の一括弁済が行われるのが通常である。過剰負債が抜本的に整理され、事業再建後の収益のスポンサーへの全面的帰属が保障されることによって、スポンサーからより多くの弁済原資を引き出せるからである。他方、自主再建型再生を目的とする私的整理手続では、リスケのほか、DESやDDSが利用される場合が多い。これらにより債権者は、自主再建に成功した事業から一定の果実を得ることが期待でき、また当該果実を従来の経営陣（株主）が全面的に取得するモラルハザードの回避にもなる。

　債務者が債務の減免を受けつつ、当該法人が引き続き再建対象事業を行う場合の倒産手続としては、後述する税務上のリスク回避の観点から、更生手続、再生手続といった事業再建型の法的倒産手続が利用されることが多い。かかる場合の私的整理手続としては、第三セクターの事業再生のケースを中心に、特定調停手続の利用例が知られている。

　自主再建型再生の場合には、基本的に、当該法人について倒産状態を脱するための、債務減免等の手当てが施されたことをもって法的スキームとしては完結し、あとは、一般的には事業収益から、再建計画に基づく弁済を行うこととなる。他方、スポンサー型再生においては、債務減免等の手当てのほか、経営権者の変更すなわち株主の変更のための法的スキームが必要となる。無償ないし備忘価格による全株主からの株式譲渡による取得、または、いわゆる増減資の手続がとられることが多いが、確実性・迅速性の観点から後者の手続が好まれる。後者の手続は、具体的には、債務会社自身による債務会社の全株式の取得の手続と第三者（スポンサー）に対する新株発行等の手続からなり、いずれも株主総会の承認を得ることが必要となる（全部取得条項付種類株式の制度を使えば、株主全員の同意がなくても株主総会の特別決議により会社が発行済株式のすべてを強制的に取得することが可能である。会社171条以下）。もっとも更生手続や再生手続には、株主総会の承認を経ず、更生計画、再生計画に基づいて株式を取得したり新株発行等をしたりできるよう法律上の手当てがある（前記IV 2(2)(3)参照）。

　スポンサーはこのようにして経営権を取得することを前提に、融資金または出資金等の資金を当該法人に入金し、当該金員をもって債権者への弁済を実施する。

事業を行う法人を変更しない方針をとるメリットとしては、事業に必要な資産や許認可などについて、これを移転させたり、別法人で新たに取得したりすることについてのコストやリスクが存しない点をあげることができる。他方でデメリットとしては、スポンサー型再生の場合にスポンサー企業が雇用継続する従業員を選別したり雇用条件を変更したりしようとする場合に労働法上それらが認められないリスクを伴うことや、倒産手続において明らかにならなかった偶発債務が後に顕在化するリスクが存する点をあげることができる（なお、更生手続、再生手続を実施した場合においては、手続参加のない債権の失権効の規定（民再178条1項、会更204条1項）により偶発債務負担リスクが排除される。ただし再生手続における失権効は完全ではない（民再181条1項3号））。さらに、債務の減免を伴う私的整理手続において事業を行う法人の変更がないときには、債権者が貸倒損失を法人税法上損金に算入できないリスクが生じやすい。実務的には、法的手続時を含むスポンサー型再生の場合、および、自主再建型で債務の減免を伴う私的整理手続の場合には、上記デメリットが嫌われ、事業を行う法人を変更するケースのほうがはるかに多い。他方、法的手続により自主再建型再生を図るときは、むしろ上記メリットが重視され、事業を行う法人を変更しないのが一般的である。債務の減免を伴わない自主再建型の私的整理手続も同様である。

(2) 事業を行う法人に変更がある場合

倒産状態に陥った事業法人から、別法人に事業を移転させ、別法人において再建対象となる事業を行う方針をとる場合の法的スキームを説明する。この場合は、従前からの事業法人としては事業を廃止して債権者に対する弁済後に清算消滅するのが一般的であるが、かかる場合も事業再建の手続と位置づけられることに変わりはない（会更185条1項参照）。

この場合、まず、再建の対象となる事業を別法人に移転させるための法的スキームが必要となり、事業譲渡または会社分割の方法によるのが一般的である。一般には、契約関係の円滑な承継に有利な会社分割が好まれるが、スポンサー型再生の場合に承継する従業員を選別したり雇用条件を改めたりするときの労働法上のリスク回避等の観点からあえて事業譲渡が採用されることもある（この場合、譲渡会社でいったん解雇し、譲受会社で再雇用する形がと

V 事業再生の手法と各種法的スキーム

られる)。いずれにしても、会社法上要求される株主総会決議等の手続を履践することが必要となるのが通常であるが(会社467条1項・783条1項・804条1項)、更生計画に基づく事業譲渡または会社分割、再生手続上の裁判所の許可に基づく事業譲渡については、株主総会決議は不要となる(前記Ⅳ2(2)(3)参照)。

スポンサー型再生の場合は、対象事業をスポンサー企業に承継させたときに、債務会社はその対価を一括して取得するのが通常である。具体的には、事業譲渡代金、吸収分割対価、あるいは新設分割設立会社の株式譲渡代金等の形式で、事業対価を取得する。債務会社は当該対価を原資として債権者への弁済を早期に実施するとともに、弁済できなかった部分につき債権者から債務免除を受け、事業再生を早期に終了させ、清算消滅する。更生手続、再生手続を利用する場合は、債務会社は、更生計画、再生手続に基づいて債務免除を受け、その後、通常清算するのが一般的である。私的整理手続においては、債権者の貸倒損失が法人税法上損金扱いされないリスクの回避の観点から、いわゆる対税型ないし個別和解型の特別清算手続(前記Ⅳ2(4)参照)を実施して債務免除の効果を得て債務会社を清算するのが一般的である。

自主再建型再生の場合は、事業譲渡ないし会社分割により対象事業が別法人に承継される際に、あわせて、事業再生計画上、債権者に弁済すべき債務の総額も当該別法人に承継されるのが一般的である。資産とともにそれにバランスする形で負債も承継されることから、当該別法人から債務会社に支払われる事業承継対価が生じない(負債を承継することが実質的対価となる)のが通常である。また、自主再建型再生では、当該別法人の株式は、債務会社の経営陣(株主)が保有していることが前提となる。すなわち、従前の経営陣が対象事業を別法人へ承継させた後、引き続き当該別法人の経営を行うことによって自主再建型再生を実現する。当該別法人は、事業活動から生まれる収益金をもって債務会社から承継した負債を債務会社の債権者に弁済する。別法人へ対象事業を承継させた後の債務会社は、債権者から債務免除を受けて清算することになる。前述のとおり、自主再建型再生を法的手続によって行うときは、事業を行う法人を変更しないのが一般的であり、法人を変更するのは自主再建型再生を私的整理手続によって行う場合である。私的整理時

に、債権者の法人税法上の問題から個別和解型の特別清算手続をとる必要を生じるのは、前述の、スポンサー型再生を私的整理手続によって行う場合と同様である。

VI 法的倒産手続の相互関係

1 法的倒産手続の競合と優先ルール

(1) 優先ルールの原則的内容

　法的倒産手続においては、債務者自身あるいは債権者等の法定の申立権者による申立てがなされると、裁判所が手続開始要件を審理し、これを具備していれば手続が開始される。

　かかる制度の下では、複数の申立権者が、同一の債務者について別々の手続を申し立て、いずれの手続開始要件も満たす場合に、どの倒産手続を開始させるべきか、またある倒産手続が開始されている場合にも新たに別の倒産手続の開始申立てを許すのか、許す場合にはどのような要件で新たに申し立てられた手続への移行を認めるのか、といった各倒産手続の相互関係が問題となる。

　実務的には、再生手続を利用して自主再建型再生をめざす債務者に対し、更生手続を利用してスポンサー型再生をすべきものとする債権者あるいは破産手続を利用して事業を清算すべきものとする債権者が対立する場面で、債務者と債権者の申立てが競合したり、一方の申立てにより手続が開始された後、他方が別の倒産手続を申し立てたりする場合が存在する。

　この点について現行の各倒産法の規律は、結論的には、原則として更生手続、再生手続、特別清算手続、破産手続の順に優先して、手続を実施すべきものとしている。すなわち、ある倒産手続が開始された場合に、それより劣位にある手続を新たに申し立てることはできないが、それより優位にある手続を申し立てることは可能であり、当該申立てに基づき優位な手続が開始されると当初の手続は中止または失効することになっている（会更41条1項2号・50条1項、民再25条2号・39条1項、会社514条3号・515条1項。例外とし

て、破産手続が開始された後には特別清算手続開始申立てはできない。会社512条1項ただし書前段・515条1項かっこ書参照）。いずれの手続も開始していない状況下で複数の手続が申し立てられたときも、原則として、優先順位の高い手続が開始されるべきものと解されている。

(2) 劣位手続によるほうが債権者の一般の利益に適合するとき

もっとも、この優先ルールには重要な前提がある。すなわち、係属している劣位手続によるほうが「債権者の一般の利益に適合するとき」には、この優先ルールは適用されず、優位手続を開始することはできないもの（優位手続の申立棄却事由）とされているのである（会更41条1項2号、民再25条2号。なお、会社514条3号では「特別清算によることが債権者の一般の利益に反することが明らかであるとき」に特別清算を開始できないものとされているが、「破産手続によることが債権者一般の利益に適合することが明らかであるとき」とほぼ同義と理解してよいものと思われる。実質的に他と異なる点は、劣位手続である破産手続が係属して（申し立てられて）いなくても比較の対象となる点、および、債権者一般の利益適合性が「明らかである」ことが要求される点である）。

債権者の一般の利益に適合するときとは、基本的には、その手続によるほうが倒産手続開始前の原因に基づく債権を弁済するための原資を多額に確保できる見込みがあることをいうものと解される。なお、この要件につき、再生手続と破産手続が競合する場面を念頭に、清算価値保障原則の一内容として説明する見解が多いが、倒産手続の競合場面は当該場面に限られないことからも、競合する各倒産手続における弁済原資確保見込額の比較の問題ととらえるのが適切であろう。弁済原資の確保見込額の算出にあたっては、否認権制度をもつ倒産手続では否認権の行使による債務者財産の増加、相殺権の行使期間の制限が厳しい倒産手続では相殺を免れることによる債務者財産の増加、管財人型手続では管財人報酬の支出による債務者財産の減少等を考慮すべきである。また、先行する倒産手続がかなり進捗した後に優先順位の高い倒産手続が申し立てられ場合には、遅れて申し立てられた手続で確保できる弁済原資の見込額の算出の際に、弁済時期が遅れることや倒産手続期間が長引くことによる不確実性リスク（たとえば支援を表明していたスポンサーの撤退による信用低下リスク等）などを減額的な考慮要素とすべきであろう。破

産手続における弁済原資の確保見込額は、通常は、廃業後の資産売却を念頭に算出すべきだが、例外的に破産管財人による事業継続・事業譲渡が可能と見込まれる場面では、想定される事業譲渡代金に基づいてこれを算出すべきである。

また、競合する両手続における計画案等の作成・可決、認可等の見込みの差の有無・程度といった事情も、債権者一般の利益適合性の判断にあたり考慮すべき事情にあたるものと解される。たとえば再生手続と更生手続が競合した場合に、再生手続によれば特殊事情により弁済原資の確保見込額の点で更生手続より優れた自主再建型の再生計画案を策定可能である場合には原則として再生手続が債権者一般の利益に適合しているといえるが、かかる場合でも、多数の一般債権者の現経営陣に対する反発が強く頭数要件との兼合いで計画案の可決の見込みに疑念があるといった事情があるときには、これを根拠に更生手続を開始すべきことがありうる。なお、計画案等の作成・可決、認可等の見込みがないこと等が明らかであるときはそのこと自体により申立ては棄却される（会更41条1項3号、民再25条3号、会社514条2号。当該棄却事由は競合して申し立てられている倒産手続が存在しなくても問題となる）。

(3) 優先ルールの根拠

倒産手続の競合時の優先ルールは、前述のとおり、劣位手続が債権者一般の利益に適合する場合を除き、更生、再生、特別清算、破産の各手続の順で優先するというものであるが、この優先ルールは、原則として、清算型手続より再建型手続が優先し、同種手続内では一般手続より特別手続が優先するという考え方に基づいているといえる。

このうち、原則として再建型手続が清算型手続に優先するものとされることの根拠としては、①事業継続後に事情の判明により清算型に移行することは容易であるが、いったん清算型を選択した後に事業継続に方針変更するのは困難であるので、当初から清算型を選択するのはそれがふさわしいものと認められるときに限られるべきこと、②事業継続は債権者以外の利害関係人にも利益をもたらし社会経済的にメリットが大きいことから、債権者一般の利益が同等であるならなるべく事業継続が図られるべきこと、などを指摘しうるところである。

また、再建型手続において、再生手続より更生手続が優先するのは、大規模組織であることが予定される株式会社において、事業再建を図る場合には多くの利害関係人との調整が必要となることから、特別法においてそれに適した厳格かつ強力な手続を用意した以上、これを優先させるのが妥当であると考えられることを根拠としてあげることができるであろう。また、清算型手続において、破産手続より特別清算手続が優先するのは、清算株式会社に関して、厳格な破産手続によることを回避して、清算人による自立的で簡易迅速柔軟な清算処理を可能とする目的で、清算手続の特則をあえて用意したからであろう。

2 破産手続以外の法的倒産手続における計画等の認可要件等と破産手続との関係

(1) 債権者の多数決による計画案等の否決と破産手続への移行

破産手続以外の法的倒産手続が選択された場合には、一般債権者への比例弁済の実施の前提として、当該比例弁済額や債務者が債権者から免除を受ける金額を定める計画案等（更生手続における更生計画案、再生手続における再生計画案、特別清算手続における協定案）について、債権者の所定の多数決による同意を得る手続の実施が必須となっている。債権者の多数決による同意を得られなかったときは、後記(2)で述べる場合を除き、当該計画案等は効力を生じることなく当該倒産手続は廃止（終了）され、その後、裁判所が職権で破産手続開始決定をなし（民再250条1項、会更252条1項、会社574条2項）、あるいはその他の方法により破産手続に移行することが予定されている。なお、計画案等の否決以外の理由で手続が頓挫した場合も破産手続への移行が予定される。

このように、破産手続以外の法的倒産手続において債権者の多数決による意思決定が重視されるのは、形式的には、破産手続以外では、弁済を受けられない債権の部分について債権者が債務免除をするという、債権者に不利益な権利変更が計画等の内容に含まれており、債権者がこれに拘束される正当化根拠として多数意思の同意が必要であると考えられるからである（債権者と債務者との間の集団的和解理論）。これに対して破産手続は、強制執行手続

と同様、債務者財産の換価金を原資に債権者への按分配当をするのみであり、債権者の権利自体は何ら変更されない（なお、個人債務者の破産の場合にはその後免責されるのが通常であるが、破産手続とは別途の手続による結果である）。

　また、実質的根拠としては次の点を指摘できよう。すなわちまず、事業再生の計画等に示されている弁済案の弁済原資の確保が確実ではなく一定のリスクを伴うとき、典型的には、再建型手続においてその後の事業収益を原資に弁済を実施するタイプの計画案の賛否が問われているときは、かかる計画案は当該再建対象事業につき債権者に清算配当相当額の再投資を提案するものにほかならず、投資実施の可否はリスクとリターンを踏まえた投資者の自主的判断によるべきことは明らかであるから、債権者による意思決定が結果を左右するのは当然である。もっとも、再建型手続においても、事業譲渡等が実施済みであること等により債権者の多数決の時点で弁済原資を確保済みないし確保確実であり、もはや投資判断的要素を含まない場合がある。また、特別清算手続でも弁済原資を確保した後に債権者の多数決が行われるのが通常である。しかし、かかる場合にあっても、債務者等の財産管理ないし業務遂行の適切性に関して疑念を有する債権者が、破産手続に移行して破産管財人による否認権や役員に対する損害賠償請求権の行使等を通じて弁済原資の増殖を図りたいと考える、あるいは弁済原資の増殖が仮に期待できなくても破産コストをかけて事実関係を明確にしたいと考えるときには、そのような多数意思が尊重されるべきであろう（なお、再生手続等の他の手続から破産手続に移行する場合、事情に精通した、当該再生手続等における管財人や監督委員が破産管財人に選任されるのが効率性の観点からの一般的実務運用であるが、否認権行使や役員に対する損害賠償請求権の行使に関して管財人や監督委員の見解が多数派債権者の見解と異なっていると考えられる場合、さらには、管財人等の職務遂行の適切性への債権者の疑念が主因となって計画案が否決されたものと考えられるような例外的な場合には、従前の手続に関与のない者が破産管財人に選任されるべきであろう）。

　これに対し破産手続は、第三者的立場の破産管財人が、事業再生業務よりは相対的に裁量の幅の少ない清算業務を行うことから、職務遂行に対する疑念も生じにくく、破産配当案や収支計算報告について債権者の多数決による

同意を要求する必要性に乏しいといえる。さらには破産手続において仮に債権者による多数決制度を導入しても、配当案の否決後に事後を引き取る受け皿の手続が存在しない。破産手続こそが他の倒産手続で扱えなかった債務者を扱う究極の手続に位置づけられているのである。

(2) 債権者の一部の組が計画案等に不同意である場合と権利保護条項の設定による認可

更生手続においては、更生担保権、一般優先権ある更生債権、一般の更生債権、約定劣後更生債権等の各種類の権利ごとに組み分けして更生計画案の決議をするのが原則であり（会更196条1項）、一つの種類の権利を2以上の種類の権利に細分化して組み分けすること等も認められる（同条2項）。再生手続においても、約定劣後再生債権の届出がありその者が議決権を有する場合には、一般の再生債権と約定劣後再生債権を組み分けして再生計画案の決議を行う（もっとも、約定劣後再生債権者が議決権を有する場合は、開始後の利息、損害金等も含めた他の再生債権の全額が弁済される前提に立つ場面であり、かかる場合は極めて稀である（民再87条3項））。

このように複数の組で計画案の決議を行うときは、すべての組で所定の多数決の同意を得ることにより可決要件を満たすことになるものであるが、一部に不同意の組があるときに、裁判所は、直ちに計画案を不認可にするのではなく、計画案を変更して当該組の債権者を保護するための条項（権利保護条項）を定めて、計画案を認可できるものとされる（クラムダウン（会更200条1項、民再174条の2第1項））。なお、不同意の組がある場合に、当該組についての条項がすでに権利保護条項の内容を満たしているときは、裁判所は、権利保護条項を設けるまでもなく更生計画案を認可できるものと解される[3]。また、不同意の組があることが事前に明らかである場合には、計画案の提出者が裁判所の許可を得て権利保護条項を事前に設定する制度も存する（会更200条2項、民再174条の2第2項）。

権利保護条項とは、具体的には、更生担保権者については、その更生担保権の全部を存続させ、またはその担保権の目的である財産を裁判所が定める

---

3 東京高決昭和56・12・11判時1032号124頁、兼子一監修『条解会社更生法(下)』648頁。

公正な取引価額（売却を前提とする以上、継続事業価値ではなく清算価値での評価であると解される）以上の価額で売却し、その売得金から売却費用を控除した残金で弁済する等の条項であり、一般債権者等については、破産手続が開始された場合に配当を受けることが見込まれる額を支払うこと、その他これに準じて公正かつ衡平に当該債権を有する者を保護すること等の条項である。

このクラムダウンの制度は、一部の組で同意が得られない場合に、他の組で同意が得られているにもかかわらず、常に再建を断念しなければならないとするのは、再建の見込みある債務者の再建を図る法目的に照らして妥当でないこと、この制度による場合に少なくとも不同意の組の債権者については債権者の多数の意思に反して不利益な権利変更がなされることになるものの、権利保護条項により債権者の有する権利の実質的価値（清算価値）が保障されることから不当とはいえないことを根拠とするものである。

クラムダウンの制度については、計画等の認可要件において計画等の清算価値保障が要求されていること（後記(3)(4)参照）との関係が明らかではないとの問題も指摘されるが[4]、権利保護条項の具体的内容について、計画等の認可要件と区別された機能を果たすように解釈することは可能であり、またそうあるべきである。すなわち、クラムダウン制度は、当該組の多数の債権者が計画案等に反対しているにもかかわらず、権利保護条項により清算価値が保障されることを根拠に当該組の債権者に権利変更を実施する場面であるのだから、権利保護条項は、問題となる組の個々の債権者ないし担保権者の全員が破産手続において配当を受けあるいは別除権を行使して回収できる各人の見込額をそれぞれ上回る内容になるように定められるべきであるし、また、長期の分割弁済を定める権利保護条項は、債権者に再生事業への投資リスクを実質的に負担させることになるので、破産時の予想配当額の弁済が確保されるのみでは足りず、相応のリスクプレミアムが上乗せされた金額を支払う必要があるものと解すべきである。また、認可時の清算価値が手続開始時のそれを上回っているような事案では、権利保護条項は、認可時（ないしでき

---

4 松下淳一「一部の組の不同意と権利保護条項」判タ1132号239頁。

る限りそれに近接した時期）の清算価値を基準にしたものであるべきであろう。

 (3) **債権者の多数決による計画案等の可決があっても計画等の認可が認められない場合**

　破産手続以外の法的倒産手続における計画案等が債権者の所定の多数決による同意を得て可決されたにもかかわらず、計画等が認可要件を満たさないとして裁判所がこれを認可しない場合がある。認可要件については、認可のための積極要件（認可事由）として定め、当該事由が認められたときに限り裁判所が計画等を認可するものとするしくみをとる積極要件主義と、消極要件（不認可事由）として定め、当該事由が認められない限り計画等を認可しなければならないしくみをとる消極要件主義がある。再生手続、特別清算手続においては当事者自治が重視され、消極要件主義がとられるのに対し、更生手続は、幅広い利害関係者の利益を慎重に保護する役割を裁判所に期待して積極要件主義が採用される。

　再生手続等では不認可事由として①手続または計画等が違法でありその不備を補正できない場合（手続の違法が軽微なときを除く）、②計画等が遂行される見込みがないとき、③計画等の決議が不正な方法によって成立するに至ったとき、④計画等の決議が債権者の一般の利益に反するときが定められる（民再174条2項1号～4号、会社569条1項1号～4号）。④は、決議された計画等の内容が、仮に債務者に破産手続が開始されたとした場合に配当を受けることが見込まれる額の水準（清算価値）に達していないことを意味するものである。

　更生手続は六つの認可事由が法定されるが、このうち三つは①～③の消極要件に対応する積極要件であり（会更199条2項1号・3号・4号・3項・4項）、また、「更生計画の内容が公正かつ衡平であること」（同条2項2号）の認可事由は④の消極要件に使われている「債権者の一般の利益」という表現とは異なるものの、担保権者や株主など一般債権者以外の利害関係人をも含めて、破産時に確保されることが見込まれる利益の保障原則を規定する表現であるものと理解すべきである。[5] 残る認可事由（同条2項5号・6号）は、いずれも

5　園尾隆司ほか編『条解民事再生法〔第3版〕』917頁〔三木浩一〕。

②に対応する認可事由（同条3項3号）を特に具体化したものと理解できる。

これらの認可要件は、計画等の可決を得るまでの手続の公正や計画等の内容の適正に関する最低条件にかかわるものであり、計画等に効力を生じさせるための前提条件である。これらの認可要件を一つでも欠く場合には、反対する少数債権者の利益を保護するため（あるいは倒産法上の公序を維持するため）債権者の多数意思に反して計画等を認可せず、破産手続に移行することになる。なお、更生手続、再生手続において①②④の事由に相当するものについては、裁判所が計画案を債権者等の決議に付す決定をするための要件（付議要件）にもなっている。

このうち④の要件の具体的内容につき議論があるので、項を改めて論じる。

(4) 清算価値保障に係る認可要件

多くの見解は、計画等の決議に反対した債権者に対しても計画等の内容を強制できることの正当化のためには、計画等に基づく個々の債権者への弁済額が仮に破産手続が行われたとしたときの当該債権者の予想破産配当額をそれぞれ上回っていることが不可欠であるとし、これを清算価値保障原則の本質的内容ととらえ、この認可要件は同原則を規定したものとみる。さらにかかる意味での清算価値保障に欠ける計画等は憲法上の財産権の侵害として違憲の問題を生じるとする有力説も存する。[6]

しかし、多数債権者が計画等を支持している中で、裁判所が少数の反対債権者の意向を酌んで計画等の効力を否定するには、ごく一部の債権者にとって計画等の弁済額が予想破産配当額を下回っているだけでは足りず、「債権者一般」にとって破産手続によるほうが利益になるものと評し得なければならないものと解するのがむしろ法律の文言にも適合し、合理的であるように思われる（憲法論との関係は後述する）。すなわちこの認可要件は、債権者一般の見地から、計画等に基づく弁済を受けるより、破産手続に基づく弁済を受けたほうが経済合理性にかなう場合に、反対債権者の利益保護のために破産手続に移行させるための要件であるものととらえられる。この考え方によれば、計画等において少額債権者や内部債権者と他の一般債権者との間に衡

6　山本和彦『倒産法制の現代的課題』61頁～632頁。

平な差を設けた結果、計画等の弁済額が予想破産配当額を下回る債権者が一部に存在することになったとしても、計画等に基づく弁済総額が予想破産配当総額を上回っている限り計画等の認可が許される。また、計画等の弁済総額が認可時点基準の予想破産配当総額を下回っている場合であっても、開始時点基準の予想破産配当率を上回っている限り計画等の認可が許されるものと解すべきである。開始時点において、破産手続ではなく当該手続が選択されたことに経済合理性が存したのだから、当該手続に基づき弁済を実施する正当性は失われないというべきだからである（なおこれら諸点につき権利保護条項に関してはそのように解さないことにつき前記(2)参照）。計画等による弁済が長期分割弁済であるときには、分割弁済総額から相当な中間利息を控除した額をもって予想破産配当総額と比較すべきであろう。

また、この清算価値保障に係る認可要件は、必ずしも、事業継続中の債務者に限られず、特別清算会社や全部の事業をスポンサーに譲渡済みの再生会社等についても問題になるものであり、要するに破産手続以外の倒産手続における計画等について、破産時との比較の観点からその経済合理性を検証する趣旨のものととらえられる（破産価値保障と表現したほうが正確である。なお、前記Ⅱ2(4)の、倒産手続中の債務者（ないし管理処分権者）が事業を継続するための条件としての清算価値保障原則は、現に事業を行っている債務者（ないし管理処分権者）についてのみ問題となるものであり、事業を継続する場合であれば破産管財人にも妥当するものととらえられ、適用場面が異なることが留意されるべきである）。

Ⅶ　倒産手続と憲法

1　前　説

　憲法は「国の最高法規」であり、憲法に反する法律等は効力を有さない（憲法98条1項）。法的倒産手続に関する規律は破産法等の法律に規定されるものであり、当然のことながらその規律内容は憲法に適合していなければならないが、かかる憲法適合性の判断はどのようにして行うのかが問題となる。

第1章 総　　論

　法律が憲法に適合しているといえるためには、当該法律が、人権規定を中心とするすべての憲法規定に違反していないことを要するが、倒産法は、おおむね、利害関係人の財産上の法律関係を規律する実体規定と、裁判所が主催する、申立てから終了に至るまでの手続事項を規律する手続規定からなるものであり、これに対応して、主として問題となる人権規定としては、実体規定については財産権（憲法29条）が、手続規定については裁判を受ける権利（憲法32条）、裁判の公開原則（憲法82条1項）がそれぞれ該当するものといえよう。したがって以下では、これらの憲法規定を中心に倒産法上の規律の憲法適合性を検討する。

　なお、私的整理手続については、利害関係人全員の合意に基づいて倒産処理手続が実施されるところ、一般に、私人間の合意に憲法が直接適用され違憲とされることはないものと考えられており、憲法問題は原則として想起されない。

2　財産権（憲法29条）

　各種人権のうち公権力からの自由を本質的内容とするもの（消極的権利）について、ある規制がこれを侵害しているか否かの判断は、論理的には、当該人権における自由の保障範囲を確定し、当該規制が当該保障範囲の自由を制約するものであるか否かを判定したうえで、人権の当該制約が憲法上許容されるのかを合理的理由づけをもって判断するという各段階を踏んでいるはずであるが、多くの検討場面では自由権の保障範囲を憲法文言上不自然にならない程度に最大限広めにとり、当該規制がその人権を制約していること自体はさほど問題とせずにひとまず前提としつつ、当該人権制約が憲法上許容されるかをどのような判断定式に基づいて判断するのか、当該判断定式によって当該制約は憲法上許容されるのか、といった点を中心的に議論するのが、憲法上の人権規定の解釈のオーソドックスなスタイルであり、合理的であるように思われる。しかし財産権については、憲法が、29条1項において「財産権は、これを侵してはならない」としつつも、2項において「財産権の内容は、公共の福祉に適合するやうに、法律でこれを定める」と規定しており、公共の福祉適合性という留保の下で憲法上の財産権の保障範囲が法律によっ

て定まるかのごとくの条文構造となっている点に他の人権と異なる特色があり、その理解の仕方について種々の議論が生じている。もっとも、憲法学説は、私人が現に有する財産について新たな立法規制がなされる場合と、私人が当該財産を取得する時点ですでに当該立法規制があることを前提としていた場合とを区別することなく、当該立法による「財産権」の制約が憲法上許容されるか、すなわち当該制約が「憲法29条2項にいう公共の福祉に適合するものとして是認されるべきものであるか」（森林法違憲判決[7]）という点を、司法審理の対象とすることを一致して認めているように思われるから、少なくとも結果的には財産権も他の人権と同様に、その人権としての保障範囲を最大限広めにとったうえでその制約の合憲性を判断しているものにほかならないものと思われる。したがって、倒産法が、ある利害関係人にとって、平時の民事実体法の規律に照らして不利益な規律を設けるときは、当該倒産法の規律は、当該利害関係人の財産権を制約するものとして、当該制約が憲法上許容されるものであるかを判断すべきことになるものと思われる。

そこで財産権の制約に対する合憲性の判断方法が問題となるが、森林法違憲判決や証券取引法インサイダー取引規制判決[8]に代表される判例は、抽象論としては「規制の目的、必要性、内容、その規制によって制限される財産権の種類、性質及び制限の程度等を比較考量して」判断すべきものとしている。もっともこのうち森林法違憲判決は、当該判断定式を採用しつつ、「共有物分割請求権は、各共有者に近代市民社会における原則的所有形態である単独所有への移行を可能ならしめ、右のような公益的目的をも果たすものとして発展した権利であり、共有の本質的属性として、持分権の処分の自由とともに、民法において認められるに至ったものである」と判示し、森林法が共有森林につき持分2分の1以下の共有者による共有物分割請求権を否定する財産権制約につき、立法目的達成のための手段として必要性・合理性が認められないとして違憲である旨判断した。そこでは、共有物分割請求権が、憲法の保障する財産権の本質にかかわる権利であるとの理解があり、かかる本質的権利を制約する場合には、比較考量にあたって規制の必要性、規制内容の

---

7 最大判昭和62・4・22民集41巻3号408頁。
8 最大判平成14・2・13民集56巻2号331頁。

合理性が具体的に論証されるべきことを要請しているようにも思われる。

　共有物分割請求権以外の、財産権の本質にかかわる権利としてどのようなものがあるかについて、憲法学上それほど解明が進んでいないようであるが、倒産法上の規制との関係で、少なくとも、意思に反して財産管理処分権を奪われない債務者の権利や、債務免除・免責を強制されない債権者の権利は、いずれも近代市民法の大原則である私的自治・意思自由の原則の内容ないし帰結といいうるものであり、本質的な権利というべきであろう。これを制約する法規定については当該制約の正当化根拠が具体的に説明されるべきこととなる。この点に関連する判例としては、時期が若干古いものであるが、最大決昭和36・12・13民集15巻11号2803頁が破産免責制度につき「その制度の目的とするところは、破産終結後において破産債権を以って無限に責任の追及を認めるときは、破産者の経済的再起は甚だしく困難となり引いては生活の破綻を招くおそれさえないとはいえないので、誠実な破産者を更生させるために、その障害となる債権者の追求を遮断する必要が存する」とし、免責不許可制度や非免責債権の制度等により免責の効力範囲が合理的に規制されていることも指摘し、「免責の規定は、公共の福祉のため憲法上許された必要かつ合理的な財産権の制限である」と判示した。また、最大決昭和45・12・16民集24巻13号2099頁は更生債権者等の個別的権利行使の禁止、更生計画による権利変更等の会社更生法の諸規定につき、会社更生法の目的を「企業を破産により解体清算させることが、ひとり利害関係人の損失となるに止まらず、広く社会的、国民経済的損失をもたらすことがあるのにかんがみ、窮境にはあるが再建の見込のある株式会社について、債権者、株主その他の利害関係人の利害を調整しつつ、その事業の維持更生を図ること」ととらえることを指摘し、さらに「更生手続が裁判所の監督の下に、法定の厳格な手続に従つて行われること」、「更生計画は、改正前の法198条以下の綿密な規定に従つて関係人集会における審理、議決を経たうえ、さらに裁判所の認可によつて効力を生ずるものとし、その認可に必要な要件を法233条以下に詳細に定めるなど、公正かつ衡平に前記目的が達成されるよう周到かつ合理的な諸規定をもうけている」ことなどを指摘して、上記諸規定が「公共の福祉のため憲法上許された必要かつ合理的な財産権の制限を定めたものと解する

のが相当」としている。これに対し、最判平成17・11・8民集59巻9号2333頁は、根抵当権設定行為が旧会社更生法78条1項1号に基づき否認され、財産権を侵害されたとの主張について、「同号の規定が憲法29条に違反するものでないことは、当裁判所の判例……の趣旨徴して明らかである」とのみ判示して、財産権侵害の主張を簡単に退けた（なお、引用判例は前掲最判昭和45・12・16と証券取引法インサイダー取引規制判決である）。意思どおりの法律効果が与えられるべきだという契約当事者の利益は、近代市民法の原則に根差した財産権の本質にかかわる権利といいうるところであるが、他方で無資力者との契約の効力が覆されうるとの否認制度も、ローマ法以来の伝統を誇り、倒産法のみならず平時実体法にも同趣旨の制度が取り入れられていることからすると、否認制度それ自体も、近代市民法原則の一部として財産権の本質の内容を形づくるものであり、財産権の本質を制約する制度とまでは位置づけられないものであろう。したがって、規制の正当化のために詳細な比較衡量までは要しないものと考えてよいものと思われる。

　ところで、憲法上の財産権の本質にかかわる権利としてはさらに、倒産手続において債権者が比例弁済を受けられるべき権利（債権者平等原則）がこれにあたるものというべきであろう。債権者平等原則は、債務者の総財産は債権者の共同の担保であるとの考え方の下、ローマ法以来普遍的に妥当し実践されてきた法原則であり、また、債権が債務者に対する人的請求権であり債務者の財産ではなく自由意思に向けられていることを論拠とする合理的なものだからである。したがってたとえば仮に倒産法を改正して、事業再建型の法的手続において一定の商取引債権を優先的に扱う旨、あるいは破産手続において債務者と一定の範囲の親族等の内部者の有する債権を他の一般債権より劣後的に取り扱う旨の規律を設けるとした場合には、平時の民法等や民事執行法上のプライオリティ・ルールに照らせば平等に取り扱われるはずの債権者を平等に扱わないことについての必要性・合理性が具体的に根拠づけられなければ、かかる財産権の制約の合憲性が裏づけられないものというべきであろう。

　このことに関連して問題となるのは、清算価値保障原則についての有力説が、破産手続以外の倒産手続において、仮に破産手続が行われたとしたとき

の当該債権者の予想破産配当額と同額以上の弁済を受けられる権利を人権としての財産権の内容ととらえ、しかもかかる予想破産配当額と同額以上の弁済受領権の制約を正当化の余地なく直ちに違憲とする（絶対制約不可侵な権利とする）がごとくとらえる点である（前記Ⅵ2⑷）。しかしかかる有力説の見解には異論がありうるように思われる。上記のとおり、債権者平等原則を憲法上の財産権の本質にかかわる権利であるととらえる本編の立場からも、憲法の財産権の解釈から、破産法その他の倒産法にどのようなプライオリティ・ルールを設けるべきかについて一義的な解を導くのは困難であり、ルールの定め方について憲法上許容される一定の幅があると考えるのが妥当なものと考えられる。すなわち、現行破産法のプライオリティ・ルールは、平時の民法・民事執行法等におけるそれに忠実な内容となっているところであるが（もっとも劣後的破産債権の規律（破97条等）や双方未履行双務契約の履行選択時の相手方の債権の財団債権化（破148条1項7号・8号）等、平時ルールの反映だけでは必ずしも説明のつかないプライオリティ・ルールも含まれている）、そもそも、現行の民法、民事執行法を改正して現在と異なる平時のプライオリティ・ルールを設けることも憲法は許容しているほか、現行破産法を改正して平時のルールとの差を種々設けることも必要性・合理性が認められる限り憲法上許容されるというべきである。したがって、憲法が、現行破産法に基づいて算出される予想破産配当額以上の弁済を、他の倒産手続において絶対的に確保するよう義務づけているとみるべき根拠はなく、たとえば当該他の倒産手続における当該債権者に対する弁済額が現行破産法に基づく予想破産配当額未満となることについて、その必要性・合理性が認められるならば、計画条項における衡平な差の設定（民再155条1項、会更168条1項、会社565条）の範囲内のものとしてかかる弁済額を定める計画条項が憲法解釈上も当該倒産法解釈上も許されるものと解される。

3　裁判を受ける権利（憲法32条1項）等

　法的倒産手続は、裁判所が主催する、私人の権利義務にかかわる手続であることから、裁判手続にかかわる憲法上の権利との関係が問題となりうる。
　破産宣告（現行法の破産手続開始決定）や免責決定を、公開の法廷による口

頭弁論を経ずに行うのは憲法82条および32条に反するかが問題となった事案で、判例は、憲法上公開要請が及ぶのは当事者の主張する実体的権利義務の存否を確定することを目的とする純然たる訴訟事件についての裁判に関するものであり、破産宣告や免責決定は本質的に非訟事件の裁判であるから、憲法に違反しないとした[9]。

　もっとも、性質上非訟手続とされる場合に、その手続の適正についておよそ憲法の保護が及ばず立法政策に委ねられるものと解するのは妥当でなく、憲法32条の「裁判を受ける権利」の内容として、当事者ないし利害関係人に自己の権利義務に関する主張・立証の機会確保等の手続的権利が憲法上保障されているというべきであり、手続保障が不十分な場合に違憲問題を生じるものと解すべきであろう。

　この関係で問題となるのは、破産手続と株主の権利との関係である。会社の株主の権利は、破産手続の開始により直接的には何ら制約を受けるものではないが、破産手続開始は会社の解散事由とされており（会社471条5号・641条6号）、破産手続の終了によって会社の法人格は消滅し株主権も消滅することになる。会社法は、会社の解散が株主権に及ぼす影響の重大性から、破産手続開始と解散命令の裁判により解散する場合を除き、定款規定または株主総会の特別決議（持分会社にあっては総社員同意）に基づかなければ解散されないしくみとしているところである（会社471条・641条）。したがって、株主は会社の法人格ひいては株主権を存続させることについて法的保護に値する利益（実体的権利）を有しているものであり、裁判所が、株主の手続的関与をいっさい排除して、破産手続開始についての裁判手続（解散命令についての裁判手続も同様である）を行い、破産手続開始要件の存否や開始手続の適法性について株主が争う手続的機会をいっさい奪うならば、株主の有する憲法上の手続的権利が侵害されることになるように思われる。したがって、破産手続開始決定に対する株主の即時抗告申立権を否定する立法がなされれば、株主の裁判を受ける権利を害するものとして違憲の問題を生じるものと解され、かかる観点から、現行破産法33条1項・9条の即時抗告権者（「利害

9　最大決昭和45・6・24民集24巻6号610頁、最決平成3・2・21金商866号26頁。

関係を有する者」)に株主が含まれないとする裁判例[10]やこれを支持する学説の法解釈論は妥当でないものと解される。

4 その他の人権規定等

倒産法との関係で問題となる人権規定は、財産権や裁判を受ける権利等に限られるものではない。たとえば、倒産債務者は倒産手続中、財産面以外にも、居住に係る制限(破37条1項)、引致(破38条1項)、破産管財人による郵便物等の管理・閲覧(破81条・82条)等の種々の規制を受ける。これらの規制に対応して、居住・移転の自由(憲法22条1項)、逮捕・抑留等に係る権利(憲法33条・34条)、通信の秘密ないしプライヴァシーの権利(憲法21条)等の人権規定への適合性が問題となりうるものである。紙幅の関係で本書では取り扱わない。

---

10 大阪高決平成6・12・26判時1535号90頁。

第2章
私的整理・特定調停

第1節　私的整理

I　私的整理総論

1　私的整理とは

(1)　私的整理の意義

　「私的整理」は、通常、倒産処理の手段と考えられているが、一般的な法律上の定義は存在せず、平成22年改正後の中小企業倒産防止共済法2条2項3号が、共済金支払事由としての倒産の概念に含まれるべき私的整理を、「過大な債務を負っていることにより事業の継続が困難となっているため債務の減免又は期限の猶予を受けることを目的とするものと認められる手続」と定義しているにとどまる。

　経済活動を民間の自由な競争に委ねる場合には、不可避的に新たに競争に参加する事業者と退場する事業者とが生まれる。債務超過や支払不能に陥った結果、競争社会からの退場を余儀なくされる事業者が経済活動をやめることが倒産であり、残された法律関係の後始末を行うのが倒産処理である。

　そして、そのために倒産法制を利用するのが法的整理であり、倒産法制を利用しないままに当事者間で進められるのが私的整理である。

　私的整理では、利害関係人の合意によって権利の調整が図られると説かれることが多いが、債権者の承諾には、債権放棄などを含む積極的なものと、私的整理の遂行を妨げないという消極的なものとがあり、多くの私的整理は後者により遂行されている。

　ところで、「倒産」の概念もまた必ずしも一義的に明確ではなく、①いつでも破産手続開始決定ができる状態とか、②その他各種法的倒産手続開始原因が備わる状態ととらえたり、③倒産という事態を示す等と説明されることがあるが、通常、債務超過の状態にあっても、事業を継続している事業者を

倒産者とは呼ばない。

　経済社会においては、事業の再生または清算のために、④事業全部の遂行を中止したり、⑤債権者への支払いを一般的に停止することを「倒産」ととらえることが多いようにみえる。

　しかし、倒産法制では、法的整理による債権者相互間の利害調整を念頭において、事業の停止や支払停止の前段階、すなわち、債務者が自ら負っている債務を返済できなくなった経済状態（支払不能）に陥った場合を「倒産」ととらえ、法的整理によってその処理を開始している。3

(2) **私的整理の必要性**

　いうまでもなく、わが国において日々発生する倒産の多くが、倒産法制を利用することなく処理されている。

　経済活動の規模が小さくて責任財産が残されておらず、単に廃業するだけ

1　伊藤眞『破産法・民事再生法〔第3版〕』45頁は、私的整理は、債務者の全部または一部との間で、債務の制限の延長や一部免除の合意の成立を実現するなどし、債務者の事業の再生を実現する手続であるとする。谷口安平『倒産処理法』39頁・40頁も、「倒産者としては債権をはかる場合には事業を縮小して第2会社に引継がせることを望む場合が多い。実際にも再建型の内整理（私的整理）が成功するのはこの型が多いと言われる」とする一方、同書36頁では、内整理の理論的基礎とし、「その実体面において関係人の同意の上に成立っている」としていた。これら民事訴訟法研究者と異なり、私的整理を数多く経験する実務家の中でも、事業再生ADRの運用に携わり、あるいはその利用経験の多い弁護士らは、多比羅誠編著『進め方がよくわかる私的整理手続と実務』15頁に著述されるように、「私的整理は、原則として裁判所が関与しない手続により、債権者全員と債務者とが合意して再建又は清算することである」とする。しかし、今日では、法曹以外の者が私的整理に関与する例が増加しており、不動産鑑定士・税理士の高橋隆明『法的整理に頼らない事業再生のすすめ』158頁は、全債権者を対象に一律合意をめざすのではなく、個別の合意を取り付ければよいとし、同書112頁以下では資産譲渡や事業譲渡による営業継続の場合の、旧会社の放置や清算に言及し、個別の合意にもよらない私的整理をも示唆する。認定事業再生士の梶原浩一『別会社を使った究極の事業再生』21頁は、多くの中小企業の再生の方法としては、債務者主導で進められる別会社による事業再生が最も現実的であるとし、銀行の同意が必要でなく、自助努力で進められる利点を掲げる。これら「士業」による私的整理の評価は他日を期するとしても、谷口・前掲書28頁（1976年）においてすでに指摘されていた「今起こっている倒産のうちで裁判上の倒産手続によって処理されているのはほんの一部にすぎない」ことに、民事訴訟法研究者や法曹はあらためて目を向ける必要があるように思われる。

2　宗田親彦『破産法概説〔新訂第4版〕』4頁以下は、倒産の概念について、さまざまな視点から考察している。

3　倒産処理制度の必要性については、山本和彦『倒産処理法入門〔第4版〕』3頁・4頁参照。

で事態が収拾されている場合も少なくない。責任財産が存在しても、その規模が小さかったり、債権者が限定されており、個別執行に委ねることによって、法律関係の後始末を十分図りうる場合もある。一方で、経済活動の規模が大きく、債権者に分配できる一定の収益や残余財産が存在する場合には、これを公正・衡平に配分することが期待されることになるが、各種債権者、従業員、法人役員、取引先等の各ステークホルダーの間で任意の清算処理を行うことに異存がないときには、私的整理が遂行される場合がある。

　ところで、事業者は、倒産に至る以前に、継続可能な一部事業を他に譲渡したうえで廃業し、自らは経済活動を停止するが、事業自体は存続させようとすることもある。利益が得られている事業の場合には、それ自体が債権者の債権の引当てとなっているので、事業譲渡の対価を債権者に分配する必要があるが、多くの場合は赤字事業であり、その場合には、通常は、事業譲渡それ自体によっては一般債権者の利益が害されることはないといえる。そして、倒産債務者に対する倒産処理は行われないまま、債務者と切り離された事業のみが、新しい担い手によって継続されていく。

　これまで、私的整理について論じられるときには、再建型の手続がイメージされていることが多かったが、実際には、事業の存続を企図する場合でも、会社分割や事業譲渡などにより、事業を他に承継させたうえで、債務者自身は清算する手法が用いられるのが一般的であり、法人に着眼すれば、私的整理のほとんどは清算型の手続として遂行されている。

(3)　私的整理における同意の成否

　過剰債務の一部について減免を受けることによって再建を図る場合には、少なくとも債務超過を脱することができるまでの多数の債権者から、個別にまたは集団的に債務の減免の同意を取り付ける必要があるが、それは、多数決原理を利用できる法的整理より、ハードルが高い。

　そこで、債務の減免を求めることなく、したがって、債権者全員の同意を得ることもなく、債務超過会社の事業の全部または一部を他に譲渡したうえで、清算を遂げ、財産の換価、回収と配当の後には、債務のみが残存する状態で、清算結了させることもある。

　債権者の同意を必要とする立場は、それ以外の私的整理を適正を欠くもの

とし、法的な保護を拒否することにつながる。

しかし、今日、広く一般的に、債権者の積極的同意を取り付けない私的整理が行われているのであるから、それらについても、保護の範囲を見定め、適正に遂行されることを期待することも、実務家法曹の役割ではないかと、筆者は考えている。

(4) 私的整理の定義

以上の検討に基づき、本節においては、私的整理を次のように定義しておきたい。[4]

すなわち、私的整理とは、債務者が債務超過に陥る等して、事業の継続のために必要な債務についての支払いを継続することが不可能となった場合に、倒産法制の定める法的整理によらずに、債務者を経済的に再建させたり、債務者自身については清算するが、事業自体は、廃止することも、他に承継させて継続させることもある手続である。

もっとも、支払停止あるいは支払不能に陥る以前に、私的整理の準備作業として、継続可能な事業を他に譲渡したり、取引債権者や少額債権者に対して弁済が行われることがある。したがって、私的整理をより厳格に定義すれば、倒産処理とその準備作業に係る手続の双方を含む手続ということになる。

2　私的整理のメリット・デメリット

(1) 私的整理のメリット

私的整理は、法的整理に比して次のような有利な点が存在する。

(ア) 弾力的運用

私的整理は、債務者と債権者の私的自治によって進められる手続であるから、債権者が同意し、あるいは、私的整理の具体的な進行を消極的に承認している間は、弾力的な手続の進行が可能である。

そして、形式的平等主義ではなく、衡平な差を設けることも容易である。

(イ) 簡易・迅速・廉価

私的整理は、裁判所の関与がない手続であるから、簡易、迅速な処理が可

4　四宮章夫「私的整理の研究１」産大法学48巻１・２号259頁以下参照。

能であり、裁判所への予納金や管財人等の報酬も不要となるため、必要な出費も比較的少額にとどめることができる。

　　　(ウ)　倒産のストレス
　　(A)　経営者の受ける主観的ダメージ
　今日でも、破産手続は経営者に与える精神的ダメージが大きく、破産手続は拒否するが、私的整理による清算なら同意する場合がある。
　　(B)　倒産の影響を受ける債権者の限定
　私的整理は、大口債権者や金融機関債権者に対してのみ、支払停止や債務免除等の協力を要請し、その他の多数の利害関係人に対する波及を最少限度にとどめることが可能であり、倒産のストレスを最少に限定しうる。

(2)　**私的整理のデメリット**
　一方で、私的整理には、法的整理に比して次のような不利な点が存在するといわれている。
　　　(ア)　不正な手続
　私的整理の担当者が、倒産法の基本理念である公正・衡平・迅速等の要請を無視し、債権者の保護を実践しない場合がある。
　また、私的整理には、裁判所の監督がなく、また弁護士等の専門家が関与しないことも多く、債権者委員会等の私的整理の担当者が私利私欲に走ることが、過去にはしばしばみられた。
　　　(イ)　情報開示不足
　公正な私的整理は、十分な情報開示が不可欠であり、債権者は私的整理の内容を把握したうえで、手続の進行を承認して手続に参加したり、手続の進行に反対し、与えられた情報の活用により、個別権利行使や法的倒産手続開始の申立てに及ぶことができるが、私的整理には、必要な情報が開示されない危険があるといわれている。

(3)　**私的整理のデメリットの克服**
　　　(ア)　私的自治
　債権者が個別権利を行使したり、詐害行為取消権を行使するほか、法的倒産手続開始申立てをすることによって、私的整理を挫折させることも可能である。

したがって、不適切な私的整理の排除は、一次的には、私的自治を貫くことによって実現を図ることになる。

ところで、信託的法律構成を採用することにより、私的整理手続の公正性・衡平性に一定の担保を与えるという方法もあるとの指摘もある[6]。すなわち、委託者である債務者が、受託者たる第三者に対し、受益者たる総債権者のために公平な配当をすることを目的として、その財産の管理処分権を与えるが、信託契約の内容を明確かつ具体的に定めることによって、手続の公正が確保されると考えるものと思われる。

判例、学説の中には、この種の信託に好意的な意見は少なくないが、後述のとおり、債務者財産の倒産隔離の必要性が減少した今日においては、信託方式を選択すべき事例は、必ずしも多くはないと考えられる[7]（後記Ⅳ1(2)(ア)参照）。

　(イ)　私的整理の進め方の工夫
　(A)　倒産法制を参考にする

私的整理によって倒産処理を進める場合に、私的自治とはいえ、その拠り所となる手続の準則が何ら存在しないままに進められるときには、適正な倒産処理には不可欠である事業者と債権者との間のコミュニケーションの確立が容易ではない。

私的整理をできる限り公正・衡平な手続として遂行するためには、DIP型の倒産法制、すなわち、再建型の場合には再生手続を参考に、解体清算型の場合には特別清算手続を参考にすることもまた有意義である。

　(B)　私的整理の準則の成立

また、今日では多様な方法による私的整理が行われている。

すなわち、平成13年9月に私的整理に関するガイドライン研究会により策定・発表された「私的整理に関するガイドライン」（以下、「私的整理ガイド

5　法的倒産手続開始の申立ては、事業者のみならず債権者も、相手の意思にかかわらず単独ですることができる（破18条1項、民再21条2項、会更17条2項1号（当該株式会社の資本金の額の10分の1以上の債権額を有する少数債権者））、会社511条1項。

6　伊藤眞「私的整理の法理(上)(下)」判タ440号5頁以下・判タ441号23頁以下。

7　大判昭和10・8・8民集14巻1695頁。谷口・前掲（注1）38頁は、債権者は、売掛債権や在庫品は譲渡を受けて他に保管するなどの方法により財産を保全しておくべきであるとする。

第2章　第1節　私的整理

ライン」という）による手続のほかに、それを基本としてその後公表された整理回収機構[8]や、中小企業再生支援協議会、地域経済活性化支援機構[10]等の再生プロセスや、事業再生実務家協会の事業再生ADRを用いた私的整理[11]も行われており、それらの手法の共通項を集約することができ、それらの手続は、総称して準則型の手続と呼ばれている。

　そして、その手法を用いない場合でも、準則型の手続に準じることによって、債権者の信頼を得ながら私的整理を遂行することができる。

3　私的整理をめぐる環境の変化

(1)　倒産をめぐる経済環境

(ア)　はじめに

　今から四半世紀以前には、倒産情報が流れるや否や、当時跋扈していた整理屋が介入したり、債権者も商品引揚げや目ぼしい資産の取付けに走ることが一般的であった[12]。

　金融機関が、懇意な金融取引先の要請を受けて同行相殺が可能となるように手形割引に応じる等の不誠実な行為に出ることもあり、弁護士が委任を受けて法的整理の申立てをする場合、それが再建型の手続であっても、メインバンクその他の金融機関にすら事前に知らせず、裁判所から弁済禁止の仮処分を取得したうえで、連絡するのが通例であった。

　当時は、私的整理に対する法曹の関与は、ほとんど稀にしかみられず、私[13]

8　柴田昭久「INSOL 8原則の普遍性」事業再編実務研究会編『最新事業再編の理論・実務と論点』340頁以下参照。
9　津田敏夫「『企業再生』における整理回収機構の役割」事業再編実務研究会編・前掲（注8）189頁以下参照。
10　岩田知孝「中小企業再生支援協議会」事業再編実務研究会編・前掲（注8）251頁以下参照、中野瑞彦「株式会社産業再生機構の役割」事業再編実務研究会編・前掲（注8）224頁以下参照。
11　鈴木学「事業再生ADR」事業再編実務研究会編『あるべき私的整理手続の実務』345頁以下参照。
12　福岡地判昭和59・6・29判タ533号192頁は、私的整理の発表に基づき債権者が強引に商品を引き揚げた行為が、取引上の債権の確保ないし回収の手段、権利行使、自力救済行為としては社会通念上許容された限度を超えるものとして、不法行為を構成するとされた事例である。
13　東西倒産実務研究会編『和議（東京方式・大阪方式　倒産実務研究シリーズ）』24頁〔古曳発言〕、29頁〔松田発言〕。

的整理は、しばしば暴力的整理屋の活動の隠れ蓑にしかすぎなかった。

こうした環境下においては、たとえ弁護士が関与するとしても、私的整理のハードルは極めて高かった。

(A) 整理屋の介入

整理屋の一般的な介入のパターンは、倒産に瀕した企業の代表者等の役員に対し、当面の生活のためにと、まとまった札束を渡し、隠れ家を提供することによって、支払停止後の身の安全を約束する代わりに、会社の手形帳や印鑑、鍵等の交付を受け、代表者等の役員が身を隠している間に、会社の保有資産を取り込むだけではなく、さらにたくさんの商品を仕入れ（取込み詐欺）、あるいは、手形を乱発して取引先に与信を拡大させながら、経済活動の規模の増加によって現金を集めて隠匿してしまうほか、不動産には架空の担保を設定したり、占有者を入れることによって競売対策を講じ、安価に落札して転売益まで得ようとするというようなものであった。[14・15]

(B) 整理屋の追放

しかし、今日の経済社会からは、当時暗躍したような整理屋は姿を消したように思える。その理由としては、次のようなことが考えられる。

第1に、昭和50年代後半頃から、法曹界自身が弁護士法72条所定の非弁活動禁止規定等を根拠として整理屋の追放の声を上げた。

第2に、平成4年に施行された暴力団員による不当な行為の防止等に関する法律の施行後20年以上を経過する間に、民事介入暴力に対する警察の姿勢が一段と厳しくなってきた。そして、一般社団法人全国銀行協会が、銀行取引からの反社会的勢力の排除を推進するため、平成20年11月に銀行取引約定書に盛り込む暴力団排除条項の参考例を、平成21年9月に普通預金規定・当座勘定規定・貸金庫規定に盛り込む暴力団排除条項の参考例を作成して公表しているほか、今日では、上場各会社は、内部統制充実の一環として、また、コンプライアンス体制充実の一環として、同様の暴排条項を取引先との契約

14　東京地判昭和57・9・17判タ482号169頁は、いわゆる整理屋グループが倒産会社の会社整理に藉口して巨額の利益を上げようとした事案において、詐欺・強盗・強制執行免脱罪その他の罪が認定された裁判例である。

15　東西倒産実務研究会編・前掲（注13）302頁〔四宮発言〕参照。

書に挿入するようになった。

　第３に、バブル経済崩壊後に設立された株式会社住宅金融債権管理機構や株式会社整理回収機構（以下、「整理回収機構」という）が、企業の過剰債務問題の処理に乗り出した際に、いわゆるブラック企業と目される債務者に対しては、預金保険機構の調査権や捜査機関の権力を利用しながら、徹底的な対決姿勢をとって、処理にあたった。[16]

　第４に、わが国の経済社会の実態は、今日と20年前とを比較すると大きく異なる。象徴的なのは手形取引であり、20年前には、取引の主要な決済手段であった手形の流通量は今日大きく減少し、売掛金のファクタリング取引が増加の一途をたどっている。中古の機械その他の有体動産の再生品の国内市場も小さくなっている。中小企業を取り巻く経済環境の変化もまた、整理屋のかつての収奪手段の価値を低減させたと考えられる。

　第５に、バブル経済崩壊に伴う不良債権回収を迅速に進めたり、いわゆる競売妨害に対処したりするために、逐次、競売妨害を困難とさせる立法が行われたり、判例が形成されてきた。平成８年および平成10年の民事執行法改正に伴う売却等のための保全処分制度の整備（民執法187条・55条・68条の２・77条）により、債務者または不動産の占有者による価格減少行為の防止が容易となり、判例により、抵当権者は、抵当不動産の適切な維持・保存を求める権利を有することを理由として、所有者の妨害排除請求権の代位行使が認められ、[17]平成15年の民法改正により短期賃貸借の制度が廃止された。平成23年には強制執行妨害罪の処罰の対象行為が増えている。

　こうしたことにより、競売妨害はより難しくなってきた。

　　(イ)　同業者による私的整理

　整理屋の活動とは別に、かつて細々と行われていた私的整理には、同業者間の互助的な性格を有するものが多かった。当時、大阪では、繊維関係の卸問屋が倒産した場合など、主要なメーカーが債権者委員会を構成し、倒産会

---

[16] 大阪地判平成11・10・27判タ1041号79頁は、整理回収機構が回収を担当した債務者会社の代表者で暴力団山口組との関係があるとされていた末野兼一に対し、公正証書原本不実記載、同行使、強制執行妨害、雇用保険法違反、健康保険法違反、厚生年金保険法違反、労働基準法違反および所得税法違反被告事件で有罪を宣告している。

[17] 最判平成11・11・24判タ1019号78頁。

社の資産の移転を受け、資産の換価・回収を進める一方、各債権者の債権額とその規模を勘案しながら残存商品と金銭の分配方法を決め、債権者集会の同意を得て、分配を完了するというような整理がしばしば行われていた。

かつてわが国の倒産実務においては、債権者団は監督機能を担うだけではなく、債務者の財産を管理し、換価、回収して、私的整理に加入した債権者に配当を実施する機関として組織されることが多かったようである[18]。

しかし、このような素人による私的整理には、不正が付きまとうことがあり、過去の裁判例には、債権者委員長が、債権者委員会の代表の名を借りて、自己の固有の利益確保に動いた事例が少なくない[19]。債権者委員長が、自己の利益を図る目的で、債務者をして事業継続に必要な機械を失わせた事例、債務者に対する子会社の債務を親会社で引き受けて相殺することにより抜け駆け的な回収を図った事例、債務者会社の代表者らに対して、自らの債権についてのみ連帯保証させた事例等がある[20]。また、そうした債権者委員長や、大口債権者や、債権者委員の１社が自己の債権の回収の最大化を図ろうとした事例もある[21]。

これらの反社会的な経済活動は、そもそも、債権者委員長なり債権者委員の、債権者全体の代表としての立場と、自ら保有する債権の最大限の回収を図りたい一債権者としての立場とでは、利害が対立していることに起因しているというべきであり、そのことが債権者委員長や債権者委員の不当な職務執行の温床となってきたと思われる。

にもかかわらず従前は、同業者が経済活動の一環として私的整理を遂行する場合に、債権者委員会方式が有力な手段とされたのは、前述の整理屋の不当な介入を避けて私的整理を遂行するためには、債務者の財産を移付する必

---

18 福岡地判昭和47・3・16判タ278号333頁、東京高判昭和48・2・13金法690号46頁、東京地判昭和49・12・25判タ322号198頁、最判昭和51・11・1金法813号39頁、東京地判昭和57・4・27判タ492号103頁、宇都宮地足利支判昭和56・9・8判時1044号427頁参照。なお、東西倒産実務研究会編・前掲（注13）30頁〔松田発言〕。

19 四宮章夫「債権者委員会」山本克己ほか編『新破産法の理論と実務』150頁以下、四宮章夫「私的整理を巡る債権者委員会の役割」事業再編実務研究会編・前掲（注8）346頁以下参照。

20 東京地判昭和56・4・27判時1020号122頁、最判昭和46・6・18金法620号55頁、広島高判昭和49・11・28判タ320号177頁参照。

21 岐阜地判昭和54・2・27判時939号88頁、東京地判昭和56・4・27金商639号26頁参照。

要があったからにほかならない。

しかし、かつてのような整理屋の跋扈がみられなくなった今日では、債務者の財産の移付を受けて、これを換価・回収するための債権者委員会方式の活用の必要性は乏しい。

(2) 準則型手続の確立
(ア) 私的整理ガイドライン

平成3年頃からのいわゆるバブル経済崩壊後の平成不況を克服する過程で、倒産法制の見直しが行われる一方で、法的倒産手続によらない私的整理を支援するための工夫が行われてきた。それが、私的整理ガイドラインの作成であり、各種 ADR の設立である。それらの手続には多くの共通点がみられることから、共通項に着眼して、準則型手続と呼ばれることがある。

そして、私的整理ガイドラインや各種 ADR を使用しない場合でも、準則型手続を応用することによって、債務者および債権者にとって予測可能な手続の進行が確保されるとともに、適正な再建または清算の業務を期待できることになる。

平成13年9月に策定・発表された私的整理ガイドラインは、前年（平成12年）に施行された特定債務等の調整の促進のための特定調停に関する法律（以下、「特定調停法」という）によっては、金融機関の不良債権問題の処理が進まなかったことから、これを促進するために作成された。

その際に参考にされたのが、INSOL 8原則であるが、これは、ロンドン・アプローチを範としたものであり、ロンドン・アプローチは、1990年（平成2年）に英国の中央銀行であるイングランド銀行が指導的役割を果たした金融機関がかかわる私的整理についてまとめた非公式な準則であり、その後イングランド銀行が関与しない私的整理にも利用されているとされるが、金融機関主導の整理手続であることには変わりがない。

もっとも、私的整理ガイドラインによる私的整理は、商取引債権者の権利関係には影響を及ぼさない手続としてつくられているが、その後の利用状況

---

22 高木新二郎「『私的整理に関するガイドライン』の解説」NBL723号18頁以下参照。
23 英国の金融機関破綻私的整理の手法が発展したものである。なお、麻上正信ほか編『注解和議法』247頁〔四宮章夫〕参照。

I　私的整理総論

は必ずしも多くはない[24]。

　(イ)　各種 ADR を利用した私的整理

　私的整理を円滑に進めるために、これまでいくつかの公的な ADR が設立されたほか、経済産業大臣の認可を受けた民間の ADR も設立されている。

　それらの ADR も債務者と金融機関を中心とする債権者との利害の調整を図るしくみとなっており、原則として商取引債権者は、手続外債権者として、随時約定弁済を受けていくことが前提となっている。

　したがって、私的整理ガイドラインの場合と同様、それらの手続に入ったこと自体は支払いの停止ではないし、その際、支払不能に陥ったものとも認められないと解されている。

　ここで、各種 ADR による事業再生について簡単に紹介しておきたい。

　(A)　特定調停

　平成12年に施行された特定調停法は、簡易裁判所等を ADR として利用する私的整理手続に関する法律であるが、以下紹介する各種 ADR とは性格を異にする。

　事業者によって利用される場合については、複数の金融機関との間で、金融債務のリスケジュール交渉をしているときに、一部の金融機関については合意に至らないような場合を例にあげて説明されることがあり、そのような場合には、商取引債権者までを関係債権者として相手方に加える必要はないとされている（詳細は本章第2節参照）。

　(B)　整理回収機構

　整理回収機構（RCC）は、平成11年4月に住宅金融債権管理機構と整理回収銀行とが合併してできた会社であり、金融機能の再生のための緊急措置に関する法律53条により金融機関から債権の買取りをすることが許されていたが、平成13年改正後の同法54条1号の2により企業再生が任務に加えられ、「RCC 企業再生スキーム」を発表して、私的整理に関与する ADR としての活動を開始した[25]。

　そして、平成13年10月26日に経済財政諮問会議が了承した「改革先行プロ

24　四宮章夫「私的整理のガイドラインの利用状況」四宮章夫＝中井康之監修『倒産・事業再編の法律相談』920頁参照。

53

グラム」の中に、RCCが買い取った債権の「処分方法の多様化」が明記されたことにより、RCCの企業再生支援事業が開始され、事業再生計画の策定支援等を通じて、債務者の事業の再生・継続を支援してきたとされる。

この手続は、債権者としての立場からのアプローチであり、他の金融機関から持ち込まれた再生案件については信託機能等を活用して再生支援を行っているとされ、現に、整理回収機構がいったん金融機関から買い取った債権を、買取代金にRCCの利益を加算した代金額で、債務者が元の金融機関から再融資を受けた金員で返済をさせるといった財務状態の改善に限定されたような再生例もみられる。

平成13年11月以降、平成27年9月末日現在までの私的再生の実績は、607件にとどまっている。債務者とメインバンクとの利害が一致した場合でなければ利用できないことがその理由であると思われる。[26]

　ⓒ　中小企業再生支援協議会

平成15年に、産業活力の再生及び産業活動の革新に関する特別措置法41条に基づき、中小企業再生支援業務を行う者として、経済産業大臣から認定を受けた商工会議所等の認定支援機関を受託機関として設置されたのが、中小企業再生支援協議会であり、現在、全国47都道府県に1カ所ずつ存在する。

当初4年間の時限組織として設立されたが、一定の成果を収めたとして、その後期限の延長を経て、産業活力の再生及び産業活動の革新に関する特別措置法の廃止に伴い、平成25年12月4日に成立した産業競争力強化法を新たな設置根拠法として、平成26年1月20日から従前と同様の業務を行っている。[27]

中小企業再生支援協議会を活用する場合にも、金融機関債権者に対しては一時停止を求めながら、商取引債権については、原則として弁済が継続されることが承認されている。[28]

25　今川嘉文「整理回収機構による不良債権処理と企業再生」事業再編実務研究会編・前掲（注8）152頁以下参照。

26　なお、平成15年4月に金融再生プログラムの中核をなす組織として時限立法により設立された株式会社産業再生機構もADRであり、現在の地域経済活性化支援機構の前身というべきものであるが、平成17年までの間に41件の再生案件に取り組み、平成19年3月15日をもって解散している。中野瑞彦「株式会社産業再生機構の役割」事業再編実務研究会編・前掲（注8）224頁以下参照。

27　岩田・前掲（注10）251頁以下参照。

I 私的整理総論

　中小企業再生支援協議会は、債務者と金融機関との間に立つADRとしての性格を有し、事業再生の専門家が常駐し、窮境にある中小企業者からの相談を受け付け、解決に向けた助言や支援施策・支援機関の紹介や、場合によっては弁護士の紹介などの第一次対応を行う。

　また、事業性など一定の要件を満たす場合には、第二次対応により、再生計画の策定支援を実施する。再生計画策定支援が開始されると個別支援チームが編成され、一時停止の通知発信等のための私的整理の会議、第1回債権者集会の開催、第2回債権者集会での合意形成等の支援が行われる。

　中小企業庁金融課の発表によると、平成15年2月の発足以来、平成27年度末までの第一次対応累計は3万6890社、第二次対応累計は1万1051社である。なお、平成27年度の第二次対応完了件数字は1319件であるが、そのうちに占める債権カットを内容とする再生計画の策定に至る案件は必ずしも多くはないようである。

　しかし、第一次対応には、債務者の事業や財務のデューデリ業務も含まれており、第二次対応に至らなくても、デューデリの結果に基づいて、事業を他に譲渡したうえで、債務者自身は支援申出を取り下げ、私的整理による実質的な清算業務を遂行するという形での利用も少なからず見受けられるところである。

　(D) 事業再生ADR

　産業競争力強化法に基づき、平成19年に施行された裁判外紛争解決手続の利用の促進に関する法律により、経済産業大臣の認定を受けた公正・中立な第三者たる事業再生実務家協会も、同20年11月から私的整理のADRとして活動している[30]。

　債務者が事業再生実務家協会に手続の申出をすると、債務者は、事業再生実務家協会と協議の下、資産評定、清算貸借対照表、損益計画、弁済計画、事業再生計画案（概要）を作成し、この事業再生計画案について事前審査を行い、審査を通過すれば手続が開始される。

28　大口取引債権者は、対象債権者に準じて手続に包摂される場合もありうる。
29　金融機関出身者、公認会計士、税理士、弁護士、中小企業診断士等。
30　柴野高之「事業再生ADR」四宮＝中井監・前掲（注24）953頁以下参照。

これまで事業再生実務家協会による再生支援案件として報告されたのは、規模の大きい債務者企業であり、手続全体にかかる費用は比較的高額であるとされ、中小企業にとっては負担が軽いとはいいがたいようである。[31]

(E) 地域経済活性化支援機構

企業再生支援機構は、雇用の安定等に配慮しつつ、地域における総合的な経済力の向上を通じて地域経済の再建を図り、あわせてこれにより地域の信用秩序の基盤強化にも資するようにするため、金融機関、地方公共団体等と連携しつつ、有用な経営資源を有しながら過大な債務を負っている中堅事業者、中小企業者その他の事業者に対し、当該事業者に対して金融機関等が有する債権の買取りその他の業務を通じてその事業の再生を支援することを目的に、株式会社企業再生支援機構法によって、平成21年10月7日の内閣総理大臣、総務大臣、財務大臣、経済産業大臣による設立の認可を受けて設立された株式会社である。その後、同25年3月18日に、同法は株式会社地域経済活性化支援機構法に題名が改正され、地域経済の活性化に資する業務等が追加され、商号を株式会社地域経済活性化支援機構に変更して改組されている。

株式会社地域経済活性化支援機構法22条の規定に基づく企業再生支援機構の業務には、債権買取り等のほか、資金の貸付けや債務保証、出資、事業の再生に関する専門家の派遣や助言等が含まれている。

事業者およびメインバンク等から申込みを受けた案件に対して、法令で定められた支援基準・手続等に従い検討を行い、最終的には、主務大臣等の意見を聴取したうえで企業再生支援委員会において支援決定、買取決定等を行っている。

(3) 金融機関における不良債権処理の多様化

過去においては、金融機関における不良債権の償却が必ずしも容易ではなかったため、債務の一部免除の方法による私的整理に協力することが困難であった。

しかし、国税庁による債権償却に関する通達による規制が順次緩和されてきたことに加えて、平成10年10月に債権管理回収業に関する特別措置法が制

---

[31] 鈴木学「事業再生ADR・弁護士の視点から」事業再編実務研究会編・前掲（注11）349頁参照。

定され、同11年2月1日より施行されるに至ったことにより、銀行は、管理、回収コストに見合わない不良債権を、バルクセールによって最終処理することが可能となった。

また、中小企業等の経営者による個人保証は、経営者による思い切った事業展開や、保証後において経営が窮境に陥った場合における早期の事業再生を阻害する要因となっているなど、中小企業の活力を阻害する面があったことや、民法改正に伴う保証債務の課題の見直しと平仄を合わせる必要があったこと等から、「経営者保証に関するガイドライン」が、日本商工会議所と全国銀行協会が共同で設置した経営者保証に関するガイドライン研究会において策定され、平成25年12月5日付けで公表されている。

同ガイドラインは、中小企業の経営者保証に関する契約時および履行時等における中小企業、経営者および金融機関の対応に関する中小企業団体および金融機関団体共通の自主的かつ自律的な準則であり、国税庁の確認も得られているとされ、債務者無資力後の保証人の能力に合わせた保証債務の減免が可能となったが、準則型の私的整理との連携が条件となっている。

そして、そのことが、金融機関が、債務者に対する債権についても私的整理に応じて債務免除に応じる事例の発生を促しているとの報告もみられ、今後の同ガイドラインの運用または応用例の動向が興味深い。

(4) 私的整理と弁護士

かつて、「心ある弁護士は、できるだけ法的整理によることを心がけ、時間や費用の点からどうしても裁判所の手続によることができない場合に限って、私的整理を利用してきたとも言われます」と指摘されていた。[32]

法的倒産手続の申立ての場合には、開始原因の有無の判断を裁判所に委ね、裁判所から各種機関として選任される場合にはその監督に服することによって、自らの職務に対する債権者その他の利害関係人からの批判をかわすことができるのに対し、私的整理の受任は、利害関係人との調整が必ずしも容易ではないばかりか、詐欺破産罪等による刑事告訴を受けたり、説明義務違反等の理由で民事上の損害賠償請求を受けたりするリスクを伴うことがある。[33]

---

32 山本・前掲（注3）19頁。

前述のとおり、四半世紀前までは私的整理は整理屋が跋扈する世界であり、弁護士の主導の下で、公正・衡平な手続を遂行することは、決して容易なことではなかった（前記(1)参照）。

　また、倒産裁判所の信頼を得るということは、反復してさまざまな機関に選任されることにつながり、弁護士の営業的には旨味があるが、私的整理に関与し、自己の依頼者と利害が反する関係人からいたずらに批判を受けることは、裁判所から機関に選任される機会を自ら放棄することにつながりかねないことから、一般の弁護士は法的倒産手続への関与によって収入を確保することに流れ、私的整理への関与を敬遠する一方、積極的に受任する弁護士に対してむしろアウトローを見るような目を向ける傾向があった。

　その結果として、平成3年頃に迎えたバブル経済崩壊後の深刻なデフレ不況と、平成8年以降の倒産法の抜本的改正や、私的整理ガイドライン等による私的整理の準則の進化を経て、弁護士の世界に私的整理の担い手という新たな職域が産まれたにもかかわらず、弁護士は、今日なおこれを無視し続け、私的整理の発展が遅れているといっても過言ではない。

　　(ア)　弁護士倫理

　事業再編に関与するのは、いわゆる士業だけをあげても、公認会計士、税理士、中小企業診断士、経営士等があり、そのほかに各種コンサルタント会社や、フィナンシャル・アドバイザー等も事業再編分野に参入してきている。

　しかし、本来、法律上高い倫理の遵守を求められている弁護士が、私的整理に何らかの形で関与することは、手続全体の公正を確保するうえで必要であると、筆者は考えている。

　平成16年11月10日、弁護士法の委任により、日本弁護士連合会が弁護士倫理に代えて制定した弁護士職務基本規程5条は「弁護士は、真実を尊重し、信義に従い、誠実かつ公正に職務を行うものとする」と、6条は「弁護士は、名誉を重んじ、信用を維持するとともに、廉潔を保持し、常に品位を高めるように努める」と定める。そして、弁護士の職務の倫理違反を未然に防止す

33　上甲悌二「損害賠償請求等の民事裁判リスク」事業再編実務研究会編・前掲（注8）947頁、四宮章夫「刑事裁判リスク」同950頁、安木健「弁護士法人・弁護士の懲戒請求リスク」同960頁参照。

るために、17条は「弁護士は、係争の目的物を譲り受けてはならない」と定めている。受任する法律事務が自らの利害と直接関係することによって、公平な立場が失われることを防ぐためである。

私的整理は、債務者の委任に基づくものではあるが、債務者との信頼関係の構築が要請されるだけではなく、DIP型の倒産法制である再生手続の債務者代理人が債権者に対しても善管注意義務を負担することに準じて、債権者に対しても責任を負担する立場にある。したがって、弁護士職務基本規程20条が「弁護士は、事件の受任及び処理に当たり、自由かつ独立の立場を保持するように努める」と定め、また、21条が「弁護士は、良心に従い、依頼者の権利及び正当な利益を実現するように努める」と定め、自己への直接の委任者の立場とは別に、客観的な立場からも職務を適正に遂行することを求めているのは、私的整理業務に従事する場合によく適合する。

　　(イ)　弁護士による適正な私的整理の確保

私的整理が適正に行われるための担保としては、私的整理に異議のある債権者に対して与えられた個別権利行使や法的整理の申立権の行使が保障されることが不可欠である。

私的整理は、途中で法的整理に移行することがあるということを常に念頭におき、債務者につき将来法的倒産手続が開始されても、円滑に手続が移行できるように配慮しながら進行されることが、手続が公正に遂行されるために不可欠であるし、その結果として、手続移行により利害関係人の受けるリスクを最小限にとどめることもできるのである。

そのためには、法律事務の専門家である弁護士の関与は歓迎されるべきである。もっとも、常に弁護士が私的整理において主導的立場をとる必要はなく、経営や財務につき堪能な周辺職域の専門家やコンサルタント会社などと連携して私的整理を遂行する必要のある場合がむしろ多いといえるかもしれない。

4　私的整理における商取引債権の優先と債権者間の衡平[34]

(1)　商取引債権の保護の経済的意義

(ア)　商取引債権者の保護

(A)　倒産のストレスの軽減

　債務者の経済的破綻の影響を最も強く受けるのは、零細な取引債権者であるから、私的整理においては、しばしば商取引債権者に対する弁済が継続され、それによって倒産のストレスを軽減できることは前述のとおりである（前記2(1)(ウ)参照）。

(B)　私的整理中の商取引の継続の意義

　仕入先や販売先等の取引先は、倒産のストレスを感じなければ、債務者が事業を停止するまでの間、安心して商取引を継続することができ、その間の事業継続により、事業者ばかりか取引先の従業員も、従前どおり雇用を継続してもらえることになる。こうした経済活動の維持に伴う雇用の確保という社会的機能も軽視すべきではない。

　そして、事業が継続されている間は、従前と同様に、原材料を利用して製品化し、棚卸資産を換価し、売掛金を回収することにより、換価、回収ロスの発生を防止できる結果として、債権者に配当すべき財源を拡充することも可能となる。

(イ)　円滑な事業譲渡

　こうした商取引の継続の結果、事業者が私的整理の開始の前後に、事業の健全な部分を他に譲渡すること等によって、取引先や従業員らの取引や雇用をさらに継続できる場合も稀ではない。

(ウ)　法的清算の場合

　私的整理においても、金融機関債権者に対してステイを求める時期に、仕入先等への支払いも停止しなければならないとすれば、商取引債権者が事業継続への協力を拒否し、結局、当該事業を廃止して、破産、または特別清算の道を選択するしか方法がなくなるという意味で、商取引債権者への支払停

34　四宮章夫「私的整理における商取引債権の保護」今中利昭先生傘寿記念『会社法・倒産法の現代的展開』690頁以下参照。

止には価値破壊的側面がある。

　破産、特別清算においては、債務者の有する棚卸資産は処分が極めて困難であり、いわゆるバッタ屋に一括処分するしかない場合が多い。また、債務者の売掛先も、購入した商品の補充が突然絶たれることから、仕入済みの商品も不良在庫として見切り処分せざるを得ないことがあり、納品済みの商品を不良品として返品したり、値引きを強く求め、あるいは損害賠償請求権との相殺を主張すること等があり、破産管財人や清算人は、値引きを強いられることになる。加えて、従業員解雇の際に解雇予告手当の支払いを余儀なくされるほか、清算のための補助に就いてもらうための賃金も必要となる。割増退職金を求められることもある。さらに、倒産法制を利用するには裁判所への予納金や申立代理人費用が必要である。事業者の財産の一部は破産管財人や特別清算人の報酬として優先的に確保されることになる。

　したがって、私的整理において、商取引債権者をして金融債権者と同様の扱いを甘受させて、金融債権者のための配当原資を残そうとしても、配当率という点ではほとんど効果がないことが多い。[35]

　　(エ)　金融機関の営業政策

　一方で、金融機関が倒産事業者のメインバンクである場合に、①永年の継続的金融取引の最後に破産を強いるのか、②再建型倒産法制の利用を勧めるのか、③メインバンクとして協力しながら私的整理で軟着陸を試みさせるのかという選択は、金融機関自身の営業政策とも密接に関係している。

　すなわち、新規与信には応じられないからといって、無秩序な倒産に追い込むのでは、他の金融取引先からの信頼を失うおそれがあるため、債務者からの従業員給与支払資金等を確保するための追加与信の申請を拒否できずに、不良債権の拡大を余儀なくされるような場合すらある。

　また、新規与信を拒否しても、債務者について倒産処理が開始されるまで、不良債権の管理の継続のためのコストの負担を続ける必要がある。

　弁護士が法的整理や私的整理に着手するきっかけが、債務者に対するメインバンクからの強い働きかけである場合が決して少なくないのは、そのため

35　私的整理中の商取引債権の弁済は、通常は、金融機関債権者らの清算価値保障原則と抵触することがないと考えられることについて、四宮・前掲（注34）712頁以下参照。

であり、私的整理によって倒産処理が開始されることによって初めて、金融機関が与信のリスクや管理コストの負担を免れることができる場合もあり、そのようなときには、私的整理の配当受領より、銀行取引の停止と債務者の清算による債権償却という利益に着眼して私的整理を歓迎することがある。

(オ) 地域経済への影響

また、金融機関は、単に倒産事業者だけに融資しているのではなく、往々にして地元の仕入先や下請先にも融資していることが多い。したがって、倒産事業者の倒産の煽りを受けて、それらの融資先にまで、連鎖的に経済的活動の破綻が生じることは、金融機関債権者にとっては、必ずしも好都合とはいえない。[36]

(2) 商取引債権の保護と債権者間の衡平

(ア) 支払停止前の商取引債権の保護

私的整理において、金融機関の対象債権者には個別権利行使の中止を要請しながら、一般取引先との間では従前どおりの取引を認めることによって、商取引債権の弁済も保護することが、債権者間の衡平を害しないと考えるべき根拠について、考えてみたい。

(イ) 倒産法制等での商取引債権の保護

(A) 再建型法制

再生債務者を主要な取引先とする中小企業者がその有する再生債権の弁済を受けなければ、事業の継続に著しい支障を来すおそれがあるとき（民再85条2項）、少額の債権を弁済しなければ再生債務者の事業の継続に著しい支障を来すとき（同条5項）には、裁判所に対して弁済許可の裁判を求めることができるとされ、会社更生法47条2項・5項にも同様の規定がおかれている。

これらは商取引債権の保護を図った規定であるが、さらに、その意義について、事業価値の最大化に資するならば、形式的な債権者平等原則という理念は退いてもよいという発想に出たものであると理解する考えがある。

この考えに立てば、私的整理から法的整理に移行する場合の、私的整理中

36　藤原敬三『実践的中小企業再生論』17頁参照。

に発生した商取引債権は、当該取引により事業価値が増大している限り、その多寡を問わず、すべて少額債権として100％弁済しておくことが許されるべきことになる。

仮に、そうした実務が定着すれば、法的整理の開始による事業価値の劣化を防止でき、倒産法制利用の心理的ハードルが下がるであろう[37]。

(B) 会社清算手続

会社法500条2項は、債務の弁済が禁止される債権届出催告期間内においても、裁判所の許可を得て、少額債権を弁済することを認めているほか、同法565条ただし書は、特別清算における協定案において、少額債権その他の理由で債権者間の衡平を害しない範囲で別段の定めをすることを認めており、少額の基準のとり方を工夫することにより、大部分の零細な商取引債権を弁済することも可能である。

(ウ) 準則型手続での商取引債権者の保護

私的整理ガイドラインによる私的整理は、商取引債権者の権利関係には影響を及ぼさない手続としてつくられている。

私的整理ガイドライン6(1)は、「一時停止の通知があったことのみをもって、銀行取引約定書等において定める期限の利益喪失事由として扱わないものとする」と定めているところ、この条項については、私的整理ガイドラインによる手続が行われている間の通常の取引に伴う行為は、手続が挫折し、後日破産手続が開始されても、破産管財人によって否認されることはない趣旨であると解説され、否認リスク等を恐れて事業を維持するために必要な商取引が委縮することがないよう、配慮されている。

この考え方は、前述の各種ADRによる再生支援業務についても妥当する（前記3(2)(イ)参照）。

(エ) 比較法的考察

(A) 米国チャプター・イレブン[38]

米国の連邦倒産法503条(b)(9)は、いわゆるチャプター・イレブン手続の開

---

[37] 山田明美「民事再生手続における商取引債権の保護」企業法務研究会・共同研究「地方の中小企業の再生」148頁以下参照。
[38] 堀内秀晃ほか『アメリカ事業再生の実務』103頁参照。

始日より20日前までに取引先から債権者が受領した物品に関して、その代金請求権を共益債権として保護している。そして、共益債権は再建計画において弁済されることになるため、手続申請前においても連邦倒産法363条(c)(1)に基づく債務弁済許可によって弁済することもできる。なお、米国では、再建型倒産手続における商取引債権の保護のために Critical vendor Order が利用されてきたとされるが、これは、債務者の事業継続に必要不可欠な商取引債権者の手続開始前の債務を優先弁済することの許可命令である。

　米国の法的整理においても、商取引債権の保護を債権者平等原則に優先させる場合があることも、倒産処理にあたっての商取引債権の取扱いを検討するに際し、十分考慮されるべきである。

　(B)　ワークアウト[39]

　米国では相応の規模を有する企業の借入金はシンジケートローンが主体であるが、このローンには各種のコベナンツ（財務制限条項）が付せられ、債務者の事業がこれに抵触すると、ローンの期限の利益が失われ、債務者は倒産に至るために、コベナンツに抵触する前に、債務者が各参加行を一つのクラスとして交渉し、シンジケートローンの条件を変更する制度があり、ワークアウトといわれている。

　この手続も、商取引債権者の権利関係には影響を及ぼさない。

(3)　私的整理における商取引債権の優先

　以上、検討してきたところに照らせば、商取引債権の優先は、法的整理、私的整理を問わず、また、わが国だけではなく、米国でも承認されているところである。

　そして、これまで検討してきたとおり、私的整理のメリットであるストレスの最小化が商取引債権の優先によってもたらされること、法的整理による価値破壊的側面が私的整理による商取引債権の優先によって回避されること、そして、私的整理による商取引債権の優先は必ずしも金融機関債権者のための清算価値保障原則を損なわないこと等の諸点に照らせば、商取引債権の優先は、必ずしも債権者の衡平を害するものではないと、一般的に承認しても

39　堀内ほか・前掲（注38）262頁以下。

よいように思われる。

5 法的整理と私的整理との関係

(1) 私的整理の再評価

　法的整理は、倒産処理の適正さを維持するうえで必要な制度であるが、すべての倒産事件を法的整理に吸収することを期待すべきではない。[40]

　今日では、倒産現象をめぐる債権者の反応も穏やかになったし、整理屋の介入もほとんどみられなくなった。また、事業者が行う「倒産」に先立つ準備作業を含めた私的整理が不公正・不衡平と思われる場合や、整理屋の不当な介入があった場合には、債権者が債務者に対して、個別権利行使や破産手続開始の申立て等をすることで対抗することができる。

　そのようなわけで、今日、新たな環境下で一般的に広く行われている私的整理に対しては、必ずしも、整理屋が跋扈した過去の不正な私的整理に感じるような「やましい」という印象を抱く必要はないというべきである。

(2) 法的整理相互間の優先関係

(ア) 再建型手続の優先

　倒産法制が清算型手続より再建型手続を優先していることは、民事再生法26条1項1号が再生手続開始の申立てがある場合に破産手続および特別清算手続の中止命令の制度を設けていること、破産手続または特別清算手続が継続している場合には、同法25条2号により、それらの手続によることが債権者の一般の利益に適合するときでなければ、再生手続が開始されることになっていることからも明らかである。

　また、会社更生法24条1項1号・41条1項2号にも同様の制度が設けられている。なお、同法24条1項1号は、更生手続開始の申立てがなされたときは、再生手続をも中止することもできると定めているが、裁判所の監督の下で、厳格な手続に基づいて行われるいわゆる管理型の手続として、倒産法制

---

[40] 伊藤・前掲（注1）56頁は、「私的整理が順調に推移する見込みが認められ、しかも、否認対象行為など、法的整理によらざるをえない事情が存在せず、加えて、時間と費用とを勘案して、私的整理による方が法的整理に入るよりも債権者に多くの満足を与えられると判断されるときには、裁判所が、民事再生法25条2号や会社更生法41条1項2号の趣旨に照らして、申立ての利益を欠くものとする余地を認めるべきであろう」としている。

の中でオールマイティの地位を与えられているためであって、先行する再生手続によることが債権者一般の利益に適合するときは、同法41条1項2号により会社更生手続開始申立てが棄却されることになる。

　(イ)　現行倒産法制による強制和議の廃止

　平成16年改正後の破産法は、強制和議制度を廃止したが、この手続は、破産者が強制和議の提供をし、債権者集会で和議条件案の可決を得て裁判所の認可決定を受け、法人の場合には自らの法人継続の手続をとることにより、破産者が破産財団を構成していた財産の管理処分権を回復し、強制和議の条件を履行していく手続であった[41]。しかし、破産法が強制和議制度を廃止したのは、その有用性が否定された結果ではない。

　すなわち、再建型の倒産手続の基本法である民事再生法が平成12年4月1日から施行されていたため、破産手続中でも再生手続開始の申立てをすることができ、再生手続が開始された場合には破産手続は中止されるので、破産手続の途中で再生手続に移行することがすでに可能となっていたためである[42]（当初制定されたばかりの民事再生法では、破産手続からの移行に関して円滑を欠く点が存在したが、先行する破産手続での破産債権届出をした者について再生債権の届出をすることを要しないものとする方法を定める等の工夫が、破産法改正時の整備法によって行われた）。なお、強制和議の場合には、DIP型への移行が強制和議の認可後であったのに対し、民事再生の場合には、再生手続開始の申立て時に「和議の提供」を要せず、「再生計画案の作成の方針についての申立人の意見」を記載すれば足り（民再規12条1項5号）、再生手続開始と同時に破産手続は中止されてDIP型に移行する（民再39条1項）。

　したがって、民事再生は、破産者（再生債務者）は、破産財団を構成していた財産の管理処分権を回復したうえで、再生計画案を作成・提出し、債権者集会にかけられるという意味で、過去の強制和議よりも、債務者にとって

41　旧破産法には、第9章に「強制和議」の項目がおかれ、290条～346条の規定が定められていた。認可された強制和議が、同意しなかった少数債権者をも拘束する説明に際して契約説に立つ説が多数説であり、強制和議は裁判所の認可を条件として、破産者と債権者との間で和議条件に従った契約が締結されると解されていた。斎藤秀夫ほか編『注解破産法〔第3版〕（下）』633頁以下参照。

42　小川秀樹編著『一問一答　新しい破産法』22頁参照。

より使いやすい制度であるといえる。

(3) 法的整理に対する私的整理の優先性

(ア) 法的整理における裁判所の監督

私的整理は、経済活動に不可避的に伴う倒産についての、私的自治に基づく処理方法として、今日なお広く利用されている一方、倒産法制は、バブル経済崩壊後のわが国の経済再生の切り札として整備され、その活用が大いに期待されたが、今日期待された機能を必ずしも十分に発揮しているとはいいがたい。[43]

現在の倒産法に改正される前の俗に倒産5法といわれた時代においても、すべての法的倒産手続の運用に関して、東京型・大阪型という二つの顕著な違いがみられた。改正作業において、そのような弊害の発生を防止することが意図されたが、結局、改正作業終了後10年余りの間に、裁判所ごとに実務運用が異なってきている。

翻って考えるに、そもそも、行政官ではないところの、独立した裁判官に法的倒産手続の監督・訴訟指揮を委ねる以上、実務運用の統一は不可能である。本来、実務運用の統一という観点に立てば倒産処理の監督を行政機関に委ねる制度設計もありうるし、経済的合理性の貫徹という観点に立てば倒産処理の監督を経済界の協力を得て設立する機関に委ねることも考えられようが、わが国の倒産法制が、伝統的に裁判所に監督を委ねているのは、最も公正・衡平で、透明な事件処理を期待できるのが裁判官であるという理由によるのであり、それらの価値を、手続運用の統一性や、経済合理性にかなった事件処理等の必要性より優先したことが、その背景に存するのである。[44] もとより、それもまた賢明な選択の一つとして受け入れることが可能である。

以上のようなことであれば、法的倒産手続の開始が申し立てられた後、申立人や利害関係人が予期しなかった監督権の発動や、経済合理性に欠く監督権の発動がなされる可能性は、常に秘められているというべきである。

43　四宮章夫ほか編著『書式　民事再生の実務〔全訂4版〕』1頁参照。小梁吉章ほか「地方の中小企業の再生」広島法学36巻2号7頁は、商取引債権の弁済禁止を民事再生の問題点としてあげる。

44　田村實「担保権消滅リスク」事業再編実務研究会編・前掲（注8）894頁参照。

(イ)　私的整理の優先

　そうであるとすれば、法的倒産手続は、予期せぬ方向に展開されることになってもやむを得ない場合に限って利用すべき倒産手続であると割り切るべきではなかろうか。端的に表現すれば、むしろ、法的整理は、私的整理を補完する手続なのである。

　翻って、今日の経済界では、私的整理や法的整理を経済活動として冷静に受け止め、経済ベースで対応し、合理的な判断を下そうとする傾向が強くなってきている。法的整理を利用する債務者も、あらかじめメインバンクに連絡して、手続への協力を要請しておくことが、常識となっているし、その際、私的整理の選択を勧められることもある。メインバンクに告知するとたちまち債権回収が開始された時代とは隔世の感がある。

　以上のとおりであり、私的整理を法的整理に優先させることには、法解釈のうえでも、実際的見地に照らしても、十分な合理性を認めることができると考える。

　(ウ)　清算人の法的倒産手続開始申立義務規定の限定解釈[45]

　会社法や一般社団法人及び一般財団法人に関する法律は、清算会社等が債務超過である場合には、清算人に対して特別清算開始や破産手続開始の申立義務を課しているが、私的整理の重要性に鑑みれば、限定的に解釈すべきである。

　(A)　清算人の法的倒産手続開始申立義務

　　(a)　破産手続開始申立義務

　会社法484条1項は、「清算株式会社の財産がその債務を完済するのに足りないことが明らかになったときは、清算人は、直ちに破産手続開始の申立てをしなければならない」と定め、清算人が破産手続開始の申立てを怠ったときは、過料の制裁がある（会社976条27号）。

　なお、会社法484条3項は、清算株式会社が破産手続開始の決定を受けた場合には、「清算株式会社が既に債権者に支払い、又は株主に分配したものがあるときは、破産管財人は、これを取り戻すことができる」と定めている。

45　四宮章夫「私的整理の研究2」産大法学49巻1・2号128頁以下参照。

会社法484条1項は、旧商法430条1項・124条3項を継承した規定であり、旧民法81条（一般社団法人及び一般財団法人に関する法律215条参照）と軌を一にするが、旧民法81条が制定された明治29年当初の議論には、「法人ノ財産ヲ以テ其債務ノ全額ヲ弁済スルコト能ハサル場合ニ於テハ特ニ公平ニ各債権者ヲ保護スルノ必要アルカ故ニ寧ロ清算人ヲシテ速ニ破産ノ宣告ヲ請求セシムルヲ得策トセリ」、すなわち債務超過にある以上、公平に各債権者を保護するために当然に厳格な清算手続が必要であるという程度の議論のみであり、それ以上に踏み込んだ議論がなされた形跡はない。[46]

ところで、明治32年施行の商法174条2項は、株式会社の機関である取締役につき「会社ノ財産ヲ以テ会社ノ債務ヲ完済スルコトヲ能ハサルニ至リタルトキハ取締役ハ直チニ破産宣告ノ請求ヲ為スコトヲ要ス」と定め、これを清算の場合にも準用していた結果、株式会社が債務超過の場合には、取締役または清算人に破産宣告請求義務があるものとされていた。

しかし、取締役は自らの会社の破産宣告申立て（当時）を躊躇することが多く、また、実際には、今日でも債務超過であっても事業を継続している会社は少なくないのであって、債務超過を原因とする破産宣告申立ての義務づけは立法上稚拙であったとも思われ、取締役が債権者破産の申立てに対して、自らの会社の破産宣告を避けるために債務超過の有無を争うことがあるなど、この規定はあまり遵守されてこなかった。

　　(b)　特別清算開始申立義務

そこで、昭和13年の商法中改正法律により、当時の商法の規定の趣旨と倒産・清算実務との乖離の是正のために、会社整理とともに特別清算が新設され、商法174条は削除された。そして、商法431条2項により、清算人の特別清算開始申立義務が規定され、当初より特別清算の見込みがない場合を除き、特別清算開始の申立てをしたときは、破産宣告申立義務を免れると解されることとなった。[47]

特別清算手続は、破産手続とは異なり、従前の清算人が財産管理と手続の進行を図るDIP型の手続であるが、裁判所の監督の下で清算手続を進めさ

46　松波仁一郎『帝国民法正解』456頁参照。
47　通説。山口和夫編『特別清算の理論と裁判実務〔新版〕』57頁参照。

せることによって、債権者の保護を図ったものである[48]。

　この規定が会社法511条2項に承継されているが、商法中の会社整理、特別清算の規定の改正につき検討した法制審議会倒産法部会においても、その是非について格別の議論がなされた形跡はない。

　　(c)　破産手続の国庫仮支弁規定の運用の実際

　債務超過が明らかな場合であっても、破産手続が廃止されるような場合には、清算人の破産手続開始の申立義務は生じない。もはや公正・衡平な倒産処理を求める余地がないのであり、他方、法律は無意味な行動を強いることはないと解すべきだからである。

　ところで、破産法23条は、破産手続の費用を国庫から仮支弁できると定める。

　破産手続において廃止になるような場合まで清算人に破産手続開始の申立義務が生じるのであれば、当該債務者が予納金を負担できないときは、その費用を国庫が仮支弁すべきであるが、破産法23条は、諸般の事情を考慮して「申立人及び利害関係人の利益の保護のため特に必要と認めるとき」のみに限定する。この規定は、消費者被害の加害会社のように裁判所が職権で破産手続開始決定をすべきであるような事態に備えて設けられたものであって、一般的な事態に備えた規定ではなく、現実に国庫仮支弁が実行された事例は稀有に等しい。

　これらのことから、破産手続において廃止になるような事例については、清算人の破産手続開始申立義務が免除されていると解することができる。

　　(d)　清算の結了

　商業登記法75条は、清算結了の登記を行う旨の申請書には会社法507条3項の決算報告の承認を証する書面の添付を求めているが、同条1項の委任により決算報告の内容につき定める会社法施行規則150条によれば、残存債務の存否は記載事項とされていないのであるから、資産が皆無となって、これ以上清算の遂行の余地がなくなったときに清算結了の登記をすることは可能である。なお、清算結了の登記は、設立登記とは異なり、清算事務の未了を

48　長谷川修「特別清算の申立て」青山善充ほか編『会社更生・会社整理・特別清算の実務と理論』(判例タイムズ臨時増刊866号) 456頁参照。

解消するような創設的な効力をもつものではない。[49]

　ところで、清算結了には資産と負債とがともにゼロになることを要するとする説もある。しかし、商法が定めていた旧特別清算については、古くから三つの清算手法があると説かれてきたもので、①協定により債務の減免を得ることによって資産と負債とをともにゼロにする方法（協定型）や、②債務者の個別同意を得ることによって資産と負債とをともにゼロにする方法（個別和解型）[50]のほかに、③裁判所の許可を得て、債権者の債権額に按分した弁済を行うことによって資産をゼロにする方法（按分弁済型）[51]があるとされてきた。

　按分弁済型の特別清算において、清算手続の終了をいかに画すかについては法制審議会において特別清算手続の見直しを図った際にも議論となったが、立法解決するほどの実務上の蓄積や提言がないとの理由で、今後の解釈論に残された経緯があり、①裁判所が職権で破産手続開始決定と同時廃止決定を行うべきとの考え方[52]のほかに、②特別清算の必要がなくなったとして終結決定できるという考え方[53]もあった。[54]

　通常清算の場合に、資産が皆無となれば清算結了登記できるという、前述の商業登記法上の実務は、②の説と親和的であるというべきであり、筆者はこれを支持したい。

　よって、清算業務自体を円滑に遂行できるのであれば、債務超過を脱するための債務の減免につき当事者間の合意が成立しなくても、清算人は、清算手続を結了することができるのであるから、必ずしも破産手続開始申立義務が課されているわけではないと解する。

49　落合誠一編『会社法コンメンタール(12)定款の変更・事業の譲渡等・解散・清算(1)』297頁〔川島いづみ〕。

50　個別和解（同意弁済）型。柳原光蔵『会社の整理・特別清算手続の実証的研究』232頁参照。

51　按分弁済型。山口編・前掲（注47）295頁・296頁参照。

52　四宮章夫「個別同意型の特別清算とはどのような手続ですか」安木健ほか編著『一問一答　改正特別清算の実務』252頁。

53　上柳克郎ほか編『新版注釈会社法(13)株式会社の解散、清算、外国会社、罰則』515頁〔佐藤鉄男〕。

54　魚住泰宏「特別清算の終結決定について説明してください」安木ほか編著・前掲（注52）248頁参照。

(B) 清算人の法的倒産手続開始申立義務規定の限定解釈

次に、配当可能財産がある場合でも、公正・衡平な私的整理手続が行われる限り、債権者の法的倒産手続開始の申立権、とりわけ破産手続開始申立権が損なわれないことを前提として、債務超過であってもそれだけでは清算人の法的倒産手続開始の申立義務違反は成立しないと解する。

すなわち、会社法511条2項は、「清算株式会社に債務超過の疑いがある」場合に、清算人に対して特別清算開始申立義務を課しているが、特別清算開始申立義務を課す根拠が、裁判所の一般的監督の下で厳格な清算手続を行う必要であることに照らせば、この義務は、特別清算開始原因について定める同法510条1号の「清算の遂行に著しい支障を来すべき事情があること」をも満たすことが前提とされていると解されるのである。

したがって、①一時的には債務超過であっても、清算の過程で見込まれる特別利益により解消できる場合はもとより、私的整理によって、債権者の同意を得て、債務超過を解消できる見通しがある場合や、②債務超過であっても、円滑に私的整理が遂行され、配当を実施し、清算結了できる見通しがある場合には、清算の遂行に著しい支障を来すべき事情がないのであるから、清算人は特別清算開始申立義務を負担しない。

さらに、特別清算手続は元々破産手続に先行する手続として認識され立案された制度である以上、特別清算開始申立義務の範囲を上記のとおり限定するのであれば、会社法484条1項の破産手続開始申立義務の範囲も同様に限定できると解することができる。

II 各種の私的整理手続

1 私的整理ガイドラインによる手続

(1) 私的整理の申出

過剰債務を主因として経営困難な状況に陥った企業は、①事業価値があり再建の可能性があり、②再建型倒産法制の利用では事業再建に支障が生じるおそれがあり、③清算価値保障原則を満たす場合には、私的整理を申し出る

ことができる。

(2) 私的整理の開始

債務者が主要債権者に対し、財産と財務の状況や、経営困難となった原因、再建計画案とその内容等を付して、私的整理を申し出た場合、主要債権者は、再建計画案が適正であるかどうか、対象債権者の同意を得られる見込みがあるかどうか、実行可能性があるかどうかを検討し、相当と判断したときは、主要債権者と債務者とが連名で対象債権者全員に対して、「一時停止」の通知を発する。

対象債権者の範囲は、金融機関債権者であるのが通常であるが、相当と認められるときは、その他の大口債権者などを含めることができる。

この通知は、第1回債権者会議の招集通知を兼ね、情報開示資料を添付した書面による。

(3) **一時停止**

一時停止の通知は銀行取引約定書等において定める期限の利益喪失事由として扱わない。

債務者は、通常の営業過程によるもののほか、原則として資産を処分し、新債務を負担し、一部の対象債権者に対して偏頗な行為に及んではならない。

対象債権者も、一時停止の通知を発した日における「与信残高」を維持するとともに、個別権利の行使や法的倒産処理手続の開始の申立てをしてはならない。

一時停止の期間は、一時停止の通知を発した日から第1回債権者会議終了時までであるが、第1回債権者会議や第2回債権者会議および続行期日における債権者会議において、一時停止期間の延長期間を定めることができる。

(4) **第1回債権者会議**

第1回債権者会議は、一時停止の通知を発した日から2週間以内の日を開催日とし、議長は主要債権者の中から選任することを原則とする。

第1回債権者会議においては、①債務者による過去と現在の資産負債と損益の状況と再建計画案の内容の説明、およびそれらに対する質疑応答、並びに出席した対象債権者間における意見の交換、②財務資料や再建計画案を研修するためのアドバイザーを選任するかどうかの検討と、必要な場合の被選

任者の決定、③一時停止の期間の決定、④第2回債権者会議の開催日時場所の決定、⑤債権者委員会を設置するかどうかと設置するとした場合の債権者委員の選出、⑥その他の必要な事項の決定が行われる。

債権者会議の決議は出席した対象債権者全員の同意によって成立するが、対象債権者の権利義務にかかわらない手続的な事項は、その過半数によって決定することができる。

(5) 債権者委員会

債権者委員会が設置された場合には、互選により債権者委員長を選出し、債権者委員会は、再建計画案の相当性や実行可能性を調査して、その結果を対象債権者に報告し、債権者会議から付託されたその他の事項を処理するほか、私的整理の円滑な進行のために必要な行為を行う。債権者会議は、決定事項の一部を債権者委員会に付託することができる。

(6) DIPファイナンス

一時停止の期間中の追加融資は、債権者会議の決議、またはその付託を受けた債権者委員会の決定により定めた金額の範囲内で、その定めた方法により、必要に応じて行うものとし、追加融資による債権は対象債権者が有する債権に優先して随時弁済される。

(7) 再建計画案

再建計画案は、次の①～⑥の内容を含むものでなければならない。

① 実質的に債務超過であるときは、再建計画成立後に最初に到来する事業年度開始の日から3年以内をめどに実質的な債務超過を解消する。[55]

② 経常利益が赤字であるときは、再建計画成立後に最初に到来する事業年度開始の日から3年以内をめどに黒字に転換することを内容とする。

③ 対象債権者の債権放棄を受けるときは、支配株主の権利を消滅させること、および、減増資により既存株主の割合的地位を減少または消滅させることを原則とする。

④ 対象債権者の債権放棄を受けるときは、債権放棄を受ける企業の経営者は退任することを原則とする。

---

[55] 中小企業再生支援協議会事業実施基本要領による再生計画の数値基準では、債務超過解消期間は3年～5年とされる（岩田・前掲（注10）262頁）。

⑤　再建計画案における権利関係の調整は、債権者間で平等であることを旨とし、債権者間の負担割合については、衡平性の観点から、個別に検討する。
⑥　清算価値や再建型倒産法制によるよりも多い回収である。
(8)　**再建計画の成立**
再建計画の成立の流れは、次の①〜⑤のとおりである。
①　主要債権者または債権者委員会は、第2回債権者会議に先立ち、対象債権者全員に対し、再建計画案の相当性と実行可能性などについての調査検討結果を報告する。
②　第2回債権者会議では、上記①の報告および債務者に対する質疑応答、並びに再建計画案に対する出席対象債権者間における意見交換を行う。
③　第2回債権者会議においては、対象債権者が書面により再建計画案に対する同意不同意を表明すべき期限を定める。
④　対象債権者全員が再建計画案に同意する旨の書面を提出した時に再建計画は成立し、債務者は再建計画を実行する義務を負担し、対象債権者の権利は、成立した再建計画の定めに従って変更される。
⑤　再建計画案に対して、所定の期限までに対象債権者全員の同意が得られないときは、このガイドラインによる私的整理は終了する。
(9)　**再建計画成立後の手続**
再建計画成立後の手続は、次の①②のとおりである。
①　再建計画の成立後、債務者は、相当な方法により、再建計画の概要を公表するとともに、再建計画の定めに従って、その成立後に定期に開催される債権者会議などにおいて、再建計画の実施状況を報告する。
②　そして、債務者は、対象債権者に対する債務弁済計画を履行できないときは、法的倒産処理手続開始の申立てをするなどの適宜の措置をとらなければならない。

2　各種ADRを利用した私的整理

特定調停手続を除く各種ADRの手続の内容は、各ADRの性質からくる関与の仕方に違いはあるものの、債務者の再生計画の要件と、私的整理の進

め方については、等しく、私的整理ガイドラインの手続を下敷きにするものといえよう。

ここでは、再生支援業務を最初に手がけた整理回収機構と、今日、最も多用されている中小企業再生支援協議会について、再生計画の要件と私的整理の進め方について、概観しておきたい。

(1) 整理回収機構の再生計画の要件と私的整理の進め方

(ア) 再生計画の要件

再生計画は、おおむね次の①〜⑤のような内容を満たす必要がある。

① 実質的に債務超過である場合は、原則として再生計画成立後最初に到来する事業年度開始の日から3年以内をめどに実質的な債務超過を解消する。

② 経常利益が赤字である場合は、原則として再生計画成立後最初に到来する事業年度開始の日から3年以内をめどに黒字に転換する。

③ 債務免除等を受けるときは、支配株主の支配権を原則として消滅させるとともに、減増資により既存株主の割合的地位を消滅させるか大幅に低下させる。

④ 債務免除等を受けるときは、経営者は原則として退任する。債権者やスポンサーの意向により引き続き経営に参画する場合も私財の提供などけじめの措置を講じる。

⑤ 再生計画案における権利関係の調整は、正当な理由のない限り債権者間で平等であることを旨とする。

(イ) 私的整理の進め方

私的整理の進め方は、次の①〜⑤のとおりである。

① 企業再生検討委員会において企業再生計画作成の着手が可能と判定された場合は、債務者およびRCCは、他の主要債権者の意向を確認したうえで、速やかに第1回債権者集会を開催する。

② 第1回債権者集会においては、債務者およびRCCより、債務者の事業および財務の状況並びに再生の可能性を説明し一時停止の合意を得るとともに、再生計画の合意に向けて債権者間調整を進めることの合意を得る。

③ 第2回債権者集会では、再生計画案に対する質疑応答を行い、必要な意見調整を行う。
④ 第2回債権者集会では、対象債権者が再生計画案に対し書面により同意不同意を表明する期限を定める。
⑤ 対象債権者全員が同意を表明した場合は、再生計画は成立し、債務者は再生計画を実行する義務を負い、対象債権者の権利は再生計画の定めに従って変更される。

(2) 中小企業再生支援協議会の第二次対応
　(ｱ)　再生計画の要件
再生計画は、おおむね次の①〜⑥のような内容を満たす必要がある。
① 実質的に債務超過である場合は、再生計画成立後最初に到来する事業年度開始の日から5年以内をめどに実質的な債務超過を解消する内容とする。
② 経常利益が赤字である場合は、再生計画成立後最初に到来する事業年度開始の日からおおむね3年以内をめどに黒字に転換する内容とする。
③ 再生計画の終了年度（原則として実質的な債務超過を解消する年度）における有利子負債の対キャッシュフロー比率がおおむね10倍以下となる内容とする。
④ 対象債権者に対して金融支援を要請する場合には、経営者責任の明確化を図る内容とする。
⑤ 金融支援の内容として債権放棄等を要請する場合には、株主責任の明確化も盛り込んだ内容とする。
⑥ 再生計画案における権利関係の調整は、債権者間で平等であることを旨とし、債権者間の負担割合については、衡平性の観点から、個別に検討する。

　(ｲ)　第二次対応の進め方
中小企業再生支援協議会の第二次対応の進め方は、次の①②のとおりである。
① 債務者と主要債権者および個別支援チームが協力のうえ、すべての対象債権者による債権者会議を開催し、債権者会議では、対象債権者全員

に対し、再生計画案の調査結果を報告するとともに、再生計画案の説明、質疑応答および意見交換を行い、対象債権者が再生計画案に対する同意不同意の意見を表明する期限を定める。なお、債権者会議を開催せず、再生計画案の説明等を持ち回りにより実施することは妨げない。

② 対象債権者のすべてが、再生計画案について同意し、その旨を文書等により確認した時点で再生計画は成立する。

3 準則型に準ずる私的整理

　私的整理ガイドラインはメインバンクの協力が必要であり、整理回収機構や中小企業再生支援協議会を ADR として用いる場合でも主要金融機関の協力が必要であるほか、それらを利用する私的整理は、債務者の法人格を存続させることがスキームの基本となっており、債務超過会社の場合には、対象債権者から債務の一部免除を受けることが予定されている。

　したがって、私的整理自体については金融機関から消極的同意は得ていても、メインバンクが突出することを望まない場合、一部の債権者から債権放棄の協力が得られない場合や、債務者自身の実質的な清算が不可避である場合には、それらの手続にはより得ない。しかし、それら準則型の手続に倣うことで、私的整理の適正な遂行を図ることができる。

　(1) 倒産処理に普遍的な原則

　準則型の私的整理手続には、倒産処理に普遍的な次のような原則が採用されている。

　　(ア) 公正な手続

　　(A) 適切な情報開示

　私的整理に際しては、債務者は、債務者自身と私的整理の遂行状況について、正確な情報を債権者に開示しなければならない。開示された情報は、私的整理への賛否の判断の基礎にもなるし、反対の場合の債権者の権利行使の材料ともなる。

　債権者が、個別執行によりこれを挫折させるだけではなく、包括執行、すなわち破産手続開始の申立て等の倒産法制の利用の申立てによってこれを挫折させる途が開かれていることが、私的整理の適正の担保となると考えられ

(B)　清算価値保障原則

　債権者が手続を通じて確保される権利は、債務者が破産した場合の配当率を下回ってはいけない。

　　(イ)　衡平な手続

　再建計画または清算計画は衡平なものであることを要する。

　　(ウ)　迅速な手続

　私的整理の手続は迅速に遂行される必要がある。法的整理に勝る利点でもあるからである。

(2)　私的整理ガイドラインに準拠した私的整理の具体的な手順

　以上の原則を前提としながら、INSOL 8原則や、私的整理ガイドラインや、前述の準則型手続を参考とし、清算手続をも包含することで、私的整理一般に適用される、いわば「準則型に準ずる手続」を検討することにしたい。

　ただし、私的整理の手法は数限りなくあり、ここでは、次の①②の二つの手法に限定して私的整理の準則の応用を考えてみたい。[57]

① 債務者自身を再建させて存続を図る方法
② 債務者の事業全部を停止し、または債務者の事業の一部または全部を他に譲渡し、債務者自身については実質的に清算する方法

　　(ア)　債務者自身を再建させて存続を図る方法

　　(A)　再建計画の内容

　再建計画の内容は、次の①〜④のとおりである。

① 実質的に債務超過であるときは、再建計画成立後に最初に到来する事業年度開始の日から3年以内をめどに実質的な債務超過を解消する。
② 経常利益が赤字であるときは、再建計画成立後に最初に到来する事業年度開始の日から3年以内をめどに黒字に転換することを内容とする。

56　伊藤・前掲（注1）17頁は、「多くの倒産事件が私的整理によって扱われている」とする一方、「法的手続として破産や民事再生などの制度を設ける必要性が生じるのは、債権者や債務者を含むすべての利害関係人の権利を公平、かつ、公正に調整する点で、私的整理には、限界があるにほかならない」とする。

57　四宮章夫「私的整理の研究8」産大法学51巻3・4号237頁以下は、準則型に準ずる私的整理の例を紹介する。

③　再建計画による返済の条件は衡平であることとする。
④　清算価値や再建型倒産法制によるよりも多い回収である。

　ただし、債務者とメインバンクとが連名で手続を開始させる私的整理ガイドラインによる手続は、一定以上の規模の企業を前提としているが、ここで検討している私的整理は、主としてそうした規模には至らない中小企業を対象とするから、債権の一部の減免を受ける場合でも、支配株主の権利を消滅させたり、企業の経営者は退任することを原則とする必要はないと考える。

　なぜなら、それを要件とする場合には、中小企業の経営者に私的整理による再建のインセンティブを奪うことになるし、そもそも従来の経営者に代わる者を確保することは、通常期待し得ないところというべきであるからである。

　(B)　私的整理の手続
　　(a)　私的整理の申出

　債務者は、金融機関およびこれに準ずる大口債権者（以下、「対象債権者」という）に対し私的整理を申し出る。この申出には、過去と現在の資産負債と損益の状況や経営困難な状況に陥った原因の説明資料および再建計画案の骨子を付すものとする。

　この通知は、第1回債権者説明会の招集通知を兼ねるが、後述のとおり説明会の開催を省略することもある（第2回債権者説明会も同様である）。

　　(b)　一時停止

　対象債権者のそれぞれが、お互いに個別権利行使や法的倒産手続開始の申立てを留保する期間を一時停止期間という。この期間中、①債務者は、通常の営業過程によるもののほか、原則として、資産を処分し、新債務を負担せず、また、②一部の対象債権者に対して、債務消滅に関する行為や物的人的担保の供与を行わない。

　第1回債権者説明会終了時まで一時停止の期間が継続することが望まれるが、対象債権者のいずれかが個別権利行使や法的倒産手続開始の申立てに及ばない限り、一時停止の期間は、以後も継続される。

　なお、私的整理の申出があり、一時停止が実現したとしても、債務者が支払停止したことにならないのは、各種ADRの利用による準則型の私的整理

の場合と同様である。このことは、後記(イ)(B)の場合も同様である。

(c) 第1回債権者説明会

債務者は、対象債権者に対して、原則として、速やかに第1回債権者説明会を招集し、①債務者による過去と現在の資産負債と損益の状況と再建計画案の内容の説明、およびそれらに対する質疑応答、並びに出席した対象債権者間における意見の交換をするとともに、②財務資料や再建計画案を調査するための税理士やアドバイザー等利用の可否の検討と、必要な場合の被選任者の決定または債務者からの紹介を行い、③第2回債権者説明会の期日の指定または予定時期につき協議をする。

ただし、負債規模や債権者数その他の事情に照らし、債務者が債権者を個別訪問し、①の説明や②の意見交換を行ったり、書面で①の説明を行うことで足りる場合もあると考えられる。

要は、全債権者から一時停止の協力を得られない限り、私的整理は遂行できないのであるから、その協力が得られる方法が選択されることになろう。

(d) DIPファイナンス

DIPファイナンスについては、可能な限り、対象債権者の他の債務に比して優先的地位が付与されるべきである（ただし、わが国の金融取引の実態に照らせば、現実には実現可能性に乏しい）。

(e) 第2回債権者説明会

債務者は、再建計画案を添付して、第2回債権者説明会の通知をしなければならない。

第2回債権者説明会では、再建計画案の説明および債務者に対する質疑応答、並びに、債務者と対象債権者との間の意見交換を行い、アドバイザーがあるときは、再建計画案に対する意見を述べる。

そして、対象債権者が書面により再建計画案に対する同意不同意を表明すべき期限が定められる。

(f) 再建計画の成立

対象債権者全員が再建計画案に同意する旨の書面を提出するか、すでに同意したすべての対象債権者が一部不同意債権者の存在と再建計画の成立とを承認した時に再建計画は成立し、債務者は再建計画を実行する義務を負担し、

対象債権者の権利は、自ら同意したところに従い、成立した再建計画の定めに従って変更される。

債務者は対象債権者に対し、再建計画の定めに従って、再建計画の実施状況を報告する。

債務者は、対象債権者に対する債務弁済計画を履行できないときは、法的倒産処理手続開始の申立てをするなどの適宜の措置をとらなければならない。

　　　　(イ)　債務者の事業を他に譲渡し、債務者自身は実質的に清算する方法

清算を目的とする私的整理手続の場合にも、その進行は前記(ア)(B)(a)〜(d)と同様である（ただし、再生計画とあるのは配当計画と読み替える）が、債務者自身の存続を目的としない以上、清算配当後の債務免除を求める必要がなく、清算配当に先立ち債権者集会で配当計画につき承認を得る実際上の必要性も認められないから、配当を適切に行うための工夫をもって、清算計画の成立手続に替えても、なお準則型手続に準ずる私的整理であると評価することは可能であると解する。

その工夫とは、配当を公正・衡平に行うことと、配当に先立ち、債務者財産の換価・回収の経過とともに、配当額計算の手法、配当実施要領などについて、債権者に対して十分な情報提供を行うことである。

Ⅲ　私的整理のリスクとその克服

債権者が自らの権利を行使することにより、私的整理を挫折させたり、私的整理を挫折させないまでも自己の債権の満足を図ることは、通常は、財産権の自由の問題であり、債権者がそうした権利を有しているからこそ、私的整理を遂行しようとする債務者に対する牽制も可能となる。

債権者の権利行使は、債務者以外の第三者への権利行使、債務者への強制執行の申立てや担保権実行の申立て等の個別権利行使と、法的倒産手続開始の申立て等によって行われる。

しかし、債権者のそうした権利行使が信義則に反したり、法的倒産手続の申立てが不当な目的でされたり、誠実にされたものでないとき[58]には、債務者は、債権者一般の利益を守るために権利行使を争うべき場合もある。

また、法的倒産手続が開始された場合であっても、先行する私的整理において債権者一般の利益に資する法律行為等が行われていた場合には、その効果が覆滅されないことが好ましい。

そこで、債権者の権利行使が先行する私的整理に対して及ぼす各種影響に関する判例について考察を加えたい。

1 債権者の個別権利行使

(1) 債務者以外の第三者への権利行使

(ア) 法人格否認の法理など

法人格否認の法理は、会社と第三者との利益が一体化し、両者の法人格の形式的独立性を貫くことが正義と公平に反する場合に、特定の事案に関して、両者の法人格の独立性を否定し、これを同一視して、事案の衡平な処理を図る法理であり、借入金に対する強制執行を免れる目的で法人格が濫用されたと認めた裁判例、法人格否認の法理の適用要件である支配の要件および目的の要件のいずれも欠けているとして否認を認めなかった裁判例がある。[59][60]

また、会社法22条1項・23条1項、商法17条1項・18条1項は、営業の譲受人が譲渡人の商号を続用するか、譲渡人の債務を引き受ける旨の公告をした場合には譲渡人の営業によって生じた債務を弁済する責を負う旨定める。

(イ) 濫用的会社分割

私的整理における事業再生手法としての会社分割は、後述のとおり、詐害行為取消権や否認権の対象とされることがあるが、このような濫用的会社分割については、裁判例や実務上の議論等を踏まえ、平成26年改正後の会社法759条が、「吸収分割会社が吸収分割承継株式会社に承継されない債務の債権者を害することを知って吸収分割をした場合には、残存債権者は、吸収分割承継株式会社に対して、承継した財産の価額を限度として、当該債務の履行を請求することができる。ただし、吸収分割承継株式会社が吸収分割の効力

---

58 破産法30条1項2号、民事再生法25条、会社更生法41条1項4号。
59 福岡地判昭和60・1・31判タ565号130頁参照、東京地判平成20・1・23WLJ。
60 私的整理と法人格否認の法理との関係については、四宮章夫「私的整理の研究6」産大法学51巻1号131頁以下参照。また、類似の問題である商号続用責任については、同「私的整理の研究7」産大法学51巻2号127頁以下参照。

が生じた時において残存債権者を害すべき事実を知らなかったときは、この限りでない」旨の定めをおくに至った。

したがって、濫用的会社分割があったときは、債権者は、吸収分割承継会社に債権の履行請求をすることによって、私的整理のスキーム全体に影響を及ぼすことができる。

　(ｳ)　詐害行為取消権の行使

私的整理中の債務者と第三者との間の法律行為や準法律行為が詐害行為に該当する場合には、詐害行為取消権に服することになる。否認権と共に、項を改めて再説する（後記Ⅳ参照）。

(2)　**債務者財産への執行の申立て**

私的整理は、担保権者による担保権の実行に対しては無力である。

また、強制執行の申立てについても、原則として、私的整理に反対する債権者がこれを挫折する手段として受容すべきである。

しかし、私的整理に伴い、換価・回収され、債権者全体の財産として確保されるに至った財産が、個別債権者の強制執行に服し、その債権の満足にあてられるのでは、私的整理に期待していた債権者を裏切ることになる。

そこで、判例の中には、そのような財産に対する債権者からの差押えを制限するものがみられる。

　(ｱ)　債権者委員会が管理する財産の差押えの制限

債権者委員会が私的整理のために債権者委員2名の名で取得した不動産に関して、原告から、私的整理に関与した債権者全員または債権者委員会委員全員によって民法上の組合が成立し、組合が取得した財産は組合員の共有に帰するので、不動産の共有持分の確認を求めるとして提起された事例において、私的整理における債権者委員会および同委員長が転売により配当財源を捻出する目的で形式的に債権者委員会の名で土地を取得した場合には、個々の債権者が土地の共有持分を取得したものではないと判断した興味深い裁判例がある。[61]

---

[61]　前掲（注18）東京地判昭和57・4・27参照。なお、東京地判昭和56・10・27判タ474号171頁は、債権者委員長と債務者会社代表者との連帯保証契約は、各債権者を代理して締結されたものであるとする。

Ⅲ　私的整理のリスクとその克服

　(イ)　債権を信託的譲渡された債権者委員長に対する担保設定の効力

　かつては、債務者所有の不動産上に、私的整理に参加する債権者全員から債権の譲渡を受けた債権者委員長のために不動産担保権を設定しておくような事例がよくみられたが、そのような行為については、古くから訴訟を目的とする信託を禁ずる平成23年改正前信託法11条（現行法10条）に抵触するとの考えがあった。

　これに対して、この債権譲渡を信託的譲渡と理解したうえで、不動産競売の配当手続に参加することは任意的訴訟信託によるものであり、平成23年改正前信託法11条にも違反しないとして、有効性を肯定した裁判例がある[62]。

　(ウ)　委任事務費用としての構成

　私的整理のための債務者財産の債権者委員長等に対する信託的譲渡は個別執行回避のためには有益であるが、歴史的には不公正な私的整理にも悪用されたことがあり[63]、信託譲渡形式の利用は必ずしも私的整理に対する信頼確保の手段たり得ないという面がある。

　しかし、債務者の財産の換価・回収が進み、配当段階に移ったのに、特定の債権者が配当原資を差し押さえたり、破産手続開始の申立てに及ぶような場合には、私的整理による速やかな配当に対する債権者達の期待を尊重する必要が認められる場合がある。

　この期待を保護するうえでは、債務者財産の換価・回収金を私的整理手続の委任を受けた弁護士に預ける行為を、委任契約による費用の前払いと構成し、債務整理事務の委任を受けた弁護士甲が、委任事務処理のため委任者乙から受領した金銭を預け入れるために甲の名義で普通預金口座を開設して上記金銭を預け入れ、その後も預金通帳および届出印を管理し、預金の出入れを行っていた場合には、当該口座に係る預金債権は甲に帰属すると判示した裁判例が興味深い[64]。これは、私的整理事務の委任を受けた弁護士が委任者から当該事務の費用にあてるためにあらかじめ交付を受けた金銭は、民法上は

62　前掲（注18）東京地判昭和49・12・25。
63　四宮章夫「過去における債権者委員会の活動」事業再編実務研究会編・前掲（注8）349頁注7の裁判例参照。
64　最判平成15・6・12判時1828号9頁。

649条が規定する前払費用にあたり、受任者に帰属すると解するものである。

それでは、私的整理に反対する債権者は、受任者に対する費用返還請求権の差押えをすることはできるであろうか。前掲最判平成15・6・12は、「受任者は、これと同時に、委任者に対し、受領した前払費用と同額の金銭の返還義務を負うことになるが、その後、これを委任事務の処理の費用に充てることにより同義務を免れ、委任終了時に、精算した残金を委任者に返還すべき義務を負うことになるものである」と判示し、受任弁護士が委任を受けた私的整理の一環として配当を実施し、配当金・経費を支払ってなお残金が存する場合のほかは、債権者の個別執行の対象たり得ないことを示唆する。

したがって、債権者が、私的整理に反対する場合でも、受任者に対する費用返還請求権の差押えをすることはできない。

2　法的倒産手続開始

(1)　否認権の行使

債権者が法的倒産手続開始の申立てに及ぶ権利を有しているからこそ、私的整理で権利侵害された場合に、その回復が可能となるし、そもそも、そうした権利を各債権者が有していることが、私的整理を遂行しようとする債務者に対する牽制ともなる。

債権者の権利回復および私的整理中の債務者の牽制と密接な関係があるのは、まず否認権である。詐害行為取消権と共に、項を改めて再説する（後記Ⅳ参照）。

(2)　私的整理と相殺制限

破産法71条1項2号は、①支払不能になった後に契約によって負担する債務をもっぱら破産債権をもってする相殺に供する目的で破産者の財産の処分を内容とする契約を破産者との間で締結し、または、②破産者に対して債務を負担する者の債務を引き受けることを内容とする契約を締結することにより破産者に対して債務を負担したときについて、③同項3号は、支払いの停止があった後に破産者に対して債務を負担したときについて、それぞれ相殺を制限している。

ところで、私的整理中に、債務者から取引の継続を要請された仕入先が債

務者の販売先と交渉して、債務者からの商品販売取引に介在し、売掛金に見合う買掛金を負担し、両者を相殺見合いとすることもある。債務者にとって取引継続が不可欠な重要取引先であれば、当面の新規発生債権に見合う保証金の預託を求め、それとの相殺見合いにすることも考えられる。それらの場合には、前者は相殺制限規定に抵触するようにもみえる。

そこで、私的整理が法的倒産手続に移行した場合には、当初予期していた相殺が倒産法制の相殺制限にかからないかという問題点がある。しかし、相殺制限規定は、債務負担の原因となる契約や取引の当時、債務者の支払不能についての債権者の悪意が要件とされている（破71条1項2号後段・3号ただし書）ほか、相殺の原因が、支払不能であったことまたは支払いの停止もしくは破産手続開始の申立てがあったことを破産債権者が知った時より前に生じた原因によるものであるときは、相殺が許容されることとされている。

しかるに、私的整理ガイドラインによる手続に関しては、主要債権者に対する申出や対象債権者に対する一時停止通知は支払不能や支払停止を意味しないと解されており、一般の私的整理に関しても、異なる解釈を行う必要は認めない。

したがって、その債権者が金融機関に準ずるような大口債権者である等の特別な事情がある場合を除いて、筆者が先に述べたような、将来相殺適状を創出するような契約や取引については、相殺権の行使が制限されることはないと解すべきである。

(3) 双方未履行の双務契約の解除

私的整理から法的倒産手続に移行した場合には、双方未履行の双務契約は、破産管財人、再生債務者または更生管財人から解除することができる[65]。ここでは、私的整理の支援者と債務者との間のスポンサー契約に関して検討する。

(ア) スポンサー契約の解除[66]

私的整理の支援者は、債務者の財務の不正確さのリスクや、支配争奪あるいは雇用紛争等に巻き込まれるリスクを回避するために、通常は、債務者の法人格の維持には関心が薄く、再建可能とみた事業の承継を考えることが多

---

65 破産法53条1項、民事再生法49条1項、会社更生法61条1項。
66 相澤光江「再生支援スポンサーの保護」事業再編実務研究会編・前掲（注31）503頁以下参照。

いが、債務者の許認可の承継が困難であったり、債務者の知名度が高く経営基盤が比較的しっかりしているような場合には、債務者そのものの再建スポンサーとして支援することを選択する場合がある。

支援の態様は、①当面の運転資金不足の補充、②経営改善資金の投入、③CEOやCOOの派遣、④経理担当者の派遣等、さまざまであるが、そうした人的・物的支援があることによって、私的整理に着手したことによる信用毀損を最小限にとどめることができる。

一般に、再建スポンサー契約の締結に至るのは、少なくともメインバンクの同意と、できれば主要な対象銀行の了解が得られた後が好ましく、そのように配慮されるのが通例である。

このようにして着手されたスポンサー支援による私的整理が、後日法的倒産手続に移行した場合には、倒産裁判所から、価格面での責任財産増加の可能性の有無を確認するための再入札を強く指導され、その際、スポンサー契約が主たる債権者の承認を得ていたか否か、スポンサーの貢献がどれほど事業の毀損の防止に寄与したか、そして、その結果として債権者への配当率の向上にいかに寄与したか等の点については、全く顧みられないことがある。

また、通常、入札への応募スポンサーからの提案は等質ではあり得ず、それぞれがめざすビジネスモデルによって、事業計画の根幹も、リスクの内容・程度も異なってくるのであるから、スポンサーの決定は、単に営業譲渡代金の多寡という点からのみではなくて、従業員、倒産債権者、取引先その他の利害関係人にとっての利益、不利益、その相互間の利害の調整の見込み等を総合勘案して、最適スポンサーを決定すべきであり、それは私的自治に委ねられるべきである。[67]

---

[67] 私的整理の例ではないが、平成19年10月に、世界最大手の菓子メーカーである英キャドバリー・シュウエップスが、子会社を通じて、大証ヘラクレスに上場する三星食品に対して株式公開買付けを実施すると発表し、筆頭株主として約44％を保有する林原グループの賛同により、友好的買収に成功したが、その後の合併により法人格は失われ、平成25年までには相生工場を残して他の研究開発拠点その他の施設は、統合によって失われた。また、松谷葉子「株式会社ニノミヤの経営破綻と『まち』の変化」事業再編実務研究会編・前掲（注8）576頁以下は、事業再編が債務者をめぐるステークホルダーの利害の域を超えた「まちづくり」という公の部分に少なからず影響を及ぼすとして、「『箱物』事業の再編を行う場合、公共政策の観点、つまり『まちづくり』を１つの変数であるととらえ、実務を行うべきである」とする。

上記の裁判所の強い指導は、スポンサー契約を双方未履行の双務契約として解除させることを前提とするものであるところ、私的整理からDIP型の再生手続に移行する場合には、メインバンクや大口債権者、あるいは従業員の労働組合の同意を取り付けて、スポンサー契約の履行選択をすることが可能な場合もある。[68]

　しかし、更生手続に移行した場合には、裁判所の選任した更生管財人によって、契約解除が選択されるリスクがあることは否定できない。[69,70]

　(イ)　お台場アプローチ

　プレパッケージ方式によるスポンサーの地位の保護をめぐって、平成15年11月に東京都お台場で行われたシンポジウムにおいて、いわゆるお台場アプローチとして、次の①〜⑦の7要件が提唱されている。[71]すなわち、①あらかじめスポンサーを選定しなければ事業が劣化してしまう状況にあること、②実質的な競争が成立するように、スポンサー等の候補者を募っていること、③入札条件に、価額を下落させるような不当な条件が付されていないこと、④応札者の中からスポンサー等を選定する手続において、不当な処理がなされていないこと、⑤スポンサー契約の内容が、会社側に不当に不利な内容となっていないこと、⑥スポンサー等の選定手続について、公正である第三者の意見が付されていること、⑦スポンサー等が誠実に契約を履行し、期待通りに役割を果たしていることである。

　そのような要件を満たすスポンサー契約について解除権の行使を回避するための根拠として、その第1として、前述のとおり、再生型法的倒産手続内でいち早く履行選択をするという措置が考えられる。

68　民事再生法49条1項・41条1項4号により、手続開始時に、裁判所が裁判所の許可事項と定めた場合を除き、履行選択には裁判所の許可を要しない。なお、会社更生法では61条1項・72条2項4号参照。

69　破産手続でも破産法36条により事業継続される場合もあるが、双方未履行の双務契約の履行選択にあたっては同法78条2項9号により裁判所の許可が必要とされている。

70　この問題は、私的整理から法的整理への移行に伴う特別な問題というわけではなく、わが国で広くプレパッケージ方式の再生型法的倒産手続では、かねてから問題とされているものである。

71　須藤英章「プレパッケージ型事業再生に関する提言」事業再生研究機構編『プレパッケージ型事業再生』101頁以下。

第2として、法的倒産手続内でのスポンサー契約の解除が、スポンサーに多大な損失を与えるような場合には、権利濫用ないし信義則違反として効力を否定する考え方である。しかし、そうした事由を認定することができない場合には、契約解除は有効であり、それに伴うスポンサーの損失等については、倒産法制ないしスポンサー契約の条項、あるいは不法行為や不当利得の法理に従って規律されることになる。[72]

　また、スポンサー契約が解除された場合には、解除の結果、債務者がスポンサーとの取引（金銭消費貸借取引も含む）によって負担する債務を、双方未履行の双務契約の解除の結果生じた原状回復義務としてとらえ直し（DIPファイナンスにかかる取引も、スポンサー契約という1個の契約の、当事者の一方の債務の履行とみることになる）、共益債権としての保護を与えるという考え方もある（民再49条5項、会更61条5項、破54条2項後段）。[73]

　あるいは、私的整理が法的倒産手続に移行した場合のスポンサーの債権のプライオリティに関する係争の存在を前提として、裁判所の和解許可（民再41条1項6号、会更72条2項6号）を得て、一定の支払いをするということも考えられる。[74]

　　(ウ)　ブレーク・アップ・フィー

　米国連邦破産法363条は、倒産企業の事業（部門や子会社等）売却に際しては、その価格の最大化のために、広く購入者を募集する事を義務づけているが、その入札に関しては、「当て馬入札」が活用されている。

　そこで、当初のスポンサーは自らも再入札に参加できるが、詳細なDD（デューデリジェンス）が可能であること、基本条件の設定に事実上関与できているというインセンティブが付与されるほか、最終的に落札できなかった場合には、違約金の支払いを受けられるという制度である。米国の当て馬に対して支払われる違約金は、再入札による落札価額の5％程度のようである。

　なお、スポンサー契約の際に、将来、双方未履行の双務契約として解除さ

72　東京地判平成23・1・14WLJ。なお、須藤・前掲（注71）107頁参照。
73　ただし、これは、スポンサーが債務者に対して信用供与した結果取得した債権が一般債権として扱われる損失を回復するための工夫にすぎない。
74　相当程度の和解金が裁判所の許可により支払われた事例として、四宮章夫「MBI方式によるフェニックス電機㈱の再建」事業再生と債権管理106号138頁参照。

れた場合の違約金条項を定め、その金額については、将来の再生計画や更生計画による減免率を念頭において定めておくことも一つの方法であろう。[75]

Ⅳ 詐害行為取消権と否認権[76]

1 詐害行為取消権

(1) 概　要

　民法424条は、「債権者は、債務者が債権者を害することを知ってした法律行為の取消しを裁判所に請求することができる」と定めており、この権利は形成権の性質を有し、詐害行為取消権と呼ばれている。

　詐害行為取消権は、倒産法制上の否認権の制度と同根であったが、倒産法改正作業の過程で、改正破産法の制定時に否認制度が大きく見直され、詐害否認と偏頗否認とに整理され、前者については適正価額取引、後者については同時交換取引の保護が図られ、それらによって、後述するとおり、私的整理中の法律行為に対する後日の破産手続等における否認のリスクが軽減されたが、その際、民法の改正は後日の問題とされた。

　その後、法務大臣による平成21年10月28日諮問第88号による諮問を受けて、同年11月24日に法制審議会に民法（債権関係）部会が設けられ、作業を開始し、平成25年3月に「中間試案」が公表され、平成27年1月26日からの第189回国会に民法改正案が提出された。この国会では審議未了により継続審議となったが、平成29年5月26日、第190回国会で可決成立し、同年6月2日平成29年法律第44号として公布され、この日から3年以内の政令で定める日に施行されることになった。この法律では、債権者取消しの対象行為に、改正後の民法424条の詐害行為と、同法424条の3の偏頗行為とに分けられ、かつ、前者については責任財産保全制度として構成されるほか、同法424条の2として相当の対価を得てした財産処分行為の特則や、同法424条の4と

75　そのような違約金を設定する契約も、再生債権者や更生債権者を害する債務負担行為とはいえず、一般論としては、否認の対象とはならないと解すべきである。
76　四宮章夫「私的整理の研究4」産大法学49巻4号98頁以下参照。

して過大な代物弁済特則等も定められる等、破産手続における否認制度と似通ったものになった。

(2) 詐害行為をめぐる裁判例

以下に紹介するのは、現行民法下における詐害行為取消権をめぐる裁判例である。

(ア) 債務者財産の信託的譲渡と詐害行為取消権

大審院は古くから、受益者たる総債権者のために公平な配当をすることを目的として、債務者の財産が債権者委員長等に対して信託的に譲渡された事例に関して、債務者が、総債権者に対して公平、かつ、完全な弁済を与えるために、その財産を第三者に信託して、管理・換価させることを認めている。[77]

債務整理のための信託的譲渡が詐害行為にはならないとする理由について、学説には、責任財産の保全という詐害行為取消権の制度趣旨に合致することを理由として、詐害性を否定するものがある。

裁判例においても、倒産会社がいわゆる任意整理の配当原資を確保するために弁護士に対してした債権の信託的譲渡につき、任意整理の進捗状況等を考慮して、債権譲渡が詐害行為取消権の形式的要件を満たすとしても、その行使は権利の濫用として許されないとしたものがある。[78]

これに対して、同様に、倒産会社がいわゆる任意整理の配当原資を確保するために弁護士に対して行った債権の信託的譲渡につき、債権譲渡が詐害行為にあたるとして取り消したものがあるが、これは、原告が国であり、倒産法制上一般債権に優先するところの優先債権・財団債権を害するような、一般債権者だけのための信託的譲渡と認めたためであろう。[79]

ところで、平成18年改正信託法11条は、1項本文に、委託者が債権者を害することを知って信託した場合には、受託者の善意・悪意を問わず詐害行為

---

[77] 前掲（注7）大判昭和10・8・8。
[78] 東京地判平成10・10・29判タ1005号72頁。この判決は、原告が優先債権者ではなく一般債権者であること、任意整理手続はすでに配当段階まで進んでおり、ことさら一部の債権者のみ特別な待遇をした事情も認められないこと（破産手続同様の厳格さをもって平等弁済がなされていること）、詐害行為取消権の行使を許すと、受任弁護士個人として弁済を受けた金員の返済義務を負うという過酷な負担を負わせる結果になること等を重視したものと考えられる。
[79] 東京地判昭和61・11・18判タ650号185頁。

として取り消すことができる旨定め、同条4項は、受益者が受託者から受けた財産の給付については詐害行為取消権を行使することができると定める一方、同条1項および4項の各ただし書において、受益者の全部または一部が善意であった場合には、この限りではない旨定め、否認権についても信託法12条が、同様の定めをおいている。

これらの規定は、信託をめぐる取引の安全に対する配慮を示しているものであり、適正な私的整理を遂行するための債務者財産の信託的譲渡が行われた場合においては、受益者は一般的には悪意とは認められず、配当金受領行為に対する詐害行為取消権の行使はできないことになる。

(イ) 会社組織上の行為と詐害行為取消権

(A) 会社分割に対する詐害行為取消権の行使

最高裁判所は、「株式会社を設立する新設分割がされた場合において、新設分割設立株式会社にその債権に係る債務が承継されず、新設分割について異議を述べることもできない新設分割株式会社の債権者は、詐害行為取消権を行使して新設分割を取り消すことができる」としたが、これは今日では確定した判例である[80]。

もっとも、私的整理のために会社分割が行われ、現に承継した事業を開始していても、これを承継した会社の設立までが取り消されるのでは、私的整理の挫折が広範囲な利害関係人に影響を及ぼすことになるおそれがある。

そこで、前掲最判平成24・10・12も、理由中においては、「会社法上、新設分割の無効を主張する方法として、法律関係の画一的確定等の観点から原告適格や提訴期間を限定した新設分割無効の訴えが規定されているが[81]、詐害行為取消権の行使によって新設分割を取り消したとしても、その取消しの効力は、新設分割による株式会社の設立の効力には何ら影響を及ぼすものではないというべきである」と言及し、詐害行為取消権の行使の結果、逸出した個々の財産が取り戻され、あるいは新設会社にその価額を賠償することを命ずるにとどまっている[82]。

ところで、新設分割において、旧会社の全資産と取引上の債務とが分割新

---

80 最判平成24・10・12判タ1388号109頁（原審の大阪高判平成21・12・22金法1916号108頁参照）。
81 会社法828条1項10号。

会社に承継され、金融機関債務のみが旧会社に残されたが、旧会社が取得する新会社の株式が適正な価格で売却された場合にも、会社分割に対し詐害行為取消権を行使させる必要が存するのであろうか。その場合には、会社分割それ自体は、旧会社の債務超過額には影響を与えていない。

新設分割において、全債務を旧会社に残す場合には、従前の旧会社の全資産が新会社の株式に転換されたと認識できるが、新会社が営業用資産を譲り受けるとともに、取引上の債務を引き受けさせた場合には、金融機関債務の引当てとなる新会社の株式売却代金と、新会社に引き受けた取引債務の引当てとなる承継資産とでは、責任の能力において大きな違いが生じている。

そのために、判例は、新会社に承継された債務と、旧会社に残存する債務との、それぞれの責任財産の能力に差を生じさせるような会社分割については、詐害行為取消権に服するとしたものと理解できる。

したがって、①取引債務も金融機関債務と同様に旧会社に残して、それらの責任財産の能力を同一にするか、②取引債務が新会社で弁済を受ける割合まで、金融機関債務も旧会社で弁済が受けられるようなプレミアム付きの対価で、分割新会社の株式が売却される場合には、もちろん詐害行為が成立することはない。しかし、③会社分割時に破産手続が開始された場合の清算配当率を上回る配当が旧会社に残存する金融機関債務に与えられるのであれば、取引債務と金融機関債務との間に、不平等を生ずるとしても、金融機関債務の引当財産が減少したことにはならないので、詐害行為取消権の対象とはならないと解すべきである。

なお、改正民法424条の2に定める適価売却行為に関する規定に照らせば、株式の換価は、財産の種類の変更により隠匿等の処分がなされるおそれを生じさせると評価する余地があるので、当事者が、現にそのような意思を有していた場合には、詐害行為リスクを回避できない。したがって、分割新会社の株式処分代金は、旧会社の私的整理の費用と配当原資として残されていて、現にそのような使途にあてられる必要がある。

82　福岡高判平成23・10・27金法1936号74頁、東京高判平成22・10・27金法1910号77頁、名古屋高判平成24・2・7判タ1369号231頁参照。

(B) 事業譲渡等に対する詐害行為取消権の行使

事業譲渡を詐害行為として取り消した裁判例もある。[83]

2 否認権

(1) 概　要

　破産法160条は詐害行為の否認に関する規定であり、162条は偏頗行為の否認に関する規定であるほか、同法は161条と163条～176条に否認に関する規定をおく。民事再生法127条～141条、会社更生法86条～98条にも同様の規定がおかれているが、法的倒産手続に移行した後に否認権が行使され、適正に遂行された私的整理の効果が覆滅されることが、経済合理性に適合せず、倒産法制が否認制度をおいた趣旨とも矛盾抵触することがある。

　もっとも、民事再生、会社更生といった再建型法的倒産手続では、事業の維持、存続のための私的整理中の債務者の行為は、債務者の再建に役立つものとして承認され、否認権の行使が回避されることが多いと考えられるから、否認権問題が深刻なのは破産手続に移行した場合である。

　そこで、主として、破産管財人等による否認権行使の事例を中心に判例を検討したい。

(2) 詐害行為否認をめぐる裁判例

(ア) 適価売却行為

　かつて、判例は、資産特にそれが不動産の場合には、処分行為が仮に適正価額によるものであっても、換価金が残存していない限り、旧破産法72条1号の故意否認事由に該当するとしたが、動産については、判例も、代価が不[84]

---

[83] 東京地判平成20・1・24WLJ はコンビニエンスストアの営業権譲渡につき、東京地判平成20・2・8WLJ は飲食店等の営業権譲渡につき、東京高判平成23・2・17WLJ は印刷の事業譲渡を、東京地判平成11・12・7判時1710号125頁はゴルフ場の営業権譲渡につき、それぞれ詐害行為取消権の行使を認容したものである。なお、東京地判平成18・3・24判時1940号158頁は、帳簿価格2億3641万6413円の商品（衣類等）を事業譲渡の際に9887万円で売却した行為が取り消され、事業譲受会社からの支払いが命ぜられたものであり、①事業譲渡時に破産清算が選択された場合における原告の配当見込みとの比較検討が争点となっていないし、②換価金の保管に関する事項も争点となっておらず、事例の妥当性という意味では先例としての意義については疑問がある。そのほかに、重要な営業用資産の譲渡について詐害行為の取消しを認めたものとして、最判昭和48・11・30判タ303号143頁、最判昭和39・11・17判タ173号129頁がある。

当に低廉で、債務者の資産を減少させるものでない限り、否認権は成立しないとしていた。[85]

しかし、債務者が無担保の遊休不動産を保有しているような場合には、事業の継続を図るために換価し、代金を事業に投入することは通常茶飯のことであるのに、後日事業破綻に至ったときに換価行為が否認されるのでは、取引の安全を脅かすこと甚だしいし、今日普及してきた不動産の流動化・証券化を妨げる要因になっていた。せっかくの処分可能資産を処分ができずに事業の廃止を余儀なくされることによる社会的損失も決して軽視できなかった。

そうした弊害を防ぐための判例上の工夫もみられたが[86]、必ずしも十分ではなかった。

そこで、平成16年改正破産法161条1項は、適正価額による売買等によって債務者の財産が処分された場合、原則として否認を免れ、①当該行為が、不動産の金銭への換価その他の当該処分による財産の種類の変更により、破産者において隠匿、無償の供与その他の破産債権者を害する処分をするおそれを現に生じさせるものであること、②破産者が、当該行為の当時、対価として取得した金銭その他の財産について、隠匿等の処分をする意思を有していたこと、③相手方が、当該行為の当時、破産者が前項の隠匿等の処分をする意思を有することを知っていたことの三つの要件をすべて満たした場合に限り、否認できることを明文で定めた。

その結果、適正価格処分行為の否認リスクが軽減され、私的整理中の重要な資産や事業の譲渡に際しては、適正な鑑定を取得し、かつ、より高額での売却努力を払っておくことで、後日法的倒産手続に移行した場合でも、否認権の行使を避けることができることになった。[87]

84　大判昭和8・4・15民集12巻637頁。
85　大判昭和7・12・23民集6巻3頁。
86　東京高判平成5・5・27判時1476号121頁、最判昭和40・7・8金法421号6頁、最判昭和46・7・16判タ266号170頁参照。
87　もっとも、譲渡の相手方が債務者の内部者である場合には、破産法161条2項により相手方の悪意が推定されるので、留意が必要である。

(イ)　債務者の会社組織法上の行為
　(A)　会社分割の否認

　私的整理を含む事業再編の一環としての会社分割に対しては、詐害行為取消権の場合と同様、後日移行した法的倒産手続の中で、否認権の行使に服するというのが、確定した判例であり、否認権行使の結果に関しても、詐害行為取消権の場合と同様、会社分割そのものが否認され、相対的無効となるとするものと[88]、会社分割に伴う財産の移転が否認されるとするものとがある[89]。

　詐害行為取消権に関してすでに述べたところではあるが、ここでも、新会社の株式が、分割前の債務者が破産した場合の清算価値による配当額を旧会社に残された債権者に保障できる価格で換価された場合には、当該行為には正当性や相当性があり、否認の要件を満たさないと考えるべきではなかろうか。その場合には、分割新会社の株式の譲受人にも悪意はないと考えるべきである。

　(B)　事業譲渡の否認

　事業譲渡についても、破産会社の破産管財人である申立人が、同社が破産手続開始の申立て前に100％子会社である相手方に破産会社の事業を譲渡したことは債権者を害する行為であるとして申し立てた否認請求が認容された事例がある[90]。

(3)　偏頗行為否認をめぐる裁判例

　(ア)　私的整理中の商取引債権の弁済
　(A)　私的整理前に発生した商取引債権

　対象金融機関に対して債務者から私的整理の通知がなされた後、対象債権者が個別取立てを留保している間は、債務者は支払停止したのではなく、また、支払不能に陥っているのでもないと解すべきことは前述のとおりである（前記Ⅱ3(2)(ア)(B)(b)参照）。

　そして、私的整理中の旧債務の弁済は、本来は、新債務の発生と連動しているが、取引先によっては、信用不安を察知し、取引上の与信枠を縮小した

88　福岡高決平成21・11・27金法1911号84頁、東京高判平成24・6・20判タ1388号366頁。
89　福岡高判平成22・9・30判タ1341号200頁。
90　東京地決平成22・11・30金商1368号54頁。

り、買掛金支払いサイトを短縮したり、支払手段中の現金払いの割合を増加させること等によって、万一の倒産リスクに備えようとする場合もあるが、それらの場合でも、通常は、取引の継続に伴い、新しい与信を継続している以上、債務者が危機状態にあることについて悪意となっているとまでは認められないであろう。

　(B)　私的整理中に発生した新債権の法的倒産手続移行直前の弁済

　ところで、せっかく私的整理の支援のために危険を承知で与信を継続した取引先の新債権が、私的整理挫折時点でなお残存する場合に、これを弁済したうえで、法的倒産手続に移行させた場合には、当該弁済行為は否認の対象となるであろうか。

　破産法162条1項1号は、弁済が、①破産者が支払不能になった後に当該事実または支払いの停止があったことを知ってされた場合、②当該行為が破産手続開始の申立てがあった後に当該事実を知ってされた場合には、債権者が支払不能等の事実につき悪意であったときは、否認することができると定める。

　そして、破産法162条1項2号は、その弁済行為が破産者の義務に属せず、またはその時期が破産者の義務に属しない行為であって、支払不能になる前30日以内にされたものについては、債権者が善意であることを主張・立証できる場合を除いて、否認できると定めているので、少なくても支払期限未到来の新債権の弁済行為は、否認に服する可能性が高い。

　しかし、私的整理の社会的・経済機能に照らし、その進行を保護するためには、私的整理中の取引により発生した新債権について、債務者が法的倒産手続移行直前に行う弁済については、通常は債権者が善意であると考えられ、また、一般的に、有害性または不当性を欠くと考える。

91　ほかにも、①係属中の与信高を縮小することや、支払サイトの短縮、支払方法のうちの現金弁済部分の増加等を求めて債権額を減少する、②債務者との買掛取引がある関係会社の口座を通じて売り掛けること等によって、相殺による債権回収の方法を講じる、③取引リスクを最小化するために現金引換取引を求め、これに応じられない場合には取引を中止する等、さまざまな対応措置をとることになる。また、④債務者にとって取引継続が不可欠な重要取引先であれば、当面の新規発生債権に見合う保証金の預託を求め、それとの相殺見合いにすること等がある。

ⓒ 少額債権の弁済

ところで、倒産法制は、破産手続を除いて少額債権の弁済手続を認めている（民再85条5項、会更47条5項、会社537条2項）。

民事再生や会社更生において少額債権の弁済が認められるのは、①債権者数を減少させることで手続の迅速かつ円滑な進行を確保すること、②少額の再生債権を早期に弁済し取引債権者の保護を図ることで債務者の事業の継続を確保することを目的とするといわれており[92]、特別清算においても少額債権の弁済には同様の意義を認めることができる[93]。

したがって、私的整理が挫折する場合に残存する新債権については、法的倒産手続に移行した後でも、裁判所の許可を得て弁済することが可能であると見込まれる範囲においては、私的整理から法的倒産手続に移行するまでの間に弁済しても、否認権成立の有害性または不当性を欠くというべきである。

なお、再建型倒産法制上の少額債権の弁済許可の規定に関して、私的整理中の商取引債権については、100％弁済が許可されるべきとする説がある[94]。

(イ) 配当手続

Ⓐ 配当と残債権の放棄

私的整理において実施された配当手続が、後日法的倒産手続内で否認権の行使に服するようであれば、手続に対する信頼を確保しがたいことになる。

古くは、債権者集会において私的整理への同意書を提出した債権者と倒産会社との間で不起訴の合意が成立したと判示したが[95]、私的整理の債権者集会に参加した債権者が、その後に再建計画に基づく配当金を受領していても、残債権について履行請求しない旨の和解契約の成立は認められないとした裁判例もある[96]。

Ⓑ 配当受領と信義則

破綻会社の債権者会議等で決定した配当金を受領した債権者が債務者が行った債権譲渡について詐害行為取消権を行使したことが信義則違反に該当す

---

92 山本和彦ほか『倒産法概説〔第2版補訂版〕』68頁参照。
93 四宮章夫ほか編『特別清算の理論・実務と書式』160頁参照。
94 山田・前掲（注37）156頁。
95 名古屋地判昭和58・7・25金商689号27頁。
96 東京判平成17・7・28WLJ。

ると判示した事例があるが、これは、配当金を受領することを通じて、原資となった資産の換価・回収につき了解を与えておりながら、後日当該換価・回収行為を否定することを禁反言の法理をもって封じたものであり、私的整理手続の透明性と債権者集会における情報公開の重要性を明らかにした裁判例でもある。[97]

(C) 配当の否認を認めなかった事例[98]

債権者委員会が、破産会社に対する届出の債権者のうち相殺等の理由で一部配当をしなかった債権者を除いてすべての債権者に一律の割合で配当をなし、債権者以外の債権者で破産手続に届け出た債権者はなく、また配当を受けなかった債権者で破産手続に届け出た債権者もなかった事例について、債権者委員会のなした配当をもって債権者間の公平を害するということはできないとし、かつ、他の債権者との間で公平を害することがない特段の事情があるとして、否認対象行為の有害性を否定し、本旨弁済の否認を許さなかった裁判例もある。[99]

ところで、会社法484条3項は、清算株式会社について破産手続が開始された場合において、会社がすでに債権者に支払ったものがあるときは、これを取り戻すことができる旨定めるが、これは、清算手続中に衡平を害する弁済が行われた場合に、清算手続から移行した破産手続において、衡平な配当を可能とするために設けられた制度であって、破産法上の否認権と立法趣旨を共通するのであるから、仮に、清算手続中に行われた弁済であっても、有害性または不当性を欠く場合には、破産管財人はこれを取り戻し得ないと解するのが相当である。

(ウ) 債務の消滅と同時交換取引の成否

破産法161条の同時交換取引による債務の消滅の場合にも、取引の同時性

---

97 東京地判昭和63・8・30金商816号3頁。
98 なお、広島高判平成23・10・26金商1382号20頁は、債権者集会で説明された事業譲渡スキームによる配当予想額を下回る配当しか得られなかった事例において、スポンサー企業に対する差額金の支払請求が棄却された裁判例であり、結論は妥当であるとしても、債権者集会のあり方についての、無責任な説明による手続の混乱は避けるべきであるという示唆を与えるものというべきである。
99 岐阜地大垣支判昭和57・10・13判時1065号185頁。

は、社会通念上一体とみることができるかどうかによって判断されるので、売買契約が先に締結され、合意された決済期日に品物の引渡しと代金の支払いが同時履行されるような場合、契約当事者の債務履行行為は、以前成立した債務の履行には該当するが、同時交換取引といって差し支えない。

ところで、旧破産法時代から、第三者から借り入れた資金による弁済が否認の対象となるか否かにつき争いがあり、「破産者である株式会社が支払等止後に借入金を特定の債務の弁済にあてるにつき右債務の債権者・債務者・貸主間にその旨の合意があり、しかも新規の借入債務が従前の債務より態様において重くない場合でも右弁済は否認できる」と判断した事例があるが[100]、最高裁判所は、「破産者が特定の債務の弁済に充てる約定の下に借り入れた金員により当該債務を弁済した場合において、借入債務が弁済された債務より利息などその態様において重くなく、また、破産者が、右約定をしなければ借入れができず、貸主及び弁済を受ける債権者の立会いの下に借入後その場で直ちに右弁済をしており、右約定に違反して借入金を他の使途に流用したり、借入金が差し押さえられるなどして右約定を履行できなくなる可能性も全くなかったなど判示の事実関係の下では、右弁済は、破産法72条1号による否認の対象とならない」との判断を示した[101]。

事業の再生の局面において、スポンサーが、事業再生を円滑に進めるために、債務者に、一部の債権者への弁済原資を融資することによって、旧債務を消滅させるという手法を用いることがある。

判例の状況はいまだ確定しているとはみることができないので、旧債務を弁済させるための紐付き融資については、上記の最高裁判例の射程距離を十分に理解し、そこに提示された要件を満たすよう留意が必要である。

　　(エ)　担保設定

　(A)　新たな取引のための担保設定

法的整理の場合と同様、私的整理においても、事業維持の目的で、運転資金や配当原資を他から借り入れる場合があるが、法的整理手続中は、あらかじめ共益債権化または財団債権化することによって、後の整理手続内での優

100　大阪高判昭和61・2・20判時1202号5頁。
101　最判平成5・1・25判タ809号116頁。

先順位を確保することができる。

ところで、破産法162条1項本文かっこ書は、偏頗行為否認の対象を既存の債務についてされた担保の供与または債務の消滅に関する行為に限ることによって、倒産法制による整理、清算手続に入る前に事業維持のために利用したDIPファイナンスの保護を図った[102]。

新債務の発生と、担保の供与または債務の消滅とは、取引の一体性が求められ、その取引時には対抗要件も供えられることが必要とされる。取引の一体性とは社会通念上判断され、契約後対抗要件具備の準備が行われて、遅滞なくそれが備わり、担保の提供等が新債務についてなされたものとみられるに至ったときには、一体性は確保できたと解されている。

なお、私的整理中にいったん発生した債務について、後日あらためて担保供与されたり、弁済されたりした場合には、この一体性が欠け、偏頗否認の対象となることに注意が肝要である。

(B) 担保取得に伴う無償否認リスク

判例は、「破産者が未払の停止若は破産の申立ありたる後又は其の前6月内に為したる無償行為及び之と同視すべき無償行為」についての故意否認を定めた旧破産法72条5号に関して、いわゆる同族会社の代表者で実質的な経営者でもある破産者が義務なくして当該会社のために保証または担保の供与をしたことを直接の原因として、債権者が当該会社に対して出捐をしても、破産者がその行為の対価として経済的利益を受けない場合には、旧破産法72条5号にいう無償行為にあたると判断している[103]。

この旧破産法の規定は、偏頗否認につき定めた破産法162条1項2号として存続しているが、同法が定めた同時交換取引の保護の趣旨に鑑み、第三債務者の担保提供と債務者の新債務負担との同時交換関係を認めて、否認権の成立を否定する余地があったことから、改正後の裁判例が注目されたが、「破産法160条3項にいう無償行為とは、破産者がその行為の対価として経済

---

102 なお、法律上債務の担保を適法に徴求できることと、当該担保によって実際に債権回収できるか否かは、別問題である。木下玲子「集合債権譲渡担保法の問題」事業再編実務研究会編・前掲（注8）913頁参照。

103 最判昭和62・7・3判タ647号113頁。

的利益を受けていない行為をいうのであって、保証や物上保証などのように第三者（主債務者）の利益を図るために破産者が相手方と取引した行為については、相手方においてはその行為の対価として第三者に対し、新規貸付などの経済的利益を供与している場合もあり得るが、その場合でも、破産者がその行為の対価として経済的利益を受けていないときは、無償行為に当たると解される」とし、さらに、主債務者と破産者との関係が密接な場合等には無償性は否定すべきとの債権者の主張を排斥し、控訴審もこの判断を支持し、最高裁判所も上告不受理決定をした事例が表れた。[104]

今日のわが国の金融取引の実際に鑑みれば、事業主体が法人である場合に、一般的には、金融機関は、法人に対する債権は法人から、代表者個人に対する債権は代表者個人から回収しようと企図しているわけではなく、金融機関が法人に信用供与する際には、法人の資産およびその代表者と親族の資産を一体のものとして、与貸のバランスを検討するのが一般的である。そして、法人の代表者や主な親族はすべての金融機関と大口仕入先に対して、法人のために連帯保証を差し入れていることが多い。言い換えれば、わが国の金融実務においては、法人と代表者とは経済的に利害を共通にしている存在であるといっても過言ではない。

したがって、当事者の意識においては、法人が新たな債務を負担するに際し、代表者が無担保個人資産の上に担保を設定する行為と、法人の無担保資産の上に担保を設定する行為とは、全く同一の行為であり、一つは同時交換取引として否認を免れ、一つは無償否認されるというのは、一般人の理解しがたいところであろう。

そのため、講学上は、担保提供する第三者が債務者から保証料を受け取る場合、事業を継続する債務者から役員報酬を得る場合等においては、無償性を否定できるとする説もあるが、いずれも説得力に乏しい。

本来は、経済取引の一体性に照らし、正当性を失わないと考えるべきであるが、上記のような最高裁判例が変更されない限り、法人与信時に代表者等の第三者から担保を徴求する場合のリスクが高いことは、認識しておくべき

104　大阪地判平成21・6・4判時2109号78頁、大阪高判平成22・2・18判時2109号89頁。

である。
　(C)　根担保設定のリスク
　次に、私的整理中に今後発生する新債務の担保として、集合債権や動産の譲渡担保あるいは不動産根抵当権等の根担保を徴求する場合に、担保権設定契約書に被担保債権として新債権のみを掲げればよいところ、契約時存在する旧債務も同時に掲げてしまうことが少なくないが、そのような担保権設定契約については、全体として否認できるとするのが、判例、通説であることに注意が肝要である。
　すなわち、「新規債務に対する担保設定が既存債務に対するそれと区分できれば、その部分に限っては、同時交換取引として否認を免れるが、一体として区分できない場合には、同時交換取引とは認められない」とされてきた。[105]
　かかる契約については、継続的取引を前提としていることが多く、したがって、契約当時存在した旧債務は、その後の事業継続に伴って期日に弁済され、後日、仮に法的倒産手続に移行したとしても、残存しているのは新債務のみであることが多い。
　したがって、このような契約に関しては、その効果において、倒産手続開始時に残存する旧債務の担保に供する部分は否認に服するものとし、新債務の担保に供する部分の有効性を承認すべきであり、それが、経済的窮境にある債務者に対して、事業継続のための融資を呼び込むための立法意図に合致し、担保設定契約の個数によって結論を異にする必要はないと筆者は考えるが、この学説状況も、DIPファイナンスの否認リスクの一つとなっている。[106]

V　私的整理と刑罰法規

　私的整理中の行為が刑罰法規に触れることがあってはならない。
　そこで、破産犯罪と、強制執行目的財産損壊等罪について概説し、私的整

105　伊藤・前掲（注1）527頁参照。東京地判平成18・12・22判タ1238号331頁も同旨。
106　四宮ほか編著・前掲（注43）606頁。川田悦男「同時交換的行為（救済融資等）と否認」山本克己ほか編『新破産法の理論と実務』262頁以下参照。なお、東京地判平成20・4・25WLJは理由を示さないが結論は同旨。また、山本和彦編『倒産法演習ノート〔第3版〕』325頁では、一部否認説に改説されている。

1 私的整理と破産犯罪[107]

(1) 概　要

　私的整理と関係が深いのは、破産法265条の詐欺破産罪と、同法266条の特定の債権者に対する担保供与等の罪である。

　破産法265条の詐欺破産罪は非身分犯であり、すべての自然人が対象となっている。ただし、同条1項柱書後段により、同項4号所定の「債務者の財産を債権者の不利益に処分し、又は債権者に不利益な債務を債務者が負担する行為」については、当該行為の相手方となった者についてもこの罪が成立する。

　また、破産法266条の特定の債権者に対する担保供与等の罪は身分犯であるから、直接同条が対象とするのは自然人たる債務者であるが、法人の代表者または法人もしくは人の代理人、使用人その他の従業者が、その法人または人の財産に関し、同条の違反行為をしたときは、同法277条が行為者を罰するほか、その法人または人に対しても、各本条の罰金刑を課するとする両罰規定を設けている。

　総債権者の引当てとなる債務者の財産が、破産犯罪の保護法益である[108]。

　また、破産法265条の詐欺破産罪や、同法266条の特定の債権者に対する担保供与等の罪は、いずれも債務者についての「破産手続開始決定の確定」を客観的処罰要件としており、これは旧破産法374条以下を承継したものである[109]。

　債権者の協力あるいは理解を得て、私的整理が円滑に遂行された結果、債務者について破産手続開始決定が確定する事態が訪れなかった場合には、破

107　四宮章夫「私的整理の研究3」産大法学49巻3号50頁以下参照。
108　なお、芝原邦爾「破産犯罪（詐欺破産罪・過怠破産罪）」法時59巻2号87頁参照。
109　平成16年の破産法改正時には、異論もあったが、客観的処罰要件が存することが、倒産処理の場面における刑事罰の発動に一定の歯止めをかけている側面があり、当該処罰要件をはずすことは、今日広く行われている私的整理等の動きを萎縮させるおそれがあるため、結局、旧破産法と同様の客観的処罰要件が維持された。小川秀樹編著『一問一答　新しい破産法』364頁参照。

産犯罪は成立しない。

破産犯罪は目的犯であり、「債権者を害する目的」の存在が要件とされる。「債権者を害する」とは、総債権者の権利の引当てとなるべき債務者の総財産を実質上または外見上減少させることにより、債権者の権利の実現を不能または困難にする行為をいう。ここにいう「目的」については、一般的な認識で足りるとする説もあるが、意欲なり動機であることを要するとする説もある。しかし、前説をとり、未必の故意を承認する場合には、本条が目的犯とすることにより、構成要件に該当する行為を限定した趣旨が損なわれるおそれがあり、後説をもって妥当とすべきであろう。[110]

ところで、処罰の対象となる行為の時期については、学説、判例上は、行為当時に現実に破産宣告を受けるおそれのある客観的な状態すなわち客観的に破産状態にあることを必要とする説[111]、支払不能と債務超過とを要するとする説、さらには破産宣告の可能性が必要であるとする説等があるが、いずれも実質的な違いはないとも考えられる。

(2) **詐欺破産罪に係る規定**

破産法265条は、詐欺破産罪に係る規定であり、債務者の財産を、実質上または外見上減少させることにより、総債権者の利益を侵害し、または危険ならしめようとする行為をした者に、10年以下の懲役もしくは1000万円以下の罰金に処し、または併科する旨定めている。ここにいう「危険の意義」については、刑法の強制執行妨害罪についての最高裁判例が、抽象的危険犯説[112]ではなく具体的危険犯説に立つと理解されていることとの平仄を合わす意味においても、具体的危険説を採ることが相当と考えられる。

破産法265条2項は債務者について破産手続開始決定があった後の行為に関するものであるから、ここでは同条1項各号に定める行為について、次に検討する。

(ア) 債務者の財産を隠匿し、または損壊する行為

破産法265条1項1号の「債務者の財産」とは、法定財団を構成すべき財

---

110 斎藤ほか編・前掲（注41）866頁〔阿部純二〕。
111 東京地判平成8・10・29判タ949号246頁は、この立場をとる。
112 最判昭和35・6・24刑集14巻8号1103頁。

産であり、自由財産を含む新得財産等は除かれるが、別除権の目的財産を除外すべき理由はない。「隠匿」とは、債務者の財産の発見を不能または困難ならしめる行為をいう。

　財産の存在または所在に係る事実上の隠匿と、財産の帰属に関する法律上の隠匿があるとされるが、法律行為による財産の減少行為については、後記㈎の4号が準備されているので、1号の「隠匿」等は、外見上の財産減少行為を対象とするものである。[113]

　　㈑　債務者の財産の譲渡または債務の負担を仮装する行為

　破産法265条1項2号の「譲渡」は、財産に係る権利を他に移転することを意味し、「債務の負担」という場合の「債務」の中には、破産債権のみならず財団債権に対応する債務はもとより、相殺権の行使を受ける場合の自動債権に対応する債務、別除権の被担保債権に対応する債務等が含まれるほか、制限物権の負担なども含まれると解されている。「仮装」の具体的態様には限定はない。[114][115]

　　㈒　債務者の財産の現状を改変して、その価格を減損する行為

　破産法265条1項3号の現状の改変とは、物理的状態の変更をいい、破産法265条1項1号の「損壊」には至らない場合でも、配当財源を実質的に変更させる場合には、当罰性があると考えられたものである。立法の趣旨に鑑み、処罰の対象は、社会通念上相当程度以上の減損行為のみを処罰の対象とするためであるとされている。その対象は有体財産に限定されず、行為の態様も、建物の増改築行為や廃棄物等の搬入行為等が考えられるが、単なる不法占拠は、財産の物理的状態に変更をもたらすわけではないので、これにはあたらない。

　　㈓　債務者の財産を債権者に不利益に処分する行為

　破産法265条1項4号は、総債権者にとって不利益になる処分行為を意味するが、社会通念上相当と認められるより著しく不利益なものであることを

113　東京高判昭和42・12・28判時527号84頁、大判昭和10・3・13大刑集14巻223頁、東京高判昭和61・10・30高刊速昭和61年198頁参照。

114　福岡高判昭和47・1・24刑月4巻1号4頁は仮装の抵当権を設定した事例、前掲（注113）東京高判昭和61・10・30は虚偽の賃借権設定仮登記や抵当権設定仮登記をした事例である。

115　前掲（注113）東京高判昭和42・12・28は仮装債権者が競売で落札した事例である。

要すると解されている。したがって、倒産に瀕した債務者が、当面の運転資金を捻出する目的で在庫商品を一括して卸価格の3割引で売却する行為は、債務者の財産を債権者に不利益に処分する行為には該当しない。「処分」行為は、債務者の財産を移転する行為のほか、債務者の財産上に占有権限等の制限物権を設定する行為も含み、契約のほかに、財産権の放棄のような単独行為もある。

　　(オ)　債権者に不利益な債務を負担する債務者の行為

　破産法265条1項4号の債務の負担とは、債務の負担原因となる行為のいっさいを意味するので、契約等の法律行為によることが多いと考えられるが、それに限られないとされている。たとえば、馴れ合いにより、不法行為による損害賠償債務を負担する場合には、仮装とは認められない場合でも、本号に該当することになろう。

　　(カ)　情を知って、破産法265条1項4号に掲げる行為の相手方となる行為

　破産法265条1項柱書後段により、同項4号（前記(エ)(オ)参照）に掲げる行為の相手方も処罰される。「情を知って」とは、不利益性に係る認識や、不利益処分の行為者が債権者を害する目的を有していることの認識も必要であるが、これらの認識は、未必的ないし概括的なもので足りると解されている。

(3)　特定の債権者に対する担保供与等の罪に係る規定

　破産法266条は、担保の供与または債務の消滅に関する行為であって、債務者の義務に属せずまたはその方法、もしくは時期が債務者の義務に属しないものをした者に、5年以下の懲役もしくは500万円以下の罰金に処し、または併科すると定めている。同条の犯罪の主体は債務者に限られる身分犯である。ただし、債務者ではないが、相続財産の破産の場合には、相続人、相続財産の管理人および遺言執行者、信託財産の破産の場合には、受託者等も、本条の主体となるとされている。ここにいう「債務者」は自然人であり、法

116　最判昭和45・7・1判タ251号149頁は、「債権者に絶対的な不利益を及ぼす行為をいうのであって、単に債権者間の公平を破るに過ぎない行為は、これには当たらない」とする。
117　岡山地判昭和49・2・8刑月6巻2号145頁。
118　法制審議会倒産法部会第34回議事録参照。

人の代表者は含まれないが、同法277条が、法人の代表者または法人もしくは人の代理人、使用人その他の従業者が、その法人または人の財産に関し、同法266条の違反行為をしたときは、行為者を罰するほか、その法人または人に対しても、各本条の罰金刑を課するとする両罰規定を設けている。

　破産法は行為の相手方を処罰する規定をおいていないが、対向犯についての刑法上の一般的解釈に委ねられており、単に情を知って債務者からの弁済を受領したにとどまらず、積極的ないし能動的な働きかけ等がある場合には、共謀共同正犯を含む、刑法の共犯規定によって処罰されることがありうると解されている。

　　㋐　担保の供与または債務の消滅に関する行為

　破産法266条の「担保の供与又は債務の消滅に関する行為」とは、偏頗否認について定める同法162条の意義と変わるところはなく、「担保の供与」には、典型担保権の設定に限られず、譲渡担保等の非典型担保権の設定も含まれる。「債務の消滅に関する行為」には、弁済のほか、他の債権者の引当財産を減少させる更改や代物弁済も含まれると解されている。

　　㋑　債務者の義務に属せずまたはその方法もしくは時期が債務者の義務に属しないもの

　破産法266条の「債務者の義務に属せず又はその方法若しくは時期が債務者の義務に属しないもの」は、講学上「非義務行為」と呼ばれることがあるが、義務のない追加担保の供与や、期日前弁済等のことである。したがって、追加担保設定義務を負担している場合の追加担保の設定や、履行期が到来した債務の弁済は、同条の犯罪に該当することはない。

2　私的整理と強制執行妨害目的財産損壊等罪

(1)　概　要

　私的整理と関係が深いのは、刑法96条の2の強制執行妨害目的財産損壊等罪と加重損壊罪である[119]。沿革的に、強制執行免脱罪（現在の強制執行妨害目的財産損壊罪の前身）が制定された昭和16年の刑法改正時には、立法者の意

119　四宮章夫「私的整理の研究5」産大法学50巻3・4号235頁以下参照。

図が、保護法益を公務とすなわち国家的利益であるとする意図であったことは明らかである。しかし、太平洋戦争の終結後は、強制執行免脱罪の保護法益を、私益すなわち個人の経済的利益であるとする説が通説となるに至った。最高裁判所は私益説と折衷説とのいずれをも排斥しない判断を示しているが、学説の多くは、強制執行妨害罪を、債務者の財産を保護することを通じて、債権者の権利保護を主眼とする規定であると解している[120]。

現行の強制執行妨害目的財産損壊等罪と、それにかかる加重封印等破棄罪とは、いずれも目的犯であり、「強制執行を妨害する目的」に出たことを要件とする。強制執行とは、金銭債権を満足させるために債務者から一定の金額の徴収を強制的に実現するための手続であり、保全処分手続や、担保実行のための競売手続も含まれる[121]。

そして、これらの罪の保護法益が個人的利益であることから、国税徴収法に基づく滞納処分たる差押えは含まないと解されており、最高裁判所もこの見解によっている[122]。ここにいう「目的」についても、詐欺破産罪の場合と同様、一般的な認識では足りず、意欲なり動機である必要があると解する。

下級審の裁判例の中には、約束手形の決済期日に不渡事故を発生させて銀行取引停止処分を受けるに至ったが、その直前まで破綻回避のために資金調達の努力をしていたことを理由に、債権者らが強制執行を考慮するに至った時期は、当該処分を受けた頃であると認定し、それに先立つ10日前に手持商品等を工場から搬出して、他所に保管替えした行為について、強制執行を免れる目的をもってしたと推断できる資料がないとして、無罪を言い渡したも

---

[120] 藤木英雄「強制執行妨害罪の罪質について」菊井維大＝三ケ月章『裁判と法(下)菊井先生献呈論集』880頁は、「私権行使の保護の目的で刑罰権を用いることは、やむを得ない最小限度に止どむべきである。民事的保護が形骸化し奸悪な債務者を保護し、善良な債権者をして、自力救済的方法によりその債権の満足をはかる方向にはしらせ、その結果暴力主義的風潮を助長するおそれが顕著に現実化するという段階においてはじめて強制執行妨害行為を可罰的にするのが、合理的な立場である」とし、石塚伸一「強制執行妨害罪の研究」477頁は、「いまや、財産犯の基本に返り、強制執行妨害罪の適用は、暴力主義的風潮の抑止、自力救済の頻発の防止等の要請からやむを得ないと認められる場合に限るべきであり、私権行使の保護の目的で刑罰権を用いることは、やむを得ない最小限度に止べきである」としている。

[121] 最判平成21・7・14判タ1318号105頁。

[122] 最判昭和29・4・28判タ41号37頁。

のがある。[123]

　最高裁判所は、刑法96条の2の「強制執行ヲ免ルル目的ヲ以テ」というためには、現実に強制執行を免れる目的あることを要し、執行名義が存在せず、単に債権者が債権の履行請求訴訟を提起したという場合に、同条の罪が成立するためには、「刑事訴訟の審理過程において、その基本たる債権の存在が肯定されなければならないものと解すべきである。従って、右刑事訴訟の審理過程において、その基本たる債権の存在が否定されたときは、保護法益の存在を欠くものとして本条の罪の成立は否定されなければならない」と判示している。[124] これは、本罪を具体的危険犯と判断したものと、一般に理解されている。

　強制執行妨害罪の保護法益を個人的利益であると解する立場からは、犯罪の主体は、行為者を債務者および債務者と共犯関係にある者に限定する説もあったが、平成23年の刑法改正により、行為者が債務者に限定されないことが明確化された。ただし、同法96条の2第3号の罪の行為主体は、性質上債務者に限られるとともに、同条柱書後段に対向犯処罰の規定がおかれた。

(2) 強制執行妨害目的財産損壊等罪の規定

　刑法96条の2は、強制執行を妨害する目的で、同条1号～3号に該当する行為（後記(ｱ)～(ｳ)参照）をした者は3年以下の懲役もしくは250万円以下の罰金に処し、またはこれを併科する。情を知って、同条1号～3号の譲渡または権利の設定の相手方となった者も同様とすると定める（後記(ｴ)参照）。

　損壊等の行為の客体は、①現に強制執行を受けている財産のほかに、②強制執行開始前であっても、執行を受ける客観的状況が生じた後、その対象となる可能性のある財産を含むと解されている。

　財産の種類には限定がなく、動産、不動産のほか、預金その他の債権も含み、行為者は財産の所有者に限定されない。

　「対象となる可能性」は、妨害行為にあたるかという客観的事実によって決せられるのではなく、妨害の意思を伴う行為であったか否かという主観で決せられてきたようである。[125]

123　東京地判昭和34・4・21刑集14巻6号840頁。
124　前掲（注112）最判昭和35・6・24。

(ア)　対象財産の隠匿、損壊、譲渡の仮装、仮装の債務負担

　刑法96条の2第1号の「隠匿」とは、強制執行を行う者に対し、対象財産の発見を不能または困難にするこをいう。本罪に問われて有罪となった案件を子細に検討すると、いずれも、具体的な状況下で近く予想された強制執行を妨害する意図を伴うものであったことが認められる[126]。「損壊」とは、物理的毀損・破壊のほか、対象財産の価値を失わせ、減少させるいっさいの行為をいう[127]。「譲渡の仮装」とは、対象財産が譲渡されていないのに、第三者名義に変更する行為をいい[128]、「仮装の債務負担」とは、債務が存在しないのに、債務を負担しているように装うことをいう[129]。なお、仮装債権者には、強制執行免脱罪の共同正犯が成立する[130]。

　(イ)　現状を改変することにより価格を減損しまたは強制執行の費用を
　　　増大させる行為

　刑法96条の2第2号の現状の改変とは、対象財産の物的状況に変更を加えることをいい、価格の減損とは対象財産の価値を著しく減少させることをいう。著しくとは強制執行の目的達成を困難にするほどの影響が及ぶ程度と解される。損壊は行為と同時かそれに準ずる時期に価値減少をもたらす行為、現状の改変は価値現象が顕在化するのが執行手続が開始される時点であるような行為を指すとする説もある。「費用を増大させる」とは、強制執行を費用倒れにする危険を有する行為を意味するが、現状改変行為によって価格減損、費用増大の結果が生ずることについては、本罪の既遂成立に必要はなく、

125　最判昭和35・4・28刑集14巻6号836頁参照。
126　名古屋高判金沢支判昭和55・6・5高検速報605号、東京地判平成10・3・5判タ988号291頁。名古屋地判平成17・3・22裁判所HP、名古屋高判金沢支判昭和36・11・16刑集18巻3号122頁、最判昭和39・3・31刑集18巻3号115頁参照。
127　東京地判平成5・10・4金法1381号38頁は、建物に設定された抵当権に基づいて競売開始決定された後に、当該建物を取り壊して抵当権を抹消させて、競売手続を妨害しようとした事例である。
128　最判昭和35・6・24刑集14巻8号1103頁、前掲（注114）福岡高判昭和47・1・24、最判昭和39・3・31刑集18巻3号115頁、東京高判昭和55・7・17東高刑時報31巻7号92頁参照。
129　福岡地大牟田支判平成5・7・15判タ828号278頁は、議員報酬を差し押さえられた市議会議員が、架空の公正証書による債務を負担し、架空債権者が受ける配当金を自己に回してもらった事案である。
130　東京高判昭和49・5・28判時757号214頁参照。

(ウ)　金銭執行を受けるべき財産について、無償その他の不利益な条件
　　　　で、譲渡をし、または権利を設定する行為
　刑法96条の2第3号の「金銭執行」とは金銭債権を満足させるための執行手続を意味し、強制執行のほか、担保権実行のための競売も含まれる。「執行を受けるべき財産」とされ、すでに執行を受けた財産が除外されたのは、金銭執行の場合には、対象財産の差押え後の対象財産の譲渡は差押債権者に対抗できないので、責任財産を減少させることにはならないためとされる。なお、本来、差押えによる強制執行開始前にあっては、それが債権者の責任財産であっても、債務者が譲渡等の処分をすることは、財産権の行使として本来自由になしうるものであるから、本罪の成立は、行為の客観的性質において債権者を害する意義しか見出せない行為であって、かつ、妨害目的を伴うものに限定すべきであるとする有力な説がある。

　　　(エ)　情を知って、刑法96条の2第3号の行為の相手方となる行為
　刑法96条の2第3号所定の行為は法律行為であることから、それが契約である場合には相手方は対向犯の地位に立つ。その場合に、必要的共犯としての処罰規定を省くと、立法者が意図的に処罰対象から除外したとの疑義を招きかねないので、同条柱書後段は、情を知って3号該当行為の相手方となった者を処罰対象とする旨を明らかにした。

　(3)　**加重封印破棄等罪の規定**

　刑法96条の5は、報酬を得、または得させる目的で、人の債務に関して、同法96条から前条までの罪を犯した者は、5年以下の懲役もしくは500万円以下の罰金に処し、またはこれ併科すると定めている。

第2節　特定調停

I　序説

　特定調停法は、支払不能に陥るおそれのある債務者等の経済的再生に資するため、このような債務者が負っている金銭債務にかかる利害関係の調整を促進することを目的として、民事調停手続の特則を設けるために制定され、平成12年2月17日に施行されたものである。

　こうした目的に沿って、特定調停の内容は、債務者の経済的再生に資するとの観点から公正かつ妥当で経済的合理性を有するものでなければならないとされ、また、簡易・迅速で柔軟な調停手続の特色を保ちながら、事件の一括処理を容易にする措置や、手続の進行を充実させるための制度、特定調停の成立を容易にするための措置等が設けられている。

II　特定調停の手続

1　特定調停の申立て

　特定調停は、特定債務者が民事調停を申し立てる際に（特調3条1項・2条2項）、特定調停による旨の申述をすることが必要であり（特調3条2項）、申述人は財産の状況を示すべき明細書その他特定債務者であることを明らかにする資料と、関係権利者の一覧表とを提出しなければならない（同条3項）。

　管轄裁判所は、相手方の営業所もしくは事務所を管轄する簡易裁判所であるが（民調3条）、事件の一括処理のために、管轄のない事件を自ら処理することもできるし（特調4条）、事件を地方裁判所に移送することもできる。

Ⅱ　特定調停の手続

2　調停手続の進行

　同一の申立人に係る複数の事件の調停手続は併合して行われる（特調6条）。

　調停委員には、特定調停を取り扱ううえで必要な法律、税務、金融、企業の財務、資産の評価に関する専門的な知識・経験を有する者が指名されます（特調8条）。

　特定調停においては、当事者は、債権または債務の発生原因および内容、弁済等による債権または債務の内容の変更、および担保関係の変更等に関する事実を明らかにしなければならない（特調10条）。

　また、特定債務者に対して財産上の請求権を有する者および特定債務者の財産の上に担保権を有する者は、特定調停に参加することができる（特調9条）。

　なお、特定調停の成立を不能にし、もしくは著しく困難にするおそれがあるときは、裁判所は、申立てにより、特定調停の申立ての目的となった権利に関する民事執行の手続の停止を命ずることができる（特調7条）。

3　調停委員会

　調停委員会は、職権で事実の調査および必要と認められる証拠調を行うことができ（特調13条）、当事者または参加人に対し、事件に関係のある文書または物件の提出を求めることができ（特調12条）、官庁・公署その他適当であると認める者に対し、意見を求めることができる（特調14条1項）。なお、調停委員会は、申立人の使用人等の過半数で組織する労働組合、それがない場合には、申立人の使用人等の過半数を代表する者の意見を求める（同条2項）。

4　特定調停の成立

　調停委員会が調停条項案を提示する場合には、特定債務者の経済的再生に資するとの観点から、公正かつ妥当で経済的合理性を有する内容のものでなければならない（特調15条）。

当事者間に合意が成立し、これが調書に記載されたときは、調停が成立したものとされ、その記載は裁判上の和解と同一の効力を有する（民調16条）。

特定調停の当事者が出頭困難な事由があると認められ、かつ、あらかじめ調停委員会から提示された調停条項案を受諾する旨の書面を提出し、相手方当事者が期日に出頭してその調停条項案を受諾したときは、特定調停において当事者の合意が成立したものとみなされる（特調16条）。

また、当事者の共同申立てに基づき、調停委員会が事件の解決のために適当な調停条項案を定め、それが適宜な方法で告知された場合にも、特定調停において当事者の合意が成立したものとみなされる（特調17条）。

また、調停裁判所は、当事者双方のために衡平に考慮し、いっさいの事情をみて職権で、当事者双方の申立ての趣旨に反しない限度で、事件の解決のために必要な決定をすることができ（民調17条）、決定の告知日から2週間以内に異議の申立てがないときは、当該決定は裁判上の和解と同一の効力を有する（民調18条3項）。

5　特定調停の利用の実際

特定調停は、平成8年から法制審議会倒産法部会において始められた倒産法改正作業に伴い、平成11年に民事再生法が成立し平成12年4月1日に施行されるに際し、当事者間において合意ベースで債務整理を行うことを助けるために、議員立法により成立し、逸早く施行されたものである。

したがって、この法律は、当時の社会問題であった金融機関の不良債権問題と、企業の過剰債務問題の解決のために、民事再生法と両輪のように機能することが期待された。

しかし、当時の金融機関は、不良債権を償却する体力に乏しく、特定調停を通じて、不良債権問題が一挙に顕在化することを恐怖し、立法と同時に多数申立てられた事件については、実質的な話し合いを拒絶し、調停を不成立に導いたが、これは当時の金融機関全体の共通の意見を反映するものであったと考えられる。

今日までの間に報告された例としては、大阪地方裁判所では第三セクターの事件がある[1]。第三セクターや公法人の事業が破綻に瀕し、すでに負担して

いる多額の債務が、事業計画の齟齬による収益悪化によって、約定返済の継続ができなくなったような場合には、第三セクターや公法人の債務を背後の地方公共団体が連帯保証しているか否かが争いになっているようなことがある。

そのようなときに、第三セクターや公法人を破綻処理に追い込んだ場合、金融機関債権者は地方公共団体に対し、連帯保証債務の履行を訴求することになるが、地方公共団体が万一敗訴するようなことがあれば、市民や県民に多額の負担をかけることになる。他方、金融機関がこの訴訟に敗訴するようなことがあると、多額の債権償却を余儀なくされることになる。したがって、第三セクターや公法人の事業が破綻に瀕した場合でも、それらを可能な限り延命させ、債務額を減少させていくことが、金融機関と地方公共団体の共通の利益となる。

以上述べた点のほか、地方公共団体と金融機関との取引のメリットを継続するために債権を組み替えたいと考える場合、第三セクターや公法人の再生のために、債権の一部放棄や期限の猶予を実現するに際し、それらの長や役員に向けられる株主代表訴訟や住民訴訟等により責任追及を防止するために、裁判所に関与させることが有効であると考えられる場合等にも特定調停が用いられたのである。

それらの第三セクターや公法人等による極めて特殊な申立例を除いて、私的整理の目的で特定調停の申立てをし、簡易裁判所をADRとして利用するケースは決して多くない。

平成20年に東京地方裁判所判事によって発表された事業者の再生を目的とする特定調停に関する現状報告によれば、受理されているのは私的整理ガイドラインまたはこれに準ずる私的整理手続を経由したもので、同意に至らなかった金融機関を相手にするものに限定されているようであり、予納金はおおむね1200万円とされているので、その費用負担に耐え得ない中小企業については、特定調停が利用されていないことがうかがわれる。なお、平成15年〜平成19年の5年間で11件、そのうち成立に至ったものは2件、調停に代わ

---

1 伊藤眞ほか「〈座談会〉東京・大阪における民事調停の現状」判タ1152号10頁。

る決定(いわゆる17条決定)で処理されたものは1件にすぎない。

　こうして事業の私的整理のための特定調停の利用は下火となったが、個人の消費者金融等からの多重債務問題の解決のためには、一定程度用いられてはいる。

　そもそも、議員立法の基礎とされたのは、前述の倒産法改正作業の当初に行われた各界からの意見・事情聴取過程で、最高裁判所がとりまとめた当時の民事調停法に基づく、いわゆるサラ金調停についての実務の報告と意見を基礎としたものであり、サラ金調停に利用されることは、理にかなったものではあった。

　しかし、施行から4年後の平成16年には約38万件もの申立てがされたものの、そのような特殊な事例を除いて、その後は年々減少傾向にあり、平成17年には約27万件、平成20年には約10万件と急激に減少し、平成22年には約3万件となり、平成27年には3067件にすぎない。

　この減少傾向の理由の一つとして、申立て件数に比べ成立件数が極端に低く、平成16年～平成22年までの成立件数は平均で3.1%にすぎないと指摘する向きもあるが、17条決定が活用され、その比率はすでに既済事件数の過半を占めており、立法の目的は一定程度達成されていると思われる。

　にもかかわらず申立件数が激減しているのは、今日では、①弁護士や司法書士の介入による示談交渉で解決を図る事例が増加したこと、②平成18年改正前貸金業法43条のみなし利息の規定の適用範囲を著しく制限する一連の最高裁判決の結果、利息制限法に基づく過払利息の元本充当計算をして、消費者金融に対する不当利得返還請求する事件が増加していること、③業法に基づく監督・指導が強化され、消費者金融による過剰貸付けが減少したこと、④他方で、手元不如意を主張する中小の消費者金融業者は調停で解決するインセンティブに乏しく、不調により訴訟に移行することをいとわない場合が

2　鹿子木康「東京地裁民事第8部における特定調停の運用状況」事業再生と債権管理119号65頁以下参照。

3　平成15年4月1日から施行された平成14年法律第33号による司法書士法及び土地家屋調査士法の改正法により、それまでの弁護士による法律事務の独占が緩和され、司法書士にも一定の法律業務に携わることが許されるに至ったことも、国民と法曹実務家との接近障害を解決する一助になったということができよう。

あること、⑤債務者のほうも自己破産免責や個人債務者再生の手続によって、債務の減免を期待できるのに、調停によって元本額全額の支払いを約束し、かつ、債務名義となる調停調書を作成することに魅力を感じなくなった等の理由により、サラ金調停についての利用も減少しているものと推測される。

そして、社会問題としての個人債務者の多重債務問題の鎮静化に伴い、事業者破綻についての特定調停の利用が一向に増加していないことが明確化しているといえよう。

6 私的整理と特定調停

以上のとおり、事業の私的整理に際しても特定調停の利用はこれまで限定的であったが、今日、特定調停法施行当時と比較すると、金融機関は債権の償却能力を回復し、特定調停手続を嫌忌すべき事情はない。

しかし、倒産法改正と並行して行われた私的整理による事業再編のための各種制度が機能したことにより、私的整理の準則を観念することができるに至っていて、その利用にあたってはADRとしての簡易裁判所の関与は必ずしも不可欠ではないというのが実状であると考える。

---

4 過剰貸付け等の禁止を定めた平成18年改正前の貸金業法13条1項について、金融庁は、平成17年3月7日に事務ガイドラインを改正し、貸金業者が貸付けを行うにあたって、当該貸付けが資金需要者の返済能力を超えると認められるか否かは、当該資金需要者の収入、保有資産、家族構成、生活実態等および金利など当該貸付けの条件により一概に判断することは困難であるが、窓口における簡易な審査のみによって、無担保、無保証で貸し付ける場合のめどは、当該資金需要者に対する1業者あたりの貸付けの金額について50万円、または、当該資金需要者の年収額の10％に相当する金額とすること等の過剰貸付けの判断基準についての徹底を図っている。

第3章
通常再生

I　再生手続の開始

　民事再生法は、再建型の倒産手続の一般法と位置づけられるものである。
　民事再生法の目的は、経済的に窮境にある債務者について、その債権者の多数の同意を得て、かつ、裁判所の認可を受けた再生計画を定めること等により、当該債務者とその債権者との間の民事上の権利関係を適切に調整し、もって当該債務者の事業または経済生活の再生を図ることである（民再1条）。
　民事再生法は、当初は、事業者それも中小企業を念頭において、その再建型の手続として制定されたものである。この通常型（本来型）の再生手続は、自己管理型（DIP型）を原則とするが、事案に応じて、監督委員による監督を行う後見型や、管財人を選任して管財人による財産の管理処分等を行う管理型などいろいろなメニューを用意している。
　制定後に、個人債務者の再生手続の特則等が追加されたため、当初の通常型の再生手続は通常再生と呼ばれることが多い。

1　再生手続開始の申立て

(1)　民事再生能力

　民事再生能力とは、再生債務者になりうる能力・資格のことで、民法では権利能力、民事訴訟法で当事者能力と同じような意味である。法律上は何の制限もなく、法人、自然人（個人）はもとより、権利能力なき社団も利用が可能である。外国人、外国法人も含まれる（民再3条）。
　法人については、株式会社、合同会社等の営利法人のほかにも、医療法人、学校法人、宗教法人、民法上の公益法人なども対象となる。
　また、事業を行っているかどうかは問わない。
　もっとも、管轄権の点からは、債務者が個人の場合は日本国内に営業所、住所、居所、または財産がある場合に限られ、債務者が法人その他の社団・財団である場合は日本国内に営業所、事務所、または財産がある場合に限られる（民再4条1項）。

(2) 再生手続開始の申立権者

再生手続開始の申立権者は、債務者および債権者である（民再21条）。他の法律によって法人の理事またはこれに準じる者が、その法人に対して破産手続または特別清算開始の申立てをする義務を負う場合も申立権がある（民再22条）。

破産管財人は、破産者に再生手続開始原因があり、再生手続によることが債権者の一般の利益に適合する場合は、裁判所の許可を受けて再生手続開始の申立てができる（民再246条）。

そのほかに、外国管財人にも申立権がある（民再209条1項）。外国管財人とは、外国で開始された破産手続または再生手続に相当する外国倒産処理手続で当該手続において債務者の財産の管理および処分をする権利を有する者をいう（民再207条1項）。

債務者の株主には申立権は認められていないし、監督官庁の申立権や通告による職権開始の制度もない。

(ア) 債務者

債務者が法人であるときは、役員の一致による必要はなく、取締役会の決議等の通常の意思決定手続で申立てができる。

実務上は、ほとんどが債務者申立てであるが、ほとんど例外なく弁護士が代理人となる。

債務者の呼称は、再生手続開始の申立てがあった後、再生手続終了までを再生債務者と呼んでいる（民再2条1号）。

(イ) 債権者

債権者の範囲について法律上の限定はない。債権の額についても制限がない。

しかし、手続外で随時弁済を受けられる共益債権者や一般優先債権者には申立権がなく、再生債権者（正確には再生手続開始決定によって再生債権となりうる債権を有する者）だけに申立権がある。それは、再生手続が債権者の権利実現の手段であるとして債権者に申立権を付与しているのだから、再生手続で権利の実現ができる再生債権者に限られるからである。これに対して、一般優先債権者らにも申立権があるとする見解もある。

実務上は、債権者申立ては例外的であるが、債務者に開始原因があり再生の可能性があるのに債務者が申立てを放置しているような場合や、債務者の経営者を排除すれば再生の可能性があるような場合に、債権者が自己の権利を実現するために再生手続開始の申立てをする例がある。

(3) 再生手続開始原因

再生手続の開始原因は、①破産手続開始の原因となる事実が生じるおそれがあること、または、②事業の継続に著しい支障を来すことなく弁済期にある債務を弁済できないことである（民再21条1項）。

上記①の「破産手続開始の原因となる事実」とは、支払不能と債務超過をいう（破15条1項・16条1項）。支払不能とは、債務者が支払能力を欠くために、その債務のうち弁済期にあるものにつき、一般的かつ継続的に弁済することができない状態をいい（破2条11号）、債務超過とは、負債が資産を上回ることをいう。このような破産手続開始の原因となる事実がすでにある場合以外に、このような「事実が生じるおそれ」があれば足りるから、事態がこのまま推移すれば破産手続開始の原因となる事実が生じるであろうと考えられる場合も含まれる。破産法上、支払不能を推定される支払停止（破15条2項）になっている必要もない。この開始原因は事業者であろうと非事業者であろうと適用される原則的な開始原因である。

上記②の「事業の継続に著しい支障を来す」とは、支払不能にまでは至っていないが、単なる一時的な資金不足ではなく、債務弁済のための資金調達は可能であるが、そのためには、商品の投げ売り、事業用の重要な財産の処分、高利金融からの借入れ等が必要であるという経済状態をいう。つまり、本来の資金繰りが破綻しているという状態である。この開始原因は条文からも明らかなように、事業者に特有の開始原因である。

上記①②は別個独立の要件というわけではなく、重なる場合もある。

これらの開始原因は、破産手続開始原因が生じる前の段階で、できるだけ再生手続を開始し、事業者にとっては事業の再生、非事業者にとっては経済生活の再生という民事再生の目的を達成できるように定められたものである。できる限り早期に手続を開始したほうが再建の可能性も高いし、債権者の回収可能性も高まる。

(4) 再生手続開始の申立て

　(ア) 申立手続

　再生手続開始の申立ては、書面による（民再規2条1項）。この書面は再生手続開始申立書と呼ばれる。

　再生手続開始申立書には、必要的記載事項として、①申立人の氏名・住所、法定代理人の住所・氏名、②再生債務者の氏名・住所、法定代理人の氏名・住所、③申立ての趣旨、④再生手続開始原因となる事実、⑤再生計画案作成の方針についての申立人の意見を記載しなければならない（民再規12条）。上記③の申立ての趣旨は再生手続開始決定を求める旨の記載で、実務上は「債務者○○に対して民事再生手続を開始するとの決定を求める」と記載する。④の再生手続開始原因となる事実は、具体的事実を記載しなければならない。⑤の申立人に再生計画案作成の方針についての意見を記載させるのは、申立て時点で再生計画案を示すことを要求しているのではなく、裁判所が事件の見通しを把握し、申立てに対する審理の資料にするためである。⑤の記載に関しては、できる限り予想される再生債権者の権利の変更内容と利害関係人の協力の見込みを明らかにしてしなければならない（同条2項）。再生手続開始申立書に必要的記載事項の記載がないときは、裁判長は補正を命じ、補正がないときは命令で申立書を却下する（民再18条、民訴137条）。

　再生手続開始申立書には、必要的記載事項のほかに、①債務者の概要や事業内容、②資産・負債その他の財産の状況、③再生手続開始原因が生じるに至った事情、④財産に対してなされている他の手続、⑤労働組合の状況、⑥外国倒産手続の係属などの記載が要求される（民再規13条）。これらの記載がないときでも再生手続開始申立書が却下されることはないが、これらの記載は申立てに関する審理の資料や再生手続開始後の各種の通知に必要な事項であるから、実務上は、その全部を記載している。

　再生手続開始申立書には、添付書類として、①債務者が個人であるときは、住民票の写し、②債務者が法人であるときは、定款または寄附行為および登記事項証明書、③債権者の住所・氏名、債権・担保権の内容や債権額等を記載した債権者一覧表、④債務者の財産目録、⑤申立日の前3年以内に法令の規定に基づいて作成された債務者の貸借対照表および損益計算書、⑥債務者

が事業を行っているときは、申立日前1年間の資金繰り実績表および申立日から6カ月間の資金繰り予定表、⑦労働協約または就業規則の添付が要求され（民再規14条1項）、必要であれば債務者財産に属する権利で登記・登録がされたものについての登記事項証明書等の提出が要求される場合がある（同条2項）。これらの書類の添付が求められるのは、再生手続開始申立書の記載事項の確認や審理の資料とするためである。再生手続開始の申立てに際して新たに作成しなければならない主たる書面は、上記③の債権者一覧表と、⑥の資金繰り実績表・資金繰り予定表である。実務上重要なのは資金繰り予定表であるが、少なくとも申立て後1カ月間程度の日繰り予定表と3カ月程度の資金繰り予定表の提出を裁判所から求められる場合が多い。収支残高がマイナスになるような資金繰りの予測しかできないときは再建になじまない。資金繰り予定表や日繰り予定表の作成は実現可能性が高い予測に基づくべきで、債務者に都合のよいような希望的予測に基づくものであってはならない。また、いったん棚上げされる再生債権の支払いを予定するものでないことも当然である。

　　(イ)　管轄裁判所

　再生事件の原則的な管轄は、再生債務者が営業者のときは主たる営業所の所在地を管轄する地方裁判所、再生債務者が営業者でないときは普通裁判籍（住所等）を管轄する地方裁判所である（民再5条1項）。原則的土地管轄と呼ばれるものである。営業所等がない場合は、財産所在地を管轄する地方裁判所に管轄が認められる（同条2項）。補充的土地管轄と呼ばれるものである。親子会社や関連会社の場合は、その一方に再生事件が係属している場合はその管轄地方裁判所にも他方の再生事件の管轄権が認められる（同条3項～5項）。親子会社などの一体処理を可能とするもので、民事再生法で認める管轄の特則である。法人と法人の代表者の場合も親子会社などと同じように、その一方に再生事件が係属する裁判所に他方の管轄権が認められる（同条6項）。中小企業の場合は会社の代表者が会社の債務保証をしている場合が非常に多く、その一体的処理を可能とするもので、これも民事再生法による特則である。また、①相互に連帯債務者の関係にある個人、②相互に主たる債務者と保証人の関係にある個人、③夫婦に関して、そのうちの1名につ

いて再生事件が係属する裁判所にも他の者の再生事件の管轄権が認められている（同条7項）。さらに、再生債権者が500名以上の場合は本来の管轄裁判所の所在地を管轄する高等裁判所の所在地を管轄する地方裁判所も管轄権を有するし（同条8項）、再生債権者が1000名以上の場合は東京地方裁判所と大阪地方裁判所も管轄権を有する（同条9項）。大規模事件は、人的設備を有する大規模庁で処理することを可能とするものである。

この管轄は専属管轄で（民再6条）、幅広く移送が認められている（民再7条）。東京地方裁判所の実務では、管轄は緩やかに解される傾向にある。

　　(ウ)　費用の予納

再生手続開始の申立てをするときには、申立人は、再生手続の費用として裁判所の定める金額を予納しなければならない（民再24条1項）。

予納すべき費用の額は、再生債務者の事業の内容、資産および負債その他の財産の状況、再生債権者の数、監督委員その他の再生手続の機関の選任の要否その他の事情を考慮して定めるものとされているが（民再規16条1項前段）、実務では、各裁判所は主として債務額を基準とする基準額を設けてこれを公表している。事業者の再生の場合は相当高額で（300万円〜1000万円程度）、その大半は監督委員の報酬の引当てになっている。

費用の予納をしない場合、再生手続開始の申立ては棄却される（民再25条1号）。

(5)　再生手続開始決定前の措置

再生手続開始の申立てがされてから再生手続開始決定までの間には一定の時間がかかる。実務では裁判所により運用が異なるものの、通常は再生手続開始申立てから再生手続開始決定まで1週間程度である。その間に債権者から権利行使がされたり、債務者の財産が隠匿されたりして債務者の財産が散逸すると、債権者間に不平等が生じたり、再生自体が困難になる可能性がある。また、再生手続開始申立てには債権者の個別的な権利行使を阻止する効力もなく、財産の現状維持の効力もない。

そこで、再生手続では、再生手続開始決定までの間、種々の保全の措置を設けて、財産の散逸等を防止しようとしている。

(ｱ)　仮差押え、仮処分その他の保全処分

　裁判所は、利害関係人の申立てまたは職権で、再生債務者の財産を直接保全するための処分として、再生債務者の業務および財産に関して、仮差押え、仮処分、その他必要な保全処分を命じることができる（民再30条1項）。再生債務者の在庫商品などの動産類に対する仮差押え、不動産に対する処分禁止の仮処分、借財禁止の仮処分などがその例であるが、実務上重要なのは、弁済禁止の保全処分であり、実務運用では再生手続開始の申立て直後に再生手続開始決定をしない場合はほとんど例外なく発令されている。弁済禁止の保全処分の内容は、通常は保全命令発令日の前日より前の原因に基づいて生じた債務の弁済とこれに係る担保の提供を禁じるもので、これには一定の除外債務がある。除外債務の内容は、裁判所によって異なるが、公租公課（国税徴収法または国税徴収の例によって徴収することができる請求権）、労働債権、水道光熱費、通信に係る債務は除外される例が多い。それ以外に、リース料や事務所賃料、10万円以下の少額債権を除外する運用もある。

　弁済禁止の保全処分によって、実質的には再生手続開始決定に先立って再生債権の棚上げがされることになる。弁済禁止の保全処分に反して弁済がされた場合、債権者が保全処分の存在を知っていたときには、債権者は弁済の効力を主張できない（民再30条6項）。弁済禁止の保全処分があると、実務上は、手形の不渡りがあっても手形交換所規則で銀行取引停止処分にならないとの取扱いがされている。銀行取引停止処分になると倒産という外部的イメージが強いが、これを避けることができる。

　(ｲ)　他の手続の中止

　裁判所は、利害関係人の申立てまたは職権で、債権者の権利行使を制限するため、再生手続開始の申立て時にすでに開始されている他の手続の中止を命じることができる（民再26条）。中止命令の対象となるのは、①破産手続・特別清算手続（会社更生手続は再生手続に優先するから中止の対象ではない）、②再生債権に基づく強制執行・仮差押え・仮処分、再生債権を被担保債権とする民事留置権による競売（以下、「強制執行等」という）、③財産関係の訴訟手続、④行政庁に係属する財産関係の手続（たとえば、租税に関する不服申立手続）である。上記③に関しては、再生債権に関するものに限られないし、

債権者代位訴訟や差押債権者の債権取立訴訟も含まれる。

　中止の要件は、必要があると認められることと、強制執行等については再生債権者に不当な損害を及ぼすおそれがないことである（民再26条1項）。「必要がある」とは、その手続を放置しておくと、手続開始までに財産の散逸や債権者間の不平等が生じるおそれがあることをいう。「不当な損害」とは、中止によって再生債務者や他の債権者が受ける利益より中止によって債権者が被る損害が著しく大きい場合をいう。

　中止命令の効力は、対象となった手続は凍結され、それ以上進行しないということで、これに違反して続行された手続は無効になるが、それまでの手続の効力がなくなるものではない。したがって、強制執行を例にとれば、再生債務者の銀行預金に差押えの執行がすでにされていたときは、債権差押えの効力（取立禁止等）は消滅しないから、中止命令があっても、再生債務者は銀行預金を引き出せない。再生債務者がこの預金を当座の運転資金に使用しようと予定していた場合は、資金繰りに窮して事業の継続ができないことになる。

　そこで、裁判所は再生債務者の事業の継続のために特に必要があると認められるときには、担保を立てさせて中止した強制執行等の取消しを命じることができることとしている（民再26条3項）。

　中止命令や取消命令に対しては即時抗告ができるが、即時抗告には執行停止の効力はない（民再26条4項・5項）。

　実務上は、破産等の他の倒産手続が先行していることもあまりないし、再生手続開始の申立てから早期に再生手続開始決定をするという運用が定着していることから、このような中止命令が発令されるという例は多くない。

　　㈦　包括的禁止命令

　個別的な手続の中止命令では再生手続の目的を達成できないような特別の事情があるときは、裁判所は、利害関係人の申立てまたは職権で、すべての再生債権者に対して、再生債務者の財産に対する再生債権に基づく強制執行等を禁止する命令を発することができる（民再27条1項前段）。これは包括的禁止命令と呼ばれ、民事再生法で初めて導入された措置で、強制執行等の個別的な中止命令では混乱を防止できないような事態に対処するために創設さ

れた制度である。

　「特別な事情」とは、再生債権者の多数が権利の実行に出ることが予想され、どの資産に対して強制執行等を行ってくるかわからず、個別の強制執行等の中止命令で対応していては事務負担が大きいというような事情をいう。それ以外の発令要件は、事前または同時に、①再生債務者の主要な財産に対する保全命令、②監督委員による監督を命ずる監督命令、③保全管理人による管理を命じる管理命令のいずれかの一つ以上がなされたことである（民再27条1項ただし書）。

　包括的禁止命令は、再生債権者の全部に効力を生じさせるものであるから、発令したときは公告し、その裁判書を再生債務者（保全管理人が選任されているときは保全管理人）と申立人に送達し、その決定の主文を知れている再生債権者と保全管理人が選任されているときの再生債務者に通知するが、命令の効力は再生債務者（保全管理人が選任されているときは保全管理人）に送達されたときに生じる（民再28条1項・2項）。

　命令の効果は、再生債権者は強制執行等ができなくなり（民再27条1項）、すでにされていた場合は中止されることである（同条2項）。また、中止からさらに進んで取消命令が可能となるのは（同条4項）、個別的中止命令の場合と同様である。

　さらに、再生債権者保護のために、包括的禁止命令が個別の債権者に対して不当な損害を及ぼすおそれがあるときは、その債権者に対する関係で禁止命令を解除する決定がされる（民再29条）。

　これらの命令に対しては即時抗告ができるが、即時抗告には執行停止の効力はない（民再27条5項・6項、29条3項・4項）。

　再生債務者の債権や動産を対象とする仮差押えを事前に察知して個別的な中止命令を受けることは事実上不可能であるから、多数の債権者から波状的にこのような執行を受ける可能性が高いときは、包括的禁止命令を得る必要性は高いとはいえるものの、再生手続開始決定がされると再生債権者の個別的権利行使はできなくなるから、再生手続開始の申立てから再生手続開始決定までの期間が短いという実務運用の現状からは、包括的禁止命令を活用しなければならない事例は限られる。ゴルフ場会社などの再生事件で、発令さ

㈤　担保権の実行手続の中止

　再生手続においては、再生債務者の財産につき存する特別の先取特権、質権、抵当権または商事留置権等の担保権は、別除権として再生手続によらないで行使できる（民再53条1項2項）。しかし、これら別除権の目的物の中には事業継続に必要不可欠の財産も含まれていることもあるから、それら財産は、別除権の目的物の受戻しや担保権消滅請求許可によって担保権を消滅させて引き続き事業に供することができるようにする必要がある。そこで、別除権者との間で、これらのしくみを利用して担保目的物を継続使用できるようにするために、別除権者と再生債務者が協議する機会や担保権消滅請求許可をとるための時間を確保することを目的として、再生手続開始の前後を通じて、担保権の実行手続の中止命令を設けている（民再31条）。その詳細については、後記Ⅳ5⑸㈠参照。

　　　㈥　組織上の保全措置
　　　　⒜　監督命令

　裁判所は、必要があると認めるときは、利害関係人の申立てまたは職権で、監督委員による監督を命ずることができる（民再54条1項）。これを監督命令といい、実務運用では、裁判所は、原則としてすべての再生事件について、保全命令と同時かその直後に、職権で監督命令を発令している。保全段階で監督命令を発令するのは、再生債務者の業務遂行や財産の管理処分の適正を期するために、要同意事項を指定して（同条2項）、再生手続開始の申立て当初から監督委員に監督をさせるためである。監督委員の資格には法律上の制限はないが、実務では、再建型倒産処理の経験を有する弁護士が選任されている。

　　　　⒝　保全管理命令

　裁判所は、再生債務者（法人に限る）の財産の管理または処分が失当であるとき、その他再生債務者の事業の継続のために特に必要があると認めるときは、保全管理人による管理を命じることができる（民再79条1項）。この命令を保全管理命令という。「財産の管理や処分が失当である」とは、再生債務者が経営に意欲を失っていたり、放漫経営を続けていたりして財産を散逸

させるような場合や、偏頗な弁済や担保提供によって債権者間の平等を害する行為をするような場合である。このような行為を行った場合だけではなく、このような行為を行う可能性がある場合も含まれる。「事業の継続のために特に必要がある」とは、財産の管理・処分が特に失当とはいえなくとも、現在の経営陣に経営を任せておくことが不相当と認められる場合で、スポンサーが経営陣の交替を支援の条件にしている場合や、経営陣をそのままにしておくことに債権者の不信感が強いような場合などがその例である。

保全管理人が選任されると、再生債務者の業務執行および財産の管理処分権は保全管理人に専属することになるが、保全管理人が常務に属さない行為をするには裁判所の許可を受けることを要する（民再81条1項）。「常務」とは、再生債務者が行う通常の業務という意味である。保全管理人の資格には制限がないが、実務では再建型倒産処理の経験を有する弁護士が選任されている。

(C) 不服申立方法

監督命令や保全管理命令に対しては即時抗告ができるが、即時抗告には執行停止の効力はない（民再54条6項・7項・79条5項・6項）。

(6) 再生手続開始の申立ての審理

裁判所は、再生手続開始の申立てがあると、再生手続開始決定の要件について審理する。

再生手続開始決定の要件は、管轄、申立人の申立権の存在等の形式的要件が具備されていること、再生手続開始原因があること、棄却事由がないことである。

(ア) 再生手続開始の申立ての適法要件

再生手続開始を申し立てるときには、申立人は再生手続開始原因となる事実（開始原因に該当する具体的事実）を疎明しなければならない（民再23条1項）。債権者申立てのときには、申立債権者は、その有する債権の存在も疎明しなければならない（同条2項）。これらは濫用的申立てを防止するため、申立人に疎明義務を課したものである。事実の疎明は、再生手続開始の申立ての適法要件で、疎明がないときは、再生手続開始の申立ては不適法として却下される。

なお、債務者にすでに更生手続開始決定がされているときは、再生手続開始の申立てはできないから（会更50条1項）、不適法として却下される。

　(イ)　再生手続開始の実体要件

　裁判所が再生手続開始決定をするためには、再生手続開始原因たる事実の存在は疎明では足りず、証明が必要であると解されている。この証明とは、申立人が提出した資料や裁判所が職権で収集した資料によって（民再8条2項）、裁判所が、再生手続開始原因となる事実が存在すると確信することである。

　(ウ)　棄却事由

　棄却事由は、①手続費用の予納がないとき、②破産手続・特別清算手続が係属し、その手続によるほうが債権者の一般の利益に適合するとき、③再生計画案の作成・可決または再生計画認可の見込みがないことが明らかであるとき、④不当な目的で申立てがされたとき、その他申立てが誠実にされたものでないときである（民再25条）。

　上記②は、先行する破産手続・特別清算手続の進捗状況や債務者の財産の状況からみて先行手続による弁済額のほうが再生手続における弁済額より実質的に多くなると見込まれる場合を棄却事由としたものである。

　上記③は、実務上、よく問題となる重要な要件であるが、この要件は「再生の見込み」ではないことに注意しなければならない。スタート時点で実体的な要件である「再生の見込みの有無」を裁判所に判断させることは、再生の見込み自体が経済的判断であるから困難であることや、再生手続が債権者の自主的な判断で進められることを前提とするものであるところから、判断の対象を再生計画案の作成、可決、認可の見込みという手続的な事項に限定するとともに、見込みがないことが「明らか」であることを棄却事由とすることによって、開始要件を緩和しているのである。「再生計画案の作成の見込み」の有無は、実務的には、事業を継続できるかどうかが重要であり、当面の事業が継続できれば、再生計画案の作成の見込みがないことが明らかであるとはいえないので、棄却事由に該当しないものと判断されることになろう。事業を継続するには、販売先や仕入先等の主要な取引先が取引の継続に応じ、あるいは応じる見込みがあること、取引先の一部が取引継続に応じな

いときはそれに代わる取引先があること、当面の運転資金をもっているか、もっていなくとも在庫品の売却や売掛金の回収あるいは借入れなどで当面の資金繰りができること、主要な生産設備が担保の目的になっている場合は、担保権者が担保権の実行を強行しないこと、公租公課等の一般優先債権がある場合は、売掛金や在庫商品等に滞納処分を受けないことなどが必要であり、これら事由のいずれかが生じて事業が継続できないことが「明らか」でない限り、棄却事由には該当しない。一方、「再生計画案の可決の見込み」については、当初は強硬な債権者もその後の再生債務者の対応によっては軟化することが多いことは経験的事実であるから、実務上はあまり問題とはならないし、また、「再生計画案認可の見込み」については、不認可事由（民再174条1号・2号）が再生手続開始の申立て時点で判明していることもほとんどないから、実務上は問題となることはない。

　上記④の不当な申立てや不誠実な申立ての例としては、事業再生とは無関係な他の目的を達成しようとしてなされた場合（自己の債権回収だけの目的でされたようなとき）、申立てに伴う効果のみを目的とする場合（保全命令を得て財産隠しをするようなとき）が、その例であるとされる。申立ての意図を隠して直前に多額の金融や信用取引に応じさせたような場合を不誠実な申立てとするかどうかについては、刑事上・民事上の責任を問いうることは別として、不誠実な申立てとはいいがたく、再生手続を開始したうえ、必要に応じて否認権の行使や管理命令を発令すれば足りるように思われる。不誠実な申立てに関する下級審の裁判例には、再生手続開始の申立ての意図を隠して多額の信用取引をし、再生手続開始の申立て直前に融通手形を振り出させ、再生手続開始の申立て後の債権者説明会に代表者が欠席し、再生手続開始決定後に代表者と連絡がとれなくなっていること、認否書を提出しないことなどから、再生債権者に対する関係だけでなく裁判所に対する関係でも不誠実であるとして、原審がした再生開始決定を取り消したものがある一方[1]、粉飾決算をし、裁判所から求められた資料を提出せず、再生手続に反対する債権者を債権者一覧表に載せなかった事案で、不誠実な申立てとはいえないとした

---

[1] 高松高決平成17・10・25金商1249号37頁。

もの、再生債務者代表者が銀行からの借入金のため請負代金債権に譲渡担保権を設定し、第三債務者からの承諾書を偽造した事案で、不誠実な申立てとはいえないとしたものがある。また、先行の再生手続が再生計画案の不認可決定の確定で終了したときに、再度、再生手続開始の申立てをすることは不誠実な申立てにあたらないとされている。また、不当な申立てに関する下級審の裁判例には、債務者が、もっぱら担保権消滅許可制度を利用して、根抵当権の抹消をすることを目的として再生手続開始の申立てを行った事案で、不当な申立てにあたるとして原審がした再生手続開始決定を取り消したもの、再生手続開始の申立て直前に連帯保証債務を負担していた債務者が、否認権行使を利用して、その負担を免れることを目的として再生手続開始の申立てを行った事案で、不当な申立てにあたるとして原審がした再生手続開始決定を取り消したものがある。

　　(エ)　審理方法

　再生手続開始の申立てに対する裁判のための審理方法は、任意的口頭弁論であり、裁判の資料収集は職権探知主義が採用されている（民再8条）。したがって、裁判所は関係人の主張には拘束されないし、事実認定のための資料も関係人提出に係る資料に限られない。

　裁判所は必要と認めるときは、再生手続開始原因となる事実、民事再生法25条の棄却事由となる事由についての事実調査を裁判所書記官に命じることができるが（民再規15条）、実務上は書記官にこのような調査を命じることはない。実務的には、監督委員が再生手続開始原因や棄却事由の有無を調査して、その結果を裁判所に報告している。

　裁判所は、再生手続の開始決定・棄却決定をすべきことが明らかな場合を除いて、再生手続開始の申立てに対する決定をする前に労働組合等の意見を聴かなければならない（民再24条の2）。

2　東京高決平成19・7・9判タ1263号347頁。
3　東京高決平成19・9・21判タ1268号326頁。
4　東京高決平成17・1・13判タ1200号291頁。
5　東京高決平成24・3・9判時2151号9頁。
6　東京高決平成24・9・7金商1410号57頁。

(7) 再生手続開始の申立ての取下げの制限

　再生手続開始の申立ては、再生手続開始決定までは取り下げることができるが、前記の再生手続開始前の措置がとられた場合等は、再生手続開始の申立ての取下げは裁判所の許可が必要である（民再32条）。不誠実な債務者の場合、財産の保全命令、弁済禁止の保全処分等の保全の措置を得て、一時的にせよ債権者の追及を免れたうえで、その後に財産隠匿や偏頗な弁済などを行い、その後に再生手続開始の申立てを取り下げるというような事態が予想されかねない。また、監督委員や保全管理人が選任された後に取下げを自由に認めるとその地位が不安定になって再生手続に対する信頼を損ねることにもなりかねない。そこで、保全措置等が発令された後は、取下げを裁判所の許可にかからしめることとしたのである。

　再生手続開始の申立てが棄却されたときは、通常は職権で破産手続が開始されることになるので（民再250条1項）、債務者が再生手続開始を申し立て、前記の保全の措置等がとられたときは（実務上は全件でそのような措置がとられている）、裁判所は、相当の理由がない限り取下げを許可しないから、実務上は、債務者は再生手続開始の申立てをして保全処分を受けた以上、法的倒産手続によって処理されることになる。

(8) その他再生債務者が再生手続開始決定までに行うこと

(ア) 共益債権化の許可

　再生手続開始の申立て後、再生手続開始決定までの間に、再生債務者が借入れや原材料の購入その他の事業継続に欠くことができない行為をしたときは、そのまま再生手続開始決定に至ると、その行為によって発生した債権のうち再生手続開始決定までに弁済がされなかった債権は再生債権になってしまう。このようなことになっては取引先も取引継続に応じないから事業継続もできない。そこで、事業継続を容易にするためと信用を供与する債権者の保護のために、裁判所は、この債権を共益債権とする旨の許可をすることができる（民再120条1項）。

　共益債権化の許可を受けておくと、その間の売掛金等は再生手続開始前の原因に基づく債権であるが、再生手続開始決定により再生債権として弁済禁止になることはなく、全額の弁済を受けることができる。

法文上は、借入れや購入前に許可を受けることが予定されているが、再生手続開始の申立て後は一時的にせよ混乱するし、多種多様な取引についてその全部を具体的に特定して網羅的に許可を受けることは実際上困難である。また、通常、裁判所の許可に代わる承認権限が監督委員に付与されているので（民再120条2項）、実務的には、監督委員から、相手先と取引の内容を特定し上限額を定めるなどして包括的な承認を受け、後日、確定金額を報告するとか、取引後に取引先と取引内容を特定して事後的に承認を得るなど、弾力的な運用が工夫されている。監督委員は、承認した旨を裁判所に報告する（民再規55条）。

　(イ)　第1回の債権者説明会の開催

　裁判所が主宰する債権者集会とは別に、再生債務者は債権者説明会を開催することができ、そこでは、再生債権者に対し、再生債務者の業務・財産状況、再生手続の進行に関する事項について説明するものとされる（民再規61条1項）。実務上は、再生債権者の数も少なく個別的な説明で足りるといった特別の事情でもない限り、早期の情報開示と再生手続の円滑な進行を期するために、再生債務者は再生手続開始の申立て直後に債権者説明会を開催するべきであるし、ほとんどの例では実際に開催されている。

　再生債務者にとっては、債権者説明会を早期に開催して再生手続開始の申立て直後の混乱を最小限に押さえて円滑に事業を継続することが実質的な目的であり、法定事項（業務・財産状況、再生手続の進行に関する事項）の説明以外に、再生手続開始の申立てに至った経緯を説明し、今後の取引の継続と再生手続への協力を依頼するのが一般的である。また、事案によっては策定する予定の再生計画案の骨子のほか、スポンサーを選定する場合はその選定手続の方針やスケジュールなどを説明することがある。

　再生債務者は債権者説明会を開催したときは、その要旨を裁判所に報告することが義務づけられている（民再規61条2項）。この債権者説明会には監督委員がオブザーバーとして出席するのが実務であるし、通常は再生手続開始決定までに開催され、その説明会における状況、特に出席債権者の態度等が再生手続開始決定をするかどうかの判断資料の一つになることが多い。ただし、反対意見があるからといって棄却事由となるわけではないから、説明会

の開催を待つことなく再生手続を開始するとしても問題はない。

2 再生手続開始決定

裁判所は、再生債務者について、再生手続開始原因（民再21条）があり、棄却事由（民再25条）がない場合は、再生手続開始決定をする（民再33条1項）。裁判所はこの要件がある限り再生手続開始決定をしなければならない。

(1) 再生手続開始決定の手続

再生手続開始決定は、裁判書を作成してしなければならない（民再規17条1項）。裁判書を作成するのは、再生手続開始決定が再生手続の中でも重要な裁判であるからである。裁判書には理由の記載は求められていないが、実務では、再生手続開始原因があり棄却事由は認められないとの簡単な理由の記載がなされている。裁判書には再生手続開始決定の年月日時を記載する（同条2項）。開始時刻も記載するのは再生手続開始決定が決定時から効力を生じるので（民再33条1項）、その決定の時を明確にしておく必要があるからである。

再生手続開始決定に対しては即時抗告ができ（民再36条）、再生手続開始決定が取り消されることもある（民再37条）。しかし、開始決定が確定しなければ効力が生じないとすると、手続の迅速性に支障が生じるし、手続に対する安定や信頼を損なうおそれがあるから、確定を待たずに再生手続開始決定と同時に効力が生じることとしたのである。この点は、更生手続開始決定や破産手続開始決定などの他の倒産手続開始決定も、効力発生時期は決定時で、倒産手続に一般的なものである。

(2) 再生手続開始決定と同時に定められる事項

再生手続開始決定と同時に定められる事項がある。必要的同時処分、任意的同時処分、付随処分、その他の事項に分けられる。

(ア) 必要的同時処分

再生手続開始決定と同時に定めなければならないと法律で定められているものを必要的同時処分と呼ぶが、再生手続の場合は、再生債権届出期間と再生債権の調査期間を定めなければならない（民再34条1項）。再生債権届出期間は原則として、再生手続開始決定の日から2週間以上4カ月以下、再生債

権の調査期間は原則として再生債権届出期間の末日から1週間以上2カ月以下の期間を置いて1週間以上3週間以下とされている（民再規18条）。なお、知れている再生債権者が1000名以上の場合で、相当と認めるときは、裁判所は同時処分として、再生債権者への通知や債権者集会の呼び出しをしない旨の決定ができる（民再34条2項）。

　　(イ)　任意的同時処分

　必要的同時処分以外に、再生手続開始決定と同時に定めることもできる任意的同時処分がある。実務では、①認否書の提出期限、②民事再生法124条2項の財産目録・貸借対照表並びに同法125条1項の報告書の提出期限、③再生計画案の提出期間の終期が定められ、さらに、④同条2項による再生債務者の業務と財産管理状況の報告（毎月の経営や財産の状況を翌月15日までに報告せよとする例が多い）が同時に定められている。

　　(ウ)　付随処分

　裁判所が再生手続開始決定をしたときには直ちにしなければならないと法律で定められているものを付随処分と呼ぶが、再生手続の場合は、①再生手続開始決定の主文・再生債権届出期間・一般調査期間・社債管理者等がある場合はその議決権に関する事項の公告（民再35条1項）、②民事再生法34条2項の決定をしたときはその決定の内容（同条2項）、③再生債務者および知れている再生債権者・監督委員・管財人・保全管理人に対する書面による通知（同条3項）などである。実務上は、再生債務者・管財人・保全管理人・監督委員には裁判書の正本を送達しているし、知れている再生債権者には再生手続開始の通知を再生債権届出書といっしょに送付している。

　大規模事件で、通知と債権者集会の期日の呼び出しをしないと決定した場合（民再34条2項）は、決定の内容や債権者集会の期日等を、官報公告のほかに、日刊新聞紙やインターネット等の方法で、再生債権者が了知できる措置をとることができるものとしている（民再規18条2項）。再生債権者は、通常は官報を見ないから、簡易な周知手段を講じることとしたものである。

　裁判所書記官は、①法人である再生債務者の登記所に対する再生手続開始の登記の嘱託（民再11条1項）、②再生債務者が法人でその設立・目的である事業に官庁等の許可があったときの当該許可官庁に対する通知（民再規6条

1項）を行う。

(3) 再生手続開始決定の効力

(ア) 再生債権の弁済禁止効

再生手続が開始されると、法定の除外事由がない限り、再生債務者は再生債権を弁済することが禁止され、再生債権者も弁済を受けることが禁止され、弁済以外の再生債権を消滅させる行為（代物弁済、更改、再生債務者がする相殺）は、免除を除いて禁止される（民再85条1項）。これに違反してなされた再生債権の弁済や債務消滅行為は、再生債権者の善意・悪意を問わず無効である。また、違反行為がなされたときは、再生計画の不認可事由になることがある（民再174条2項1号）。

法定の除外事由は、中小企業の連鎖倒産防止の趣旨または少額債権で裁判所から弁済の許可を受けた場合（民再85条2項・5項）、再生手続開始の申立て後、再生手続開始前の債権で共益債権化の許可、またはこれに代わる監督委員の承認を受けた場合（民再120条1項・2項）である。

共益債権や一般優先債権は、再生債権と異なり、随時弁済ができ（民再121条・122条）、弁済禁止の対象外である。

(イ) 個別的権利行使、他の手続の禁止と中止

(A) 個別的権利行使の禁止と中止

再生手続が開始されると、再生債権に基づく強制執行等や財産開示手続の申立てはできない。また、強制執行等や財産開示手続がすでに開始しているときは、その手続は中止する（民再39条1項）。中止の効力はその後の手続が停止されることにあるから、再生手続開始決定時点ですでになされていた手続（差押え等）の効力は維持される。

中止する手続の帰趨は、次のとおりである。

裁判所は、再生に支障を来さないと認めるときは、再生債務者等の申立てや職権で強制執行等の手続の続行を命じることができる（民再39条2項前段）。強制執行等の目的財産が再生に不必要な場合は、従来の手続を続行させて換価等の結果を再生手続に利用させるのが有益である。続行命令に対して不服申立てはできない（民再9条）。続行命令で手続が続行されると、続行にかかる手続は再生計画認可決定が確定しても失効しない（民再184条ただし書）。

この手続で目的物が換価されても債権者は換価による金銭を自己の債権に充当することはできないが（民再85条1項）、再生債務者等もこの引渡しを求めることはできず、引渡しを求めるためには取消決定によって手続の効力を消滅させる必要がある。

裁判所は、再生のために必要があると認められる場合は、再生債務者等の申立てや職権で、担保を立てさせ、または、立てさせないで、強制執行等の手続の取消しを命じることができ（民再39条2項後段）、この取消命令に対しても不服申立てはできない（民再9条）。取消命令があれば手続はさかのぼって効力を失うから再生債務者等は目的物を自由に換価することができるようになる。

続行命令も取消命令もないまま、再生計画認可決定が確定すると、再生手続開始によって中止していた手続は失効する（民再184条本文）。

再生債務者の財産に保全処分の執行による登記がされていた場合や、強制執行の開始による登記がされていた場合で、当該手続の取消命令があったときや再生計画認可決定の確定により当該手続が失効したときの登記の抹消に関しては、民事保全法や民事執行法にも規定がない。これらの登記は失効しているので、登記面上は効力のない登記が残っているだけであるが、この登記を抹消しておかないと再生債務者が当該財産を処分することが実際上に困難になるから（このような登記があると買い受ける者は実際にはいない）、再生裁判所は再生債務者が処分する際には抹消登記の嘱託ができると解すべきであろう。また、民事執行では、職権による停止、執行処分の取消処分（民執39条・40条）が、民事保全では、事情変更による取消し（民保38条）が、それぞれ可能と考えるべきであろう。なお、破産手続の場合、破産手続開始によって強制執行等の手続は失効するので（破42条2項）、同じような問題がある。

　(B)　他の倒産手続

他の倒産手続との関係では、再生手続開始決定により、破産手続開始、新たな再生手続開始、特別清算手続開始の各申立てはできなくなり、すでに開始されていた破産手続は中止され、特別清算手続は失効する（民再39条1項）。破産手続については失効させずに中止にするのは、再生手続を開始しても再

生に失敗したときは、職権で破産手続に移行させる必要があり（民再250条1項）、その場合はすでに開始されている破産手続を利用する途を残したからである。なお、中止した破産手続は再生計画認可決定の確定で失効する（民再184条）。

　(C)　再生債権に関する訴訟手続等

　再生債務者の財産関係の訴訟手続のうち、再生債権に関するものは中断する（民再40条1項）。更生手続や破産手続と異なり、再生債務者は再生手続開始によっても財産の管理処分権を失わないから、再生債務者は当事者適格を喪失するものではないが、再生手続における債権の調査・確定を優先させて、当該訴訟を異議等に対する再生債権確定手続に転用させるために、いったん中断することにした。

　また、再生債権に関して行政庁に係属するものも中断する（民再40条3項）。建築工事紛争審査会に係属する事件（建設業法25条以下）などがその例である。再生手続が終了した場合はあらためて行政手続をやり直すことなく受継できるようにするためである。

　なお、再生手続開始後は、再生債権者は再生債権の弁済を求める訴訟を提起することができない。このような訴訟を提起しても不適法として却下される。

　(D)　それ以外の訴訟等

　再生債権に関しない財産関係の訴訟（再生債務者が提起している貸金返還訴訟など）、一般優先債権に関する訴訟手続や行政庁に係属する手続（課税処分に対する審査請求など）は中断しない。

　(E)　債権者代位訴訟・詐害行為取消訴訟等

　再生債権者が提起している債権者代位訴訟（民423条）、再生債権者が提起している詐害行為取消訴訟（民424条）、先行する破産手続における否認訴訟（否認の請求に対する認容決定に対する異議訴訟も含む）は、いずれも中断する（民再40条の2第1項）。

　債権者代位訴訟と詐害行為取消訴訟は、再生債権者が提起したものに限られ、共益債権者や一般優先債権者が提起した訴訟は中断の対象とはならない。この点が破産手続とは異なっている（破45条1項参照）。

再生債権者が提起している債権者代位訴訟が中断するのは、債権者代位権の行使は再生債権の行使の一つで、再生手続の開始で再生債権者は原則として再生手続でしか権利行使ができなくなるからである。再生債権者が提起している詐害行為取消訴訟が中断するのは、再生債権者は当事者適格を喪失し再生債権の権利行使をできなくなるからである。[7]破産手続における否認関係訴訟が中断するのは、再生手続開始によって破産手続は中止し（民再39条1項）、破産管財人が否認の前提となっている管理処分権を失うからである。

　債権者代位訴訟と同様の第三者の訴訟担当の場合である会社責任追及訴訟（会社847条）[8]も中断すると考えるべきであり、再生債権を請求債権として再生債務者が有する債権を差し押えた再生債権者の差押債権取立訴訟も中断すると考えるべきである。もっとも、取立訴訟は強制執行手続の一環であるから民事再生法39条1項で中止すると考えても、結論は変わらない。[9]

(4) 再生債務者の権限・地位

　再生債務者は、管理命令で管財人が選任された場合を除いて、再生手続の開始後も、業務遂行権や財産の管理処分権を失わない（民再38条1項・3項）。そして、再生債務者は、債権者に対し、公平かつ誠実に、これらの権利を行使し、再生手続を遂行する義務を負う（同条2項）。なお、業務遂行権・財産の管理処分権の主体を指すものとして、管理命令が発令されていない場合の再生債務者と管理命令が発令された場合の管財人を総称して「再生債務者等」と呼んでいる（民再2条2号）。

(ア) 再生債務者の行為の制限

　再生債務者は、再生手続開始後も、原則として財産の管理処分権を喪失しないが、一定の行為について、行為制限がある。行為制限としては、①裁判所が裁量で一定の要許可事項を指定して、指定行為をするときには裁判所の許可を受けるものとする場合（民再41条）、②監督命令で一定の行為を要同意事項と指定して、指定行為をするときは監督委員の同意を得なければなら

7　もっとも、東京地判平成19・3・26金商1226号44頁は債務者の再生手続では詐害行為取消権が実体法上行使できなくなるからであるとしている。
8　最判平成15・6・12民集57巻6号640頁参照。
9　このような判断をするものとして、大阪地判平成17・11・29判タ1203号291頁。

ないとする場合（民再54条2項後段）がある。

裁判所が要許可事項として裁量で指定する事項は、財産の処分、財産の譲受け、借財など9種類が例示されている（民再41条1項）。この要許可事項の指定は裁判所の裁量であるが、実務では、上記①の要許可事項の指定をせずに、監督委員を選任したうえで、②の監督委員の要同意事項を指定するのが通常である。

監督委員の要同意事項の指定は、監督命令における必要的行為であるが（民再54条2項後段）、どの行為を要同意事項として指定するかは裁判所の裁量である（具体例は後記Ⅲ1(2)参照）。なお、指定された要同意事項の内容は、登記される（民再11条2項）。公告する必要は必ずしもないが（民再55条1項参照）、公告される場合もある。

裁判所から要許可事項と指定された行為を裁判所の許可を得ないで行った場合、または、裁判所から監督委員の要同意事項と指定された行為を監督委員の同意を得ないで行った場合は、いずれの場合も無効であるが、これをもって善意の第三者に対抗できない（民再41条2項・54条4項）。第三者とは、再生債務者以外の者をいい、行為の相手方も含まれる。第三者は善意（行為時に当該行為が要許可事項・要同意事項であること、または、裁判所・監督委員から許可・同意を得ていないことを知らないこと）であれば足り、善意について過失の有無を問わない。ただし、重過失の場合は悪意となろう。

　　(イ)　再生債務者の法的地位

再生債務者は、破産手続や更生手続とは異なり、再生手続開始後も原則として業務遂行権・財産の管理処分権を失わないが、債権者に対し、公平・誠実にこの権利を行使して再生手続を追行する義務が課せられている（民再38条2項）。この公平・誠実義務は、善管注意義務とは別の義務で、債権者を平等・公平に扱う公平義務と、再生債務者は債権者の利益を害して自己の利益を図ってはならないという誠実義務に分けることができる。かかる義務に違反した場合の効力は解釈に委ねられるが、再生債務者の財産の管理処分が失当として管理命令が発令されることもある。

　(5)　**再生手続開始決定の取消し**

再生手続開始決定を取り消す決定が確定したときは、再生手続開始決定の

効力は遡及的に消滅する。取消しの理由は、再生手続開始原因がない場合や棄却事由がある場合である。

取消しの決定が確定するのは、①抗告審で再生手続開始決定の取消決定があった場合（再抗告は認められないから直ちに確定する）、②原裁判所の再度の考案（民再18条、民訴333条）によって再生手続開始決定を取り消し再生手続開始の申立ての棄却決定をしたときに当該棄却決定が確定した場合である。

再生手続開始決定をした裁判所は、この取消しの決定が確定したときは、直ちに主文を公告し、再生債務者・再生債権者等に通知するなどの措置をとらなければならない（民再37条）。

再生手続開始決定の取消決定の確定で、再生手続開始決定の効果は遡及的に消滅することになるが、再生手続開始決定の効果は決定時から生じるから（民再33条2項）、再生手続開始決定から再生手続開始決定の取消決定確定までの間に再生債務者や管財人がした行為の効力は有効であると考えられている。遡及的に無効とすることは、第三者に不測の損害を与え法律関係が複雑になるからである。この点では、再生手続開始決定の取消決定の確定は、再生手続の終了事由の一つということになる。

II　再生手続の機関

倒産手続は裁判手続であるから、裁判所が中心となるが、再建型・清算型を問わず、債務者の財産を一定の目的のために管理・処分することが必要となる。管理・処分を倒産裁判所自らが行うことはできないから、倒産手続を円滑に運用するために種々の機関が設けられている。

通常再生の中心的機関は、再生債務者自身であるが、それ以外に、監督委員、保全管理人、管財人、調査委員、債権者集会、債権者委員会、代理委員がある。

1　監督委員

(1)　監督委員の選任

監督委員は、再生手続開始の申立て後に裁判所が必要と認めるときに、監

督委員による監督を命ずる処分（監督命令）によって選任される任意的な機関である（民再54条1項）。

再生手続では、債務者は、再生手続開始の申立て後も再生手続開始後も原則として業務遂行権・財産の管理処分権を失わないので、その業務遂行、財産管理の適正を確保するために、必要により監督委員を選任してこれを監督させることとしたのである。すでに述べたように、実務では原則として再生手続開始の申立て直後に監督委員が選任されている。

監督命令は、利害関係人の申立て以外に職権でも発令することができる（民再54条1項）。

通常は、職権で全件で発令されている。資格の制限はなく（法人も選任できる）、裁判所は、職務を行うに適した者の中から選任するが（民再規20条1項）、実務上は、倒産手続の経験を有する弁護士を選任している。

(2) 監督委員の職務

監督委員は、裁判所の監督に服し（民再57条1項）、その職務の行使については善管注意義務を負うが（民再60条1項）、裁判所からは独立した第三者機関である。

(ｱ) 再生債務者の行為に対する同意

裁判所は、監督命令で、再生債務者が監督委員の同意を得なければできない行為を指定する（民再54条2項）。どの行為を要同意事項として指定するかは裁判所の裁量であるが、要同意事項を多くして監督を強化すると手続が煩瑣になり機動性が失われるし、最小限の事項しか定めないと監督が不十分になるおそれがある。

そこで、実務では、再生計画認可決定までは、再生債務者の通常の業務に関する行為（常務にあたる行為）は要同意事項から除外して、①財産に係る権利の譲渡、担保権の設定その他いっさいの処分、②無償の債務負担行為、③財産の譲受け、④借財、手形割引、⑤双方未履行双務契約の解除、⑥訴訟等の提起や取下げ、⑦和解・仲裁契約、⑧取戻権・共益債権・一般優先債権の承認、⑨別除権の目的である財産の受戻し等を指定し、再生計画認可決定後は、要同意事項の範囲を大幅に縮小して、⑩重要な財産の処分および譲受けと、⑪多額の借財を指定する場合が多い。再生計画認可決定後は監督委員

の職務は履行の監督が中心になるからである。

近時、スポンサー契約の締結やスポンサーを選定するためのFA契約の締結について監督委員の同意事項とする例が報告されている。

　(イ)　裁判所の命じる事項の調査・報告

監督委員は、裁判所の定めるところにより、再生債務者の業務および財産の管理状況その他裁判所の命じる事項を裁判所に報告しなければならない（民再125条3項）。監督委員に命じられる調査・報告事項としては、再生計画認可決定前は再生債務者が提出した再生計画案に不認可事由（民再174条2項）の有無などがあり、再生計画認可後は再生債務者の再生計画の遂行（履行）状況などである。それ以外に、再生手続開始の申立て直後に再生手続の開始事由があるか、申立棄却事由があるかどうか、再生手続開始決定後は廃止事由（特に民再191条）があるかどうかなどの調査を命じられることもある。

監督委員は、再生債務者やその役員・従業員、子会社等に対して再生債務者の業務や財産管理状況について報告を求め、再生債務者・子会社等の帳簿、書類その他の物件を検査することができる（民再59条）。

調査の対象者が、報告を拒み虚偽の報告をした場合は罰則の対象となる（民再258条）。

　(ウ)　共益債権化の承認

裁判所は、再生債務者の再生手続開始の申立て後、再生手続開始決定までの行為によって生じる請求権を共益債権化する許可ができるが（民再120条1項）、裁判所は監督委員に許可に代わる承認権限を与えることができる（同条2項）。実務上は、この承認権限を監督委員に与えている。監督委員は、共益債権化の承認をしたときは遅滞なく、その旨を裁判所に報告しなければならない（民再規55条）。

　(エ)　否認権の行使

再生債務者に否認権を行使すべき事由（民再127条など）があるときは、裁判所は監督委員に個別の否認対象行為ごとに否認権行使権限を付与することができる（民再56条1項）。本来、監督委員は、再生債務者の財産の管理処分権を有しないが、この場合は、その権限行使に必要な範囲で、再生債務者のために、金銭の収支その他の財産の管理処分をすることができる（同条2

(オ) 再生計画の履行監督

監督委員は、再生計画認可決定が確定したときは、その再生計画の遂行の監督をする（民再186条2項）。

(カ) その他

監督委員は、再生計画変更の申立権（民再187条1項）、再生手続終結決定の申立権（民再188条2項）、再生手続廃止の申立権（民再193条1項、194条）なども有している。

2　調査委員

調査委員は、再生手続開始の申立て後、裁判所が必要と認めるときに、利害関係人の申立てまたは職権で、調査委員による調査を命じる処分（調査命令）によって選任される任意的な機関である（民再62条1項）。調査委員の資格に制限はないし、調査事項の制限もない。裁判所が再生手続開始事由の有無や再生計画認可決定の当否を判断する際の専門的な資料や意見等を得るための制度である。

民事再生法施行直後に、監督委員を選任せず、調査委員を選任して必要な事項の調査を命じる運用を行っている裁判所もあったが、近時はそのような例はない。現在は、すべての裁判所で監督委員を選任しており、監督委員には再生債務者の業務や財産状況について必要な調査権限があるので、調査委員を選任するという運用は例外的である。その例外としては、①債権者申立てで再生手続開始事由に疑義があるときは、監督委員を選任すると債務者に一定の行為制限がかかるのでこれを避ける場合、②特定の専門的な調査が必要で、監督委員の調査ではこれが賄えない場合などがあげられている。しかし、上記②については、公認会計士、不動産鑑定士等の専門家を監督委員が補助者として使用すればよいので、監督委員とは別に調査委員を選任する必要性は乏しい。

調査委員に対する裁判所の監督、調査権、注意義務、報酬等は監督委員に関する規定が準用されている（民再63条）。

3 管財人

(1) 管財人の選任

　管財人は、再生手続開始と同時またはその後に、法人である再生債務者の財産の管理または処分が失当で、特に再生債務者の事業の再生に必要があると認めるときに、裁判所が、利害関係人の申立てや職権で、管財人による管理を命じる処分（管理命令）で選任される任意的な機関である（民再64条1項）。発令の要件は保全管理命令と同様である。管理命令に対しては即時抗告ができるが、即時抗告には執行停止の効力はない（民再64条5項・6項）。

　管理命令によって、再生債務者の業務遂行権や財産の管理処分権は再生債務者から剥奪されて管財人に専属することになる（民再66条）。再生手続ではDIP型を原則とするので管理命令は例外的で、管理型と呼ばれている。

(2) 管財人の職務

　管財人は、裁判所の監督に服し（民再78条・57条1項）、その職務の行使については善管注意義務を負い（民再78条・60条1項）、裁判所からは独立した第三者機関である。

(ア) 業務の遂行および財産の管理・処分

　管理命令が発せられた場合は、再生債務者の業務の遂行および財産の管理処分権は、管財人に専属する（民再66条）。管理命令で再生債務者は財産の管理処分権を剥奪されるから、管理命令後に再生債務者がその財産に関して行った法律行為や再生債務者の債務者が再生債務者に行った弁済は、再生手続においてその効力を主張することができないが、相手方（弁済者）が行為の当時、管理命令が発せられたことを知らなかった場合はその効力を主張することができる（民再76条1項・2項）。

　管財人は、裁判所の許可を得なければ、再生債務者の財産を譲り受けたり、再生債務者に対し自己の財産を譲り渡したりすることができない（民再74条1項）。実務では、そのほかにも要許可事項（民再41条）を指定するのが通常である。その内容は、監督命令における監督委員の要同意事項と基本的に変わらない。

　再生債務者の財産関係の訴えは管財人が当事者となり（民再67条1項）、管

理命令が発せられたときに係属している再生債務者の財産関係の訴訟手続は、再生債務者が管理処分を喪失して当事者適格を失うから当然に中断する（同条2項）。

　　　(イ)　否認権の行使

　管財人は、再生債務者に否認権を行使すべき事由（民再127条など）があるときは、否認権の行使（民再135条）を行う。

　　　(ウ)　株式会社の組織上の行為

　管財人が有する株式会社の組織上の権限は、裁判所の許可を受けて行う事業譲渡（民再42条）、再生計画に基づいて行う株式の取得、株式の併合、資本金の額の減少、発行株式総数に関する定款の定めの変更を再生計画に定めることだけであり（民再154条3項・161条・166条）、これ以外には組織に関する権限を有しない。管財人は、再生計画に、募集株式を引き受ける者の募集に関する条項を定めることができない（民再154条4項・166条の2）。そのため、管理型において再生債務者の支配権をスポンサーに円滑に承継させることができないなど、実務上困難な問題を生じさせている。

4　債権者集会

　債権者集会は、裁判所が主宰して、再生債務者の業務・財産管理に関する意見を聴取したり、再生計画案の決議を行ったりする機関で、再生債権者の利益を代表する。

　債権者集会は裁判所が指揮し（民再116条）、裁判所の期日の形式で開催され、債権者集会期日には再生債務者、再生債権者等の利害関係人を呼び出し、期日・会議目的は官報で公告される（民再115条）。

　民事再生法で、債権者集会が開かれる場合として規定されているのは、財産状況報告集会（民再126条）、再生計画案の決議のための債権者集会（民再169条2項）である。

　財産状況報告集会は、再生手続開始決定から2カ月以内に開かれる集会で（民再規60条1項）、そこでは、再生債務者等から、再生手続開始に至った事情、再生債務者の業務および財産に関する経過および現状、法人の役員の責任の追及に関する保全処分・損害賠償の査定を必要とする事情について報告

がされ、再生債権者等から再生債務者の業務および財産の管理等について意見を聴取するものとされている（民再126条1項・2項）。この集会は、再生債権者に対する情報開示を主目的とするものであるが、再生債務者による債権者説明会の開催と民事再生法125条1項の報告書の閲覧・謄写（民再16条1項・2項）で情報開示等の目的が達せられることから、実務では開かれることはほとんどない。

再生計画案の決議のための債権者集会は、提出された再生計画案を決議に付する旨の決定（付議決定）がされる際に、議決権行使の方法の一つとして定められているもので（民再169条2項）、実務上開催されることが多い。

そのほか、再生債務者等の申立て、債権者委員会または再生債権者の総債権額（裁判所の評価額）の10分の1以上にあたる債権者の申立てがあった場合に、裁判所が相当と認めるときにも招集される（民再114条）。

5　債権者委員会

債権者委員会は、再生手続が迅速かつ機能的な運用がされるために設けられた機関であるが、承認の要件が厳しいうえに、権限が少ないために、ほとんど活用されていない。

債権者委員会は、手続外で結成された再生債権者で構成する委員会に一定の要件が認められるときに、裁判所が承認する（民再117条）。承認の要件は、委員の数が3名以上10名以内であること（民再規52条）、再生債権者の過半数がその委員会の手続関与に同意していると認められること、その委員会が再生債権者全体の利益を適切に代表すると認められることである（民再117条1項）。手続関与を承認された債権者委員会は、裁判所から必要に応じて意見を求められ（同条2項）、裁判所・再生債務者等・監督委員に対して意見を述べることができ（同条3項）、再生債務者等に対して業務・財産の管理に関する事項について意見を述べ（民再118条2項）、再生債務者等から民事再生法125条1項の報告書等の提出を受け（民再118条の2第1項）、事業譲渡に関する意見を述べる権限が与えられ（民再42条2項）、そのほかに、再生債務者等に対する財産状況等の報告命令の申立権（民再118条の3第1項）、債権者集会の招集申立権（民再114条）、再生計画の履行確保のための監督権（民

再154条2項）が与えられる。

　債権者委員会が承認された実例はほとんどない。ゴルフ場の再生事件では、会員債権者による会員の権利を守る会などが結成されることもあるが、このような会は前記の承認要件のうち、再生債権者全体の利益を適切に代表するとはいいがたいから、債権者委員会として裁判所から承認された例はないようである。もっとも、このような会が再生手続外で再生債務者、監督委員に意見を述べる例は多いし、再生債務者が再生計画案を立案するに際してその意見を参考にし、監督委員も調査等の際の参考とすることは少なくない。

Ⅲ　再生債務者に対する債権

　民事再生法は、再生債務者に対する債権を、債権の発生原因が再生手続開始前にあるか、再生手続開始後にあるかで区分し、それをさらに以下のとおりに分類する。

　再生手続開始前に原因のある債権を、①一般優先債権でも共益債権でもない再生債権、②実体法上優先権のある一般優先債権、③特別の考慮から優先的地位を与えられる共益債権の3種類に分類する。労働債権や公租公課等の実体法上優先権のある債権は、それが再生手続開始前の原因に基づいて生じた場合でも手続債権とはしないで、一般優先債権として再生手続によらないで権利行使ができ、共益債権も再生手続によらないで権利行使ができる。再生債権は、再生手続に服する。

　再生手続開始後の原因に基づいて生じる債権は、①再生債権者一般の利益となるような共益債権、②再生手続開始後の利息・損害金のような法が特に認める再生債権、③共益債権でも再生債権でもない劣後的な開始後債権に分類される。

1　再生債権

　原則的な再生債権は、再生債務者に対し再生手続開始前の原因に基づいて生じた財産上の請求権のうち、一般優先債権・共益債権以外の債権である（民再84条1項）。

例外的な再生債権は、再生手続開始後の原因に基づいて生じた債権のうち特別の規定によって再生債権となる場合である。例外の第1は、再生手続開始後の利息、再生手続開始後の債務不履行によって発生する損害賠償および違約金、再生手続参加の費用である（民再84条2項）。このような債権は本来劣後的な開始後債権となる債権が再生債権に格上げされたもので、議決権は認められていない（民再87条2項）。例外の第2は、個別の規定で再生債権とされているものである。再生手続開始後にその事実を知らないでした為替手形の引受け等をした支払人等の債権（民再46条）、双方未履行の双務契約を再生債務者等が解除したときに生じる契約相手方の損害賠償請求権（民再49条5項、破54条1項）などである（そのほかに民再51条、破58条3項・59条2項など）。

(1) 再生債権の要件

原則的な再生債権の要件は、再生債務者に対して再生手続開始前の原因に基づいて生じた財産上の請求権であることである。「再生手続開始前の原因に基づく請求権」は、請求権が再生手続開始決定後に発生してもよいが、その基礎となる発生原因事実の主たる部分が再生手続開始前に生じている必要がある。したがって、再生手続開始決定後に履行期が到来する債権、停止条件付請求権、将来の請求権は、その発生原因が開始前にあれば、その発生が再生手続開始後であっても再生債権になる。停止条件付請求権とは、敷金返還請求権や割引手形買戻請求権のように請求権の発生原因となる法律行為に停止条件が付されたもので（民127条1項）、将来の請求権とは保証人の事後求償権や物上保証人の求償権のように法定の停止条件（前者については民459条・462条、後者については民351条・372条）が付された請求権である。

再生債権は財産上の請求権であればよく、金銭債権に限られない。非金銭債権のうち、作為請求権は代替性の有無にかかわらず再生債権となる（非代替的作為請求権が手続債権とならない破産と異なる）。たとえば、引渡請求権や登記請求権が取戻権にならない場合は再生債権となる。再生手続が開始したために、引渡義務・登記義務の履行がされなくなっても債務不履行ではないから、これらの作為請求権が再生手続開始を理由に金銭債権である損害賠償請求権に転化することはない。

不作為請求権は、再生手続開始前にその不履行によって損害賠償請求権に転化している場合や、間接強制金の支払義務が発生している場合は、その請求権（金銭債権）が再生債権になる。破産手続とは異なり、請求権が金銭化・現在化されることはない。このような債権をどのように権利変更し、そして履行するかは、再生計画の条項で定められる。たとえば、賃貸借契約継続中の敷金返還請求権は、共益債権となる部分を除いた残額について50％の免除を受け、賃貸借契約が終了して明渡しがあったときに免除後の残額を支払うというように再生計画の条項で定められることになる。

再生債務者の財産上に存在する特別の先取特権、質権、抵当権を有する者は別除権者になる。被担保債権のうち、担保目的物の価値に相当する部分も再生債権であるが、担保財産の受戻しとして、裁判所の許可または監督委員の同意を得て弁済を受けることができる。担保目的物の価値の範囲内の被担保債権は、再生債権ではないとする見解もあるが、相当ではない。再生債権として再生手続に服し、弁済も禁止され、再生債務者が任意に弁済するには裁判所の許可または監督委員の同意が必要である。担保権者は、再生手続によらずに、別除権の行使ができ、再生債権の満足を受けることができ、担保目的物の価値を超える債権部分（不足額）が確定したときは、確定再生債権として再生手続において権利行使することになる（民再88条）。

(2) 再生債権の優劣

再生債権の間に優劣はない。ただし、約定劣後再生債権（民再35条4項で、債権者と債務者との間で債務者に破産手続が開始されたとすれば配当順位が劣後的破産債権に劣後すると合意された債権。いわゆる劣後ローン）と、それ以外の再生債権では再生計画による権利変更では差が設けられる（民再155条2項）。また、一般の再生債権の間でも、衡平を害しない場合等は権利変更の内容に差を設けることができる（同条1項）。少額債権や内部者債権などである。

(3) 再生債権の弁済等の禁止

再生手続開始後は、再生債権は再生計画によらないで、弁済等により債務を消滅させる行為（債権者による免除は除く）をすることはできない（民再85条1項）。再生債務者が任意に弁済することもできないし、再生債権者が取立行為をすることもできない（民再39条1項）。これに違反する行為は、再生

債権者が債務者に再生手続が開始されたことを知っているか否かにかかわらず、無効である。ただし、弁済禁止の保全命令に違反した弁済の場合は、債権者が保全命令の発令を知らなかった場合は有効とされている（民再30条6項）。

弁済等の禁止には、特別の定めによる例外がある。

　㈎　再生債務者を主要な取引先とする中小企業者に対する弁済

再生債務者を主要な取引先とする中小企業者が、その再生債権の弁済を受けなければ事業の継続に著しい支障を来すおそれがあるときは、再生債務者等の申立てまたは職権による裁判所の許可を条件に、再生手続によらずに弁済できる（民再85条2項）。これは中小企業の連鎖倒産を予防する趣旨で定められた規定であるが、実例は多くない。「主要な取引先とする」とは、当該中小企業の再生債務者に対する依存度によって決する。「中小企業」の定義は民事再生法にないが、再生債務者の事業規模との比較で相対的に決められる。「事業の継続に著しい支障を来すおそれ」が認められるのは、再生債権の弁済を直ちに受けられないことによって当該債権者に倒産の具体的危険がある場合などである。

弁済できる金額は、再生債権の全部または一部であるが、当該中小企業者の依存度や窮状の内容や程度、将来の再生計画による権利変更の可能性などを勘案して決められる。再生計画による弁済の前倒しではないから、再生計画による弁済率が30％程度と見込まれるからといって、直ちにそれが基準となるわけではない。仮に40％を支払った後に再生計画で弁済率が30％となったとしても差額を返還する必要はないが、計画弁済率が50％になったときは、その差の10％分はさらに再生計画によって弁済できると解すべきであろう。

申立権は再生債務者等だけにあり当該中小企業者にはないが、この許可の要求を受けた再生債務者等は直ちに裁判所に報告をしなければならず、申立てをしないこととしたときは、遅滞なく、その事情を裁判所に報告しなければならない（民再85条4項）。裁判所は、これを受けて職権発動をすることも可能である。

　㈏　手続の円滑化のための少額債権の弁済

少額の再生債権を弁済することにより再生手続を円滑に進行することがで

きるときは、再生債務者等の申立てによる裁判所の許可を条件に、再生手続によらずに弁済することができる（民再85条5項前段）。小口の債権者が多数の場合は、債権者集会の呼び出し等の手続に要する費用も嵩むから、これら小口の再生債権を弁済して債権者数を減らすことによって事務を軽減し、再生手続を円滑に進行させることができる場合などが想定される。

少額がいくらであるかは、再生債権者の総債権額、総債権者数、弁済対象となる債権の数とその弁済総額、再生債務者の事業規模・資産総額、弁済の必要性等に基づいて判断されることになるが、実際上は弁済原資と資金繰りの関係で決まることが多い。たとえば、30万円以下の債権を全部弁済するとしたらどの程度の弁済原資が必要か、その額を支払っても事業継続に支障がないか、それによって債権者数がどの程度減少し、その後の事務手続がどの程度簡便になるかというような観点を総合的に考慮してその弁済できる最高額が決められる。

少額債権の弁済は少額債権の全部弁済であるから、少額を30万円と決めたときは、30万円以下の再生債権者には全額弁済を行うことになる。また、30万円を超える債権者が、30万円を超える部分を放棄すれば、放棄後の全額である30万円を弁済することも許容できよう。ただし、そのような放棄弁済をするかどうかは、弁済原資や資金繰りと、それによる事務の軽減がどの程度図れるかよって判断されることになる。

　　(ウ)　事業の継続に著しい支障を来す場合の少額債権の弁済

少額の再生債権を早期に弁済しなければ再生債務者の事業の継続に著しい支障を来すときは、再生債務者等の申立てによる裁判所の許可を条件に、再生手続によらずに弁済することができる（民再85条5項後段）。ここでいう5項後段の「少額」は、5項前段の「少額」と同義ではない。弁済の対象となる債権額、再生債務者の資産、事業の規模、資金繰り、弁済の必要性の程度などから総合判断される。「再生債務者の事業の継続に著しい支障を来すとき」については、原則として、債権者ごとに判断されており、弁済が一律禁止される一般の再生債権者との平等の観点から厳格に判断される傾向にある。単に、仕入先から再生債権の支払いがないと取引を打ち切るとして支払いを要求された場合などに、安易に弁済を許可することは相当ではなく、当該仕

入先との取引継続が、再生債務者の事業継続に必要不可欠であり、代替性もない場合などに限られるとする。他方、一定のグループの商取引債権を対象に諸事情を考慮して、当該グループ全員の取引債権の弁済が許容される場合もあろう。

近時、事業再生 ADR などの制度化された私的整理手続を利用したが、その私的整理手続が奏功しないために再生手続に移行した場合などにおいて、商取引債権一般を本条項に基づいて包括的に弁済許可を得る実務が行われることがある。また、早期事業再生を促進し、事業価値の毀損を防ぐために、再生手続の活用を促進する観点からも、商取引債権の弁済が有益であり、必要であるとの指摘も少なくない。商取引債権以外の債権者、とりわけ金融債権者やリース債権者との衡平をどのように図るのか、商取引債権を一律に弁済することにより実質的にどの程度の事業価値が維持できるのか、金融債権者に経済合理性を認めうるのかなど、そのような取扱いが正当化できるのか、慎重な検討が必要であろう。

(4) 多数債務者と再生債権

ある債権について多数の債務者がいる場合に、債務者の一部または全部に倒産手続が開始したときに、債権者はどのような権利行使ができるかという問題がある。倒産法は、債権者は倒産手続開始時の債権額で各倒産手続に参加することを認める開始時現存額主義を採用している（民再86条2項、会更135条2項は、破104条の規定を準用する。第5章Ⅲ1(5)参照）。

なお、保証人に再生手続が開始されたときは、債権者は手続開始時点の債権全額で再生手続に参加することができるが（民再86条2項、破105条）、再生手続に固有の問題がある。

破産手続の場合は、破産債権は現在化するが（破産法103条3項で、期限付債権であるときは破産手続開始で弁済期が到来したものとされる）、再生手続ではこのような現在化はしないから、主債務が期限付債権であるときは、保証債務履行請求権も期限付債権として権利行使することになる。主たる債務者が保証人について再生手続開始後も約定どおりに弁済をしており、期限の利益を喪失していないときは、再生計画における権利の変更で、弁済期の変更をしない限り、再生計画による弁済時期も到来しないことになる。実務では、

主債務者が期限の利益を喪失した場合に初めて、債権者は再生計画に基づく弁済を受ける旨の定めをすることが多い。期限の利益を喪失するまで保証人による計画弁済を留保するのは、求償による循環を避けるためでもある（実際は、主債務者に対しても法的倒産手続が開始されている場合が多く、求償権による回収は困難である）。

(5) 再生債権の議決権

再生債権者は、その有する再生債権で再生手続に参加するが（民再86条1項）、再生計画案の決議のための債権者集会などで、議決権を行使してその意思を表明する場合、決議の基礎となる再生債権の議決権の額を算定する必要がある（民再87条）。

破産手続では、完全な平等配当を行うために種々の破産債権を破産手続開始時点で金銭化や現在化することが必要で（破103条）、そのように金銭化・現在化された破産債権の額を債権者集会における議決権の額としておけば足りる（破140条）。再生手続では、破産手続の場合のように再生債権の金銭化や現在化は行われず、種々の再生債権はそのままの状態で、その種類や内容などに応じて再生計画で権利変更の対象となるが、再生債権者の議決権を算定するためには再生債権の均質化（数字で均等な評価をすること）が必要となる。

民事再生法87条は、議決権の算定方法や議決権を有しない再生債権について定めている。

通常の金銭債権で再生手続開始時に弁済期が到来している債権、弁済期が未到来でも有利息債権（たとえば、分割弁済中の利息付貸付金）などは、その債権額がそのまま議決権の額となる（民再87条1項4号）。実務上はこれが大半である。

金銭の支払いを目的としない債権、条件付債権、将来の請求権等の議決権は再生手続開始時の評価額である。実務上、よく見かける例としては、賃貸人に対する再生手続の場合の賃借人の敷金返還請求権や、ゴルフ場に対する再生手続の場合の据置期間が未到来の預託金返還請求権などである。

別除権の被担保債権が再生債権である場合の議決権は、別除権の行使等で弁済を受けられない額が確定している場合は（民再88条）、その確定不足額

が議決権を行使できる再生債権となるが、議決権行使までにその額が確定しないときは、不足見込額（民再94条2項・170条）が議決権の対象となる。

再生債権のうち、再生手続開始後の利息・損害金（民再84条2項）、再生手続開始前の罰金等（民再97条）、開始時点の財産で通常の再生債権を全額弁済できない状態にあるときの約定劣後再生債権（民再35条4項）、住宅資金特別条項を定める再生計画における住宅ローン債権や保証会社の求償権などは、議決権がない（民再87条2項・3項・201条1項）。

再生手続開始後の利息・損害金、約定劣後再生債権は劣後的地位にあること、再生手続開始前の罰金等は弁済期の関係では劣後するが権利変更を受けないこと、住宅ローン債権や保証会社の求償権は住宅資金特別条項を定める場合は減免を受けないし一般の再生債権の権利変更とは無関係であることなどが議決権を与えない理由である。

2　共益債権

共益債権は、原則として再生手続開始後の原因に基づいて発生した債権であって、再生手続を遂行するうえで要した費用や、再生債務者の業務等の維持・継続のために要した費用など手続上の利害関係人の共同利益のためになされた行為によって発生した債権などである。

(1)　一般規定

民事再生法119条に列挙されているのは、以下の債権である。

(ア)　再生債権者の共同の利益のためにする裁判上の費用の請求権

再生債権者の共同の利益のためにする裁判上の費用の請求権（民再119条1号）とは、再生手続に関する裁判費用のことである。再生債務者が行う貸付金や売掛金の回収のための裁判費用もこれに含まれるが、2号の管理費用と考えることも可能である。

(イ)　再生手続開始後の再生債務者の業務、生活並びに財産の管理および処分に関する費用

再生手続開始後の再生債務者の業務、生活並びに財産の管理および処分に関する費用（民再119条2号）とは、再生債務者が事業者の場合はその業務、個人の場合はその生活に要する費用と再生債務者の財産の管理・処分費用で

ある。

　再生債務者が事業者の場合は、手続開始後の事業の経費はこれに含まれる。原材料の購入費用、商品の仕入費用、従業員の給料・退職金・福利厚生費用、什器備品の購入費用、工場・機械・事務所の管理費用や賃料、水道・ガス・電気等の公共料金、広告宣伝費、交際費、各種の租税・社会保険料等の公租公課などが共益債権となる。一方、再生債務者が個人の場合は、生活に要する費用が共益債権となる。

　財産の管理処分費用は、再生債務者が事業者の場合は業務の費用と重複することが多いが、個人の場合は自宅の処分費用などがこれに該当することになる。

　　(ウ)　再生手続終了までの再生計画の遂行に関する費用

　再生手続終了までの再生計画の遂行に関する費用（民再119条3号）には、再生債務者が株式会社の場合の再生計画の定めで行われる増減資や定款変更等の組織に関する費用や再生債権の弁済費用などがこれに該当する。

　　(エ)　監督委員、管財人等の各種機関の費用や報酬請求権、再生債権者
　　　　もしくは代理委員またはこれらの代理人が再生に貢献し、裁判所が
　　　　これらの者に支払うことを許可した費用・報償金

　監督委員、管財人等の各種機関の費用や報酬請求権、再生債権者もしくは代理委員またはこれらの代理人が再生に貢献し、裁判所がこれらの者に支払うことを許可した費用・報償金（民再119条4号）とは、再生手続に関する費用である。

　　(オ)　再生債務者財産に関して再生債務者等が再生手続開始後にした資
　　　　金の借入れその他の行為によって生じた請求権

　再生債務者財産に関して再生債務者等が再生手続開始後にした資金の借入れその他の行為によって生じた請求権（民再119条5号）とは、大半は2号と重なるが、2号は支払いの面からの規定で、本号は請求権の面からの規定であるとされる。

　不法行為等によって相手方に生じた損害賠償請求権は本号で共益債権となる。たとえば、手続開始前に建物賃貸借契約が解除されたが、再生債務者である賃借人が建物所有者である賃貸人に建物を返還していない場合の賃料相

当損害金がこれに該当する。それ以外に、再生債務者が利害関係人と行う和解等の各種の合意によって発生する請求権（和解金等）もこれに該当する。

再生手続開始後の再生債務者等の行為によって請求権が発生した場合であっても、再生債務者等の行為が再生手続開始前の原因によって生じた（法定の）停止条件の成就であるときは、当該請求権は5号によって共益債権となるのではなく、再生債権である将来の請求権が発生し、あるいは停止条件付再生債権の停止条件が成就したもので、共益債権にはならないと考えるべきである。

　㈹　事務管理または不当利得により再生手続開始後に再生債務者に対して生じた請求権

事務管理または不当利得により再生手続開始後に再生債務者に対して生じた請求権（民再119条6号）については、公平の見地からこのような請求権を共益債権としている。事務管理の場合は費用償還請求権（民702条1項）、不当利得の場合は返還請求権（民703条）が発生するが、再生債務者に利益や利得が生じているからである。

譲渡担保に供された原因債権の支払いのために振り出された手形を譲渡担保設定者である再生債務者が再生手続開始後に取り立てた場合は、譲渡担保権者に帰属していた原因債権が消滅して損失を被ったものであるとして、この不当利得の返還請求権は本号の共益債権となるとする判例がある[10]。

　㈺　その他再生債務者のために支出すべきやむを得ない費用の請求権で、再生手続開始後に生じたもの

その他再生債務者のために支出すべきやむを得ない費用の請求権で、再生手続開始後に生じたもの（民再119条7号）とは、2号を補完する規定であるが、管理命令が発令された場合の法人の組織法上の活動に関する費用（取締役会の開催、株主総会の開催費用や組織変更に関する費用等）でその支出がやむを得ないものがこれに該当する。

(2)　個別規定

再生手続開始前の原因に基づく請求権でも個別の規定により共益債権とさ

---

[10] 東京地判平成14・8・26金法1689号49頁。

れるものがある。双方未履行双務契約について再生債務者が履行の選択をした場合の相手方の請求権（民再49条4項）、継続的供給契約の相手方の再生手続開始申立て後、再生手続開始までの給付にかかる請求権（民再50条2項）、賃借権その他の使用および収益を目的とする権利を設定する契約について相手方がその権利について第三者対抗要件を具備している場合の相手方の請求権（民再51条、破56条2項）、事業の継続に欠くことができない資金の借入れ、原材料の購入などの行為によって発生した相手方の請求権で裁判所の許可または裁判所の許可に代わる監督委員の承認を得たもの（民再120条3項）、保全管理人がその権限でした行為によって発生した相手方の請求権（同条4項）である。

それ以外にも、双方未履行双務契約の再生債務者の解除によって生じる反対給付または価額の返還請求権（民再49条5項、破54条2項）、社債管理者等の費用および報酬（民再120条の2第1項～3項）、否認権行使の結果、相手方の反対給付が再生債務者の財産の中に存在しないときの価額償還請求権（民再132条の2第1項2号・2項1号）なども共益債権と定められている。

(3) 共益債権の行使

共益債権は再生手続によらないで、再生債権に先立って、随時弁済を受けることができる（民再121条1項・2項）。共益債権は届出も調査も必要ではなく（ただし、申出について民再規55条の2参照）、再生計画による権利変更を受けることもなく、本来の弁済期に任意の弁済を受けることになる。

共益債権についてその内容に争いがあるときや任意の弁済がされないときは、訴訟等の通常の方法で確定・回収を行うことになる。これは、再生債務者財産で共益債権の総額の弁済ができなくなった場合でも同様である。更生手続では、財産不足の場合は法令の定める優先権にかかわらず共益債権の債権額での按分弁済を要求しているが（会更133条1項）、再生手続では更生手続とは異なり一般優先債権も手続外債権として随時弁済を受けられることにしていることから、法令に定める優先権に応じた弁済を行うことになる。再生手続中でも、共益債権に基づく強制執行や仮差押えが可能である。

もっとも、共益債権に基づいて強制執行や仮差押えがされた場合は、その強制執行や仮差押えが再生に著しい支障を及ぼし、かつ、再生債務者が他に

換価の容易な財産を十分に有するときは、裁判所は、再生手続開始後は、その強制執行または仮差押えの中止や取消しを命じることができる（民再121条3項）。しかし、実務上はこのような例は見かけない。資金があれば、強制執行を受けるまでもなく弁済するであろうし、資金がなくて強制執行に至っているとすれば、再生手続の遂行が困難な状態に至っているから、いずれにせよ中止や取消しを求めることはないであろう。また、債権の存在について争いがある場合で仮差押えを受けて、それが再生に著しい影響を及ぼすとすれば、預金債権などに対する仮差押えが想定されるが、それに代わる換価容易な財産が十分に存在する場合などは、容易に想定できないからである。

共益債権を再生債権として債権届出をして確定した後に、それを前提として作成された再生計画案が付議決定に至った場合には、もはや共益債権として再生手続外で行使することはできないとするのが判例である[11]。

また、再生手続において共益債権となる債権を代位弁済した場合、債務者に対する求償権が再生債権である場合に、代位弁済により取得した原債権は共益債権であるから、代位弁済者は、その求償権の範囲内で原債権を行使して再生手続外で行使できるとするのが判例である[12]。労働債権を代位弁済した場合も同様である[13]。租税債権を代位弁済した場合は、否定する裁判例がある（後記4(1)参照）。

3　一般優先債権

一般の先取特権その他一般の優先権がある債権（共益債権であるものを除く）は、一般優先債権とされ（民再122条1項）、再生手続によらないで随時弁済を受ける（同条2項）。

このような再生手続における一般優先債権は、破産手続では優先的破産債権（破98条1項）、更生手続では優先的更生債権（会更168条1項）として各倒産手続内に取り込み、手続債権として処遇している。しかし、再生手続では、このような債権も手続に取り込むと、債権者集会で一般債権者とは別の取扱

11　最判平成25・11・21民集67巻8号1618頁。
12　最判平成23・11・24民集65巻8号3213頁。
13　破産手続に関して最判平成23・11・22民集65巻8号3165頁。

いをする必要が生じ、手続を複雑化することになり、簡易・迅速を旨とする再生手続の趣旨にもとるから、一般優先債権を手続外債権として共益債権と同様に随時弁済の対象としたものである。

(1) 一般優先債権の範囲

一般の先取特権のある債権は、民法では、共益費用、雇用関係、葬式費用、日用品供給代金である（民306条～310条）。実務上多いのは、従業員の労働債権である。その他の一般優先債権としては、企業担保権で担保される債権（企担2条）、租税（税徴8条、地税14条）、国税徴収の例によって徴収される各種社会保険料や負担金等がある。

一般優先債権の発生時期に関しては規定が設けられていないが、通常は再生手続開始前の原因に基づくもので、再生手続開始後に発生原因があるときはこのような債権は通常は共益債権になる（民再119条1項2号の業務・生活費用になる）。

なお、一般優先債権である租税を再生手続開始後に保証人が弁済したとしても、租税債権に優先権があるのは、租税が国・地方公共団体の財政的基盤をなし、その公平かつ確実な徴収が高度の公益性を有する点にあり、保証履行によってその趣旨は達成されているから、保証人は一般優先債権としての租税債権を代位行使することはできず、求償権は再生債権として行使できるだけであるとする下級審裁判例がある[14]。

(2) 一般優先債権の行使

共益債権と同じように再生手続外で随時弁済を受ける。任意に支払わないときは、公租公課の場合は滞納処分、私債権の場合は強制執行、仮差押え、先取特権の実行としての競売をすることができる。この点が、優先手続債権として手続に取り込んで手続内でしか権利行使ができない破産手続や更生手続とは異なるところである。

一般優先債権に基づいて、強制執行、仮差押えがされた場合や一般優先債権を被担保債権とする一般先取特権の実行がされた場合は、これらの権利行使が再生に著しい支障を及ぼし、かつ再生債務者が他に換価の容易な財産を

---

[14] 東京地判平成17・4・15金法1754号85頁、東京地判平成18・9・12金法1810号125頁。なお、破産手続に関して同旨の判例として東京高判平成17・6・30金法1752号54頁。

十分に有するときは、裁判所は、再生手続開始後に、これらの権利行使の中止や取消しを命じることができる（民再122条4項・121条3項）。共益債権の場合と同様、実例は聞かない。

実務上は、厚生年金保険料・健康保険料といった社会保険料、源泉徴収にかかる従業員の所得税や地方税を滞納している例は散見される。再生債務者の財産である売掛金等に滞納処分を受けると事業継続ができなくなる可能性が高いうえに、滞納処分を中止させる制度もない（更生手続の場合は会更24条2項で滞納処分の中止命令の制度があるが、再生手続にはこのような制度はない）。そこで、再生債務者は、徴収権者との間で、滞納している公租公課を分割弁済する合意を行っているのが実務である。

4　開始後債権

再生手続開始後の原因に基づいて生じた債権で、共益債権・一般優先債権・再生債権にならない債権は開始後債権とされ（民再123条1項）、再生計画で定められた弁済期間が満了するまで（その満了前に弁済が完了したときや、再生計画が取り消されたりしたときは、その時まで）は、免除を除いて弁済による債権消滅行為をすることが禁止され（同条2項）、この禁止期間中は開始後債権に基づく強制執行・仮差押え・仮処分という権利行使もできない（同条3項）という劣後的取扱いを受ける。このような開始後債権としては、①再生債務者が業務や生活に関係がなく行った行為によって発生した請求権、②管財人の選任後に会社の取締役が行った組織上の行為でやむを得ない費用（民再119条1項7号）とは認められないもの、③為替手形の振出人または裏書人である再生債務者について再生手続が開始された場合において、それを知って支払人または予備支払人が引受けまたは支払いをしたときの支払人または予備支払人の請求権（民再46条1項）などが考えられる。

開始後債権は再生債権よりは劣後化されるが、再生債権ではないから再生計画で権利変更を受けることもなく、弁済禁止期間の満了後は全額弁済を受けることが可能となる。

Ⅳ 再生債務者をめぐる契約・権利関係

　再生手続を遂行していくためには、再生手続開始時点を基準として、再生債務者が関係する法律関係を整理し、その法律関係から生じる利害関係人の権利を確定し、再生債務者の権利も確定しておく必要がある。
　倒産法では、迅速な倒産手続の遂行の必要性や手続債権者と第三者との利益の公平な調整といった観点から、民事実体法規を修正したり補充したりする規定を設けており、破産法、民事再生法、会社更生法では同じような修正・補充規定を設けている。また、担保権をどのように処遇するかは、担保権者を手続に取り込むか（更生手続）、手続外で権利行使を許すか（再生手続、破産手続、特別清算手続）によって異なっている。

1　再生債務者の地位

　再生債務者は、管理命令が発令されない限り、監督委員の同意等の制約はあるものの、再生手続開始後も業務遂行権、財産の管理処分権を失わないが、一方では、公平・誠実にこの権利を行使するとともに、公平・誠実に再生手続を遂行する義務が課せられる（民再38条）。再生手続開始決定を境にして、再生債務者は公平・誠実義務を課せられる存在になるので、再生手続開始決定の前後で再生債務者の法的地位が変わるのか、第三者に変容するのかが問題とされている。この点に関する確定判例はないが、法的地位は変容し、破産管財人や更生管財人と同様に第三者的地位に立つとするのが多数説である。ただ、この第三者という言葉は極めて多義的に用いられているので、いかなる意味において第三者であるのかを個々に検討することが必要である。
　再生手続では、再生手続開始決定によって再生債権者の個別的権利行使は禁止され（民再85条1項）、再生債務者の財産は法的拘束を受けて、事業継続価値の再分配がされることになる。再生手続開始決定により、再生債務者は、従来の再生債務者としての管理処分権がいったん奪われて、債権者の利益を代表する公平・誠実義務を課せられた新たな再生債務者に管理処分権が付与されたのと同様であると考えれば、再生債務者が第三者性を有すると考える

ことができる。

　このほかにも、再生手続開始後は再生債務者に更生管財人や破産管財人と同様に双方未履行双務契約の履行と解除の選択権が認められていること（民再49条）、再生債務者が第三者であることを前提に対抗要件の取得行為が否認の対象となっていること（民再129条）が、再生債務者に第三者性を認める根拠と考えることが可能である。

　管理命令が発令された場合は、再生債務者の業務遂行権・財産の管理処分権は管財人に専属し（民再66条）、再生債務者の業務遂行権・財産の管理処分権は剥奪されるから、管財人は、破産管財人や更生管財人と同様に、第三者に該当することになる。

2　再生手続開始前に再生債務者が行った法律行為の効力

　再生手続が開始されても、再生手続開始前に再生債務者が行った業務遂行や財産の管理処分にかかる利害関係人の権利・義務がそのまま再生手続に承継されるのが原則である。しかし、民事実体法には、第三者保護の規定や対抗要件を具備しなければ物権変動等を第三者に主張できないとする規定があるものがある。

　再生債務者が、再生手続開始後は第三者的地位に立つと考える多数説に従うと、再生債務者は再生手続開始決定後は、通謀虚偽表示の善意の第三者（民94条2項）となり、詐欺による意思表示の善意の第三者（民96条3項）となる。この場合の善意・悪意は、再生債務者の善意・悪意ではなく再生債権者の善意・悪意によって決せられるから、再生債権者が1名でも善意であれば、第三者として保護されることになる。また、不動産物権変動や指名債権譲渡等の第三者対抗要件が必要なもの（民177条・467条、動産債権譲渡特例3条1項・4条1項）については、再生債務者は、対抗要件なくして権利の取得を対抗できない第三者になるということになる。さらに、契約解除によって当事者は原状回復義務を負うが、解除前に新たな権利を取得した第三者の権利を害することができないとされている（民545条1項ただし書）。再生債務者もこの第三者に該当することになる。

3 再生債務者が再生手続開始後に行った法律行為の効力

　管理命令が発令されない限り、再生債務者は再生手続開始後も業務遂行権、財産の管理処分権を有するから、裁判所の許可、監督委員の同意等の一定の制約はあるものの、これに違反しない限り、法律行為を行うことが可能で、その法律行為の効力が認められるのが原則である。このような再生債務者の行為によって相手方に発生する債権はそのほとんどが共益債権になる。

　再生債務者が再生手続開始後に再生債権の弁済を行ったときは、相手方の再生手続開始についての善意・悪意を問わず無効であり（民再85条1項）、再生債務者が登記・登録等を行った場合は、後述のように権利者が善意の場合に限って権利取得を主張できるが（民再45条）、それ以外に再生債務者の行為によって権利取得が行われた場合の効力については規定がない。

4 再生債務者の行為によらない再生手続開始後の権利取得

　再生手続開始後に、再生債権につき再生債務財産に関して再生債務者等の行為によらないで再生債権者が権利を取得しても、再生債権者は、再生手続の関係では権利取得の効力を主張できない（民再44条1項）。この権利取得は、再生債権者の再生手続開始決定があったことについての善意・悪意を問わない。

　再生手続開始後になされた再生債権を被担保債権とする債権譲渡担保の譲渡債権について、確定日付のある証書によってなされた債務者の承諾（民467条1項・2項）、債権質権設定の質権の目的である債権について、確定日付のある証書によってなされた債務者の承諾による対抗要件取得（民364条・467条）がこれに該当し、対抗要件取得の効力を主張できないことになる。

　なお、再生債権を被担保債権とする債権譲渡担保や再生債権の代物弁済としての債権譲渡は「再生債権につき」に該当するが、それ以外の債権譲渡（債権の売買や贈与など）の場合は「再生債権につき」という要件を欠くことになる。このような要件がない破産の場合と別異に考える理由はないから、破産手続とのバランスから考えて、民事再生法44条1項の規定を類推して、

このような債権譲渡の場合であっても譲渡債権の確定日付のある証書による債務者の承諾にも対抗要件取得の効力はないと考えるべきである。

5 善意取引の保護

再生債務者の財産確保、再生債権者の地位の固定と再生債権者間の平等原則等から、再生手続開始前の法律関係に関して再生手続開始後に行われた行為を、再生手続に関してその効力を全部認めないものとすれば、第三者に不測の損害を与え、取引の安全を害する場合も生じる。そこで、民事再生法は、一定の場合に限って、善意（再生手続の開始を知らないことであるが、管理命令後の行為の場合は管理命令の発令を知らないことである）の第三者の保護規定をおいている。

民事再生法は、善意・悪意に関して再生手続開始の公告（管理命令の場合は管理命令の公告）との関係で、行為が公告前であれば善意を推定し、行為が公告後であれば悪意を推定するという規定を設けている（民再47条・76条4項）。第三者は、善意を立証すれば保護が図られるから、善意の推定は法律上の推定として意味をもつ。

(1) 再生手続開始後の登記・登録

不動産や船舶に関し、再生手続開始前に生じた原因に基づき、再生手続開始後にされた登記や不動産登記法105条1号の仮登記は、再生手続の関係では効力を有しない（民再45条1項）。ただし、登記権利者が再生手続開始の事実を知らないでしたときは効力を主張できる（同項ただし書）。この規定は、権利の設定・移転・変更に関する登録・仮登録、企業担保権の設定・移転・変更に関する登記に準用される（同条2項）。動産、債権譲渡、債権質の第三者対抗要件（動産及び債権の譲渡の対抗要件に関する民法の特例等に関する法律（以下、「動産債権譲渡特例法」という）による登記を含む）には類推適用される。再生手続開始前の原因に基づいて再生手続開始後に対抗要件が具備されても、権利変動の効力が生じないし、再生手続開始決定後に第三者（再生債権者）は対抗要件を具備することもできなくなる。しかし、この原則を貫くと取引の安全を阻害することになるので、善意者の保護規定をおいたのである。したがって、民事再生法45条1項の規定はただし書に意味がある規定

である。

　再生手続開始前に生じた原因に基づく登記・登録請求権は、再生債権と考えられる。第三者のために自己の不動産に抵当権を設定するという物上保証契約は物権契約であるが、再生手続開始によりその権利取得を再生債務者に対抗できないから、この場合の抵当権者の物上保証人に対する抵当権設定登記請求権も、債権的登記請求権と考えるべきであり、抵当権者は再生債権である登記請求権を有する再生債権者である（もっとも、被担保債権は再生債権ではなく、物上保証人である再生債務者には金銭債権を有しないから議決権の算定にあたっては登記請求権の評価だけを独立に行う必要があることになる。しかし、その算定は困難である）。

　再生債務者が再生手続開始後に登記等の申請行為を行うときは、その登記請求権は通常は再生債権の行使であるから、登記に応じることは再生債権である登記請求権の消滅行為である。本来、このような行為は、相手方（再生債権者）の善意・悪意を問わず再生手続では効力を生じないことになるから（民再85条1項）、民事再生法45条1項ただし書の善意者保護規定は、再生債権の消滅行為に関する特則を定めたものと考えられる。規定の趣旨からみて、登記権利者が再生債務者等に対して再生手続開始前の原因に基づいて再生手続開始後に登記請求等を行うことは認められない。

　再生手続開始前に生じた原因に基づき、再生手続開始後に不動産登記法105条2号の仮登記（物権変動の請求権保全のための仮登記。以下、「2号仮登記」ともいう）がされた場合の規定はないが、2号仮登記は物権変動の効力自体が発生していないから、仮登記権利者の善意・悪意を問わず、再生手続との関係で仮登記の効力を主張することはできない。

　再生手続開始前に不動産登記法105条1号の仮登記（登記申請に必要な手続上の条件が具備していない場合の仮登記。以下、「1号仮登記」ともいう）がされているときは民事再生法45条とは無関係であるから、権利者は再生手続開始後に再生手続開始の事実を知ったとしても再生債務者等に対して仮登記に基づく本登記手続を請求することができるし、本登記をすれば本来の権利変動の効力を主張できる。その理由は、仮登記の効力を主張できるとする以上、本登記請求権を認めないと意味がないし、順位保全の効力は差押債権者に対

しても対抗できるからである。もっとも、1号仮登記の原因となった契約が双方未履行双務契約である場合は、再生債務者等が民事再生法49条により当該契約を解除したときは、仮登記の原因が遡及的になくなるから本登記請求はできない。一方、再生手続開始前に2号仮登記がされている場合に、本登記請求ができるかについては見解が分かれている。2号仮登記も順位保全の効力があるから、開始後にも本登記請求が可能であると解してよいであろう[15]。なお、2号仮登記の原因となる契約が双方未履行の双務契約である場合、再生債務者等が民事再生法49条により当該契約を解除したときに本登記請求ができないのは、1号仮登記の場合と同様である。

仮登記担保の場合には、仮登記のままで別除権として扱われるので、本登記請求もできる。

(2) 管理命令後の再生債務者の行為や弁済

再生債務者（法人に限る）が管理命令後に再生債務者財産に関してした法律行為は、再生手続の関係においては効力を主張することができないが、行為の相手方が行為の当時、管理命令が発せられたことを知らなかったときはその効力を主張することができる（民再76条1項）。再生手続では更生手続や破産手続とは異なり（破産手続の場合は破47条1項、更生手続の場合は会更55条1項で、法律行為の相手方の善意・悪意を問わず無効とされる）、法律行為の相手方が管理命令を知らなかったときは、その相手方は法律行為の有効性を主張できるものとして善意者取引を保護している。再生手続は、再生手続の開始によっても再生債務者は財産の管理処分権を失わないのが原則であり、管理命令が発令されることが例外であるところから、破産手続や更生手続に比して善意の取引保護の要請が強いからである。

管理命令後に管理命令が発せられたことを知らないで再生債務者にした弁済も同様に、その効力を主張することができる（民再76条2項）。弁済の受領については、受領権のない者（再生債務者）に対する弁済は本来その効力を有しないものであるが、債務者が常に債権者（再生債務者）の財産状態に注意を払うことを要求するのは債務者に不当な負担をかけることになるので、

---

15 破産手続に関する最判昭和42・8・25判時503号33頁。

善意弁済の保護規定をおいたのである。善意弁済の場合は、同趣旨の規定が会社更生法57条1項、破産法50条1項にもあり、民法の債権の準占有者に対する弁済（民478条）を倒産法にアレンジしたものといえる。

(3) 再生手続開始後の手形等の引受け・支払い

為替手形の振出人または裏書人である再生債務者について再生手続が開始された場合において、支払人または予備支払人が再生手続開始の事実を知らないで引受けまたは支払いをしたときは、これによって生じた求償権は再生債権となる（民再46条1項）。小切手および金銭その他の物または有価証券の給付を目的とする有価証券の場合も同様である（同条2項）。

このような求償権は、本来は開始後債権（民再123条）として劣後的な取扱いを受けるはずであるが、手形取引の安全を確保するために善意者を保護したものであり再生債権に格上げしたものである。

6 未履行契約の処理

債権は、不当利得、事務管理、不法行為といった法定債権を除けば、その大半は契約に基づいて発生する。契約による債務の履行が倒産手続開始前に全部完了していれば、否認の問題は別として、契約関係の処理は必要がないが、契約関係から生じた債務の履行が一部残った状態で倒産手続が開始されたときは、法律関係の整理が必要となる。債務が一部残存する状態は、①再生債務者の契約相手方だけに債務が残ったとき、②再生債務者だけに債務が残ったとき、③再生債務者と契約相手方のいずれにも債務が残ったときの3通りに分けられる。契約の類型は、一方当事者のみが債務を負う片務契約と双方当事者が債務を負う双務契約に分けられる。

上記①は、契約相手方が債務を負うだけの片務契約と双務契約のうちで再生債務者の債務だけが先履行されたときに生じる。この場合は、再生債務者等は相手方に対してその権利を行使すればよく、相手方は契約上の義務を履行すればよいのであるから、相手方は、再生債務者の再生手続の開始によって何らの不利益を被ることはない。②は、再生債務者が債務を負うだけの片務契約と双務契約のうちで契約相手方の債務だけが先履行されたときに生じる。①と逆で、契約相手方の請求権は再生債権となる。双務契約で、自己の

債務を履行したにもかかわらず、自己の請求権が再生債権になることは、公平に反するようにみえるが、契約相手方は双務契約上の同時履行の抗弁権（民533条本文）を自ら放棄した結果であるからやむを得ない。③は、双務契約で手続開始時にその双方の債務の全部または一部が未履行の場合であり、倒産法によって、倒産債務者側に契約の履行か契約の解除かの選択権が与えられている（民再49条。更生手続では会更61条、破産手続では破53条）。倒産債務者財産の整理と相手方の利益保護の観点から、従来の法律関係に特別の解除権の付与を中心とする実体的変更を加えて処理しようとしているのである。

(1) 双方未履行の双務契約

双方の債務が未履行の双務契約について、民事再生法は一般原則と継続的供給契約、賃貸借契約等に特則を設けている（これは更生手続も破産手続も同じである）。

(ア) 一般原則

双務契約であって、再生手続開始時点において、再生債務者と契約相手方の双方の債務の履行が完了していないときは、再生債務者等は、当該双務契約を解除するか、または再生債務者の債務を履行して相手方の債務の履行を請求することができる（民再49条1項）。双務契約かどうかは、契約上の両当事者の債務に対価関係があるかどうかによって決められるが、対価関係があるかどうかは、当事者の意思による。典型契約については双務契約かどうか解釈がおおむね一致しているが、非典型契約は意思解釈を行わなければならない場合もある。たとえば、ファイナンスリース（通常は契約締結時にリース料債務の全額が発生する）を原リース契約とする転リース契約について、信用の供与は原リース契約の貸主が行っており、転リース契約は月々のサービス提供と転リース料に対価性があるとして双務契約に該当することを認めている[16]。「債務の履行が完了しない」とは、再生手続開始時点で対価性を有する双方の債務の全部または一部が未履行の状態をいうが、対価関係にある双方の債務が未履行であることが必要である[17]。所有権留保特約付の自動車売買

---

16 東京地判平成21・9・29判タ1319号159頁。
17 預託金ゴルフ会員契約における破産手続に関する判例として最判平成12・2・29判時1705号58頁、最判平成12・3・9判時1708号123頁。

契約において、その実質が非典型担保設定契約であり、自動車が代金だけでなく修理費等の支払債務をも担保していることなどを理由に、所有権移転登録手続債務と残代金支払債務との牽連関係を否定し、残代金支払債務を共益債権として認めなかった裁判例がある[18]。

未履行の理由は問わないので履行不能の場合もこれに含まれる。

(A) 解除の場合

契約の解除が選択されたときは、契約関係は消滅する。したがって、再生債務者等は相手方に対して契約解除に基づく給付目的物の返還等の原状回復を請求することができる（民545条1項本文）が、第三者には解除の効果を主張できない（同項ただし書）。一方、原状回復を求める相手方の請求権は、双務契約の債務の履行として給付した物が再生債務者財産に現存するときはその返還を請求することができ、現存しないときはその価額について共益債権者として権利行使ができる（民再49条5項、破54条2項）。価額返還請求権を共益債権としているのは、再生債務者財産に不当利得をさせない趣旨であるとされている。再生債務者を請負人とする双方未履行の請負契約が解除された場合において、共益債権として取り扱われることとなった同請負契約に基づく前渡金返還債権を再生債務者に代わって保証人が履行した場合、弁済によって取得する求償権は再生債権であるが、代位取得した原債権を再生手続外で行使することは制限されない[19]。

相手方は、契約の解除により損害が生じたときは損害賠償の請求もできるが、この損害賠償請求権は再生債権とされる（民再49条5項、破54条1項）。この損害賠償請求権は債務不履行に基づくものではなく、特別の解除権を再生債務者等に与えた見返りとして再生債権の限度で相手方に与えられたものである。

(B) 履行の請求の場合

契約上の債務の履行が選択されたときは、従来の契約関係が維持されるから、相手方は再生債務者等に対して残債務の履行をしなければならないが、相手方の有する請求権は共益債権となる（民再49条4項）。

---

18 東京地判平成18・3・28判タ1230号342頁。
19 前掲（注12）最判平成23・11・24。

(C) 解除と履行請求の選択基準

解除をするか履行請求をするかは、再生債務者側で返還を請求する給付目的物の価値と反対給付を受けたものの返還や今後の給付内容を考慮して、いずれが経済的合理性があるかによってその選択をすることになる。特に解除を選択する場合は、給付を受けている物が現存しないときはその価格の全部を共益債権として返還しなければならなくなり、再生債務者財産に過大な負担が生じる場合もあるから慎重な判断が必要である。

(イ) 相手方の催告権

双方未履行の双務契約の相手方は、再生債務者等に対して、相当の期間を定め、その期間内に契約の解除をするか、または債務の履行を請求するか確答することを催告することができ、再生債務者等からその期間内に確答がなかったときは解除権を放棄したものとみなされる（民再49条2項）。

再生債務者等が解除か履行の請求かを選択しない場合は、契約相手方が不安定な状態におかれるので、これを保護するために相手方に催告権を与えたものである。相当の期間は、取引の実情によって判断するしかない。

催告に対する確答がなかった場合の契約の効力は、法文では解除権を放棄したものとみなすとされているから、履行の選択がされたとみなされる。この効力は更生手続でも同じ（会更61条2項）であるが、破産手続の場合は解除されたものとみなされる（破53条2項）。このように再建型と清算型で効果が反対になっている理由は、再建型では法律関係が維持継続されるのが原則で、清算型では法律関係を早期に終了させるのが原則であることによる。

(2) **相手方の契約解除権**

契約相手方には、催告権が認められるだけで、倒産債務者の再生手続開始を理由とする特別の契約解除権は認められていない。

(ア) 倒産解除特約

契約で、相手方に破産手続、更生手続、再生手続などの倒産手続開始の申立ての事実が生じた場合は契約解除ができるとの特約をする例は多く、その特約により解除できるかどうかの議論がある。この約定解除は、双方未履行双務契約に限ったことではないが、多数の見解は、このような解除を認めると再生債務者等に特別の解除権を与えた意味がなくなるなどの理由で特約意

の効力を否定している。

判例は、民事再生開始の申立てを解除事由とするフルペイアウトのファイナンスリース契約における解除特約は無効であるとしている[20]。その理由は、民事再生法の目的（民再1条）からみて、担保の目的物も再生債務者の責任財産に含まれるところ、リースは担保であり、このような特約における解除を認めることは担保としての意義を有するにとどまるリース物件を一債権者と債務者との間の合意により再生手続開始前に債務者の責任財産から逸出させ、再生手続の中で債務者の事業等におけるリース物件の必要性に応じた対応をする機会を失わせることを認めることになるから、再生手続の趣旨・目的に反するというものである。

倒産解除特約の効力を否定するのが多数であるが、ファイナンスリースに関する判例は、非典型担保の実行を認めることに対する否定的評価を根拠とし、双方未履行双務契約に関する倒産解除特約については、民事再生法が再生債務者に解除か履行の選択権を与えたのに、その趣旨を没却させることに対する否定的評価を根拠とする。また、解除により取戻権を創出させる特約も民事再生法上の優先関係（プライオリティー）を変更することに対する否定的評価を根拠とする。このように、倒産解除特約の効力を否定するとしても、民事再生法のいかなる規定の趣旨に反するか、それが民事再生法の予定しない結果を創出するかどうか、さらに一般的にいえば、それが民事再生法の予定する倒産法的公序に反しないか、個別具体的に検討することが必要であろう。

(イ) 債務不履行解除

再生債務者の債務不履行を理由とする契約の法定解除権については、不履行の債務が再生債権である場合は、弁済禁止の仮処分や再生手続開始によってその履行がされなくなっても、その不履行には帰責事由がないから、契約解除原因とはならないと説明されている。しかし、平成29年5月26日に成立した民法の一部を改正する法律では、法定解除に帰責事由は不要とされたので、改正民法の下ではかかる説明で足りるのか再検討が必要となろう。

---

20 最判平成20・12・16民集62巻10号2561頁。

弁済禁止の仮処分や再生手続開始までに債務不履行があり、解除権が発生していた場合は、再生手続開始後も契約の法定解除が可能とするのが多数説である。しかし、再生債務者等は解除前の第三者であり、再生債務者等に対しては解除の効果を主張できないから（民545条1項ただし書）、解除を認めたところで給付した目的物の取戻権は認められるべきではない。また、原状回復請求権も再生手続開始前に原因があるから共益債権とはいえず、不履行となった債務は再生債権となろう。したがって、解除権を行使しても実質的意味はないことになろう。

(3) 継続的供給契約

再生債務者に対して継続的給付の義務を負う双務契約の相手方は、再生手続開始前の給付に対する再生債権の支払いがないことを理由に、再生手続開始後はその義務の履行を拒めない（民再50条1項）。また、相手方の再生債務者に対する再生手続開始の申立て後、再生手続開始決定までの給付にかかる請求権は共益債権となる（同条2項）。そして、毎月1回というように一定期間ごとの債権額を算定する給付については、申立日の属する期間内の給付にかかる請求権全部が共益債権となる（同項かっこ書）。電気・ガス・水道などの継続的供給契約は、これを継続することが再生に不可欠な場合が多いので、供給義務者は前期の給付がないことを理由に当期以降の供給を拒絶できないものとし、一方では、このような継続的給付に対する請求権は再生手続開始前の部分は再生債権であることを前提に、再生手続開始の申立て後、再生手続開始までの部分は共益債権化する趣旨である。

継続的供給契約とは、当事者の一方が一定期間あるいは期間の定めなく反復的な給付義務を負い、他方当事者が給付ごと、または、一定期間を区切ってその間の給付に対する対価を支払う契約形態である。その外延が問題となるが、電気・ガス・水道の供給契約以外にも、電話加入契約、原料や燃料の継続的供給契約、ビル・事務所等の清掃契約・警備契約等も含まれると解される。「継続的給付の義務を負う」とは、法令上（たとえば、電気・ガス・水道の場合）または契約上その義務を負担している場合をいうので、実務上よく見かける継続的売買契約を締結して買主が必要の都度、商品の種類・数量等を指定して注文するような契約の場合は、契約上の給付義務があるとはい

えない。

　給付の拒絶が禁止されるのは、再生手続開始後に限られるから、再生手続開始の申立て前の給付がないことを理由に、再生手続開始の申立て後、再生手続開始までの間は履行拒絶ができることになる。実務上は、電気代を長期にわたって滞納しているメーカーが再生手続開始の申立てを行ったことを契機に電力会社から電気の供給を止められると、工場が稼働できなくなり事業継続が不可能となって事業価値が毀損しかねない。これを避けるため、再生債務者としては、再生手続開始の申立て後、再生手続開始までの供給の対価は共益債権として確実に支払うことができることを説明し、供給事業者の理解を求める必要がある。なお、法律の規定によって当然に共益債権化されるので、裁判所の共益債権化の許可（これに代わる監督委員の承認）を得る必要はない。

(4)　賃貸借契約

　賃貸借契約は、賃貸人の使用収益をさせる義務と賃借人の賃料支払義務が対価的な性質を有する双務契約である（民601条）。継続的契約であるから、契約当事者の一方に再生手続が開始された時点では、常にその双方の義務が未履行の状態にある。もっとも、賃貸人の使用収益をさせる義務は賃貸目的物を賃借人に引き渡すことによって完了し、その後は不作為的な義務が残るだけで反復給付とはいえないし、前期の賃料未払いを理由とする当期以降の履行拒絶も通常観念できないから、賃貸借契約は継続的給付契約には該当しない。

　実務上は、不動産の賃貸人、賃借人の再生手続の例は非常に多く、借地借家法の適用がある不動産賃貸借については、契約当事者の倒産に関して種々の議論があったところであるが、立法的解決が図られている。

(ｱ)　賃貸人の再生手続

　土地・建物の賃貸人に再生手続が開始された場合、賃借人が第三者対抗要件を具備しているときは（賃借権の登記、借地はそれ以外に地上建物の登記、借家は引渡し）、双方未履行双務契約の処理の規定が適用されない（民再51条、破56条1項）。対抗要件の具備を第三者対抗要件としているのではなく、適用排除の権利保護要件としている。ただし、再生手続開始時点で具備してい

ることが必要であるが、再生手続開始後に、それを知らないで対抗要件を具備した場合は保護される（民再45条1項ただし書）。

　再生債務者である賃貸人は再生手続開始を理由に賃貸借契約を解除することができないから、賃貸借契約は継続される。賃借人の請求権は共益債権となる（民再51条、破56条2項）。この請求権は、賃貸借契約から生じる賃借権（使用収益を求める権利）や修繕義務履行請求権、費用償還請求権である。ただし、すでに発生している必要費償還請求権は再生債権と解する余地がある。

　賃貸借契約には敷金が授受される場合が多いが、敷金返還請求権は賃貸借契約から生じる請求権ではなく、賃貸借契約に付随する敷金契約によって生じる請求権であるから、共益債権とはならない。賃貸者契約終了と再生債務者に対する明渡しを条件とする条件付再生債権である。しかし、賃借人が再生手続開始後に弁済期が到来する賃料債務を支払ったときは、その後に賃貸借契約の終了・明渡しが完了した場合は、再生手続開始時の賃料6カ月分相当額（ただし、民再92条2項で他の再生債権と賃料債務と相殺している場合はその相殺額を控除した残額）を上限として、当該支払賃料相当額が共益債権（敷金返還額がこれを超過する場合、超過額は再生債権）となる（同条3項）。この敷金返還請求権を一部共益債権化するという規定は、平成16年改正破産法により新たに設けられた規定である。従来は、賃貸人破産の場合に、賃借人は敷金がある場合は敷金額まで相殺が可能とする旧破産法103条の規定を準用していたが、平成16年改正破産法により旧103条の規定が削除されたことに伴い、新たに規定を設けて賃料を得させることにより再生債務者の資金繰りを容易にするとともに、敷金返還請求権を一定の範囲で保護することとしたのである。

　それ以外の第三者対抗要件の具備していない不動産賃貸借契約や賃借人に第三者対抗要件の具備方法がない賃貸借契約（たとえば、動産の賃貸借契約）の場合は、双方未履行双務契約として処理が行われる。

　なお、賃借人は、賃貸人の民事再生を理由として賃貸借契約の解除はできない。もっとも、このような特約がある場合は解除が可能である。

　賃借人が行う相殺に関し受働債権についての特則が設けられている。賃借人は再生債務者に負担する賃料債務について再生手続開始後に弁済期が到来

する分は再生債権届出期間の満了後に弁済期が到来する分も含めて再生手続開始時の賃料の 6 カ月分相当額を受働債権として、債権届出期間内に相殺をすることができる（民再92条 2 項）。賃借人が敷金返還請求権以外の自働債権を有している場合が想定されるが、そのような例は多くはない。

　(イ)　賃借人の再生手続

　賃借人に再生手続が開始された場合は法律に特別の規定がないので、双方未履行双務契約の処理に従うことになる。再生債務者等は解除と履行の選択ができる。

　契約相手方である賃貸人は、賃借人の再生手続開始を理由とする契約解除はできない。賃借人の再生手続開始の申立てや再生手続開始を契約解除事由とする特約がある場合の有効性が問題となる。一般論としては、民事再生法が双方未履行双務契約の解除が履行の選択を再生債務者等に認めた趣旨に反するか否かの解釈問題といえるが、実務上大半を占める借地借家法上の保護を受ける賃貸借契約の場合は、借地借家法の規定に反する特約で賃借人に不利なものは無効とされているので（借地借家 9 条・30条）、法定の解約権以外に賃貸人に特別の解約権を認めるこのような倒産解除特約は無効となる。

　契約が継続されたときは、再生手続開始後の賃料は共益債権となる（民再49条 4 項）。再生手続開始前の未払賃料については見解が分かれるが、再生債権と解すべきであろう。契約が解除されたときは、再生手続開始前の未払賃料は再生債権となるが、再生手続開始後解除までの賃料も解除後明渡しまでの賃料相当損害金も共益債権となる（民再119条 2 号・6 号）。原状回復費用は、見解が分かれるが、その原因は開始前にあるから再生債権と解すべきである。ただ、原状回復費用は、再生債務者財産に多大な負担が生じる可能性があるため、再生債務者としては、契約を解除する場合、原状回復の要否および費用額について検討し、賃貸人とも協議して不測の事態を回避するのが相当であろう。

　再生債務者等が解除を選択した場合、賃貸借契約に定めた中途解約時の違約金条項（敷金の没収・減額または残存期間の賃料相当額の損害金などを定めるもの）の適用があるか否かについては争いがある。違約金条項の無条件の適用を否定する裁判例も少なくないが、民事再生法49条 1 項の解除を中途解約

と同視したうえで違約金条項の適用を認める裁判例もある[22]。しかし、契約を解除できても多額の違約金が発生し、敷金が失われるとすると、不採算店舗の撤退など収益改善に向けた施策を機動的に行うことができず、事業再建が阻害されることになりかねない。違約金条項は、契約当事者間の約定解除権と一体をなすものであるから、民事再生法が特に認めた解除権の行使には適用がないと解するのが相当である。

　実務上、敷金が差し入れられている場合が多い。敷金があるときは、未払賃料や原状回復費用も敷金で担保され、敷金返還時に当然に控除できる。この控除は敷金の特性に基づくから、相殺制限等に抵触しない。

(5)　ファイナンス・リース契約

　フルペイアウトのファイナンス・リース契約は、リース期間満了時にリース物件の残存価値はないものとして、リース業者がリース物件の取得費その他の投下資本の全額を回収できるようにリース料が設定されているもので、中途解約は認められておらず、その実質はユーザーに対して金融上の便宜を付与するものである。したがって、リース料債務はリース契約の成立と同時にその全額について発生し、リース料の支払いが毎月一定額によることと約定されていても、ユーザーに対する期限の利益を与えるものにすぎず、各月のリース物件の使用と各月のリース料の支払いは対価関係に立つものではないから、このリース契約は双方未履行の双務契約ではなく、残リース料債権は、別除権付再生債権である[23]。この場合、担保目的がリース物件そのものとする見解と、リース物件の利用権であるとする見解に分かれるが、別除権の行使方法は、前者の見解ではリース物件の取戻しであり、後者の見解ではリース物件の利用権の取戻し（利用権は取戻しによって混同で消滅する）で通常はリース契約の解除ということになる。リース業者は別除権の実行としてリース契約を解除し、目的物を取り戻して残リース料を清算し（通常は目的物を他に売却してその代金を残リース料に充当する）、不足額は再生債権として行

21　適用を否定する例として東京地決平成16・12・16判例集未登載、大阪地決平成19・9・22判例集未登載、適用を制限する例として福岡高判平成16・8・19判例集未登載、東京地判平成17・9・29判例集未登載など。
22　東京地判平成20・8・18判タ1293号299頁、大阪地判平成21・1・29判時2037号74頁。
23　更生手続に関する最判平成7・4・14民集49巻4号1063頁。

使することになる。

判例は、ユーザーの再生手続開始の申立てをリース契約の解除事由とする特約を無効としているが[24]、リース業者は、担保権の実行としてリース契約を解除することが制限されるわけではない。この点が担保権を手続に取り込んで原則としてその実行を認めない更生手続とは異なる。当該リース物件が事業継続に必要な場合は、別除権協定の締結や担保権消滅許可（民再148条以下）を検討するとともに、交渉時間や検討時間を確保するために担保権の実行手続の中止命令等（民再31条）の活用を検討することになる。

なお、オペレーティングリース契約は、通常は、ユーザーからの解約が可能であり、リース物件評価額からリース料総額を控除しても残存価値があり、利用とリース料に対価関係が認められるから賃貸借契約と解され、引き続き使用する場合、再生手続開始後のリース料は、民事再生法49条4項により共益債権となる。

(6) **労働契約**

労働契約（雇用契約）は、継続的な双務契約であるから、労働契約中に使用者、または労働者に再生手続が開始したとき、賃金の支払いと労務の提供がともに未履行の状態になる。

使用者の再生手続には、破産手続における民法上の特則（民631条）に相当する規定はなく、また、労働契約には継続的給付契約の規定は適用されないから（民再50条3項）、一般原則に基づき、再生債務者等は、労働契約の期間の定めの有無にかかわらず、労働契約の解約（解雇）ができることになる。しかし、解雇には労働基準法19条および労働契約法16条・17条の解雇制限に関する規定や、労働協約の適用があるから（民再49条3項によって労働協約は一般原則による解除ができない）、使用者は、自己に再生手続が開始したことのみを理由に労働者を解雇することはできない。

再生手続は事業継続が前提となるから、通常は労働契約は継続される（黙示による履行の請求）。再生手続開始前の労働に対する賃金債権は一般優先債権であるから、手続外で随時弁済ができる。再生手続開始後の労働に対する

---

[24] 前掲（注20）最判平成20・12・16。

賃金債権は共益債権であるからこれも随時弁済ができる。賃金は通常は後払いで、再生手続開始時点では常に未払債務として残ることになるが、実務では、再生手続開始前の弁済禁止の保全処分でも労働債権は弁済禁止の対象から除外されているから、通常の時期に通常の支払いができる。なお、再生手続開始前の解雇や退職による退職金債権も、一般優先債権であるから手続外で随時弁済ができる。

再建のために不採算部門からの撤退等で事業規模を縮小し、人件費を軽減するために整理解雇を行う場合がある。整理解雇が可能かどうかは、いわゆる整理解雇の4要件および解雇の一般解釈（労契16条）に従うことになり、再生手続が開始したことから当然に解雇ができるわけではない。解雇が可能である場合の打切補償（労基19条1項）や解雇予告手当（労基20条1項）は共益債権となる（民再119条5号）。

再生手続開始後の解雇や退職による退職金債権の性質は、①全部が一般優先債権、②全部が共益債権、③再生手続開始までの労働に対する部分が一般優先債権で再生手続開始後の労働に対する部分が共益債権という3通りの考え方が可能であるが、いずれにしても手続外で全部の弁済ができる。

従業員の社内預金は、労働契約から直接生じるものではなく、従業員と使用者の間の消費寄託である（民666条）。社内預金は、更生手続ではその一部が共益債権化されるが（会更130条5項）、再生手続ではこのような規定はない。社内預金返還請求権は、民法306条2号の雇用関係から生じた債権に該当しないから、一般優先債権ではなく、再生債権になる。社内預金は、賃金の支払い確保等に関する法律により金融機関による保証等の保全措置が要求されているが（同法3条）、この保全措置がとられていない場合もある。保全措置がとられている場合は、労働者は金融機関から保証履行として弁済を受けることができる。

労働者には、破産のような特別の労働契約の解約権は認められていないか

25　東京高判昭和54・10・29判時948号111頁〔東洋酸素事件〕参照。
26　東京高判昭和61・10・27判時1256号100頁、札幌高判平成10・12・17判時1682号130頁。もっとも、従前の雇用関係の維持・継続を図るためにされた場合は雇用関係から生じた債権であるとする浦和地判平成5・8・16判時1482号159頁がある。

(7) ライセンス契約

特許・著作権のような知的財産の使用契約（知的財産のライセンス契約）は、継続的な使用許諾の対価を支払って知的財産を使用・収益するという継続的な双務契約であるから、当事者の一方に再生手続が開始した場合は、双方の債務が未履行となる。

ライセンス供与者であるライセンサーに再生手続が開始した場合で、ライセンスを受けているライセンシーの使用・収益を受ける権利が第三者対抗要件を備えられる性質のものであり第三者対抗要件を備えている場合は、賃借権と同様、双方未履行双務契約の処理規定の適用はなく（民再51条、破56条1項）、再生債務者等に契約解除権はなく、履行選択が擬制される。これにより、当該ライセンス契約は継続され、ライセンスの使用・収益権は共益債権となり（民再51条、破56条2項）、使用料請求権は再生債務者財産に属する財産となる。

平成23年改正特許法等により、特許権、実用新案権および意匠権に係る通常実施権について登録制度が廃止され、当然対抗制度が導入されたため（特許99条、新案19条3項、意匠28条3項）、これらの通常実施権を許諾するライセンス契約のライセンサーについて再生手続が開始した場合にも、履行選択が擬制されることとなり、ライセンシーの保護が図られた。

第三者対抗要件制度のないライセンス（ノウハウや著作権等）契約や第三者対抗要件制度があってもライセンサーが対抗要件（登録）を具備していないライセンス契約（商標等）について、ライセンサーに再生手続が開始した場合、原則通りに双方未履行契約の処理規定が適用されることになる。しかし、再生債務者等のライセンス契約解除によって契約相手方（特にライセンシー）に著しい不利益が生じる場合は、解除権の行使が許されない場合もあろう。[27]

(8) 商品取引契約

取引所の相場その他の市場の相場がある商品の取引に係る契約で、その取

---

[27] 年会費の負担のある預託金制ゴルフ会員契約の会員の破産手続に関する前掲（注17）最判平成12・2・29参照。

引の性質上特定の日時または一定の期間内に履行をしなければ契約をした目的を達することができないものについて、その時期が再生手続開始後に到来すべきときは、当該契約は解除されたものとみなされる（民再51条、破58条1項）。

証券取引所で取引される株式等の有価証券、商品取引所で取引される商品売買、その他スワップ取引や有価証券オプション取引などのデリバティブ（金融派生商品）取引は、一定の日時や期間に履行がないと契約の目的を達成できず、定期行為としての性質をもつものが多い。このような取引の当事者の一方に再生手続が開始されたときに、双方未履行双務契約の一般的な処理を適用するとすれば、再生債務者等に履行期前の投機的な選択をさせることになり、契約の相手方に不当な損害を発生させるおそれもあるので、定期行為における債務不履行の無催告解除（民542条）、商事売買の解除擬制（商525条）の取扱いを進め、再生手続開始で解除を擬制して、契約関係の迅速な処理を図ることとしたものである。

解除擬制による取引の終了についての取引差額（損害賠償）については、その額は履行地またはその他の相場の標準となるべき地における同種の取引であって同一の時期に履行すべきものの相場と当該契約における商品の価値との差額によって定める（民再51条、破58条2項）。相手方が差額請求権を有する場合は、再生債権となり（民再51条、破58条3項・54条1項）、再生債務者が差額請求権を有する場合は再生債務者に属する財産になる。解除擬制や差額の算定について、取引所や市場に別段の定めのある場合はそれに従う（民再51条、破58条4項）。

商品取引の基本契約で、商品取引に該当する全部の取引に関する差額について損害賠償債権や債務を一括して差引計算する特約がある場合はその定めに従う（民再51条、破58条5項）。通常のデリバティブ取引では、基本契約において、当事者の一方が倒産したときは、相殺の意思表示を行うことなく、基本契約に基づくすべての個別取引から生じる債権債務を倒産時に一括して差引清算して1個の債権にするという、いわゆる一括清算ネッティング条項が定められているのが通常である。これを認めないと、個別の取引による差額請求権が相手方にある場合は再生債権、再生債務者等にある場合は再生債

務者財産に属する請求権となって、相手方は相殺の禁止にも触れるから相殺もできず、不公平になるからである。

7　取戻権

取戻権とは、ある財産が倒産債務者に属さないことを主張する権利のことをいうが、その権利が倒産法以外の実体法に基づくものと、倒産法に基づくものに分けられる。前者を一般の取戻権（民再52条１項、会更64条１項、破62条）、後者を特別の取戻権（民再52条２項、会更64条２項、破63条・64条）と呼んでいる。更生手続にも破産手続にも同じ規定が設けられている（第４章第１節Ⅴ４参照）。取戻権は、倒産手続外で行使できる。

8　別除権

(1)　担保権者の処遇

担保権は、債務者の財産について優先弁済権を内容とし、その実行によって被担保債権を回収することを目的としている。担保権がその効用を発揮するのは、被担保債権の弁済が受けられない場合であり、その典型的な場面が債務者の倒産である。したがって、担保権者は、倒産手続においても、把握している担保目的物の価値の限度で優先的地位が保障されなければならない。

優先的な地位の保障の方法は、担保権の行使を倒産手続外で認める別除権方式と、担保権の行使は認めないが担保権の価値に相当する被担保債権を倒産手続で優遇する更生担保権方式があるが、再生手続では、別除権方式が採用されている。別除権方式は、担保権者に、倒産手続とは無関係に自由に担保権の行使を認める方法である。担保権で把握された担保目的物（債務者財産）の価値部分は担保権のために別に除かれ、その価値の実現方法は倒産手続によらない担保権者の本来の実行方法によるものとされる。このような担保権者の権利を倒産法では別除権と呼んでいるが、倒産法で創設された権利ではない。一方では、被担保債権が手続債権の場合は、担保権の実行等の処理で弁済されなかった部分（被担保債権のうち目的物の価値を超過する部分）だけを手続債権者として処遇する不足額責任主義をとる。

(2) 別除権の基礎となる担保権

再生手続では、別除権の基礎となる担保権は、再生債務者の財産の上に存する特別の先取特権、質権、抵当権、商事留置権、仮登記担保権である（民再53条、仮登記担保19条3項）、これ以外の担保権や非典型担保が別除権として処遇されるかどうかは、解釈に委ねられている。

特別の先取特権は、多種多様なものがあるが（民311条〜328条、商842条・843条など）、実務上は、動産売買の先取特権が重要である（民311条5号・321条）。商事留置権は別除権であるが、民法295条の民事留置権は別除権ではない。ただし、留置的効力（弁済を受けるまで当該目的物を留置できる権利）は残る[28]。

非典型担保である譲渡担保の譲渡担保権、所有権留保の留保所有権、リースのリース所有権は、いずれも別除権の基礎となる担保権である。実務上は、債権・株式・手形・ゴルフ場会員権などの譲渡担保、自動車の所有権留保、工場機械・オフィス機器・ソフトウェアのリースが多い。なお、金融取引で事実上の担保として用いられる代理受領や振込指定は、別除権の基礎となる担保権にはならない。

(3) 別除権の要件

(ア) 再生債務者財産上の担保権

別除権は、再生債務者財産上に一定の担保権を有する者に与えられた地位であるから、担保権の被担保債権は再生債権である必要はない。再生債務者に対する債権を被担保債権として再生債務者財産の上にある担保権者は別除権者であり被担保債権は再生債権であるが、再生債務者が物上保証をしているときは担保権者は別除権者であるが再生債権者ではない。一方、再生債務者を被担保債権の債務者として第三者の財産の上にある担保権（物上保証）は別除権ではなく、担保権者は再生債権者として権利行使ができるし、主債務者に対する再生手続は物上保証人に影響を及ぼさないので、物上保証人に対する担保権の行使は自由になしうる（民再177条2項）。

担保権は再生手続開始当時に再生債務者財産の上にあれば足り、その後に

---

28 東京地判平成17・6・10判タ1212号127頁。

目的財産が再生債務者等の任意売却やその他の事由で再生債務者財産でなくなっても、別除権者はその財産に別除権を有する（民再53条3項）。担保権はその目的物が他に移転されても、効力は影響を受けず、担保権者はなお別除権者として処遇される。被担保債権が再生債権の場合は、担保目的物が再生債務者財産から離脱したとしても、不足額責任主義が貫徹される。

　(イ)　対抗要件

担保権が再生手続で別除権として認められるためには、第三者対抗要件が必要なものについては、それを具備していなければならない。再生債務者（一般債権者）と対抗関係にあるときは、再生債務者の第三者的地位に照らして、開始時に第三者対抗要件を具備しなければ別除権を主張できない（再生債務者の不動産に設定した抵当権などが典型例である）。登録の必要な自動車の所有権留保について、再生債務者に対して留保所有権を別除権として行使するためには開始時点で登録を要する[29]。売主に所有権を留保する旨の特約が付された継続的動産売買についても、買主に再生手続が開始した時点で対抗要件（引渡し）を具備していない売主は留保所有権を主張できない[30]。

実務上よく見かける、登記を留保した抵当権設定契約やゴルフ場会社への譲渡通知を留保したゴルフ会員権譲渡担保契約、第三債務者への債権譲渡通知を留保した債権譲渡担保契約（動産債権譲渡特例法に基づく登記のある場合は別である）がされた後に、担保設定者に再生手続が開始されると、その設定契約による抵当権や譲渡担保権は別除権として行使できない。

もっとも、再生手続開始前に担保設定契約がされ、担保権の対抗要件である登記・登録が再生手続開始後にされた場合でも、担保権者が再生手続開始を知らなかったときは別除権として行使できる（民再45条ただし書）。善意者取引の保護を図る趣旨である。ただし、債権譲渡の対抗要件である確定日付のある通知や承諾、動産債権譲渡特例法に基づく登記については明文の定めがない。これを除外する趣旨と解されるが、立法論としては平仄が合わないように思われる。

29　最判平成22・6・4民集64巻4号1107頁。
30　東京地判平成22・9・8判タ1350号246頁。

Ⅳ　再生債務者をめぐる契約・権利関係

(4) 別除権の行使

　別除権は、再生手続によらないで権利行使ができる（民再53条2項）。つまり、再生手続開始の前後を問わず、担保権本来の実行ができるということである。

　被担保債権が再生債権の場合は、再生手続開始によって弁済が禁止されるが（民再85条1項）、弁済期が到来すれば（債務者の倒産手続開始の申立てにより被担保債権の期限の利益を当然に喪失するという特約がされることが多いし、このような期限の利益喪失特約は有効である）、別除権との関係では被担保債権の不履行になり、担保権の実行ができる。

　法定担保権の場合は、その実行方法は民事執行法によるが、実行方法が民事執行法以外にも規定されている場合は（動産質について民354条による簡易充当の方法、債権質について民366条による直接取立てなど）、その実行方法によることもできる。

　動産売買の先取特権は、担保権の実行以外に、物上代位も可能である（民304条）。売掛金を有する債権者は、売り渡した商品などの動産が再生債務者財産にあるときは、先取特権の実行（民執190条・192条）、当該動産が転売されているが転売代金が未払いのときは転売代金に物上代位（民執193条）ができる。この先取特権は対抗要件が考えられず、債務者に倒産手続が開始された後も権利行使が可能である[31]。なお、権利行使がされないまま商品が転売され転売代金が回収されると、動産売買の先取特権は消滅する（民333条参照）。

　商事留置権は、別除権であるが（民再53条1項）、破産手続とは異なり、特別の先取特権とみなす旨の定めがなく、優先弁済権がない。判例は、商事留置権に基づく手形の取立金は別除権の行使として留置することができ、銀行取引約定等で取立金を法定の手続によらずに債務の弁済に充当できる旨を合意していた場合は、別除権の行使に付随する合意として弁済充当を認める[32]。しかし、取立委任手形について商事留置権を有する場合でも、別除権の行使として、手形の取立てと弁済充当を認めることは、法定担保権である商事留置権に合意による優先弁済権を付与することに等しく、行きすぎというべき

31　破産手続の場合の物上代位について最判昭和59・2・2民集38巻3号431頁。
32　最判平成23・12・15民集65巻9号3511頁。

であり、むしろ、相殺法理によって妥当な解決を図るのが相当であるように思われる。

譲渡担保の実行は、設定契約で合意された方法による。譲渡担保権に基づく物上代位も可能である。所有権留保やリースでは、契約解除がその実行であるとする裁判例がある。このように解すると、担保権実行は瞬時に終了し、後は担保目的物を取り戻し、処分代金またはその評価額で被担保債権に充当し不足額を確定することになる。所有権留保物件やリース物件が事業継続に必要不可欠の場合でも、担保権の実行の中止命令の活用が困難となり、別除権協定を締結する機会も確保しがたい。

(5) 別除権に対する対処

事業の再生に必要不可欠な財産について別除権の自由な行使を認めると事業再生の障害になることがある。そこで、民事再生法は担保権の実行中止命令や担保権消滅請求許可制度を設けている。また、実務上は、再生債務者等は別除権者と別除権協定を締結して、担保権の担保価値を支払い、担保目的物の受戻しをすることが多い。

(ア) 中止命令

裁判所は、再生手続開始の申立て後は、再生債権者の一般の利益に適合し、競売申立人に不当な損害を及ぼすおそれがないと認めるときは、利害関係人の申立て、または職権で、競売申立人の意見を聞いたうえ、相当の期間を定めて、再生債務者財産上の担保権の実行手続の中止を命ずることができる（民再31条）。中止命令の目的は、担保権実行手続の開始後、換価までの間の実行手続をいったん中止させて、再生債務者等に担保権者との別除権協定の合意の機会を確保することや、担保権消滅請求までの時間的余裕を与えることである。

中止命令の申立ては、再生手続開始の申立て後は再生手続開始の前後を問わず可能である。債権に対する執行も担保権の実行である限り、中止命令の対象になる。抵当権に基づく賃料の物上代位による差押執行手続も対象とな

---

33 東京地判平成21・1・20判時2040号76頁、東京高判平成21・9・9金商1325号28頁。
34 最決平成11・5・17民集53巻5号863頁。
35 大阪地決平成13・7・19判時1762号148頁、東京地判平成15・12・22判タ1141号279頁。

るが、中止命令は当該執行手続を進行させないという効果しかなく、差押えによる弁済禁止の効力は消滅しないから、再生債務者は賃借人から差押えに係る賃料を回収し運転資金等に使用することはできない。したがって、賃料差押手続を中止することが、再生債権者の一般の利益に適合するといえるかは、疑問がないわけではない。[36]

　非典型担保である譲渡担保・所有権留保などの実行も中止命令の対象となる。[37] もっとも、リースや所有権留保の場合は契約解除によって担保権実行手続が完了し、後は担保目的物の取戻しと清算が残るだけであると解すれば、[38] 中止命令の対象になるとしても実質的意味はない。解除後に担保目的物を取り戻して清算が完了して初めて実行手続が終了すると解することができれば、実行手続を中止する意味がある。しかし、そのように解することに無理があるとすれば、仮登記担保契約に関する法律などを参考に、実行手続終了までの時間を確保するしくみを検討することが求められる。

　なお、担保権の被担保債権が共益債権または一般優先債権であるときは、中止命令の対象とならない（民再31条1項ただし書）。

　　(イ)　担保権消滅の許可

　再生債務者の事業の継続に欠くことのできない財産上に担保権が存する場合は、再生債務者等は、裁判所に対して、当該財産の価額に相当する金銭を納付して当該財産上の全部の担保権の消滅させることの許可を求めることができる（民再148条1項）。これを担保権消滅請求制度と呼ぶ。被担保債権の総額が担保目的物の価値を超過している場合に、担保権の不可分性を維持すると再生債務者等は被担保債権の全額を弁済しないと担保権を消滅させることができず、事業継続に必要不可欠の財産も確保できないこととなり、再生債務者の再建を困難にするとともに、これを弁済して担保を受け戻すと債権者間の実質的平等を害することとなる。そこで、これらの不都合を回避する制度として設けられたものである。

36　大阪高決平成16・12・10金商1220号35頁参照。
37　譲渡担保につき最判平成19・9・27金商1277号19頁。
38　フルペイアウト方式のファイナンスリース契約について、東京地判平成16・6・10判タ1185号315頁。

担保権消滅の許可の要件は、当該財産が再生債務者の事業の継続に欠くことができない場合である。再生債務者の事業継続のために当該財産を継続して使用する必要がある場合がその典型であるが、事業譲渡の対象資産も含まれる。資産を売却して事業資金を捻出する目的で利用できるか[39]、戸建て分譲事業のための販売用土地が対象となるかなどが問題となる[40]。

担保の目的が不動産である場合、再生債務者が登記を備えている必要はない[41]。もっとも、所有権の存否は登記上の名義によって判断すべきであるとする裁判例もある[42]。反対に、再生債務者名義でも実体的に第三者が権利者である場合は、対象とならない。

担保権消滅の対象となる担保権は、法定の担保権以外に非典型担保も含まれる[43]。

当該価額の価値は、再生債務者等が決めて申し出る。もっとも、担保権消滅請求制度は、担保権者の担保価値を保障することによって、担保権者に譲歩を求め、事業継続に不可欠な財産上の担保権を消滅させる制度であるから、申出額は、担保価値相当額であり、担保権消滅許可申立書には財産の価額の記載が要求される（民再148条2項2号）。そして、その財産の価額の根拠となる書面（固定資産評価証明書とか不動鑑定士の評価書など）の提出が要求されている（民再規71条1項1号）。裁判所は、担保権消滅の許可の申立てがあれば、当該財産が事業の継続に欠くことができないものであると判断すれば、担保権消滅許可決定をする。

担保権消滅許可決定に不服のある担保権者の争い方は2種類ある。一つは、事業の継続に欠くことができない財産とはいえないとして担保権消滅許可決定に対して即時抗告をする方法である（民再148条4項）。もう一つは、価額について不服があるときは、価額決定の請求をする方法である（民再149条1項）。この場合、申立担保権者は手続費用を予納しなければならない（同条

---

39 名古屋高決平成16・8・10判時1884号49頁。
40 東京高判平成21・7・7判タ1308号89頁。
41 福岡高決平成18・3・28判タ1222号310頁。
42 福岡高決平成18・2・13判タ1220号262頁。
43 フルペイアウト方式のファイナンスリース契約について、前掲（注35）東京地判平成15・12・22、前掲（注38）東京地判平成16・6・10など。

4項)。価額決定の請求があれば裁判所は評価人（目的物は不動産が通常であるから不動産鑑定士）を選任し、その評価に基づいて決定でその価額を定める（民再150条1項・2項）。この評価人の評価は、「財産を処分するものとしてしなければならない」（民再規79条1項）。その処分価額の意義については、競売によって換価した価額、市場で早期に任意売却した価額、通常の市場で売却した価額などに分かれるが、実務では、市場で早期に任意売却した価額、つまり早期処分価額で評価するのが一般的である。価額決定は当該財産に設定された全担保権者に対して効力を有する（民再150条4項）。価額決定の額は申出額より高い場合も低い場合もあるが、価額決定に要した費用は、公平の観点から、価額決定の額が申出額より高い場合は再生債務者の負担、低い場合は価額決定の申立人の負担となる（民再151条1項）。

再生債務者等は、裁判所が定める期間までに、確定した価額（価額決定の請求で決定した価額または決定価額決定の請求がなかったとき等は再生債務者等の申出額）を裁判所に納付しなければならず（民再152条1項）、納付があったときに担保権は消滅し（同条2項）、裁判所書記官は担保権の抹消登記を嘱託する（同条3項）。ただし、担保権は消滅するが、担保権に優先しない用益権も消滅しないので留意が必要である。なお、価額の納付がされなかったときは、担保権消滅許可決定は取り消される（同条4項）。納付された金銭は、民事執行と同様の手続で担保権者に配当される（民再153条）。

再生債務者等は、通常、一括で納付金を調達することは困難であるから、実務上は、担保権消滅請求が利用されるのは、事業を承継するスポンサーが存在する場合である。資金調達が困難な場合は、後述する別除権者と別除権の目的の受戻しの交渉を行い、別除権協定を締結して担保目的財産を確保することが多い。しかし、再生債務者と担保権者との間で受戻価額やその弁済方法について合意ができないために別除権協定が成立しない場合もある。そのような場合を想定して、裁判所の決定した価額を分割して納付するなどの方法により、自主再建型でも担保消滅制度が利用できるようにする提案もある。

この担保権消滅の許可申立時期は制限がないから、再生手続が継続している限り、再生計画認可確定後も申立ては可能である。

㈦　別除権協定

　再生債務者に必要不可欠な担保目的物がある場合、実務上は、再生債務者等は別除権者との合意で被担保債権を支払い、担保目的物を受け戻すことが多い。その方法としては、担保目的物の担保価値に相当する受戻価額を合意して、これを一括して支払い担保目的物を受け戻す方法と、担保目的物の担保価値（受戻価額）を合意して、これを分割して支払い、担保目的物を受け戻す方法がある。一括支払いは、担保権消滅請求を合意で行っているようなものであるが、実務上は資金を調達できないから、受戻価額を分割して支払う旨の合意をする場合が圧倒的に多い。この合意を別除権協定と呼ぶ。この別除権協定は、実質別除権の目的の受戻しであるから、監督委員の要同意事項とされている（この協定が再生計画認可決定後に締結されるときは、同意事項としない実務の取扱いが多い）。

　別除権協定は、一般に、担保目的物の受戻価額、その受戻価額の弁済方法、分割弁済を遅滞しない限りは担保権の実行をしないこと、受戻価額を全額弁済すれば担保権を解除すること、受戻価額を超える被担保債権部分は再生債権として不足額を確定させ、不足額について再生手続に参加できることを合意する。分割弁済期間は、合意次第であるが、10年を超えることもあり、利息の支払いを合意することもある。担保権の被担保債権を合意した受戻額まで減額する登記をする場合もあるが、通常は減額登記をしていない。

　別除権協定が途中で履行できなくなった場合の帰趨や協定に基づく支払債務の法的性質については争いがある。不足額が確定する旨の合意があるときに、協定が債務不履行等で解除されても、また、再生手続が廃止等により失効しても、被担保債権額は合意した受戻価額で固定しているとする固定説と、協定が解除または失効した場合には被担保債権は元の金額に復活するとする復活説がある。固定説の場合、協定が解除または失効しても、合意した受戻額からそれまでに協定に基づき弁済を受けた金額を控除した額が、そのまま担保権の被担保債権となるから、その後に担保権を実行しても、その範囲で配当を受けることができるにとどまる（このように厳格に解すると別除権協定の締結が実務的に難しくなるとの批判がある）。これに対して、復活説の場合は、被担保債権は協定締結の合意前の金額に復活するので、かかる制限なしに配

当を受けることができる（再生手続に失敗した以上、担保目的物の評価額ではなく、実際の処分価額で回収することを認める）。判例は、破産手続に移行するなどして協定が失効した後に競売が申し立てられた事案につき、担保権の被担保債権は、協定締結前の債権額から再生計画及び別除権協定による弁済額を控除した金額になると判示した。復活説に親和的である。しかし、不足額確定の効果を認め、不足額に対する再生計画に基づく弁済受領を認めながら、失効した場合に被担保債権の復活を認めるとすれば、再生債権として確定したはずの不足額が変動することになり、失効するまでに再生計画に基づき弁済を受けた金額の取扱いが問題となる。被担保債権の復活を認めるとしても、最終的に確定した不足額を基準額として清算すべきであろう。また、同時に、担保価値に相当する受戻額の一部を別除権協定に基づき弁済を受けた後に、あらためて担保目的物から復活した被担保債権についてその担保価値の範囲で配当を受けることができるとすれば、担保価値の一部二重取りにならないのか問題となりうる。担保の不可分性から制約を受けないと考えるか（二重取りとは考えない）、倒産手続が開始した後は、担保権は担保目的物の価値を把握しているにとどまり、それを超える被担保債権額は、不足額として倒産債権として処遇されるべきであると考えるかによる。再生手続、更生手続、破産手続を問わず、倒産手続が開始した場合は、担保権者は担保目的物の価値の範囲で優先権を有するにすぎず（担保価値の基準時やその担保価値の実現方法に手続上の違いがあるにとどまる）、それを超える部分は倒産債権として処遇するのが倒産法の公序であり、民事再生法もそれを予定しており、担保の不可分性はその限りで倒産法的変容を受けているというべきである。

協定債権の法的性格については、再生債権説と共益債権説がある。不足額の確定を予定する別除権協定の場合には、固定説を前提にすれば、共益債権と解するのが当事者の衡平に合致すると思われるが、復活説を前提とすれば、別除権協定に基づく協定債権について再生債権としての性格が失われることはないことになろう。不足額の確定を予定しない別除権協定の場合は、再生債権である。

44　最判平成26・6・5民集68巻5号403頁。

(6) 別除権者の再生手続参加

別除権の被担保債権が再生債権であるときは、別除権者は、①別除権の行使によって弁済が受けられなかった債権の部分、②その被担保債権の全部または一部が手続開始後に担保されないこととなったときに、その全部または当該部分について再生債権者として権利行使ができ（民再88条）、上記①②の額が確定すれば、その部分について認可後の再生計画による権利変更後の弁済を受ける等の権利行使ができる（民再182条）。これは、不足額について再生債権者として参加する権利を認め、不足額責任主義をとることを明らかにしたものである。

上記②は、担保権の全部または一部の放棄による確定と、合意による確定がある。合意による確定は、別除権協定で行われるのが通例である。担保権の放棄や合意による確定の場合に登記が必要かどうかについて議論があるが、実務では、変更登記はしていない。登記をしなくても、実体法的には、被担保債権の減額や担保権の放棄の効果が生じているからである。しかも、根抵当権の場合は、確定登記をして担保物の価値部分まで極度額を減額する変更登記をしても、担保価値部分に相当する被担保債権の内容が特定できないから（確定時の全債権のうちの優先弁済額を画するだけである）、そもそも被担保債権を登記面上明らかにすることは困難である（極度額までの被担保債権を特定し抵当権に変更登記をすることはできよう）。固定説の場合、協定が解除または失効しても被担保債権は復活しないから、変更登記の有無は影響しない。しかし、復活説を前提とする場合、別除権協定の不履行の場合に備えて、むしろ減額の登記をすべきではないことになるが、その場合でも、不足額が確定したとして再生手続への参加を認めるのか、参加を認めるとして、後日、被担保債権が復活し、担保目的物からの回収額が変動したとき、確定不足額も変動することになるが、再生計画に基づく弁済額を清算するのか、必ずしも明らかでない。

9　相殺権

相殺は弁済、代物弁済、更改などと同様の債権の消滅原因である。民法上は、両当事者に同種の目的を有する債務があり、その両債務がともに弁済期

にあるときは、当事者の一方が相殺の意思表示をすると、その債務は対当額で消滅することになる（民505条1項）。相殺は、債権債務の簡易な決済方法である。

　金融取引・商取引では債権者がその有する債権（自働債権）の債務者を債権者とする債権（受働債権）の債務者になる例があり、債権者にとって、相殺は債権の回収手段となっている。債権回収という面からみると、相殺は一種の担保（受働債権を目的物とする担保）としての機能があり、この担保的機能が発揮されるのは、取引相手方の財産状態が悪化したときで、その典型が倒産状態に陥ったときである。

　債権者の相殺を無条件で許すとすると、割合的弁済しか受けられない再生債権等を自己の債務（受働債権）の範囲で、手続外で全額の弁済を受けたのと同様の結果になり、債権者平等原則に反することになる。しかし、相殺の担保的機能を期待して行われる取引は、担保権を別除権として保護するのと同様に、債権者平等原則の例外として保護される必要がある。

　再生手続では、再生債権の調査・確定や再生計画案立案の基礎を早期に確定する必要性と相殺権者の相殺権の確保という観点から、手続開始時に相殺適状になっていなくても、再生債権届出期間の満了時点までに適状になっていれば相殺を認めると同時に、相殺権の行使もその期間満了時までに限定している（民再92条1項）。一方、担保的機能の期待が合理的でない場合は債権者平等原則に反するとして、原則に戻り、相殺を禁止している（民再93条・93条の2）。

(1) 相殺適状と行使の時期

　再生債権者が、再生手続開始当時、再生債務者に対して債務を負担する場合、債権・債務の双方が債権届出期間満了前に相殺適状になったときは、再生債権者は、債権届出期間内に限り、相殺することができる（民再92条1項）。これは、相殺適状の点では相殺権の一種の拡張であり、行使の点では一種の制限であるといえる。相殺が認められるのは互いに債務を負担する関係にある場合に限られ、いわゆる三角相殺のように相互性を欠く相殺は、あらかじめ合意がある場合であっても認められない。[45]

(2) 自働債権と受働債権

　破産手続では、破産債権の金銭化・現在化（破103条3項・4項）とのバランスから、自働債権や受働債権の範囲を民法より拡張しているが（破67条2項）、再生手続・更生手続では手続債権の金銭化・現在化を行わないから、破産手続と同様の拡張規定はない。

　　(ア)　自働債権

　自働債権である再生債権が再生手続開始時点で将来の請求権の場合は、法定の停止条件が成就して請求権が再生債権届出期間満了時までに発生しなければ相殺できない。同じように、再生債権が再生手続開始時点で停止条件付債権の場合は、停止条件が再生債権届出期間満了時までに成就している必要があり、期限付債権の場合は再生債権届出期間の満了時までに期限が到来している必要がある。再生手続開始時点で期限未到来の自働債権の場合については、実務上、銀行取引約定書その他の継続的取引契約に、通常、再生手続開始の申立てを期限の利益喪失事由とする特約があるから、再生手続開始の申立てと同時に期限が到来することになる。

　　(イ)　受働債権

　一方、再生債権者の再生債務者に対する債務（受働債権）が期限付きの場合、その期限が再生債権届出期間満了までに到来しなくても、期限の利益を放棄できるから相殺が可能である（民再92条1項後段）。受働債権が停止条件付債権や将来の請求権の場合は争いがある。再生手続開始時点で現実化していない債務でも相殺が可能とする破産法67条2項後段のような規定が民事再生法にはないことから、再生手続開始後に現実化しても相殺禁止（民再93条1項1号）になると解する見解がある[46]。これに対して、債権届出期間の満了までに停止条件が成就し相殺適状に達したときは、相殺を認める見解がある。開始された手続が破産手続か再生手続かによって手続開始時の相殺の合理的期待の有無に変わりがなく、再生手続においては相殺適状および相殺の意思表示の期間が制限され、相殺の認められる範囲が限定されていることなどを理由とする。相殺の担保的機能を考慮すれば、法的倒産手続の違いにより相

45　最判平成28・7・8民集70巻6号1611頁。
46　旧会社整理に関する最判昭和47・7・13民集26巻6号1151頁。

殺の範囲が大きく異なることは相当とはいいがたく、与信リスクの低減にも配慮する必要もあることから、後者の見解が相当である。

　　(ｳ)　賃料債務の特則

　賃貸人（地上権設定契約・永小作権設定契約における地主も含む）に対する再生手続において、賃借人（地上権者・永小作権者）が再生債権を有する場合は、手続開始後に弁済期が到来する（再生債権届出期間の満了後に弁済期が到来するものも含む）賃料（地代・小作料）については、再生手続開始時の賃料（地代・小作料）の6カ月分を限度として、再生債権届出期間内に相殺ができる（民再92条2項・4項）。破産手続の場合は、限度なく相殺ができるが、再生手続では6カ月分に限られる。これは、再生債務者に賃貸目的財産の収益を確保させ、再生に資するようにするためである。なお、敷金返還請求権は停止条件付再生債権であるから自働債権とすることはできず、自働債権は弁済期の到来した貸付金等の再生債権に限られる。

　また、賃借人が、再生手続開始後に弁済期の到来する賃料債務を弁済したときは、6カ月分に相当する額の範囲内で、本来再生債権である敷金返還請求権が共益債権となる。賃料債務と再生債権を相殺した場合は、その額は控除される。賃料債務の現実の支払いを促進することにより再生債務者の資金繰りに資するようにする政策的配慮に基づく。

　(3)　**相殺権の行使**

　相殺が可能な場合は、再生債権者は、再生債権届出期間内に、再生計画に定めるところによらないで相殺権を行使できる（民再92条1項）。再生計画に定めるところによらないで行使できるとは、再生債権の額で再生手続外で行使できるということである。相殺の意思表示は再生債権届出期間内に再生債務者等に到達していることが必要である。実務上は、内容証明郵便で行うことが通常である。

　相殺権は再生債権者の権利であり、反対に、再生債務者等がその債権をもって再生債権と相殺をする場合には、裁判所の許可が必要であり、再生債権者の一般の利益に適合するときに限られている（民再85条の2）。再生債権者の一般の利益に適合するときとは、再生債務者の弁済原資が実質的に増殖するような場合をいい、再生債権者に対する債権について当該再生債権者には

弁済資力がないというような場合がこれに該当する。このような場合は相殺によって当該再生債権の全部または一部を消滅させたほうが再生債権の総額が減少し、実質的に弁済原資が増えることになるからである。再生債務者等の行う相殺には時期の制限は特にない。なお、再生計画による権利変更後の再生債権は通常の方法で相殺することができる。

(4) 相殺の制限

民事再生法は、民法上の制限（民509条・510条）以外に、相殺制限を定める（民再93条・93条の2）。破産法にも同種の規定が設けられている（第5章Ⅳ8参照）。

Ⅴ　再生債権の届出・調査・確定

再生手続に参加して議決権を行使し、弁済を受けようとする再生債権者は、再生債権を届け出る必要がある。債権調査を経て、再生債権が確定して初めて再生計画に基づく弁済を受けることができる。

1　再生債権の届出

再生手続に参加しようとする再生債権者は、開始決定において定められた再生債権届出期間内に、再生債権の届出をしなければならない。

(1) 届出と方式

再生債権の届出をしなければならない債権者は、再生債権者と別除権者である。

再生債権者は、書面（再生債権届出書）で、債権の内容・原因・約定劣後再生債権であるときはその旨、議決権の額、その他に民事再生規則で定められた事項を裁判所に届け出なければならない（民再94条1項）。民事再生規則で定められた届出事項は、①再生債権者・代理人の住所・氏名、②書面での通知または期日の呼び出しを受けるべき場所、③手続開始後の利息・損害金はその旨、④執行力ある債務名義または終局判決である債権はその旨、⑤再生債権について訴訟が係属するときはその内容である（民再規31条1項）。執行力ある債務名義または終局判決があるときは、その債務名義・判決書の写

しを添付して裁判所に届け出る(同条3項)。届出に際して証拠資料の添付は必要ないが、認否書作成のために必要があれば、再生債務者等は、証拠書類の送付を求めることができる(民再規37条)。なお、届出事項には、債権の額を記載することは必ずしも必要ではない(金銭債権の場合は、債権額はその内容となる)。再生手続は会社手続と同様に、破産手続のように手続債権の金銭化・現在化がなされず、金銭債権以外の債権、停止条件付債権や将来の請求権などもそのままの状態で手続債権になるからである。しかし、このような債権でも議決権の額の届出は必要である。

　別除権者は、上記事項以外に、別除権の目的である財産と、別除権の行使によって弁済を受けられないと見込まれる額(予定不足額)も届け出なければならない(民再94条2項)。債権者集会等では予定不足額で議決権が行使できるので、その額の届出が必要となるからである。

　実務では、知れたる再生債権者には、裁判所から再生手続開始の通知書とともに、再生債権届出書が送付されるから、その届出書に必要事項を記載して、届出期間内に裁判所に郵送または持参すればよい。

　届出後に再生債権が消滅するなど、届出事項について他の再生債権者の利益を害しない変更が生じたときは、再生債権者はその旨を裁判所に届け出なければならない。再生債権者がこのような届出をしない場合もあるので、再生債務者等も再生債権者に異議がないことを確認して変更の届出ができるものとしている(民再規33条)。実務でこのような例はよくある。税務上の理由による債権放棄(再生債権者が貸倒れとして損金処理を行うときに必要とされる)、少額弁済等の理由による届出の全部または一部の取下げである。取下げは、取下書を作成して裁判所に届け出る。この取下げには、再生債務者等の利害関係人の同意は不要である。

　届出をした再生債権を取得した者は、債権届出期間経過後でも届出名義の変更を受けることができる(民再96条1項)。相続・合併のような包括的移転や、債権譲渡・弁済による代位のような個別的な移転があったときに行うものである。相続や合併の場合は新債権者の届出で足りるが、債権の移転があった場合は、新旧両債権者の連名で再生債権承継届出を求めるのが実務の取扱いである。

再生債権者が債権届出期間に届出をしなかった場合でも、一定の範囲で期間経過後の届出が許される場合がある。再生債権者の責めに帰することができない事由によるときは、その事由が消滅した後1カ月以内に限って届出の追完を認め、あるいは債権届出期間経過後に生じた再生債権については権利発生後1カ月以内に限ってその届出を認める。ただし、再生計画案を決議に付する決定があった後は認められない（民再95条1項～4項）。この点は、届出後に、その届出事項について、他の再生債権者の利益を害する変更を行う場合も同様であるが、その変更が再生債権者の責めに帰することができない場合に限られる（同条5項）。再生債権届出期間を定めたのは、迅速な再生計画案の立案のためであるから（債権の額が判明しないと再生計画が立案できない）、再生計画の立案に支障がない場合は、「その責めに帰することができない事由」は緩やかに解釈して追完を広く認めている。再生債務者の振り出した手形を割り引いた手形の所持人で再生債務者に知れなかったため裁判所から再生手続開始の通知書が届かなかった再生債権者や、再生債務者が債権の存在を失念したりなどして、再生手続開始の通知書が届かなかった再生債権者などがこれに該当する。また、実務上は、一般調査期間開始前であれば、再生債権者に異議のない限り、認否書に届出と認否を追加記載することを認めるとする取扱いもある。「他の再生債権者の利益を害する変更」とは、再生債権の額が増大して相対的に他の再生債権者の弁済率が落ちるような場合をいう。債権額を増額することはこれに該当するが、債権の発生原因を変更することは債権の実質的な同一性を害しない限りこれに該当しない。たとえば、約束手形金を原因関係の売掛金に変更したり（一方が消滅すると他方が消滅するという関係にある）、不当利得返還請求権を損害賠償請求権に変更したりする例（たとえば、請求権競合）である。

なお、再生債権届出の実体法上の効果は、消滅時効の中断である（民152条）。

(2) **届出の効果**

届出がされたときは、再生債権者は、再生手続上の再生債権者に与えられた再生計画に従った弁済を受ける権利、議決権等の各権利を行使することができる。

再生債権者が届出をしなかった場合は認否書で自認されない限り、原則として、再生債権者としての権利を失う。このような債権者は、再生債権者としての権利行使ができず、再生計画に記載されないから、再生計画認可決定の確定で再生債務者は当該債権について免責されることになる（民再178条）。これを失権と呼んでいる。もっとも、再生手続は、更生手続や破産手続と異なり、DIP型を原則としていることによる信義則や技術的な観点から未届出の再生債権の例外がある。①再生債権者がその責めに帰すことができない事由によって期間内に届出ができず、再生計画案の付議決定までにその事由が消滅しなかった再生債権（民再181条1項1号）、②再生計画案の付議決定後に生じた再生債権（同項2号）、③再生債務者が知りながら認否書に記載しなかった再生債権（同項3号）は、弁済を受ける権利（再生計画の一般条項によって権利変更された後の債権）を失わないものとしている。上記①②は再生計画に従った弁済を受けることができ、③は再生計画で定められた弁済期間満了後に弁済を受けることができる（同条2項）。

(3) 再生債権者表の作成

　裁判所書記官は、一般調査期間開始後遅滞なく、届出のあった再生債権と認否書で自認された再生債権について、その内容・原因、議決権の額、予定不足額、債権者の氏名・名称、住所、利息・損害金・手続参加費用があるときはその旨、執行力ある債務名義または終局判決のある債権の場合はその旨を記載した再生債権者表を作成しなければならない（民再99条1項・2項、民再規36条）。また、再生債権者表の記載に誤りがある場合は、裁判所書記官はいつでも、再生債権者の申立てまたは職権で記載を更正できる（民再99条3項）。作成された再生債権者表は、利害関係人の閲覧・謄写の対象となる（民再16条1項・2項）。届出再生債権者に異議権行使の機会を与えるためである。

　再生債権者表は、債権調査の対象を明らかにし、債権調査の結果、債権確定のための裁判手続の結果、再生計画の条項を記載し（民再101条2項・110条・180条1項）、確定再生債権については確定力（民再101条3項・111条・180条2項など）、執行力（民再180条3項・185条2項・189条8項など）を付与するために作成されるものである。

2　再生債権の調査

　再生債権の調査は、再生債務者等が作成する認否書と、調査期間における再生債権者・再生債務者（管財人が選任されている場合に限る）の書面による異議によって行われる（民再100条）。

　再生手続の特徴は、破産手続や更生手続と異なり、信義則の観点から、再生債務者等が知っている手続債権は債権者から届出がなくとも自認債権として認否書に記載することを要求していることである（民再101条3項）。もっとも、債権届出期間中に約定劣後再生債権の届出がなかった場合は、再生債務者等が知っている約定劣後再生債権については自認の必要がない（同条4項）。自認債権は、議決権は認められないが、届出再生債権者から異議がなく確定すれば、再生債権として再生計画に従った弁済が受けられる（民再179条1項）。再生債務者は公平・誠実義務の観点からも、知っている再生債権の届出がされなかった場合には認否書で自認するべきであるし、実務上も、自認債権の例はかなり多い。

　再生債権の調査は、①裁判所は再生手続開始決定と同時に再生債権の届出期間、一般調査期間を定める（民再34条）、②再生債権者は届出期間内に再生債権の内容等を記載した再生債権の届出を行う（民再94条）、③再生債務者等は届出期間内に届出のあった再生債権の内容と議決権についての認否と未届出で自認する債権の内容を記載した認否書を作成して裁判所が命じる期間内に提出する（民再101条1項・3項。なお、同条2項で、債権届出期間後に責めに帰することができない事由で届出の追完・他の再生債権者の利益を害する届出事項の変更があった場合についても、特別調査期間における調査の手間を省くために認否書に認否の記載をすることができる）、④届出をした再生債権者は一般調査期間内に、裁判所に対して認否書に記載された再生債権の内容または議決権（自認債権については異議の対象は債権の内容だけである）について書面で異議を述べることができ（ただし、民再規39条により、濫用防止のために異議の理由の記載が要求される）、管財人が選任されているときの再生債務者も再生債権の内容について異議を述べることができる（民再102条1項・2項）という手順で行われる。

実務上は、事件の規模、債権者の多寡等によって異なるが、再生債権の届出期間は再生手続開始決定から1カ月程度（法定の期間は民再規18条1項1号）、認否書の提出期限は再生債権届出期間の末日から3、4週間後、一般調査期間は認否書の提出期限の2、3週間後から1、2週間程度（法定の期間は同項2号）とする運用が多い。

債権届出期間経過後に届出の追完がされ、あるいは、他の再生債権者を害する変更があったとき（追完・変更は、責めに帰することができなかった場合に限られる）は、裁判所は前記の認否書に記載がされている場合（民再10条2項）を除き、その調査をするための特別調査期間を定め、認否書の作成・提出、届出再生債権者等の異議という手続がとられる（民再103条1項・3項・4項）。特別調査期間に要する費用は当該再生債権者の負担とされる（同条2項。その予納等につき民再103条の2）。

3 再生債権の確定

(1) 確定の要件と効果

再生債権の調査の結果、再生債権者等が認め、かつ調査期間内に届出再生債権者の異議がなかったときは、その再生債権の内容または議決権の額（自認債権は債権の内容）は確定し、その結果は再生債権者表に記載され、その記載は再生債権者全員に対して確定判決と同一の効力を有することになる（民再104条）。

認否書で再生債権者が認否の記載をしなかったときは、認めたものとみなされる（民再101条6項）。また、再生債務者は認否書でした否認（認めない旨の記載）を後に撤回して認めることも可能である。なお、管財人が選任されている場合の再生債務者の異議は確定に影響を及ぼさないが（民再104条1項）、再生債務者が異議を述べているときは、再生計画不認可、再生計画の取消し、再生手続廃止等の場合には、再生債権者表には確定力と執行力が付与されないという効果がある（民再185条1項・189条8項・190条2項・195条7項）。「異議がなかった」とは、調査期間内に異議が述べられなかった場合と、述べられた異議が後に失効した場合とがある。後者は異議の撤回がされた場合や異議を述べた再生債権者が再生債権の届出を取り下げた場合である。

実体的確定の相手方は条文では再生債権者全員となっているが、再生債務者等も認否することを通じて確定手続に関与している以上、再生債務者等にも確定の効力は及ぶ。

　異議等がなく確定した場合の確定判決と同一の効力が、既判力かどうかは争いがあるが、確定した再生債権者表の記載は、再生手続内で確定され不可争となるにすぎないと解すべきである。調査手続で異議等がなく確定した再生債権の内容が後から争われることを防止することに意味があり、この目的のためには、手続内で不可争性を認めれば十分だからである。

(2) 未確定の場合の措置

　再生債権の調査で、再生債権の内容について、再生債務者等が認めないか調査期間内に届出再生債権者から異議が述べられたとき（これらをまとめて「異議等」と呼ぶ）は、当該再生債権（これは「異議等のある再生債権」と呼ばれている。民再105条1項）は確定しないことになる。

　　(ア)　無名義債権の場合

　無名義債権とは、執行力ある債務名義がある再生債権と終局判決がある再生債権以外の再生債権をいう。

　　(A)　査定の申立て

　異議等のある再生債権者は、その再生債権について再生手続開始決定時に訴訟も係属せず債務名義等もない場合は、再生債権の内容を確定するため、調査期間の末日から1カ月の不変期間内に、異議等を述べた再生債務者等や再生債権者（これをまとめて「異議者等」という）の全員を相手として、裁判所に査定の申立てを行うことができる（民再105条1項・2項）。

　査定の申立ては、申立書によることを要し、申立書には、①当事者等の表示、②申立ての趣旨と理由の記載、③申立ての理由には申立てを理由づける具体的な事実と事実ごとの証拠の記載が必要で、証拠資料の写しの添付も要する（民再規45条）。

　査定手続では、再生債権者は異議等のある再生債権の内容および原因について、再生債権者表に記載されている事項のみを主張することができる（民再108条）。主張の制限がされるのは、再生債権者表に記載された事項と異なる内容や額を争わせることになれば、異議者等と再生債権者との争いになっ

てしまい、全届出再生債権者の関与の下に債権確定をさせるという法の趣旨の趣旨が没却されるからである。しかし、再生債権者表の記載と多少でも異なるものは全部認めないということになると、届出期間という限られた時間内に適切な法律構成ができるとは限らない再生債権者には酷である。そこで法律構成を変更することは一定の範囲で認められる。問題はその変更の許容性の範囲である。広狭種々の見解があるが、判例は、届出書において債権の原因の表示を要するとするのは債権を特定することにあり、債権の同一を害さない限り届出書の原因とした発生事実を付加変更することは許されるとして、届出書記載の消費貸借を準消費貸借とすることや、自己が原始取得したとする債権を譲り受けたと変更することは、債権の同一を害しないとしている[47]。

　査定の裁判は、再生手続に関する裁判であるから決定手続で行われ、不適法として却下する場合以外は異議者等を審尋して（民再105条5項）、査定の裁判で当該再生債権について存否と内容を定める（同条3項・4項）。したがって、再生債権が不存在と判断するときは、申立てを棄却することはできず、0円と査定しなければならない。査定の裁判の裁判書は当事者に送達しなければならない（同条6項。送達を公告で代置できない）。査定の裁判に対して、異議の訴えが提起されなかったとき、または却下されたときは、査定の裁判は再生債権者全員に対して確定判決と同一の効力を有する（民再111条2項）。

　査定手続でも、和解や取下げ等が可能である。実務上は、証拠資料等から再生債権の存在等が認められる場合は、異議等の撤回を含む和解が成立して査定の申立てが取り下げられたり、異議等に理由があることが明らかとなり査定の申立てが取り下げられたりして、査定の裁判に至らずに査定手続が終了する場合が多い。

　(B)　異議の訴え

　査定の裁判に対する不服がある者は、査定の裁判書の送達から1カ月の不変期間内に異議の訴えを起こすことができる（民再106条1項）。査定の裁判に対する不服申立方法は異議の訴えに限られ、即時抗告は認められていない。

---

[47]　大判昭和11・10・16民集15巻1825頁。

査定手続は決定手続であり、最終的には民事訴訟手続によって再生債権の確定を図るために設けられたものである。異議の訴えの審判の対象と主張は、査定の申立てと同じで、再生債権者表に記載されている事項に限られる（民再108条）。異議の訴えは、再生裁判所（当該再生事件を処理している裁判体ではなく再生事件の管轄裁判所）が管轄する（民再106条2項）。この管轄は専属管轄である。

　異議訴訟の被告は、原告が異議等のある再生債権者のときは異議者等の全員、原告が異議者等であるときは当該再生債権者である（民再106条4項）。同一債権について数個の異議の訴えがある場合は、合一確定の要請があるから併合する（同条6項）。

　異議の訴えは形成の訴えであるから、判決は、訴えを却下する以外は、主文で、査定の裁判を認可し、または変更する（民再106条7項）。この訴訟で再生債権の存否とその内容を最終的に確定する必要があるから（民再111条1項）、査定の裁判の内容を変更する場合は、確定の内容がわかるような判決をする必要がある。たとえば、100万円の再生債権があるという査定の裁判に対して再生債権が存在しないと判断するときは、査定の裁判を取り消して再生債権は存在しないという判決をしなければならないし、再生債権が0円という査定の裁判に対して50万円の再生債権が存在すると判断するときは、査定の裁判を取り消して50万円の再生債権が存在するという判決をしなければならない。

　異議訴訟でも、和解や取下げ等が可能である。

(C) 再生債権について訴訟が継続している場合

　異議等があった再生債権に関し、手続開始当時訴訟が係属している場合は、確定を求めようとする再生債権者は査定の手続によることはできず、認否書に認めない旨の記載をした再生債務者等や異議を述べた再生債権者全員を当事者として受継の申立てを調査期日の末日から1カ月の不変期間内にしなければならない（民再107条）。異議者等の全員を相手方とするのは、判決の効力は再生債務者等・再生債権者全員に対して及ぶので（民再111条参照）、合一確定の必要があるからである。

　受継後の訴訟は異議等のあった事項についての確認訴訟である。その審判

の対象と主張は、査定に対する異議の訴えと同様に、異議等のある再生債権の内容および原因について再生債権者表に記載されている事項に限られる（民再108条）。債権の同一を害さない限りは、法律構成を変更することは認められるが、損害賠償金と遅延損害金等として届け出た再生債権について、受継後の訴訟手続で従来の主張である損害賠償金や遅延損害金等を予備的請求とし、請負代金を主位的請求とする訴えの変更（追加的変更）を行った事案で、再生債権者表の届出債権の内容は損害賠償金および遅延損害金等と記載されているので、再生債権確定の訴えで請負代金を請求することは民事再生法108条に違反するから、追加的変更は許されないとして（民訴法143条4項）、主位的請求を却下している。[48] 請負代金と損害賠償金・遅延損害金との間には、債権の同一性が認められないからである。

受継後の訴訟の当事者は中断された訴訟と異なる場合（再生債権者と再生債務者間の訴訟で届出再生債権者だけが異議を述べたような場合）もあるし、従来の訴訟形態が給付訴訟の場合（これが通常である）は、給付訴訟が再生債権確定訴訟に変わるので、請求の趣旨も「確認する」という異議事項の確認の訴えに変更される。

また、受継された訴訟手続も、和解や取下げ等が可能である。

　　(イ)　有名義債権の場合

再生債権が、①執行力を有している債務名義がある再生債権と、②終局判決がある再生債権（これらを「有名義債権」と呼ぶ）の場合は、査定の方法はとれず、認否書に認めない旨の記載をした再生債務者等や異議を述べた再生債権者（異議者等）が、再生債務者ができる訴訟手続のみで異議を主張できる（民再109条）。執行力を有する債務名義は直ちに強制執行に着手でき、終局判決は債権の存在について高度の推定力があるから、このような有名義債権に優先的な地位を与えたものである。

上記①の執行力を有する債務名義とは、執行力ある正本と同一の効力をもち、直ちに執行をなしうるものであることを要し（民執22条3号・4号・4号の2・5号）、執行文を要するものはすでに執行文を受けていることを要する。[49]

48　仙台高判平成16・12・28判タ1210号305頁。
49　更生手続について、最決昭和41・4・14民集20巻4号584頁。

確定判決と同一の効力を有する和解調書や調停調書についても執行文の付与が必要と解されている。

上記②の終局判決とは、当該債権の存在が既判力で確定されているか、既判力で確定される予定である終局判決をいう。確定・未確定を問わず、給付判決か確認判決かを問わない。

有名義債権は、異議者等は再生債務者がすることができる訴訟手続によってのみ異議等を主張できるが、その主張方法は、再生手続開始時点で訴訟手続が係属している場合と、訴訟手続が係属していない場合とで異なる。訴訟手続が係属している場合（控訴審継続中に再生手続が開始した場合など）は、当該訴訟手続は、再生手続開始で中断しているから（民再40条1項）、異議者等は、調査期間の末日から1カ月の不変期間内に、訴訟を受継しなければならない（再生109条2項・3項）。一方、訴訟手続が係属していない場合は、異議者等が、調査期間の末日から1カ月の不変期間内に、再生債務者が行える訴訟手続によってのみ異議等が主張できる（同条1項）。再生債務者が行える訴訟手続とは、確定判決に対しては再審の訴え、判決の更生の申立て、当該債務名義の無効確認訴訟、請求異議の訴え、和解調書や認諾調書に対しては、債務不存在確認の訴えなどである。

(ウ) 確定手続の結果

査定の裁判の確定、異議訴訟の確定等の再生債権の確定に関する裁判の結果は、再生債権者表に記載される（民再110条）。確定に関する訴訟の判決は手続当事者のみならず、再生債権者全員に対して効力を有する（民再111条1項）。

(エ) 確定手続の懈怠

査定の申立期間内に査定の申立てをしなかった再生債権者や、受継の申立期間内に受継の申立てをしなかった再生債権者は、再生手続では債権確定の機会を失うことになり、その後の再生債権者として権利行使はできなくなる。当該再生債権は未確定のままの状態となり、再生計画における権利変更の対象ともならず、再生計画認可決定が確定すると全部免責されることになる（民再178条）。

(オ) 実　務

　実務上は、再生債務者等が認否書で否認（認めない旨の記載）をする例はあるが、否認には理由がある場合が多く、査定の申立てがされることはそれほど多くはない。また届出内容に不備があるときは、不備を是正させたうえで認否したり、すでにした否認を一部または全部を撤回したりして確定させることが多い。再生債権者から異議が述べられる例は少ない。

　(カ) 議決権に対する異議等

　異議等があった再生債権について確定の措置をとらなければならないのは再生債権の内容に異議等があった場合に限られ、再生債権の議決権の額（別除権付債権の場合は予定不足額が議決権の額となる）に対して異議等があった場合は、確定の措置は関係がない。

　再生債権の議決権が異議等で未確定の場合は、裁判所が議決権の額を定めることになる（詳細は後記Ⅷ 3(3)(ア)参照）。

　(キ) 異議等の撤回

　異議等の権利は、届け出られた再生債権を届出どおり確定することを防止するために認められた再生債務者等や届出再生債権者の固有の権利で、異議者等は、いつでも異議等の撤回をすることができる。異議等を撤回したときは、撤回の書面を裁判所に提出することと当該再生債権者に対する通知をしなければならない（民再規41条1項・2項）。異議等の撤回がいつまで可能かについては特に規定がない。

　査定の裁判に対する異議訴訟提起後その確定までの間（または、受継された再生債権に関する再生債権確定訴訟の確定までの間）は、異議等の撤回を認める見解と認めない見解に分かれているが、異議等の性質から考えて訴訟手続内で解決させる必要はなく、撤回は可能で、異議訴訟や受継された訴訟で異議等の撤回を内容とする和解をすることも可能であると解すべきである。異議等があったが査定の申立てや受継の申立てが申立期間内にされずに異議等を受けた再生債権者が確定の手段を失った場合は、異議等の撤回は許されないという見解もあるが、異議等は異議者等の固有の権利で、異議等がなければ届出どおり債権の存在が確定していたのであるから、この場合も異議等を撤回して再生債権を確定させることが可能であると解すべきである。その

時的限界は、再生計画案の修正が可能な付議決定まで（民再167条）と解すべきである。[50]

4　罰金等の請求権の特例

　再生手続開始前の罰金等の請求権（罰金・科料・刑事訴訟費用・追徴金・過料の請求権）、共助対象外国租税の請求権（共益債権・一般優先債権を除く）は、再生計画の定めによる権利変更や免責の対象とならないが（民再155条4項・178条ただし書。なお、民再181条3項で弁済については劣後的取扱いがされる）、これら請求権を有する者は、再生債権届出期間に関係なく、手続開始後遅滞なく、その額および原因など所定の事項を裁判所に届け出なければならない（民再97条）。

Ⅵ　再生債務者財産の調査・確保

　再生手続を適正に進行させるためには、再生債務者の財産の現状を把握する必要がある。

1　財産状況の調査等

(1)　財産評定

　再生債務者等は、再生手続開始後（管財人の場合はその就職の後）、遅滞なく、再生債務者に属するいっさいの財産について再生手続開始時における価額を評定しなければならない（民再124条1項）。そして、評定が完了したときは、直ちに再生手続開始時における財産目録および貸借対照表を作成して裁判所に提出する（同条2項）。実務上は、提出期限は開始決定後1カ月程度とされる。財産目録および貸借対照表は閲覧・謄写の対象となり（民再16条、民再規56条3項・62条）、再生債務者の主たる事務所・営業所に備え置かれる（民再規64条）。

50　前掲（注11）最判平成25・11・21参照。

(ｱ)　財産評定の目的

　破産手続の場合も、財産評定、財産評定に基づく財産目録、貸借対照表の作成、裁判所への提出が義務づけられている（破153条1項・2項）。破産手続では、破産者の財産を実際に換価処分することが予定されているので、財産目録は、破産管財人にとって換価・回収漏れを防ぐことや、破産債権者にとって破産者の財産に関する情報の開示を受けて配当率を予想することなどが実質的な効用となっている。

　しかし、再建型の倒産手続では、財産評定を行う目的や実際の効用は破産手続の場合と異なる。再生債務者等にとっては、債務者の財産状況を正確に把握し、財産を実価で評価し直して、再建計画における最低限度の弁済額を算出する基礎資料となり、債権者にとっては、破産配当との比較で再建計画に対する同意・不同意の判断資料となり、裁判所にとっても再建計画認可の際の判断資料となる。

　(ｲ)　財産評定の手法

　再生手続では、財産の評価は当該財産を処分するものとして、処分価額で評定する（民再規56条1項）。ただし、必要がある場合には、処分価額とあわせて事業を継続するものとして事業継続価額で評定することも可能である（民再規56条1項）。事業継続価額で評定する場合は、事業譲渡によって再生が図られる場合の譲渡対価の妥当性の判定のための資料や、事業を継続するものとして策定される再生計画案の基礎資料として利用する目的がある。

　財産評定と財産目録・貸借対照表作成の方法は、次のように行われる。

　最初に、簿価上の再生手続開始時の貸借対照表を作成し、資産の計上漏れや負債の計上漏れがないかを検証しながら、簿価を処分価額に修正する。窮境にある債務者は適正な会計処理をしていない場合や、粉飾を行っている例も多いから、それらの修正が必要となる。

　(A)　資産の評価

　再生債務者等は、評価した資産の勘定科目の内訳書を、財産目録として作成する。資産の評価は、再生債務者等が自ら行うことが難しい場合もあるので、公認会計士等に依頼して行うときもあるし、不動産の評価は不動産鑑定士等に依頼して行うこともある。不動産は担保の目的物になっていることが

多いので、不動産鑑定士の評価額を別除権協定の交渉のたたき台にしたり、担保権消滅請求の申出額としたりする場合が少なくない。

　預金は、相手先金融機関が債権者であるときは相殺されるので、相殺される見込額を控除する。

　受取手形は、金融機関等に割り引いて存在しない手形が計上されている場合は、これを除く必要がある。取立委任をして金融機関に裏書譲渡している手形は、当該手形の決済可能性を勘案して評価する。なお、商人である金融機関が債権者であるときは、商事留置権を行使できるから別除権の対象となる。[51]実際に所持している手形は通常の評価を行う。ただし、不渡り手形が混入している場合もあるから、そのような手形は価値がないものとして評価する。

　売掛金・貸付金等の債権は、貸倒れがあるにもかかわらず簿価として残存している場合も多いので、回収可能性を考えて評価する。

　不動産、設備、在庫商品については処分価額で評価する。特に在庫商品については棚卸しと呼ばれる実地検査が望ましい。不良在庫（売れ残って価値がほとんどない商品）である場合も多いので注意が必要である。

　営業権が計上されているときは、処分価額は通常は０円である。

　投資有価証券は市場性があるものは処分価額が容易に判明するが、市場性のない閉鎖会社の株式については個別の評価が必要である。

　前払費用や繰延税金資産のように、会計処理上は資産として計上されているが資産性がないものは０円と評価する。

　(B)　負債の評価

　財産評定の時点では、再生債権が確定していないから、負債は簿価を基準とすることになろう。

　負債は、共益債権、一般優先債権、別除権付再生債権、一般再生債権に分類する。

　まず、簿外負債を洗い出す必要がある（意図的に隠している負債もあるが、保証債務や物上保証などは帳簿上負債として計上されていないので留意する）。保

51　前掲（注32）最判平成23・12・15。

証債務を負債に計上するときは、法律上は将来の求償権があるから資産として負債と同額の求償権を計上することになる。しかし、主債務者は支払不能であるときも多く、その場合の評価額は０円である。

単純な物上保証があるときは、物上保証の対象物件の担保権の価値相当分を便宜的に物上保証分として別除権付再生債権と同様（ただし被担保債権の不足分は再生債権にはならない）に負債として計上し、将来の求償権を資産として同額を計上することになる。多くの場合は、被担保債権の主債務者に資力がないから、求償権は０円と評価することになる。

貸借対照表では、経費のうち債務が発生していても弁済期にないような一般経費、給与、賞与引当金、退職給付引当金等は負債として計上されていないことが多いので、このような債務を全部洗い出して、上記の分類に従って負債に計上する。

リース料については、リース資産の価値相当分を資産に計上するとともに、残リース料の全額を負債に計上する。

一般再生債権のうち、相殺権を有する債権は、資産の評価で相殺見込額を控除しているときは、その額だけを減額することになる。

手続費用は、共益債権として計上する。

　　(ウ)　清算配当率の算定

財産評定の結果に基づいて、清算配当率を算定して、これを開示する。再生計画が清算価値保障原則に反していないかの判断資料とするためである。

清算配当率の算定は、破産手続の場合を想定して次のように行う。まず、資産（処分価額による）の合計額から、担保の目的となっている資産の評価額を控除する。これは担保権が別除権として実行され、その評価額が別除権の被担保債権に充当されるからである（担保目的の資産の価値が担保権の被担保債権額を上回る場合は、その上回る額は剰余金として配当原資になる）。次に、その残額から、優先的に弁済される共益債権と一般優先債権の額を控除する。その控除後の残額が配当原資となる。なお、資産の評価の際に相殺される財産を相殺前の価額で評価しているときは、相殺見込額を資産から控除する必要がある。

一方、分母となる一般債権は、次のとおり算定する。別除権付再生債権は、

被担保債権額から、担保の目的となっている資産の評価額を控除する。これは別除権の行使によって不足額が確定するからである。その残額に一般再生債権の額を加えた額が、配当の分母となる一般債権の総額となる。なお、負債の評価の際に相殺前の債権をそのまま負債として評価しているときは、一般債権の額から相殺によって消滅する相殺予定額を控除する。

配当原資の額を一般債権の額で割ると、清算配当率が算出される。

(2) **財産状況の報告**（125条報告）

再生債務者等は、再生手続開始後遅滞なく、再生手続開始に至った事情、再生債務者の業務および財産に関する経過および現状など所要事項を記載した報告書を裁判所に提出しなければならない（民再125条1項）。実務上は、この提出期限は再生手続開始決定後1カ月程度とされる。裁判所が債務者の状況を把握して再生手続を適切に運用するためであり、また、再生債権者等の利害関係人に閲覧・謄写を可能として情報開示を行うためである（民再16条）。

財産状況報告集会が招集されたときは、再生債務者等はその債権者集会でこれらの事項の要旨を報告しなければならない（民再126条1項）。実務では、財産状況報告集会は開催しないことが多い。これに代わる報告書の要旨を記載した書面の送付や任意の債権者説明会の開催等の適当な措置が必要となる（民再規63条1項）。

2 否認権

債務者が経済的窮境に陥ると、債務者は財産を隠匿・処分して将来の再起に備えようとする場合もあるし、特定の債権者にだけ有利な弁済をしたり、担保を提供したりすることもある。一方、債権者は自己の債権を少しでも有利に回収を図ろうとする。責任財産を不当に減少させるような財産減少行為や特定の債権者にだけ利益を与える偏頗行為は、債務者財産の基礎を失わせ、債権者の一般の利益や債権者平等を害する。そこで、再生手続（ただし、通常再生手続のみ）、更生手続、破産手続では、債務者の責任財産と債権者間の平等の回復を目的として否認制度を設けている。

否認権は、倒産手続開始前になされた倒産債務者の行為やこれと同視され

る第三者の行為の効力を覆滅させる形成権である。

否認の対象、否認権の行使方法、否認権行使の効果等は、再生手続、更生手続、破産手続で同様である（第4章第1節Ⅶ2、第5章Ⅴ2参照）。

以下では、再生手続に固有の点のみを取り上げる。

(1) 否認権の行使方法

(ア) 否認権の行使者

否認権の行使者は、再生手続と更生手続・破産手続では異なる。更生手続・破産手続では管財人が否認権を行使するが、再生手続では管財人が選任されているときは管財人が、管財人が選任されないときは監督委員が裁判所から否認権限の付与を受けて否認権を行使する（民再135条1項）。民事再生法の立法過程で、管財人が選任されない場合に誰に否認権を行使させるかの議論があったが、再生債務者が手続開始によって公平・誠実義務が課せられる存在に変容するとはいっても、自己の過去の行為の効果を否認して覆すことは認めがたく、第三者機関である監督委員に特別の権限を与えて否認権の行使をさせることにした。

裁判所は、利害関係人の申立てまたは職権で、監督委員に対して、特定の行為について否認権を行使する権限を付与することができ（民再56条1項）、否認権限を付与された監督委員は、その権限行使に必要な範囲で、再生債務者のために、金銭の収支その他の財産の管理および処分をすることができる（同条2項）。

監督委員に対する否認権限の付与は、特定された行為に関する否認権限の付与であり、一般的に否認権限を付与することはできない。否認権限を付与された監督委員は必ず否認権を行使しなければならないわけではなく、必要な調査を行い（民再59条）、その結果、否認権行使が相当であると判断した場合は否認権を行使すればよい。実際上は、監督委員が、調査の結果、否認権行使の必要があると判断した場合に、裁判所に否認権限付与の申立てを行って、裁判所から否認権限の付与を受けて否認権の行使を行うということになる。なお、否認権を行使するのが相当とされる事案において、監督委員が選任されていない場合、否認権を行使させる目的で監督委員を選任することとなる（実務では全件監督委員を選任しているので通常このような事態は生じな

い)。

　(イ)　監督委員の訴訟参加等

　監督委員に否認権の行使権限を与えたことから、再生債務者の財産に関する特定の権利関係について、再生債務者の管理処分権と否認権限を有する監督委員の管理処分権が競合することがある。監督委員は否認の個別権限の付与を受けて否認権を行使し、否認権行使に必要な範囲内で再生債務者財産の管理処分権が与えられるが(民再56条2項)、財産の管理処分権は再生債務者に帰属している。これを訴訟における当事者適格の観点からみると、監督委員は否認権行使とその結果生じる法律関係については当事者適格を有するが、抗弁で否認権を行使することは認められず、再生債務者は法律関係一般について当事者適格を有するが、否認権の行使は認められないことになる。

　そこで、民事再生法は、①再生債務者と相手方との間に訴訟が係属する場合は、訴訟の目的である権利・義務に関して、監督委員は否認権を行使するため相手方を被告としてその訴訟に当事者参加をすることができるものとし(民再138条1項)、②監督委員を当事者とする否認の訴え、否認異議訴訟が係属する場合は、訴訟の目的である権利・義務に関して再生債務者が相手方を被告として当事者参加をできるものとしている(同条2項)。そして、③監督委員を当事者とする否認の訴え、否認異議訴訟が係属する場合は、相手方は当該訴訟の口頭弁論の終結に至るまでは、再生債務者を被告として当該訴訟の目的である権利・義務に係る訴えを当該訴訟に併合して提起することができるものとしている(同条3項)。さらに、④いずれの場合も民事訴訟法40条の必要的共同訴訟の規定を準用して合一確定を図ることとしている(同条4項)。

　監督委員の請求は訴訟の目的である権利・義務に関するものでなければならない。この規定は、後訴が重複起訴の禁止に触れることから当事者参加の方法を認めたものであり、その請求は参加する訴訟の訴訟物と同一でなければならない。上記②の再生債務者の当事者参加は、監督委員の否認訴訟において、再生債務者は否認権の行使はできないものの、同一の訴訟物に関して否認以外の攻撃防御方法の主張をさせるために認められたものである(この主張は監督委員はできない)。③の相手方の再生債務者の訴訟引込みは、相手

方による再生債務者を相手とする主観的追加的併合を明文で認めたもので、①と同様に考えると、監督委員が相手方を被告として否認訴訟を提起している場合（たとえば、目的物の引渡請求訴訟）、同一の訴訟物に関して相手方に否認対象行為以外には請求権はないことを理由として再生債務者に当該訴訟物たる権利（たとえば、目的物の返還請求権）の不存在確認訴訟を追加的に併合する必要があることから認められたものである。④の参加手続については、参加の趣旨および理由を明らかにして書面で行い、その書面は既存の訴訟の当事者双方に送達される（民再138条4項、民訴43条1項・47条2項）。

上記①②の当事者参加後、③の併合後の各訴訟手続は、必要的共同訴訟の規定（民訴40条1項～3項）が準用され、合一確定が保証されている。

(ｳ) 裁判手続の終了

再生手続に特有なことであるが、監督委員が選任されているときは、再生計画認可決定の確定後3年間の経過で再生手続は終結され（民再188条2項）、監督命令も効力を失うから（同条4項）、否認権限を付与された監督委員が提起した否認の訴えや否認の請求（異議訴訟）は終了することになる（否認の請求について民再136条5項、否認異議訴訟について民再137条6項前段。当事者参加を含む否認の訴えについては規定がないが、同じく終了することになろう）。これに関しては、否認の相手方が時間切れを狙って訴訟等の遅延を図るという弊害があるという指摘がある。

もっとも、監督委員を当事者とする否認異議訴訟については、その訴訟手続が係属中に再生手続が再生計画不認可・再生手続廃止・再生計画取消しの各決定の確定によって終了した場合は、訴訟経済の見地から、この訴訟手続は中断し（民再137条6項後段）、破産手続に移行したときは、破産管財人がこの訴訟手続を受継することができ、相手方も受継の申立てができるとされている（民再254条1項）。もっとも、中断の日から1カ月以内に破産手続が開始しないときと、開始しても受継されないで破産手続が終了したときは、中断していた訴訟手続は終了する（同条2項・3項）。

(2) 否認権のための保全処分

再生手続開始後は、否認権限を有する監督委員または管財人が、再生手続開始決定により発生した否認権の行使によって生じる原状回復請求権または

価額償還請求権等を非保全権利として民事保全法に基づく保全処分をすることができる。しかし、否認権は、再生手続開始によってはじめて生じる権利であるから、再生手続開始前には民事保全法に基づく保全処分を得ることができないと考えられる。そこで、再生手続開始前であっても、受益者や転得者が取得した財産を隠匿または処分してしまうと、再生手続開始後に否認権を行使しても、その回復が困難となるおそれがあるのは同じであるから、民事再生法は、再生手続開始の申立てがあれば再生手続開始前の時点で、将来発生する否認権を保全するための保全命令を可能とする制度を設けた。

裁判所は、再生手続開始の申立てがあった時から当該申立てについて決定があるまでの間において、否認権を保全する必要があると認められるときは、利害関係人（保全管理人があるときは保全管理人）の申立てまたは職権で、仮差押え、仮処分その他の保全処分を命じることができる（民再134条の2）。再生手続が開始されると、本来の民事保全法に基づく保全処分を得ることができるが、再生手続開始前にすでに保全処分が発令されているときは、その手続を続行するのが便宜であるから、続行のための手続を定めるとともに、相手方の地位の不安定を除去するための失効制度等を定めている（民再134条の3）。

3 事業等の譲渡

事業等の譲渡で再生が図られる場合もある。事業の全部を譲渡すると、再生債務者が法人の場合、事業譲渡後に再生債務者自身は清算することになるが、事業は事業譲受人の下で再生されるから、この場合も再生手続の目的にかなうことになる。また、事業譲渡を行うと事業譲渡の対価を弁済原資として権利変更後の再生債権の一括弁済が可能になる場合が多いから、再生債権者にとってもメリットがあるし、再生手続も早期に終結できる。

(1) 事業譲渡の許可

事業の譲渡は再生債務者だけではなく、再生債権者や従業員等にも多大な影響を及ぼすので、事業譲渡を裁判所の許可にかからしめている。

再生手続開始後において、再生債務者等が再生債務者の営業または事業の全部または重要な一部を譲渡するには、裁判所の許可を受けなければならず、

裁判所は当該再生債務者の事業の再生のために必要があると認める場合に限って許可ができる（民再42条1項）。許可対象となるのは、「営業又は事業の全部又は重要な一部」である。会社法467条1項1号・2号の事業の全部の譲渡、事業の重要な一部の譲渡と意味は同様で、一定の事業目的のために組織化され、有機的一体として機能する財産の全部または重要な一部を譲渡し、それによって譲渡人がその財産によって営んでいた事業的活動の全部または重要な一部を譲受人に受け継がせ、譲渡人がその譲渡の限度に応じて競業避止義務を負う結果を伴うものをいう[52]。「事業の再生のために必要」との許可要件は、当然のことを注意的に規定したものであり、事業を他に譲渡したほうが再生の可能性が高く再生債権者にとっても利益になる場合をいう。譲渡対価が相当であることも許可の実質的要件である。譲渡対価は、清算価値を上回る必要があるものの、事業の継続を前提とした事業価値として相当であることが必要である。しかし、事業継続価値の算定は一義的にできるものではないし、事業譲渡は迅速性が要求され、その選定に時間をかけることのできない場合も少なくないから、譲渡先の選定過程や譲渡先との価額交渉過程等の公正性や透明性が一定程度確保されていれば譲渡対価の相当性は担保されていると考えてよいであろう。また、裁判所は許可をするためには、再生債権者（債権者委員会がある場合はその委員会）や、労働組合等の意見を聴かなければならないが（民再42条2項・3項）、実務では、説明会の開催によるほか書面による聴取など相当な方法が選択されている。

　裁判所の許可が必要な譲渡の時期は、再生手続開始後、再生手続終了時までである。事業譲渡を行うことを前提とした再生計画（この場合は譲渡代金で再生債権の弁済を行うことを骨子とする条項が定められる）が可決認可されたときは、再生計画案の決議を通じて再生債権者の意見を確認できるし、労働組合等の意見聴取もなされることから（民再174条3項）、あらためて裁判所の許可を得る必要はないと考えられる。実務も同様である。

(2) 株主総会決議に代わる許可

　事業譲渡を行うためには、裁判所の許可だけでは足りず、株式会社の場合

---

[52] 最判昭和40・9・22民集19巻6号1600頁。

は株主総会の決議による承認（会社467条1項）、公正取引委員会への届出（独禁16条）など、法律に定められた手続が必要となる。

ただし、再生債務者が株式会社で債務超過に加え、事業譲渡が事業継続に必要な場合は、裁判所は、再生債務者等の申立てにより、株主総会の決議による承認に代わる許可を与えることができる（民再43条1項）。このような代替許可の制度を設けたのは、再生債務者が債務超過の株式会社の場合は、株主には残余財産分配請求権がないだけでなく再生手続に参加する権利もないから、株主は会社の再生手続に関心を示さず、特別決議が成立しないおそれがあり、株主の利益より再生債権者や従業員等の利益を優先させるためである。この代替許可の対象となるのは事業の全部譲渡と会社法467条1項2号に規定されている事業の重要な一部であって、この「事業の重要な一部」は、当該譲渡により譲り渡す資産の帳簿価額が会社の総資産額として会社法施行規則134条で定める額の5分の1以上（定款でこれを下回る割合を定めた場合はその割合以上）のものをいう。この要件を満たさない事業の一部譲渡の場合は株主総会の承認が不要なので、代替許可の前提を欠くことになる。ここにいう「債務超過」とは、資産を清算価値で評価した額ではなく、事業の継続を前提として評価した額より負債のほうが多いことをいう。また、代替許可には「当該事業が事業の継続のために必要な場合に限る」という要件が必要である（会社467条1項ただし書）。事業継続の必要性とは、事業譲渡をしないと早晩廃業に追い込まれざるを得ない場合や、事業譲渡をしなければ当該事業の価値や規模に大きな変化が予想されるような場合である。[53]

(3) 再生手続開始前の事業譲渡

事業譲渡の許可の対象となるのは再生手続開始後であり、再生手続開始の申立て後、再生手続開始までの間（保全期間）に事業譲渡を行うことが可能かどうかについては争いがある。民事再生法は事業譲渡の重要性に鑑み、再生手続開始後に限り許容したものであるから、保全期間中には事業譲渡はできないとする見解と、保全期間中は民事再生法42条の適用対象外であるから、再生債務者が会社の場合は会社法上の手続（株式会社の場合は株主総会の特別

---

[53] 東京高決平成16・6・17金商1195号10頁。

決議など）をとれば、再生債務者の財産の管理処分権が制限されないから（もっとも、監督命令で財産処分が要同意条項とされているときは監督委員の同意が必要となる）、事業譲渡は可能であるとする見解に分かれる。

保全期間中の事業譲渡を認めることは民事再生法42条の趣旨が没却されかねないこと、保全期間中に事業譲渡が廉価で行われ再生債権者を害するときは事業譲渡は否認の対象となること（民再127条1項2号）、再生手続では再生手続開始の申立てから短期間のうちに手続が開始される実務を前提とすると事業価値の劣化はあまり考えられないこと、監督委員だけに事業譲渡の適切性を短期間に判断させることは妥当ではないこと、裁判所は事業譲渡が適切であるなら直ちに再生手続開始決定をして譲渡許可をすればよいことなどを理由に否定説もあるが、いずれも決定的理由とはいいがたい。再生手続開始の申立て後、再生手続開始までの期間であっても、事業譲渡を実行するほうが事業価値を維持できる場合もあるし、そもそも再生手続開始前は再生債務者の財産管理処分権も組織変更に関する権限も、監督命令等に服するほかに、特段の制約を受けないし、再生手続開始前に事業譲渡を実行する予定がある場合には、監督命令で同意事項と定めれば一定適切にコントロールできるから、これを否定するまでもないように思われる。

なお、英会話教室を全国的に展開していた運営会社について、更生手続開始の申立てと同時に発令された保全命令の期間中に、裁判所の許可を受けて事業譲渡を行ったケースがある。

4　法人の役員等の責任の追及

法人の理事、取締役、執行役、監事、監査役、清算人、またはこれらに準じる者（民再142条1項で「役員」と呼ぶ）が、善管注意義務違反や忠実義務違反等により法人に損害を与えたときは、法人に対する損害賠償義務がある（民644条、会社423条1項など）。再生手続・更生手続・破産手続では、このような損害賠償請求権について、通常の民事訴訟によるよりも簡易・迅速に債務名義を取得することにより役員等の責任追及を実効あらしめて債務者財産を増大させて債権者に対する弁済等の原資を増やすことができるように、損害賠償の査定という制度を設け、また、査定から強制執行までの間に役員が

個人資産を隠匿・費消するという結果を防ぐために法人の役員に対する保全処分の制度を設けている（民再142条〜147条、会更99条〜103条、破177条〜181条。第4章第1節Ⅶ4、第5章Ⅴ3参照）。

Ⅶ 再生計画

　再生手続の目的は、経済的に窮境にある再生債務者の事業または経済生活の再建を図ることにあり、再生計画は再生手続の中核をなすものである。

　企業の再生は、破綻原因を探り、その除去を行って収益力を回復させる一方で、手続債権の減免等の権利変更を再生計画で行い、変更後の債務を弁済して事業の維持を図ることである。収益力の回復は再生債務者自身が行えるときもあるし、外部のスポンサー等の支援を受けて行うこともある。さらに、事業譲渡を行って事業自体の再生を図るときもある。

1　再生計画案

(1)　再生計画の類型

　再生計画はさまざまなものがあるが、その類型は、大別すると自主再建型・スポンサー型・単純清算型に分けられる。

　自主再建型は、権利変更後の債務の弁済原資を将来の収益に頼ることになるから、通常は、収益弁済（分割弁済）型になる。

　スポンサー型は、経営や弁済原資の一部または全部をスポンサーが支援する形態である。弁済資金等の支援額が多くないときは、収益弁済型になるので自主再建型とあまり変わらないことになる。スポンサー型の場合は、弁済資金をスポンサーが出資したり資金を貸し付けたりして調達することになるから、一括弁済型になることが多い。スポンサーにとって資本参加にリスクがある場合や債務免除益による課税問題があるような場合などは、スポンサーやその関連企業に事業を譲渡して、再生債務者はその譲渡代金で債務を一括弁済して清算するという事業譲渡後清算型が選択される場合もある。

　単純清算型は、事業の再生ができないときに、再生手続を利用して、資産を全部処分し、処分代金で債務を弁済して、再生債務者を清算するという形

態である。清算を目的とする民事再生の申立ては本来許されないが、手続開始後に事業の再生が不可能であることが判明したときは、破産手続に移行させるより従来の再生手続を利用して迅速な清算処理ができることから、このような再生計画も認められている。

これらの類型のうち、自主再建収益弁済型とスポンサー一括弁済型の概要は、以下のとおりである。

　(ｱ)　自主再建収益弁済型
　(A)　事業計画

再生債務者の従来の経営者が事業をそのまま維持継続し、将来の収益により弁済する事業計画案が自主再建収益弁済型である。株主の交替もないのが通例である。

将来の事業計画を策定するには、過去の損益状況を検討し、破綻原因を特定してその原因を除去し、今後の収益計画を策定して、弁済原資となるキャッシュフローを見込む必要がある。過去には、利益を多く見せかけるために粉飾がなされている例も少なくないから、正確な損益状況を明らかにする必要がある。売上やコストは合理的根拠に基づくものでなければならない。経費削減は、仕入先や仕入価額の見直し、一般経費の節減を行うことは当然として、人件費が過大であるときには整理解雇や労働条件の変更も検討しなければならない。そのときは、整理解雇の正当性や解雇による退職金の支払い原資の確保等の問題も勘案して処理をする必要がある。

　(B)　弁済計画

弁済計画では、現金ベース（キャッシュフロー）で年間の収支見込みを前提に計画することになる。予想される売上げから経費を控除して税引き前の利益を見込み、その額から税金等を控除し、控除後の金額に、税法上は損金と認められるものの実際には現金支出がないもの（減価償却費等）の額や、通常の売上回収ではない債権の回収金、遊休資産の売却代金などを加算することとなる。その得られた額から新たに償却資産を取得するために必要な額等を控除した額が、期末のキャッシュフローとなり弁済原資となる。

10年間の分割弁済を行うとすれば、10年間の収支見込みを積算し、その合計額に当初の期首資金を合算した額が最大の弁済原資であり、その金額から、

必要運転資金を除外したうえ、権利変更後の再生債権、未払いの一般優先債権、別除権協定に基づく分割弁済額（ただし、10年間を超える弁済期間を合意したときは10年間の弁済総額）を支払うこととなる。このとき、収益悪化その他の将来リスクも踏まえて一定のバッファーをとった金額が再生債権に対する弁済原資となり、再生計画案における弁済率と弁済の方法を決定することになる。その弁済率は、現在価値において清算配当率を超えている必要がある。

　(C)　税金計画

　事業計画と弁済計画の策定には税法上の知識が不可欠である。権利変更による債務免除の額は債務免除益として法人税法上の益金となるから（法税22条2項）、その免除益を財産評定による評価損と繰越欠損金（法税59条1項）で吸収しなければ、多額の法人税が課税されることになる。法人税法は原価主義を採用していて、財産の評価損はその財産を処分した時点でしか発生しないのが原則であるが、再生手続等の倒産手続の場合は不動産、在庫、償却資産等については評価損の損金算入が認められているから（法税33条2項または4号）、その評価損と繰越欠損金で債務免除益を吸収できるような事業計画案を策定しなければならない。また、再生債務者が同族会社である場合は留保金課税（法税67条）に注意する必要もある。

　　(イ)　スポンサー一括弁済型

　再生手続を利用したM&Aの一つといえる。大別すると減・増資型と事業譲渡型（会社分割を用いることもある）に分けられる。減・増資型が原則であるが、簿外負債がある場合や債務免除益による課税が発生するような場合は事業譲渡型が採用されることが多い。

　減・増資型は、従来の資本を100％減資して、スポンサーが新株の引受けによる増資によって資本を出資したり、スポンサーから借入れをしたりして弁済資金を調達する。もっとも、スポンサーが再生債務者を支配する方法としては、株主が株式全部をスポンサーに譲渡する（通常、再生債務者は債務超過であるから譲渡対価は無償である）という方法でも可能である。

　再生債務者の事業の再生を事業譲渡によって図る場合は、スポンサーに対して事業全部あるいは採算のとれる部門の事業譲渡をして、再生債務者自体

は譲渡代金等で権利変更後の債務を一括弁済する等したうえ清算するという方式が多い。また、会社分割を用いる場合は、採算のとれる部門のみを新設分割によって分社して、いったん再生債務者の100％子会社とし、当該設立会社の株式全部をスポンサーに売却し、再生債務者自身は株式の対価で権利変更後の債務を一括弁済する等して清算するという方式が多い。吸収分割を利用する場合もある。

　弁済資金の大半を減増資や貸付で行う場合も、事業譲渡代金等による場合も、その要支援額の総額は、再生債務者の資産を事業継続価値で評価した額を前提に算定されることになる。事業継続価値の評価方法は、個別の資産を事業継続価値で評価した額を積算するという方法もあるが、投資目的でスポンサーになる場合はこのような積算方式はとられず、ディスカウント・キャッシュフロー（DCF）という算定方法がとられることが多い。その算定方法は、自主再建収益弁済型で説明した各年度の弁済可能額を基礎に継続期間を定めて所定割引率を掛けて算定するという方法である。弁済可能額の算定、継続年数、割引率によって数字は大きく変わることになる。

　スポンサーとして複数の候補者が見込まれるときは、入札方式によってスポンサーを選定することが手続の透明性・公平性の観点から好ましいが、必ずしも入札に限られるわけではない。入札以外の方法で選定することも差し支えない。再生債務者の事業の特性、資金繰りの状況、その規模などの諸般の事情、手続の経緯、時間も含めたスポンサー選定のためのコスト等などを総合的に考慮して、債権者や労働者その他の利害関係人が納得できる適切なスポンサーを選定することが肝要である。

　スポンサーの選定時期は、再生手続開始の申立て後である必要はない。再生手続開始から再生計画提出までの期間が短いから、再生手続開始の申立て後では間に合わないこともある。スポンサーを選定した後に再生手続開始の申立てを行う場合（プレ・パッケージ方式と呼ばれる）もあり、この方法は早期の再建が可能な方法であるが、スポンサー選定過程の透明性・公平性等が問題にされるときもある。実務上は、このような再生手続開始の申立てがされた場合は、裁判所や監督委員は、スポンサー選定過程の透明性や公平性を検証するために、選定の経過に関する資料を提出させるのが通常である。た

だし、スポンサー選定過程について、スポンサーは支援候補者となるについて、密行性その他諸般の事情から再生債務者に対して秘密保持契約を要求することが多く、選定過程の全部の情報を再生債権者等の関係人に明らかにすることができないという事情もあるので、このような場合は、監督委員は秘密性に配慮しながら、透明性や公平性を調査したうえで関係人に適切な情報を開示するように努めることが望まれる。

なお、近時の実務では、スポンサー契約の締結やFA契約の締結について監督委員の同意事項に定めることがある。また、再生手続開始前に選定されたスポンサー契約の履行の選択を監督委員の同意事項に定めた例もある。

(2) 再生計画案の提出

(ア) 提出者

再生計画案の提出義務者は、再生債務者等である（民再163条1項）。したがって、再生計画の作成義務を負うのは再生債務者であり、管財人が選任されているときは管財人である。管財人が選任されているときの再生債務者、再生債権者・外国管財人も再生計画の提出権限がある（同条2項・209条3項）。

(イ) 提出時期

再生計画案の提出時期は、債権届出期間の満了後で裁判所の定める期間内である（民再163条1項）。この期間は、特別の事情のある場合を除いて一般調査期間の末日から2カ月以内の日とされているが（民再規84条1項）、実務運用では、それより早く、再生手続開始後3カ月から3カ月半程度とされている。裁判所は、提出時期を申立てまたは職権で伸長することができる（民再163条3項、民再規84条3項では伸長は2回を超えてすることはできないとされる）。

実務では、提出期限の1カ月前頃に、裁判所は、再生債務者、監督委員等と面談して、予定している再生計画案の骨子を聴取し、監督委員の意見も求めるなど、再生計画案について協議をしている（民再規23条の2参照）。

(ウ) 再生計画案の修正

再生計画案を提出した者は、再生計画案を決議に付する旨の決定（付議決定）がなされるまでの間は、裁判所の許可を受けて、提出した再生計画案を

修正することができる（民再167条）。裁判所も再生計画案の提出者に修正を命じることができる（民再規89条）。

再生計画案の内容を一部変更する事情が生じた場合や、再生計画案に定めなければならない条項等に不備があることが判明した場合などは、再生計画案を修正する必要があるからである。実務上は、再生債務者が再生計画案提出後に気づいたり、裁判所や監督委員からの指摘で、条項の記載の不備や誤り、条項間の不整合性が発見したりすることにより、自ら再生計画案を修正する場合も多い。

付議決定後に修正の必要性が判明しても再生計画案の修正はできないが、再生計画案の決議の債権者集会において、再生計画案の提出者は、再生債権者に不利な影響を与えない限り裁判所の許可を受けて再生計画案を変更できる（民再172条の4）。明白な誤謬（氏名の誤りなど）や、停止条件付再生債権の停止条件が付議決定後に成就したり、別除権付再生債権の不足額が付議決定後に確定したりした場合は、再生計画案の変更で対応することになる。

2 再生計画の条項

再生計画の条項には、必ず定めなければならない必要的記載事項と、再生計画の条項で定めることのできる任意的記載事項がある。

必要的記載事項には、①すべての再生計画で定めなければならない条項、②一定の要件がある場合は定めなければならない条項がある。上記①は、㋐再生債権の権利変更条項（民再154条1項1号）、㋑共益債権および一般優先債権の弁済に関する条項（同項2号）である。上記②は、㋐知れている開始後債権があるときは、その内容の条項（民再154条1項3号）、㋑債権者委員会が再生計画に履行の確保のための関与をし、その費用を再生債務者が負担する場合の負担に関する条項（同条2項）、㋒再生債務者以外の者の債務の引受け・保証や担保提供をする場合の条項（民再158条）、㋓未確定の再生債権がある場合の条項（民再159条）、㋔別除権者があり別除権の行使による不足額が確定していない場合の条項（民再160条1項）である。

任意的記載事項は、①定めるかどうかは任意であるが、定めた場合はその条項によって効力が生じるもの、②定めるかどうかは任意であり他の法律で

第3章 通常再生

も行えるが再生計画に定めればその条項で行えるものがある。上記①は、根抵当権の元本が確定し被担保債権の額が極度額を超過している場合の超過部分の仮払いに関する条項（民再160条2項）である。上記②は、㋐再生債務者が株式会社である場合の株式の取得・株式の併合・資本金の額の減少・発行することができる株式の総数についての定款の変更に関する条項（民再154条3項・161条）、㋑再生債務者が株式会社である場合の募集株式を引受ける者の募集に関する条項（民再154条4項、162条）であり、会社法の特則となっている。

　再生計画に必要な条項を記載しておけば法令違反（民再169条1項3号・174条2項1号）ではないが、再生計画の基本方針や骨子を記載すること（事業譲渡を行う場合は、再生計画の条項ではできないから、ここでそれを明らかにする）、権利変更の一般的基準の定めが複雑な場合はその補足説明をするといったことも多い。再生計画とは別に補足説明書を作成して、このような事項を記載して説明するという方法も実務ではよく行われている。

　再生計画の条項の主なものは、以下のとおりである。

(1) **再生債権者の権利変更**

　　㋐　権利変更の一般条項

　再生計画には、再生債権者の権利の全部または一部を変更する条項を定めなければならない（民再154条1項1号）。権利の変更条項では、債務の減免、期限の猶予その他の権利の変更の一般的基準（約定劣後再生債権の届出があるときはその一般的基準も含む）を定めなければならない（民再156条）。

　権利の変更の内容は、再生債権者の間で平等でなければならないが、①不利益を受ける再生債権者の同意がある場合、②少額の再生債権、③再生手続開始後の利息・損害金、手続参加費用、④その他これらの者の間に差を設けても衡平を害しないときは平等でなくともよい（民再155条1項）。上記②の少額の再生債権は、一定の要件の下で再生手続外で支払うことが認められているので（民再85条5項）、それとのバランスから他の債権より優遇することを認めたものである。③の再生手続開始後の利息・損害金等は、本来は劣後的な債権であるから不利益な取扱いを認めたものである。④の差を設けても衡平を害しない例とは、再生手続開始前の利息・損害金、破綻に責任のある

親会社や経営者の債権を不利益に取り扱ったりする場合等である。実務上、④に該当するかどうかの判断に迷うときは、不利益を受ける債権者の同意を得ることが多い。

　実務上よく見かける権利の変更条項の例は、「再生債権のうち手続開始決定日以降の利息・損害金の全額の免除を受ける。再生債権元金と手続開始決定前日までの利息・損害金につき70％の免除を受け、免除後の残額を平成28年から同37年まで毎年3月末日限り10回に均等に分割して支払う」というようなものである。

　また、再生債権の額により弁済率に差を設けるときがある。たとえば「再生債権のうち20万円までの部分は30％、20万円を超え100万円までの部分は50％、100万円を超える部分は70％の免除を受け、その免除後の残額を支払う」というような条項を定めて、少額の債権者を厚く処遇する方法である。大口債権者との間の形式的平等を害することになるが、対象となる金額とその弁済率はすべての債権者に同一であること、中小企業の保護（民再85条2項参照）に資することから、実質的な衡平を害さない場合と評価できる。同様に、たとえば30万円という額を定めて、その額以下の債権は全額一括弁済、その額を超える債権者には一部免除後の分割弁済を選択させるような条項を定めることもある。これは、再生手続開始後に、30万円以下の少額債権を対象に民事再生法85条5項前段の許可を得て弁済をした場合に、その再生債権者との衡平を確保するために定められることが多い。

　約定劣後再生債権の届出がある場合は、通常の再生債権者と約定劣後再生債権者との間では、劣後の約定の内容を考慮して、権利変更の内容に公正かつ衡平な差を設けなければならない（民再155条2項）。

　再生債権が条件付きや将来の請求権の場合、非金銭債権の場合は、他の金銭債権との衡平を害しないことを前提にやや複雑な権利変更を行わなければならない。このような例として、預託金制ゴルフ会員権、敷金返還請求権、保証履行請求権、非金銭債権である作為請求権などの権利変更が問題となりうる。

　　(A)　預託金制ゴルフ会員権
　ゴルフ場会社の預託金制ゴルフ会員権は、会員の債権は預託金返還請求権

と施設利用権に分けられる。預託金返還請求権は、退会という条件と、預託金の据置期限という期限の付いた金銭債権であり、施設利用権はゴルフ場会社にゴルフ場を利用するという役務（サービス）の提供を請求する非金銭債権である。ゴルフ会員債権のうち、施設利用権を共益債権とする見解と再生債権とする見解に分かれ、再生債権であるとする見解は、さらに、施設利用権は預託金返還請求権とは独立した財産価値がある債権といえるかどうかで、見解が分かれている。

　実務上はゴルフ場会社の倒産は非常に多く、自主再建収益弁済型の再生計画案の権利変更条項の典型的な例は、①会員に退会か会員契約の継続かを選択させ、退会する会員の預託金返還請求権は他の一般再生債権と同様の弁済計画を定め、②会員契約の継続を選択した会員にはさらに10年間程度の据置期間を設け、退会後の預託金返還請求権については若干高率の弁済率での返還を行う弁済計画を定め、その額が多額に上ることが予想されるときは、返還する金額の上限を定め、返還を受けることができるものを抽選方式で選定することを定めるもの、③会員数が少ない場合は、会員の希望により預託金額を基準として会員権を分割し、分割後の預託金について権利の変更を定めるものなどがある。再生債務者であるゴルフ場会社がこのような再生計画案を策定するのは、ゴルフ場事業は設備投資の割には収益性が非常に低いことから、さまざまな工夫がなされている。これに対して、スポンサー一括弁済型の場合は、すべての会員の預託金返還請求権を権利変更したうえ、スポンサー資金で権利変更後の預託金を一括返済し（継続会員については、退会時に弁済する案もある）、希望する会員は、そのまま会員としての地位を認めるものである。いずれの場合も、再生手続開始後も退会をしない限り、優先的プレー権を認めるのが実務である。

　(B)　敷金返還請求権

　敷金の具体的な返還請求権は、賃貸借契約の終了による明渡し後、敷金額から未払賃料、原状回復費用等を当然充当により控除した残額について発生する停止条件付債権である。[54] 賃借人が再生手続開始後に弁済期の到来する賃

54　最判昭和48・2・2民集27巻1号80頁。

料債務を支払っているときは、敷金返還請求権は、再生手続開始時の6カ月分相当額を上限に、その賃料支払額に相当する額が共益債権となる（民再92条3項）。この共益債権となる部分は、権利変更の対象とならない。

賃貸借契約が終了し、明渡しが完了している場合は、再生債権となる敷金返還請求権は通常の既発生の単純な金銭債権として権利変更の対象となる。賃貸借契約が継続中の場合は、敷金返還請求権を契約終了・明渡しを停止条件として発生する債権として権利変更を行う。

権利変更の方法は、実務では、敷金額自体について先に権利変更を行い、権利変更後の残額から明渡し時点の未払いの賃料・賃料相当損害金等を控除して弁済するという方法と、敷金の額から明渡し時点の未払いの賃料等を控除した額を権利変更の対象とするという方法の二つがありうる。しかし、賃料の意図的未払いを回避するためには、前者の取扱いが公平であろう。

なお、再生計画の認可決定確定までに再生債務者が賃貸不動産を第三者に譲渡した場合、敷金返還請求権はその時点の不払賃料等を控除した金額が当然承継され、その時点で、再生債権ではなくなる。他方、再生計画の認可決定確定後に賃貸不動産を譲渡した場合、権利変更後の敷金返還請求権が承継されることになろう。譲渡時期の違いで、敷金返還請求権の処遇が変わることになる。

ⓒ 保証履行請求権

保証人に再生手続が開始した場合、開始時の主たる債務者に対する債権額で保証履行請求権の全額について手続参加できる（民再86条2項、破105条）。そこで、再生計画においては、その保証履行請求権全額について権利変更を行い、権利変更後の再生債権を再生計画に従い弁済し、再生債務者はその弁済額を主債務者に求償することになる。なお、主債務者の弁済額と権利変更後の保証債務の弁済額の合計が債権額全額に達した時点で主たる債権は全部消滅するから、再生債務者はそれ以上の弁済をする必要はない。

しかし、主債務者に弁済資力があって主債務の弁済を継続しているときや、弁済を遅滞しているが主債務を被担保債権とする担保価値を有する担保権が主債務者の財産にあり、それらから回収が可能な場合などにおける取扱いが問題となる。特に、主たる債務者が約定どおりに弁済しているときは、そも

そも保証履行請求権についても期限が到来していないから、弁済するまでもない。その後、主たる債務者が弁済を怠るなどして期限の利益を喪失した時に、その時点までに計画に基づく弁済期が到来している弁済すべき金額を弁済すべきこととなる。主たる債務について担保があるとしても、期限の利益を喪失している場合は、債権者は、担保権を実行するか、保証人から回収するかの選択権を有するから、保証人たる再生債務者は計画弁済をしたうえで、代位取得した担保権を行使することを検討すべきであろう。なお、主たる債務者が再生手続開始後に弁済をすればそれだけ債権額が減少するが、保証履行請求権の権利の変更の基準額は、再生手続開始時における債権額全額であり、主たる債務者の弁済後の金額を基準とすることはできない。ただし、主たる債務が複数あり、その１本の債権について全額弁済したときは、開始時現存額主義は、口単位で考えるので、当該消滅した債権について保証履行請求権も消滅する。

　(D)　作為請求権

　買主が売買代金を支払ったが、売主の再生手続開始時点で未履行となった売買目的物の引渡請求権や目的物の登記請求権、請負代金を先払いしたが請負人の再生手続開始時点では未履行であった仕事完成請求権等の作為請求権も、破産とは異なり再生債権となる。

　作為請求権に対しても、一般の金銭債権者との間の衡平性を確保しながら、再生計画で権利変更を定めることになる。たとえば、作為請求権をいったん金銭債権に権利変更を行いその一部免除を定めたり（前述の引渡し・登記請求権を支払った売買代金相当額の損害賠償請求権に変更して、他の金銭債権と同率の免除を受けるといったような例）、当該作為を行う場合には再生債権者はその対価の一部をさらに支払うか、あるいは債務の一部履行不能を理由とした損害賠償請求権に権利変更して一部免除を定めたり（前述の引渡し・登記請求権や建築工事完成請求権の例）するような権利変更条項が考えられる。

　(イ)　弁済期間の制限

　権利変更による期限の猶予は、特別の事情のない限り再生計画認可決定確定から10年を超えてはならない（民再155条３項）。「特別の事情」とは、10年を超えた時期に特別の弁済原資が生じるような場合をいうとされる。ゴルフ

場の再生計画に定める預託金返還請求権は、退会を要件（条件）とする停止条件付請求権であるから、計画弁済期間が10年を超えることも認められる。

　(ウ)　権利変更の個別条項

再生債権者の権利変更の条項では、前述の一般的基準に加えて、届出再生債権者の再生債権と認否書で自認する再生債権について、変更される権利を明示し、一般的基準に従って変更された後の権利の内容を定めなければならない（民再157条1項本文）。債権者名、債権の内容、債権額、免除を受ける額、免除後の弁済額、弁済期ごとに弁済する額を具体的に定めることになる。少額の再生債権で全額の一括弁済をする条項でも期限の猶予があるのが通常であるから、この定めが必要である。

再生計画認可決定の確定によって再生債権はその定めによって変更され、再生債権者表に確定した再生計画の条項が記載されると、金銭の支払いその他の給付請求権は、再生債権者表の記載によって強制執行ができるようになる（民再180条）。

再生計画によってその権利の影響を受けないものがあるとき（たとえば、再生手続開始前の罰金等）はその権利も明示しなければならない（民再157条2項）。

(2)　**共益債権および一般優先債権の弁済の条項**

将来弁済しなければならない共益債権および一般優先債権の明細と支払方法を記載しなければならない（民再154条1項2号、民再規83条）。

共益債権と一般優先債権は再生手続外で支払うことになるが、その内容・額・弁済期は再生計画の履行可能性に重大な影響を与えることがあるから、再生債権者に情報を開示するために記載が要求されている。たとえば、「平成19年3月31日現在の共益債権は別紙のとおりである。この債権並びに同年4月1日以降発生する共益債権は随時弁済する」といった記載がそれである。

なお、再生手続開始後の原因に基づいて発生する公租公課や労働債権は一般優先債権ではなく共益債権である。

(3)　**未確定再生債権に関する条項**

異議等のある再生債権で、その確定手続が終了していないものについては、その権利確定の可能性を考慮し、これに対する適確な措置を定めなければな

らない（民再159条）。これに該当する再生債権は、異議等があった再生債権のうち、査定の裁判、異議の訴え、中断した訴訟手続の受継の申立てで係争中の債権をいう。「権利確定の可能性を考慮して適確な措置を定める」とは、将来確定した場合に他の再生債権者と不公平や履行上の不都合が生じないような定めをすることをいう。たとえば「異議等のある再生債権で、現在その確定手続が終了していないものは、別紙未確定再生債権一覧表記載のとおりである。この債権が将来確定したときは、一般的基準を適用する」とされる。確定時期が権利変更後の債権の弁済期より前であればこれでよいが、確定時期が弁済期後となる可能性もある。その場合、一括弁済の場合は「弁済期より後に確定したときは、確定後1カ月以内に支払う」と定め、分割弁済の場合は「弁済期日を経過した分については確定後1カ月以内に支払う」などと定める。

(4) 別除権行使による不足額が未確定の場合の条項

別除権の行使によって弁済を受ける額が未確定の再生債権者があるときは、将来その額が確定した場合の権利行使に関する適確な措置を定めなければならない（民再160条1項）。

再生手続では不足額責任主義が採用されているから（民再88条）、不足額が確定したら再生債権として権利行使ができることになるが（民再182条）、再生計画認可までに別除権の行使等が完了せずに不足額が確定しない場合もあるので、未確定再生債権と同じように、不足額が確定したときの権利行使に関する適確な措置を定めることが必要となる。

実務では、たとえば「別除権行使等による不足額が未確定の再生債権は別紙のとおりである。将来、別除権の行使等で不足額が確定したときは、一般的基準を適用する」というように定める。弁済期との関係は、未確定再生債権の確定と同様の条項を定めればよい。

(5) 第三者の債務引受け、保証条項、担保提供の条項

再生債務者以外の者が、債務を引き受け、または保証人となるなど、再生のために債務を負担するときは、再生計画でその者を明示し、その債務の内容を定めなければならない（民再158条1項）。再生債務者または再生債務者以外の者が再生のために担保を提供するときは、再生計画で担保提供者を明

示し、担保権の内容を定めなければならない（同条2項）。このような第三者の債務引受け、保証や担保提供は、再生債権者から理解・協力を得るために、再生債権の履行確保の方策として行われるものである。

スポンサーが再生債権の弁済資金を一時に負担しないような場合に、履行確保のためスポンサーが債務の連帯保証を行うというような例、受皿会社や第2会社が債務引受けをするという例もある。

(6) 株式の取得等、募集株式を引き受ける者の募集に関する条項

再生計画による再生債務者である株式会社の減資と新株発行による増資に関する条項である。債権者に劣後する地位にある株主は、事業再生が成功すれば、債権者の犠牲の下で、将来収益によって株式価値が増大することになる。そこで、株主も減資により応分の負担をしないと債権者の理解を得られないこともある。自主再建型の場合は、資本の額を減少させても株主の持分は変わらないので、株主責任を果たしたことにはならない。スポンサー型の場合は、原則、従来の株式を100％減資したうえで（会社が無償で取得し償却する）、スポンサーが新株（募集株式）を引き受けることになるのが通例である。スポンサー型でも、従来の株主を残すことが事業価値の維持に資する場合には、従前株主の所有する株式を希薄化するにとどめる場合もありうる。上場を維持する場合などはその例である。このような減資や譲渡制限株式についての新株発行による増資には株主総会の協力が必要であるが、株主は会社の破綻で会社経営に関心がなくなり、このような手続が必要であっても協力を得られないこともある。

そこで、再生手続では、このような事態に対処するために、会社法の特則規定を設けて、一定の要件で、①株式の取得等（株式の取得、株式の併合、資本金の額の減少、発行株式の総数についての定款の変更）、②募集株式を引き受ける者の募集を、裁判所のあらかじめの許可と再生計画で行えるものとしている（民再154条3項・4項・161条・162条・166条・166条の2・183条・183条の2）。裁判所の許可の要件は、上記①の株式の取得等は、債務超過であることであり（民再166条2項）、②の募集株式を引き受ける者の募集は、債務超過と募集株式を引き受ける者の募集が再生債務者の事業の継続に欠くことができないと認められることである（民再166条の2第3項）。また、募集株式

を引き受ける者の募集に関する条項は再生債務者のみが提出できるので（同条1項）、管財人はこの条項を提出できない。

再生計画には、①再生債務者が当該再生債務者の株式を取得する場合は取得する株式の数・取得の日（民再161条1項）、②株式の併合の場合は会社法180条2項各号に掲げる事項（民再161条2項）、③資本金の額を減少する場合は会社法447条1項各号に掲げる事項（民再161条3項）、④発行することができる株式の総数についての定款の変更の場合はその変更の内容（同条4項）であり、⑤募集株式を引き受ける者の募集の定めにあっては、会社法199条1項各号に掲げる事項（民再162条）を定める必要がある。これらの各条項を定めた再生計画案の提出が許可され、これが可決認可された場合は、上記①株式の取得については、条項で定めた取得日に株式を強制取得し（民再183条1項）、②株式の併合については、再生計画の定めによって株式の併合をすることができ、会社法で認められている反対株主の買取請求や株式の価額の決定の規定は適用されず（同条2項。なお3項参照）、③資本金の額の減少については、再生計画の定めによって資本権の額の減少をすることができ、会社法で認められている債権者の異議の規定は適用されず（同条4項。なお5項参照）、④発行株式の総数の定款の変更については、再生計画認可決定の確定によって定款変更の効力が生じ（同条6項）、⑤募集株式の引き受ける者の募集に関する条項については（募集株式が譲渡制限株式の場合だけで、それ以外は前述のように株主総会の決議は不要である）、株主総会や種類株主総会の決議を経ることなく（公開会社の場合は通知・公告も不要）、取締役会設置会社のときは取締役会の決議で、それ以外の会社のときは取締役の決定によって、それぞれ募集事項を決定することができる（民再183条の2第1項・2項）。なお、⑤の株式を引き受ける者の募集に関しては、スポンサー型の場合はスポンサーないしはスポンサーが指定する特定の者を募集先とする第三者割当てをすることになる。会社法199条1項では募集先の規定はないから募集先を定める必要はないのであるが、募集株式を引き受ける者の募集を再生計画で定める場合は裁判所の事前の許可が必要で、誰に新株を割り当てるかということも許可の重要な要素になるからである。

3 再生計画案の決議

再生計画案の決議は、裁判所の付議決定、決議という順序で手続が進行する。

(1) 付議決定

再生計画案の提出があったときは、裁判所は、不認可事由（民再174条2項。ただし3号を除く）がある場合、決議に付しても可決される見込みがない場合、その他の除外事由がない限り、提出された再生計画案を決議に付する決定をする（民再169条1項）。これを付議決定と呼んでいる。

実務では、監督委員に再生債務者作成の再生計画案が提出された後、2週間程度でその計画案について不認可事由がないかどうか等の調査をさせた報告書を提出させるから、その報告書を重要な判断材料として付議決定を行うかどうかを判断する。

裁判所は法定の除外事由がないと認めるときは付議決定をし、廃止事由があると認めるときは再生手続の廃止決定をすることになる（民再191条2号）。このときの再生手続廃止は、再生計画案が決議に付するに足りないという廃止事由によるもので、不認可事由がある場合（民再174条2項）、決議に付しても可決の見込みがない場合（民再25条3項）である。

裁判所は付議決定において、議決権の行使方法と議決権の不統一行使をする場合の裁判所に対する通知の期限を定める（民再169条2項）。

付議決定に対しては不服申立てができない。

(2) 議決権の行使方法

議決権行使の方法は、①債権者集会を開催して議決権を行使する方法、②書面等による投票（民再規90条2項）による方法、③債権者集会と書面等投票を併用する方法の3種類で、裁判所が裁量によって定める（民再169条2項）。上記①の債権者集会は、再生債権者が、裁判所が定めた日時・場所に出席して（代理人でもよい。民再172条1項）、議決権を行使する方法（集会型）で、原則的な方法である。②の書面投票は、議決票等の書面等で裁判所の定めた投票期間内に投票する方法（書面型）である。遠方の再生債権者も議決に平等に参加でき、債権者集会場所の確保等の裁判所の労力を省けるという

利点があるが、再生計画案の変更（民再172条の4）が許されず、否決された場合の続行（民再172条の5）が許されないといった問題点がある。③は、債権者集会の開催を前提にして、再生債権者に集会に出席して議決権を行使するか、書面等で投票する（投票期間は債権者集会期日より前の日）かの選択権を与える方法（併用型）である。

実務では、債権者集会の開催を原則にしている。東京では併用型が多く、大阪では集会型が多い。集会型でも、委任状による議決権の代理行使ができるので、再生債権者の便宜は書面型と変わらない。債権者集会の期日は、債権者数にもよるが、付議決定後5、6週間後に指定されるのが通常である。

裁判所は、付議決定をしたときは、議決権の不統一行使の通知期限を公告し、その期限、再生計画案の内容（あるいは要旨）を、再生債務者、管財人、議決権を行使できる届出再生債権者等に通知する（民再169条3項）。さらに、議決権行使について上記②の書面等投票、③の併用型を定めた場合は、その旨を公告し、書面等投票は裁判所の定める期間内に限って行うことができる旨も通知する（同条4項）。

実務上は、裁判所は、再生計画案の全文と、同意・不同意に関する参考資料として監督委員の意見書（あるいはその要旨）を届出再生債権者に郵便で送付する方法で通知している。

(3) **議決権と可決要件**

(ア) 議決権

債権者集会（併用型含む）における議決権は、民事再生法104条1項によって確定している議決権と、未確定であっても集会期日で再生債務者等または届出再生債権者から異議が述べられなかった届出議決権である。集会期日で異議が述べられた未確定の議決権については、裁判所が議決権の額を確定するが（民再170条）、議決権を決定する裁判に対して不服申立ては認められない。この異議は、集会期日で行使される議決権に対する異議であって、調査期間における異議とは性質が異なる。査定の申立て等の確定手続中のものや、債権調査手続で議決権の額についてのみ異議等があったものについては、あらためて債権者集会で議決権に対する異議を述べなければ、議決権は届出額で行使することになる（同条2項2号）。

書面等投票による決議での議決権は、民事再生法104条1項によって確定している議決権である。未確定の議決権は裁判所が裁量によってその額を定める（民再171条）。

別除権者の被担保債権の債務者が再生債務者である場合の議決権は、別除権行使等の結果不足額が確定している場合は不足額が議決権の額になるが、未確定の場合は不足見込額（民再94条2項）で議決権が行使できる。

議決権者は、裁判所が定める期限までに書面で通知することによって議決権の不統一行使ができる（民再172条2項）。議決権の不統一行使は、複数の者から債権の管理・回収を委託された債権回収会社が委託者の意思を議決権に反映させる場合などの必要性から認められたものであるが、不統一行使に理由は不要である。

社債権者等は一定の要件で議決権の行使ができる（民再169条の2）。

裁判所は、相当と認めるときは、付議決定と同時に、議決権者を確定するために基準日を設けて、基準日の再生債権者表に記載されている再生債権者を議決権者と定めることができる（民再172条の2）。議決権者が多く、債権譲渡や第三者弁済による代位等で直前まで変動する可能性が高い場合は、技術的な観点から早期に議決権者を確定する必要があるときもあり、株主総会の基準日（会社124条）と同じような制度を設けたものである。

　　（イ）　可決要件

再生計画案の可決の要件は、議決権者（債権者集会に出席した者、書面等投票をした者に限る）の過半数の同意と、議決権者の議決権の総額の2分の1以上の議決権を有する者の同意である（民再172条の3第1項）。再生手続では、可決要件は債権者の頭数要件と議決権の額の双方の要件を要求している点に特色がある（更生手続では頭数要件はない）。

約定劣後再生債権の届出がある場合は、通常の再生債権者と約定劣後再生債権者とを別の組にして決議を行わせることもできるが（民再172条の3第2項・3項）、別の組に分ける場合は通常の再生債権者と約定劣後再生債権者との組のいずれにも前述の可決要件が必要となる（同条6項）。

議決権の不統一行使が行われたときは、前記の可決要件の頭数要件の割合の算定にあたっては、議決権者の総数に不統一行使者の数を加算し、再生計

画案に同意する旨の議決権を行使した議決権者の数に不統一行使者の数の2分の1を加算して算定する（民再172条の3第7項）。再生手続では可決に頭数要件を要求しているので、不統一行使の場合の頭数の算定の方法を定めたものである。

債権者集会（併用型を含む）で、決議の結果、前記の可決要件が満たせなかった場合は、裁判所は、①頭数要件か議決権の額の要件のいずれか一方を満たしているとき、または、②債権者集会の出席議決権者の過半数であって出席議決権者の議決権の総額の2分の1を超える議決権を有する者が期日続行に同意したときは、再生計画案の提出者の申立て、または職権で、続行期日を定めなければならない（民再172条の5第1項）。続行要件が満たされている場合でも、裁判所は、続行期日で再生計画案が可決される見込みがないことが明らかである場合は、期日の続行をしないことができる（同条1項ただし書）。

続行期日を指定した場合は、再生計画案の可決は、最初の債権者集会期日から2カ月以内（必要がある場合は1カ月以内の期間の伸長が認められる）にされなければならない（民再172条の5第2項・3項）。この期間内に再生計画案が可決されなかった場合は、裁判所は、職権で再生手続の廃止決定をしなければならない（民再191条3号）。続行要件が満たせない場合は、再生計画案が否決されたのであるから、裁判所は、職権で再生手続の廃止決定をしなければならない（同号）。議決権の行使方法が書面等投票による場合は、書面等投票の結果、可決要件を満たせなかったときは、再生計画案が否決されたのであるから、裁判所は、職権で再生手続の廃止決定をしなければならない（同号）。

4　再生計画の認否

裁判所は再生計画案が可決されたときは、不認可事由がないときは、認可の決定をし、不認可事由があるときは不認可の決定をする（民再174条1項・2項）。

不認可事由は、①再生手続または再生計画が法律の規定に違反し、かつ、その不備が補正することができないとき（民再174条2項1号。ただし、再生

手続が法律の規定に違反する場合において、当該違反の程度が軽微であるときはこの限りではない)、②再生計画が遂行される見込みがないとき(同項2号)、③再生計画の決議が不正の方法によって成立するに至ったとき(同項3号)、④再生計画の決議が再生債権者の一般の利益に反するとき(同項4号)である。上記①の「再生手続が法律の規定に違反する」とは、違法な手続によって利害関係人の利益が害されることを防止する趣旨で、申立資格のない者の申立てで再生手続が開始されたといった再生手続上の違反がある場合や、不同意再生債権者の利益を保護する趣旨で、再生計画案の内容が必要的記載事項を欠いているとか、債権者平等原則違反であるような場合などをいう。再生手続の違反が軽微な場合を不認可事由としないのは、再生債権者の法定多数の同意で可決された再生計画案を軽微な手続上の瑕疵で無にすることがないように裁判所に適切な裁量権を与えたものである。②の「再生計画が遂行される見込みがないとき」とは、再生計画案で示された再生計画の条項の履行、特に権利変更後の再生債権の弁済ができない可能性が高いことをいう。実現可能性が非常に低いという事情でもない限り、また、再生債権者の多数が同意している場合は債権者の多数が履行は不可能だとは考えていないことなども勘案して、遂行の見込みの有無を判断すればよい。③の「不正の方法」とは、一般には、詐欺、脅迫、または不正な利益の供与等による議決権行使があった場合をいい、再生計画案の可決が信義則に反する場合も含まれる。再生手続開始の申立ての約1カ月前になされた再生会社取締役個人への債権譲渡により再生計画案可決の頭数要件を具備する結果としてなされた決議は、民事再生法172条の3第1項1号の少数債権者保護の趣旨を僭脱し信義則に反するから、不正な方法に該当する。④の「再生債権者の一般の利益に反する」とは、再生債権者全員の利益を害することをいい、具体的には、清算価値保障原則の観点から、再生計画による弁済率が清算配当率を実質的に下回ることをいう。実質的に清算配当率を下回るかどうかについては、分割弁済における中間利息控除をどのように考えるかにもよる。また、清算の前提となる再生債務者財産について否認権行使が可能な場合は、否認権行使

---

55 東京高決平成14・9・6判時1826号72頁参照。
56 最判平成20・3・13判時2002号112頁。

によって回復されるべき財産も清算配当率算定における配当原資に加算する考え方もありうるが、加算するとしてもそれは保守的にすべきであろう。[57]

　また、再生債務者の清算価値は再生手続開始時から再生計画認可時まで変動するから（再生手続中に赤字が一定期間継続すれば、資産が減少することもある。反対に一部事業譲渡を実行し、譲渡代金が加算されて資産が増えることもある）、どの時点の清算配当率を基準とすべきか問題となる。通常は、財産評定の基準時である再生手続開始時を基準とすることになろう。しかし、再生計画案の配当率が、再生手続開始時の清算価値を下回っても、再生計画認可時の清算価値を上回る場合に、再生計画不認可としても破産手続に至れば再生計画より低い配当しか受けられないから、再生計画不認可とする必要性も合理性もない。したがって、再生計画認可時の清算配当率を下回らない限り認可できると解すべきであろう。このとき、財産評定の結果しか疎明資料がないこともあるので、再生債務者は、再生計画認可を得るには、再生計画認可時の清算配当率を明らかにして、それを上回ることを明らかにする必要がある。再生計画認可時の清算価値が再生手続開始時の清算価値を上回る場合に、再生手続開始時の清算価値を上回るが、再生計画認可時の清算価値を下回る再生計画案が許されるか問題となりうるが、清算価値は再生手続全体を通じて守られるべき基本原則であるから、原則として、再生計画認可時の清算価値が保障されるべきである。ただし、手続的には、迅速簡便を旨とする再生手続においては、再生計画認可時の清算価値を積極的に明らかにする必要性はないから、通常は、財産評定の結果、すなわち、再生手続開始の清算価値を基準に認否の判断をすれば足りよう。

　実務上は、不認可事由がないことが確認されて付議決定されているから、決議が不正な方法で成立した（民再174条2項3号）というような特別の事情でもない限り、再生計画認可決定がなされる。債権者集会が開催される場合は、可決直後に集会の場で債権者の意見を聴取したうえで（同条3項）、直ちに再生計画認可決定がされることが多い。

　再生計画認可・不認可の決定に対しては即時抗告ができる（民再175条1

---

[57] 東京高決平成15・7・25金法1688号37頁。

項)。

　再生計画不認可の決定が確定すると、再生手続は終了することになる。確定再生債権については、管理型で再生債務者が債権調査手続で異議を述べている場合を除き、再生債権者表の記載は再生債務者に対して確定判決と同一の効力を有し、これに基づいて強制執行をすることができる（民再185条）。もっとも、実務上は、通常は職権破産の要件を満たすので破産手続に移行することになるから（民再250条1項）、破産手続が開始されると、強制執行はできないことになる（破42条1項）。実務上は、再生計画不認可で手続が終了する例はあまりない。

5 再生計画の効力

(1) 再生計画認可決定の効力発生時期

　再生計画認可決定は、確定しなければ効力を生じない（民再176条）。更生手続の場合は、更生計画は認可決定によって直ちに効力を生じる（会更201条）のと対照的である。この違いは、更生手続のほうが早期に更生計画の遂行を図る必要性が高いからであるとされる。

(2) 再生計画認可決定の確定の効力

　再生計画認可決定が確定すると、再生債務者や再生債権者等に対して効力を有し（民再177条1項）、再生計画の定めによって認められた債権・届出の追完が不可能であった再生債権など民事再生法181条1項各号に定める債権・権利変更の対象とならない再生手続開始決定前の罰金等以外の再生債権について免責される（民再178条）。債権の全部が免責されるのは、自認債権以外の未届再生債権と、再生債権の届出をしたところ異議等があったのに期間内に査定の手続や受継の申立てをしなかった債権である。免責の効果は、責任だけが消滅し債権自体が消滅するわけではないが、再生手続中は再生手続によらない債権消滅行為が許されない（民再85条1項）から、任意の弁済はできない。

　共益債権と一般優先債権が免責されないことは当然である。また、開始後債権も免責の対象ではない。

　再生計画認可決定が確定すると、届出再生債権と自認債権は再生計画の権

利変更条項の定めに従って権利が変更されるが、当該債権が確定しなければ再生計画によって定められた履行を受けることができない（民再179条）。再生計画の遂行その他法律に基づいて生じた効果は、その後再生手続が廃止されても影響しない（民再195条6項）。つまり、計画弁済の効力は失われないから、再生債権者はこれを保持できる。再生計画取消決定が確定した場合と再生計画の履行完了前に再生債務者に破産手続や新たな再生手続の開始があった場合は、再生計画によって変更された再生債権は原状に復する（民再189条7項・190条1項）。つまり、免除の効力は失われる。

再生計画による権利変更は、別除権者、連帯債務者等、保証人、物上保証人等に対しては影響を及ぼさない（民再177条2項）。民法の一般原則によれば、連帯債務者の一人に生じた免除等の効力は他の連帯債務者に及ぶことになるし、主債務者に生じた債務の減免は附従性の原則により保証人や物上保証人に及ぶことになるが、この規定はその例外になっている。この附従性等の適用除外は倒産法の一般的原則である（会更203条2項、破253条2項）。

(3) **債権者の権利行使**

確定した届出再生債権者と自認債権の債権者は、再生計画の定めによって権利変更がされた権利について権利行使ができる（民再179条2項）。再生計画の条項が記載された再生債権者表は、確定判決と同一の効力を有し、再生債権が金銭債権等の支払いを内容とするものは執行力を有するから（民再180条）、再生債務者等が再生計画に定められた弁済期が到来したのに弁済を行わないときは、再生計画の期間中であっても、この再生債権者表の記載を債務名義にして強制執行ができる（更生手続はこれが許されない。会更240条）。これが、再生債務者の再生計画による弁済の履行を間接的に強制することになり、再生計画の履行の確保の手段の一つとなる。

(4) **その他**

他の手続等の関係では、再生計画認可決定の確定により、再生手続開始によって中止されていた破産手続、強制執行等の手続、財産開示手続は失効する（民再184条）。

6　再生計画の遂行

再生計画認可決定が確定したときは、再生債務者等は、速やかに再生計画を遂行しなければならない（民再186条1項）。再生計画の遂行とは、再生計画で定められた内容を全部履行することで、再生計画で権利変更をした再生債権を再生計画に従って弁済することや、条項で定められた減資等を行うことである。

監督委員がいるときは、監督委員は再生債務者の再生計画の遂行を監督する（民再186条2項）。監督委員は、民事再生法59条の調査権を行使して、再生計画の履行状況を報告させたり、必要な資料の提出を求めたり検査したりして、再生計画の遂行状況を監督する。監督委員が履行監督をする期間は最長でも認可決定確定後3年間である（民再188条2項）。

再生計画の条項に再生債務者等または再生のために債務を負担する者、担保を提供する者に関する条項がある場合において、裁判所は再生計画の遂行を確実にするため必要があると認めるときは、再生計画で権利を認められた者（未確定再生債権者や不足額が未確定の別除権付再生債権者を含む）のために、債務を負担する者・担保を提供する者に対し、相当な担保を提供することを命じることができる（民再186条3項）。担保提供の方法は、金銭または有価証券の供託、支払保証委託契約の締結、担保供与契約である（同条4項、民訴76条、民訴規29条1項）。

7　再生計画の変更

再生計画認可決定後、やむを得ない事由で再生計画に定める事項を変更する必要が生じたときは、再生手続終了前に限って、再生債務者・管財人・監督委員・届出再生債権者の申立てによって、裁判所は再生計画の変更をすることができる（民再187条1項）。「やむを得ない事由」とは、再生計画認可時にそのような事情が生じると予測していれば別の再生計画が策定されていたと思われる程度の重要な事由であることが必要である。この変更が再生債権者に不利な影響を及ぼす場合（分割弁済を一括弁済とするが一括弁済までの中間利息を控除するという場合など）は、再生計画案の決議と同様の手続を踏ま

なければならない。ただし、再生債権者のうち不利な影響を受けない再生債権者は手続に参加させなくてもよいし、従前の再生計画に同意した者が変更計画案について議決権行使をしないとき（ただし債権者集会に出席した場合は除く）は、変更計画案に同意したものとみなされる（同条2項）。

8 再生計画の取消し

　再生計画を維持することが相当でない一定の重大な事由があるときは、裁判所は再生計画を取り消すことができる。再生計画が取り消されると、再生計画の効力は覆滅し、原状に復した再生債権による権利行使が可能となる。

　再生計画認可決定が確定した場合に、①再生計画が不正の方法より成立したこと、②再生債務者等が再生計画の履行を怠ったこと、③再生債務者が裁判所の許可を要する事項として定めた事項を裁判所の許可を受けないで行ったとき、④再生債務者が裁判所の許可を受けないで営業等の譲渡をしたとき、⑤再生債務者が監督委員の同意を受けなければならない事項を監督委員の同意を受けないで行ったときには、裁判所は再生債権者の申立てで、再生計画取消しの決定をすることができる（民再189条1項）。上記①は、本来、再生計画が不正の方法で成立した場合は不認可事由になり、これが看過されて認可決定がされたときは即時抗告の理由になるが（民再175条1項）、即時抗告期間が満了した後に不正が判明した場合は即時抗告ができないから、計画の取消しを申し立てることができるものとしている。ただし、即時抗告で不正を主張する機会があったのにしなかった場合は取消しの申立てをすることができず、法的安定性重視の観点から申立期間の制限がある（民再189条2項）。②は、再生債務者等が再生計画の履行を怠った場合は、再生債権者は個別に再生債権者表に基づいて強制執行ができるが、それは権利変更後の債権でかつその弁済期が到来した場合に限る。そこで、履行確保の観点から、債権を原状に復させて、再生計画によって変更される前の再生債権者表の記載に基づいて強制執行ができるものとしている（同条8項・185条2項）。もっとも、再生計画の取消しは全債権者に影響を及ぼすことから、この事由により再生計画取消しの申立てができる再生債権者は、未履行債権額の10％以上の債権を有することが必要とされている（民再189条3項参照）。なお、②～⑤は、

このような手続上の違反行為をする悪質な再生債務者には再生手続による利益を与えるべきではないからであり、手続廃止事由にもなっている（民再193条1項2号）。

このような取消事由があっても、裁判所は諸般の事由を斟酌して、裁量で申立てを棄却することも可能である。たとえば、上記②については再生計画の変更で対処が可能である場合、③⑤については違反の程度が軽微であったというような場合である。

再生計画取消しの決定は、再生手続の終結後も行うことが可能である。

再生計画取消しの申立てに対する裁判（取消決定や棄却決定）に対しては、即時抗告ができる（民再189条5項）。

再生計画取消決定は、確定によってその効力を生じるが（民再189条6項）、再生手続中に確定したときは、再生手続は終了することになる。実務上は、再生計画取消しによる手続の終了例はほとんどない。

Ⅷ　再生手続の終了

再生手続は、①再生手続開始決定の取消決定の確定、②再生手続終結決定、③再生手続廃止決定の確定、④再生計画不認可決定の確定、⑤再生手続中の再生計画取消決定の確定によって終了する。上記①④⑤はすでに述べたとおりである（①の再生手続開始決定の取消決定の確定による終了は前記Ⅰ2(5)参照、④の再生計画不認可決定の確定による終了は前記Ⅶ4参照、⑤再生手続中の再生計画取消決定の確定による終了は前記Ⅶ8参照）。

1　再生手続の終結

終結事由は、監督委員も管財人も選任されていない単純なDIP型の場合、監督委員が選任されている場合、管財人が選任されている場合のそれぞれで異なる。

裁判所は終結事由があるときは再生手続終結決定をするが、この決定に対して不服申立てはできない。再生手続終結決定で再生手続は終了する。

(1) 単純な DIP 型の場合

監督委員も管財人も選任されていない場合、裁判所は、再生計画認可決定が確定したときは、再生手続終結の決定をしなければならない（民再188条1項）。

再生計画認可決定の確定によって手続を終結するのは、管理機関も監督機関もないからである。この場合の履行の確保は、再生債権者表に基づく個別の強制執行と、再生計画の取消しによることになる。

(2) 監督委員が選任されている場合

再生計画が遂行されたとき、または、再生計画認可決定確定後3年間が経過したときは、裁判所は、再生債務者・監督委員の申立て、または職権で、再生手続終結決定をしなければならない（民再188条2項）。「再生計画が遂行されたとき」とは、再生計画認可決定確定後3年以内に、再生計画で定めた内容の履行を全部完了したときである。3年以内の弁済をすべき時期に必要な弁済は完了したが、その後の弁済期が3年を超えるような場合に終結決定ができるかどうかは規定がない。3年を超える履行期に履行ができないことが明らかになったという特別の事情（後述の廃止事由になる）でもない限り、裁判所は、監督命令を取り消して、その取消決定が確定すれば、DIP 型の場合に準じて再生手続終結決定ができる。

監督委員の履行監督期間を再生計画認可決定確定後3年間としたのは、計画の遂行段階に入って3年程度履行が継続された場合は、その後の履行の可能性が高いことや、履行の完了までとすると監督委員の負担や再生債務者の費用負担（主として監督委員の報酬）が重くなりすぎるからである。

(3) 管財人が選任されている場合

再生計画が遂行されたとき、または、再生計画が遂行されることが確実であると認めるに至ったときは、裁判所は、再生債務者もしくは管財人の申立て、または職権で、再生手続終結決定をしなければならない（民再188条3項）。「再生計画が遂行されることが確実であると認める」とは、裁判所がその監督を要せず、再生債務者に履行を任せておいても大丈夫であると認められる場合などである。更生手続でも同様の規定があり（会更239条1項3号）、その例として、金銭債権総額の3分の2以上が弁済された時点で不履行が生

じていないことを終結事由にしている（同項2号）。再生手続ではこのような例示規定は設けられていないが、更生手続の例示規定を参考にして、申立てがあった場合は管財人の意見を聴取する等して判断される。

2 再生手続の廃止

再生手続の廃止とは、再生手続開始後に、再生手続が目的を達することなく裁判所の決定によって再生手続の効力を将来に向かって消滅させる手続終了の方法である。

廃止決定の時期と廃止事由によって、再生計画認可前の手続廃止、再生債務者の義務違反による手続廃止、再生計画認可後の手続廃止に分けられる。

(1) 再生計画認可前の手続廃止

この手続廃止は2種類あり、再生計画案の認可の見込みがないとき（民再191条）、再生手続開始原因がないことが客観的に明らかになったとき（民再192条）である。

(ア) 再生計画案の認可の見込みがない場合

裁判所が職権で再生手続廃止決定をしなければならない場合で、①決議に付するに足りる再生計画案作成の見込みがないことが明らかになったとき、②裁判所の定めた期間もしくは伸長期間内に再生計画案の提出がなかったとき、またはその期間内に提出されたすべての再生計画案が決議に付するに足りないものであるとき、③再生計画案が否決されたとき、または債権者集会の続行期日が定められた場合において再生計画案が可決されないときが廃止事由である（民再191条）。

上記①は、手続開始時点では再生債務者の事業継続の見込みがあったが、主要な取引先等が予想に反して取引等の継続に応じずこれに代わる取引先等を見つけられない、事業の継続に必要な資産に担保権を有する別除権者が担保権の実行を強行してきて中止命令によっても別除権協定の見込みがない、主要な生産設備が火災等で損傷して操業を継続することが困難になる、大口再生債権者等が再生手続に反対していて再生計画案の可決の見込みがないなどの理由で、決議に付するに足りる再生計画案作成の見込みがない場合である。理論的には、法定多数の同意が得られれば、このような場合も清算型の

再生計画案を作成して、実質的な清算手続に爾後の再生手続を利用することは可能であるが、早期に破産手続に移行させて破産管財人（実務では監督委員であった者が事案を把握しているので破産管財人に選任される）の下で清算するほうが相当であると考えられる場合には、再生手続廃止・職権破産（民再250条1項）の方法が選択されることが多い。②は、期間内に再生計画案が提出されないか、あるいは、提出されてもそのすべての再生計画案に不認可事由があるか、法定多数の賛成・同意が得られる見込みがない場合である。裁判所は、再生計画案が提出された場合も付議決定はしないで、直ちに廃止決定をすることになる。③は、再生計画案が否決されたために、再生手続を終了して破産手続へ移行させるのが相当な場合である。

この廃止決定は、職権で行われる。裁判所は事前に関係人等に意見陳述の機会を与える必要はない。廃止決定を遅らせることによって、共益債権を増大させて再生債務者財産の流失を防ぐ必要があるからである。もっとも、裁判所は、廃止事由の有無の判断のために必要な調査をすることは可能である。実務では、監督委員が選任されており、監督委員から廃止事由の指摘（特に上記①）があるのが通例で、裁判所は監督委員に廃止事由に関する調査をさせて廃止決定を行っている。

　　(イ)　手続開始原因がないことが明らかになった場合

債権届出期間の経過後、再生計画認可の決定の確定前において、民事再生法21条1項に規定する再生手続開始の申立ての事由（手続開始原因）のないことが明らかになったときは、裁判所は、再生債務者、管財人または届出再生債権者の申立てにより、再生手続廃止の決定をしなければならない（民再192条1項）。

手続開始原因がないことが後に明らかになった場合は、再生手続を進行させる必要がないから廃止事由としたものである。再生手続開始時に手続開始原因が存在するとして再生手続が開始されたが、客観的にはそれがないことが判明した場合以外に、再生手続開始時に存在した手続開始原因が後に消滅した場合を含む。

この廃止決定は、申立権者の申立てが必要で、職権ではできない。廃止の申立てには、廃止の原因である事実を疎明しなければならない（民再192条2

項)。また、この決定ができるのが、債権届出期間経過後になっているのは、届出再生債権の総額等が明らかになった後に行うのが望ましいからである。また、再生計画認可決定が確定すれば、再生計画による権利変更等をすれば足りるので、かかる理由で廃止できるは、再生計画認可決定の確定までである。

(2) 再生債務者の義務違反による手続廃止

裁判所は、①再生債務者の保全命令違反、②再生債務者が裁判所の要許可事項または監督委員の要同意事項について許可・同意を得ないでその事項に該当する行為をしたとき、③再生債務者が裁判所の許可を得ないで営業等の譲渡をしたとき、④再生債務者が認否書を提出期限までに提出しなかったときは、監督委員・管財人の申立て、または職権で、再生手続廃止の決定をすることができる(民再193条1項)。違反行為は、再生手続中であればよく、再生計画認可決定確定の前後を問わない。

裁量的廃止事由であるから、裁判所は、再生債務者の違反の内容、程度、違反による影響等諸般の事情を勘案して判断することになる。

管財人の違反行為は廃止事由ではない。管財人を必置の機関とする更生手続ではこのような廃止事由はない。

この廃止決定は、再生債務者に対する制裁としてなされるから、再生債務者に弁明の機会を保障する必要があるので、裁判所は再生債務者を必ず審尋しなければならない(民再193条2項)。

実務上は、上記の①②の違反事実は、監督委員が監督や調査の過程で発見することが多いが、違反の程度が軽微であるときは(再生債務者が民事再生法の規定の理解が不十分でうっかりミスも多いし、②の場合は監督委員の要同意事項かどうか微妙な例もある)、監督委員は警告を発して是正を求め、重大で悪質と認められる場合は裁判所に報告して裁判所と協議のうえ、廃止の申立てを行う場合もある。

(3) 再生計画認可後の手続廃止

再生計画認可の決定が確定した後に再生計画が遂行される見込みがないことが明らかになったときは、裁判所は、再生債務者等もしくは監督委員の申立てにより、または職権で、再生手続廃止の決定をしなければならない(民

再194条)。

　再生計画遂行の見込みがないときは再生計画が認可されない（民再174条2項2号）が、後の経済情勢の変化等によって、再生計画の条項に従った弁済の見込みがなくなることもある。この場合は、再生計画の変更で対処できるときもあるが、この対処も無理であるときは、再生手続を継続する理由に乏しいので手続を廃止することとしたものである。この廃止を行うのは、再生計画認可決定の確定後も再生手続が継続する場合に限られ、再生手続終結決定がされて再生手続が終了した後は、この廃止の対象にはならない。

　この廃止決定は、申立てや職権でされるが、申立権者は再生債務者等と監督委員であり、債権者に申立権は与えられていない。もっとも、債権者は裁判所に職権の発動を促し、また申立権者に申立てを促すことはできる。

　裁判所は、再生手続の廃止決定をするには、当該決定をするべきことが明らかである場合を除き、再生債務者・監督委員・管財人・再生計画によって認められた権利者で知れている者の意見を聴くものとされている（民再規98条）。

(4) 再生手続廃止の手続と効果

(ア) 再生手続廃止の手続

　裁判所は手続廃止決定をしたときは、直ちに、その主文および理由の要旨を公告しなければならない（民再195条1項）。廃止決定に対しては即時抗告が認められ（同条2項）、抗告期間は、官報公告がされた翌日から起算して2週間である（民再9条・10条）。

　廃止決定は確定しなければその効力を生じない（民再195条5項）。

　廃止決定によって手続が廃止されると、再生手続は終了するから、監督命令・管理命令は当然にその効力を失う（民再195条7項・188条4項）。

(イ) 再生手続廃止の効果

　廃止決定の効果は、将来に向かって手続の効力を消滅させるから、廃止決定確定時までに生じた効果を消滅させるものではない。したがって、再生債務者等が行った事業の遂行や、財産の管理処分行為の効果、すでにされた双方未履行双務契約の解除、担保権消滅の許可による担保権の消滅等の効果は覆滅されない。

再生計画の認可決定の確定前に手続廃止があった場合は、再生債権者は確定した再生債権全額について、再生債権者表の記載に基づいて強制執行ができる（民再195条7項・185条2項）。

再生計画認可決定の確定後に手続廃止があった場合は、再生計画の遂行および民事再生法によって生じた効力に影響を及ぼさないから（民再195条6項）、再生計画の条項による再生債権に対する権利変更の効果、再生計画による弁済等その履行の効力には影響を及ぼさない。再生債権の権利変更の効力は維持されるから、再生債権者は、権利変更後の権利についてだけ再生債権者表の記載に基づいて強制執行ができることになる（民再180条3項参照）。もっとも、後に破産手続に移行すると、再生計画で変更された再生債権は原状に復する（民再190条1項）。この点は更生手続と異なる。

3　再生手続の終了等と破産手続への移行

倒産手続間の手続移行については、民事再生法、会社更生法、破産法等の倒産法で定められているが、実務上は、当初は再生手続が選択されたがそれが不成功に終わり破産手続に移行する場合が少なくない。

(1)　職権破産

再生債務者に再生手続開始の申立ての棄却・再生手続廃止・再生計画不認可・再生計画取消しの各決定が確定した場合、裁判所は、当該再生債務者に破産手続開始の原因があると認めるときは、職権で、破産手続開始決定をすることができる（民再250条1項）。

破産手続開始決定は、裁判所の職権で行えるが、実務上は、再生債務者には例外なく破産手続開始原因があるので、必ず破産手続開始決定が行われ、再生手続における監督委員を破産管財人に選任するという運用がされている。

(2)　保全処分

前記(1)の再生手続開始の申立ての棄却・再生計画不認可・再生手続廃止等の決定から確定までは、決定の官報公告、2週間の抗告期間の経過が最短期間となり、通常官報公告には2、3週間を要するから、最短でも決定から職権破産まで4、5週間を要する。その間、再生債務者による財産の隠匿等で財産が散逸する可能性が高くなる。そこで、裁判所は、職権で、破産法上の

各種の保全命令や保全管理命令を発令することができる（民再251条1項）。実務では、監督命令を取り消して、監督委員を保全管理人に選任する運用がされている。

この場合の保全管理人の職務内容は、再生手続開始決定前の保全管理とは異なり、破産手続開始前の保全管理であるから、財産の散逸を防止して職権破産に円滑に移行させることを目的とするものである。実務上は、保全管理人は債務者財産の状況を勘案し、債権の回収等の換価を行う一方、漫然と事業を継続して共益債権を増加させることは妥当ではないから、通常は営業を廃止して従業員を解雇し、必要な共益債権の弁済を行いながら職権破産を待つことになる。

(3) **各種債権の処遇**

破産手続開始決定があると、従来の未払いの共益債権（継続的給付契約の再生手続開始前の給付に係る請求権と共益債権化された再生手続開始前の借入金等にかかる請求権も含む）は財団債権となり、破産手続によらない弁済が受けられる（民再252条6項）。

未払いの一般優先債権は、財団債権あるいは優先的破産債権となる（再生手続開始前の給料債権は、その性質は優先的破産債権であるが、民再252条5項で、再生手続開始前3カ月間の分を財団債権とする保護が図られている）。職権破産に移行する時期にもよるが、通常は、再生手続開始の申立ての棄却決定の確定が原因となる場合以外は、職権破産時には一般優先債権は弁済されて存在しない場合が多い。

再生債権と開始後債権は破産債権になる。再生計画認可決定確定後、その履行完了前に破産手続開始決定がされると、再生計画によって権利変更を受けた再生債権は権利変更前の状態に復帰するが、再生債権者が再生計画によって得た権利には影響がない（民再190条1項）。しかし、再生計画によって一部弁済があった場合はやや複雑な処理が行われる。再生債権であった破産債権については、その額は従前の再生債権の額から再生計画による弁済を受けた額を控除した額となるが（同条3項）、他の破産債権者とのバランスから、従前の再生債権の額をもって破産手続に参加できる額とみなして、破産財団に弁済受領額を加算して配当率を定め、当該破産債権を有する者は他の

同順位の破産債権者が自己の受けた弁済と同一の割合の配当を受けるまでは配当を受けられないとされる（同条4項）。破産の場合は配当での形式的平等が貫かれているから、少額債権を優遇した再生計画があった場合で一部弁済がされているときに、この規定が生きることになる。

(4) その他

破産手続における相殺の禁止、否認、その他の実体規定の内容は、原則的には再生手続と同じであるが、その時期的要件に関しては再生手続開始の申立て等を破産手続開始の申立てとみなされる（民再252条）。もっとも、破産手続では再生手続のような相殺時期の制限はないから、再生債権届出期間満了時までに相殺の意思表示をしなかった場合でも（民再93条1項）、破産に移行したときは相殺が可能となる。

債権確定等に関する破産債権の届出については手続の煩瑣を避けるため、一定の事由があるときはその届出を不要としている（民再253条）。

4 再生手続の終了等と再生債権確定手続の帰趨

再生債権の確定手続が係属中に再生手続が終了する場合がある。この場合に係属中の再生債権の確定手続は以下のようになる。

(1) 査定手続

再生計画認可決定確定前に再生手続が終了した場合は、係属中の査定手続は終了する（民再112条の2第1項前段）。査定手続は再生債権確定のために特に認められた簡易な手続であるので、再生計画認可決定確定前の終了の場合は再生債権の確定を図る必要はなく、別途訴訟で確定を図れば足りるからである。

再生計画認可決定確定後に再生手続が終了した場合は、係属中の査定手続はそのまま係属する（民再112条の2第1項後段）が、当該査定手続の当事者が管財人の場合は中断し、再生債務者が受継しなければならず、相手方も受継の申立てができる（同条3項・68条2項・3項）。この場合は債権の確定を図る必要があり、査定手続を終了させてしまうと債権確定が図られなくなってしまうからである。管財人が当事者の場合は、再生手続の終了で管財人は当事者適格を失うので（民再188条4項・189条8項）、中断・受継の手続がと

257

られることになる。

　また、再生計画認可決定確定後に再生手続が終了した場合で、終了後に査定の裁判があったときは、異議の訴えを提起することができる（民再112条の2第3項）。

　再生手続の終了によって破産手続に移行した場合は、再生計画認可決定確定後の再生手続の終了によって係属（中断・受継を含む）するものとされた査定手続は終了するし（民再254条5項）、異議の訴えの提起も認められない。破産手続での調査・確定手続で破産債権の確定を図るほうが合理的であるからである。

(2) 査定に対する異議訴訟

　再生債務者等が当事者である異議訴訟手続は、再生手続が終了しても中断せず引き続き係属するが、管財人が当事者の場合は中断して再生債務者が受継しなければならず、相手方も受継の申立てができる（民再68条2項・3項）。再生手続の終了により破産手続に移行した場合は、当該訴訟手続は中断するが（破44条1項）、破産債権の調査手続で破産債権として確定したときは終了し、異議等があったときは、その確定のために受継されることになる（破127条1項）。

　再生債務者等が当事者でない異議訴訟手続で、再生計画認可決定確定前に再生手続が終了した場合は、当該訴訟手続は中断する（民再112条の2第4項）。中断の日から1カ月以内に破産手続が開始され、債権調査手続で破産債権と確定されたときは、当該訴訟は終了し、異議等で確定されなかったときは、その確定のために受継される（破127条）。中断の日から1カ月以内に破産手続が開始されなかったときは、当該訴訟は終了するので（民再254条6項・4項）、その確定は破産手続での調査・確定手続によることになる。

　再生債務者等が当事者でない異議訴訟手続で、再生計画認可決定確定後に再生手続が終了した場合は、引き続き係属する（民再112条の2第4項）。再生手続の終了により破産手続に移行した場合は、当該訴訟手続は中断するが（破44条1項）、破産債権の調査手続で破産債権として確定されたときは終了し、異議等があったときは、その確定のために受継されることになる（破127条1項）。

(3) 受継された再生債権に関する訴訟

受継された訴訟（民再107条1項・109条2項）の当事者が再生債務者等である場合は、再生手続が終了しても引き続き係属するが（民再112条の2第5項参照）、管財人が当事者である場合、当該訴訟手続は中断し、再生債務者が受継しなければならず、相手方も受継の申立てができる（民再68条2項・3項）。再生手続の終了により破産手続に移行した場合は、当該訴訟手続は中断するが（破44条1項）、破産債権の調査手続で破産債権として確定されたときは終了し、異議等があったときは、その確定のために受継されることになる（破127条1項）。

受継された訴訟の当事者が再生債務者等でなく、再生計画認可決定確定前に再生手続が終了した場合は、当該訴訟手続は中断し（民再112条の2第5項）、再生債務者が受継しなければならず、相手方も受継の申立てができる（民再112条の2第6項・68条3項）。再生手続の終了により破産手続に移行した場合は、当該訴訟手続は中断するが（破44条1項）、破産債権の調査手続で破産債権として確定されたときは終了し、異議等があったときは、その確定のために受継されることになる（破127条1項）。

受継された訴訟の当事者が再生債務者等でなく、再生計画認可決定確定後に再生手続が終了した場合は、当該訴訟手続は引き続き係属する（民再112条の2第5項）。この終了により破産手続に移行した場合は、当該訴訟手続は中断するが（破44条1項）、破産債権の調査手続で破産債権として確定されたときは終了し、異議等があったときは、その確定のために受継されることになる（破127条1項）。

第4章

会社更生・特別清算

第1節　会社更生

I　会社更生手続の特色および利用状況

1　会社更生手続の特色

　会社更生手続は、再建型法的倒産手続の基本型である民事再生手続の株式会社に対する特別手続である。会社更生法は、平成14年に新たな会社更生法を制定するという方法で旧法が改正され、平成15年4月1日から施行された。
　会社更生手続には以下のような特色があり、その特色が民事再生手続との相違点にもなっている。
　会社更生手続の主な特色は、①その適用が株式会社に限られ、厳格で強力な手続であるが、手続が複雑で相当の時間と費用がかかること、②管財人が必ずおかれるので、従前の経営者は原則として経営権を失い、外部の管財人が手続を主宰するので手続の透明性が確保されること、③担保権が手続に取り込まれ担保権の実行が禁止され、その権利を更生計画で変更できること、④一般優先債権も手続に取り込まれ、手続外での権利行使は禁止されるが、公租公課と労働者の債権の一部は共益債権とされて一定の配慮があること、⑤更生計画では資本・組織の組替えが予定されていて、民事再生手続の再生計画では会社法の規定によらないで行えるのは再生債務者の株式の取得等と募集株式を引き受ける者の募集に関する定めだけであるが、更生計画ではそれ以外にも組織変更・合併・会社分割・株式交換・事業譲渡等が行えること、⑥更生計画の履行が確実と認められるまで手続が終結しないことなどである。
　なお、前記②の特色に関し、東京地方裁判所では平成20年から、一定の要件を満たす場合に従前の代表取締役を管財人に選任する、いわゆる「DIP型更生手続」（後記Ⅲ1(2)参照）の運用を開始し、以後現在までに、10数件の運用事例がある。大阪地方裁判所の運用でもこれを否定しない。

2　会社更生手続の利用状況

　以上のような更生手続の特色から、更生手続を選択するのは、一般的には、①従来の経営者が経営を継続するよりも外部の管財人が手続を遂行するほうが適切と考えられる場合、②事業継続に不可欠な財産に担保権が設定されており、担保権者と担保権に関する合意をすることが困難な場合、③多額の公租公課や労働債権があり、これら優先債権を手続に服させる必要がある場合、④事業の再建には資本または組織の再編が必要な場合などが考えられる。ただし、前記①の理由に関し、DIP型更生手続の運用があることは前述のとおりである。

　会社更生手続が、一般には手続が厳格で相当の時間と費用を要することから、その利用件数は必ずしも多くはない。現行法が施行された平成15年度から平成28年度までの更生事件の新受件数（全国）は、順に63件（ただし、一部は旧法事件）、45件、44件、14件、19件、34件、36件、20件、7件、24件、6件、4件、42件（うち40件は同月中申立てであり同一企業グループであると思われる）、1件である。

　会社更生法は、利用対象が株式会社に限定されていて件数も少ないので、民事再生法に比べてなじみの少ない法律であると思われる。このようなことから、以下、民事再生手続との相違点を中心に説明することとする。

　なお、会社更生法は株式会社を対象とする手続であるから、民事再生法における個人債務者を対象とした小規模個人再生・給与所得者等再生・住宅資金貸付債権に関する特則に相当するような手続はなく、また、民事再生法における簡易・迅速な処理を行うために設けられた簡易再生・同意再生に相当するような手続もない。

Ⅱ　更生手続の開始

1　更生手続開始の申立て

(1)　会社更生の適用対象

　会社更生法の適用対象となるのは、株式会社に限られる（会更1条）。
　株式会社であればよく、外国株式会社でもよいが（会更3条）、日本国内に営業所を有することが必要である（会更4条）。会社更生法では、この株式会社の名称は、更生手続開始申立て後、更生手続開始決定までの間は「開始前会社」、更生手続開始決定後は「更生会社」と呼んでいる（会更2条6項・7項）。

(2)　更生手続開始原因

　更生手続の開始原因は、再生手続の開始原因と同様で、①破産手続開始の原因となる事実が生じるおそれがある場合、または、②弁済期にある債務を弁済することとすれば事業の継続に著しい支障を来すおそれがある場合である（会更17条1項）。その内容は再生手続と同様である（第3章Ⅰ1(3)参照）。

(3)　更生手続開始の申立権者

　更生手続開始の申立権者は、債務者である株式会社、資本金の額の10分の1以上にあたる債権を有する債権者、総株主の議決権の10分の1以上を有する株主である（会更17条）。
　他の法律によって株式会社の清算人がその株式会社に対して破産手続開始または特別清算開始の申立てをする義務を負う場合も申立権がある（会更18条）。

　　(ア)　債務者

　前記(2)の更生手続開始原因①②のいずれの場合も申立てをすることができる（会更17条1項）。
　債務者たる株式会社について破産手続、再生手続または特別清算手続が係属しているときも、当該株式会社は更生手続開始の申立てをすることができるが、清算中、特別清算中または破産手続開始後の株式会社自身が更生手続

開始の申立てをするときは、株主総会の特別決議を経なければならない（会更19条）。そのほかにも、当該株式会社の破産管財人、あるいは再生手続において管理命令が発令されているときの管財人も、裁判所の許可を得て、更生手続開始の申立てをすることができる（会更246条・248条）。外国管財人にも申立権がある（会更244条）。

実務上は、そのほとんどが債務者申立てである。

(イ) 債権者

債権者は、前記(2)の更生手続開始原因①がある場合に、申立権が認められる。

申立債権者の要件として、再生手続にはない債権額の要件があり、当該株式会社の資本金の額の10分の１以上にあたる債権を有することである（会更17条２項１号）。複数の申立人があるときは、その債権を合計してこの要件を満たせば足りる。

実務上は、債権者申立ては例外的であるが、債務者の再生手続開始申立てに対して不満のある債権者が申立てをする例がある。

(ウ) 株　主

株主は、前記(2)の更生手続開始原因①の場合に、申立権が認められる。

株主の要件として、当該株式会社の総株主の議決権の10分の１以上を有することが必要である（会更17条２項２号）。複数の申立人があるときは、その議決権割合を合算してこの要件を満たせば足りる。

再生手続とは異なり、更生手続では更生計画における資本の組替えが不可避で、かつ、株主は関係人集会における議決権も有するので、申立権が与えられている。

(4) **更生手続開始の申立て**

(ア) 更生手続開始申立書および疎明資料

更生手続開始の申立ては、書面によらなければならない（会更規１条）。

更生手続開始申立書に記載する事項や添付書類等は、再生手続の場合とあまり変わらないが、再生手続開始申立書では、再生計画案の作成の方針についての申立人の意見を記載しなければならないとされるところ（民再規12条１項５号）、会社更生では、更生手続に関して申立人の意見があるときはそ

の意見を記載することとなっているのみであり（会更規12条1項7号）、具体的に更生計画案作成の方針についての意見等を記載することは求められていない。

更生手続開始の申立ての際には、更生手続開始原因となる事実の疎明が必要で、債権者申立てのときには、その有する債権の存在、株主申立てのときには、議決権の数も疎明しなければならない（会更20条）。疎明がないときは、更生手続開始の申立ては不適法却下される。

　(イ)　管轄裁判所

更生事件の事物管轄は地方裁判所で、当該事件が係属している地方裁判所は更生裁判所と呼ばれる（会更2条4項）。土地管轄は、株式会社の主たる営業所の所在地を管轄する地方裁判所である（会更5条1項）。

前記以外にも、①本店所在地を管轄する地方裁判所、②当該株式会社が他の株式会社の総株主の議決権の過半数を有する場合（当該株式会社を「親株式会社」、当該他の株式会社を「子株式会社」という。「子株式会社」が他の株式会社の「親株式会社」である場合と「親株式会社」と「子株式会社」があわせて他の株式会社の総株主の過半数の議決権を有する場合の当該他の株式会社も「子株式会社」とみなされている）に子株式会社について更生事件が係属する地方裁判所、③当該株式会社が子株式会社であるときは親株式会社について更生事件が係属する地方裁判所、④当該株式会社が会計監査人設置会社の場合は連結子会社についての更生事件が係属する地方裁判所、⑤当該株式会社が連結子会社である場合は会計監査人設置会社・大会社である他の株式会社について更生事件が係属する地方裁判所、⑥東京地方裁判所または大阪地方裁判所にも管轄権がある（会更5条2項〜6項）。

前記②〜⑤は、いわゆる親子会社や連結会社について管轄の点で一体処理を可能とするためであり、⑥は専門部があって人的資源が豊富な大規模裁判所に管轄権を認めたものである。

これらの管轄は専属管轄であり（会更6条）、裁判所は、著しい損害または遅滞を避けるため必要があると認めるときは、職権で更生事件を移送することが認められている点は（会更7条）、再生手続の場合と同様である（民再7条）。

Ⅱ 更生手続の開始

(ウ) 費用の予納

　更生手続開始の申立てをするときには、再生手続の場合と同様に、申立人は、更生手続の費用として裁判所の定める金額を予納しなければならない（会更21条1項）。予納すべき費用の額は、開始前会社の事業内容、資産および負債その他の財産の状況、債権者・株主の数、保全管理命令・監督命令・更生手続開始前の調査命令の要否その他の事情を考慮して定めるものとされている（会更規15条1項）。

　更生手続における予納金の額は、再生手続の場合と比較して、一般的には高額である。実務では、各裁判所でその目安があるが、東京地方裁判所の場合、現行法施行後に更生手続開始の申立てのあった事件の予納金額は、2000万円台前半から1億円までとなっており、おおむね2000万円台〜5000万円台までのものが多い。同じく東京地方裁判所において、DIP型更生手続の場合には、目安となる予納金額を1000万円台前半・後半、2000万円台前半・後半と分け、申立人の意見を聴いたうえで額を定める運用をしている。

　開始前会社が費用の予納をしない場合、申立ては棄却される（会更41条1項1号）。

2　更生手続開始決定前の措置

　更生手続開始の申立てから更生手続開始決定までは一定の時間がかかる。申立てから開始決定までの期間は裁判所によって、また、事案によって異なるが、現行法施行後の申立事件は、早い事件では申立てから1週間程度で開始決定がされており、全体の9割を超える事件について1カ月前後で開始決定がされている。実務では、円滑な手続進行のために、開始前会社または保全管理人は、更生手続開始の申立て後、速やかに債権者説明会を開催して、手続への理解を求め、事業価値の毀損を防止している例が多い。

　この間の措置については、再生手続と基本的には同様（第3章Ⅰ1(5)参照）であり、通常に弁済禁止の保全処分が発令されるが、再生手続との主な相違点は次のとおりである。

(1) 他の手続の中止命令

　更生手続開始の申立てがあったときは、債権者の権利行使を制限するため、

必要と認められるときは、更生手続開始の申立て時に、すでに開始されている他の手続を中止する処分が認められている（会更24条）。

更生手続では、再生手続では手続に取り込んでいない担保権や一般優先債権も広く手続に取り込んでいるため、再生手続と比較するとより広い範囲の権利行使が中止の対象とされており、商事留置権による競売や担保権の実行手続（会更24条1項2号）、企業担保権の実行手続（同項3号）、共益債権を徴収するため以外の国税滞納処分（国税滞納処分の例による処分を含む。同条2項）も中止の対象となる。

再生手続では、担保権は別除権とされるから、再生債権者の一般の利益に適合し、かつ、競売申立人に不当な損害を及ぼすおそれがない等の要件が具備されなければ中止命令は発令されないが（民再31条・197条）、更生手続では、強制執行手続と同様、必要性の要件を満たせば発令される（会更24条1項2号）。もっとも、公租公課に対する配慮から、滞納処分の中止命令は、中止命令から2カ月を経過したときは失効するものとされている（同条3項）。

(2) 包括的禁止命令

裁判所は、個別的な中止命令では、更生手続の目的を十分に達成することができないおそれがあると認めるべき特別の事情があるときは、全更生債権者等に対して、前記の強制執行等（担保権の実行等も含む）、滞納処分の禁止を命じる包括的禁止命令を発令できる（会更25条1項）。その要件等は再生手続と同様である（第3章Ⅰ1(5)(ウ)参照）。

包括的禁止命令が発令された場合、すでに開始前会社の財産に対してされている強制執行等の手続は、更生手続開始の申立てについて決定がある時まで中止され、国税滞納処分は同決定の時もしくは包括的禁止命令発令の日から2カ月が経過した日のいずれか早い日まで中止される（会更25条3項2号）。

(3) 商事留置権の消滅請求

(ア) 趣　旨

更生手続開始の申立て後、更生手続開始決定までの間に、商事留置権の消滅請求制度が設けられている（会更29条）。開始前会社（保全管理命令が発令されているときは保全管理人）は、事業の継続に欠くことができない財産上に

商事留置権があるときは、更生手続開始の申立てについて決定があるまでの間、裁判所の許可を得て（同条3項）、当該財産の価額に相当する金銭を商事留置権者に弁済して、商事留置権の消滅を請求することができる（同条2項）。

商事留置権の目的物の価値相当額の金銭を弁済することによって留置権を消滅させようとするものである。たとえば、営業倉庫に事業継続に必要な原材料が保管されているが、未払倉庫料の存在を理由に倉庫業者から商事留置権を主張され、原材料の搬出ができないような場合がこれにあたる。運送中の商品などの場合にも、急いで商事留置権を消滅させる必要がある場合などに利用される。

　(イ)　他の手続等との比較

商事留置権の消滅請求制度は、保全段階において認められた制度で、更生手続開始決定後は担保権消滅許可制度（会更104条以下）において対応すれば足りると解されている。

また、本制度は破産手続および更生手続に定められているが、再生手続にはない。再生手続では更生手続に比較して、申立てから開始決定までの期間が短いことから開始前の手続を設けるまでもないからで、開始決定後は、担保目的物の受戻しを利用することになろう。

　(ウ)　手続上の留意点

裁判所は、この許可に際し、目的物の価額が適正かどうかの判断まではしないから、商事留置権者は、弁済額が目的物の価額相当額より低いと考えるときは目的物を返還しない場合があり、その場合は目的物の返還訴訟を提起する必要がある。しかし、訴訟手続で時間を要することになると消滅請求を認めた目的が達せられないから、返還訴訟の受訴裁判所は、目的物の価額が弁済額より高い場合であっても、必要と認めるときには、相当の期間内に不足額（目的物の価額と弁済額との差額）を弁済することを条件に目的物の返還を命じることができるものとされている（会更29条5項）。

なお、この制度は、商事留置権の被担保債権額が目的物の価額を下回るときに利用されることは想定されておらず、この場合は、開始前会社（保全管理人があるときは保全管理人）は、商事留置権者に被担保債権全額を弁済して

(弁済禁止の仮処分がある場合はその部分の取消しを受けて)、目的物を取り戻せばよいことになる。

(4) 保全管理命令

(ア) 保全管理命令

裁判所は、更生手続の目的を達するために必要と認められるときは、開始前会社の業務および財産に関して保全管理人による管理を命じる保全管理命令を発することができる(会更30条1項)。

再生手続でも保全管理命令が発令される場合があるが、その発令要件は、債務者による財産の管理や処分が失当であるときその他事業の継続に特に必要なときとされていて(民再79条1項)、発令は例外的である。他方、更生手続では、発令要件は更生手続の目的を達成するために必要があると認めるときとされていて、その発令は例外的なものではない。DIP型を基本とする再生手続と管理型を基本とする更生手続との構造の差異によるものである。

更生手続では、管財人は必置の機関とされ、更生手続開始後には従来の経営陣とは異なる弁護士等の第三者が管財人に選任されることが実務の運用の大多数であるところ、管財人には保全管理人に選任された者がそのまま選任されることが通常である。円滑な事業の再建に向け、少しでも早期に開始決定後と同様の経営体制を整えるとともに、取引先等の利害関係人に対しても、手続開始後に管財人として経営権および財産の管理処分権を有することになる者が保全管理人として今後の事業再建方針等を説明できることが望ましいことなどから、実務では、通常は保全管理人選任の必要性があるとして、保全管理命令が発令されている。

(イ) 保全管理人

保全管理命令で選任される保全管理人の資格に制限はないが、実務では、再建型倒産処理に豊富な知識と経験を有する弁護士(あるいは弁護士法人)が選任されるのが通例である。

保全管理人は、開始前会社の業務および財産に関する専属的な管理処分権を有する(会更32条1項)。そこで、保全管理人は更生手続開始の申立てについて決定が出されるまでの間、開始前会社を経営し、その財産を管理処分する。なお、保全のための措置である性質上、開始前会社の常務とはいえない

行為をするときは、裁判所の許可を得る必要がある。

　また、事案によっては少しでも早く開始前会社の事業再建を支援するスポンサーを見つける必要がある場合もあり、そのようなときは、保全管理人が更生手続開始前の段階からスポンサー選定に着手することもある。

　保全管理人は、実務上は、開始決定までの重要な機関ではあるが、開始決定によって管財人に付与される双方未履行双務契約の履行・解除の選択権（会更61条）や否認権（会更86条～98条）は保全管理人には与えられていない。

　なお、保全管理人がその権限に基づいてした資金の借入れその他の行為によって生じた請求権は、裁判所の許可等を要せず、当然に共益債権となる（会更128条1項。ただし、常務に属しない行為について裁判所の許可を要することは前述のとおりである（会更32条1項））。近時、更生手続開始の申立て後、更生手続開始決定までの間のDIPファイナンスの必要性・重要性が認識されている。

　(5)　監督命令

　裁判所は、更生手続開始の申立てがあった場合において、更生手続の目的を達成するために必要があると認めるときは、利害関係人の申立てによりまたは職権で、更生手続開始の申立てについて決定があるまでの間、監督委員による監督を命じる処分をすることができる（会更35条1項）。

　前記の保全管理命令が発令されるときは、開始前会社の財産の管理処分権、経営権は保全管理人に帰属するが、発令されないときは更生手続開始までの間、開始前会社の経営者がこれらの権限を引き続き有することになるため、監督委員はそれが適切に行使されるよう監督する職務を負う。そこで、監督命令が発令されると、裁判所が指定する行為につき、開始前会社は監督委員の同意を得なければならない（会更35条2項）。

　特に開始前会社がDIP型更生手続の開始を希望している場合、保全管理命令は発令せず、従前の経営陣に経営権等を帰属させたまま、調査命令（後記(6)参照）とともに監督命令が発令され、倒産事件に携わった経験の豊富な弁護士が監督委員兼調査委員に選任されるのが通例である。

(6) **調査命令**
　(ア)　更生手続開始前の調査命令
　裁判所は、更生手続開始の申立てがあった時から当該申立てについての決定があるまでの間においても、必要があると認めるときは、利害関係人の申立てによりまたは職権で、調査命令を発することができる（会更39条）。
　調査命令は、裁判所が、更生手続開始後に、役員等責任査定決定を必要とする事情の有無等の要否、管財人の作成する貸借対照表および財産目録の当否、更生計画案の当否等を調査するために発令するものであるが（会更125条1項）、更生手続開始前にも調査命令の発令が認められている。
　(イ)　調査対象事項
　更生手続開始前の調査命令の調査対象事項は、以下のとおりである（会更39条各号）。
① 　更生手続開始原因となる事実および更生手続開始の条件として揚げられる事由（会更41条2号〜4号）の有無、開始前会社の業務および財産の状況その他更生手続開始の申立てについての判断をするのに必要な事項並びに更生手続を開始することの当否
② 　開始前会社の業務および財産に関する保全処分、保全管理命令、監督命令、否認権行使のための保全処分、更生手続開始前の役員等の財産に対する保全処分、または役員等責任査定決定を必要とする事情の有無およびその処分、命令または決定の要否
③ 　その他更生事件に関し調査委員による調査または意見陳述を必要とする事項
　(ウ)　実務の運用
　保全管理命令が発令されているときは、保全管理人が調査委員の役割をも果たすことが通常であるから、実務上重ねて調査命令が発令される運用はなされていないが、前述のとおり、開始前会社がDIP型更生手続の開始を希望している場合、保全管理命令は発令されず、調査命令および監督命令が発令され、調査委員兼監督委員が更生手続開始の要件の有無、役員等責任査定決定を必要とする事情の有無（DIP型で更生手続を開始することの可否に関係する）等を調査する運用がなされている。

また、再生手続が係属している会社について更生手続開始が申し立てられた場合、更生事件において調査委員が選任され、調査委員において、現経営陣に不正あるいは不適切な行為がないか、再生手続の進行の見込み、債権者の意向等、再生手続によることが債権者全体の利益になるかどうかの判断に必要な調査がなされることが通常である。

(7)　その他
　更生手続開始の申立ての取下げの制限（会更23条）、開始前会社（保全管理人）が開催する関係人説明会の開催とその報告（会更規16条）に関しては、再生手続と同様の規律が設けられている（第3章Ⅰ1(7)(8)参照）。

3　更生手続開始決定

(1)　更生手続開始の申立ての審理
　(ア)　更生手続開始の要件
　裁判所は、更生手続開始の申立てがあると、開始前会社が更生手続開始の要件を充足しているかについて審理をする。
　更生手続開始決定の要件は、管轄、申立人の申立権の存在等の形式的要件が具備されていること、更生手続開始原因があることである。これらの要件に該当する事実の存在については、開始要件であるから申立要件とは異なり、疎明では足りず証明が必要とされている。
　更生手続開始原因は、①破産手続開始の原因となる事実が生じるおそれがある場合、または、②弁済期にある債務を弁済することとすれば事業の継続に著しい支障を来すおそれがある場合である（会更17条1項）。
　管轄等の形式的要件が具備され、かつ、開始前会社に前記の更生手続開始原因があるときは、裁判所は除外事由（後記(イ)参照）があるときを除き、更生手続開始の決定をする（会更41条1項）。除外事由は、再生手続における申立棄却事由と同様である。
　(イ)　除外事由
　除外事由は、①更生手続の費用の予納がないとき、②裁判所に破産手続、再生手続または特別清算手続が係属し、その手続によることが債権者の一般の利益に適合するとき、③事業の継続を内容とする更生計画案の作成・可決

の見込みまたは事業の継続を内容とする更生計画の認可の見込みがないことが明らかであるとき、④不当な目的で更生手続開始の申立てがされたとき、その他申立てが誠実にされたものでないときである（会更41条1項各号）。

前記③の要件は、再生手続開始の場合と同様、「更生の見込み」とはされておらず、「更生計画案の作成・可決の見込み」とされていることに留意が必要である。実体的・経済的に更生が可能かどうかを裁判所が判断するのは困難であることなどから、判断の対象を更生計画案の作成・可決・認可の見込みといった手続的事項に限定するとともに、見込みがないことが「明らか」であることを棄却要件とすることにより、開始要件を緩和している。この要件は再生手続開始の申立てにおける除外事由と同様である（第3章Ⅰ1(6)参照）。

(ウ) 実務の状況

除外事由のうち、前記(イ)②の要件に関し、ゴルフ場運営会社の再生手続中に債権者から更生手続開始の申立てがされた事案などで、複数の申立棄却事例がある。いずれも、他の再生債権者らの意向、再生手続の進捗状況等を勘案し、再生手続によることが債権者の一般の利益に適合するとして、申立てを棄却した。債権者の多数が更生手続を望んでいないこと、担保権者とは別除権協定が成立していること、更生手続によると弁済率が低下する可能性があること等を理由として、更生手続開始の申立てを棄却した例がある。

(エ) 審理方法

更生手続開始の申立てに対する裁判のための審理方法は決定手続で行われ、任意的口頭弁論であり（会更8条1項）、裁判の資料収集は職権探知主義が採用されている（同条2項）。したがって、裁判所は関係人の主張には拘束されないし、事実認定のための資料も関係人提出にかかる資料に限られない。再生手続の場合と同じである（第3章Ⅰ1(6)参照）。

裁判所は事実調査を裁判所書記官に命じることができること（会更規14条）、裁判所は、開始決定・棄却決定をすべきことが明らかな場合を除いて、申立

---

1 東京地決平成20・6・10判時2007号100頁、東京地決平成20・5・15判時2007号96頁、大阪高決平成18・4・26判時1930号100頁等。
2 大阪地決平成18・2・16判タ1223号302頁。

てに対する決定をする前に労働組合等の意見を聴かなければならないこと（会更22条）も、再生手続と同様である（第3章Ⅰ1(6)参照）。実務では、保全管理人が選任されている場合には、保全管理人が裁判所に対して、更生手続開始の当否について調査報告書を提出している場合が多い。

(2) **更生手続開始決定の手続**

基本的には再生手続と同様であるが、再生手続と異なる主な点は以下のとおりである。

(ア) 更生手続開始決定と同時に定めるべき事項

裁判所は、更生手続開始決定と同時に、①管財人を選任し、②更生債権等（更生債権と更生担保権の総称。会更2条12項）の届出をすべき期間、③更生債権等の調査をするための期間を定めなければならない（会更42条1項）。更生手続において、管財人は必置の機関であるから、更生手続開始決定と同時に選任されることになる。

更生債権等の届出期間は、原則として更生手続開始決定の日から2週間以上4カ月以下、更生債権等の調査期間は、原則として更生債権等届出期間の末日から1週間以上4カ月以下の期間をおいて1週間以上2カ月以下とされている（会更規19条）。再生手続の場合より期間が長くなっている。

実務では、再生手続の債権届出期間の満了日は開始決定から1カ月程度であるが、更生手続では2カ月程度とされている。債権届出期間の満了後、管財人による認否書の提出期限が定められる（後記(イ)参照）。認否書提出期限は、調査期間の開始より前であり（会更146条3項）、再生手続の場合は債権届出期間満了から1カ月程度とされるが、更生手続では4カ月程度とされている。調査期間は、認否書の提出期限の1週間後から2週間程度とされ、その期間も再生手続の場合より長くなっている。

(イ) 任意的に定められる事項

必要的ではないが、実務上、更生手続開始決定と同時に定められる事項として、認否書の提出期限、更生手続開始に至った事情等についての報告書（会更84条1項）、財産状況等の報告書（会更83条3項）の提出期限、更生計画案の提出期間の終期、管財人の選任に関して書面で意見を述べる期間（財産状況報告集会を開催しないときは、会更85条4項で意見を聴くことになっている）

などがある。このほか、更生会社の業務と財産管理状況の報告（会更84条2項。毎月の状況を翌月15日までに報告せよとする例が多い）、管財人の要許可事項（会更72条2項）が同時に定められている。

　再生手続では、再生計画案の提出期限は開始決定後3カ月から3カ月半程度とされる場合が多いが、更生手続では事案に応じて6カ月から10カ月程度（法定の期間は会更184条3項で開始決定から1年以内）とされていることが多い。

4　更生手続開始決定の効果

(1)　更生債権等の弁済の禁止

　更生手続開始決定によって、法定の除外事由がない限り、更生債権および更生担保権に対し、弁済や免除以外の債権を消滅させる行為（担保権の実行も含む）は禁止される（会更47条1項）。

(2)　強制執行等の中止

　更生手続開始決定により、更生債権等に基づく強制執行等（担保権の実行を含む）、財産開示の申立て、企業担保権の実行、更生債権を徴収するための滞納処分（ただし、滞納処分については会更50条3項により原則1年間）はできなくなり、また、これらの手続がすでに開始しているときは、その手続は中止される（会更50条1項・2項）。

　なお、中止されたこれらの手続は更生計画認可決定によって失効する（会更208条）。失効の時期が認可決定確定時でないのは、認可決定は直ちに効力を生じる（会更201条）からである。

　もっとも、裁判所は、租税等の請求権（国税徴収法または国税徴収の例によって徴収することができる請求権であって共益債権でないものをいう。会更2条15項）を徴収するための前記の執行手続（滞納処分に限らない）は、更生に支障がないと認めるときは、手続や処分の続行を命ずることができる（会更50条5項）。

(3)　他の手続の中止

　他の倒産手続との関係では、更生手続開始決定により、破産手続・再生手続・特別清算手続開始の各申立てはできなくなり、すでに開始されていた破

産手続と再生手続は中止され、すでに開始されていた特別清算手続は失効する（会更50条1項）。

再建型の法的倒産手続である更生手続は、事業を維持継続させることを清算に優先させるために清算型の手続である破産・特別清算より優先され、同じ再建型の手続である再生手続にも優先されると解されている。とはいえ、債務者に破産手続、再生手続が係属しているときに更生手続開始の申立てがあったとしても、当然ながら、必ず更生手続が開始するわけではなく、開始の要件が検討され、その結果、破産手続、再生手続または特別清算手続によることが債権者の一般の利益に適合すると判断されれば、更生手続は開始されないことはすでに述べたとおりである（会更41条1項2号）。

破産手続については失効させずに中止にするのは、更生手続を開始しても更生に失敗したときは、職権で破産手続に移行させる必要があり（会更252条2項）、その場合はすでに開始されている破産手続を利用する途を残したからである。また、再生手続が中止するのは、更生計画認可前に更生手続が終了すると再生手続を続行する場合もあるからである（会更257条）。

なお、中止された破産手続・再生手続は、更生計画認可決定によって失効する（会更208条）。

(4) 組織法上の行為

更生手続開始決定があれば、更生会社の資本の構成や組織に関する株式の消却・併合・分割、株式無償割当て、募集株式の引受者の募集、募集新株予約権の引受者の募集、新株予約権の消却、新株予約権無償割当て、資本金または準備金の額の減少、余剰金の配当等、解散または株式会社の継続、募集社債の引受者の募集、持分会社への組織変更、合併、会社分割、株式交換・移転などの基本的事項の変更は、更生計画の定めによらなければ行えなくなる（会更45条1項）。更生会社の定款の変更も更生計画の定めか裁判所の許可でしか行えなくなる（同条2項）。

更生手続が開始されても会社は存続し、取締役等の株式会社の組織は残り、株主総会・取締役会等の株式会社としての組織法的・社団的関係における活動は許されるが、一方では、事業経営・財産の管理処分権は管財人に専属することになるので（会更72条1項）、株式会社の組織法的・社団的関係におけ

る活動を自由に認めると更生の目的を達することができないことから、このような制約を設けたものである。この点は、管財人の選任を例外とし、再生計画の条項で会社の組織等に関する変更をほとんど行えない再生手続とは異なるところである。

Ⅲ　更生手続の機関

1　管財人

(1)　管財人の権限および資格

　管財人は、更生手続開始と同時に、裁判所が選任する必置の機関である（会更42条1項・67条1項）。管財人は、実務上は、更生管財人と呼ばれることが多い。

　更生手続開始決定によって、更生会社の業務遂行権や財産の管理処分権は、管財人に専属することになる（会更72条1項）。

　管財人は、裁判所の監督に服し（会更68条1項）、その職務の行使については善管注意義務を負うが（会更80条1項）、裁判所からは独立した機関である。

　管財人の資格に制限はなく（ただし、更生会社の役員で役員責任等査定決定を受けるおそれのある者は除く）、法人も管財人になれる（会更67条2項・3項）。実務では、更生手続開始の申立てと同時に発令される保全管理命令により、再建型倒産事件の経験豊富な弁護士が保全管理人に選任され、その保全管理人がそのまま管財人に選任されることが多い。また、更生会社にスポンサーが選定された後は、スポンサーから派遣された経営者が管財人に選任され、弁護士管財人が法律的な問題を処理する法律家管財人、後者が経営実務を行う事業家管財人として、その職務を分担する場合が多い（会更69条1項ただし書）。

(2)　DIP 型更生手続

(ア)　DIP 型運用の開始

　会社更生法67条3項は、裁判所は役員等責任査定決定を受けるおそれがあると認められる者は、管財人に選任することができないと定めている。これ

を反対に解釈すれば、更生会社の役員であっても、経営責任を問われるおそれがないときは、管財人に選任することができることになる。

それでも実務上、更生会社の役員が管財人に選任される例はみられなかったが、平成20年に東京地方裁判所が一定の要件を充足する場合に更生会社の代表取締役が管財人に就任することを認める旨を公表し、従来の経営者を管財人に選任する運用、いわゆるDIP型更生手続の運用が開始された。

その要件とは、①現経営陣に不正行為等の違法な経営責任の問題がないこと、②主要債権者が現経営陣の経営関与に反対していないこと、③スポンサーとなるべき者がいる場合には、その了解があること、④現経営陣の経営関与によって更生手続の適正な遂行が損なわれるような事情が認められないことの四つである。

　(イ)　実務の状況

DIP型更生手続といわれる運用の中には、更生会社の従来の取締役が管財人に選任される場合のほか、更生会社の申立代理人が管財人に選任する、いわゆる中間型といわれる運用もみられる。

東京地方裁判所においてDIP型更生手続運用を開始（前記(ア)参照）した平成20年から平成26年6月までに、東京地方裁判所では、中間型を含めて10グループのDIP型での運用事例があり、このほか、大阪地方裁判所の2社、静岡地方裁判所浜松支部の1社がある。

東京地方裁判所において、平成23年11月までにDIP型（中間型を含む）の形態で更生手続開始決定がされ、更生計画認可に至った10件・6グループの事例の計画案への平均同意率は、更生担保権者97.15％、更生債権者94.77％と高い数値を示しており、債権者の大方の理解を得られたものと評価されている。

　(3)　**管財人の職務**

管財人には、更生会社の事業の経営並びに財産の管理および処分をする権利が専属し（会更72条1項）、管財人は就職の後直ちに更生会社の業務および財産の管理に着手しなければならない（会更73条）。

管財人は、更生手続開始後、更生会社の経営および財産の管理処分を行い、並行して更生計画案の作成・提出が求められ、そして更生計画の認可後はそ

の履行に務める。

(4) 管財人に対する監督

管財人は、裁判所が監督する（会更68条1項）。

管財人は、更生手続開始後遅滞なく更生会社の財産を評定し、更生手続開始の時における貸借対照表および財産目録を作成し、裁判所に提出する（会更83条1項～3項）。また、更生手続開始に至った事情等を記載した報告書を裁判所に提出し（会更84条1項）、更生会社の業務および財産の管理状況その他の事項について報告する（同条2項）。裁判所は、これらの管財人からの報告を通じ、管財人を監督する。

また、裁判所は、管財人の行為のうち一定の行為について裁判所の許可を要するものと定め、これを通じて管財人を監督する（会更72条2項）。

裁判所により要許可事項の内容は異なっているが、おおむね、①重要な財産の処分（担保権の設定、賃貸その他いっさいの処分を含む）、②重要な財産の譲受け、③多額の貸付（手形割引を含む）、④多額の借財、⑤和解または仲裁合意、⑥無償の債務負担行為または権利の放棄、⑦会社更生法127条7号の規定による共益債権の承認などが要許可事項になっている（ただし、常務にあたるものは除く）。それ以外には、①従業員の給与改定・一時金の支給、解雇、退職金の支給、②管財人が役員をしている会社との取引、③双方未履行双務契約の解除などを要許可事項に指定する例もある。また、近時は、スポンサー契約の締結やFA契約の締結なども指定されている。

(5) 競業避止義務等

管財人に自己取引の制限があるのは再生手続と同じである（会更78条、民再75条）。更生手続の場合は、さらに管財人に競業避止義務が課せられているが（会更79条）、スポンサーとなる競業他社から管財人が派遣されることもあるから、管財人の職務の公平性を守るために課されたものである。

2　管財人代理

管財人は、必要があるときは、その職務を行わせるために、裁判所の許可を受けて、自己の責任で管財人代理を選任することができる（会更70条）。管財人代理の員数には制限がなく、資格も制限がない（ただし、更生会社の

役員で役員責任等査定決定を受けるおそれのある者は選任できない)。実務では、数人の管財人代理が選任されることが多い。

3　調査委員

　裁判所は、更生手続開始後において、必要があると認めるときは、利害関係人の申立てによりまたは職権で、①役員等責任査定決定またはそのための保全処分を必要とする事情の有無等、②管財人の作成する貸借対照表等の当否、更生会社の業務および財産の管理状況等、③更生計画案等の当否、④その他更生事件に関し調査委員による調査等を必要とする事項について、調査委員による調査または意見陳述を命ずる処分をすることができる（会更125条1項）。この処分を調査命令という。

　調査委員の制度は、その目的や趣旨は、再生手続の場合と同じで、裁判所が認可決定の当否等を判断する際の専門的な資料や意見等を得るためのものである（第3章Ⅱ2参照）。
弁護士が管財人に選任され、補助者として公認会計士や税理士を使用しているときは、調査委員を選任する必要性に乏しいので、調査委員を選任しないのが通常であるが、DIP型更生手続においては、第三者性や公平性を担保するために、調査委員が事実上必置の機関と位置づけられている。

4　関係人集会

(1)　関係人集会

　関係人集会は、裁判所が主催する集会であり、管財人、更生債権者委員会（会更117条2項）、更生担保権者委員会（同条6項）、株主委員会（同条7項）、一定額以上の債権を有する更生債権者・更生担保権者、または一定額以上の議決権を有する株主の申立てがあったときに、裁判所が招集する（会更114条1項）。なお、株主委員会および株主は、更生会社が更生手続開始時に債務超過の状態にあるときは、関係人集会招集の申立てをすることができない（同条2項）。

　関係人集会は、再生手続における債権者集会に相当する任意機関であり、開催の任意性、招集の方法は再生手続の債権者集会と類似している。

再生手続における債権者集会と異なる主な点は、関係人集会は、更生手続における利害関係人には、一般債権者以外にも担保権者、株主も含まれ、その利害も多様であるから、債権者集会ではなく関係人集会と呼ばれている。

(2) **法律で開催が予定される関係人集会**

会社更生法が開催を予定している関係人集会は、再生手続の場合と同様に、財産状況報告集会（会更85条）および更生計画案決議のための集会（会更189条2項1号・3号）である。

前者は再生手続の場合と同じように通常は開催されず、実務では、管財人が主催して任意の債権者説明会を開催することが多いが、後者は原則として開かれている。

更生計画案決議のための集会は、決議に多様な関係人の意見を反映できるように、更生債権者・更生担保権者・株主の組というような組分けがされているところが再生手続とは異なる（会更196条1項・2項）。再生手続では、約定劣後再生債権者とそれ以外の再生債権者の組分けがされる場合があるだけである（民再172条の3第2項）。

5　更生債権者委員会等

更生債権者委員会等は、再生手続における債権者委員会と基本的枠組み、承認要件や権限はおおむね同じである（承認要件に関して会更117条、民再117条、権限に関して会更118条ないし120条、民再118条〜118条の3など。第3章Ⅱ5参照）。

再生手続における債権者委員会と異なり、更生手続では、関係人の多様性に対応して、更生債権者委員会、更生担保権者委員会、株主委員会の3種が認められている（会更117条）。これらの委員会が承認されたときは、同一の権限をそれぞれ別個に行使することになる。

もっとも、更生手続では管財人が更生計画を遂行するから、関係人委員会には再生手続で認められる再生計画の履行確保のための監督権（民再154条2項）のような権限はない。

各更生債権者等は、それぞれが有する債権の内容や性質、債権額等がさまざまであり、更生会社や更生手続との利害も異なるから、債権者等の過半数

が、当該委員会が更生手続に関与することについて同意していると認められること（会更117条1項2号）、あるいは、当該委員会が当該組を構成する債権者等全体の利益を適切に代表すると認められること（同項3号）という承認のための要件を満たすことは容易ではなく、これまでに更生債権者委員会等が承認された例は極めて少ない。

東京地方裁判所において、平成21年に1件、平成24年に1件、更生担保権者委員会が承認された例があるが、これらの事例は、いずれもDIP型更生手続であった。

6　代理委員

更生債権者等または株主は、裁判所の許可を得て、共同してまたは各別に、一人または数人の代理委員を選任することができる（会更122条1項）。代理委員は、これを選任した更生債権者等または株主のために、更生手続に属するいっさいの行為をすることができる（会更122条3項）。たとえば、更生債権等の届出、行使債権等の査定の申立て、査定の申立てについての裁判に対する異議の訴えの提起、更生計画案に対する議決権の行使などである。複数の者が一人の代理人を選任すれば、更生手続の円滑な進行にも資することになる。代理委員は、このような趣旨から更生手続上の特別の制度として設けられている。

更生債権者等1名または株主1名について代理委員が数人あるときは、共同してその権限を行使するが、第三者の意思表示は、その一人に対してすれば足りる（会更122条4項）。裁判所は、代理委員の権限の行使が著しく不公正であると認めるときは、許可を取り消すことができる（同条5項）。

更生手続上の権利行使を第三者に委ねるには、裁判上の行為という性質上、代理人に弁護士資格が要求される（会更13条、民訴54条1項本文、弁護72条本文）。しかし、前述のとおり、代理委員の行為には更生債権等の届出、議決権行使等、必ずしも法的知識を必要としない行為が含まれるなど、実質的内容を考えると必ずしも代理人資格を弁護士に限定する必要はないであろう。

裁判所は、更生手続の円滑な進行を図るために必要があると認めるときは、更生債権者等または株主に対し、相当の期間を定めて、代理委員の選任を勧

告することができる(会更122条2項)。共同の利益を有する更生債権者等または株主が著しく多数である場合において、これらの者のうちに、この裁判所からの勧告を受けたにもかかわらず相当の期間内に代理委員を選任しない者があり、かつ、代理委員の選任がなければ更生手続の進行に支障があると認めるときは、裁判所は、その者のために、相当と認める者を代理委員に選任することができる(会更123条1項)。更生手続の円滑な進行を重視した制度であるといえる。

Ⅳ 更生会社に対する債権・担保権等

1 更生債権等

(1) 更生債権

(ア) 更生債権とは

更生債権とは、更生会社に対し更生手続開始前の原因に基づいて発生した財産上の請求権または次の①～⑧の権利であって、更生担保権または共益債権に該当しないものをいう(会更2条8項)。更生債権の原則的な要件および内容は、基本的に再生手続上の再生債権と同様である(第3章Ⅲ1参照)。

① 更生手続開始後の利息の請求権
② 更生手続開始後の不履行による損害賠償または違約金の請求権
③ 更生手続参加の費用の請求権
④ 為替手形等の引受けまたは支払いが善意でされたときのそれによって生じた請求権(会更58条1項)
⑤ 管財人が双方未履行双務契約を解除したことによって相手方に発生した損害賠償請求権(会更61条1項)
⑥ 市場の相場のある商品取引の解除によって発生した損害賠償請求権(会更63条、破58条2項)
⑦ 交互計算上の相手方の請求権(会更63条、破59条2項)
⑧ 否認権行使の結果、反対給付に係る相手方の請求権で更生債権とされるもの(会更91条の2第2項2号・3号)

金銭債権以外の財産上の請求権も、金銭的評価が可能なものは更生債権たりうる。たとえば、作為請求権のうち、代替的作為を目的とする債権は、金銭的評価が可能であるから財産上の請求権といえる。これに対し、代替的作為以外の作為請求権または不作為を目的とする債権が問題となる。これらの債権は金銭的評価が困難であることから、財産上の請求権とはいえないという考え方がある一方、このような債権であっても、その不履行があったときに損害賠償請求権が生じうるときは、その賠償額を基準として金銭的評価が可能であるとする考え方もある。そのような評価が困難なものについても、財産的利益と無縁なものではないから、議決権額については評価不能となるにせよ、更生計画による権利変更等の対象とすべきとする考え方もある。近時、たとえば、ポイントやマイレージなどの取扱いが問題となっている。

　　(イ)　更生債権の地位

　更生債権は、更生手続に参加することのできる地位を有する（会更135条1項）。

　更生債権は、更生手続開始後は、会社更生法に特別の定めがある場合を除き、更生計画の定めるところによらなければ、弁済をし、弁済を受け、その他これを消滅させる行為（免除を除く）をすることができない（会更47条1項）。すなわち、裁判所の許可による弁済をする場合を除き（会更47条2項・5項）、更生計画の定めによらなければ満足を受けることはできない。

　　(ウ)　更生債権の順位

　更生債権は、優劣の順位で分けると、優先的更生債権、一般の更生債権および約定劣後更生債権の三つに分類される。ここでいう「優劣」とは、更生計画における取扱いの違いを指す。

　更生計画においては、異なる種類の権利を有する者の間においては、権利の順位を考慮して、更生計画の内容に公正かつ衡平な差を設けなければならないとされている（会更168条3項）。「権利の順位」は、更生債権の中では、①優先的更生債権、②一般の更生債権、③約定劣後更生債権の順による。同一の種類の権利を有する者の間では、更生計画の内容は平等でなければならない（会更168条3項・1項）。ただし、不利益を受ける者の同意がある場合や、少額の更生債権を優先的に扱うこと、更生手続開始後の利息・損害金等や更

生会社内部の者の債権を劣後的に扱うこと等、同一の種類の権利を有する者の間に差を設けても衡平を害しない場合には、異なった取扱いが許されている（同項ただし書）。

　　(A)　優先的更生債権

　優先的更生債権は、更生会社の財産について一般の先取特権その他一般の優先権がある更生債権をいう（会更168条1項2号参照）。

　これに該当するものとして最もよく扱われるものは、給与・退職金・解雇予告手当等の雇用関係に基づいて生じる労働債権である。取締役等の報酬は、雇用関係に基づくものではないから、優先的更生債権ではない。社内預金などの預り金の返還請求権は、雇用関係から直接に生じる債権ではないから優先的更生債権として扱われないが、更生手続開始前6カ月間の給料の総額に相当する額またはその預り金の額の3分の1に相当する額のいずれか多い額は共益債権として保護される（会更130条5項）。社内預金の実態を重視した取扱いといえよう。

　　(B)　約定劣後更生債権

　約定劣後更生債権は、いわゆる劣後債とか劣後ローンと呼ばれるもので、更生債権者と更生会社との間で、更生手続開始前に、当該会社について破産手続が開始されたとすれば当該破産手続におけるその配当順位が劣後的破産債権に後れる旨の合意がされた債権をいう（会更43条4項1号カッコ書）。

　　(C)　一般の更生債権

　一般の更生債権は、優先的更生債権または約定劣後更生債権以外の更生債権である。

(2)　更生担保権

　　(ア)　更生担保権とは

　更生担保権とは、更生手続開始当時更生会社の財産について存する、特別の先取特権、質権、抵当権、商事留置権の被担保債権であって、更生手続開始前の原因に基づいて生じたもの、または、前記(1)①〜⑧に該当する債権（いずれの場合も共益債権であるものを除く）で、当該担保権の目的である財産の価額が更生手続開始の時における時価であるとした場合における当該担保権によって担保された範囲のものをいう（会更2条10項本文）。ここでいう担

保権には、特別の先取特権、質権、抵当権、商事留置権のほかに、譲渡担保、所有権留保などの非典型担保も含まれる。

更生担保権は、更生会社を債務者とする更生手続開始前の債権、すなわち更生債権であって、更生会社の財産について存する担保権の被担保債権であるもののみならず、第三者が債務者である場合、すなわち更生会社が物上保証人である場合の被担保債権も含む。物上保証の場合、本来、債務はないが、更生担保権として扱われることに留意する必要がある。

また、被担保債権（社債は除く）のうち、利息または不履行による損害賠償もしくは違約金については、更生手続開始後1年間を経過する時（それまでに更生計画が認可されたときは認可時まで）に生じるものに限られる（会更2条10項ただし書）。社債が除外されるのは、利息の支払いに特別の利益が認められるためである。

更生担保権の額は、担保権の目的物の更生手続開始の時における時価を基準として決定される（評価方法については、後記Ⅶ1参照）。

(ｲ)　各種担保権

更生担保権を担保する担保権に関する問題としては、以下のものがある。

(A)　根抵当権

平時において、債務者が支払義務を負う手形を根抵当権者が取得すれば、その手形債権は根抵当権の被担保債権として扱われる。しかし、債務者について更生手続が開始するなど、信用状態が低下したときにも同様の扱いをするとすれば、根抵当権者が他の債権者がもっている手形を譲り受け、根抵当権によってその回収を図ることが可能になり、危機時期における不平等な債権回収ともなりうる。

そこで、債務者との取引によらないで取得する手形上または小切手上の請求権を根抵当権の担保すべき債権とした場合において、債務者の支払停止、破産手続、再生手続、更生手続または特別清算手続開始の申立て、抵当不動産に対する競売の申立て、滞納処分による差押えがあったときは、その前に取得したものについてのみ、その根抵当権を行使することができるとされている（民398条の3第2項本文）。

ただし、前記の各事由が生じた後に取得したものであっても、根抵当権者

がその事由を知らないで取得したものについては、このような弊害は考えられないので、根抵当権を行使することは妨げられず（民398条の3第2項ただし書）、当該手形請求権等は更生担保権として認められる。

　(B)　動産売買先取特権

　更生会社に対して動産を売却した売主は、売買代金債権について動産売買先取特権を取得する。動産売買先取特権は特別の先取特権であるから（民311条5号・321条）、その被担保債権は更生担保権となる。そして、開始時に存在する対象動産について当然に担保権が成立しているから、更生担保権の届出をすれば足りる。開始前に差押えをしている場合、実行手続は中止する。当該動産について動産売買先取特権が成立することを証明して、更生担保権の届出ができる。更生会社は、更生手続開始時の対象動産について、更生手続開始時に差押えがない限り、開始後に任意に売却することができる。更生手続開始後の転売代金債権に物上代位権が及ぶが、担保権の実行はできない。更生会社は、代金を回収して、これを運転資金に利用できる。

　これに対して、更生手続開始前に開始前会社が売買目的物を転売したとき、その代金債権につき先取特権者は物上代位に基づき更生担保権者としての地位が認められるかが問題となる。この点、先取特権者が更生手続開始前に代金債権等を差し押さえていない限り、物上代位の効力を主張できないとする消極説と、更生手続開始後に差押えを行って、物上代位を主張できるとする積極説がある。判例は、破産手続に関して、買主が破産した事例について積極説を支持する。[3]

　この判例は、先取特権者が物上代位権を行使するためには金銭の払渡しまたは引渡し前に差押えをしなければならないと規定されている趣旨につき「先取特権者のする右差押によって、第三債務者が金銭その他の目的物を債務者に払渡し又は引渡すことが禁止され、他方、債務者が第三債務者から債権を取立て又はこれを第三者に譲渡することが禁止される結果、物上代位の対象である債権の特定性が保持され、これにより物上代位権の効力を保全せしめるとともに、他面第三者が不測の損害を被ることを防止しようとするこ

3　最判昭和59・2・2判時1113号65頁。

とにある」として、一般債権者が目的債権につき差押命令を取得したにとどまる場合には、先取特権者が物上代位権の行使を妨げられる理由はなく、債務者が破産手続開始決定を受けた場合においても同様に考えられるとして、売主の物上代位権の行使を認めた。

更生手続においても、実体法上、先取特権者は物上代位権の行使をすることにより先取特権を保全することができるのであるから、更生手続開始後も、物上代位権を行使できる先取特権者の権利を認める必要があろう。その場合に、更生手続開始後に転売代金債権の差押えを要するとの見解がある。しかし、開始後の担保権の実行は禁止されるから、転売代金債権を差し押さえることを前提に更生担保権を認めることには疑問がある。先取特権者は、転売代金の差押命令が発令されるに足りる担保権を証明する文書を添えて、更生担保権として債権届出をすれば足り、転売代金債権に対して現実に差押えをする必要はないと解すべきであろう。東京地方裁判所の実務も同様であるとされる。

(C) 集合物譲渡担保・集合債権譲渡担保

管財人に更生担保権を主張するためには、更生手続開始時において対抗要件を具備していることが必要である。対抗要件は、集合物譲渡担保の場合は占有の移転（民178条）または占有改定であり、集合債権譲渡担保の場合には、確定日付ある通知または承諾（民467条）、そして双方に共通する対抗要件として動産・債権譲渡登記である（動産債権譲渡特例3条1項・4条1項）。このうち、占有改定は外部から認識することができず、更生債権者等の利益が害されるおそれがあるので、少なくとも明認方法を必要とする見解もある。

担保目的物の範囲について、開始前に実行通知がなされていなければ、更生手続開始決定によって固定するとの見解が多数であった。最近では、循環型の集合物譲渡担保の本質は、債務者が目的物の処分権限を与えられ、その結果対象目的物が循環することにあるから、譲渡担保権者が権利の実行をするまでは目的物は固定することなく、なお循環するとする見解がある。この見解によると、譲渡担保権者が実行に着手すれば、その時点で目的物の範囲が確定し、以後債務者が取得するものには担保権の効力が及ばないが、実行に着手しない場合、または更生手続の効力によって担保権の実行が許されな

い場合にも、引き続き債務者が取得する財産に譲渡担保の効力が及ぶこととなる。

　集合動産譲渡担保の場合、更生担保権の額は、更生手続開始時に存在する対象動産の時価で決まる。しかし、その時点で、担保目的物が固定するかどうかは別問題であり、更生手続開始によって当然に固定する積極的理由はなく、固定しないと解すべきである。したがって、更生会社は、対象動産を処分でき、新たに流入する動産が担保目的物になる。その結果、更生手続開始時の対象動産の時価の範囲で確定した更生担保権に対して担保権を設定するかは、更生計画の定めによることになる。その間に、担保目的となる対象動産の多寡が変動し、担保価値が減少するリスクがある。しかし、それを更生担保権者の裁量による担保権の実行によって固定化すると解することは、開始後の担保権の実行を禁止した更生手続の趣旨に反するように思われる。更生担保権者に対する適切な保護を考慮する必要は否定しないが、それを担保権の実行によって確保しようとするのは疑問である。

　循環型の集合債権譲渡担保の場合も、同様に解すべきであろう。集合債権譲渡担保の場合、更生担保権の額は、更生手続開始時に存在する対象債権の時価で決まる。他方、更生担保権として認められた権利に対して担保権を設定するかは、更生計画の定めによる。問題は、更生手続開始時から更生計画の認可までの間に、更生担保権を被担保債権とする担保権を認めるかであるが、循環型の集合債権譲渡担保の場合、更生手続開始後に発生する対象債権が担保目的物になると解して妨げないであろう。その反面、更生会社は、更生手続開始前と同様に、対象債権の取立てと取立金を運転資金に費消することも認められる。このとき、対象債権の発生が減少した場合の担保権者の保護が問題となるが、担保権者による担保権実行を容認することは、更生手続開始後の担保権の実行を禁止する会社更生法の趣旨に反する。更生計画が認可されることなく、更生手続から破産手続に移行した場合、更生担保権として確定する前は、担保権者は、更生手続開始時の被担保債権である更生債権をそのまま被担保債権とし、更生担保権として確定した後は、当該更生担保権のみを被担保債権として、破産移行時に存在する対象債権を担保目的物とする担保権を認めることができることになる。更生計画認可後は、更生計画

において、更生担保権を被担保債権とする担保を存続させた場合には、その後、更生手続が廃止されて破産手続に移行しても、当該担保権は、更生担保権のみが被担保債権となると解される。

　(D)　物上保証

　更生会社が物上保証をしている場合の更生担保権はどのような性質の権利か、必ずしも明らかでない。

　民法上、物上保証人の担保権者に対する責任は物的担保責任にすぎず、担保権者に被担保債権を支払う義務（債務）があるわけではない。そうすると、物上保証の場合の更生担保権（被担保債権の目的物価値部分）も、更生会社に対する債権（請求権）ではないことになる。

　更生計画で、このような更生担保権に対しても更生会社が弁済する条項が作成されるのが通例であるが、それをどのように説明するのか。この場合、更生計画で、更生会社の物上保証にかかる被担保債権である更生担保権を、更生会社が物上保証人として更生担保権者に直接支払うという権利変更が行われたものであると説明することになろう。これは、物上保証に係る被担保債権を更生担保権として、更生会社が自己の債務として更生計画に基づき弁済することであるから、更生会社が第三者弁済をする旨の定めをしたというよりは、端的に、更生計画に基づく権利の変更により、更生担保権を自己の債務として併存的債務引受けを行ったと考えるのが素直であるように思われる。その結果、更生会社は、更生担保権の支払いをしたときは、主債務者に対して求償できることになろう。

　このように解すると、更生担保権が確定した後に、更生手続が廃止された場合に、物上保証に係る更生担保権者は、物上保証の実行ができるだけでなく、確定した更生担保権について更生担保権者表に基づき更生会社に対して強制執行できることになる。

　(ウ)　更生担保権の充当の問題

　更生会社の担保権の目的である不動産の更生手続開始決定時の時価が1億円で、当該不動産には甲の第1順位の極度額5000万円とする根抵当権があり、その被担保債権額は更生手続開始時には元本が3000万円、更生手続開始後1年間の利息・損害金が500万円であり、当該不動産には乙の第2順位の極度

額2億円の根抵当権があり、その被担保債権は手続開始時には元本が9000万円、更生手続開始後1年間の利息・損害金が600万円であるとする。

このとき、甲の更生担保権は元金3000万円と更生手続開始後1年間の利息・損害金500万円を合算した3500万円となり、乙の更生担保権は、時価1億円から甲の更生担保権を控除した残額の6500万円となる。この更生担保権は、更生会社・担保権者間に特段の合意がないときは、民法に従って費用、利息、元本の順に法定充当されるから（民491条1項）、乙については更生手続開始後1年間の利息・損害金600万円および元本5900万円が更生担保権として認められる。そして、更生手続開始後の利息損害金については議決権がない（会更136条2項1号・2号）ので、甲の議決権額は3000万円、乙は5900万円となる。そして、被担保債権が更生会社に対するものである場合は、甲の1年経過後の利息・損害金と、乙の残元金3100万円と1年経過後の利息・損害金は、いずれも更生債権となるが、更生会社が甲と乙に対して物上保証をしている場合は、その被担保債権は更生会社に対するものではないから、いずれも更生債権とはならず、甲も乙も更生担保権を超える被担保債権については更生手続で権利行使はできない。

他方、前記の例で、乙の根抵当権の被担保債権が元本15億円、更生手続開始後1年間の利息・損害金が1億円であったとすると、乙の更生担保権額は上記と同じく6500万円となるところ、法定充当によると、これはすべて更生手続開始後1年間の利息・損害金に充当される。すると、開始後の利息・損害金には議決権はないから、乙の議決権はゼロとなる。しかし、実務では6500万円は法定充当をせずに、元本から充当し、乙に議決権6500万円を認めている場合が多い。当事者が合意充当をしていると評価することができるが、更生担保権の認否は執行手続の一種とするならば、法定充当以外の充当が認められるのか問題がないわけではない。

(3) **更生債権等の弁済等の禁止**

更生手続開始後は、更生債権等は更生計画によらないで、弁済等により債務を消滅させる行為（債権者による免除は除く）をすることはできない（会更47条1項）。管財人が任意に弁済することもできないし、更生債権者等が取立行為をすることはできず、強制執行等、担保権の実行等の個別的な権利行

使も許されない(会更50条)。これに違反した行為は、更生債権者等が、更生手続が開始されたことを知っていたか否かにかかわらず、無効である。

(4) **弁済禁止等の例外**

特別の定めによる例外が三つある。①更生会社を主要な取引先とする中小企業者に対する弁済、②少額債権の弁済は、再生手続の場合と同じである(会更47条2項〜6項。第3章Ⅲ1(3)参照)。弁済の対象債権に更生担保権も含まれるが、実務上は、このような中小企業者が更生会社の財産に担保権をもっていることや、少額債権が被担保債権となるような例は想定しがたい。前記①②のほか、③更生債権が租税等の請求権である場合の例外がある(同条7項)。租税等の請求権は、更生計画で本税部分の減免ができない等の特別の取扱いがされることから(会更169条)、弁済禁止等の例外とされている。

(5) **多数当事者と更生債権等**

数人が各自全部の履行をする義務を負う場合において、その全員またはそのうちの数人もしくは一人について更生手続開始決定があったときは、債権者は、更生手続開始時において有する債権の全額について、それぞれの更生手続に参加することができる等、再生手続、破産手続の場合と同様である(民再86条2項および会更135条2項は、いずれも破104条・105条を準用している。第3章Ⅲ1(4)、第5章Ⅲ1(5)参照)。

(6) **更生債権等の議決権**

更生債権等の議決権の有無、その額は、再生手続と同じである(第3章Ⅱ1(5)参照)。いずれの手続においても、租税等の請求権は議決権を有しないものとされている(会更136条2項4号)。租税等の請求権は、再生手続では一般優先債権として手続外債権とされているので、議決権の前提を欠くことになる(民再87条1項参照)。他方、更生手続では共益債権ではない公租公課は更生債権となるが、租税等の請求権は前記のように本税部分は減免の対象とならないという特別の取扱いがされているので(会更169条)、議決権を与える必要がないからである。

2 共益債権

共益債権とは、原則として更生手続開始後の原因に基づいて発生した債権

であって、更生手続を遂行するうえで要した費用や、更生会社の業務等の維持・継続のために要した費用など手続上の利害関係人の共同利益のためになされた行為によって発生した債権などで、法律で共益債権とされているものをいう。

(1) 共益債権の内容

一般的な共益債権は会社更生法127条に規定されているが、その内容は民事再生法で規定される共益債権（民再119条）と同じであり、個別の規定で共益債権とされるものも再生手続と基本的に変わらない（第3章Ⅲ2参照）。

もっとも、再生手続における一般優先債権は優先的更生債権とされているが、更生手続では、そのうち一定の範囲で共益債権とされるものがある。たとえば、更生手続開始前の原因に基づいて発生した源泉徴収にかかる所得税、消費税等の租税で、更生手続開始時に納期限が到来していないものは共益債権とされている（会更129条）。このような租税は預り金的性質を有することから特に優先性を認めたものであると説明されるが、同じ預り金的性質を有する社会保険料等の公課は共益債権ではなく、優先的更生債権にしかすぎない。

また、労働債権も共益債権となるものがあるが、次の①〜④の4種類に分けられる。

① 更生手続開始前6カ月間の従業員の給料と手続開始前の原因に基づいて生じた使用人の身元保証金の返還請求権（会更130条1項）。

② 更生計画認可決定前に退職した使用人の退職手当の請求権のうち、退職前6カ月間の給料の総額または退職手当の額の3分の1に相当する額の多いほう（同条2項）

③ 同じ退職手当の請求権でも定期金債権である場合は、各期の定期金についてその額の3分の1相当額（同条3項）

④ 手続開始前の原因に基づく使用人からの預り金（いわゆる社内預金）の返還請求権は、手続開始前6カ月間の給料の総額、または預り金の3分の1に相当する額のいずれか多いほう（同条5項）

前記①〜③は、再生手続では一般優先債権として手続外で随時弁済されるが、更生手続では優先的更生債権として更生計画の定めによってしか支払え

なくなるために、一定の範囲で共益債権化して随時弁済をすることによって労働者の保護を図ったものである。

前記①については、従業員の未払給料は手続開始前6カ月の労務提供に対する部分が共益債権、それ以前の部分は優先的更生債権となる。

前記②については、共益債権の範囲を超える退職手当の請求権は優先的更生債権となるが、注意をしなければならない点がある。

更生手続開始前から雇用されていた使用人が、更生計画認可決定後に退職した場合、退職手当の請求権は、全額が優先的更生債権となると解されている（手続開始後の賃金の後払いに相当する部分は共益債権と解する余地がある）。しかし、更生計画認可決定前に届出をしなくとも、更生計画認可決定により失権することはないし（会更204条1項2号）、実務では、管財人は随時弁済することができるとされている。

他方、更生手続開始後に雇用された使用人が退職した場合の退職手当請求権は、全額が共益債権として随時に支払われる（会更127条2号）。

前記④の預り金（社内預金）については、共益債権となる範囲外の債権は一般更生債権（優先権があるとする見解では優先的更生債権）となる。なお、社内預金については、賃金の支払の確保等に関する法律で、金融機関の保証等の保全措置が要求されている。

(2) 共益債権の行使

共益債権は、更生計画の定めるところによらないで、随時弁済する（会更132条）。この点は再生手続と同じである。ただし、更生手続では再生手続とは異なり、更生会社財産で共益債権の総額の弁済ができなくなった場合は、法令の定める優先権にかかわらず共益債権の債権額での按分弁済を要求している（会更133条1項）。

3 開始後債権

すでに述べたように、再生手続と同様である（会更134条。なお、民再123条参照。第3章Ⅲ4参照）。

4 株 主

　再生手続では、株主は原則として再生手続に関与できない。例外として、再生債務者が債務超過状態にあるときの事業譲渡の代替許可手続、再生計画で株式の取得や募集株式の引受けに関する条項を設けるときの裁判所の許可手続で、その許可決定の要旨を記載した書面が株主に送達され、株主は即時抗告ができるにとどまる（民再43条6項・166条3項）。

　これに対して、更生手続では、株主はその有する株式をもって更生手続に参加することができる（会更165条）。そして株主の手続参加権は、更生会社が資産超過か債務超過かによって異なっている。

　更生会社の資産で負債の全部を完済できる場合（資産超過）は、観念的には株主は残余財産分配請求権を有するし、その有する株に価値があることになるから、株主は株式1株（単元株式数を定款で定めている場合は1単元の株式）について1個の議決権を有し（会更166条1項）、その他の手続上の権利行使（たとえば、決定に関する即時抗告権）が可能となり、総株主の議決権の10分の1以上を有する株主に関係人集会の招集権が与えられ（会更114条1項6号）、更生計画外の事業譲渡についても議決権総数の3分の1を超える株主が譲渡に反対の意思表示をしたときは、裁判所は事業譲渡の許可をできないとして、株主に拒否権を与えている（会更46条7項2号）。

　これに対して、開始時点の更生会社の資産では負債を完済することができない債務超過の場合（実務上は債務超過の場合が通常である）は、株主には残余財産分配請求権はなく、株式も価値がないことになるから、株主には手続参加の機会が与えられていない。株主には議決権がなく（会更166条2項）、即時抗告権が制限され（更生計画認可に関する決定に対する即時抗告権について、会更202条2項2号）、関係人集会の招集権も与えられず（会更114条2項）、前記の事業譲渡の拒否権もなく、事業譲渡に関して意見聴取もされない（会更46条8項）。更生手続開始決定の通知も、債務超過であることが明らかな場合には、株主には不要とされる（会更43条4項2号）。

V　更生会社をめぐる契約・権利関係

　倒産手続を遂行していくためには、手続開始時点を基準として、倒産債務者が関係する法律関係を整理し、その法律関係から生じる利害関係人の権利を確定し、倒産債務者の権利も確定しておく必要があることは、倒産法に共通する要請である。

　このような法律関係の整理・確定は、民事実体法に基づいてされるものであるが、会社更生法も、民事再生法・破産法と同様に、迅速な倒産手続の遂行の必要性や手続債権者と第三者との利益の公平な調整といった観点から、民事実体法規を修正したり補充したりする規定を設けている。

　また、担保権をどのように処遇するかについては、更生手続では、別除権とする再生手続や破産手続とは異なり、担保権者を更生担保権者として手続の中に取り込んでいる。

1　管財人の実体法上の地位

　更生会社の事業の経営、財産の管理処分権は必置の機関である管財人に専属することになる（会更72条1項）。管財人は、更生債権者等の利益を代表する者として、更生会社の財産に対する差押債権者に類似する法律上の地位が認められる。その意味において、管財人は第三者的地位に立つとされている。

(1)　更生手続開始前に会社が行った法律行為の効力

　会社は、更生手続開始の申立て後、手続開始までの間は、保全管理命令が発令されない限り、業務遂行や財産の管理処分を当事者として従前どおりに行うことができる。個別に財産に関する保全命令が発令された場合は、その対象行為はできない。

　更生手続が開始されると、手続開始前の法律関係による利害関係人の権利・義務はそのまま更生会社に承継されるのが原則である。手続開始を原因として従来の法律関係を変更する特別の規定がない限り、相手方や第三者は債務者に法的倒産手続が開始したからといって不利益に扱われる理由はないからである。

しかし、民事実体法には、第三者保護の規定や、対抗要件を具備しなければ物権変動等を第三者に主張できないとする場合がある。このような場合、管財人は、前記のように差押債権者に類似する者として第三者的な地位に立つ。したがって、管財人は、通謀虚偽表示の無効を対抗できない第三者か（民94条2項）、詐欺による意思表示の取消を対抗できない第三者か（民96条3項）については、その主観的要件が問題となる。この場合の善意・悪意は、管財人自身の善意・悪意ではなく、更生債権者等の善意・悪意によって決せられ、更生債権者等が1名でも善意であれば、管財人は、善意の第三者として保護されることになる。

　また、不動産物権変動や指名債権譲渡等の第三者対抗要件が必要なもの（民177条・467条）については、管財人は、対抗要件なくして権利の取得を対抗できない第三者にあたる。したがって、更生会社が、開始前に所有権を第三者に移転していても、所有権移転登記が未了であれば、第三者はその所有権を管財人に対抗できない。

　さらに、契約解除によって当事者は原状回復義務を負うが、解除前に新たな権利を取得した第三者の権利を害することができない（民545条1項ただし書）が、管財人は、この第三者に該当する。

(2) 更生会社が更生手続開始後に行った法律行為の効力

　更生会社の財産の管理処分権は管財人に専属するから、更生会社が更生手続開始後に更生会社の財産に関して法律行為を行ったとしても、無権利者が行ったものであるから、更生手続の関係ではその効力を主張できない（会更54条1項）。

　ここにいう法律行為とは、狭義の法律行為だけではなく、権利義務の発生、移転、消滅に関する全部の行為が含まれる。

　行為の相手方の手続開始の事実に対する善意・悪意を問わない。行為の相手方に善意取得（動産譲渡の場合は民法192条、手形の裏書譲渡の場合は手形法16条2項）の要件が充足していても、相手方は善意取得ができない。会社更生法54条1項の規定が民法192条等の善意取得を認める民事実体法の規定の特別規定だと考えられるからである。

　もっとも、行為の相手方からさらに権利を取得した第三者がある場合は、

相手方と当該第三者の間の移転に関して善意取得の要件がある場合は、その第三者には善意取得が認められる。

再生手続では、管理命令発令後の再生債務者の法律行為は相手方（第三者）が善意の場合は有効とされている（民再76条1項ただし書）のとは異なる。

「更生手続の関係では効力を主張できない」ので、更生手続が廃止されたりしたときは、更生会社に効力を主張できることになるし、管財人は、更生会社に有利だと判断するときは、更生会社の行為を追認して当該法律行為を有効としたうえ、相手方から当該行為に基づく給付を求めることも可能である。

(3) **管財人等の行為によらない更生手続開始後の権利取得**

更生債権者等が、更生手続開始後に、更生債権等につき更生会社財産に関して管財人・更生会社の行為によらないで権利を取得しても、更生債権者等は、更生手続の関係では権利取得の効力を主張できない（会更55条1項）。民事再生法・破産法にも同様の規定がある（第3章Ⅳ4、第5章Ⅳ3参照）。更生債権者等の更生手続開始の事実についての善意・悪意を問わない。

(4) **善意取引の保護**

更生手続開始前の法律関係に関して手続開始後に行われた行為を、更生手続に関してその効力を全部認めないものとすれば、第三者に不測の損害を与え、取引の安全を害する場合も生じる。そこで、会社更生法は、民事再生法・破産法と同様に、①更生手続開始後の登記・登録、②更生会社に対する弁済、③更生手続開始後の手形等の引受け・支払いに限って、更生手続開始の事実を知らないで行った第三者の保護規定をおいている（会更56条～59条。第3章Ⅳ5、第5章Ⅳ4参照）。

2　未履行契約関係の処理

債権の多くは契約によって発生する。契約による債務の履行が手続開始前に全部完了していれば、否認の問題は別論として契約関係の処理は必要がない。しかし、契約関係から生じた義務の履行が一部残った状態で倒産手続が開始されたときは、法律関係の整理が必要となる。更生会社との契約の相手方だけに債務が残ったときは、その債権は更生会社に属する財産になり、更

生会社だけに債務が残ったときは、その債権は共益債権、更生担保権、更生債権になり、更生会社と契約相手方のいずれにも債務が残ったときは、双方未履行双務契約の処理の問題となる。

　双方の債務が未履行の双務契約の処理について、会社更生法は、民事再生法・破産法と同様に、一般原則と、継続的供給契約、賃貸借契約等について特則を設けている（会更61条～63条）。基本的には民事再生法と同じであるが（第3章Ⅳ6参照）、民事再生法と異なる点は、リース契約の取扱いである。

　リース契約の当事者、特にリース期間中にユーザーに倒産手続が開始されたとき、リース契約が双方未履行の双務契約に該当するかどうかについては肯定説と否定説の争いがあるが、判例は、いわゆるフルペイアウト方式のファイナンス・リース契約のユーザーの会社更生に関して否定説をとっている[4]。更生手続の実務では残リース料債権は担保権付債権であるとして、目的物の更生手続開始時点の価値に対するリース料部分は更生担保権、価値を超過するリース料部分は更生債権として取り扱われている。

3　担保権の処遇

(1)　担保権者の処遇

　更生手続では、担保権を手続に取り込み、更生手続開始により担保権の実行が禁止され、担保目的物の更生手続開始決定時の時価で評価した被担保債権の部分が更生担保権として処遇されることは、前述のとおりである。

　担保権者の有する更生担保権は、更生計画で優先的な地位を与えられるから、この点を考慮して更生計画の内容は他の権利者との間に公正・衡平な差が設けられなければならず（会更168条1項・3項）、更生計画案の決議でも更生担保権者は他の債権者とは別の組に分けられ議決権を行使する（会更196条1項）。

　更生担保権の対象となる担保権の種類（会更2条10号）は、再生手続における別除権の対象となる担保権の種類（民再53条1項）と基本的に同様である。担保権として認められるためには第三者対抗要件が必要な場合に、それ

---

[4]　最判平成7・4・14民集49巻4号1063頁。

を具備する必要のあることも、再生手続と同様である。

　ファイナンス・リース契約に基づくリース債権者は、更生手続では更生担保権者として処遇されるから、更生手続開始後は、担保権の行使、すなわちリース契約の解除はできない。

　手形の譲渡担保については、これが更生担保権かどうか議論されてきた。更生担保権説によれば、担保権者が担保たる手形について期日に手形金を回収したとしても、これをもって被担保債権の弁済に充当して債権を消滅させることはできず、担保権者において保管のうえ、更生計画に基づいて処理されることになる。他方、手形の振出人等の更生会社以外の手形債務者に対する手形上の権利を「更生会社と共に債務を負担する者に対して有する権利」（会更203条2項）とみるなどの考え方によれば、譲渡担保権者による手形の取立ておよび被担保債権への充当は可能となる。実務では、更生担保権説に従い、手形取立金の扱いは更生計画において定める例が多い。

　(2)　担保権実行禁止の例外

　更生手続では、担保権も手続に取り込まれているので、手続開始によって担保権の実行ができなくなるが、更生会社の事業の継続のために必要でない財産についてまで担保権の実行を禁止する必要性は乏しいので、このような財産については、担保権の実行の禁止を解除する制度が設けられている（会更50条7項）。

　もっとも、この解除によって担保権の実行がされたとしても、実行手続による配当や弁済金の交付は原則としてできず、目的財産の換価による金銭は一定期間裁判所等の執行機関に留保され、更生計画認可決定後に管財人がこの金銭の交付を受けて、更生計画の定めに従った処理を行うことになる（会更51条1項・2項）。担保権者に、そのまま配当等を行うことは、担保権者に更生手続外での弁済を行うことになり債権者平等の原則に反することになるからである。

　(3)　担保権消滅の許可

　更生手続にも再生手続と同じような担保権の消滅許可制度が設けられているが（会更104条〜112条）、その趣旨は、再生手続とは異なる。

　再生手続の場合は、別除権者の権利行使を阻止して、再生債務者の事業の

継続に欠くことのできない財産の換価を防止して、継続して事業に利用できるようにすることに主たる目的があるが、更生手続の場合は担保権の実行自体が禁止されるから、このような目的で担保権の消滅許可制度が設けられたものではない。

　更生手続における担保権消滅の許可制度は、更生計画認可前の早い段階で事業譲渡をすることが事業の更生に不可欠な場合に譲渡対象財産に担保権が設定されており事業譲渡の妨げになる場合、事業の再生に不必要な財産に担保権が設定されているが、この財産を早期に処分して固定資産税等の管理コストを削減する場合、担保余剰価値がある財産を早期処分してその余剰分を運転資金に利用しようとする場合などに、担保権を消滅させて担保目的物を処分してそれぞれの目的を達するために設けられた制度である。担保目的物の処分には、担保権の抹消が不可欠であるが、更生手続では更生担保権の手続外弁済が許されず、再生手続の場合のように担保権の目的物の受戻しができないからである。

　このように制度趣旨は異なるが、更生手続の担保権消滅の許可の基本構造は、再生手続と同様である（第3章Ⅳ8(5)(イ)参照）。しかし、制度趣旨の違いから、以下の点に特色がある。

　まず、更生手続の担保権消滅の許可決定の要件は、再生手続の場合より広く、更生会社の事業の更生に必要と認められればよく（会更104条1項）、また、更生手続の担保権消滅の許可決定の時期は、更生計画案の付議決定までという制限がある（同条2項）。

　次に、更生手続では、更生計画の定めによらない更生担保権の弁済は禁止されている（会更47条1項）ところから、管財人の納付（会更108条）があっても、再生手続のように担保権者に対する配当等を直ちに実施することなく、裁判所は納付金を留保することになる。他方で、担保権者は担保権消滅後も更生担保権者としての地位を失わない。

　裁判所が留保した管財人からの納付金は、更生計画認可決定に至った場合はその納付金相当額を管財人に交付して（会更109条）、管財人が更生計画の定めによって処理し（会更167条1項6号ロ）、更生手続が更生計画認可前に廃止等で終了した場合は、配当等を実施する（会更110条1項本文）。また、

裁判所は、①納付した額が更生債権等の確定手続で判明した被担保債権の総額を上回る場合はその超過額、②当該担保権者全員が納付額の管財人への交付に同意している場合はその全額を、決定によって更生計画認可前に管財人に交付することができる（会更111条）。さらに、前記①の場合は、裁判所は管財人の納付前に交付決定をすることができ、管財人は超過額を控除した残額だけを差引納付することができる（会更112条）。更生計画認可前には納付金を管財人に交付しないとした理由は、更生計画認可前に更生手続が廃止等で終了した場合には、納付された金銭を担保権者に配当等をしなければならないからであるが、このように担保権者保護という趣旨によるものであるから、前記①の場合にまで納付金の交付を留保する必要はないし、また②の場合には利益を受ける担保権者の同意がある場合であるから、やはり納付金の交付を留保する必要がない。

(4) 権利質の第三債務者の供託

更生担保権者にかかる質権の目的である金銭債権の債務者は、その全額を供託してその債務を免れることができる（会更113条1項）。

更生手続では、担保権の実行が禁止されるから、当該担保権が金銭債権を目的とする質権である場合は、質権者は第三債務者から金銭債権の取立て（民366条）ができない。この場合、第三債務者としては遅延損害金等の発生を回避するために受領不能を理由とする供託をすることができるかどうかが問題となるが、供託実務は、第三債務者の更生会社に対する弁済が禁止されているわけではない（ただし、第三債務者は管財人に対する弁済を質権者には対抗できない）ことを理由に供託を許していなかったので、この権利供託の規定を設けて、第三債務者を保護することとしたものである。

この供託がされたときは、更生担保権者（質権者）は更生会社の有する供託金還付請求権に質権を有することになる（会更113条2項）。担保の変換の一種である。

4 取戻権

取戻権とは、ある財産が倒産債務者に属さないことを主張する権利のことをいうが、その権利が倒産法以外の実体法に基づくものと、倒産法に基づく

ものに分けられる。前者を一般の取戻権（会更64条1項）、後者を特別の取戻権（同条2項）と呼んでいる。民事再生法・破産法にも同種の規定が設けられている（第3章Ⅳ7、第5章Ⅳ6参照）。

5　相殺権

相殺は、債権者にとっては自己の債務（反対債権）を簡易に決済する手段であるとともに、自らの有する債務者に対する債権を優先的に回収するための手段でもある。

相殺をどの範囲で許すかは、倒産債権者の優先回収できる地位の保護、相殺の担保的機能の保護、倒産債権者の平等の確保、倒産債務者の財産の確保等をどのように調整するかという問題であるが、更生手続において相殺できる範囲や時期、相殺の制限や相殺禁止の内容と効果等は、再生手続と同様である（会更48条～49条の2。第3章Ⅳ9参照）。

Ⅵ　更生債権等の届出・調査・確定

更生手続では、手続債権の届出、調査、確定の手続は、基本的には再生手続や破産手続と同じであるが（第3章Ⅴ、第5章Ⅵ参照）、更生手続では、更生担保権の確定手続がやや複雑である。

1　更生債権等の届出

更生債権者と更生担保権者は、届出期間は同じであるが、届出の内容が異なる。

(1)　更生債権者

更生手続に参加しようとする更生債権者は、債権届出期間内に、①各更生債権の内容および原因、②一般の優先権がある債権または約定劣後更生債権であるときはその旨、③議決権の額、④最高裁判所規則（会社更生規則）で定める事項を裁判所に届け出なければならない（会更138条1項）。

前記④の最高裁判所規則で届出事項と定められているのは、更生債権者の氏名・住所等で、再生手続の場合と同様の事項である（会更規36条1項）。

更生担保権者が更生債権者でもある場合、つまり、担保権の被担保債権が更生債権で担保の価値を超過する部分があると考えられる場合は、更生担保権の届出以外に更生債権の届出をしておかなければならない。この点、東京地方裁判所の実務では、更生担保権届出書の備考欄に、被担保債権額のうち担保目的財産の価額を超える部分については更生債権として届け出るという趣旨の定型文言が付記され、別途更生債権として届け出る必要がない取扱いである。他の裁判所でも同様の取扱いであると思われる。また、更生担保権として届け出たが、更生担保権として認められなかった被担保債権部分については、予備的に更生債権としての届出の意思があったものとして取り扱われている。

届出期間に関しては特例があり、更生会社の役員等の退職手当の請求権と更生会社の使用人の退職手当の請求権の届出は、退職した後にすればよいが、債権届出期間経過後、更生計画認可決定以前に退職したときは退職後1カ月以内にしなければならない（会更140条。この条文では退職手当の請求権が更生担保権の場合も同様の特例になっているが、実際上は退職手当を被担保債権とする担保権が設定される例は稀であろう）。このような退職手当が使用人の退職手当であり、その額が共益債権の範囲内（会更130条2項・3項）であれば更生債権としての届出の必要はなく、その超過分だけを優先的更生債権として届け出ることになる。

また、租税等の請求権と更生手続開始前の罰金等の債権者は、遅滞なく、当該請求権の額、原因、担保権の内容等（会更規41条）を裁判所に届け出なければならない（会更142条）。これらの請求権は、更生債権・更生担保権であるから更生債権者表・更生担保権者表に記載される（会更144条1項）が、公法上の請求権であって債権の通常の調査・確定手続になじまないから、他の更生債権等とは別に確定手続が設けられている（会更164条）。

(2) 更生担保権者

更生手続に参加しようとする更生担保権者は、債権届出期間内に、①各更生担保権の内容および原因、②担保権の目的物である財産およびその価額、③議決権の額、④最高裁判所規則で定める事項を裁判所に届け出なければならない（会更138条2項）。

前記④の最高裁判所規則で届出事項とされているものは、更生債権の場合と同じである（会更規36条2項）。

前記②の担保権の目的物の価額は、更生担保権者が自ら評価して届け出ることになるが、実務上は、担保権者と管財人との間で争いになることが多い。オーバーローンである更生担保権者は、更生担保権の額を多くするために目的物の価額を高めに評価しがちであり、原則として更生担保権の全額を支払わなければならない管財人は、更生担保権の額を少なくするために目的物の価額を低目に評価しがちで、その価額が争いとなる。

担保権の被担保債権の一部が更生債権になる場合は、債権者は更生担保権と更生債権の両方の届出をすることになるが、どうしても更生担保権の額を多めに届け出ることになろう。なお、実務上は更生担保権と更生債権とを別々に届け出ることはせずに、更生担保権として認められなかった被担保債権部分について、予備的に更生債権として届け出る意思があったと扱う（前記(1)参照）。

(3) 届出の有無と効果

届出がされたときは、更生債権者等は、更生手続上の更生債権者等に与えられた更生計画に従った弁済を受ける権利、議決権等の各権利を行使することができる。

裁判所書記官は、届出があった更生債権等について、その届出事項等を記載した更生債権者表・更生担保権者表を作成する（会更144条1項〜3項。その更正については同条4項）。

更生債権者等が届出をしなかった場合は、更生債権者等としての権利を原則として失う（会更204条1項）。再生手続では、DIP型を原則としていることによる信義則や技術的な観点から自認という制度（民再101条3項）があるが、更生手続では自認制度はない。

2　更生債権等の調査

更生債権等の調査は、管財人が作成する認否書と、調査期間における更生債権者等・株主等・更生会社の書面による異議によって行われる（会更145条）。

更生債権等の調査手続は、おおむね再生手続と同じである。①裁判所は、更生手続開始決定と同時に更生債権等の届出期間、一般調査期間を定める（会更42条1項）、②更生債権者等は、届出期間内に更生債権等の内容等を記載した更生債権等の届出を行う（会更138条）、③管財人は、届出のあった更生債権については、その内容、一般の優先権がある債権または約定劣後更生債権であること、議決権の額についての認否、届出のあった更生担保権については、その内容、担保権の価額、議決権の額についての認否を記載した認否書を作成して、裁判所が命じる期間内に提出する（会更146条）、④届出をした更生債権者等と株主等は、一般調査期間内に、裁判所に対して認否書に記載された事項について書面で異議を述べることができ（ただし、濫用防止のために異議の理由の記載が要求される。会更規46条1項）、更生会社も、前記④と同様の異議を述べることができる（会更147条2項）。

また、届出期間経過後に届出の追完がされ、あるいは、変更があったときは、裁判所はその調査をするための特別調査期間を定め、認否書の作成、その提出、更生債権者等・株主等・更生会社の異議という手続がとられる（会更148条1項・3項・4項）。特別調査期間に要する費用は当該再生債権者の負担とされる（同条2項。その予納等については会更148条の2）。なお、認否書作成時に届出期間経過後の届出の追完や他の更生債権者等の利益を害する変更があった場合で、これらが追完要件や変更要件を満たす場合は、特別調査期間の手間を省くために認否書で認否の対象とすることもできる。

更生債権等は、その債権額に相当する額の議決権を有するが、更生手続開始後の利息・損害金には議決権がない。また、期限付債権、定期金債権、条件付債権等につきそれぞれ議決権の算定方法が定められているから、管財人はこれに従って各更生債権等につき議決権の額の認否を行う（会更136条）。

3 更生債権等の確定

(1) 確定の要件と効果

更生債権等の調査の結果、管財人が認め、かつ、調査期間内に届出をした更生債権者等および株主の異議がなかったときは、その更生債権等の内容、担保目的物の財産の価額、議決権の額など認否書に記載される事項は確定し、

その結果は更生債権者表・更生担保権者表に記載され、その記載は更生債権者等と株主の全員に対して確定判決と同様の効力を有することになる（会更150条）。これは、実体的確定と呼ばれる。

なお、認否書で管財人が認否の記載をしなかった事項については、認めたものとみなされる（会更146条4項）。

また、更生会社の異議は確定に影響を及ぼさない（会更150条1項）が、更生会社が異議を述べているときは、再生計画不認可と更生計画認可前の手続廃止の場合には、更生債権者表・更生担保権者表には確定力と執行力が付与されないという効果がある（会更235条2項・238条6項）。

異議がなかったとは、調査期間内に異議が述べられなかった場合と、述べられた異議が後に失効した場合とがある。後者は異議の撤回がされた場合や異議を述べられた更生債権者等が更生債権等の届出を取り下げた場合である。

(2) 未確定の場合の措置

更生債権等の調査で、管財人が認否書で認めないか、調査期間内に届出をした更生債権者等および株主から異議が述べられたときは、当該更生債権等は確定しないことになる。

未確定となった場合、査定の申立て、異議の訴え等による方法で確定させることになるが、その手続の方法や内容は、再生手続と同様である。

もっとも、更生手続では、担保権を手続に取り込んでいることから、更生担保権の確定をする必要があり、管財人の否認や更生債権者等の異議の理由のほとんどは、担保目的物の価額の点にあるから、更生担保権の確定手続においてもこの価額の評価が最大の焦点となる。この価額の決定は、再生手続における担保権消滅請求の場合の価額決定と同様に非訟手続で行えば足りる。

そこで、更生手続では、担保権の目的の価額の決定を決定手続で行えることとし、不服申立て等も制限する制度を設けている。

更生担保権者は、その有する更生担保権の確定のために査定の申立てをしたときで、その異議者等のうちに担保権の目的である財産の価額について認めず、または異議を述べた者があるときは、査定の申立てをした日から2週間以内に、担保目的物の価額決定の申立てをすることができる（会更153条1項）。

担保目的物の価額決定の申立てがあると、裁判所は、評価人を選任してその評価に基づいて価額決定をするが（会更154条1項・2項）、この決定に対する不服申立方法は即時抗告だけに限られ（同条3項）、異議の訴え等の判決手続によることは認められていない。

そして、担保目的物の価額決定が確定すると、決定で定められた価額は、当該更生担保権者がした査定の申立てや、その決定に不服がある場合の異議の訴えの裁判所を拘束することになる（会更155条2項）。裁判所は、この価額決定の判断とは異なる価額を前提に査定や異議の訴えに対する判断をすることができない。

更生担保権の確定に関して、目的財産を共通にする複数の更生担保権がある場合の特例が設けられている。

担保権の目的である財産を共通にする更生担保権のうち、確定した更生担保権について、①更生担保権の内容、②担保目的物の価額、③その確定が裁判手続によるときはその裁判の理由に記載された事項は、他の更生担保権についての査定手続や異議の訴えその他の確定訴訟が係属する裁判所を拘束しないとされる（会更159条）。

先順位の更生担保権の額が担保目的物の価額と同額で確定した後に、後順位の更生担保権の確定手続において、先順位の更生担保権の確定手続で確定されたよりも担保権の目的物の価額が高額と判断された場合の取扱いはどうなるかが問題となる。たとえば、先順位の担保権の被担保債権が3億円であり、担保目的物の価額が2億5000万円と評価された結果、先順位の更生担保権額は2億5000万円とされた場合で、後順位の更生担保権の確定手続において担保権の目的物の価額が3億2000万円と評価されたときは、後順位の担保権者の更生担保権額は、この評価額3億2000万円から先順位の担保権者の被担保債権額3億円を控除した2000万円となり、確定した先順位の更生担保権2億5000万円を控除した7000万円とはならない。結果として5000万円は更生会社に留保される。

担保権消滅請求の価額決定では、事件の併合がされ、価額決定の効力はそれをしなかった他の担保権者を拘束する（会更106条3項・4項）のとは対照的である。担保権消滅請求の場合は、目的物の上の担保権全部を消滅させな

いと意味がないが、更生担保権に関する争いは担保権を消滅させるわけではないから、合一的に確定させる必要はなく、個別的に確定させればよいからである。

Ⅶ 更生会社財産の調査・確保

倒産手続を適正に進行させるためには、倒産債務者の財産の現状を把握し、その財産が確保される必要があることは、会社更生でも変わらない。

1 財産の評定等

(1) 財産評定

倒産債務者の財産の現状を把握するためには、まず、その財産を正確に評価することが必要である。

管財人は、更生手続開始後遅滞なく、更生会社に属するいっさいの財産について、その価額を評定しなければならない（会更83条1項）。そして、この評定は更生手続開始時における時価によるものとされる（同条2項）。管財人は、財産評定が完了したときは、直ちに更生手続開始時における財産目録および貸借対照表を作成して裁判所に提出する（同条3項）。再生手続では、原則として、財産を処分するものとして財産評定を行う（民再規56条1項）のと異なる。

ここでいう「時価」とは、個別財産の公正な市場価格を意味する。この市場価格については、会計的な見地から、当該資産を評価時点において購入すると仮定した場合の取替原価、当該資産の評価時点における売却価格から売却費用を控除した正味実現可能価額、そして当該資産を事業活動に活用することによって実現されるはずの将来キャッシュフローの割引現在価値といった複数の考え方が示されているが、財産評定額が更生担保権の額に連動するしくみを採用していることから、この「時価」評価は、会計上許容される財産評定基準のうち更生担保権への弁済額の基準として正当化できるものを選び出す作業であることに留意する必要がある。

更生手続では、更生計画認可決定があったときにも、管財人は更生計画認

可時の貸借対照表および財産目録を作成して裁判所に提出しなければならず（会更83条4項）、この貸借対照表と財産目録に記録すべき財産の評価については、法務省令（会社更生法施行規則）の定めるところによる（会更83条5項）ものとされている。

貸借対照表および財産目録（会更83条4項）に記載する財産の評価については会社計算規則5条・6条の規定を準用する（会更規1条1項）。財産評定の目的の一つは、更生会社の財産の状態を早期に把握し、更生計画案の作成に向けた事業再生の方針等を定めることにあり、会社更生法施行規則1条2項が、更生手続開始における時価評価額を会社計算規則5条にいう取得価額とみなすと規定しているのは、この目的を表したものである。更生会社は、会社更生法83条4項の貸借対照表の資産の部または負債の部にのれんを計上することができ、このときは、当該のれんの価額を付さなければならない（会更規1条3項）。

裁判所は、必要があると認めるときは、異なる評価時点または異なる評価基準に基づいて更生会社のいっさいの財産について評価をさせて、更生計画案の当否の判断のために参考となる書類の提出を命じることができるものとされている（会更規51条1項）。たとえば、更生計画案策定の基準日において、事業継続を前提とした評価をする場合などである。

(2) 評定の目的と評価の手法

更生手続における財産評定の目的と評価の手法は、再生手続とは異なる。

再生手続における財産評定の目的は、再生債務者の財産状況を正確に把握し、その財産状況を債権者・裁判所に開示して、清算価値保障原則を保障しているか、再生計画案に合理性があるかなどの判断材料を提供することにある。

これに対して、更生手続における財産評定の目的や評価の手法は、これにとどまらない。

更生手続開始決定があると、更生会社の事業年度はその更生手続開始時に終了し、それに続く事業年度は更生計画認可の時に終了する（会更232条2項。民事再生では通常の事業年度が継続される）。

更生計画開始時の財産評定前の貸借対照表は、従来の会計帳簿に基づいて

簿価で作成され、これが更生手続開始時に終了する事業年度の会社法上の計算書類になる。更生手続開始時点における時価による財産評定の結果作成される貸借対照表は会社法上の計算書類とはならない。

再生計画認可決定があったときに作成される更生計画認可時の貸借対照表は、更生計画認可時に終了する事業年度の会社法上の計算書類となる。財産評定に基づく価額がその取得価額とみなされるから（会更規1条2項）、この貸借対照表上の価額と開始時点の簿価上の貸借対照表の価額との差額が評価損益とされ、このうち、棚卸資産・有価証券・固定資産・繰延資産について生じた評価損が法人税法上の損金（法税33条2項。なお、貸付金・売掛金等の金銭債権については法人税上は評価損の計上は認められていないので、通常の貸倒損失や貸倒引当金として処理をせざるを得ない）となり、債務免除益との損益通算の対象となる。他方、会社更生法の規定に従って行う資産の評価換えに係る評価益は、更生計画認可決定があった日の属する事業年度の益金の額に算入される（法税25条2項）。

また、裁判所は、会社更生規則51条1項によって、更生計画の遂行可能性や権利分配の公平性等、清算価値保障原則が妥当するかどうか等の判断のために、前記のように、別途、更生計画案提出の直近時点での継続企業価値や処分価額による貸借対照表や財産目録の作成を命じることもできる。これは更生債権者等が更生計画案の同意・不同意の意思決定をするための判断資料とするものであるから、会社法上の計算書類とは連動しない。

(3) 財産状況の報告

管財人は、更生手続開始後、遅滞なく、更生手続開始に至った事情、更生会社の業務および財産に関する経過および現状など所定事項について記載した報告書を裁判所に提出しなければならない（会更84条）。

また、財産状況報告集会が招集されたときは、管財人はその関係人集会でこれらの事項の要旨を報告しなければならないが（会更85条1項）、実務上、財産状況報告集会はほとんど開かれていない。

これらの点は、再生手続と同様である。

2　否認権

　財産を不当に減少させるような行為や特定の債権者にだけ利益を与える偏頗行為は、債権者の一般の利益を害し、債務者財産の基礎を失わせることになるので、会社更生手続でも、再生手続・破産手続と同様に、債権者間の平等と債務者財産の回復を目的として否認という制度を設けている（会更86条～98条。第3章Ⅵ2、第5章Ⅴ2参照）。

3　事業譲渡

　事業譲渡の重要性は更生手続の場合でも変わらない。

　更生会社は、事業譲渡の方法で更生を図る場合もある。事業の全部を譲渡した場合、更生会社は事業譲渡後に清算することになるが、事業は事業譲受人の下で更生されるから、この場合も会社更生の目的にかなうことになる。企業価値は倒産によって劣化していく場合が多いから、早期の事業譲渡を行う必要性も高い。また、事業譲渡を行うと事業譲渡の対価を弁済原資として権利変更後の更生債権等の一括弁済が可能になる場合が多いから、更生債権者等にとってもメリットがある。従業員についても、事業譲渡先に引き受けさせることによって雇用の確保も図れる。しかも、更生手続を早期に終結することができる。

　ただし、事業譲渡対価の相当性の担保が必要であり、事業譲受人の選定過程の公平性と透明性は確保されなければならない。早く売りさえすればよいというではない。

　更生手続でも事業譲渡の重要性や必要性は再生手続と変わらないが、再生手続との差異は、事業譲渡の時期と方法である。再生手続の場合は、通常は、裁判所の許可によって再生計画外で行い（民再42条）、再生計画に定めて行うことは予定されていない。会社更生手続では、事業譲渡は更生計画の定めによるのが原則で、更生計画案の付議決定前の段階では、裁判所の許可で例外的にできるにとどまる（会更46条1項・2項）。

(1)　事業譲渡の許可

　事業の価値は、企業が倒産状態に陥ったことが公表されると、急速に劣化

する場合が多く、事業譲渡を更生計画によらなければならないものとすると譲渡時期を逃して利害関係人の利益を損ねることもあるから、裁判所の許可により早期の事業譲渡を可能としたものである。

更生手続開始後、更生計画案の付議決定までの間において、管財人は、裁判所の許可を得て、更生会社の事業の全部または会社法467条1項2号に規定する事業の重要な一部を譲渡できるが、裁判所は当該事業譲渡が更生会社の事業の更生のために必要と認められる場合に限って許可をすることができる（会更46条2項）。

なお、許可の対象となる「事業の重要な一部」は、当該譲渡により譲り渡す資産の帳簿価額が更生会社の総資産額として法務省令（会社法施行規則134条）で定める額の5分の1以上（定款でこれを下回る割合を定めた場合はその割合以上）のもの（会社467条1項2号）をいう。この要件を満たさない事業の一部譲渡の場合は、この譲渡許可も不要で更生計画で行う必要もない（もっとも、会更72条2項で裁判所の要許可事項とすることは可能である）。

裁判所が許可をするには、知れている更生債権者・更生担保権者、労働組合等の意見を聴かなければならない（会更46条3項）。この点は再生手続の場合と同様である（民再42条2項・3項）。

株主の関係では、更生会社が債務超過の有無によって取扱いが変わっているが、いずれの場合も株主総会の決議による承認は不要である（会更46条10項）。

債務超過の場合は、民事再生のような株主総会の決議による承認に代わる許可（代替許可。民再43条）のような制度はなく、株主が関与する機会はない（会更46条8項）。

債務超過でない場合は、管財人は事業譲渡に関する一定の事項を公告するとともに株主に通知することが要求され（会更46条4項）、更生会社の総株主の議決権3分の1を超える議決権を有する株主から反対があった等の事由があれば、裁判所は事業譲渡の許可ができないものとされている（同条7項）。

なお、更生手続開始の申立て後、更生手続開始前の保全段階で事業譲渡が可能かどうかは、規定がないので、解釈に委ねられている。

(2) 更生計画による事業譲渡

　更生手続では、更生計画において会社法468条1項に規定する事業譲渡等に関する条項を定めることができる（会更167条2項）とされているので、更生計画によって事業譲渡をする場合は、更生計画の条項に事業譲渡に関する事項を記載しなければならない。

　更生計画に記載する事業譲渡の条項については規定が定められていないが、事業譲渡の目的物、相手方、その対価は最低限度必要な記載事項である。また、事業譲渡の対価は、更生計画に基づく弁済の原資になる。

　事業譲渡の条項を含んだ更生計画案が可決されて認可されると、管財人は、更生計画の遂行として、その条項に従って事業譲渡契約を履行する。

　更生計画によって事業譲渡がされる場合は株主総会の決議は不要（会更210条1項）で、反対株主の株式買取請求権もない（同条2項）。

4　更生会社の役員等の責任の追及

　更生手続における役員等の責任の追及（会更99条〜103条・40条）は、基本的には再生手続と同様（民再142条〜147条。詳細は第3章Ⅵ4参照）であるが、若干の差異がある。

　第1は、申立権者の相違で、更生手続では申立権者は損害賠償の査定と更生手続開始決定後の役員等の財産の保全処分については管財人（会更100条1項・99条1項）、更生手続開始決定前の役員等の財産の保全処分では保全管理人が選任されている場合は保全管理人、保全管理人が選任されていない場合は開始前会社である（会更40条1項）。

　これに対して、再生手続では、管財人や保全管理人が選任されていない場合は再生債権者も申立てができる（民再142条3項・143条2項）。

　更生手続では、管財人は必置の機関であるから更生債権者等に申立権を与える必要はない。実質的に異なるのは、更生手続開始前の役員等の財産に関する保全処分は、更生手続の場合は保全管理人が選任されていないときに開始前会社だけが保全処分の申立てができるが、再生手続の場合は再生債務者以外にも再生債権者が申立てをすることができる点である。もっとも、これらは裁判所の職権でも行うことができるから、申立権がない債権者は裁判所

に職権の発動を促せばよいから、実際上はあまり問題とならない。

第2点は、査定に対する異議の訴えの原告・被告である。更生手続の場合は、申立権が管財人に限られるから、原告と被告は、裁判所の職権による査定の場合も含めて管財人と役員等に限られる（会更102条3項）。これに対して、再生手続の場合は、査定の申立ては再生債権者もできるから、申立人との関係で、原告・被告が決まることになる（民再145条3項・4項）。

Ⅷ 更生計画

更生手続の目的は、株式会社の事業の維持更生を図ることであり（会更1条）、更生計画は更生手続の中核をなすものである。

再建が成功するかどうかは、更生計画の内容によって決まることになる。

更生手続における再建とは、再生手続と同様で、その破綻原因を探り、破綻原因の除去を行って収益力を回復させる一方で、手続債権の減免等の権利変更を更生計画で行い、変更後の債務を弁済して事業の維持を図ることである。収益力の回復は更生会社自身が行えるときもあるし、外部のスポンサー等の支援を仰がなければならないときもある。場合によれば、事業譲渡を行って事業自体の更生を図るときもある。

1 更生計画案の作成

(1) 更生計画の類型

更生計画にはさまざまなものがあるが、その類型は、大別すると、弁済原資を主として将来の収益に頼って自主再建をするという自主再建収益弁済型、主たる弁済原資を支援者からの出資や貸付金、事業譲渡代金等に頼るスポンサー型、本来の目的ではなかったが、資産を処分して債権者に分配するという単純清算型に分けられる。これは、再生手続の場合と同様である（第3章Ⅶ1参照）。

更生計画案を策定するにあたって、再生手続と異なる主な点は、担保権者・一般優先債権者との個別の弁済協定は不要で、更生担保・優先的更生債権の権利変更（通常は債務の減免はなく、期限の猶予である）で行えること、

分割弁済期間が10年ではなく最長15年まで認められること、資本や組織の再編が更生計画で行うことができることなどである。

なお、更生手続では、単純清算型の更生計画については明文で規定を設けていて、再建で会社の継続をすること、または、その事業を会社分割、合併、新会社の設立、事業譲渡で他の者が継続することを内容とする更生計画案の作成が困難であることが更生手続開始後に明らかになったときは、債権者の一般の利益を害しない場合に限って、裁判所は、再生計画案の提出義務者・提出権者の申立てによって、更生会社の事業の全部の廃止を内容とする更生計画案の作成を許可することができるとしている（会更185条1項）。つまり、再建できるものとして手続を開始してみたが、再建が無理だということが手続中に判明したという場合に、それまで進行させた手続を利用して解体・清算させようとするものである。

(2) 更生計画案の提出者と提出時期

(ア) 提出者

更生計画案の提出義務者は、管財人である（会更184条1項）。

更生会社、届出をした更生債権者等または株主、外国管財人は更生計画の提出権限が認められている（会更184条2項・244条3項）。

なお、事業の全部廃止をする単純清算型の更生計画案は、前記のように、裁判所の許可を受けて、作成、提出することになる。

(イ) 提出時期

更生計画案の提出時期は、債権届出期間の満了後、裁判所の定める期間内である（会更184条1項・2項）。この期間は、更生手続開始の日から1年以内の日とされている（同条3項）。

裁判所は、申立てまたは職権で、提出時期を伸長することができる（会更184条4項、会更規50条2項では伸長は原則2回までとされる）。

なお、再生手続で認められている債権届出期間満了前の事前提出の制度（民再164条）に相当する制度は更生手続では設けられていない。

2　更生計画の条項

更生計画では、再生計画より多くの条項を定めなければならない（会更

167条～183条）が、その主なものは以下のとおりである。

(1) 更生債権者等・株主の権利変更

更生計画案には、全部または一部の更生債権者等または株主の権利の変更の条項を定めなければならない（会更167条1項1号）。

この権利の変更条項は、再生手続のように、債務の減免、期限の猶予その他の権利変更の一般的基準（約定劣後再生債権の届出があるときはその一般的基準も含む）を定める（民再156条）必要はないが、未確定の更生債権等を除いて、届出をした更生債権者等および株主の権利のうち変更される権利を明示し、かつ、変更後の権利を明示しなければならない（会更170条1項。この点は民再157条も同旨である）。

つまり、再生手続の場合は権利変更の一般条項と、それを適用した個別的権利変更条項を定める必要があるが、会社更生の場合は、個別的な権利変更条項を定めるだけでよい。

もっとも、権利変更は同種の債権者の間では平等でなければならないところ（会更168条1項）、個別条項の記載だけでは平等性が確保されているかがわかりづらいことなどから、実務では、たとえば、一般更生債権者に関する条項では「確定一般更生債権の明細は○○のとおりで、確定債権額のうち元金の70％の免除を受け、30％を△△のとおり弁済する。債権者別の弁済額とその時期は、別紙一般更生債権弁済計画表のとおりである」というような記載がされることが一般である。

この権利の変更条項には、①順位を考慮した公正かつ衡平な差、②弁済期間、③同種の権利者間の平等という三つの要件がある。

(ア) 順位を考慮した公正かつ衡平な差

株主の権利の変更条項の第1の要件は、更生債権等を、①更生担保権、②優先的更生債権、③一般更生債権、④約定劣後更生債権、⑤残余財産の分配に関して優先的内容を有する株式（優先株式）、⑥それ以外の株式（一般株式）の6種類に分類し、その順位で、順位を考慮して更生計画の内容に公正かつ衡平な差を設けなければならないことである（会更168条1項・3項）。

また、更生計画案は清算価値保障原則に反しないものであることが必要であり、これに反する更生計画案は付議されないし、また不認可事由になる

(条文上の根拠は、会更199条2項1号または2号とされる)。

  (A) 更生担保権の権利変更
    (a) 更生担保権の権利の変更等

更生担保権も、更生計画での権利の変更が予定されているが、更生担保権の一部免除ができるのか問題となる。

第1に、預金に質権や譲渡担保権がある場合はどうか。これは、当初から預金に質権や譲渡担保権が設定されているときと、担保の変換（たとえば、抵当権のある不動産を売却して売却代金を預金にしてその上に抵当権者のために質権を設定するような場合）によるときがある。いずれの場合も、これら更生担保権の全額を弁済する（更生計画認可決定後、早期の一括弁済）計画にすべきであろう。このような更生担保権者は、清算価値として更生担保権全額を把握しているからである。

第2に、後順位担保権者の被担保債権が更生担保権として弁済対象となる場合に、先順位担保権に対する一部免除ができるのか。免除後の弁済額が、担保目的物の清算価値（早期処分価格）を上回らない限り、清算価値保障原則に反することになるから、一部免除の権利の変更はできないこととなる。しかし、従来、この点は論じられていない。

第3に、売却を予定しない不動産（事業継続に必要な不動産）上の担保権にかかる更生担保権は、自主再建の場合は長期分割弁済となり、その全額を弁済するとする条項が通常である。この場合は、分割弁済の利益が更生会社に与えられているから、更生担保権の現価は中間利息相当分を控除した残額だとも考えられ、実質的に中間利息相当額の免除を受けることになる。中間利息の利率が問題となるが、一般的には現価で計算しても清算価値（早期処分価格）を保障している限りは、違法とはいえない。もっとも、実務上は、この点についてあまり問題とされていない。

反対に、更生担保権を分割弁済する場合に利息を付することは可能である。しかし、この利息は更生担保権の弁済ではないから、共益債権として支払うことになる。

なお、更生債権を被担保債権とする担保権は、更生担保権を被担保債権とする限度で認可決定後も存続する（根抵当権は更生担保権を被担保債権とする

普通抵当権になる）との定めをおくのが通常である。かかる定めをおかないと、担保権は更生計画認可決定により消滅する（会更204条1項）。

　(b)　処分連動方式

　更生計画では更生担保権の権利の変更に関し、処分連動方式による定めをおくことがある。処分連動方式とは、担保目的物の売却が予定されているとき、その売却価格と更生担保権に対する弁済額とを連動させ、一般には売却価格から必要経費等を控除した金額を当該担保目的物に担保権を有する更生担保権者に弁済する方式である。典型的には、費用控除後の代金が更生担保権額を下回る場合には、不足額について一般更生債権と同じ権利変更をした後の額を弁済する、反対にこれが上回る場合には、超過額について100％弁済をするとされる。

　しかし、このような更生計画の法適合性をどのように説明するのかは問題がある。更生担保権の額より低い価額でしか処分できなかった場合に、実際の処分価額に応じて更生担保権の一部免除を求める計画と整理することができる。更生担保権の額より高い価額で処分できた場合には、更生担保権について満額弁済とし、更生債権部分について、他の更生債権者より有利な弁済をする計画と整理することができる。いずれの場合も、更生担保権または、更生債権の権利の変更について、差異を設けても衡平を害しない場合として、容認できると説明するのであろうか。実務的には、この点もあまり問題とされていない。

　(B)　優先的更生債権の権利変更

　優先的更生債権は、更生会社の更生担保権で把握される目的物の価値部分以外は更生会社の全財産を引当てにしているから（共益債権に次いで）、仮に清算したときに、その全額を弁済できる場合に、劣後する更生債権に対する弁済を計画しながら、優先的更生債権の一部を減免する更生計画の条項は、債権者間の衡平を害するとともに、清算価値保障原則に違反することになる。したがって、優先的更生債権である退職金の額が異常に高額であるときなど、特別の配慮が必要な場合には一部減免が許されるとする見解もあるが、清算

　5　処分連動方式の定め方の実例は、松下淳一＝事業再生研究機構編『新・更生計画の実務と理論』192頁以下に詳しい。

価値保障原則から見る限り、そのように考えることは困難である。

　もっとも、弁済原資や技術的な点から短期間の期限の利益や短期間の分割弁済の利益を与えることは許されよう。実務上もそのような条項（たとえば、「優先的更生債権の明細は○○のとおりで、その全額を更生計画認可決定の日から3カ月以内の管財人が指定した日に支払う」というような条項）が定められている。

　　(C)　株主の権利変更

　債務超過会社の場合は、順位の点からは、株主に与える権利はないし、今後の収益に対する配当請求権を与える必要もない。したがって、更生計画では株主には何の権利も与えず、100％減資を行うのが通例である。

　100％減資の方法は、会社法では、資本減少は資本金等の額の減少と整理され、株式の消却は自己株式のみについてされるので（会社178条）、株式の強制取得の条項（会更174条の2）と株式の消却に関する条項（会更174条）を更生計画で定めて、自己株式以外の全株式を無償で強制取得したうえで自己株式とあわせて全部の無償消却を行うということになる。

　もっとも、100％減資をするかどうかは、上場を継続して更生会社の対外的信用を維持することにより先順位の種類の権利の弁済率が高まり、または弁済が容易になるなどの事情があるときは、全部の減資までを行わないことも考えられる。平成15年以降に更生手続開始の申立てがされた更生事件の更生計画で認可・確定しているもの241例を調査した結果では、このうち40例について、更生計画で発行済株式の全部の無償取得を内容とする株主等の権利の変更を行っていない。その内訳は、更生計画において更生会社の解散が予定されているものが27例、更生計画に基づく合併において更生会社の株主に対し新株式の割当てのない場合が8例、更生会社（親会社）が100％子会社（更生会社）に対して保有する株式の場合が1例などであり、株主等の権利を喪失させなくても実質的な衡平が維持されていると認められる場合である。

　　(D)　例　外

　この権利の減免には例外がある。租税等の請求権（会更2条15項）と更生手続開始前の罰金等（会更142条2号）の請求権は、これから除外されている

（会更168条4項）。

　租税等の請求権は、①3年以下の期間の納税の猶予・滞納処分による換価の猶予の定め、②更生手続開始決定日から1年を経過する日（その日までに更生計画認可決定があればその日）までの間の延滞税、利子税、延滞金の減免、③納税猶予や滞納処分による換価の猶予の場合の猶予期間中の延滞税と延滞金の減免の定めについては徴収権者の意見を聴けば足りるが、それ以外の権利に影響を及ぼす定めをするには徴収権者の同意が必要である（会更169条）。また、租税法律主義から法律の規定によらないで減免等は認められないから、徴収権者に明文で減免の同意権を与えている（同条2項）。実務では、通常は、前記①の納税の猶予（期限の猶予）と②の延滞税等の全額免除の条項が作成される。

　更生手続開始前の罰金等は、権利に影響を与える定めができない（会更168条7項）。その代わりに、弁済期間経過後の全額弁済という弁済期の劣後化がされている（会更204条1項3号・2項）から除外事由になっているのである。

　　(イ)　弁済期間

　株主の権利の変更条項の第2の要件は、分割弁済等で債務の期限が設けられるときは、原則として15年を超えることができないことである（会更168条5項）。

　これには例外が三つある。一つ目は、担保物がある場合でその耐用期間が15年（ただし、二つ目の例外の場合は20年まで）以内の場合はその耐用期間までとされることである（会更168条5項1号）。二つ目は、更生計画の内容が更生債権者等に特に有利なものになる場合、またはその他特別の事情がある場合は20年までとされることである（同項2号）。三つ目は、更生計画の定めによって社債が発行される場合はこのような期間の制限がないことである（同条6項）。社債が弁済期間の制限に服さない理由は、社債は有価証券として流通性があり社債を取得した者はこれを売却すること等により容易に資金の回収を図れるから、更生計画による通常の債務負担等とは異なる取扱いが許されるということであるが、実務上は、このような社債を引き受ける実例はないようである。

(ウ) 同種の権利者間における平等

　株主の権利の変更条項の第3の要件は、前記の各種類の権利者の間では、更生計画の内容は平等でなければならないことであるが、①不利益を受ける者の同意がある場合、②少額の更生債権に対する別段の定め、③手続開始後の利息・損害金、手続参加費用に対する別段の定め、④その他これらの者の間に差を設けても衡平を害しないときは平等でなくともよい（会更168条1項）。

　その内容は再生手続と同様で、前記①は私的自治の原則から、②は少額の更生債権は一定の要件の下で更生手続外で支払うことが認められている（会更47条5項）ので、それとのバランスから他の債権より優遇することを認めたもの、③は本来は劣後的な債権であるから不利益な取扱いをすることを認めたもの、④は包括的な規定で、差を設けても衡平を害しない例とは、手続開始前の利息・損害金、保証債務、破綻に責任のある親会社や経営者の債権を不利益に取り扱ったり、ゴルフ会員権を他の更生債権とは別の取扱いをしたりする場合等がある。

(2) 更生会社の取締役等の定め

　更生会社の従前の取締役、会計参与、監査役、執行役、会計監査人、清算人は更生計画認可決定で退任することになっている（会更211条4項）から、更生計画で更生会社のこれらの機関を定めなければならないものとし（会更167条1項2号）、その条項には、その氏名または選任・選定の方法および任期等を定めるものとされている（会更173条）。

　なお、この取締役等の権限については、更生計画認可決定後は、更生計画の定め、または、裁判所の許可で、更生会社の事業遂行権・財産の管理処分権を管財人から移転される場合がある。この場合は、管財人は更生会社の事業の経営と財産の管理処分を監督することになる（会更72条4項・167条2項）。

(3) 共益債権の弁済、弁済資金の調達方法、予想超過収益金の使途、開始後債権の内容

　共益債権の弁済（会更167条1項3号）、弁済資金の調達方法（同項4号）、予想超過収益金の使途（同項5号）、開始後債権の内容（同項7号）は、更生計画の記載事項とされている。これは、利害関係人の更生計画の遂行可能性

の判断資料としての情報を提供するためのものである。

実務では、非常に簡単な記載がされ、共益債権の弁済条項は、「現在の共益債権の内容は別紙のとおりである。共益債権は随時弁済する」、弁済資金の調達方法は、「株式払込金、手持現・預金、資産売却による売得金、営業収益金、その他必要な場合に更生裁判所の許可を受けて行う借入金等をもって充てる」、予想超過収益金の使途は、「運転資金及び事業上必要な投資に充て、さらに余裕があるときまたは繰上弁済が適当と考えられるときは、更生裁判所の許可を受けて更生担保権及び更生債権の繰上弁済に充てる」等の記載がなされている。

(4) 担保権実行禁止の解除に基づく担保権実行による換価金や担保権消滅の許可による裁判所への納付金の金額やその使途

担保権実行禁止の解除に基づく担保権実行による換価金、担保権消滅の許可による裁判所への納付金は、執行法上の配当等の手続が行われず、これらの分配は、更生計画の定めによるので（会更51条・109条等）、そのような条項が必要となるのである（会更167条1項6号）。

(5) 未確定の更生債権等の取扱い

異議等のある更生債権等で、その確定手続が終了していないものについては、その権利確定の可能性を考慮し、これに対する適確な措置を定めなければならない（会更172条）。このような規定は再生手続と同じである（民再159条）。

「権利確定の可能性を考慮して適確な措置を定める」とは、存在が確定される可能性を考慮するのではなく、将来確定した場合に他の更生債権者等と不公平や履行上の不都合が生じないような定めをすることである。

実務では、「異議等のある更生債権等で、現在その確定手続が終了していないものは、別紙のとおりである。この権利が将来確定したときは、その確定した権利の性質に応じて、本章の定めに従って権利の変更及び弁済を行う」等の記載がなされている。確定時期が権利変更後の弁済期より前であればこれでよいが、確定時期が権利変更後となる可能性もあるから、その場合の支払いの方法も定めなければならないのは再生手続と同じである（第3章Ⅶ2(3)参照）。

(6) その他

　更生手続では、本来は株主総会の決議等が必要な株式会社の組織等に関する一定の基本的事項については、更生手続開始後、更生手続終了までは更生計画によらないでその変更をすることを禁止する（会更45条1項）とともに、更生計画で、基本的事項である株式の消却・併合・分割、株式無償割当て、募集株式の引受者の募集、募集新株予約権の引受者の募集、新株予約権の消却、新株予約権無償割当て、資本金または準備金の額の減少、剰余金の配当等、解散または株式会社の継続、募集社債の引受者の募集、持分会社への組織変更、合併、会社分割、株式交換・移転など以外に、定款の変更、事業譲渡等、株式会社の設立その他更生のために必要な条項を定めることができるものとしている（会更167条2項）。これが、会社の資本や組織の再編を会社法の規定によらないで更生計画によって簡易に行える会社更生の特色の一つで、会社法の規定によらないで更生計画によって行えるという点が会社法の特則になっている。

　更生計画でこれらの条項を定める場合においては、更生手続が行われていない場合に当該行為を行うとしたら株主総会の決議その他の株式会社の機関の決定が必要となるような条項については、そのような決議・決定に関する事項を定める（会更174条）などの具体的な記載事項が、条項ごとに法で定められている（会更174条の2～183条）。

　(ア)　募集株式を引き受ける者の募集

　スポンサー等に対して新株を発行する場合などに設けられる条項である（会更175条）。

　なお、新株予約権の発行については、募集新株予約権を引き受ける者の募集に関する条項を（会更176条）、社債の発行については、募集社債を引き受ける者の募集に関する条項（会更177条）をおくことになる。

　(イ)　更生債権者等または株主の権利の引換えにする株式等の発行

　更生計画において、更生債権者等に対し、権利の一部または全部の消滅をもって払込みがあったとみなし、新株または新株予約権の発行を行う手続が可能である。

　更生計画の条項では、①発行する株式の数、②増加する資本金および資本

準備金に関する事項、③更生債権者等または株主に対して発行する株式の割当てに関する事項を定めるものとされている（会更177条の2第1項。金銭の払込みがないから会社199条1項2号〜4号の事項は条項に記載が不要である）。

なお、更生債権者等または株主の権利の消滅と引換えにする新株予約権と社債についても、新株の発行と同趣旨の規定が設けられている（会更177条の2第2項・3項）。

　　(ウ)　合併等の組織再編行為

更生計画で合併に関する条項を定めるときは、合併契約に定める事項以外には、前記(イ)①の更生債権者等に対して割り当てる株式等の内容と割当てに関する事項を定めることとしている（会更180条・181条）。

更生計画に会社分割の規定を設ける場合は、吸収分割承継会社、新設分割設立会社の商号、住所、その他分割契約ないし分割計画で定める事項の記載が必要である（会更182条・182条の2）。分割対価としては、新設分割においては新設分割設立会社の株式が分割会社である更生会社に交付される。吸収分割においては、吸収分割承継会社から更生会社に金銭を交付する事例が増えている。

　　(エ)　新会社の設立

新会社の設立とは、更生計画の条項によって、新設合併、新設分割、株式交換以外の方法で、新たな株式会社を設立することをいう（会更183条）。新会社に更生会社の財産を承継させて分社化を図ることによって経営効率を高めることができるとされている。

更生計画の定めで行う新会社の設立は、発起人の職務は管財人が行う（会更225条1項）から募集設立になり、更生計画で定める条項は、①新会社の定款に記載される事項、②新会社の発行することができる株式の総数、資本金および資本準備金の額に関する事項、③新会社の設立時の発行株式を更生債権者等や株主に引き受けさせ、払込金額の全部または一部の払込みをしたものとみなすときは、その旨、④更生会社から新会社に移転する財産とその額、⑤新会社の当初の取締役等の氏名や任期などである（会更183条）。

3　更生計画案の決議

　更生計画案の決議は、裁判所の付議決定、決議という順序で手続が進行する。再生手続の場合と同様である（第3章Ⅶ3参照）。

(1)　付議決定

　更生計画案の提出があったときは、裁判所は、①一般調査期日が終了していない、②管財人が報告書の提出（会更84条1項）または財産状況報告集会における報告（会更85条1項）をしていない、③認可要件（会更199条2項各号。ただし4号は除く）の不充足、④提出された更生計画案の全部が決議に付するに足りず、または提出期間（伸長期間）内に更生計画案の提出がないとして更生手続を廃止するときのいずれかに該当する場合を除き、提出された再生計画案を決議に付する決定をする（会更189条1項）。前記①②は時間的制約を理由とし、③はたとえ可決されても不認可にするから付議する意味がないことを理由とし、④は多数の債権者が反対していて可決されないことが明らかであるような場合で付議する意味がないということが理由である。

　実務では、更生計画案が提出されるのは、前記①②の経過後であるから、裁判所は、管財人からの報告等で、③④の除外事由がないことを確認して付議決定をしている。

　裁判所は付議決定において、議決権の行使方法と議決権の不統一行使をする場合の裁判所に対する通知の期限を定める（会更189条2項）。

(2)　議決権の行使方法

　議決権行使の方法は、再生手続と同じで、①関係人集会を開催して議決権を行使する方法、②書面等による投票による方法、③関係人集会と書面等投票を併用する方法の3種類で、裁判所が裁量によって定める。

(3)　議決権

　再生手続と同じである。なお、社債権者等は一定の要件を満たしたときに議決権の行使ができる（会更190条）。

　関係人集会と、書面等投票と併用される関係人集会における議決権は、確定している議決権と、未確定であっても集会期日で異議が述べられなかった届出議決権である。未確定の議決権について異議が述べられたときは、裁判

所は直ちに議決権を決定する裁判を行って議決権を確定させる（会更191条）。

　書面等投票による決議での議決権は、確定している議決権である。未確定の議決権は裁判所が裁量によってその額を定める（会更192条）。この決議方法では、技術的に関係人の異議という方法がとれないからである。

　議決権者は、裁判所が定める期限までに書面で通知することによって議決権の不統一行使ができ（会更193条2項）、裁判所は、相当と認めるときは、議決権者を確定するために基準日を設けて、基準日の更生担保権者表・更生債権者表に記載されている更生債権者等を議決権者と定めること等の処理ができる（会更194条）。

(4) 可決要件

(ア) 組分け

　更生手続では、原則として、決議は、異なる種類の権利者の組ごとに行われる（会更196条1項）ことが特色で、可決要件は再生手続のように頭数要件は要求されず、議決権の総額についての多数決要件だけである（同条5項）。更生計画が可決されるためには、すべての組において、可決されることが必要である。

　決議の組分けは、裁判所の裁量によって、各組を統合・分割することも可能である（会更196条2項）。

　実務では、更生会社はほとんどが債務超過であるから、株主には議決権は与えられず、各種の権利については細かな組分けはされず、更生担保権者の組と優先的更生債権者と一般更生債権者を同じ更生債権者の組というように2組に分ける運用がされている。

　それぞれの組で決議を行うのは、自分の組に関係のある条項ではなく、更生計画案全体である。

(イ) 組ごとの可決要件

(A) 更生債権者の組

　議決権を行使することのできる更生債権者の議決権の総額の2分の1を超える者の同意である（会更196条5項1号）。更生債権者の組を優先的更生債権者と一般更生債権者の組に分ける場合は、その組ごとに、この要件を満たす必要がある。

(B)　更生担保権者の組

　①更生担保権の期限の猶予の定めをする更生計画案の場合は、議決権を有する更生担保権者の議決権の総額の3分の2以上の者の同意（会更196条5項2号イ）、②更生担保権の減免の定めその他期限の猶予以外の方法により更生担保権者の権利に影響を及ぼす定めをする更生計画案の場合は、議決権総額の4分の3以上の者の同意（同号ロ）、③更生会社の事業の全部の廃止を内容とする更生計画案の場合は、議決権総額の10分の9以上の者の同意（同号ハ）である。

　前記①は、元金、利息・損害金の減免を受けずに単に弁済期を延期する場合である（一括弁済と分割弁済がある）。

　前記②は、元金、利息、損害金の全部または一部の免除を受けるような場合である。なお、処分連動方式（前記2(1)(ア)(A)(b)参照）が①②のいずれに該当するのかについては議論がある。

　前記③は、ごく一部の担保権者の反対によって、破産に移行させることは手続の無駄であるから、このような要件で実質的清算ができるようにしている。

　(C)　株主の組

　更生会社が債務超過の状態にあるときは、株主は議決権を有しないから（会更166条2項）、実務上、株主が議決権を有する場合はほとんどない。

　議決権を行使することができる株主の議決権の総数の過半数にあたる議決権を有する者の同意が必要である（会更196条5項3号）。優先株式も一般株式も同一の可決要件である。

　(D)　議決権の不統一行使

　議決権の不統一行使が行われたときは、議決権を同意・不同意に振り分ければよいから、可決要件に頭数要件を要求している再生手続のような算定方法の特則（民再172条の3第7項）はない。

4　更生計画の認可

　(1)　認可の要件

　裁判所は更生計画案が可決されたときは、更生計画の認可事由があるとき

は認可の決定をし、認可事由がないときは不認可の決定をする（会更199条1項）。

更生計画の認可事由は、①更生手続または更生計画が法令および最高裁判所規則に適合すること、②更生計画の内容が公正かつ衡平であること、③更生計画が遂行可能であること、④更生計画の決議が誠実かつ公正な方法でされたこと、⑤他の会社とともに株式交換、株式移転、会社分割、合併持分会社への組織変更を行うことを内容とする更生計画については、更生計画の認可決定時に当該他の会社が当該行為をおこなうことができること、⑥行政庁の処分、認可、免許その他の処分を要する事項を定めた更生計画については、裁判所が聴取した当該行政庁の意見と重要な点において反していないことである。

前記①については、このような違反があっても、その違反の程度、更生会社の現況その他いっさいの事情を考慮して、不認可にするのが不適当な場合は認可ができる（会更199条3項）。

前記②については、前記2(1)のとおりである。

前記③については、再生手続では「遂行される見込みがないとき」を不認可事由としている（民再174条2項2号）が、更生手続では積極的に遂行可能性が肯定されることが必要である。もっとも、自主再建収益弁済型の場合は、所詮は将来の収益予想であるから、弾力的な判断が必要なのは再生手続と同様である。

前記④については、再生手続と同じである（民再174条2項3号）。

前記⑤については、組織条項を含む更生計画案に関する要件で、相手方会社が株主総会等でこれらの行為の承認決議をしておくことを要件としていて、更生会社の組織的変更が頓挫することを防ぐ趣旨である。

前記⑥については、行政庁の許認可等を要する事項を更生計画に定めたときの要件で、行政庁から所要の許認可等を受けられない場合は、計画が頓挫するから、これを防ぐ趣旨である。

(2) 同意が得られなかった種類の権利がある場合の認可等

再生手続では、一般再生債権と約定劣後再生債権に組分けをした場合に不同意の組があったときは、裁判所は職権で権利保護条項を定めて再生計画を

認可できる(民再174条の2)。この点は更生手続も同様で、一部の組で可決されない場合でも、裁判所は、更生計画案を変更し、同意を得られなかった組の権利者の権利を保護する条項(権利保護条項)を定めて、更生計画を認可することができる。更生手続では、多くの組分けがあるから、権利者の組の内容に応じてその権利保護条項も複雑である(会更200条1項)。

　このような権利保護条項を定めて更生計画を認可できるとするのは、一部の組の不同意で更生手続を廃止すると、他の組の権利者も含めて関係人が多大な不利益を受けることとなり不適当であるからである。

　権利保護条項は、権利の実質的価値を保障するために定められるものであるが、不同意の組があった場合でも、その組についての条項が権利保護条項の要件を満たしているときは、裁判所は職権で権利保護条項を定めることなく更生計画を認可できると解されている[6]。

　なお、更生計画案に対してある組から可決要件を満たす同意が得られないことが明らかな場合は、更生計画案の作成者は、裁判所の許可を受けて、当該組の権利保護条項を定めた更生計画案を作成することができる(会更200条2項)。裁判所はこの許可申立てがあったときは、申立人と不同意が見込まれる組の権利者のうち一人以上の意見を聴かなければならない(同条3項)。このような更生計画案が作成された場合は当該組の権利者は議決権を行使することができなくなる(会更195条)。事前に不同意の組があることが明らかになっている場合は、決議による不同意を待つまでもなく、あらかじめ権利保護条項を定めて、その組の議決権者の議決権を奪って更生計画案の可決を可能とすることが、手続の無駄を省き手続経済に合致するからである。

　　(ア)　更生担保権者

　更生担保権者の権利保護条項は、①更生担保権の全部をその担保権の被担保債権として存続させる条項、②担保権の目的である財産を裁判所が定める公正な取引価額(担保権による負担がないものとして評価するものとする)以上の価額で売却し、その売得金から売却の費用を控除した残金で弁済し、または供託する条項、③裁判所が定める担保権付債権の公正な取引価額を支払う

---

[6]　東京高決昭和56・12・11判時1032号124頁。

条項、④これらの方法に準じて公正かつ衡平に更生担保権者を保護する条項のいずれかである（会更200条1項1号・3号・4号）。

前記①は、確定更生担保権全額を減免せずにその全額を支払うという条項である。

前記②の公正な取引価額とは、手続開始時点の処分価額（清算価値）をいうものとされる。売得金から売却費用を控除した残額が更生担保権額より多い場合は弁済額は更生担保権の額であり、その残額が少ない場合は更生担保権の額との差額は一般更生債権となると考えられている。更生担保権の弁済期が到来していれば弁済し、未到来のときは供託する。

前記③は、担保目的物が事業継続に必要なものであるときは、売却ができないから、売却したとした場合の価額で更生担保権を支払うとするものである。

前記④は、期限の猶予や代物弁済等があるとされている。

　　(イ)　更生債権者

更生債権者の権利保護条項は、①破産の場合に配当を受けられると見込まれる額を支払うという条項、②裁判所の定めるその権利の公正な取引価額を支払うという条項、③これらの方法に準じて公正かつ衡平に更生債権者を保護する条項のいずれかである（会更200条1項2号〜4号）。

前記①は、更生債権者が確実に把握しているのは、更生会社の清算価値にとどまることを考慮して、この清算価値の配当が保障されていれば更生債権者の利益を本質的には損なわないという考え方による条項である。

　　(ウ)　株　主

株主の権利保護条項は、残余財産分配額を支払うという条項（会更200条1項2号）、裁判所の定める株式の公正な取引価額を支払うという条項（同条同項3号）などであるが、資産が債務を超過している更生会社の場合の条項であり、債務超過会社がほとんどで、実務上問題となることはない。

5　更生計画の効力

(1)　効力発生時期

更生計画は、認可の決定の時から効力を生じる（会更201条）。早期に更生

計画の遂行を図る必要性があるからであるとされている。認可決定の確定によって効力を生じる（民再176条）とされる再生手続とは対照的である。

更生計画の認可・不認可の決定に対しては、即時抗告ができる（会更202条1項）が、認可決定に対する即時抗告があっても、執行停止の効力はなく、更生計画の遂行に影響を及ぼさない（同条4項）。

(2) 認可決定の効力

更生計画は、更生会社、更生債権者等、株主、その他の利害関係人に対して効力を有する（会更203条1項）。

認可決定がされると、更生計画の定め等の一定の例外を除いて、更生会社は、すべての更生担保権、更生債権について責任を免れ、株主等の権利、更生会社の財産を担保の目的物とする担保権はすべて消滅する（会更204条1項）。未届出の更生担保権・更生債権、届け出たが管財人から否認され、あるいは異議があったのに確定手続をとらなかった更生担保権・更生債権は免責、失権する。担保権も全部消滅するので、実務上は、履行確保等の目的で更生担保権を被担保債権とする担保権を更生計画の条項で存続させていることは前述のとおりである。

例外として免責の対象とならない権利は、①更生計画の定めによって認められた権利、②更生計画認可決定後も引き続き取締役等または使用人である者の退職手当の請求権、③更生手続開始前の罰金等、④租税等の請求権で脱税等で更生手続開始後に懲役もしくは罰金に処せられ、または国税犯則取締法による通告等を受けた脱税等にかかる租税等の請求権で届出がなかったものである（会更204条1項1号～4号）。

共益債権、開始後債権、取戻権は免責の対象とはならない。

更生計画による権利変更は、連帯債務者等、保証人、物上保証人等に対しては影響を及ぼさない（会更203条2項）。この点は、再生手続と同じである。

(3) 権利者の権利行使

確定した届出更生担保権者、更生債権者、株主等は、更生計画の定めによって権利変更がされた権利について権利行使ができることになる（会更205条）。

更生計画の条項が記載された更生担保権者表・更生債権者表は、確定判決

と同一の効力を有するが（会更206条1項・2項）、再生手続とは異なり、更生会社が更生計画に定められた弁済期が到来したのに弁済を行わなかったとしても更生手続中は強制執行ができず、更生手続の終結後に更生担保権者表・更生債権者表の記載により強制執行ができるだけである（会更240条）。これは、再生手続の場合と異なり、更生手続では管財人が必置の機関とされており、管財人が履行確保の手段と位置づけられているからである。管財人は、弁済期に計画弁済ができないときは、更生計画の変更、認可決定後の手続廃止等を申し立てることになる。

(4) その他

更生計画認可決定により、手続開始により中止されていた破産手続等の手続は、租税等の請求権の徴収のために続行された手続（会更50条5項）を除き、すべて失効する（会更208条）。

6　更生計画の遂行

更生計画認可決定があったときは、管財人は、速やかに更生計画を遂行し、または更生会社の事業の経営、財産の管理処分の監督を開始しなければならない（会更209条1項）。

更生計画の遂行とは、更生計画で権利変更をした更生債権等を更生計画に従って弁済することや、更生計画で定められた組織の再編等、更生計画に定められた全部の事項を実行することで、事業経営等の監督とは、更生計画の定めで取締役等に事業の経営権と財産の管理処分権を移転した場合の監督のことである（会更72条4項）。

組織の再編等については、個別の事項ごとに会社法その他の法令の規定の特例が詳細に定められている（会更210条〜232条）。

管財人は、更生計画の条項によって行われた、新設分割・株式移転・新会社の設立によって設立された会社の更生計画の実行を監督し（会更209条2項）、監督のため、当該会社の取締役等に報告を求め、帳簿等の検査を行うことができる（会更209条3項）。

7　更生計画の変更等

　予定どおり、更生計画の遂行がなされればよいが、その後の諸般の事情で更生計画の遂行が困難になることもある。そこで、更生手続でも、再生手続と同じように、更生計画認可決定後、やむを得ない事由で更生計画に定める事項を変更する必要が生じたときは、裁判所は、更生手続終了前に限って、管財人等の申立てにより更生計画を変更することができる（会更233条1項）としている。

　「やむを得ない事由」とは、更生計画認可時にそのような事情が生じると予測していれば別の更生計画が策定されていたと思われる程度の重要な事由であることが必要である。実務上は、更生債権等の弁済原資の調達が困難となって弁済額を減少させたり弁済期間を延ばす場合と、更生手続を早期に終結させるために更生債権等について中間利息相当分を減額した残額を一括弁済する場合がある。

　この変更が更生債権者等または株主等に不利な影響を及ぼす場合（これが通常である）は、更生計画案の決議と同様の手続を踏まなければならないが、更生債権者等・株主等のうち不利な影響を受けない者は手続に参加させないでよいし、従前の更生計画に同意した者が変更計画案について議決権行使をしないとき（ただし、決議のための関係人集会に出席した場合は除く）は、変更計画案に同意したものとみなされる（会更233条2項）。

　変更による弁済の猶予期間は、当初の更生計画の期限と同様の制限がある（会更233条3項）が、社債については、当初の更生計画でも制限がないから、変更計画でも制限がない（同条4項）。

　なお、再生手続では再生計画の取消制度があるが（民再189条）、更生手続では更生計画の取消制度は設けられていない。再生計画の取消しは再生債務者に対する一種の制裁で履行確保の一つの手段であるが、更生手続では前述のとおり履行確保の手段として管財人が選任されており、また、更生計画の定めで更生会社にかかわるいっさいの権利関係が変更され、認可によって新たに変更された法律関係を公正・衡平に原状に復帰させるのは困難と考えられるからである。

IX 更生手続の終了

更生手続は、①更生手続開始の申立ての棄却決定の確定、②更生手続開始決定に対する即時抗告による更生手続開始決定の取消決定の確定、③更生計画不認可決定の確定、④更生手続廃止決定の確定、⑤更生手続終結決定によって終了する（会更234条）。

更生手続は申立てによって開始することを前提に、前記①②は終了事由とされている。③は再建が頓挫した場合の終了事由、④は再建が頓挫した場合の終了事由と更生手続をする必要がなかったことが判明した場合の終了事由、⑤は更生に成功した場合の終了事由である。

1　更生手続開始の申立ての棄却

更生手続開始の申立ての棄却決定があると、裁判所が必要として認めた保全段階の手続中止命令や個別的な権利行使の中止命令、包括的禁止命令等の保全措置は当然に失効する。

更生手続は第1次選択をされる手続で、開始前会社は通常は債務超過であるから、職権で破産手続に移行する（会更252条1項）。

2　更生手続開始決定の取消決定

更生手続開始決定に対する取消決定が確定すれば、開始決定の効果は遡及的に消滅することになるが、更生手続開始決定は決定の時から即時にその効力を有することになり（会更41条2項）、開始決定に対する即時抗告には執行停止の効力はないから、開始決定によって管財人が選任され、開始決定の取消決定までの間に管財人が行った行為の効力は遡及的に無効となるわけではない。

更生手続開始原因のないことが取消しの理由であるから、他の倒産手続への手続移行はその取消事由による（会更251条・252条1項・257条など）。

3 更生計画不認可決定

　更生計画案が可決されたときに、裁判所が不認可事由があるとして、不認可決定をして、その決定（即時抗告ができる）が確定したときは、更生手続は終了する。通常は更生会社は債務超過であるから破産手続に移行する（会更252条1項）。

　なお、更生計画案が否決されたときは、廃止事由になる（会更236条3号。後記4参照）。

4 更生手続廃止決定

　更生手続の廃止とは、更生手続開始後に更生手続が目的を達することなく裁判所の決定によって更生手続の効力を将来に向かって消滅させる手続終了の方法をいう。

　廃止決定の時期によって、更生計画認可前の手続廃止、更生計画認可後の手続廃止に分けられる。

　再生手続では再生債務者の義務違反を理由とする廃止の制度があるが（民再193条）、更生手続は管理型であるから、このような廃止制度は設けられていない。

(1) 更生計画認可前の手続廃止

　更生計画認可前の手続廃止には2種類ある。一つは、更生計画案の作成、提出、決議といった更生が困難なときは、更生手続を進行させることは無意味で裁判所・権利者に負担をかけるだけであるから手続を廃止する場合であり、もう一つは、更生手続開始原因がないことが客観的に明らかになったときは更生手続を進行させる必要がなくなるから手続を廃止する場合である。

(ア) 更生が困難な場合

　裁判所が職権で更生手続廃止決定をしなければならない場合で、廃止事由は、①決議に付するに足りる更生計画案作成の見込みがないことが明らかになったとき、②裁判所の定めた期間もしくは伸長期間内に更生計画案の提出がなかったとき、またはその期間内に提出されたすべての更生計画案が決議に付するに足りないものであるとき、③更生計画案が否決されたとき、また

は債権者集会の続行期日が定められた場合において更生計画案が可決されないときである（会更236条）。再生手続と同様である（民再191条）。

この廃止によって、通常は破産手続に移行する（会更252条1項）。

　　(イ)　更生手続開始原因がないことが明らかになった場合

債権届出期間の経過後更生計画認可の決定の確定前において、会社更生法17条1項に規定する更生手続開始の申立ての事由（更生手続開始原因）のないことが明らかになったときは、裁判所は、管財人、更生会社または届出更生債権者等の申立てにより、更生手続廃止の決定をしなければならない（会更237条1項）。

更生手続開始原因がないことが後に明らかになった場合は、更生手続を進行させる必要がないから廃止事由としたものである。

(2) 更生計画認可後の手続廃止

更生計画認可の決定後に更生計画が遂行される見込みがないことが明らかになったときは、裁判所は、管財人の申立てによりまたは職権で、更生手続廃止の決定をしなければならない（会更241条1項）。

更生計画の遂行が可能であるとして更生計画が認可されても、後の経済情勢の変化等によって更生計画の条項に従った弁済の見込みがなくなることもあるし、更生計画で定めた組織の再編に関する事項（新株発行、合併等）の実施が困難となるときもある。このような場合は、更生計画の変更で対処できるときもあるが、この対処も無理であるときは、更生手続を継続する理由に乏しいし、利害関係人を保護するために手続を廃止することとしたものである。

この廃止決定をする場合は、利害関係人に多大の影響を及ぼすので、一定の場合に意見聴取をすることとされている（会更規57条）。

通常は、この廃止によって破産手続に移行する（会更252条1項）。

(3) 更生手続廃止の手続と効果

　　(ア)　廃止の手続

廃止決定に関する審理は、決定手続で行われる。

裁判所は手続廃止決定をしたときは、直ちに、その主文および理由の要旨を公告しなければならない（会更238条1項）。

廃止決定に対しては即時抗告が認められ（会更238条2項）、廃止決定は確定しなければその効力を生じない（同条5項）。

　　(イ)　廃止の効果

廃止決定の効果は、将来に向かって手続の効力を消滅させるから、廃止決定確定時までに生じた効果を消滅させるものではない。したがって、管財人の行った事業の遂行や、財産の管理処分行為の効果、すでにされた双方未履行双務契約の解除等の効果は覆滅されない。

更生計画認可決定の確定後に手続廃止があった場合は、更生計画の遂行および会社更生法によって生じた効力に影響を及ぼさない（会更241条3項）から、更生計画の条項による更生債権等・株主に対する権利変更の効果、更生計画による弁済、更生会社の組織変更等の効力などには影響を及ぼさない。

5　更生手続終結決定

更生手続は、管財人による管理型の再建手続であるから、更生計画の遂行が確実視されるまで手続は続行される。この点が、DIP型や監督委員が選任されている後見型の手続である再生手続と異なるところである（再生手続でも管財人が選任されている場合は、更生手続と同様に再生計画の遂行が確実視される段階まで手続は続行される）。

更生計画の終結事由は、①更生計画が遂行されたとき、②更生計画の定めによって認められた金銭債権の総額の3分の2以上の額が弁済された時において、当該更生計画に不履行が生じていない場合で、裁判所が当該更生計画が遂行されないおそれがあると認めたとき以外、③更生計画が遂行されることが確実であると認められる場合（前記②を除く）で、裁判所は、管財人の申立てまたは職権で、更生手続終結決定をしなければならない（会更239条1項）。

終結決定は、更生手続がその目的を達したとして終了する事由である。

前記①の「更生計画が遂行された」とは、更生計画で定められた組織変更が完了し、手続権利者に対する全部の弁済が完了し、未確定の債権の確定がされ、否認訴訟等の終了した段階をいう。

前記②は、③の例示である。③の「再生計画が遂行されることが確実であ

ると認める」かどうかの判断は一種の経営判断であって、その解釈も分かれているところである。更生会社であることは、会社更生法の傘の下に一定の保護がされている反面、更生会社であるというだけで競争社会や取引社会では不利益を受けることも多く、更生会社であることが一種のハンディとなっている。更生会社の事業が軌道に乗り、財政的、人的な観点からも計画弁済が確実視される場合には、更生会社は管財人の管理・監督を脱して通常の会社として再建を完成させたいと希望する。一方、更生債権者等は履行の確保という観点からは早期の手続終結には抵抗もある。このようなことから、金銭債権の総額の3分の2以上の弁済がされ、更生計画の不履行が生じていないという事実があれば、更生計画の遂行が確実であると一種の推定を与えることによって、遂行されないおそれがあるという特別の事情がない限り、裁判所は履行の確実性という経営判断をすることなく終結決定を行えることとしたのである。

前記②の要件がない場合は、裁判所は、③の要件を具備するかどうかについて個別に判断をすることになる。

6 更生手続の終了等と破産手続への移行

倒産手続間の手続移行については、会社更生法でもいろいろな場合を想定して詳細な規定が定められている（会更246条～257条）が、実際上は、更生手続は申立件数も少なく、再生手続とは異なり手続終結に至らない段階で挫折して手続が終了するという例はあまりない。ここでは、最初に更生手続開始の申立てをしたが中途で挫折して破産手続に移行する場合を取り上げる。

(1) 職権破産

破産手続開始前の株式会社について、更生手続が終了した場合に、裁判所は、当該株式会社に破産手続開始の原因があると認めるときは、職権で、破産手続開始決定をすることができる（会更252条1項）。

(2) 保全処分

裁判所は、①更生手続開始の申立てに対する棄却決定があったとき、②更生手続開始決定の取消決定・更生計画不認可決定・更生手続廃止決定が確定したときで必要があると認めるときは、職権で、破産法上の各種の保全命令

や保全管理命令等の保全の措置をとることができる（会更253条）。

前記①は、棄却決定の確定までは時間がかかることや保全管理人が選任されていない場合は、保全の必要性は高いことになる。

前記②は、①とは異なり、実際上は保全の措置がとられることはない。再生手続と異なり、廃止決定等が確定していることが要件となっているので、廃止決定後、管財人は、事業の清算に向けて整理し共益債権を支払いながら破産手続開始決定を待つことになる。通常は、廃止決定等の確定直後に職権で破産手続開始決定がされるから（法律管財人である弁護士が破産管財人に選任される場合もある）、実際上はこの保全の措置の必要性がないのである。

(3) 各種債権の処遇

再生手続と同じ点と異なる点がある。

(ア) 共益債権

未払いの共益債権は、財団債権となる（会更254条6項）。

(イ) 更生債権

破産法で財団債権とされる更生債権（たとえば、租税等の請求権の一部）は財団債権となり、それ以外の更生債権は破産債権となる。更生債権が担保権の被担保債権であった場合は、更生計画認可前に破産手続へ移行したときは別除権付破産債権、更生計画認可決定後に破産手続へ移行したときは更生計画による権利変更の効力は維持されるので（会更241条3項）、別除権のない破産債権となる。

(ウ) 更生担保権

更生担保権は、それが更生会社に対する請求権の場合は破産債権となる。

更生計画認可前に破産手続に移行した場合は別除権付破産債権となる。更生計画認可後に破産手続へ移行した場合は、更生計画の効力は維持されるので（会更241条3項）、権利変更後の更生担保権は更生計画で担保権を存続させたときは別除権付破産債権となり、更生計画で担保権を存続させなかったときは単純な破産債権となる。

この点に関し、更生計画によって権利変更を受けた後の未払いの更生担保権は、その基礎となる担保権が更生計画の条項により消滅している場合は、この更生担保権は更生管財人の行為による権利変更の結果生じた債権である

から破産管財人の行為によって生じた請求権と類似の性格を有するので財団債権となるとする下級審の判例があるが[7]、賛成できない。なぜなら、①担保権は更生計画に定められない限り更生計画の認可によって消滅するものであり（会更204条1項）、その後の手続廃止によってもその消滅の効力は維持される（会更241条3項）、②この判決の論理に従うと、更生管財人が提出した更生計画によって権利変更がされた権利変更後の更生担保権と更生債権はその全部が管財人に行為によって生じた請求権として財団債権になり、更生計画認可後の廃止による破産の場合は、未払いの更生担保権・更生債権はそのまま財団債権になるが（その結果、破産手続は財団不足で異時廃止される）、破産債権の届出を要しない旨の決定に関する会社更生法255条は、このような事態は全く予想していない、③権利変更後の手続債権の全部を財団債権化して保護する理由もないからである。

更生会社が物上保証をしていた場合の更生担保権については、更生計画認可前に破産手続に移行した場合は、更生担保権は更生会社の債務ではないから破産債権にならない。更生計画認可後に破産手続に移行した場合は、更生計画の効力は維持されるが（会更241条3項）、物上保証の場合は、更生計画において、更生会社が更生担保権の範囲で主たる債務者の被担保債権を重畳的に債務引受けしたものと評価できるから、権利変更後の更生担保権は、担保権を更生計画で存続させたときは別除権付破産債権となり、担保権を存続させなかったときは単純な破産債権になると考えられる。

㈡　開始後債権

開始後債権は破産債権となる。

㈥　破産債権の範囲

破産債権の範囲は、更生計画によって権利変更がされている場合は、権利変更後の債権であり、更生計画によって一部弁済がされている場合は権利変更後の債権から弁済額を控除した残額が破産債権の額となる。更生計画認可後に手続廃止によって破産手続に移行しても、更生計画の遂行や会社更生法の規定によって生じた効力は維持され（会更241条3項）、再生手続のように、

---

[7] 神戸地判平成16・10・25金商1203号4頁。

再生計画の履行完了前に破産に移行した場合に権利変更に係る手続債権が原状に復することはないからである（民再190条1項）。

(4) その他

更生手続後の破産手続における相殺の禁止、否認、その他の実体的規定等の内容は、原則的に同じであるが、その時期的要件等に関しては更生手続開始の申立てを破産手続開始の申立てとみなし（会更254条）、債権確定等に関する破産債権の届出については手続の煩瑣さを避けるため、一定の事由があるときはその届出を不要としている（会更255条）。再生手続から破産手続に移行した場合と同じ取扱いである。

第2節　特別清算

I　特別清算の概要と特色

　特別清算は、会社法第2編第9章「清算」の第2節に規定され、清算手続中の株式会社に対して開始される清算の一類型であり、通常の清算手続を厳格化した特殊な清算手続として位置づけられている。同時に、特別清算は、債務超過の疑いがあるとき、または清算手続の遂行に著しい支障があるときに開始される清算型の倒産処理手続であり、理念的には破産手続に先行し、破産予防を目的とした手続としての性格を併有している。

　特別清算は、本来、通常清算を開始した後に清算手続から移行することを予定しているが、実際には、会社解散の決議後、直ちに特別清算開始の申立てをするのが通例であり、実務上は簡易・迅速で柔軟な倒産処理手続として用いられている。

　特別清算は、本来的な利用のほかに、債権者の有する特別清算会社に対する債権等の損金処理の特則について法人税法施行令や法人税基本通達等で規定されているため、単純な債権放棄では損金処理に懸念が生じやすい親子会社等の企業グループ間の債権処理を目的として利用されることも多い。企業グループ間の債権債務であれば、当事者間の合意も得やすく、簡易・迅速な手続である特別清算の特色を活かすことができ、しかも、税務リスクが少なくなるからである。

　特別清算は、かつては、全国で年間数十件程度の申立て件数であったが、近時はその件数が増加している。最近10年間の全国の特別清算開始の申立て件数は、年間300件前後で推移している。

1　特別清算の概要

　特別清算は、株式会社の清算手続について、会社債権者その他の利害関係

人の権利を保護するために裁判所の関与を強めた手続である。

　裁判所は、債権者、清算人、監査役または株主より清算株式会社について特別清算開始の申立てがなされると、特別清算開始の原因等について審理し、開始の要件を満たしているときは、清算会社に対して特別清算の開始を命ずる（会社511条・514条）。

　特別清算が開始すると、原則として、従前の清算人がそのまま清算事務を行うが、清算人は、債権者、清算会社および株主に対して公平誠実義務を負い（会社523条）、清算会社の清算は、裁判所の監督に属し（会社519条）、清算会社の財産処分等の行為や事業譲渡または弁済行為が制限されるほか（会社535条～537条）、裁判所は、清算の監督上必要があると認めるときは、清算人の選任および解任（会社524条）、清算会社の財産に対する保全処分（会社540条）、役員等の財産に対する保全処分（会社542条）、役員等の責任に基づく損害賠償請求権の査定の裁判等（会社545条）を行うことができる。

　清算人は、裁判所の監督の下で、清算会社の事業を終了させるための事務、債権の取立てその他の財産の換価処分、債権者に対する債権額の割合に応じた弁済や、個別的な和解または協定による弁済を行う。そして、多くの場合、債務の全部を弁済するだけの資産に不足するから、清算会社は、協定を作成し、債権者集会に対し、協定の申出を行い（会社563条）、債権者集会において、法定多数の債権者の同意があると、協定は可決され（会社567条）、裁判所による協定の認可決定（会社569条）が確定すると、当該協定の内容に従い、債権者の権利が変更される（会社570条・571条）。

　清算会社は、協定の認可決定が確定した場合は、これを実行し、清算が結了すると、裁判所は、特別清算終結の決定をし（会社573条）、これにより特別清算は終了する。

2　特別清算の特色

　特別清算は、清算手続の一類型として位置づけられるとともに、同じく清算型の倒産処理手続である破産手続と対置される。両者の主な相違点は以下のとおりである。

　破産は、法人・自然人の別を問わず、また、法人の種類も限定されないの

に対し、特別清算は、清算中の株式会社のみが利用できる。

　破産は、裁判所が選任した破産管財人が清算事務を遂行するのに対し、特別清算は、原則として、従前の清算人が引き続き清算事務を遂行する。

　破産管財人は、否認権等の強力な権限を有しているが、清算人には、そのような権限は与えられていない。

　破産では、債権の調査および確定手続を有し、確定された債権額に比例して定められる配当額を法律で定められた手続に従い債権者に配当するのに対し、特別清算では、債権の調査および確定手続もなく、当事者間で合意した債権額に応じて、債権者の多数決によって定められる「協定」に基づく弁済が行われるなど、簡易・迅速かつ柔軟で、手続コストも低廉である。

　特別清算を利用するメリットとしては、以下の①～⑦のような点が指摘されている。いずれも、厳格な破産手続に比べて、簡易・迅速・柔軟に手続を進めることができる点がポイントである。

① 原則として従前の取締役が就任している清算人がそのまま特別清算人となり、清算事務を遂行するから、清算開始前の事業または清算事務との連続性を確保することができる。

② 債権の調査および確定の手続がなく、協定、個別和解、割合的弁済等の手法を用いて弁済ができ、厳格な配当手続によらなくても足りる等、手続構造が柔軟で融通性を有しており、簡易・迅速に処理することができる。

③ 個別和解が可能であるから、債権者数が少なく、利害関係人間の対立が少ない場合に、短期間に清算手続を終了でき、債権者にとって迅速に税務上の償却等の処理が可能となる。

④ 債権者数が多い場合や利害が対立する場合でも、協定により債権者の多数決で清算できる。

⑤ 少額債権の弁済その他の許可弁済の制度を利用することにより、柔軟な処理が可能である。

⑥ 手続に要する費用が低廉である。とりわけ個別和解型と呼ばれる円滑な進行が予想される類型では低廉である。

⑦ 破産に比べると債務者および債権者の名誉・信用の毀損の程度が相対

的に小さい。

II　通常清算との関係

　株式会社は、①定款で定めた存続期間の満了（会社471条1号）、②定款で定めた解散事由の発生（同条2号）、③株主総会決議（同条3号）、④解散命令（会社471条6号・824条1項）、解散判決（会社471条6号・833条1項）、⑤休眠会社のみなし解散（会社472条1項）などにより解散し、清算手続が開始する（会社475条）。清算会社は、清算の目的の範囲内において、清算が結了するまではなお存続するものとみなされる（会社476条）。清算手続に対する規制は、私的自治領域への国家の介入をできる限り少なくするという観点から、最小限のものにとどめられている。

　清算段階に入ると、従前の取締役はその地位を失い、新たに清算人が就任し、清算会社の機関として清算事務を行う（会社477条・478条）。監査役や株主総会など他の機関は、当然にはその地位を喪失しないし、株式の譲渡も解散前と同様に行うことができる。

　清算事務を遂行する清算人には、原則として解散時の取締役がそのまま就任する（会社478条1項1号）。ただし、定款・株主総会決議により取締役以外の者を清算人に選任することもできるし（同項2号・3号）、裁判所が選任する場合もある（同条2項）。

　清算人には任期の定めはないが、裁判所が選任した場合以外は株主総会の普通決議でいつでも清算人を解任することができる（会社479条1項）。また、重要な事由があるときは、少数株主の申立てにより、裁判所は、清算人を解任することができる（同条2項）。

　清算人と清算会社は、委任関係にある（会社478条6項・330条）。清算人は、①現務の結了、②債権の取立ておよび債務の弁済、③残余財産の分配等の職務を行う（会社481条）。清算人には、取締役に関する規定が準用または適用され（会社482条4項・491条）、会社の機関として清算事務の遂行のために各種行為を行うことができるが、営業活動等清算事務に属さない行為を行うことはできない。清算人は、その任務を怠ったときは清算会社に対して損害賠

償責任を負い（会社486条1項）、その職務を行うについて悪意または重大な過失があったときは、第三者に対して損害賠償責任を負う（会社487条1項）。

清算人は、一人以上であればよく（会社477条1項）、定款の定めにより清算人会をおくこともできる（同条2項）。清算人は清算会社の業務を執行し（会社482条1項）、清算人が二人以上の場合は過半数でもって決定する（同条2項）。清算人は、各自清算会社を代表するが、代表清算人を定めることもできる（会社483条）。

清算人は、継続中の事務を完結し、取引関係を終了させる等により現務を結了させる。また、債権を取り立てて回収し、金銭以外の財産を換価処分して現金化する。清算人は、その就任後遅滞なく清算会社の財産の現況を調査し、解散時における財産目録および貸借対照表等を作成し、清算人会設置会社の場合は清算人会の承認を受け、株主総会に提出してその承認を受けなければならない（会社492条）。また、清算会社は、各清算事務年度にかかる貸借対照表、事務報告および附属明細書を作成し（会社494条）、これらについて監査役の監査を受け、清算人会設置会社の場合は清算人会の承認を受け（会社495条）、清算会社本店に備え置き利害関係人の閲覧に供し（会社496条）、貸借対照表と事務報告を定時株主総会に提出し、事務報告の内容を定時株主総会に報告し、貸借対照表について定時株主総会の承認を受けなければならない（会社497条）。

清算人は、換価した資産をもって、清算会社の債務を弁済する。清算人は、弁済すべき債務の内容および額を確認するために、2カ月を超える期間を定めて各別の債権者に対して債権の申出を催告するとともに、官報公告を行う（会社499条1項）。清算人は、債権届出期間内は原則として債務の弁済ができないが（会社500条）、届出期間の終了後は、申し出た債権者および知れたる債権者に対して、弁済を行うことができる。知れたる債権者でない債権者が債権の申出をしなかった場合は除斥され、分配されない残余財産に対してのみ弁済を請求できる（会社503条）。

清算人は、債権者に対する弁済後、残余財産があれば、株主に対し、原則として株式数に応じてこれを分配する（会社504条〜506条）。

清算事務が終了したときは、清算会社は遅滞なく決算報告を作成し、清算

人会設置会社の場合は清算人会の承認を受け、清算人はこれを株主総会に提出し、株主総会の承認を受け（会社507条）、株主総会承認の日から2週間以内に清算結了の登記を行う（会社929条）。そして、清算人または裁判所の選任した者は、清算結了登記の時から10年間、帳簿資料を保存する（会社508条）。

清算手続は、以上の流れに従って、解散した株式会社につき通常行われる手続であるが、特別清算は、通常清算が行われる解散後の清算会社のうち、清算の遂行に著しい支障を来すべき事情があるか、債務超過の疑いがある場合に、裁判所の命令により開始される手続である（会社510条）。

特別清算も会社法第2編第9章の規定に基づき行われるものであるから、会社の清算手続の一種として位置づけられている。したがって、特別清算が開始された場合、原則として従前行われていた清算のための機関と手続がそのまま特別清算に引き継がれることとなる。また、清算に関する規定は特別清算の場合にも、規定の性質上あるいは明文で適用が除外されない限りは適用の対象になると解される。

Ⅲ 特別清算の開始

1 特別清算開始の申立て

(1) 特別清算開始の申立ての方式

特別清算開始の申立ては、書面で行う。内容の複雑性から、その正確を期し、審理を迅速に行うためである（会非規1条）。

特別清算開始の申立書には、①申立人の住所、氏名、②申立代理人の住所、氏名、③申立ての趣旨と申立ての原因となる事実（会社の概要、業務の状況、開始原因、特別清算の見込み等）、④申立年月日、⑤裁判所の表示等を記載し、印紙（民訴費3条1項・別表1第12項）を貼用し、証拠書類等を添付する（会非規2条・3条）。

特別清算開始の申立てをするときは、特別清算手続の費用として裁判所の定める金額を予納しなければならず（会社888条3項）、これを予納しなけれ

ば手続は開始されない(会社514条1号)。予納金の額は、清算会社の事業の内容、資産および負債その他の財産の状況、債権者および株主の数、監督委員または調査委員の選任の要否その他の事情を考慮して定められる(会非規21条1項)。

(2) 管轄裁判所

特別清算は、株式会社の本店所在地の地方裁判所が管轄する(会社868条1項)。

他の倒産手続では、「主たる営業所の所在地」を管轄裁判所としている(破5条1項、民再5条1項、会更5条1項)のと異なる。それは、会社非訟事件全体が本店所在地を管轄の基準としており、また、会社法全般を通じて「本店所在地」という概念が用いられ、「主たる営業所」という概念が用いられていないからである。なお、特別清算は、資本関係のあるグループ会社等の清算に利用されることも多く、グループ会社等の清算事件の一体的処理を可能にするために管轄の特例が設けられている。つまり、親法人について会社更生事件、民事再生事件、破産事件または特別清算事件が継続している地方裁判所に対して、親法人が議決権の過半数を有する会社等(子会社や孫会社等)について特別清算開始の申立てができる(会社879条1項)。他方、子会社や孫会社等について特別清算事件等が継続している地方裁判所に、親法人が特別清算開始の申立てをすることはできない。これは、親法人の倒産処理の一環として、親法人の倒産事件の管轄裁判所において、子会社や孫会社等について特別清算を開始する必要性が高い一方で、その逆を認める必要性は低いと考えられるからである。

また、前述のとおり関連管轄(会社879条)が認められることにより、通常清算中の株式会社に対して、本店所在地を管轄する裁判所以外の裁判所に特別清算開始の申立てがなされる場合が生じうる。この場合は、両事件を一括して処理することが相当と認められるため、特別清算事件が係属する裁判所(特別清算裁判所)に通常清算事件の管轄を認めることとし(会社880条1項)、通常清算事件を特別清算裁判所に移送することができるものとした(同条2項)。

(3) 特別清算開始の申立権者（義務者）

　特別清算開始の申立権者は、会社の清算手続に利害関係を有する者、すなわち、債権者、清算人、監査役または株主である（会社511条1項）。特別清算開始命令の時にその資格を有する必要があり、かつそれで足りる。

　従前より、清算会社自身にも特別清算開始の申立権を認めるべきではないかという議論があるが、清算人が申立権を有するうえに会社自身にも申立権を認める必要性・合理性に乏しい（清算会社による申立ては、会社としての意思決定（機関決定）を必要とする点で清算人による申立てより厳格であるということができる）ことなどから、会社自身の申立権は認めていない。

　官庁その他の機関の許可（免許、登録その他の許可に類する行政処分を含む）がなければ開始することができない事業を営む清算会社の場合は、特別清算開始命令があったときは、裁判所書記官は当該機関にその旨を通知する（会非規17条1項）。

　　(ｱ)　債権者

　債権者は、債権額の多寡にかかわらず特別清算開始の申立権を有し、金銭債権以外の債権者、期限未到来の債権者も含まれる。これらの債権者も特別清算手続によって自己の債権の回収を図ることができるからである。特別清算によらずに弁済を受けることのできる債権者（十分な担保を有する債権者や一般優先権のある債権者）も、簡易・迅速で柔軟な特別清算を利用して債権の保全・回収を図る必要性が存在するので、申立権を有していると解される。特別清算は、清算中の会社に対して申立てができるにすぎないので、債権者も、解散後でなければ申立てはできない。

　　(ｲ)　清算人

　清算人が複数ある場合、個々の清算人に特別清算開始の申立権が認められている。清算人には、清算手続を早期に結了すべき義務があり、会社の財産状態や清算事務の遂行状況を最も承知しているからである。

　清算人は、清算会社に債務超過の疑いがあるときは、特別清算開始の申立義務を負う（会社511条2項）。他方、債務超過が明らかな場合、清算人は破産手続開始の申立義務を負う（会社484条1項）。いずれの場合も、その違反に対して過料の制裁がある（会社976条27号）。特別清算は破産予防の手続で

あるから、債務超過が明らかな場合であっても特別清算開始の申立てができ、そのときは破産手続開始の申立義務は免れる。

　　(ウ)　監査役

　監査役は、その職責上、会社の財産状態を承知しているので特別清算開始の申立権がある。複数の監査役がいる場合も、個々の監査役に申立権が認められる。

　　(エ)　株　主

　株主は、株式数および株式取得時期にかかわらず特別清算開始の申立権を有する。株主は、清算手続において債権者への弁済後、残余財産の分配を得る地位を有するからである。債務超過であるために、予想される協定の内容では、株主が分配を受けるべき残余財産が生じる可能性がない場合にも、申立権が認められるかが問題となりうる。この点、残余財産が生じる可能性があるかどうかは不確定であり、また協定の内容次第で変わりうるから、債務超過が明らかであっても申立権を否定するまでもないと考える。

(4)　特別清算開始の申立て能力

　特別清算の申立ての対象となるのは、清算中の株式会社に限られる。株式会社にのみ特別清算手続が認められているのは、株式会社の場合には特に利害関係人の数が多く、破産手続より簡易迅速で柔軟な処理が可能な制度を設ける実益が大きいからであるといわれている。株式会社以外の法人にも特別清算を認めるべきではないかという議論もある。しかし、清算人等の手続機関の規律や財産の分配基準等が法人ごとに異なるため統一的な規律を設けることは困難であること、仮に特別清算を法人一般の清算手続と位置づけると、特別清算は株式会社の清算手続を厳格化したものという性格が失われ、破産手続の厳格性を緩和した破産の特則手続として位置づけることになろうが、そうすると特別清算の有する簡易・迅速・柔軟性というメリットが大きく減殺され、特別清算の利用を阻害する要因になりかねないこと、平成16年の破産法改正により破産手続が迅速化されたことから法人一般に簡易・迅速・廉価な特別清算を導入するメリットが相対的に薄れたことなどから、特別清算の適用対象を株式会社以外に認めていない。

　特別清算の対象を存立中の株式会社に拡げるかという議論もある。特に、

株主構成から会社解散の特別決議が困難な場合などに、破産予防の観点から、会社の解散をするまでもなく、特別清算開始の申立てを認めるべきではないかというのである。しかし、破産手続の開始が会社の解散事由とされていることとの均衡からは、同じく解散事由となる特別清算の開始について、その開始原因を破産の場合より緩和することは困難であること、仮に特別清算と破産とで同じ開始原因とすると、前述のとおり、特別清算が通常清算を厳格化した手続であるとの基本構造が変化し、特別清算は破産手続の特則と位置づけられることになり、特別清算の簡易・迅速・柔軟性というメリットが減殺されかねないこと、会社は破産原因が生じるまでは財産状態の悪化を理由として解散させられない地位を保障する必要があることなどから、存立中の会社は申立能力を欠くものとするのが相当であろう。

(5) **特別清算開始の申立ての時期**

解散決議後であれば、いつでも清算会社に対して特別清算開始の申立てができる。実務上は、株主総会で解散決議と清算人選任の決議を行い、直ちに特別清算開始の申立てがなされる場合がほとんどである。

なお、破産、民事再生、会社更生の各手続との関係は以下のとおりとなる。

破産手続との関係では、破産手続がすでに開始されていない限り、特別清算手続が優先する。特別清算が開始した場合、破産申立てはできなくなり、すでに申し立てられている破産手続で開始前のものは中止し、特別清算開始命令の確定により効力を失う（会社515条1項2項）。また、特別清算の申立て後、開始命令前においては、開始前の破産手続を中止することができる（会社512条1項1号）。このとき、破産手続が中止されることなく、そのまま破産手続が開始されると、特別清算の申立ては却下される。すでに破産手続が開始している場合、株式会社は解散するが（会社471条5号）、清算手続は開始しないので（会社475条1号）、特別清算開始の申立てをすることができない。破産手続が開始されている以上、破産手続によって清算処理をすれば足りるからである。

民事再生手続の関係では、再建型手続である再生手続が、清算型手続である特別清算手続に優先する。特別清算の開始命令がなされても、再生手続開始の申立ては妨げられず、再生手続開始前に特別清算手続の中止が可能であ

る（民再26条1項1号）。逆に、再生手続開始の決定がなされると特別清算開始の申立てはできず、すでになされている特別清算手続はその効力を失う（民再39条1項）。会社更生手続についても、同様であり、更生手続が優先する（会更24条1項1号・50条1項）。

(6) 特別清算開始原因

株式会社に対する清算型倒産手続である破産手続の開始原因は、支払不能または債務超過である（破15条1項・16条1項）。これに対し、特別清算手続の開始原因は、以下の二つの場合とされている。両者の違いは、破産が、財産状態の悪化した場合に裁判所の選任した管財人の下で行われる厳格な手続であるのに対し、特別清算は、清算人が清算業務を遂行するDIP型の手続であり、簡易・迅速かつ柔軟な手続であることによる。

　　(ア)　清算の遂行に著しい支障を来すべき事情があること（会社510条1号）

清算の遂行に「著しい支障を来すべき事情」とは、通常清算では、清算手続を行いがたいと考えられる場合である。通常清算は、会社財産を換価して現金化し、すべての債務を弁済し、残余財産があればこれを株主に分配する手続であるが、これらの手続を十全になし得ない場合が、清算の遂行に「著しい支障を来すべき事情」があることになる。

具体的には、①会社の債権者等利害関係人が多数でありその利害関係が複雑な場合、②会社の債権債務関係の処理が通常の清算手続では困難または時間がかかることが予想される場合、③清算人が誠意をもって清算手続を遂行しない場合、④役員等が損害賠償義務を負っているにもかかわらず、会社側から権利を行使することが困難な場合などである。

実務上は、後述の「債務超過の疑い」を理由に特別清算開始の申立てがなされる場合がほとんどであるが、特別清算が裁判所の監督を強化した清算の一種と位置づけられることから、「清算の遂行に著しい支障を来すべき事情」が、開始原因とされているのである。

　　(イ)　債務超過の疑いがあること（会社510条2号）

債務超過とは、清算会社の財産がその債務を完済するのに足りない状態すなわち負債が資産を上回っている状態をいう。破産手続においては、債務超

過が開始原因とされているが、特別清算手続においては、「債務超過の疑いがあること」が開始原因とされている。これは、特別清算が、破産に比べて簡易・迅速・柔軟に手続が進められることが予定され、破産予防の役割が期待されていることから、開始要件を緩和し、裁判所の監督の下で清算手続より厳格で公正な手続で処理するのが妥当だからである。なお、債務超過の状態が明らかな場合も特別清算の申立てができる。また、再生手続や更生手続の開始原因である「債務超過の生じるおそれ」とは異なる。これは、事業の継続を前提とする要件であり、清算中の会社には適当でないからである。

また、破産と異なり「支払不能」は開始原因とされていない。「支払不能」状態にある清算会社のほとんどが債務超過の疑いもあると考えられること、そもそも解散した会社について信用・労力・技能等を構成要素として判断すべき「支払不能」要件は合理性に欠けることから、開始原因とされていない。

(7) 特別清算開始の障害事由

裁判所は、特別清算開始の申立てがあった場合において、特別清算開始の原因となる事由があると認められ、かつ、以下の①～④のいずれにも該当しない場合、特別清算開始の命令をする（会社514条）。以下の各事由は、特別清算開始の消極的要件であり、これらの事由が存在するときには、特別清算開始の申立ては却下される。いずれの事由も、協定の不認可事由（会社569条2項2号・4号）や特別清算手続中の牽連破産の開始事由（会社574条1項1号～3号）と共通しており、簡易・迅速な手続に不適切な事件を早い段階で排除することを目的としている。

① 特別清算の手続の費用の予納がないとき
② 特別清算によっても清算を結了する見込みがないことが明らかであるとき
③ 特別清算によることが債権者の一般の利益に反することが明らかであるとき
④ 不当な目的で特別清算開始の申立てがされたとき、その他申立てが誠実にされたものでないとき

上記②については、たとえば、協定について可決要件を満たす債権者の同

意を得られる見込みがないとき、協定が遂行される見込みがないとき、個別和解の見込みもないときなどがあげられる。これらの場合に特別清算を開始しても破産手続に移行するだけであり、特別清算を開始する必要性がないからである。迅速な開始を阻害しないように「見込みがないことが明らかであるとき」とされている。

上記③については、いわゆる清算価値保障原則を規定し、債権者の利益を保護しようとするものである。たとえば破産手続における否認権行使等により債権者に対してより多くの弁済ができる場合には、特別清算を開始させない趣旨である。

上記④については、DIP型の清算手続であることを悪用して、もっぱら強制執行等の停止を得るなど特別清算の法的効果の取得、財産の隠匿、否認権行使の回避、偏頗弁済等の目的で特別清算開始の申立てをする場合などで、申立権の濫用を一般的に防止する趣旨である。

(8) 他の手続の中止命令

特別清算開始の申立てがあった場合に、破産手続が先行して申し立てられている場合や、協定債権による強制執行がなされている場合がある。このような場合に、これら手続をそのまま実行させておくと、その後に特別清算手続を開始できず、または、開始しても円滑に手続を遂行できないようになりかねない。そこで、裁判所は、特別清算開始の申立てがあった場合において、必要があると認めるときは、清算人等の申立てまたは職権で、特別清算開始の申立てについて決定があるまでの間、破産手続や協定債権に基づく強制執行等の中止を命ずることができる（会社512条1項）。

特別清算開始の申立てを却下する決定に対して、申立人が会社法890条5項に基づいて即時抗告をした場合も、同様に、中止命令の発令ができる（同条2項）。

中止命令の申立てができるのは、債権者、清算人、監査役および株主である。債権者であれば足り、金額要件はない。株主も同様で、少数株主権ではなく、株主であれば足りる。清算人は、代表清算人がいるときでも清算人単独で申立てが可能で、清算人会が設置されている場合でも清算人会の決議は不要である。清算会社には申立権がない。個々の清算人に申立権があるので

重ねて清算会社に申立権を認める必要がないからである。

中止命令は職権でも発令できる。

中止の対象となるのは、破産手続開始の申立および協定債権に基づいて清算会社の財産に対してすでになされている強制執行、仮差押え、仮処分の各手続である（会社512条1項1号・2号）。

破産手続が開始されていると、その破産手続の中止はできない（会社512条1項本文ただし書）。特別清算は通常清算手続の存在を前提としており、破産手続が開始されている会社はもはや通常清算手続が存在しない（会社475条1項）ので、そもそも特別清算手続を開始できないし、実質的に考えても、破産手続が開始されていれば、破産手続に従って債権者への配当等をすれば足りるので、これを特別清算手続に移行する必要性に乏しいからである。

破産手続開始の申立てと特別清算開始の申立てが競合した場合に、簡易迅速な特別清算手続を優先させる必要性が認められるときは、破産手続の中止を命ずることになる。しかし、特別清算開始の障害事由と定められているような事情が認められるとき、たとえば、特別清算によって清算を結了する見込みがないときや特別清算手続では清算価値を保障できないような場合などは、破産手続を中止するのは相当ではなく、特別清算開始の申立てを却下し（会社514条）、破産手続を開始することになる。

協定債権に基づいて清算会社の財産に対してすでになされている強制執行、仮差押え、仮処分の手続は、特別清算の開始によって当然に中止となるが（会社515条1項）、開始までの間であっても必要があるときは、中止を命ずることができる。これは、一部の債権者が優先して債権の回収をすると債権者間の平等を害するおそれがあるので、これを未然に防止する趣旨である。また、強制執行の対象物件を任意に売却したほうが債権者の利益に資することが明らかな場合に、競売等の手続を中止させ、開始命令の確定後に任意売却をする場合などが考えられる。

ただし、中止命令は債権者に不当な損害を及ぼすおそれがあるときは発令できない。強制競売の手続をそのまま続行させたほうが迅速かつ確実に対象財産を換価できるような場合や仮差押えの手続を中止したことにより清算会社が廉価に対象財産を処分するおそれがある場合などが想定される。

また、中止を求めることができるのは、協定債権に基づくこれらの申立てに限られ、一般の先取特権その他の一般の優先権がある債権に基づくものは中止できない（会社512条1項2号かっこ書）。これら一般の優先権のある債権は、そもそも特別清算の手続に服さず、協定の対象ともならず、随時弁済が可能だからである。なお、担保権の実行は、一般優先債権に基づく強制執行と同様に、開始前の中止命令の対象とはならない。また、他の倒産手続とは異なり、中止した強制執行等の取消命令（破24条3項等）、包括的禁止命令（破25条等）などは設けられていない。特別清算が簡易・迅速な手続であり、これらの制度が合理的に機能する場面が容易に想定できないからである。また、特別清算は債権の存否を確定する手続を有していないから、訴訟手続は中止命令の対象とされていない（破24条1項3号等参照）。

中止命令は、当事者に送達される（会社889条4項）。中止命令に対しては、中止の対象となった手続の申立人は、送達の日から1週間の不変期間内に即時抗告ができる（同条2項、民訴332条）。破産手続に基づき清算会社を清算すべきと考えている債権者等の利害関係人も、破産手続の中止命令に対しては即時抗告の申立てが可能と解すべきである。新たな破産手続開始の申立てを求めることは迂遠だからである。この即時抗告には執行停止効がないので（会社889条3項）、中止命令により手続は中止する。

中止命令の申立てが却下された場合、その申立人が即時抗告できる。

また、裁判所は、いったん発令された中止命令を取消しまたは変更することができる（会社889条1項）。中止命令の取消しまたは変更決定も当事者に送達され、即時抗告ができる（同条2項・4項）。

中止命令は、特別清算の開始があると当然に失効する。特別清算開始命令の効果として、中止命令の対象となっていた破産手続や強制執行手続は、当然に中止され、特別清算開始命令の確定により、その効力を失うので（会社515条1項・2項）、特別清算開始命令前の中止命令は特別清算開始命令によって会社法515条1項の中止に引き継がれ、それと同時に効力を失うことになる。

特別清算開始の申立てが却下されたときも同様に失効する。ただし、却下決定に対する即時抗告がなされた場合には、却下決定後であっても必要があ

ると認めるときは、あらためて中止命令を発令できる（会社512条2項）。
　(9)　**保全処分**
　　(ア)　会社財産の保全処分（会社540条2項）
　特別清算開始の申立てをした場合、開始命令までの間に、清算会社が債権者の求めに応じて特定の債権者にのみ偏頗な弁済をして債権者間の平等を害する行為をしたり、また、重要な財産を廉価に処分して資産を毀損させたりすることがないとはいえない。そこで、裁判所は、特別清算開始の申立てがあった場合に、当該申立てについて決定があるまでの間、必要があると認めるときは、会社の財産に関する保全処分を発令できる（会社540条2項）。
　また、特別清算開始の命令があった場合も、清算の監督上必要があると認めるときは、同様の保全処分を発令できる（会社540条1項）。
　会社財産の保全処分としては、①弁済禁止の保全処分、②財産の処分禁止の保全処分、③借財禁止の保全処分、④対抗要件具備行為禁止の保全処分等が考えられる。
　　(A)　弁済禁止の保全処分
　特別清算開始の申立て後に、清算人が特定債権者に偏頗弁済や代物弁済をするおそれがないとは限らない。そこで、清算の監督上必要があると認めるときは、債権者、清算人、監査役、株主の申立てまたは職権で、弁済禁止の保全処分を命ずることができる。
　弁済禁止の保全処分の場合、もっぱら協定債権が対象となるが、協定債権以外の一般優先債権を対象とすることも弁済を禁止する必要性が認められるときは許される。たとえば、一般優先債権の全部を弁済するに足りる資産に不足する可能性が認められる場合などである。また、協定債権であっても少額債権を保全の対象外債権とすることは許される。
　特別清算には否認の制度がないから、これら保全処分の果たす役割は大きい。弁済禁止の保全処分に違反して、清算会社が債権者に対して債務の弁済、代物弁済その他債務を消滅させる行為をしたときは、債権者は、その効力を主張することができない（会社540条3項）ので、清算会社から弁済金または代物弁済の目的物の返還を求められたときはそれに応じなければならない。ただし、債権者が、その行為の当時、保全処分が発令されたことを知ってい

るときに限る（同項ただし書）。

　弁済禁止の保全処分が発令されていても、債権者は強制執行することは妨げられない。これを阻止するには、強制執行等に対する中止命令を得る必要がある。

　(B)　財産の処分禁止の保全処分

　特別清算開始の申立て後に、清算人が特定債権者に担保提供したり、財産を不当に廉価に処分したり、また重要資産を隠匿したりするおそれがないとは限らない。かかる行為がなされると、会社財産が減少して債権者の利益を害するので、これらを防止するために、債権者、清算人、監査役、株主の申立てまたは職権で、財産の処分禁止の保全処分を命ずることができる。

　財産の処分禁止の保全処分に違反して、特定債権者に担保の提供をしたときも、債務の消滅に関する行為ではないがこれと同視できるので、偏頗行為を認めない同条の趣旨に照らせば、同様に解すべきであり、悪意の債権者は担保権を主張できないというべきである。

　また、清算会社が、保全処分に違反して、不当に廉価に財産を第三者に売却等の処分をしたときはどうか。取引の安全を保護すべきであるとしても、悪意の第三者まで保護する必要はないから、保全処分に違反することを知っている第三者はその行為の効力を主張できず、清算会社は引渡しが未了のときはそれを拒否でき、引渡し済みのときはその返還を求めることができると解すべきである。

　登記または登録のある財産に対して処分禁止の保全処分が発令された場合は、裁判所書記官は、職権で遅滞なく登記または登録を嘱託する（会社938条3項1号・5項）。したがって、嘱託登記等の後に、これら財産を保全処分に違反して処分したときは、相手方は、登記等の効力に基づき、その権利を主張できない。

　財産の処分禁止の保全処分があっても、すでになされている強制執行等には影響せず、これを阻止するには会社法512条に基づく強制執行等に対する中止命令を得る必要がある。

　(C)　借財禁止の保全処分

　再建型倒産手続では、借財禁止の保全処分が発令されることがあるが、清

算を前提とする特別清算では借財の必要性そのものが乏しいので、それを禁止する保全処分の発令は少ないようである。

　(D)　対抗要件具備行為禁止の保全処分

　近時問題となる保全処分の類型に、対抗要件具備行為禁止の保全処分がある。具体的には、集合債権譲渡担保契約に基づく対抗要件を特別清算開始申立て後に具備しようとするのを阻止することを目的とするような場合が典型例として想定される。抵当権設定契約を締結していたが登記が未了の場合も同様である。

　一般に特別清算開始後の清算会社の第三者性は否定されているから、対抗要件の具備を請求されたら清算会社はこれに応じる義務があるということになる。しかし、破産手続であれば申立て後に対抗要件を具備しても対抗要件否認の対象となることは明らかであり、開始後は対抗要件の具備もできないところ、特別清算の場合に、担保設定契約が成立しているとして担保権者を保護するのか、債権者間の平等を考えて対抗要件を具備していない担保権者の権利を否定すべきかが問題となる。これまでの実務では、破産手続に移行すれば否認される権利にすぎないことを前提に弱い担保権として和解による解決をしている場合があるようである。この和解を円滑に進めるために、対抗要件具備行為を禁止する保全処分が利用される余地がある。

　ひるがえって、特別清算開始後の清算人は、清算会社に対してのみならず株主や債権者に対しても公平誠実義務を負い、その地位は破産管財人のそれに近い。特別清算開始により、手続開始後に生じる清算に関する費用等は共益債権的取扱いを受け、原則として特別清算開始前の原因に基づく債権が協定債権となり、特別清算開始当時に存在する財産がすべての協定債権の弁済の引当てとなっている。かかる実質に照らせば、特別清算開始時点で一般財産に総債権者のための包括的な差押えが観念できないわけではなく、特別清算では、その一般財産を、公平誠実義務を負担した特別清算人が裁判所の監督の下に公正衡平に分配する手続であると考えることができ、その限りでは典型的な倒産処理手続とその基本構造は変わらない。しかも、特別清算開始後には協定債権者による差押え等が禁止されるのであるから、それとの均衡でも、対抗要件の具備しない担保権者は特別清算開始後に対抗要件を具備す

ることができず、その結果、担保権を清算会社ひいては協定債権者に主張できないと解するのがむしろ素直であると考えられる（特別清算開始後に担保権の対抗要件の具備を認めるなら、特別清算開始後にもこれを阻止できるように協定債権者による差押え等を認めるのが衡平であろう）。このように解さないと、担保権の対抗要件を具備しない財産に一般債権者が仮差押えをしたにもかかわらず、特別清算開始命令が確定して仮差押えが失効した後に、担保権者が対抗要件を具備して優先権を主張できることになり、対抗要件の具備を怠っていた担保権者に比して、一般債権者の利益を著しく害する結果となる。

このように考えると特別清算の場合も、他の法的倒産手続と同様に、特別清算開始命令に一般財産に対する包括的差押を観念することにより、特別清算開始後に担保権の対抗要件の具備を認めないと考えるのが相当ではなかろうか（後記Ⅵ5参照）。そのように解するとすれば、特別清算開始前の対抗要件具備行為の禁止の保全処分は一般財産を保全するための重要な保全処分となりうる。

(E) 保全処分の手続

保全処分は、特別清算開始の申立てがあった後、当該申立てについて決定があるまでの間において、必要があるときに発令できる（会社540条2項前段）。ただし、特別清算開始の申立てを却下する決定に対して、申立人が会社法890条5項に基づいて即時抗告をした場合も、同様に、発令できる（会社540条2項後段）。特別清算開始命令があった場合、清算の監督上必要があるときも発令できる（同条1項）。

この保全処分の申立権を有するのは、債権者、清算人、監査役、株主で、債権者について債権額、株主について株式数の多寡はいずれも関係ない。清算会社には申立権がない。また、職権で発令できる。

保全処分の発令の要件は、清算の監督上必要がある場合で、清算会社が一部の債権者に弁済するおそれ、財産を不当に処分するおそれ等の事情がある場合などである。

この保全処分は、通常、保証金を立てさせないで発令される。

保全処分が発令された後は、申立人は、保全処分の申立てを取り下げることができない。裁判所は、職権で、保全処分を取消しまたは変更することが

できる（会社898条1項1号）。保全処分の取消しや変更について利害関係人に申立権はない。この保全処分はすべての利害関係人のために発令されるからである。

　保全処分、保全処分の取消しや変更の決定は、当事者に送達され、送達から1週間の不変期間内に即時抗告ができる（会社898条4項・2項、民訴332条）。即時抗告ができる利害関係人は、当事者である申立人と清算会社に限られないと解される。この即時抗告には執行停止の効力はない（会社898条3項）。

　特別清算開始前に発令された保全処分は、特別清算開始命令によって影響を受けず、保全処分の取消決定があるまで効力を有する。特別清算開始後に発令された場合も、保全処分の取消決定があるまで効力を有する。したがって、弁済禁止の保全処分が発令されているときは、清算会社が特別清算開始後に会社法537条に基づき割合的弁済をする場合または裁判所の許可を受けて弁済をする場合であっても、別途弁済禁止の保全処分の取消しが必要である。財産の処分禁止の保全処分が発令されているときは、清算会社が特別清算開始後に裁判所の許可または監督委員の同意を得て対象財産を処分するときも、同様に、この保全処分を取り消す必要がある。そのつど保全処分を取り消すことが煩雑であり、清算の監督上の必要性が消滅しておれば、保全処分の全部を取り消すことになる。

　この保全処分は、特別清算手続が終結その他の理由で終了したときは、当然に失効する。

　不動産等の登記または登録のある財産に対して、会社法540条2項に基づく保全処分があったときは、裁判所書記官は、職権で、遅滞なく、当該保全処分の登記または登録を嘱託しなければならない（会社938条3項1号・5項）。保全処分の取消しまたは変更があった場合や保全処分が効力を失った場合も同様である（同条4項）。

　　(イ)　株主名簿の記載等の禁止の保全処分（会社541条2項）

　特別清算開始の申立て後に、会社の内紛等があると特別清算を妨害するために株式の移転が行われたり、いわゆる整理屋などが特別清算開始の申立てにより著しく廉価となった株式を買い集めて株主総会を牛耳り特別清算手続を混乱させたり、株式の不当な投機を惹起させたりするおそれがあること

等から、これらを防止するために必要があるときは、株主名簿の記載等の禁止の保全処分が認められている（会社541条2項）。特別清算開始の命令があった場合において、清算の監督上必要があるときも発令できる（同条1項）。

申立権者、発令の要件、送達方法、即時抗告、保全処分の変更・取消し、その他の手続は、会社財産に関する保全処分と同様である。裁判所は、この保全処分を発令したときは、直ちにその旨を公告する。保全処分の変更・取消しをした場合も同様である（会社898条5項）。

近時では、この保全処分の必要性は乏しく、あまり活用されていないようである。

　　(ウ)　役員等の財産に対する保全処分（会社542条2項）

特別清算開始の申立て後、役員等の責任に基づく損害賠償請求権を保全するために緊急の必要性があるときは、役員等の財産に対して保全処分をすることができる（会社542条2項）。特別清算開始の命令があった場合において、清算の監督上必要があるときも発令できる（同条1項）。役員等へ責任追及に関しては、後述する（後記Ⅴ5参照）。

⑽　特別清算開始の申立ての取下げの制限

特別清算開始の申立てをした者は、特別清算開始命令前に限り、当該申立てを取り下げることができる。ただし、他の倒産手続と同様に（破29条、民再32条、会更23条）、濫用的な申立てを防止するために、①会社法512条による中止命令、②会社法540条2項による保全処分、③会社法541条2項による処分がされた場合には、裁判所の許可を要する（会社513条）。特別清算開始前の保全処分等がなされた後は、利害関係人は特別清算が遂行されるとの予測に基づき行動することから、その予測可能性を確保するためである。

⑾　特別清算開始の申立ての審理

特別清算開始の申立てがなされると、裁判所は、申立てが適式になされているかどうかという形式的要件および特別清算開始原因があるかという実質的要件を審理し、特別清算開始命令または特別清算却下決定を行う。これらの裁判は裁判書を作成して行う（会非規22条）。

審理方法は、通常は書面審理が中心となるが、必要に応じて申立人を審尋する。裁判所は、申立人に対して、円滑な進行を図るため必要な資料の提出

を求めることができる(会非規4条)。

債権者または株主が、特別清算開始の申立てをするときは、特別清算開始の原因となる事由を疎明しなければならない(会社888条1項)。裁判所は、相当と認めるときは、裁判所書記官に特別清算の開始原因となる事由または障害事由に関する事実等の調査をさせることができる(会非規5条)。清算会社の財産状態または清算事務の遂行状況を了知している清算人あるいは監査役が申し立てる場合には、特別清算の開始原因の存在が推認できること、特別清算開始の申立権の濫用は想定しがたいことから、特別清算の開始原因の疎明は不要である。

(12) 記録の閲覧等

特別清算は、裁判所の監督の下、協定を軸として公正・衡平に債権者間の利害関係を多数決によって調整して簡易・迅速に清算しようとする手続であるから、利害関係人の利益を適切に保護するためには利害関係人に特別清算手続に関する文書の閲覧等を認める必要がある。利害関係人は、破産法その他の倒産処理手続と同様に、特別清算事件に関して法令に基づき裁判所に提出された文書や裁判所が作成した文書その他の物件について閲覧等の請求ができる(会社886条1項)。

閲覧等を求めることができるのは、清算会社、清算人、監査役、債権者、株主、その他の利害関係人である。特別清算開始前に閲覧等の対象となるのは、会社法第2編第9章第2節・第7編第3章第3節または非訟事件手続法第2編に基づいて裁判所に提出された文書等および裁判所の作成した文書等で、開始後は、これらに加えて、会社法第2編第9章第1節または第7編第3章第1節(ただし、第2編第9章第1節の規定による申立事件に関するもの)に基づいて裁判所に提出された文書等および裁判所の作成した文書等である(会社886条1項)。

閲覧等の方法は、文書等の謄写、その正本、謄本、抄本の交付、または事件に関する事項の証明書の交付である(会社886条2項)。録音テープまたはビデオテープの場合は、複製を許すことになる(同条3項)。

また、清算会社以外の利害関係人は、会社法512条の規定による中止命令、540条2項の規定による保全処分、541条2項の規定による処分または特別清

算開始の申立てについての裁判があるまでは、閲覧等の請求ができない（会社886条4項1号）。清算会社は、上記の中止命令等または特別清算開始の申立てに関する清算会社の審問期日の指定の裁判があるまでは閲覧等の請求はできない（同項2号。ただし、いずれも、特別清算開始の申立人については適用されない（同項ただし書））。手続の密行性を確保するためである。

清算会社または調査委員が、会社法520条の規定による報告書、522条1項の規定による調査報告書、535条1項または536条1項の許可を得るために裁判所に提出された文書について、広く利害関係人の閲覧等に供した場合に清算会社の清算の遂行に著しい支障を生じるおそれがある部分のあることを疎明したときは、裁判所は、その申立てにより支障部分の閲覧等を請求できるものを当該申立人と清算会社に限ることができる（会社887条1項）。

この申立てがあったときは、その裁判があるまでは閲覧請求ができない（会社887条2項）。支障部分の閲覧を請求しようとする利害関係人は、特別清算裁判所に対して、閲覧制限の要件を欠くこと、または欠くに至ったことを理由として、閲覧制限の決定の取消しの申立てができる（同条3項）。閲覧制限を却下する決定、または閲覧制限の取消しを求める裁判に対しては即時抗告ができる（同条4項）。取消決定は確定しないと効力が生じない（同条5項）。

2 特別清算開始の申立てに対する裁判

(1) 特別清算開始命令

裁判所は、特別清算開始の命令をしたときは、直ちに、その旨を公告し、かつ特別清算開始命令の裁判書を清算会社に送達する（会社890条1項）。

特別清算開始命令は、清算会社に裁判書の送達がされた時から、効力を生じる（会社890条2項）。破産手続においては破産手続開始決定の時から効力が生じ（破30条2項）、送達は要件とされていないことと異なる。

特別清算開始命令があったときは、裁判所書記官は、職権で、遅滞なく特別清算開始の登記を、清算会社の本店所在地を管轄する登記所に嘱託する（会社938条1項1号）。官庁その他の機関の許可（免許、登録その他の許可に類する行政処分を含む）がなければ開始することのできない事業を営む清算会

社について特別清算開始命令があったときは、裁判所書記官は、その旨を当該機関に通知する（会非規17条1項）。

(2) 特別清算開始命令と同時に定められる事項

裁判所は、通常、開始命令と同時に以下の①～⑤の事項について定め、清算人の業務を監督する。

① 解散日における財産目録、貸借対照表等を作成し、これらを速やかに裁判所に提出すべきこと（会社521条）

② 特別清算開始命令日以降の清算事務および財産の状況に関する報告書を作成し、毎月、一定の時期までに裁判所に提出すべきこと（会社520条）

③ 債権者に対し、清算会社の業務および財産の状況の調査結果並びに財産目録等の要旨を報告するとともに、清算の実行の方針および見込みに関して意見を述べるための債権者集会を一定の時期までに開催すべきこと（会社562条、会非規24条）

④ 債権者集会を招集しようとするときは、あらかじめその日時・場所および集会の目的たる事項等を裁判所に届け出るべきこと（会社552条2項）

⑤ 債権者集会に対し、一定の時期までに協定の申出をすべきこと（会社563条、会非規24条）

(3) 特別清算開始命令に対する不服申立て

特別清算開始の命令に対しては、清算会社に限り、送達の日から1週間の不変期間内に即時抗告をすることができる（会社890条4項）。清算会社には特別清算開始の申立権は認められていないが、特別清算開始命令に対する即時抗告権者は清算会社のみである。債権者にも即時抗告権はない。特別清算の開始は、全債権者の共同の利益のために開始されるものであることから、一部の債権者の反対を考慮する必要はないからである。

即時抗告により特別清算開始命令を取り消す決定が確定したときは、裁判所は、直ちに、その旨を公告しなければならず（会社890条6項）、裁判所書記官は、遅滞なくその旨の登記を嘱託する（会社938条1項2号）。

これに対し、特別清算開始の申立てを却下した裁判に対しては、申立人に

限り、即時抗告をすることができる（会社890条5項）。

3　特別清算開始の効果

(1)　裁判所の監督

　特別清算開始命令があったときは、清算会社の清算手続は、裁判所の監督に属する（会社519条1項）。通常清算においては、清算人の自主的な清算事務がなされ、裁判所の監督は必要最小限にとどまるが、特別清算開始により、全面的に裁判所の監督下に入ることになる。

　清算人は、債権者、清算会社および株主に対し、公平かつ誠実に清算事務を行う義務を負う（会社523条）。清算会社は、財産の処分、借財等の重要な行為をするには裁判所の許可または監督委員の同意を要する（会社535条）ほか、事業の譲渡については裁判所の許可が必要で（会社536条）、債務の弁済についても制限を受ける（会社537条）。

(2)　他の手続の中止等

　特別清算開始命令があったときは破産手続開始の申立て、清算会社の財産に対する強制執行、仮差押えもしくは仮処分または財産開示手続の申立てはすることができない（会社515条1項）。特別清算開始命令により、これらの手続を新たに開始することを認める必要性がなくなるからである。

　また、すでに申し立てられている破産手続で開始前のもの、清算会社の財産に対してすでにされている強制執行、仮差押えおよび仮処分の手続並びに財産開示手続は中止し（会社515条1項）、特別清算開始命令が確定したときは、その効力を失う（同条2項）。特別清算開始前の中止命令の対象行為は特別清算開始命令の効果に基づき中止するので、中止命令はその役割を終え効力を失う。

　一般の先取特権その他一般の優先権がある債権に基づく強制執行、仮差押え、仮処分または財産開示手続については中止しない（会社515条1項ただし書）。そのような債権は、特別清算手続の効力を受けないからである。滞納処分については、公租公課が特別清算手続の効力を受けないから、新たな処分が可能であり、またすでに開始された滞納処分も中止しない。

Ⅲ　特別清算の開始

(3)　担保権の実行手続の中止命令等

　裁判所は、特別清算開始命令があった場合、債権者の一般の利益に適合し、かつ担保権の実行の手続の申立人に不当な損害を及ぼすおそれがないものと認めるときは、清算人、監査役、債権者もしくは株主の申立てによりまたは職権で、相当の期間を定めて、担保権の実行の手続の中止を命ずることができる（会社516条）。企業担保権の実行手続または清算会社の財産に対してすでになされている一般の先取特権その他一般の優先債権に基づく強制執行も同様である。

　担保権は、特別清算開始によって影響を受けないから、担保権者は、特別清算開始命令後も任意の時期に担保権の実行ができる。そして、担保権の目的物について担保権の実行が行われることは、迅速にすべての財産を換価処分する必要のある特別清算にとって望ましいことである。

　しかし、担保権の行使を無制限に認めると、債権者等利害関係人一般の利益を害する場合がありうる。たとえば、担保目的物が事業の重要な一部をなしており、事業全体を譲渡することで担保目的物とその他の財産を分離して処分するよりも有利に換価処分できる場合や、任意に高価に売却できる見込みがある場合等である。そこで、このような場合には、一定の期間に限って、担保権の実行の手続等を中止することを認めたものである。

　なお、担保権の被担保債権が協定債権でない場合、すなわち一般の優先権のある債権が被担保債権である場合も、担保権実行の中止命令の対象となる。それは、特別清算開始命令後においては一般優先債権に基づく強制執行の場合についても中止命令の対象となるから、それが担保権の被担保債権であっても同様だからである。

　裁判所は、担保権実行の中止命令を発する場合には、担保権の実行の手続等の申立人の陳述を聴かなければならない（会社891条1項）。担保権者等の申立人に不当な損害を及ぼすことがないように、申立人の権利を保護するための手続である。担保権の被担保債権が一般優先債権であるときは、当該債権はそもそも特別清算手続の対象外債権として随時弁済を求めることが可能であるから、より慎重に担保権者等の申立人の利益を考慮すべきことになろう。

裁判所は、中止を相当と考えた場合、「相当の期間」を定めて中止を命じることができる。相当の期間は、事案にもよるが担保権者等の申立人に生じる不利益と清算人の業務遂行に必要な期間等を考慮して、総合的に判断される。

裁判所は、中止命令を変更し、または取り消すことができる（会社891条2項）。中止命令および変更の決定に対しては、担保権者等の申立人に限り、即時抗告をすることができる（同条3項）。ただし、即時抗告には、執行停止の効力はない（同条4項）。これらの裁判書は、当事者に送達される（同条5項）。

(4) 時効の完成停止

特別清算開始命令があったときは、協定債権については権利の行使が制限されるから、特別清算開始の取消しの登記または特別清算終結の登記の日から2カ月が経過する日までの間は、時効は完成しない（会社515条3項）。

ただし、特別清算の対象債権とならない一般の先取特権その他一般の優先権のある債権、特別清算の手続のための債権や手続に関する費用請求権は、手続外で随時に弁済を受けることができるから、時効の完成停止はない。

(5) 相殺の禁止

特別清算において相殺を自由に認めると、たとえば、清算会社に対する価値の低下した債権を有する債権者が、新たに清算会社に債務を負担した後自己の債権と対等額で相殺することにより、事実上価値の低下した債権を全額回収したのと同じ結果となるなど、債権者間の公平を害しかねない。このような相殺権の濫用ともいうべき事態を防止する必要性は、他の倒産手続の場合と同様である。

そこで、特別清算においても、他の倒産手続（破71条・72条等）と同一内容の相殺禁止規定が設けられている（会社517条・518条）。

なお、相殺の制限については、破産と同様の規定がおかれているが、破産と異なり、否認に関する規定はおかれていない。これは、簡易・迅速な手続を予定している特別清算において、否認に関する規定を定めることで手続が重くなることを避けるためである。そのため、破産手続では支払不能後の弁済は偏頗行為として否認の対象となりうるが、特別清算においてはたとえ悪

意であっても否認できない。このように、特別清算では、支払不能後の弁済や代物弁済は否認できないが、支払不能後にもっぱら相殺に供する目的で債務を負担したときは相殺が禁止されるので、その限りで整合性に欠けることになる。手続構造を重くしない特別清算ではやむを得ない。ただし、その行為による結果が重大であれば、特別清算では否認権を行使できないことが理由となって、特別清算の開始が相当でないと判断される場合も生じることになろう。

IV 特別清算の機関

　特別清算は、開始命令により通常清算から移行する。通常清算の清算人が特別清算の清算人（特別清算人）にそのまま就任して引き続き清算事務を行うことになる。清算人以外の機関である株主総会、それらが設置されている場合の清算人会、監査役、監査役会も、そのまま存続する。

　しかし、特別清算は、清算の遂行に著しい支障を来すべき事情があるか、債務超過の疑いがある場合に開始されるから、通常清算とは異なり、債権者その他の利害関係人の利益を保護する必要があり、そこで、手続全般にわたって裁判所の監督を受けることになる。また、この裁判所の監督を補助し実効性を確保するために、特別清算手続に固有の機関として監督委員と調査委員が設けられている。

　特別清算人は、引き続き清算人としての職務を行うが、その地位は通常清算の場合から大きく変容を受け、その清算事務の執行について清算会社のみならず債権者、株主に対して公平誠実義務を負うことになる（会社523条）。また、清算会社の一定の行為については、裁判所の許可またはこれに代わる監督委員の同意を得る必要がある（会社535条）。

　株主総会は、特別清算開始後も存続し、各清算事務年度に作成される貸借対照表の承認、事務報告の内容の報告を受ける等の手続に関与するものの、清算人の選任権や解任権、事業譲渡に伴う総会決議の権能を失い、その機関としての役割は著しく低下する。同様に、通常清算手続において存した監査役、監査役会も存続し、監査役は、保全処分等の申立権や貸借対照表等に対

する監査権を有するが、特別清算手続はもっぱら裁判所が監督するので、その役割は小さい。株主は、引き続き株主たる地位を失うことはなく、特別清算開始後も、調査命令の申立て、清算人・監督委員や調査委員の解任の申立て、保全処分の申立て、役員等の責任免除禁止の申立て等ができる。すべての債務の弁済後に配当を受けうる地位を有しているからである。

以下では、清算人、監督委員、調査委員について概観する。

1 清算人

(1) 清算人の選任・解任

(ア) 選任

特別清算会社は一人以上の清算人をおかなければならず、清算人は必置の機関である（会社477条1項）。

特別清算が開始されると、通常清算において清算人であった者が、特別清算における清算人にそのまま就任する。手続開始の段階で新たな清算人が選任されることはないし、清算事務を行う特別の機関が設置されるわけではない。代表清算人が選任されている場合は、当該代表清算人が、そのまま特別清算においても代表清算人となる。

清算人が欠けたときは、裁判所が清算人を選任する（会社524条2項）。清算人会が設置されているときに清算人会で選定された代表清算人が欠けた場合、複数の清算人の中から代表清算人を定めているときに当該代表清算人が欠けた場合、いずれも裁判所が代表清算人を選任する。後述のとおり、特別清算人の地位は、清算会社との委任関係に由来するものではないからである。また、清算人は一人で足りるから、複数の清算人が存在し、そのうち一人の清算人が欠けた場合、残る清算人が清算会社を代表するので、清算人が欠けた場合には該当しない。

清算人がすでに存在する場合でも、裁判所は、必要があると認めるときは、さらに清算人を追加して選任することができる（会社524条3項）。

(イ) 解任

裁判所は、清算人が清算事務を適切に行っていないとき、その他重要な事由があるときは、債権者もしくは株主の申立てにより、または職権で、清算

人を解任することができる（会社524条1項）。

　清算人は、債権者、清算会社および株主に対して公平誠実義務を負うが、これに反して公平誠実に清算人としての職務を遂行しない場合が該当する。具体的には、特定の債権者に対して偏頗行為をしたり、財産の処分が不適切であったり、清算事務を遅滞したり、債権者と敵対関係にあったり、自己または第三者の利益を図る行為をしたり、そのまま清算事務を継続しても協定成立の見込みがない場合などである。解任の対象となる清算人に限定はなく、裁判所選任の清算人も含まれる。

　清算人を解任する場合には、当該清算人の陳述を聴かなければならない（会社893条1項）。また、解任の裁判に対しては、清算人は即時抗告をすることができる（同条2項）。

　なお、特別清算人は、もはや会社との委任関係に基づく地位ではないから、会社法479条1項の適用はなく、特別清算人を株主総会の決議で解任することはできないと解される。同様に、清算人会が設置されている場合に、清算人会で代表清算人を解職することもできないというべきであろう。

(2) 代表清算人・清算人会

　複数の清算人がいる場合、各自が清算会社を代表する（会社483条2項）。代表清算人は清算会社の業務に関するいっさいの裁判上または裁判外の行為をする権限を有する（会社483条6項・349条4項）。代表清算人に加えた制限は善意の第三者に対抗することはできない（同条5項）。

　清算人会が設置されているときは、特別清算においてもそのまま存続する。清算人会は、業務執行を決定し、清算人の職務を監督し、代表清算人を選定および解職する権限を有する（会社489条2項）。特別清算が開始されると、開始時の代表清算人はそのまま特別清算の代表清算人に就任するが、その後、清算人会が新たに代表清算人を選定したり、解職したりすることはできない。代表清算人の選任・解任権はすべて裁判所にあると解すべきである。清算人会がある場合、清算会社の業務執行は清算人会の決定に基づいて代表清算人が行うが（会社489条2項・6項・7項）、清算会社の行為については裁判所の監督が及ぶから、清算人会が存しても会社法535条以下の制限を受けることは何ら変わらない。

(3) 清算人代理

　清算人は、臨時の故障がある場合など必要があるときは、その職務を行わせるため、自己の責任をもって、一人または二人以上の清算人代理を選任することができる（会社525条1項）。

　清算人代理の選任については、裁判所の許可を得なければならない（会社525条2項）。

　ここでいう代理は、清算人を代理して清算事務を一般的・包括的に行う常置代理人を指し、個別行為について代理人を選任することは別途可能であり、この選任については、裁判所の許可は不要である。

(4) 清算人の地位

(ア) 公平誠実義務

　通常清算においては、清算人は会社と委任関係に立ち（会社478条6項・330条）、清算人は会社に対して委任契約に基づく善管注意義務を負うとともに取締役と同様の忠実義務を負っている（会社482条4項・355条）。

　前述のとおり、特別清算が開始しても、新たに清算人を選任することによる清算事務の中断を回避するため、通常清算における清算人がそのまま特別清算における清算人（特別清算人）の地位に就く。このことは、手続の円滑な進行には資するが、取締役がそのまま清算人に選任されているような場合には、債権者との利害が相反し、特別清算人に就任した後も従前の利害関係を断ち切れないために、公平な清算事務の遂行に支障を来すおそれがないとはいえない。

　特別清算は、債務超過の状態ないしこれに準じた状況で清算事務を行う手続であることから、清算手続より厳格公正に遂行される必要があり、特別清算人は、債権者や株主といった他の利害関係人全体に対して公正かつ衡平に清算事務を処理することが求められる。そこで、特別清算が開始された場合には、清算人と会社との委任関係は消滅し、特別清算人には、清算会社に対してのみならず、債権者および株主に対しても、公平かつ誠実に清算事務を行う義務が課せられている（会社523条）。

　公平誠実義務のうち、公平義務とは、たとえば弁済原資の分配にあたって同順位の債権者を互いに公平に取り扱わなければならないなど、利害関係人

に対して公平に清算事務を行うべき義務を意味する。そして、誠実義務とは、特別清算人がその地位を利用して、会社・債権者・株主の利益を犠牲にして自己または第三者の利益を図ってはならないという義務を意味する。

したがって、特別清算人は、会社の利益のために清算事務を行うことは許されず、もし、その義務に反して会社の利益のみを追及したり、債権者を公平に取り扱わなかったり、また、自己または第三者の利益を図るなどして、株主や債権者に損害を与えた場合には、損害賠償責任を免れない。

民事再生手続における再生債務者は、業務遂行権および財産の管理・処分権を保持するのが原則であるが、再生手続が開始された以上は、再生債務者は債権者全体の利益を図るべき立場におかれるため、債権者に対して公平誠実に再生手続を追行する義務を負う（民再38条2項）。特別清算人の公平誠実義務もこれと同趣旨である。

このように、特別清算手続の開始により、清算人の地位は大きく変容する。

　　(イ)　競業避止義務

通常清算の清算人が競業する場合は、株主総会の承認、清算人会設置会社にあっては清算人会の承認を受けなければならず（会社482条4項・356条1項1号・489条8項・365条）、清算人が、会社法356条に違反した競業行為をして利益を得た場合、清算会社に対して損害賠償責任を負う。

特別清算の場合も、会社法482条4項が準用する356条1項1号が適用される（清算人会設置会社にあっては、法489条8項の準用する365条）と解されるから、特別清算人が、清算会社と競業する行為を行うときは、株主総会または清算人会の承認を要し、承認を得ることなく競業行為をしたときは損害賠償責任を負う。しかし、清算人は公平かつ誠実にその職務を遂行すべきであるから、会社法356条等の手続を履践していたとしても、その競業によって清算会社に損害を与えた場合は、清算人に故意または過失がある限り損害賠償責任は免れないと解すべきであろう。

　　(ウ)　清算人と清算会社との取引

清算人が、自己または第三者のために清算会社と取引をしようとするとき、またはその他の利益相反取引をしようとするときは、株主総会の承認、清算人会設置会社にあっては清算人会の承認を受けなければならない（会社482

条4項・356条1項2号・3号・489条8項・365条)。

通常清算の場合、清算人が、会社法356条1項2号・3号に違反して、清算会社と取引をして会社に損害を与えた場合、清算人は清算会社に対して損害賠償責任を負う。

特別清算の場合も、会社法482条4項が準用する356条1項2号・3号が適用される（清算人会設置会社にあっては、法489条8項の準用する365条）と解されるから、特別清算人が、清算会社との取引を行う場合は、株主総会または清算人会の承認を得なければならない。しかし、清算人は公平かつ誠実にその職務を遂行すべきであるから、会社法356条等の手続を履践していたとしても、その取引等によって清算会社に損害を与えた場合は、清算人に故意または過失がある限り損害賠償責任は免れないと解すべきであろう。

(5) **清算人の責任**

(ア) 会社法上の責任

前述のとおり、清算人は、清算会社に対してのみならず、債権者・株主に対しても公平誠実義務を負っており、これらの義務に反して会社、債権者、株主に損害を与えた場合は、損害賠償責任を負う。

なお、特別清算人は、会社との委任関係が消滅し、その義務の内容は、会社に対する善管注意義務または忠実義務から、会社・株主・債権者に対する公平誠実義務に変容しているから、特別清算人が会社の利益を図ったとしても、株主や債権者に損害を与えた場合は同人らに対する責任を免れない。このとき、会社法487条は、清算人がその職務を行うについて悪意または重過失があったときに限り、第三者に対して損害賠償責任を負うと規定しているが、特別清算人は、株主・債権者に対しても直接に公平誠実義務を負っているから、この公平誠実義務に違反したことによって第三者に損害を与えたときは、特別清算人に故意または過失があれば、損害賠償責任を負うものと解される。

(イ) 刑法上の責任

(A) 特別背任罪

清算人または清算人代理が自己もしくは第三者の利益を図りまたは清算会社に損害を与える目的で、その任務に背く行為をし、当該清算会社に財産上

の損害を与えたときは、10年以下の懲役もしくは1000万円以下の罰金に処せられる（会社960条2項1号）。

(B) 贈収賄罪

清算人または清算人代理が職務に関し不正の請託を受けて財産上の利益を収受し、要求し、または約束したときは、贈収賄罪となり、5年以下の懲役または500万円以下の罰金に処せられる（会社967条1項1号・960条2項1号）。

(C) 過料

清算人または清算人代理が、会社法500条1項または537条1項の規定に違反して債務の弁済を行ったとき、502条の規定に違反して清算会社の財産を株主に分配したとき、535条1項の規定に違反して財産の処分を行ったとき、536条1項の規定に違反して事業の譲渡を行ったときまたは540条1項もしくは2項による保全処分（会社社財産に関する保全処分）に違反したときは、100万円以下の過料に処せられる（会社976条29号～32号）。

(6) **清算人の報酬**

通常清算における清算人の報酬については、裁判所選任の清算人の場合は裁判所が定めることができ（会社485条）、その他の場合の報酬額は定款または株主総会で定める（会社482条4項・361条1項）。

特別清算人については、裁判所選任以外の清算人についても、裁判所が報酬額を定め（会社526条1項）、清算人代理も同様である（同条2項）。

報酬の支払方法や額については、法に定めはなく、慣行によっている。支払方法としては、月払方式、退任時払方式、双方の併用方式等がある。また、報酬額は、在任期間、清算事務の難易度やその内容、会社の規模、弁済原資の総額などを考慮して決定されるが、特別清算は、基本的にはDIP型であり、債権確定手続や否認手続がないなど破産手続よりも簡易・迅速に行われるから、その額は、破産管財人の報酬額より低額であるとされている。

裁判所の報酬額の決定に対しては、即時抗告をすることができる（会社893条4項）。

2　監督委員

清算会社が重要な行為をする場合には裁判所の許可を得なければならない

（会社535条1項）。そのうえで、許可を要しないこととする金額の定めを最高裁判所規則に委任するとともに、裁判所の裁量により一定の事項については許可を要しないとするなど、許可対象行為を柔軟に定めることができる（同条2項。なお、許可を要しない金額は会非規33条で、100万円以下とされた）。

そのうえで、裁判所は、監督委員に裁判所の許可に代わる同意権限を付与することができる（会社527条1項・535条1項）。

(1) 制度趣旨

旧商法では、特別清算は裁判所の監督を受けるとともに、債権者集会およびそこで選任される監査委員の監督を受けて適正な清算事務を行うことが期待されていた。これに対し、会社法では、債権者の利益を守りつつ、清算事務を迅速に処理し、かつ手続の公正を担保するために、裁判所の許可を原則とした。しかし、裁判所の許可による監督にも限界があり、裁判所の負担も極めて大きくなることから、特別清算にも、再生手続で相当の成果が認められた監督委員制度を導入することとし、監督委員に裁判所の許可に代わる同意権限を付与したものである。

なお、調査委員は、専門的知識等を用いた調査が必要な場合に裁判所が選任するものであり、清算人の業務を監督することを目的とする監督委員とは異なる。もっとも、実務上は、監督委員が調査委員を兼ねることが多い。

(2) 監督委員の選任・解任・辞任

裁判所は、一人または二人以上の監督委員を選任し、当該監督委員に対し、会社法535条1項の許可に代わる同意をする権限を付与することができる（会社527条1項）。裁判所は、監督委員を選任するにあたっては、その職務を行うに適した者を選任するものとする（会社非規27条1項）。なお、調査委員と異なり、監督委員には利害関係のないことまでは要求されていないが（会非規32条1項参照）、利害関係についての考慮は、職務を行うに適した者かどうかの判断の中でなされ、利害関係が強いため職務に適さないと判断されれば、選任できないこととなろう。

監督委員が二人以上選任された場合、職務執行は「共同して」行うことになるが（会社529条）、「共同して」とは一致しての意味であり、過半数で決定できるものではなく、またその執行も単独ですることはできない。また、

監督委員の一人が、他の監督委員に対して、一般的包括的に職務を委任することはできない。ただし、裁判所の許可を得て、それぞれ単独にその職務を行い、また職務を分掌して行うことができる（同条ただし書）。

法人であっても監督委員となることができ（会社527条2項）、法人が監督委員に選任された場合には、当該法人は、役員または職員のうちから監督委員の職務を行うべき者を指名し、指名された者の氏名を裁判所に届け出るとともに、清算会社に通知しなければならない（会非規27条2項）。

裁判所書記官は、監督委員に対し、その選任を証する書面を交付しなければならない（会非規27条3項）。

裁判所は、監督委員を解任することができ、解任する場合には、当該監督委員の陳述を聴かなければならないが（会社894条1項）、清算人の場合と異なり、監督委員は解任の裁判に対する即時抗告は認められていない（会社893条2項参照）。

監督委員は、正当な理由があるときは、裁判所の許可を得て辞任することができる（会非規27条4項）。

(3) 監督委員の職務・注意義務

(ア) 裁判所の許可に代わる同意

監督委員は、会社法535条1項記載の所定の事項（財産の処分、借財、訴えの提起、和解または仲裁合意、権利の放棄、その他裁判所の指定する行為）について、同意すべきかどうかを裁判所に代わって判断する（会社527条1項）。

なお、監督委員の同意を求める旨の申請および監督委員の同意は、書面でしなければならない（会非規28条1項）。また、清算会社は、監督委員の同意を得たときは、遅滞なく、その旨を裁判所に報告しなければならない（同条2項）。

(イ) 業務・財産の状況の調査

監督委員は、いつでも、清算会社の清算人および監査役並びに支配人その他の使用人に対し、事業の報告を求め、または清算会社の業務および財産の状況を調査することができる（会社530条1項）。

監督委員は、その職務を行うため必要があるときは、清算会社の子会社に対し、事業の報告を求め、またはその子会社の業務および財産の状況を調査

することができる（会社530条2項）。

裁判所は、必要があると認めるときは、清算会社について、監督委員へ報告を要する行為を指定することができ（会非規29条1項）、清算会社が指定行為をしたときは、速やかに、その旨を監督委員に報告しなければならない（同条2項）。また、裁判所は、報告書の提出を促すことその他の監督委員の監督に関する事務を裁判所書記官に命じて行わせることができる（会非規30条）。

　　　(ウ)　監督委員の義務・責任

監督委員は、善良な管理者の注意をもって、その職務を行わなければならない（会社531条1項）。

監督委員が善管注意義務を怠ったときは、利害関係人に対し、連帯して損害賠償責任を負う（会社531条2項）。

(4)　**監督委員の報酬**

監督委員は、費用の前払いおよび裁判所が定める報酬を受けることができる（会社532条1項）。裁判所が定める監督委員の報酬の額は、その職務と責任にふさわしいものでなければならない（会非規31条）。報酬額の決定について不服があるときは、利害関係人は即時抗告をすることができる（会社894条2項）。

なお、監督委員は、その選任後、清算会社に対する債権または清算会社の株式を譲り受け、または譲り渡すには、裁判所の許可を得なければならず（会社532条2項）、もし許可を得ないでかかる行為をしたときは、費用および報酬の支払いを受けることができない（同条3項）。

3　調査委員

裁判所は、特別清算開始後に、清算会社の財産の状況を考慮して必要があると認めるときは、清算人、監査役、一定額以上の債権額を有する債権者、一定割合以上の議決権を有する株主の申立てまたは職権で、一定事項について、調査委員による調査を命じることができる（会社522条）。

調査委員は、この調査命令に基づく調査を行うための裁判所の補助機関である。

(1) 調査委員の選任・解任・辞任

　裁判所は、調査命令をする場合には、一人または二人以上の調査委員を選任し、調査委員が調査すべき事項および裁判所に対して調査の結果の報告をすべき期間を定めなければならない（会社533条）。調査委員は、調査事項を調査するに足りる専門的知識や経験を有する者で、利害関係のないものから、その職務を行うに適した者を選任する（会非規32条）。利害関係のないものから選任すべきとしている点は、監督委員と異なる。調査委員は法人でもよい（会社534条・527条2項）。

　裁判所が調査委員を解任することができるのは、監督委員の場合と同様である（会社895条・894条1項）。また、調査委員は、正当な理由があるときは、裁判所の許可を得て辞任することができる（会非規32条2項・27条4項）。

(2) 調査委員の業務

(ア) 業務の範囲

　調査委員の業務については、監督委員に関する規定が準用される（会社534条）。

　したがって、調査委員は、いつでも、清算会社の清算人および監査役並びに支配人その他の使用人に対し、事業の報告を求め、または清算会社の業務および財産の状況を調査できる（会社530条1項）。また、調査委員は、その職務を行うため必要があるときは、清算会社の子会社に対し、事業の報告を求め、またはその子会社の業務および財産の状況を調査することができる（同条2項）。527条1項および529条ただし書は準用されないので、調査委員は、監督委員のように、裁判所の許可に代わる同意（会社535条1項参照）の権限を付与されることはないし、また、2名以上が選任されている場合でも、裁判所の許可を得て単独で職務を行ったり、職務を分掌したりすることはできない。

(イ) 調査事項

　調査委員の調査事項としては、①特別清算開始に至った事情、②清算会社の業務および財産の状況、③会社法540条1項の規定による保全処分をする必要があるかどうか、④542条1項の規定による保全処分をする必要があるかどうか、⑤545条1項に規定する役員等責任査定決定をする必要があるか

どうか、⑥その他特別清算に必要な事項で裁判所の指定するものが法定されている（会社522条1項）。

しかし、前述のとおり、監督委員は、清算会社の業務および財産の状況を調査することができるから、監督委員によって調査が足りるときは、監督委員に追加して調査委員を選任する必要は乏しい。

ただ、監督委員が選任されている場合においても、特定の専門分野について十分な知見を有する者による専門的観点からの調査報告が必要な場合には、監督命令とは別に独自の調査命令が必要になる場合がある。

　　㈦　調査命令

裁判所は、調査命令を変更し、または取り消すことができ（会社892条1項）、利害関係人は調査命令およびその変更・取消しの決定に対しては、即時抗告をすることができる（同条2項）。なお、即時抗告は、執行停止の効力を有しない（同条3項）。

調査命令およびその変更や取消しの裁判並びにこれらに対する即時抗告についての裁判があった場合には、その裁判書を当事者に送達しなければならない（会社892条4項）。

　　㈢　監督に関する事務

裁判所は、調査委員に対して報告書の提出を促すことその他の調査委員の監督に関する事務を裁判所書記官に命じて行わせることができる（会非規32条2項・30条）。

(3) 調査委員の報酬

調査委員は、費用の前払いおよび裁判所が定める報酬を受けることができる（会社534条・532条1項）。報酬決定に対しては、即時抗告をすることができる（会社895条・894条2項）。

なお、調査委員は、監督委員と同様、その選任後、清算会社に対する債権または清算会社の株式を譲り受け、または譲り渡すには、裁判所の許可を得なければならず（会社534条・532条2項）、調査委員が許可を得ないでかかる行為をしたときは、費用および報酬の支払いを受けることができない（会社534条・532条3項）。

V 清算事務の遂行

　特別清算は、会社債権者等の利益の保護を図りつつ、裁判所の監督・補助の下に、公正かつ簡易・迅速に清算を遂行する手続である。

　特別清算人の清算事務は、通常清算における清算人の清算事務を引き継ぐが、裁判所の監督等の制限を広く受けるようになる。特別清算人の事務の遂行については、会社法の特別清算に関する規定が適用されるが、その性質に反しない限り清算の総則規定も適用される。

　清算に関する業務は清算人が行う（会社482条1項）。複数の清算人がいるときは、業務執行は清算人の過半数をもって決定する（同条2項）。清算人は原則として各自清算会社を代表するが、代表清算人を定めた場合は代表清算人が清算会社を代表する（会社483条）。

　清算人会が設置されているときは、代表清算人がその業務を執行するが、清算人会が、業務執行を決定し、清算人の職務の執行を監督する（会社489条）。

　監査役・監査役会がおかれているときは、特別清算段階においても存続し、監査権を行使することになるが、清算業務の執行一般についてはもっぱら裁判所の監督に服することになるから、その監督権能は清算事務年度ごとに作成される貸借対照表、事務報告および附属明細書の監査が中心となる（会社495条1項、会社規148条）。

1　財産状況の把握

　清算人は、その就任後遅滞なく、清算会社の財産の現況を調査して、解散時を基準とする財産目録および貸借対照表（以下、「財産目録等」という）を作成し、清算人会のあるときは清算人会の承認を得て、これを株主総会へ提出し、その承認を得なければならない（会社492条）。従前の事業継続を前提とした貸借対照表には計上されていなかったリース資産・リース債務、退職金債務、税金の還付金等も計上し、架空の売掛金や在庫が存在する場合は現況に従って計上することになる。なお、財産目録に計上すべき財産の評価基

準は、解散時の処分価格（清算を前提とした価格）であり、これがその後の会計帳簿の取得原価となる（会社規144条）。

　清算人は、各清算事務年度にかかる貸借対照表および事務報告並びにこれらの附属明細書を作成し（会社494条1項）、監査役設置会社においては監査役の監査を受け、清算人会設置会社においてはさらに清算人会の承認を受けたうえで（会社495条）、清算人は、貸借対照表と事務報告を定時株主総会へ提出して、事務報告の内容を定時株主総会で報告し、貸借対照表は承認を受けなければならない（会社497条）。また、清算会社は、これら貸借対照表、事務報告および附属明細書を、定時株主総会の日の1週間前から清算結了の登記の時まで、会社本店に備え置き、株主や債権者の閲覧等に供しなければならない（会社496条1項）。

　以上は、通常清算における清算人の業務であるが、特別清算段階でも、これと異なる取扱いをすべき理由はないから、特別清算開始時点の財産目録等の作成・承認等が通常清算人において未了の場合は、特別清算人がこれらを作成し承認を得なければならないし、その後の各清算事務年度には、特別清算会社が同様に貸借対照表、事務報告、附属明細書等の作成、提出を行うことになる。

　特別清算段階の特別清算人としての固有の業務としては、次の業務がある。

　特別清算の開始後、会社法492条1項に規定する清算会社の財産の現況についての調査が終了して財産目録等を作成したときは、清算会社は、遅滞なく、債権者集会を招集して、会社の財産の状況の調査結果並びに財産目録等の要旨を報告すること等が義務づけられている（会社562条）。

　また、清算会社は、会社法492条3項の株主総会の承認があった後遅滞なく、財産目録等を裁判所に提出することを要する（会社521条）。同時に、清算会社は、これら特別清算開始時の財産目録等を、特別清算開始命令を取り消す決定の確定、協定認可決定の確定、特別清算終結決定の確定または破産手続開始決定の確定まで、協定債権者や株主の閲覧に供するため本店に備え置かなければならない（会非規25条）。また、清算会社が会社法494条1項に規定する各清算事務年度に係る貸借対照表を作成したときは遅滞なくこれを裁判所に提出しなければならない（会非規26条）。このほかにも、裁判所が特

別清算開始命令と同時に命じる事項として、月間の清算業務について、財産の換価の状況、財産の状況等を、毎月、一定の日時までに書面で裁判所に報告することが義務づけられることが多い。

2 負債額の把握と債務の弁済

(1) 債権の申出

通常清算において、清算会社は、会社解散後遅滞なく、債権者に対して、一定の期間内（2カ月を下回ることはできない）に債権の申出をすべき旨を官報に公告し、かつ知れている債権者には各別にこれを催告し、この公告には、期間内に債権の申出をしないときは清算から除斥される旨を付記しなければならない（会社499条）。

債権者は、債権の申出を清算会社に対して行う。その様式に特別な定めはない。なお、債権申出には、裁判外の請求として時効中断の効力が生じる。

債権の申出の有無にかかわらず知れたる債権者を清算から除斥することはできない（会社503条1項）。除斥された債権者は、分配されない残余財産に対してのみ弁済を請求できる（同条2項）が、債務超過であれば分配される残余財産はないのが普通であるから、結局弁済を受けられないことになろう。一部の株主に対して残余財産を分配している場合は、その余の株主にも同様の分配をするために必要な財産を残余財産から控除する（同条3項）。ただし、除斥された債権者は、債権を失うわけではないので、反対債務があるときは相殺できる。

担保権を有する債権者は、被担保債権となる協定債権全部の内容と額、担保権の内容、担保目的物からの回収見込額と不足額を申し出る。

特別清算開始時に、いまだ債権申出の公告等をしていない時も同様に、特別清算会社は、遅滞なく、債権申出の公告等を行う。

特別清算には、債権の調査および確定の制度がない。したがって、債権申出に従って清算人が債権額の確認をするだけであり、認否はしない。争いがあれば、証拠を提出するなどして協議することになろう。協議が整わなければ、訴訟手続で確定することになる。

(2) 弁済の禁止

債権申出を通じて清算会社は負債の総額を正確に把握することになる。そこで、負債総額を把握するまでの期間、すなわち債権申出期間内は、一般の優先権のある債権や特別清算手続に関する費用請求権等も含めて原則としてすべての債務の弁済が禁止される（会社500条1項）。これは、負債の総額が資産総額を超えることが後に判明したとき、順次の弁済を認めていると債権者間の平等を害する結果となるからである。なお、清算会社は、債務の弁済は禁止されるが、弁済期が延期されるわけではないので、その遅延による責任は免れない（同条1項後段）。

なお、債権申出期間内であっても、少額の債権、清算会社の財産に存する担保権によって担保されている債権、その他これを弁済しても他の債権者を害しない債権にかかる債務については、裁判所の許可を得て、その弁済をすることができる（会社500条2項前段）。ただし、当該許可の申立ては、清算人全員の同意を要する（同条2項後段）。許可弁済の対象となる債権は協定債権に限られない。一般の優先権のある債権等も弁済禁止の対象となるが、他の債権者を害することがないので、裁判所の許可を得て、弁済できる。実務上は、特別清算の手続に関する事務費用等について個々に弁済許可を得るのは煩雑であるから、事務処理の円滑化のため、事前に包括的許可を得て弁済している場合が多い。

また、債権者は、債権申出期間内であっても、反対債権のあるときは相殺ができ、強制執行や訴えの提起もできるし、担保権の実行も制約を受けない。

特別清算開始後であっても、債権申出期間内においては同様である。

弁済禁止の保全処分に違反した弁済について債権者が悪意の場合は弁済の効果を主張できないこと（会社540条3項）に照らせば、法が債権申出期間内の弁済を一律に禁止し、例外は裁判所の許可のある場合に限られているのに、これに違反して弁済をしたとき、債権者が悪意の場合（清算会社について清算手続が開始し、かつ、債権申出期間内であることを知っていた場合）、弁済の効力を否定すべきである。このことは、特別清算が開始し、債権申出期間が経過した後の割合的弁済を超えた弁済についても同様と解する。なお、弁済禁止に違反して弁済した場合、清算人は過料の制裁を受ける（会社976条29

(3) 割合的弁済

　特別清算開始命令には、他の倒産手続開始決定とは異なり弁済禁止効がないので、特別清算開始後であっても、債権申出期間を経過すれば弁済は禁止されない。しかし、特別清算の下では、債務超過の疑いがありすべての債務を弁済できるかどうかはいまだ不明であるから、清算会社は、随時に債務の全額を弁済することは許されず、債権額の割合に応じて弁済できるにとどまる（会社537条1項）。割合的弁済であれば債権者間の平等を害するおそれがないからである。実務的には、特別清算開始後に、割合的弁済をすることは少なく、協定成立後に協定に従った弁済を実行するのが普通である。

　割合的弁済の対象となるのは、協定債権である。協定債権以外の債権、すなわち、一般の優先権のある債権、特別清算手続に関する費用請求権等は随時に弁済ができる。

　また、債権申出期間内と同様に、少額の協定債権、清算会社の財産に存する担保権によって担保されている協定債権、その他これを弁済しても他の債権者を害しない協定債権にかかる債務については、裁判所の許可を得て、その割合を超えて弁済をすることができる（同条2項）。ただし、債権申出期間内の許可弁済の場合は、清算人全員の同意が必要であるが（会社500条2項後段）、割合的弁済を超える協定債権の許可弁済の場合は、清算人全員の同意までは要求されていない。

　裁判所の許可を得ずに割合的弁済を超える弁済をしたとき、通説は、特別清算開始命令には弁済禁止効がないことから、有効と解している。しかし、割合的弁済を超える部分の弁済の効力は、債権者が悪意（割合的弁済を超える弁済であることを知っていた場合）である限り無効と解すべきである。なぜなら、清算会社は、財産の処分、借財等を行う場合に、裁判所の許可または監督委員の同意を要し、許可または監督委員の同意のない財産の処分行為や借財は無効とされており（会社535条3項）、これら処分行為や借財は特別清算手続とは無関係の第三者との間の取引であるが取引の安全よりも清算会社の財産ひいては債権者の保護を図っていること、特別清算においては債務超過である可能性が高いから、裁判所の許可を得ない限り、割合的弁済を超え

た弁済を受けられないことは債権者として当然であり（会社537条2項）、協定債権者には割合的弁済を超える弁済を受ける地位や期待権はないこと、したがって、裁判所の許可なく債権者が割合的弁済を超える弁済を受けたとしても、悪意の債権者である以上、超過弁済部分を保護する合理的理由も必要性も認めがたいからである。加えて、許可のない財産処分行為が無効であり、また、弁済禁止の保全処分が発令されている場合にも悪意の債権者は弁済の効力を主張できないことからも、会社法が直接制限しているのに割合的弁済を超えた弁済を有効と解することは均衡を失すると考えられるからである。

　弁済禁止の保全処分が発令されている場合は、債権申出期間が経過しても債務の弁済はできない。割合的弁済をするためには、弁済禁止の保全処分の取消しが必要である。また、少額債権の弁済や他の債権者を害することのない債権の弁済をするにも、当該弁済について裁判所の許可を得るだけでは足りず、別途弁済禁止の保全処分の取消しが必要である。

　割合的弁済の例外となる債権は、以下のとおりである。

　　㋐　少額の協定債権

　社会政策的な見地から少額債権者の保護を図るとともに、事務手続上の理由から少額の債権者の数を減らすことにより特別清算の事務を円滑に進行できるようにするために、少額の協定債権者への弁済が許される。少額の範囲は、一律には決めがたく、会社の規模、債権者の数、資産負債の総額等を勘案して個別に判断することになるが、一般に、10万円～300万円程度の範囲内であるとされている。

　　㋑　清算会社の財産に存する担保権によって担保されている協定債権

　担保権の被担保債権が協定債権の場合であっても、当該協定債権は担保目的物の処分価額の範囲内で、優先弁済権を有しているから、これを弁済しても他の協定債権者を害することはないので、弁済が許される。

　対抗要件を具備しない担保権について、その被担保債権の弁済が許されるか。通説は、清算会社は第三者でないので担保権を主張できるとして弁済許可の対象になると解するものと思われるが、これまでの実務では、登記を具備しても破産手続に至れば否認対象行為となることを理由に、交渉により、弱い担保権として和解による解決をしていたものと思われる。しかし、後述

するとおり、特別清算開始時に対抗要件を具備しない担保権は清算会社に対して当該担保権を主張できないと解すべきであろう（後記Ⅵ5参照）。したがって、特別清算開始時に対抗要件を具備していない担保権の被担保債権の弁済は、他の債権者を害するおそれがないとはいえないので、原則として弁済許可の対象とならない。ただし、従来の実務のように、対抗要件を具備されなかった理由や経緯等の具体的事情に応じて、また、理論上も争いがあり、現に担保権設定契約が締結されている事実等を考慮して、迅速に清算手続を遂行するために、裁判所の許可を得て、柔軟な和解に基づく弁済をしても、違法とまではいえないであろう。

　(ウ)　その他これを弁済しても他の債権者を害しない協定債権

　民法上の留置権は、他の担保権とは異なり、担保目的物から優先して弁済を受けることができない（会社522条2項・538条2項等）。したがって、その被担保債権が協定債権の場合は、協定による権利変更後の債務を弁済することにより民事上の留置権は消滅し、担保目的物の返還を受けることができる。しかし、協定による弁済まで待つとすれば、留置されている担保目的物の処分もできず特別清算手続の進行を害する結果となる。そこで、担保目的物の処分価額の範囲内でその被担保債権である協定債権の弁済を認めることにより留置されている担保目的物を取り戻すことは、他の債権者を害するとまではいえないので、かかる弁済は許可の対象となり許容できよう。

　また、特別清算開始前の電気・水道・ガスなどの継続的供給契約に基づく債権は、協定債権ではあるが、その支払いをしないと、開始後の供給が停止され清算業務に支障が生じかねない。そこで、清算業務を円滑に進めることが他の債権者の利益になるから、これら債権の弁済は許可の対象となり、一定額の弁済は許容されよう。実務では、和解による弁済（供給の継続の約束と引き換えに協定債権の一部を支払う旨の和解を締結する方法）が行われている。

　(エ)　一般の先取特権その他の一般の優先権のある債権

　これら一般の優先権のある債権は、割合的弁済の対象ではなく、裁判所の許可なく随時弁済ができる。

　国税徴収法またはその例により徴収できる債権は、総財産に優先し、特別清算に服さないから、当然、裁判所の許可なく弁済ができる。

また、特別清算の手続のために生じた債権や特別清算の手続に関する費用請求権等も協定の対象とならず（会社515条3項）、随時弁済ができる。

(4) 相　殺

協定債権者は、特別清算の開始後、相殺適状に至れば相殺できる。期限の利益を放棄して相殺できることもいうまでもない。会社法517条・518条に該当する場合は、相殺できず、相殺の意思表示は無効である（前記Ⅲ3(5)参照）。

清算会社は、協定債権者に対する債権をもって相殺できるか。直接これを規律した規定はないが、会社法517条や518条の場合には、債権者間の平等を害するから、原則として、清算会社からも相殺できない（ただし、清算会社の有する債権の回収可能性が低い場合等、債権者の一般の利益に適合する場合には、相殺は許されよう）。相殺が許される場合に協定債権者がいつまでも相殺の意思表示をしないために清算事務が遅滞する場合には、相殺の時間的制限のないこと、相殺をしても他の債権者を害することはないことから、清算会社からの相殺は許されよう。このとき、清算会社からの相殺は、割合的弁済を超える弁済と同視でき、また、破産法102条に照らしても、会社法537条2項に定める裁判所の許可を要すると解する見解もありうるが、特別清算は簡易・迅速な手続であるから、清算会社からする相殺について裁判所の許可は必要ないと解してよかろう。

なお、一般優先債権者は、反対債権の取得時期にかかわらず相殺ができ、また、清算会社も、一般優先債権者に対して反対債権を有する場合には、その取得時期にかかわらず、相殺ができる。

協定前に相殺が許容される場合に、協定成立後に協定債権者が相殺できるかについては、後述する（後記Ⅷ5参照）。

3　財産の換価処分

清算人の主要な清算業務の一つは、債権の取立てをはじめとする清算会社の所有財産の換価作業である（会社481条2号）。換価作業を円滑に実施し、かつ高額に換価することは、債権者の弁済および株主への残余財産の分配に重要な影響を及ぼす。さらに、特別清算段階に至れば、債務超過の疑いがあるから、財産の換価状況は債権者に対する弁済率等に直接影響を及ぼすこと

になる。そこで、会社法は、一定の清算会社の行為について、裁判所の許可にかからしめることにより債権者の利益を保護しようとしている（会社535条）。

(1) 許可を要する行為

(ア) 許可事項

清算会社が次に掲げる行為をするには、裁判所の許可を得なければならない。監督委員に対して許可に代わる同意権限が付与されている場合は、監督委員の同意を得なければならない。

(A) 財産の処分（事業譲渡を除く）（会社535条1項1号）

処分の制限を受ける会社財産は、動産、不動産はもちろんのこと、有価証券、債権、無体財産権等を含み、財産の種類を問わない。

処分の方法は、譲渡、担保権・用益権の設定、賃貸借のほか、契約の合意解約も含まれる。なお、債務不履行を理由とする契約の解除は含まれない。

なお、財産処分禁止の保全処分が発令されているときは、本条に基づく許可または同意だけでは足りず、保全処分の取消しが必要である。

(B) 借財（会社535条1項2号）

特別清算は、事業の継続を前提とせず、債務を弁済して清算事務を終了する手続である以上、借財の必要性は少ないが、たとえば、租税債権その他の優先債権の弁済等を早期に実施することが、延滞金等の発生を防止でき、借入れによる金利負担を考慮しても清算会社に資する場合等は、その弁済資金を調達するための借財が許可の対象となろう。

(C) 訴えの提起（会社535条1項3号）

訴えの提起は、清算会社に相応の負担を課すものであるから許可の対象とされている。訴訟提起のみならず、反訴、再審の訴え、訴訟参加、支払命令、仮差押え、仮処分の申立ても含まれる。控訴、上告は含まれない[1]。

(D) 和解または仲裁合意（会社535条1項4号）

和解や仲裁合意も、重要な財産の処分行為と同視できるから、許可の対象とされている。和解の方法は、裁判上の和解であると裁判外の和解であると

---

[1] 最判昭和61・7・18判時1207号119頁。

を問わない。

　(E)　権利の放棄（会社535条１項５号）

　権利の放棄は、会社財産の消滅を招き、弁済原資を減少させることになるから、許可の対象とされている。

　放棄の対象としては、回収や処分が困難または不能な債権、出資等が想定できる。単に換価価値がないというにとどまらず、当該財産の管理・保存にその価値以上の費用を要する場合も含まれる。

　なお、被担保債権額がその価格を超えると認められる別除権の目的物の所有権などを清算会社から相対的に放棄することは、清算手続から放棄された財産の帰属やその後の管理処分の主体が不明確であるから許されないと解する。

　(F)　その他裁判所の指定する行為（会社535条１項６号）

　裁判所の一般的監督権限に基づき、債権者の利益を害しかねないと判断した事項について、裁量により許可事項として指定することができる。

　(イ)　除外規定

　前記(ア)(A)〜(F)の行為については、裁判所の許可を要するが、会社法535条１項１号〜５号までの行為については、以下の①②に掲げる場合には、裁判所の許可または監督委員の同意は不要である。

　①　100万円以下の価額を有するものに関するとき（会非規33条）

　②　このほかに裁判所が許可を要しないものとしたものに関するとき

　上記①については、最高裁判所規則でその額を定めることができ、上記②については、清算会社の実態に即して事案ごとに許可を不要とする範囲を柔軟に拡大できるように手当てしている（会社535条２項）。

　(ウ)　効　力

　会社法535条１項の許可またはこれに代わる監督委員の同意を得ないでした行為は、無効である。ただし、清算会社は、無効であることを善意の第三者に対抗することはできない（同条３項）。ここで、善意とは、当該行為が裁判所の許可等を必要とすることを知らないか、または許可等の要することは知っていても清算会社が許可等を得ていないことを知らないことを意味する。なお、善意者の保護は取引の安全を図るためであるから、訴訟行為につ

いては、善意であっても無効である。裁判上の和解も同様である。
　(2) **事業譲渡**
　　(ア)　メリットと方法
　清算会社が経済的に困難な状況にあっても、事業自体には収益性があり、または商標やブランドに価値がある場合などがある。そのような場合に、迅速に事業を第三者に譲渡できれば、事業消滅による社会経済的な損失を回避し、従業員の雇用を確保できる。また、のれん代を上乗せして事業譲渡代金を受け取ることにより、個々の資産を解体して処分・換価するよりも多額の弁済原資が得られ、債権者への弁済率を高めることが可能となり、その結果として、協定案に関する債権者との協議をスムーズに進めることができ、手続の早期終結が可能となるなどのメリットがある。

　他方で、事業譲渡は、清算会社の資産の包括的な処分であり債権者の利害に著しい影響を及ぼすから、裁判所の適切な監督の下で実行される必要がある。

　そこで、会社法は、清算会社が迅速に事業譲渡することができるように、手続が煩雑で時間のかかる株主総会決議や反対株主の株式買取請求を定める会社法第2編第7章の適用を排除している（会社536条3項）。一方で、事業譲渡が適切に行われるよう、原則として裁判所の許可を必要とし（会社536条1項。なお、譲渡資産の帳簿額が総資産額の5分の1を超えない場合を除外した。同項2号ただし書。ただし、個別資産の売却として法535条1項の裁判所の許可または監督委員の同意は必要であろう）、裁判所の許可の適正を担保するために、清算人が裁判所に事業譲渡の許可の申立てをする場合には、知れている債権者の意見を聴き、その内容を裁判所に報告するとともに、裁判所は、許可をする場合には、労働組合等の意見を聴かなければならないこととした（会社896条）。なお、清算会社が債務超過であることは許可の要件ではない。

　裁判所の許可を得ないで行った事業譲渡は無効である。ただし、善意の第三者に対抗することはできない（会社536条2項・535条3項）。実務上は、譲渡契約書に裁判所の許可があることを契約の効力発生条件とすることで対応しているものと思われる。

　なお、特別清算手続において、裁判所の許可に基づき事業譲渡がなされた

場合、反対株主に株式買取請求権がない。これは、清算会社が債務超過であれば、そもそも配当がなされない以上、株式買取請求権を認める必要性がなく、また、仮に資産超過であっても、すべての財産を換価して残余財産を株主に分配する手続が予定されているから、株主にこの段階で株式買取請求を認める理由がないことから正当化できよう。

　　(イ)　債務引受け

　事業譲渡において、資産の譲渡と同時に取引債権の債務引受けができるか問題となりうる。組織的有機的一体としての事業を包括的に譲渡する場合に、資産とあわせて当該事業に関連する取引関係も一体的に承継させることが必要な場合がある。そのとき、事業譲渡の対象として譲受人は資産とともに協定債権を含む負債も承継することにより取引関係を継続でき、それにより営業権の価値が高まることもある。このとき、実質的には、一部の協定債権者に対して有利な取扱いが行われることになるが、事業譲渡に際して一部の協定債権が免責的に承継される取扱いも許容できる場合があると解すべきである。

　それは、事業全体を一体的に譲渡することにより、一部の協定債権者が有利な取扱いを受けることになったとしても、事業を解体して個々に換価処分するより全体として有利に換価でき、その結果として事業譲渡をするほうが他の協定債権者の利益にも資するときは、会社法537条2項の趣旨に照らしても、他の債権者を害するおそれがない協定債権にかかる債務の弁済に該当するというべきであるから、このような資産と債務を一体とした事業譲渡も許容され、裁判所は許可できる。

　　(ウ)　特別清算開始前の事業譲渡

　同様に、事業再生の手法として、スポンサーや事業譲受会社があらかじめ決まっている場合に、事業を毀損させずに再生を図るため、まず一部協定債権となるべき債権にかかる債務の承継（免責的債務引受け）を前提に事業譲渡を行い、事業譲渡実行後に残る協定債権者を対象に特別清算を申し立てる方法が用いられることがある。特別清算開始後の事業譲渡ではないので、この事業譲渡は会社法所定の手続によることになる。

　債務の承継を含む事業譲渡を実行しても、他の協定債権者にとって事業譲

渡を実行しない場合の清算価値が保障されているときは、特別清算開始後の事業譲渡の場合と同様に、許容できよう。

(3) 換価の方法

(ア) 売却処分による換価

清算人は、債権等は取り立てて回収し、動産・不動産等は、裁判所の許可ないしこれに代わる監督委員の同意を得て、売却処分して換価する。

担保目的物については、担保権の受戻しによる任意売却が原則である。特に不動産については、担保目的物の価額が被担保債権の額に満たない、いわゆるオーバーローン状態になっている場合、担保権者としても、担保権を実行するよりも、清算人に任意売却をさせたほうが高価に換価でき、売却コストも安くすみ、しかも不足額を早期に確定させることができるから、担保権者も清算人による任意売却に応じるケースが多い。破産の場合と同様である。

任意売却により、被担保債権額よりも高額に売却することができた場合には、被担保権額を超える剰余金については弁済原資に充当し、被担保債権額に満たない場合は、売却費用等を除いた残額を担保権者に弁済することになる。このとき売却代金の５％〜10％程度の金額を一般財産に組み入れることがある（破産法186条の組入金を参照）。

(イ) 競売手続による換価

任意売却を試みたが、売却のめどが立たず、容易に換価できない場合、清算会社は、競売等の手続を用いて、財産を強制換価することになる（会社538条１項）。競売による場合は、任意売却の場合と異なり、裁判所の許可または監督委員の同意は不要である（会社538条１項後段）。入札手続等を経て公正な価額によって財産が換価されるので、債権者に不当な損害を与えるおそれがないからである。

また、清算会社は、抵当権や質権等担保権の目的となっている財産についても、同様に競売手続によって換価することができるが（会社538条２項前段）、この場合にも担保権者に不当な不利益を与えるおそれはないから、裁判所の許可等は不要であり、担保権者はこれを拒むことができない（同条２項後段）。なお、この競売手続には、無剰余の取消し規定は適用されない（同条３項）。

担保権者が受けるべき金額が未確定であるときは、確定時に担保権者が代金の上に確実に優先権を行使できるようにする必要がある。そこで、この場合、清算会社は、その他の債権に対する弁済原資と区別して代金を寄託しなければならず、担保権者は、当然に寄託された代金の上に担保権を行使することができる（会社538条4項）。

　　(ウ)　非典型担保の目的物の換価

　譲渡担保権を有する場合、所有権留保特約その他の契約により担保目的物を任意売却する権利を有する場合、担保目的物に対して代物弁済予約完結権を有する場合等、当該財産を法律に定めた方法によらずに任意処分する権利を有する担保権者は、特別清算の手続の下でもその権利を任意に実行できる。

　しかし、担保権者が権利の実行をしないときなどは、清算人は他の担保目的物と同様に、まず担保目的物を受け戻したうえで任意売却をすることになる。集合動産譲渡担保の場合であれば、清算会社と担保権者が協力して売却先を探し、適切な売却先が見つかれば、集合動産を任意売却して被担保債権の清算をしたり、清算会社が相当額で受け戻して売却処分したりすることになる。

　しかし、任意売却先がなかなか見つからず、他方、担保権者も任意処分する権利をたてに、いつまでも担保権を行使しないとなると、清算事務が遅滞する。そこで、清算会社は、担保権者がその処分をすべき期間を定めことを裁判所に申し立てることができ、裁判所は処分期間を定める（会社539条1項）。担保権者は、裁判所が定めた処分期間内に処分しなければ、目的物を任意処分する権利を法律上当然に失い（同条2項）、清算会社は、これを任意にまたは競売により換価することができるようになる。このとき、担保権者は、優先弁済権までは失わないので、換価代金からその被担保債権の弁済を受けることができる。なお、処分期間決定の裁判に対しては、利害関係人は即時抗告をすることができる（会社897条1項）。

4　監督上必要な処分

　裁判所は、清算の監督上必要があると認めるときは、①会社の財産に関する保全処分（会社540条1項）、②株主名簿の記載等の禁止（会社541条1項）、

③役員等の財産に対する保全処分（会社542条1項）、④役員等の責任免除の禁止または責任免除の取消し（会社543条・544条）、⑤役員の責任査定（会社545条）の処分等をすることができる。

　会社財産の保全処分は、さらに、弁済禁止の保全処分、財産の処分禁止の保全処分、借財禁止の保全処分、担保権の対抗要件具備行為禁止の保全処分等に分類できるが、特別清算開始命令前のこれらの類型の保全処分の意義と機能については前述したとおりで（前記Ⅲ1⑼参照）、特別清算開始命令後もその意義と機能は変わらない。

　特別清算の開始には弁済禁止効はなく、清算会社は割合的弁済ができる。特別清算開始後も清算会社による弁済を一律に禁止する必要があるときに、弁済禁止の保全処分を発令することになろう。しかし、実務的には清算人が適切に清算事務を遂行すればかかる保全処分が必要となる場面は少ないであろう。また、特別清算開始前に弁済禁止の保全処分が発令されているときは、会社法537条1項に基づく割合的弁済をする場合も、同条2項に基づく許可弁済をする場合も、保全処分の一部取消しが必要となるから、手続が煩雑となる。特別清算開始の申立て時から特別清算開始時にかけての混乱状態が収束すればかかる弁済禁止の保全処分を維持しておく必要性は少ない。

　財産の処分禁止の保全処分については、そもそも特別清算開始後の特別清算会社は裁判所の監督の下で裁判所の許可または監督委員の同意を得て財産の処分をすべきであり（会社535条1項1号）、これに違反した処分行為に無効である（同条3項）から、特別清算開始後に財産の処分禁止の保全処分を維持しておくべき理由は見出しがたい。保全処分違反のときは、保全処分のあることを知らない相手方に対して、行為制限違反のときは、許可または同意を得ていないことを知らない相手方に対して、それぞれ無効を主張できないという相違にすぎない。

　借財禁止の保全処分は、開始後は、借財自体が裁判所の許可または監督委員の同意事項であるから（会社535条1項2号）、同様に、かかる保全処分を発令する意義はない。

　担保権の対抗要件具備行為禁止の保全処分はどうか。後述のとおり、特別清算の開始によりその後の対抗要件具備行為は許されないし、その対抗力を

認めるべきではないと解すべきであるが（後記Ⅵ5参照）、それでもなお、事実上、担保権者が自ら対抗要件を具備するとも限らない（たとえば、清算会社から交付済みの債権譲渡通知書を発送する等）。事実上でも対抗要件が具備されるとその後の交渉等がより難航するおそれがあるから、それを未然に防止し円滑な清算手続を遂行するために、開始後もなお対抗要件具備行為禁止の保全処分を求める必要性が認められる場合がある。

株主名簿の記載等の禁止の保全処分については、もはやその意義が薄れていることは前述した（前記Ⅲ1参照）。

上記③〜⑤の役員等の責任の保全処分については、役員等の責任とともにまとめて後述することとする（後記5参照）。

5　清算会社の役員等の責任の追及

株式会社について特別清算等の法的倒産手続が開始された場合、債権者は債権全額の満足が得られない場合が少なくない。その原因が、取締役等の放漫経営等に由来しているとすれば、その責任を追及して債権者の損失を最小限にとどめるべきであろう。そこで、法的倒産手続が開始されたとき、取締役等に善管注意義務違反や忠実義務違反等がないか、それによって清算会社に損害を与えていないか、十分に調査し、仮に義務違反が認められた場合はその責任を追及すべきである。

第一義的には清算人が、会社が特別清算に至った事情を明らかにし、取締役等の役員に責任がないか調査しこれを裁判所に報告すべきであるが、清算人による調査が不十分であり法律または会計に詳しい専門家の調査が必要と認めれば、裁判所は調査委員を選任してこれを調査させることになる（会社522条）。

役員等に責任を追及すべき事情が認められた場合、清算会社としては、まずは役員等と交渉して、しかるべき損害賠償を求めることになろう。

しかし、役員等が交渉に応じない場合、民事再生・会社更生・破産手続と同じく、特別清算手続においても、このような損害賠償請求権について、通常の民事訴訟によるよりも簡易・迅速に債務名義を取得できることとし、役員等の責任追及を実効あらしめる必要がある。そこで、簡易・迅速な手続で

ある損害賠償責任の査定制度を設けている（会社545条）。

また、査定申立てから査定決定、さらには強制執行に至るまでの間に役員が個人資産を隠匿、費消してしまうと、損害賠償請求権の実効性が失われてしまうため、役員等の財産に対する保全処分が認められている（会社542条）。

さらに、会社法上、役員の責任の免除が認められているが（会社120条5項・424条・425条1項・462条3項）、会社が経済的に破綻し、特別清算が開始されているときに、株主総会等の手続を履践して、これを免除することに相当でないから、裁判所は免除禁止の保全処分ができ（会社543条）、また、すでに免除していた場合はその取消しを求めることができる（会社544条）。

(1) 役員等の責任に基づく損害賠償請求権の査定

(ア) 査定手続の申立て

対象役員等が任意に会社に対する損害賠償義務の履行をしない場合、通常の訴えによっていたのでは時間がかかり、特別清算の遂行に支障の生じることが予想されるので、簡易迅速な手続で損害賠償請求権の存在およびその額を確定できることが好ましい。これが査定手続である（会社545条1項）。

査定手続は、会社の申立てまたは職権によって開始され、査定手続の申立てをする者は、申立書および証拠書類の写しを相手方に送付しなければならない（会非規34条1項）。

(イ) 申立権者

清算会社の申立てにより査定手続が開始されるのが原則であるが、裁判所の職権でも開始できる。清算会社が自ら役員の責任追及ができない場合がありうるので、職権発動を認めている。再生手続の場合と異なり、債権者に申立権はない（民再143条2項参照）。

裁判所が職権で査定手続を開始する場合は、その旨の決定をする（会社545条2項）。

(ウ) 査定により追及できる責任の種類

査定の対象となるのは、発起人、設立時取締役、設立時監査役、取締役、会計参与、監査役、執行役、会計監査人または清算人の責任に基づく損害賠償請求権である（会社545条1項・542条1項）。

(エ)　査定決定および異議の訴え

　清算会社は、査定手続の申立てをするときは、その原因となるべき事実を疎明しなければならず（会社899条1項）、裁判所は、当該役員等の陳述を聴いたうえで（同条3項）、損害賠償責任の有無、損害の額について、理由を付した決定をもって査定する（同条2項）。

　なお、査定決定に対しては1カ月の不変期間内に異議の訴えを提起することができ（会社858条1項）、その訴えが提起されない場合、査定決定は給付を命ずる確定判決と同一の効力を有する（会社899条5項）。

　査定決定に対する異議の訴えは、特別清算裁判所が管轄し（会社858条3項）、訴えを不適法として却下する場合を除き、査定決定を認可し、変更し、または取り消す（同条4項）。査定決定を認可し、または変更した判決は、強制執行に関しては給付を命ずる判決と同一の効力を有し（同条5項）、裁判所は仮執行宣言を付することができる（同条6項）。

　(オ)　時効の中断

　査定手続の申立ては、基本的に清算会社が対象役員等に対する損害賠償請求権を主張して、その存否・額を裁判上確定することを求めるものであるから、裁判上の請求に準じて、査定手続の申立てに時効中断の効力が認められている。これに対し、査定の手続が職権で開始される場合は、会社が対象役員等に対して損害賠償請求権を主張しているわけではないが、この場合にも損害賠償請求権が裁判上確定するという査定制度の実質に鑑みて、会社が査定手続の申立てをした場合に準じて、時効中断の効力が認められている（会社545条3項）。査定手続の申立てが取り下げられたり、却下されたりした場合には、裁判上の請求の場合と同様に、時効中断の効力は生じない。

　(カ)　査定決定手続

　査定決定の手続は、特別清算が終了したときは、終了する（会社545条4項）。ただし、査定決定がすでにあったときは終了しないから、異議訴訟が継続していれば清算会社がそのまま当該訴訟を継続し、査定決定が確定しているときはその効力は失われない。

(2)　役員等の財産に対する保全処分

　清算会社の発起人、取締役および清算人等の役員の責任に基づく損害賠償

請求権を保全する必要がある場合、すなわち、損害賠償責任を負う役員等がたとえば自己所有の不動産等の財産を隠匿しようとするおそれがあるとき、これら役員等の財産に対する保全処分が認められる（会社542条）。

(ア) 保全の申立権者

清算会社の申立てに基づいて裁判所が保全処分を発令するが、職権で発令することができる。

(イ) 保全処分の発令要件

保全処分の発令要件は、特別清算開始命令があったときは、「清算の監督上必要があると認めるとき」であり（会社542条1項）、裁判所は、一件記録や清算会社が提出した資料に基づき、保全の必要性と査定の対象たる損害賠償請求権の存在について疎明があれば発令する。

これに対し、特別清算開始の申立て後、特別清算開始に関する決定があるまでは、「緊急の必要があると認めるとき」（会社542条2項）に限られ、役員の責任追及の必要性が高く、かつ、財産散逸の蓋然性が高いなど、緊急の必要性があると認められる場合でなければ、保全処分は発令されない。

(ウ) 保全処分の方法

この保全処分は、金銭債権の保全を目的とするものであるから、民事保全法上の仮差押えと同様の方法による。

なお、登記・登録をなすべき財産に対する保全処分がなされた場合は、裁判所書記官は、職権で、遅滞なく、嘱託によりその旨の登記・登録をしなければならない（会社938条3項2号・5項）。

(3) 役員等の責任の免除の禁止・取消し

役員等の責任は、会社法上、総株主の同意（会社120条5項・424条・462条3項）ないし株主総会における法定多数による決議（会社425条1項・309条2項8号）があれば免除できるが、会社が経済的に破綻し、特別清算手続が開始されているときにこれを免除することは相当でない。

そこで、会社法は、役員等の責任追及を可能ならしめるため、役員等の責任の免除の禁止および取消しの制度を設けた（会社543条・544条）。

(ア) 責任の免除の禁止

会社法は、役員等の責任を追及するため、まず、その責任の免除がなされ

る前に裁判所があらかじめ責任免除を禁止する処分をなすことができるものとした（会社543条）。

禁止処分は、将来に向かって責任の免除を禁止するものである。責任免除が禁止されたときは、総株主の同意または株主総会の決議があっても、対象役員等の責任は免除されない。

なお、責任免除禁止の裁判に対しては、即時抗告をすることができる（会社898条2項）。

(イ) 責任の免除の取消し

責任免除の禁止処分は将来に向かって責任の免除を禁止するものであるから、過去になされた責任の免除については、効力が及ばない。

しかし、会社が破綻し、特別清算が開始された以上は、過去に免除された責任についても追及すべき場合がありうる。そこで、会社法は、過去になされた責任の免除の取消しを認めている。ただし、免除を受けた者の立場ないし一般の法的安定性を考慮して、原則として、特別清算開始の申立て後またはその前1年以内にした対象役員等の責任の免除を取消しの対象とするが、特別清算開始から1年より前になされた責任の免除は、不正の目的によってなされた場合に限り取消しの対象としている（会社544条1項）。

ここで、「不正の目的」とは、対象役員等が将来の責任追及を免れる目的で免除を受けた場合、欺罔の手段を用いて免除を受けた場合などを意味するとされる。

役員等の責任の免除の取消しについては、責任の免除の禁止と異なり、債権者を害する清算会社の行為の効力を否定して損害賠償請求権を復活させるという点で否認権に類似することから、より慎重な手続をとることとし、訴えまたは抗弁によって行使すべき取消権とされている（会社544条2項）。

また、清算会社は、役員等の責任に基づく損害賠償請求権の査定決定手続（会社545条）およびこれに対する異議の訴えや損害賠償請求訴訟の中で、責任の免除の取消権を行使することもできる。この場合には、責任の免除の取消しに関する審理と損害賠償請求権の存否等に関する審理とが同一の手続で行われ、審理の一体化が図られる。

なお、会社法544条による取消権は、特別清算の開始命令から2年を経過

したときは、行使することができない。当該対象役員等の責任の免除の日から20年を経過したときも、同様である（会社544条3項）。

VI 協定債権とその取扱い

1 協定債権

特別清算の手続の対象となる債権は、協定債権と呼ばれる。

協定債権は、①一般の先取特権その他一般の優先権のある債権、②特別清算の手続のために清算会社に対して生じた債権、および、③特別清算の手続に関する清算会社に対する費用請求権を除く債権である（会社515条3項）。

協定債権の対象となる債権には、他の法的倒産手続と異なり、発生原因の生じた時期に応じた区別はない。つまり、破産手続の場合は、原則として破産手続開始前の原因に基づく債権が破産債権となり、再生手続の場合も、原則として再生手続開始前の原因に基づく債権が再生債権となる。これに対し、協定債権は、特別清算開始前の原因に限られず、手続開始後に生じた債権も協定債権に含まれる。

協定債権は、債権申出期間内の弁済は禁止される（会社500条1項）。ただし、少額債権や担保権によって担保された債権等は、協定債権であっても裁判所の許可を得て、弁済することができる（同条2項）。

債権申出期間経過後は、協定債権は、債権額の割合に応じて弁済をすることができる（会社537条1項）。同様に、少額債権、担保権によって担保された協定債権等その他の債権者を害するおそれがない協定債権については、裁判所の許可を得て割合的弁済を超えた弁済ができる（同条2項）。

条件付債権、存続期間が不確定な債権その他その額が不確定な債権は、簡易・迅速に清算するため特別清算手続内で弁済することができる。ただし、弁済額は、裁判所の選任した鑑定人が評価した金額を基準とする（会社501条1項2項）。弁済期の未到来の債権は、期限の利益を放棄して弁済することになる。このとき、旧商法では期限までの中間利息を控除して弁済すれば足りたが（旧商430条1項・125条2項3項）、当該規定には批判もあり、会社

法501条は旧商法125条1項～3項を承継しなかったことからして、民法の一般原則に従い、中間利息の控除はできないと解される。

　金銭以外の給付を目的とする債権も協定債権に含まれる。ただし、その履行は現務の結了の一場面であるが、金銭の支払いではないから会社法537条の割合的弁済を超える弁済禁止の対象ではなく、会社法535条1項の財産等の処分制限の対象として規律されることになろう。少額債権の弁済に該当するような場合は、裁判所の許可または監督委員の同意を得て、財産の処分として債務の履行ができると解される。債務の履行ができない場合は、最終的には、金銭債権に転化されて協定によって権利の変更を受けることになると解される。なお、取戻権に基づく引渡請求権等は対象とならない。

2　一般優先債権

　前記1①の一般の先取特権（民306条）その他一般の優先権のある債権（たとえば企業担保権（企業担保法2条1項））は、弁済禁止の対象となる協定債権ではなく、裁判所の許可を得ることなく随時弁済ができる。また、特別清算開始の申立てがあった場合も、一般優先債権に基づく強制執行は中止命令の対象とならない（会社512条1項2号かっこ書）。特別清算開始後も、一般優先債権に基づく強制執行を申し立てることは可能で（会社515条1項ただし書）、債権者の一般の利益に適合し、申立人に不当な損害を及ぼすおそれがないと認めるときは、相当の期間を定めて中止を命ずることができるにすぎない（会社516条）。中止を求めることができる期間は相当期間に限られ、その間に、清算会社と一般優先債権者で強制執行対象物の任意売却を進めたり、一般優先債権を弁済したりして、強制執行等の取り下げを求めることになろう。

3　清算に関する債権

　前記1②の特別清算の手続のために清算会社に対して生じた債権とは、清算人、監督委員、調査委員の報酬や鑑定人の選任費用などであり、前記1③の特別清算の手続に関する清算会社に対する費用請求権とは、債権申出催告の官報公告料、財産の管理処分に関する費用や清算事務に従事する従業員の給料等である。もともと財団債権または共益債権に類する債権で、手続開始

後も裁判所の許可を得ることなく、随時弁済できる。手続債権が他の債権に優先して弁済を受けることができるのは、法的倒産手続において通有した原則であり、簡易・迅速な清算手続である特別清算においてはなおさらであろう。

4 国税徴収法またはその例によって徴収できる債権

国税徴収法またはその例によって徴収できる債権等については、特別清算において特別の定めがないから、原則どおり、実体法の定めに従い優先する。

したがって、特別清算の開始によって影響を受けることはなく、特別清算開始後の滞納処分は可能であり、すでになされた滞納処分が中止されることはなく、中止命令の対象にもならない（会社512条・515条・516条）。

このように租税債権は、実体法上、優先的地位が認められるから、これを弁済しても他の債権者を害することはなく、裁判所の許可を得ることなく随時弁済できる。もちろん、協定の対象にもならない。

5 担保権を有する債権

清算会社の財産について特別の先取特権、質権、抵当権、商事留置権（会社法・商法の規定による留置権）を有する協定債権者は、特別清算開始後も、これら担保権の行使ができ、当該担保財産から優先弁済を受ける権利がある。

したがって、特別清算開始の申立てがあっても、また、特別清算が開始しても、担保権者はその担保権を実行できる。ただし、手続開始後は、債権者の一般の利益に適合し、申立人に不当な損害を及ぼすおそれがないと認めるときは、担保権の実行の手続について相当の期間を定めて中止を命ずることができる（会社516条）。中止を求めることができるのは相当期間であり、その間に、清算会社と担保権者との間で、たとえば、競売手続より高価に担保目的物が売却できるように、任意売却の交渉をまとめたり、担保目的物の受け戻しをしたりすることが予定されている。

協定債権は、債権額の割合を超えた弁済を受けることができない（会社537条1項）が、当該担保権によって担保されている範囲の額の協定債権を弁済しても他の債権者を害することはないから、裁判所の許可を得て、割合

的弁済を超えて弁済することができる（同条2項）。

　このような担保権を有する協定債権者は、その担保権の行使によって弁済を受けることができる協定債権の額については、債権者集会においても議決権を有しない（会社548条4項）。債権者集会においてこれら担保権のある協定債権者が議決権を行使できるか否か、また行使できる議決権の額は、清算会社が定めることになる（同条2項・3項）。

　担保権の目的物の価額がその被担保債権である協定債権の額を上回っているときは、議決権の額はゼロとなり、議決権の行使はできない（そもそも必要もない）ことになる。

　担保目的物の価額の範囲を超える協定債権の部分が、協定の対象として権利の変更を受け、それが議決権額となる。この協定の対象となる債権額を確定する方法は、①担保権の実行による場合、②合意による受け戻しによる場合、③担保目的物を任意に売却する（合意による受け戻しと同時に売却する）場合、④担保権者が当該担保権を放棄する場合がある。

　なお、担保権の被担保債権が協定債権以外の債権であるときは、担保権実行手続の中止命令の対象となるが、協定債権でない以上、その担保目的物の価額のいかんにかかわらず、当然に、随時弁済ができる。

　特別清算の開始時に、担保権の対抗要件が具備されていない場合の担保権の取扱いは問題である。特別清算は清算手続の一類型であり、清算会社の第三者性を認めることはできないとするのが通説であるから、これによれば、対抗要件を具備しない担保権者は、特別清算開始後も対抗要件の具備を清算会社に求めることができ、また、担保権の実行も妨げられないことになるようにも思われる。しかし、特別清算は倒産処理手続の性格も併有していること、特別清算人は清算会社のみならず債権者や株主等に対して公平誠実義務を負担し、総債権者のために清算事務をする義務を負っていること、特別清算開始により一般債権者は、対抗要件を具備しない担保目的物に対する差押えや強制執行も一律に禁止されていること、特別清算開始後の債権は原則として共益債権となるから協定債権はもっぱら特別清算開始決定前の原因に基づく債権であり、担保権の設定されていない財産がこれら協定債権の引当財産となり、対抗要件の具備されていない財産はこれら一般財産に含まれてい

るとの外観があり、一般債権者はそれを信頼していると評価できること、開始後は協定債権者による差押えが禁止されていることと対比して担保権者による対抗要件の具備を認めるのは公平ではないこと、特別清算開始後に対抗要件の具備を認めると、担保権を設定したが対抗要件を具備していなかった財産に対し、一般債権者が仮差押えをしたにもかかわらず（したがって、通常なら担保権者は当該財産から優先回収ができない立場といえる）、その後に特別清算が開始し仮差押えの効力が失効したとき、担保権者が清算会社に対して担保権の主張ができることになり、仮差押えをした一般債権者の利益を著しく害する結果なること等を考慮すれば、特別清算開始時に協定債権者のために一般財産に対して観念的な包括的差押えがあったと評価でき、特別清算開始時に対抗要件を具備していない担保権者は当該担保権を清算会社に主張できないと解すべきではなかろうか。しかも、仮に対抗要件を具備しても、破産手続・再生手続・更生手続に移行すれば対抗要件否認の対象となることは明らかであるから、これを保護する必要性・合理性に乏しいし、これを否定しても特段に手続を重くするわけではないから特別清算の簡易・迅速な手続構造に反することもない。

6 　民法上の留置権のある債権

　民法上の留置権は、破産の場合と異なり、特別清算が開始してもその効力は失われないので、留置権者は、目的物を留置することができ、（形式）競売の申立ても可能である。ただし、債権者の一般の利益に適合し、申立人に不当な損害を及ぼすおそれがないと認めるときは、民事留置権による競売手続についても相当の期間を定めて中止を命ずることができる（会社516条）。会社法516条の担保権は、会社法522条2項記載の担保権と異なり、何らの限定がないから、民事留置権も担保権としてその中止命令の対象となる。
　民事留置権の被担保債権も協定債権であるから、原則として一般の協定債権と同様に割合的弁済以上の弁済は禁止され、その全額が協定の対象となるが、留置権の目的物を早期に売却するために目的物を取り戻すことが相当な場合、民事留置権の被担保債権である協定債権について、留置目的物の処分価額の範囲内で弁済することは、一般の債権者の利益を害するとまではいい

がたいから、裁判所の許可を得て、弁済できると解される（会社537条2項）。

また、民事留置権者が、競売による換価金から事実上の優先的弁済を受けられるのかも問題となる。すなわち、留置権には優先弁済権能はないから、形式競売による換価金は清算会社に返還すべきであるが、その返還債務は特別清算開始後に負担したものとして、民事留置権の被担保債権たる協定債権とは相殺ができないようにも思われる（会社517条1項1号参照）。しかし、競売による換価は、留置権者を目的物を留置する負担から解放するための手続で、留置権成立時（目的物の占有時）から想定できることであるから、換価金の返還債務は、特別清算開始前に原因があり、そうすると、換価金の返還債務と被担保債権との相殺も許容できると解することもできる[2]。実務的にも、民事留置権の目的物を任意に換価して、その換価代金の弁済と引き替えに目的物の返還を受けていると思われるので、それとも整合する。

議決権額の算定について特段の規定はないが、本来、担保目的物から優先弁済を受けることができないから、その全額について議決権を認めることとなる。

協定時までに民事留置権の目的物が留置されていた場合、権利の変更はその被担保債権である協定債権の全額に及び、協定の認可決定の確定により権利は変更され、変更後の協定債権を弁済することにより、民事留置権は失われ、清算会社は留置目的物を取り戻せる。

7　非典型担保権を有する債権

協定債権を被担保債権とする譲渡担保、集合債権譲渡担保、集合動産譲渡担保、所有権留保、停止条件付代物弁済契約または予約完結権付代物弁済契約などの非典型担保の場合はどうか。会社法522条2項の担保権と同様の取扱いをすべきであろう。すなわち、特別清算開始後の担保権の実行は特段の制約を受けず、いつでも可能であるが、担保権実行の中止命令の対象となり、また、裁判所の許可を得て、その目的物の価額の範囲で弁済を受けることができ、弁済を受けることのできる債権の額は議決権を有さず、目的物の価額

2　本書の基になっている『実務　倒産法講義〔第3版〕』の考えを改める。

を超えた債権の部分についてのみ議決権を行使でき、かつ、その額を基準として協定による権利の変更を受けることになる。

譲渡担保権のように担保権者が目的物を任意に処分して清算する場合に、担保権者が目的物を処分しないとき、裁判所は、清算会社の申立てにより、担保権者がその処分をする期間を定めることができる（会社539条1項）。担保権者がその期間内に処分しないときは、処分権を失う（同条2項）。これにより清算会社が担保目的物の処分権を回復し自ら処分できる。このとき処分権を失うだけで担保権までは喪失しないから、処分代金は当該担保権の被担保債権の弁済に充てることができる。

リース債権の取扱いはどうか。ファイナンスリースの場合は、原則として、担保権として取り扱うべきであり、リース物件は処分してその処分価額を控除した残額が協定債権となる。ただし、特別清算開始後に利用していた期間中のリース料については、清算手続に必要な費用請求権として弁済しても他の債権者を害するとはいえない。

8　少額債権

協定債権は、本来、割合的弁済を受けることができるにとどまるが、少額の協定債権は、裁判所の許可を得て、債権額の割合を超えて弁済を受けることができる（会社537条2項）。また、協定において、実質的衡平を害さない場合は、他の協定債権の扱いと異なる別段の定めをすることができる（会社565条ただし書）。

少額債権者に対して早期に弁済することにより、債権者の数を減らして特別清算手続を迅速に進めることができるという手続的な理由から裁判所の許可を得て弁済できる場合と、社会政策的見地から少額債権者を保護する目的で弁済する場合があろう。再生手続や更生手続の場合は、取引債権者に少額債権者が多く含まれ、少額債権者を保護することが事業の毀損を防ぐことになることから、少額債権の弁済が事業継続に必要不可欠と判断される場合もあろう（民再85条5項、会更47条5項）。これに対して、特別清算の場合は、事業の継続はないので、事業価値を維持するために少額債権を弁済する必要性は認められないから、もっぱら、手続上の理由または社会政策的見地から

早期弁済を行い、また協定による割合的弁済を超える弁済を行っていると解される。

Ⅶ 債権者集会

特別清算は、破産手続と異なり、一般債権者である協定債権者の多数決によって権利の変更を行い、資産に見合う負債の弁済を実行して、株式会社の清算手続を簡易・迅速に終了させようとするものである。

債権者集会は、特別清算にとってその手続の成否を決する、協定債権の権利の変更を定めた協定について審理し決議するための最も重要な機関である。ここでは、この債権者集会について概説する。

1 債権者集会の種類と決議事項

(1) 債権者集会の種類

特別清算の実行上必要のある場合はいつでも債権者集会を招集できる。実務的に重要なのは、①清算事務説明のための債権者集会、②協定の決議のための債権者集会の二つである。

(2) 清算事務説明のための債権者集会

清算人は、その就任後、遅滞なく清算会社の財産の現況を調査し、財産目録と貸借対照表を作成し、清算人会のあるときは清算人会の承認を受けたうえで、これらを株主総会に提出し、その承認を受けなければならない（会社492条1項〜3項）。

清算会社について特別清算開始命令があった場合、清算人が会社法492条1項に基づいて会社の財産の現況を調査し財産目録等を作成したときは、清算会社は、遅滞なく債権者集会を招集し、会社の業務および財産の状況の調査結果と財産目録等の要旨を報告するとともに、清算の実行の方法および見込みに関して意見を述べなければならない（会社562条）。

この清算事務説明のための債権者集会は、債権者に対して、清算会社の現状と見込みについて情報を開示する重要な機会として位置づけられている。債権者は、清算会社の報告した清算会社の財産の状況や財産目録等に基づい

て、清算の見込みを判断することになるから、清算会社は、その判断が可能となるように必要にして十分な情報を提供して報告することが期待されている。ただし、債権者集会に対する報告や意見の陳述以外の方法で、その報告すべき事項や意見の内容を債権者に周知させることが適当であるときは、債権者集会を招集する必要はない（会社562条ただし書）。具体的には、債権者数が限られ、個別和解に基づいて弁済する場合などが想定される。

(3) 協定の決議のための債権者集会

特別清算を開始したものの資産超過の場合は、会社債務の全額を弁済して、残余財産を株主に配当して清算を終了させることができるが、通常は債務超過の場合が多いので、清算を結了させるためには、資産の換価額に見合うまで負債の全部または一部の免除を受ける必要がある。

そのために、個々の債権者と個別に和解をして協定債権の一部または全部の免除を受ける方法もありうるが、それが難しい場合には、清算会社においてすべての協定債権について一定の権利の変更の条項を定めた協定を作成して、それを債権者集会に提出して、可決、認可を受ける方法がとられている。

この協定の決議のための債権者集会が、特別清算手続における最も重要な手続である。

2 債権者集会の招集

債権者集会は、特別清算の実行上、必要のある場合には、いつでも招集することができる（会社546条1項）。集会の目的について、特に限定はない。

(1) 招集権者

債権者集会は原則として清算会社が招集する（会社546条2項）。

清算会社は、自ら必要があると認めた場合に、自ら招集するのは当然であるが、債権者による招集の請求に基づいて招集することもある。すなわち、債権の申出をした協定債権者等の有する協定債権の総額の10分の1以上にあたる協定債権を有する協定債権者は、清算会社に対して、債権者集会の目的である事項および招集の理由を示して、債権者集会の招集を請求することができる（会社547条1項）。清算会社は、このような債権者の招集請求に理由があり、特別清算の実行上必要があると考えた場合は、自ら債権者集会を招

集することになる。

　債権者が債権者集会の招集請求をしたにもかかわらず、清算会社が遅滞なく自ら招集の手続をしない場合、または、債権者の請求があった日から6週間以内の日を債権者集会の日とする招集の通知が発せられない場合、少数債権者は、裁判所の許可を得て、自ら債権者集会を招集することができる（会社547条3項）。清算会社が、債権者集会の招集をしようとしない場合だけでなく、招集はしたが債権者集会の期日をずっと先にして事実上先延ばしにしようとした場合にも、債権者が招集できるものとしている。

　裁判所は、債権者の招集請求の可否を判断することになるが、その集会の目的、内容等に照らして、清算手続の実行のために必要であると認めた場合にこれを許可することになる。この却下決定に対しては、即時抗告をすることができる（会社900条）が、清算会社は、許可決定を争うことはできない。

(2) 招集に際しての決定事項

　債権者集会を招集する者（招集者）は、債権者集会を招集しようとする場合に、①債権者集会の日時、場所、②債権者集会の目的である事項、③債権者集会に出席しない協定債権者が電磁的方法によって議決権を行使できるときは、その旨、④その他法務省令で定める事項として、㋐債権者集会参考書類に記載すべき事項、㋑書面による議決権の行使期限等を定めなければならない（会社548条1項、会社規153条）。

　債権者集会が開催される場合、誰が議決権を行使でき、その議決権額がいくらになるかが問題となる。特別清算手続では、他の法的倒産手続と異なり、債権の存否および額を確定する手続がないからである。

　そこで、清算会社が債権者集会を招集する場合は、清算会社自身で各協定債権について、議決権行使の許否とその額を定める（会社548条2項）。

　また、債権者が招集する場合、債権者においてこれら協定債権の内容、額は知り得ないので、清算会社に対し、議決権行使の可否とその額の決定を求め、清算会社がこれを定める（会社548条3項）。

(3) 議決権額

　協定債権者は、債権額に応じた議決権を有することになり、利息や損害金も算入される。このとき、原則として債権者集会の日までの利息損害金を加

算した債権額を基準として決定すべきであるが、その方法に限られず、たとえば、特別清算開始命令時における債権額を基準として議決権額を決定することも、債権者間の衡平を害さないので許容されよう。

　条件付債権、存続期間が不確定な債権その他その額が不確定な債権は、適切に評価して議決権額を定めることになる。これら債権に対して弁済するときは、鑑定人の評価に従うことになる（会社501条1項2項）が、議決権額を定めるのに鑑定人の評価までは必要としない。期限未到来の債権については、議決権額も、本来の弁済額が基準となろう。事前求償権や将来の求償権を有するものは、原債権者の申出の有無にかかわらず原債権者に議決権が認められるから、議決権を有しないと解される。

　担保権を有する協定債権者は、その担保権の行使によって弁済を受けることができる債権額については議決権を有しない（会社548条4項）。清算会社は、担保目的物の評価を行い、被担保債権である協定債権額からこの評価額を控除して議決権額を定めることになる。担保目的物を評価するにあたっては鑑定までは求められず、一定の合理的な基準で評価すれば足りるが、その評価基準は早期処分価額とするのが適当であろう。なお、対抗要件を具備していない担保権は清算会社に対して担保権の主張ができないと解するので（前記Ⅵ5参照）、その被担保債権は協定債権として全額議決権を認めることになろう。

　民事留置権は、会社法522条2項の担保権から除外されており、その被担保債権である協定債権は、その全額が権利変更の対象となり、したがって、その全額について議決権を有すると解すべきであろう。

　一般の先取特権その他の一般の優先権のある債権や清算費用等に関する債権など協定債権以外の債権を有する債権者は、債権者集会に出席することはできるが、議決権は有しない。

　清算会社の定めた債権者集会における議決権の行使の許否およびその額については、債権者集会において、当該協定債権を有する者や他の協定債権者が異議を申し立てることができる。異議のある協定債権については、裁判所が議決権行使の許否およびその額を決定する（会社553条）。裁判所の決定に対して不服を申し立てることはできない。もとより、議決権額の決定によっ

て、債権額が実体法的に確定するわけではない。

　(4)　**招集通知**

　招集者は、債権者集会の2週間前までに、①債権の申出をした協定債権者、②その他清算会社に知れている協定債権者、および、③清算会社に対して、書面をもって招集の通知を発しなければならない（会社549条1項）。なお、清算会社が招集する場合は、清算会社に対する通知はもとより不要である。

　また、④債権の申出をした債権者その他清算会社に知れている債権者であって一般の先取特権その他一般の優先権のある債権を有するもの、⑤特別清算の手続のために清算会社に対して生じた債権を有するもの、⑥特別清算の手続に関する清算会社に対する費用請求権を有するものに対しても、同様に招集通知を発するものとされている（会社549条4項）。これら債権者は手続外債権者であるが、特別清算手続の遂行に利害関係を有しているので、議決権を有しないが、債権者集会に出席できるものとするのが相当だからである。

　招集通知には、会社法548条1項の決定事項である、①債権者集会の日時、場所、②債権者集会の目的である事項、③債権者集会に出席しない協定債権者が電磁的方法によって議決権を行使できるときは、その旨、④その他法務省令で定める事項として、㋐債権者集会参考書類に記載すべき事項、㋑書面による議決権の行使期限等を記載しなければならない（会社549条3項、会社規153条）。

　(5)　**議決権行使書面の交付**

　招集者は、協定債権者に対して、議決権の行使の許否とその額、議決権の行使について参考となるべき書類（債権者集会参考書類）および協定債権者が議決権を行使するための書面（議決権行使書面）を交付しなければならない（会社550条1項）。

　この債権者集会参考書類には、議決権の行使の許否とその額、議案、議案の提案理由、その他議決権の行使について参考となるべき事項等を記載する（会社規154条）。

　また、議決権行使書面には、議決権を行使すべき協定債権者の氏名、名称および行使できる議決権額、書面による議決権の行使期限等を記載する（会社規155条）。

3 債権者集会の開催

(1) 指 揮

債権者集会は、裁判所が指揮する（会社552条1項）。債権者集会を招集するのは清算会社または債権者であるが、債権者集会の指揮は裁判所が行う。したがって、債権者集会の議長は特別清算裁判所を構成する裁判官が行うのが通常であるが、必ずしも裁判官が常に議長を行う必要までもなく、裁判所が清算人その他の適切な者に債権者集会の議長をさせることも可能であろう。そうしても債権者集会の指揮権が裁判所にあることと矛盾しないと解される。

裁判所が円滑に集会における決議ができるように、招集者は、あらかじめ、会社法548条1項の決定事項と協定債権者の議決権行使の許否とその額を裁判所に届け出ておくことになっている（会社552条2項）。

(2) 議決権

協定債権者が議決権を行使できるか否か、行使できる場合の額は、清算会社が定めるが、当該協定債権者や他の協定債権者がこれに異議がある場合、債権者集会の場において、異議を述べることができる。この異議の申出は口頭でもよい。

異議が述べられた場合、裁判所は、直ちに議決権行使の許否とその額を定める。これは口頭で告知され、これを争うことはできない（会社553条）。

実務では、議決権額に争いのあるときは、事前に清算会社と協定債権者との間で調整が行われ、調整ができないときは、清算人が裁判所に対して議決権額の争い内容について証拠関係書類をもって事前に報告し、債権者集会当日に、裁判所において直ちに議決権額の決定ができるように準備しているのが通例である。

(3) 決 議

債権者集会における決議の可決要件は、以下の①②のとおりである（会社554条1項）。

① 出席した議決権者の過半数の同意
② 出席した議決権者の議決権の総額の2分の1を超える議決権を有する者の同意

議決権の不統一行使をした場合（一部の額について同意、一部の額について不同意）、出席した議決権者の数については一を加算し、同意した議決権者の数については2分の1を加算する。ただし、議決権の一部について同意し、残部について議決権を行使しなかった場合は、出席した議決権者についても、同意した議決権者についても、それぞれ一を加算する（会社554条2項）。

ただし、協定の可決要件は加重されている（会社567条1項）。

決議事項は、招集通知に記載された会社法548条1項2号の事項に限られ、それ以外の事項について決議することはできない（会社554条3項）。

(4) 議決権の代理行使

協定債権者は、代理人によって議決権を行使できることは、いうまでもない（会社555条1項前段）。この場合、代理権を証する書面を招集者に提出しなければならない（同条1項後段）。代理権の授与は、債権者集会ごとにする必要がある（同条2項）。

(5) 書面による議決権の行使

債権者集会に出席しない協定債権者は、招集者から送付される議決権行使書面に必要事項を記載し、法務省令で定める時（会社規156条・153条2号。債権者集会の日時以前の時であって、招集通知を発した時から2週間を経過した時以後の時）までに招集者に当該書面を提出する方法により議決権を行使することができる（会社556条1項2項）。

書面によって議決権を行使した議決権者は債権者集会に出席したものとみなされ、可決要件の頭数に算入される（会社556条3項）。

(6) 議決権の不統一行使

協定債権者は債権者集会の日の3日前までに、招集者に対して議決権の不統一行使をする旨とその理由を通知することにより、議決権の不統一行使ができる（会社558条1項）。協定債権者の中には、他人のために協定債権を有する者（たとえば、協定債権が信託されている場合の受託者）も存在し、他人の意向を受けて議決権を行使する実務上の要請に応えるものである。したがって、他人のために協定債権を有しない者が、議決権の不統一行使を求めた場合、招集者は、これを拒否できる（同条2項）。

(7) 担保権を有する債権者等の出席等

　清算会社の財産について担保権を有する協定債権者は、清算手続外で権利行使ができ、その担保権の実行によって弁済を受けることができる協定債権の額については議決権を有しない（会社548条4項）。

　また、協定債権でない一般の先取特権その他一般の優先権のある債権、特別清算の手続のために清算会社に対して生じた債権や特別清算の手続に関する清算会社に対する費用請求権を有する債権者も、議決権を有しない。

　しかし、これら担保権者や優先弁済権のある債権者の動向が特別清算手続の遂行に影響を及ぼす場合もあるから、債権者集会と招集者は、これら債権者に債権者集会への出席を求めて、その意見を聴くことができる。債権者集会が出席を求めるときは、債権者集会で、その旨の決議を経る必要がある（会社559条）。

(8) 延期または続行の決議

　債権者集会は、必要に応じて、延期または続行の決議をすることができる。延期または続行の決議をした場合には、改めて、債権者集会の招集手続をとる必要はない（会社560条）。

(9) 議事録の作成

　招集者は、債権者集会の議事について、議事録を作成しなければならない（会社561条）。議事録には、債権者集会が開催された日時および場所、債権者集会の議事の経過の要領およびその結果、債権者集会の議長が存するときは議長の氏名、議事録の作成に係る職務を行った者の氏名または名称等を記載する（会社規158条）。

(10) 決議の効力

　債権者集会での決議は、法律に特別の定めがないが、それが可決されることによって当然に成立し、効力が生じる。

　ただし、債権者集会における協定の可決、協定内容の変更の可決は、裁判所の認可決定の確定により効力が生じる（会社570条）。

Ⅷ 協　定

1　協定の意義

(1)　協定の類型

　特別清算手続は、会社の清算手続の一種である。会社の清算手続は、手続履行の途中で他の手続（破産手続等）に移行する場合を除き、原則として、会社の資産と負債をいずれもゼロの状態にすることによって終了する。資産超過の場合は、清算手続（通常清算）を用いて、会社の資産を処分して負債を弁済した後、残余財産を株主に分配することによって手続が終了する。債務超過の場合は、資産が負債を下回るから、資産を増やすか、負債を削減するかしないと、資産と負債がゼロにならず、清算手続は終了しない。

　しかし、清算する会社が増資をしたり贈与（寄付）を受けたりして資産を増やすことは通常はあり得ないから、結局負債を何らかの方法で削減することになる。そのためには、債権者に対して債権の放棄（債務の免除）を求めることになるが、その具体的な遂行方法としては、個別和解と協定がある。

(2)　協定の利用方法

　少数の債権者しかいない場合には、すべての債権者との間で個別の和解をして債権放棄を得ることは比較的容易な場合が多いから、個別和解によって債務超過の状態を解消し、協定等の手続を経ることなく簡易に手続を進めることが考えられる（個別和解型）。

　ところが、債権者が多数の場合や、一部の債権者の同意が得られないような場合には、かかる方法はとり得ない。そのような場合には、債権者集会の多数で成立させることのできる「協定」を利用すれば、各債権者と個別和解をすることなく、債権者集会での決議を経ることによって一律に各債権者の権利を変更することが可能であり、これによって債務超過の状態を解消することができる（協定型）。これが、特別清算の原則的な結了方法である。

　また、債務超過の状態でない場合でも、一部の債権者が清算手続に非協力的で手続の遂行に著しい支障がある場合や、債務超過の疑いがあって特別清

算手続が開始されたものの、調査の結果、資産超過であることが判明したが、そのまま裁判所の監督下において手続を進めるほうが望ましいような場合などにも、特別清算手続は利用され、この場合は、順次割合的弁済をするか一括弁済をして債務の全額を弁済して、清算手続は結了する（全額弁済型）。

　さらに、実務上、多用されているものが、いわゆる対税型と呼ばれる特別清算手続である。親会社が債務超過にある子会社を整理しようとする場合、債務超過解消のために、親会社が子会社に対する債権を大幅に放棄したり、親会社が取引先の子会社に対する債権全部を買い取ったうえで、債権放棄を行ったりすることが考えられる。ところが、税務上、その放棄した債権額は寄付金として認定され、親会社として損金への算入が認められない場合がある。他方、債権放棄等の手段として特別清算手続を利用した場合、税務上、①特別清算開始の申立てがあった場合、清算会社に対する金銭債権の債権額の100分の50に相当する額について貸倒引当金として損金算入が可能であり（法税52条1項、法税令96条1項3号）、②特別清算の協定認可によって弁済が猶予または分割弁済されることになった場合、当該金銭債権の額のうち認可のあった日の属する事業年度終了日の翌日から5年を経過する日までに弁済されることになっている金額以外の金額についても同様に、貸倒引当金として損金算入が可能である（同条1項1号。なお、平成23年の法人税法改正により、52条1項の適用法人が資本金1億円以下のもの等に限定され、適用対象外となった法人については経過措置が講じられている）。また、特別清算の協定認可によって免除の対象となった金額は、貸倒損失となる（法人税基本通達9-6-1）。そのため、かかる税法上の利点を受けるために、子会社について任意の整理ではなく、特別清算手続を利用することになる（対税型）。なお、このような場合、協定によって債務の免除を受ける場合もあるが、協定を経ずとも親会社と子会社間の和解によって債権放棄を行うことが可能であるため、個別和解型になることが多い。ただし、第二会社方式を利用して親会社が子会社に対する債権を放棄する個別和解型について、法人税基本通達9-6-1(2)の準用はできないとする裁判例がある[3]。債権の回収不能が客観的

---

[3] 東京高判平成29・7・26税務通信3474号10頁、東京地判平成29・1・19裁判所HP。

明らかであること、子会社を整理するためのやむを得ない放棄であること、旧会社と新会社の同一性が排除されていることなどの事情に留意する必要があろう。

したがって、協定は特別清算手続の中で最も重要な位置を占める手続であるが、特別清算手続をとった場合に必須の手続であるということにはならない。実務上も、個別和解により債務超過を解消させることの蓋然性が高いと認められる場合には、裁判所も、特別清算開始命令において協定の提出期限に関する決定事項を省略するなど柔軟な運用を行っている。

(3) 協定の法的性質

協定の法的性質については、これまで「清算を円満に終了させる目的で会社と債権者の間になされる和議（一種の強制和議）」であると解され、債権者集会における当事者の意思を主たる基盤とするのか、裁判所の認可という裁判的要素を主たる基盤とするのかによって、契約説と裁判説などの対立があったが、多数説は、「特別清算手続に参加した債権者と会社との間でなされる、清算を目的とする集団的和解契約」であると解している。和議や強制和議の制度自体は存在しなくなっているものの、その法的性質については、会社法の下でも変わらないものと考えられる。

2　協定の対象となる債権

(1) 対象債権

協定の対象となる債権は、原則として、協定債権（会社515条3項）である（協定債権の内容については、前述のとおりである（前記Ⅵ参照）。

清算会社の債権者であって、債権申出の期間内に債権の申出をしなかった者は清算手続から除斥されるから（会社503条1項）、そもそも協定の対象にはならない。もっとも、債権の申出がなかったとしても、会社が自らその存在を認識している債権（知れている債権者）は清算から除斥されないから（同条1項かっこ書）、当該債権が協定債権であれば、当然に協定の対象になる。また、少額の協定債権や担保権によって担保された協定債権等で、裁判所の許可を得て弁済を完了している協定債権については、すでに弁済済であるから協定の対象とならない。もっとも、債権の一部のみの弁済を受けた債

権者がいる場合、当該債権者への弁済率を決定するに際しては、一部弁済がなかったものとして本来の弁済額を算出したうえで、既払いの弁済額を控除して当該債権者への残りの弁済額を決定することになろう。

担保権付債権については、その被担保債権が協定債権であれば、債権額の割合を超えた弁済を受けることができない（会社537条1項）。しかし、担保権付債権の権利者は、特別清算手続とは無関係に当該担保権を実行して優先的に弁済を受けることができるし、特別清算手続においても当該担保権によって担保されている範囲の債権を弁済しても他の債権者を害することはないから、裁判所の許可を得て、その範囲に限って、割合的弁済を超えて弁済することができる（同条2項）。したがって、担保権付債権は、担保目的物の範囲を超える協定債権の部分のみが協定の対象となる一方、担保目的物の範囲内の債権部分は協定の対象にならない。特別清算開始時に対抗要件を具備しない担保権は、清算会社に対して当該担保権を主張できないと解すべきであるから（前記Ⅵ5参照）、その被担保債権は全額が協定債権となる。

一般の先取特権その他一般の優先権のある債権、特別清算の手続のために清算会社に対して生じた債権、および特別清算の手続に関する清算会社に対する費用請求権（会社515条3項）、さらに国税徴収法またはその例によって徴収できる債権は、いずれも協定債権ではなく、協定の対象外である。

協定時までに民事留置権の目的物が留置されていた場合、民事留置権の被担保債権は、その全額が協定の対象となる。

清算会社が他の者とともに全部義務を負う場合や保証債務を負担している場合、清算会社に対する請求権はその全額が協定の対象となる。他の全部義務者や保証人が有する求償権の扱いは問題である。債権者と求償権者が、重複して権利行使することが認められないことは明らかであるから、保証人等が協定時までに一部弁済したことにより取得した求償権の取扱いについて、その権利行使を認めて協定の対象とするのか（その結果として、原債権者は残額についてのみしか権利行使できない）、破産手続と同様に全部の履行をしなければ保証人等の権利行使を認めず協定の対象としないのか（その結果、一部弁済を受けた原債権者は全部行使できる）、いずれかである。特別清算も倒産処理手続としての性格を有するから、破産法104条を準用するという後説の

考え方もありうるが、特別清算には破産手続のような手続開始時の固定主義は採用されていないから、保証人等の一部弁済により事後求償権が具体的に発生しそれに伴い原債権も移転する以上、民法の一般原則に従い、前説のように解することにならざるを得ないように思われる。

また、たとえば、原債権者から債権の申出がなく、保証人からの将来の求償権の申出のみがある場合でも、清算会社は原債権者の債権の存在を認識しているから、申出がなくとも債権者として扱い、協定に従った弁済をする必要があり、保証履行していない保証人を債権者として扱い弁済することはできないと解される。もとより原債権者と保証人が連名で保証人を債権者として扱うように求めたときはその限りではなかろう。

(2) 担保権付債権者等の協定参加

担保権付債権（会社522条2項かっこ書）や一般の先取特権その他一般の優先権ある債権の権利者（以下、まとめて「担保権付債権者等」という）は、本来的には優先弁済を受けることのできる範囲で、特別清算とは無関係に担保権を実行したり、強制執行を申し立てたりして、弁済を受けることができる。かかる担保権の実行等は、債務の弁済を受けるための手続であり、会社を簡易・迅速な手続によって清算するという特別清算の趣旨に沿った行為であるが、個別の執行を容認するよりは、特別清算会社と担保権付債権者等が協議のうえ、目的物を受け戻して任意売却したり、あるいは元本の一部、利息や損害金等の免除を受けたりしたほうが、特別清算の遂行に好ましい場合がある。

そのため、清算会社が協定の作成にあたって必要があると判断される場合には、担保権付債権者等に対し、協定への参加を求めることができる（会社566条）。協定への参加を求める場合には、担保権付債権者等が担保権等の実行によって回収することが見込まれる金額相当については、優先的に当該担保権付債権者等に弁済する内容の協定を作成することになるのが通常であり、担保権付債権者等に対する優先的な弁済内容を定める協定の作成は、債権者間の実質的な衡平を害しない。もちろん、清算会社が担保権付債権者等に対し協定への参加を求めた場合であっても、これに応じるかどうかは担保権付債権者等の任意の判断であるが、通常は、清算会社と担保権付債権者等が協

力して、競売等で見込まれる処分価格以上の価格で任意売却することなどを前提とするから、担保権付債権者等にとってもメリットが認められる。

　しかし、担保権付債権者等が、担保権等の実行によって弁済を受けることのできる範囲の債権について協定に参加するためには、当該担保権等の放棄が必要であると解されている。そのため、実際上、担保権付債権者に対して、担保権等の放棄を前提とする協定への参加を期待することは一般的に困難であると考えられる。

　そこで、担保権付債権者等が担保権等を放棄して協定に参加する際には、あらかじめ協定の内容を示されていることが通常であろうから、担保権等の放棄は、提示された協定が可決されないことを解除条件とした放棄であり、仮に協定が可決されなかった場合には、担保権等が復活すると解される。もっとも、それまでに担保権等の目的物が清算人によって処分されていれば、第三者の権利と抵触しない限度でしか復活が認められないため、協定が可決されなかった場合の担保権付債権者等の地位についても協定で明確にしておく必要がある。

　担保権付債権者等が担保権等を放棄して協定に参加した場合は、担保権等の行使によって弁済を受け得る範囲の債権額についても、債権者集会において議決権を有する。また、協定において、実体法上の権利に基づき、上記範囲の債権額について他の債権者よりも有利に扱う条項を定めることなる。

　担保権等に関する実務上の取扱いとしては、いわゆる「別除権協定」が利用されている。すなわち、会社財産に担保権（別除権）が付されているものの、担保権者の協定への参加が期待できず、かつ、いつまでも担保権が行使されない場合には、会社資産がゼロにはならず、清算手続を終了させることができないおそれが生じる。そこで、清算人としては、担保権者と、別途、合意して、担保権の目的物を担保権者に代物弁済したり、あるいは、目的物を任意売却して被担保債権を弁済したりすることがある。かかる合意を別除権協定と呼ぶことがあるが、特別清算においても、裁判所の許可を得て、かかる別除権協定を締結して弁済を行うことは可能である（会社537条2項）。別除権協定を締結して、裁判所の許可を得て被担保債権の弁済を行った結果、なお残債権がある場合には、当該債権部分について一般の協定債権としての

433

権利行使を認め、協定に従った弁済をすることになる。協定において、別除権協定の内容（別除権者への弁済とそれと引き換えに別除権を解除すること）を定めることは、本来特別清算で予定されていないが、別除権協定を協定の内容として記載することもある。しかし、この場合、別除権者が別除権を放棄しているわけではないから、会社法566条に規定される協定への「参加」ではない。

この点、かかる別除権協定の内容を記載した協定が可決・認可された場合に、当該別除権協定に同意しなかった担保権者を拘束するかについて争われた事案があるが、判決は、別除権協定を記載した協定が可決されたとしても、協定に反対した債権譲渡担保契約付債権者は協定に拘束されないと判断している[4]。別除権協定は、あくまでも個々の担保権者との合意によって成立するものであり、特別清算における協定とは別異のものである。したがって、かかる別除権協定を協定に記載して、当該協定が債権者集会で可決・認可されたとしても、担保権者は協定に拘束されるものではなく、個別の合意によって成立した別除権協定に拘束されると解される。

3 協定による権利の変更

清算会社は、協定において、協定債権者の権利の全部または一部を変更する一般的基準となる条項を定めることになる（会社564条1項2項）。

債務の処理方法については、債務の全部または一部の減免、弁済期の猶予、分割払い、保証人の追加、第三者による債務引受け、あるいはこれらの組み合わせ等、さまざまな方法が考えられるが、実務上は、協定債権の全部または一部の減免や分割払いを中心とする権利変更条項を盛り込むことになる。

債務超過の清算会社の場合には、かかる基準に従って協定が実行された場合には、債務超過の状態が解消されるように、協定による権利の変更内容が定められることになる。そのときの協定債権に対する弁済率は、総資産の価額から、公租公課、一般優先債権、担保権の目的物の価額に相当する金額、清算手続に関する費用等の協定債権以外の債権額を控除した残額を、協定債

---

[4] 東京地判平成9・1・28金商1038号11頁。

権総額で除して計算するのが一般的である。

特別清算では、債権の調査および確定の手続がないため、協定債権の存否や額などは清算人自らが判断することになる。

(1) **権利変更の原則**

協定による権利の変更は、協定債権者間での平等を確保することが原則であり（会社565条本文）、これを害する協定は作成できない。平等原則に違反する協定は、不認可事由となる（会社569条2項1号）。

(2) **平等原則の例外**

(ア) 考え方

協定案の平等原則については、一定の場合の例外的取扱いが認められている。すなわち、権利の変更について不利益な取扱いを受けることになる特定の協定債権者の同意がある場合、少額の協定債権について別途の取扱いを定めても衡平を害さない場合、その他協定債権者間に差異を設けても衡平を害さない場合は、平等原則に反しない（会社565条ただし書）。なお、平等原則は、形式的平等ではなく、実質的平等が確保されることが必要であり、かつ、それで足りる。したがって、たとえば、元本債権と利息債権で異なる弁済率を定める取扱いや、手続開始後の利息金や遅延損害金のような劣後的な債権についてその利率を問わずに一律にその全部を免除することとし、弁済額を特別清算開始時の債権額を基準として算定する考え方などは、債権者間の実質的な衡平を害するとはいえないであろう。

(イ) 債権額未確定の協定債権

協定の段階でいまだ債権額が確定していない協定債権（条件付債権、存続期間が不確定な債権等）については、債権額の確定を待って権利変更し、権利変更後に弁済することも可能であるが、その場合、債権額の確定まで清算手続が結了しないことになる。そのため、かかる債権額未確定の債権がある場合でも、裁判所の選任した鑑定人の評価に従い弁済することができる（会社501条1項2項）。そこで、かかる債権額未確定の債権がある場合には、協定の作成に際して、あらかじめ裁判所が選任した鑑定人による評価を受けて、債権の評価額を協定の中でも明示しておくことが望ましい。また、債権の存否が訴訟等で争われているような場合には、その結果を受けた処理の方法を

明示することが必要である。

　　(ウ)　利息・損害金

　特別清算開始後に発生する利息や損害金も、協定債権であり協定の対象となるが、実務的には、その全額について免除を受ける旨の条項を定めることが多い。なお、かかる条項が平等原則に違反しないことは、前記(ア)で述べたとおりである。

　　(エ)　経営責任者等の債権

　清算会社の元代表者や親会社、あるいは創業者一族等の債権について、他の一般債権よりも不利益な取扱いを定めることは、実務上も多い。また、親子法人等の企業グループ間の債権処理として対税型の特別清算において、一般債権者も存するような場合には、親会社について他の一般債権者よりも免除率を大きくするなどの権利変更を行うことも多い。経営責任を明確にして、他の一般債権者の理解を得るためである。もっとも、清算価値を下回る場合には、不利に取り扱われることになる債権者の同意が必要と解すべきであろう。忠実義務・善管注意義務に違反し清算会社に対して損害賠償責任を負う取締役等の特別利害関係人の有する債権について、損害賠償額を控除した残額の取り扱いについても、同様である。

　　(オ)　担保権付債権等

　担保権付債権等の権利者が、担保権等を放棄して協定に参加した場合には、当該権利者に対しては、担保権等の行使によって弁済を受け得る範囲で、有利な取扱いを定めることになる。

　特別清算開始時に対抗要件を具備しない担保権の被担保債権は、本来その全額が協定債権と解されるが（前記Ⅵ5参照）、対抗要件を具備されなかった理由や経緯等から、許可弁済が許容される場合があるのと同様に（前記Ⅴ2参照）、他の協定債権より有利な取扱いをしても実質的な衡平を害さないと評価できる場合もあろう。

　　(カ)　民事留置権

　民法上の留置権の被担保債権は協定の対象となり、協定が確定した後は、協定によって減免された額を弁済して留置権を消滅させることもできる。もっとも、民事留置権の被担保債権である協定債権について、留置目的物の価

額の範囲内で弁済することは、目的物を早期に処分して特別清算手続を円滑に遂行させるために必要である場合もあり、一般の協定債権者の利益を害するとまではいえず、裁判所の許可を得て弁済できると解されている。そこで、協定において、その弁済条件を他の協定債権者よりも有利に取り扱っても実質的な衡平を害さないと認められる場合があろう。

　㈔　その他の債権

さらに、実務上、協定の中には、本来的には協定の対象でない債権（清算費用に関する債権等）の処理や、たとえば、弁済の場所や端数が生じた場合の処理など事務的、一般的基準についての定めをおくことが多い。

4　協定の成立

(1)　協定の決議のための手続

協定は、清算会社が債権者集会に対して申出をする（会社563条）。協定の内容は、複数の清算人がいる場合はその過半数で決定し、清算人会がある場合は清算人会で決定する。

実務的には、清算会社は、協定の内容について主要な債権者と事前に協議し、その内諾を得ることが多い。また、再建型倒産手続における再生計画または更生計画に対する付議決定のように協定の申出に先立って裁判所が事前に審査をする手続はないが、協定が可決された場合に、裁判所の認可がスムーズに得られるように協定内容について事前に裁判所と十分に協議をしておくことが望ましい。

協定を申し出ることのできる時期については、法律上の定めはない。もっとも、実務上は、裁判所が特別清算開始を命ずる際に、協定の提出期限を定めることが多く（会非規24条）、清算人としては、提出期限内に協定の申出をする必要があろう。仮に特別清算開始命令と同時に定められた提出期限内に協定を提出することが困難で、それにつき合理的な理由のある場合には、清算人としては、裁判所に提出期限の延期を申し出ることになろう。ただし、裁判所は、提出期限内に協定を提出できない理由が、「協定の見込みがないとき」に該当するときは、職権で破産手続を開始しなければならない（会社574条1項1号）。

(2) 協定の可決要件

協定は、債権者集会で可決されることが必要であるが、協定の可決要件は、①債権者集会に出席した議決権者の過半数の同意、かつ、②議決権者の議決権の総額の3分の2以上の議決権を有する者の同意である（会社567条1項）。

旧商法下で議決権者の議決権の総額の4分の3以上とされていた要件を、協定の成立を容易にして特別清算を利用しやすくするため、会社法では緩和した。もっとも、債権者集会での通常の決議の可決要件は、①債権者集会に出席した議決権者の過半数の同意、かつ、②出席議決権者の議決権の総額の2分の1を超える議決権を有する者の同意とされており（会社554条1項）、これと比べて協定の可決要件は加重されている。また、議決権の不統一行使については、協定以外の通常の債権者集会決議の手続が準用される（会社567条2項）。

(3) 協定の認可の申立て

(ア) 協定が可決された場合

債権者集会で協定が可決されると、清算会社は、遅滞なく、裁判所に対し、協定の認可の申立てを行わなければならない（会社568条）。協定の認可の申立ては、債権者集会の席で、口頭で行うこともできる（会非規36条）。なお、債権者集会の議事録の作成が必要である（会社561条）。議事録には、債権者集会の開催日時・場所、議事の経過の要領およびその結果、集会に出席した清算人の氏名、議長がいる場合の議長の氏名、議事録の作成を行った者の氏名または名称を記載する（会社規158条）。もっとも、債権者集会の席で協定の認可の申立てをせずに、後日、書面で申立てをする場合は、協定の可決要件を満たしていることを明らかにするために、議事録とともに、集会の出席票や委任状およびこれに添付された資格証明等を提出することが望ましい。

(イ) 協定が否決された場合

協定が否決された場合、裁判所は、清算会社に破産手続開始の原因となる事実があると認めるときは、職権で、破産手続を開始することができる（会社574条2項1号）。なお、いったん、清算会社の提出した協定が債権者集会で否決された場合に、協定の内容を修正して、再度、協定の申出をすることもできるが、清算会社が申し出た協定が否決されるような場合は、債権者の

協力が必要な特別清算は相当とはいいがたく、職権で破産手続を開始することになるであろう。したがって、清算人としては、債権者集会で協定が否決されないように、事前に十分債権者の意向を確認すべきであるし、直ちに可決することが困難な場合は債権者集会を延期または続行し、それでも可決される見込みがない場合には、当初の協定の申出を撤回し、新たな協定の申出をすべきであろう。

 (4) 協定の認可・不認可
　(ア) 協定の認可決定

清算会社から協定の認可の申立てがあった場合、裁判所は、不認可事由に該当する事実が認められない限り、協定の認可を決定する（会社569条1項）。

　(イ) 協定の不認可決定

協定の不認可事由は、①特別清算の手続または協定が法律の規定に違反し（ただし、その違反の程度が軽微な場合は除く）、かつ、その不備を補正することができないものであるとき、②協定が遂行される見込みがないとき、③協定が不正の方法によって成立するに至ったとき、もしくは、④協定が債権者の一般の利益に反するときである（会社569条2項）。

協定が不正の方法によって成立した場合とは、協定案が債権者に対する特別の利益供与などによって決議に至った場合などであり、協定が債権者の一般の利益に反する場合とは、清算会社を破産手続によって処理した場合の配当率を下回る弁済率を定める協定内容となっている場合（清算価値保障原則に違反する場合）などである。

かかる不認可事由が認められた場合、裁判所は協定の不認可の決定を行い、その決定が確定した場合には、清算会社に破産手続開始の原因となる事実があると認めるときは、職権で、破産手続を開始できる（会社574条2項2号）。

通常、特別清算会社は債務超過であるから、協定が否決されたとき、または可決されたが不認可になったときは、破産手続開始の原因となる事実が認められるから、裁判所としては破産手続を開始することになろう。

　(ウ) 協定の認可の手続

協定を認可すべきかどうかについて、利害関係人は意見を述べることができる（会社901条1項）。利害関係人の範囲には、協定の効力が及ぶ債権を有

する債権者、清算人、協定のための保証人、物上保証人、債務引受人が含まれる。協定の対象とならない一般優先債権を有する債権者や特別清算に関する費用等の請求権を有するものも、協定の内容について利害関係を有するから、意見を述べることができると解される（会社549条4項参照）。

債権者集会に出席した利害関係人には、集会において意見を聴取すれば足りるが、債権者集会に出席しなかった利害関係人に対しては、認可申請のあった段階で、裁判所は意見があれば陳述するよう求めた書面を送付するのが原則的な扱いである。しかし、手続の迅速性に鑑み、清算人が債権者集会を招集するにあたり、招集通知に、協定が可決された場合に協定の認可について意見があれば陳述するように記載し、これにより債権者に対して陳述の機会を与えたものとして処理することもある。

さらに、裁判所は、協定の認可の決定をしたときは、直ちにその旨を公告しなければならない（会社901条3項）。

協定の認可決定に対しては、利害関係人が、公告の効力を生じた日から2週間以内に即時抗告をすることができる（会社901条4項）。この即時抗告には執行停止の効力がある（会社884条2項）。協定の不認可の決定に対しても即時抗告ができる。その期間は裁判の告知を受けた日から1週間である（民訴332条）。

5 協定の効力

(1) 協定の効力発生の時期

協定は、裁判所で認可された後、認可決定が確定した時点でその効力が生じる（会社570条）。

(2) 協定の効力

(ア) 効力の及ぶ範囲

協定の効力は、清算会社と協定の対象となったすべての債権者に及ぶ（会社571条）。したがって、協定に反対した債権者であっても協定に拘束される。清算手続から除斥される債権（会社503条1項）に対しても効力は及び、また、協定債権者のための保証人や連帯債務者及び清算会社以外の者が協定債権者のために提供した担保には影響を及ぼさない（会社571条2項）。

他方、協定に参加しなかった担保権付債権者や一般の先取特権その他一般の優先権がある債権など、協定の対象とならない債権には協定の効力は及ばない。また、会社法522条2項に規定する担保権（特別の先取特権、質権、抵当権または商事留置権）、協定債権者が清算会社の保証人や清算会社とともに債務を負担する者に対する権利、清算会社以外の者が協定債権者のために提供した担保に影響を及ぼさない（会社571条2項）。したがって、協定債権者の債権が清算会社との間で一部減免されるなど権利変更されたとしても、債権者は、連帯保証人や物上保証人に対して従前どおりの権利を主張することができる。もっとも、かかる場合の連帯保証人や物上保証人が清算会社に対して取得する求償権は、協定の効力を受けるため、連帯保証人や物上保証人は、原債権者が清算会社から弁済を受ける範囲でしか、清算会社から弁済を受けることができず（破104条、民再86条2項参照）、その範囲を超える部分は、自己で負担せざるを得なくなる。

　なお、協定に代わる個別和解による債務免除の場合も、会社法571条2項が類推されて保証債務の附従性は排除されるのか、排除されるとする裁判例もある。[5] しかし、個別和解による免除の効果は、協定認可によるものでなく、合意に基づくものであるから、保証人の責任も原則として民法の附従性により消滅すると解されるが、特別清算手続中の免除であることを考慮して、個別和解における担保権者による免除の意思内容を慎重に探求して決するのが相当と思われる。

　　(イ)　実体法上の効力

　協定は、清算会社と協定の対象となったすべての債権者との間で、その債権債務関係を協定に従った内容に変更する効力をもつものの、当事者間における債務の全部または一部の免除、弁済期の猶予等の合意（または擬制された合意）にすぎない。すなわち、債権者と清算会社との間で、債務の全部または一部の免除、弁済期の猶予等が決定された場合は、その内容の契約が債権者と清算会社との間で締結されたのと同じ法律効果が生じているにすぎないと考えられるから、認可された協定の内容に既判力や執行力はない。した

5　東京地判平成18・6・27金法1796号59頁。

がって、清算人と債権者との間で、債権の存否や債権額、優先権の取扱いについて争いがある場合には、債権者は訴訟によって債権の存在や額または優先権の有無を確定する必要がある。

　また、協定による権利の変更があった場合でも、対象となった債権自体の性質に変更はないから、たとえば、不法行為による損害賠償請求権であれば、その消滅時効期間は3年で変わりはない。もっとも、弁済時期は協定によって変更されているから、時効は協定で変更された弁済期から3年となる。

　　　(ウ)　相殺の可否
　協定債権者が清算会社に対して債務を負担し、かつ、その債務と協定債権者の債権が相殺できる場合に、協定の効力が生じた後に、協定債権者がその債権全額をもって相殺を主張することができるかどうか。

　協定債権者は協定成立前に相殺適状にあれば直ちに相殺によって自己の利益を確保できること、協定成立後にまで相殺を認めると協定の実行が困難になり、多数の債権者の権利を一律的に変更して処理しようとした協定の性質になじまないこと等から相殺できないとする考え方にも相当の理由があるが、特別清算では相殺の時期について制限がないこと、協定によっても相殺権が付いた債権という性質は変更されないこと、清算会社は相殺が可能であることを知りうるから将来の相殺を予定した協定を作成することができること（相殺により実行が困難となるような協定を作成すべきではないこと）、実質的にも、債権者は相殺可能な範囲で優先弁済権があり、相殺を評しても他の債権者を害することはないこと、相殺により債権債務を確定することは簡易・迅速な特別清算手続に反しないことから、相殺できると解する。

(3)　協定の実行

　協定の効力が生じると、清算人は協定の内容に従って、債務の弁済等を実行することになる。

　協定の実行の見込みがない場合には、裁判所は、職権で、破産手続を開始しなければならない（会社574条1項2号）。具体的には、協定実行のために換価を予定していた財産が予定以上の価額で換価できない等の理由で、財産の換価代金で、権利変更後の協定に基づく弁済ができない場合である。ただし、後述のとおり、清算人としては、協定内容の変更（会社572条）を検討す

べきであろう（後記6参照）。

(4) 協定の取消し

会社法では、旧商法下で議論のあった取消しに関する制度（個別的な譲歩の取消し（旧破330条、旧和議62条類推）、一般的な協定の取消し（旧破332条類推））は設けられていない。これは、譲歩の取消しまたは協定の取消しに該当するような事情が発生したような場合には、協定内容の変更がなされない限り、協定の実行の見込みがないときに該当するとして、裁判所が職権で破産手続を開始すべきと考えたからであると考えられる（会社574条1項2号）。民事再生法におけるような、再生計画の履行がなされなかった場合には、再生債権者の申立てにより再生計画取消しの決定をなしうることを認める規定（民再189条）が、会社法に定められなかった以上、譲歩の取消しまたは協定の取消しといった手続は予定されていないと解すべきである。

協定が個別的または一般的に履行されなかったような場合には、債権者としては、裁判所に対して、破産手続開始の職権発動を促すか、または、一定額以上の債権者で協定の実行の見込みについて調査命令を発令するように申立てをすることができる（会社522条）。

6　協定内容の変更

協定に従った債務の弁済等が予想に反して実行困難になった場合など、協定を実行する見込みがないときには、裁判所は、職権で破産手続を開始しなければならない（会社574条1項2号）。法律上は、裁判所の職権による破産手続の開始は義務的であるが、直ちに破産手続開始決定を行わずに、まずは清算人に対して協定内容の変更（会社572条前段）が可能かどうかを確認することになろう。清算人としても、破産手続の開始を避け、協定内容を実行可能な内容に変更することを検討する必要がある。

清算会社は、協定内容を変更することにより特別清算を続行することが可能と判断する場合には、債務の弁済等の条件を変更するなどして再度協定を作成し、債権者集会に提出することになろう。この場合、協定の申出に始まる一連の協定手続を繰り返すことになる（会社572条後段）。その場合には、当初の協定に従ってすでに債権の一部弁済がされているときは、その残額に

ついて協定条件の変更が行われることになり、この場合の債権者の議決権額も残額を基礎として算定することになる。もっとも、協定条件の平等原則は、実質的な平等を確保すべく、当初の債権額を基礎としなければならない。かかる取扱いについて明文の規定があるわけではないが、協定内容が変更されるまでは当初の協定は有効であり、したがって当初協定による弁済も有効であるから、それを前提に、協定条件の平等原則が維持されるように協定内容を変更すべきことになろう。

IX 特別清算の終了

1 特別清算の終了原因

　特別清算の目標は、清算会社の資産と負債をいずれもゼロの状態にすることによって、会社を消滅させることである。したがって、かかる目標が達成されたときに特別清算は終了する。さらに、資産超過となるような資産が手続中に確認され、特別清算開始事由が後発的に消滅してしまうなど、もはや特別清算を続ける必要のなくなったときにも、特別清算は終了する。特別清算の主要な終了原因は上記の二つであるが、そのほかにも特別の終了原因が存在する。特別清算の終了原因をまとめると、以下の①〜⑥のとおりである。

① 特別清算が結了したとき（会社573条1号）
② 特別清算の必要がなくなったとき（同条2号）
③ 特別清算開始命令が即時抗告によって取り消された場合（会社890条4項）
④ 協定の見込がない等の場合で破産手続開始の原因となる事実が認められるときに、職権をもって破産手続開始決定をする場合（会社574条）
⑤ 再生手続（民再39条1項）、更生手続（会社更50条1項）の開始決定により特別清算手続の効力が失われる場合
⑥ 外国倒産処理手続の承認援助に関する法律に基づく中止命令により特別清算手続が中止された後、当該外国倒産処理手続が終了したことによる承認の取消しの決定が確定することにより特別清算手続の効力が失わ

れる場合（外国倒産61条1項）。

2　特別清算の結了

特別清算が結了するのは、①協定が実行された場合、②すべての債権者と和解が成立した場合、③すべての債務を弁済した場合のいずれかである。特別清算が本来の目的を達成して終了する場合といえる。

(1)　協定が実行された場合

清算会社が協定の申出をする際には、当然、債務超過を解消できる内容の協定を作成しているはずであるから、換価した資産をもって協定に基づき権利変更を受けた協定債権をすべて弁済することにより、資産と負債がゼロとなり、特別清算は結了する。

(2)　和解が成立した場合

すべての債権者との間で個別に和解が成立し、債務の全部または一部免除等を受けて債務超過状態が解消されたとき、同様に、換価した資産をもって和解した債務を弁済することにより、資産と負債がゼロとなり、特別清算は結了する。

清算会社が債務の弁済をする際には、原則として各債権の債権額の割合に応じて弁済しなければならない（会社537条1項）。そのため、和解の場合であっても原則は割合弁済による和解が求められる。

もっとも、個別の交渉を経て和解する場合であるから、すべての債権者との和解条件を同一にすることは困難な場合もあり、各債権者によって和解の条件がある程度異なることが予想される。この場合に、清算会社が協定債権者に対して割合弁済の原則をどこまで維持しなければならないのか問題となる。特定の債権者に不利益な内容であっても、当該債権者が同意すればそのような和解は可能であるが、一部の債権者について有利な内容の和解をすることは、原則として、他のすべての債権者の同意がない限り認められない。手続的には、和解契約の締結について裁判所の許可を得るか（会社535条1項4号）、または和解契約に基づく弁済について他の債権者を害しないとして許可を得る必要がある（会社537条2項）が、不利益を受ける債権者の同意がない限り、これらの許可が得られないことになろう。ただし、少額債権の弁

済として裁判所の許可が得られる場合には、異なる条件での和解が可能である（同条同項）。このように個別和解型の場合、協定認可のような手続がないから、裁判所は、会社法535条に基づく許可または同意、あるいは537条に基づく許可によって、手続の適法性、債権者間の公正衡平性、個別和解の実行の確実性を確保すべきことになろう。

多数の債権者がいる場合には、このようにすべての債権者と個別に和解することは困難であり、また、割合弁済の原則を前提に実質的な衡平を維持することも容易ではないから、実際上、個別和解による方法は、債権者数が少ない場合しか適さないといえる。

実務的には、親会社が子会社の整理のために利用する、いわゆる対税型の特別清算手続において、個別和解の方法が利用されることが多い。その場合、親会社や親会社と特別の関係のある債権者についてだけ、その同意を得て他の一般債権者よりも不利な和解内容を定め、他の一般債権者については親会社等の債権より有利な内容の和解を行うことにより、すべての債権者と和解して特別清算を結了させるという方法が用いられている。

(3) すべての債務を弁済した場合

特別清算が開始される原因の一つは、債務超過の疑いがあることであるが、手続開始後の資産調査の結果、債務超過でないことが事後的に明らかになる場合がある。このような場合には、清算会社が有する資産をもってすべての債務の弁済を行うことが可能であり、実際上もすべての債務の弁済が行われれば特別清算を結了できる。なお、特別清算開始後に債務超過でないことが判明しまたは債務超過が解消された場合は、その時点で、そもそも特別清算の必要がなくなった場合に該当するから、弁済を特別清算手続の中で行わず、特別清算の終結決定を得たうえで、通常清算に戻して弁済を行うことも可能である。また、資産超過でも通常清算の遂行に著しい支障を来すべき事情がある場合にも特別清算が開始されるが、このような場合もすべての債務を弁済することが可能である。したがって、すべての債務を弁済して特別清算が結了する場合とは、債務超過の疑いがあるとして手続が開始されたが、後日、債務超過でないことが判明した場合または債務超過が解消された場合と、資産超過ではあるが通常清算の遂行に著しい支障を来すべき事情がある場合の

いずれかである。

(4) 特別清算の結了

特別清算の結了は、資産と負債をいずれもゼロの状態にしてすべての清算事務が終了することであるから、清算事務が終了したというためには、すべての資産が処分され、かつ、すべての債務が弁済されている必要がある。たとえば、債務の弁済を受領しない債権者に対しては弁済供託を行うべきであるし、他方で、換価の難易を問わずすべての資産は処分すべきである。回収困難な売掛金等が残る場合は、裁判所の許可または監督委員の同意を得て放棄することも考えられる。また、通常の換価処分が困難な資産については、備忘価格での第三者への売却などの方法も考えられる。

(5) 決算報告の要否

通常清算の場合、清算会社は、清算事務が終了したときは遅滞なく決算報告を作成し（会社507条1項。記載内容については会社規150条）、清算人会が設置されている場合は清算人会の承認を得て（会社507条2項）、清算人は決算報告を株主総会に提出し、その承認を受けなければならない（同条3項）。そして、株主総会の承認を受けたときは、任務を怠ったことによる清算人の損害賠償責任は、清算人の職務に関して不正の行為がない限り、免除されたものとみなされる（同条4項）。

特別清算の場合に、決算報告を作成し、株主総会の承認を受ける必要があるか、争いがあり、実務では少なくとも債務超過の場合は株主総会を開催していないようである。特別清算は、裁判所の監督の下に遂行され、特別清算を結了した事実は裁判所が確認したうえで終結決定をするのであるから、そもそも株主総会に決算報告の承認を求める実益に乏しい。しかも、債務超過の場合は、株主総会を不要としても株主の利益を害さない。資産超過であっても、特別清算の必要がなくなったとして普通清算に移行せずに、裁判所の監督の下に清算事務を遂行することにしたときは、それが不満であれば株主が進んで特別清算の終結決定の申立てをして普通清算に移行すべきであったのにそれをしていないのであるから、同様に解してよいと思われる。したがって、特別清算の結了に際しては、会社法507条の適用はなく、株主総会決議は不要と解すべきであろう。

なお、特別清算人には、債権者に対して直接に公平誠実義務を負担しているから、たとえ特別清算が結了により終結しても、株主や債権者に対して公平誠実義務違反にかかる責任が免除されることはない。

　特別清算の必要がなくなったとして特別清算が終結した場合は、通常清算に移行するので、本則どおりに、通常清算において清算が結了した段階で、決算報告を作成し株主総会の承認を受けて清算結了の登記をすることになる。この場合であっても、通常清算人としての責任は別として、株主総会の承認決議をもって特別清算人として就任していた期間の公平誠実義務違反に基づく責任が免除されたとみなすことはできないと解される。

3　特別清算の必要がなくなった場合

　特別清算の必要がなくなった場合とは、①特別清算開始事由のないことが判明した場合、もしくは、②特別清算開始事由が後発的に消滅した場合のいずれかである。

　特別清算は、債務超過の疑いのある場合に開始されるが、そもそも資産超過であったことが判明した場合などには、それ以上、特別清算を続行する理由はないから、特別清算は終了させることが望ましい。また、特別清算の開始時には、開始事由が存在したものの、その後に債務超過が解消された場合や通常清算の遂行に著しい支障を来すべき事情が解消されたような場合も同様に、特別清算を続行する理由はない。したがって、いずれの場合も特別清算の終了原因とされる。

　もっとも特別清算の必要がなくなった場合には、資産超過であるから、残余財産の分配を行うことが想定されるところ、特別清算は債務超過の場合に限られず資産超過の場合にも手続が開始されること、特別清算も清算手続の一種であり清算の総則規定の適用があること、特別清算の手続において裁判所の監督の下で残余財産の分配を行っても債権者や株主の利益を害さないことから、特別清算手続において残余財産の分配もできると考えられる。実務上、特別清算手続において残余財産の分配まで行う方法と、いったん特別清算終結決定をして普通清算に戻したうえで、残余財産の分配を行う方法のいずれもが利用されているようである。すべての債権者が通常清算に移行する

ことに同意している場合も、特別清算の必要がなくなった場合に該当するであろう。

反対に、清算会社に協定債権外の債権を満足に支払うだけの資産が存在しない場合には、そもそも協定の見込みがないから、特別清算を開始するべきではないし、特別清算開始後に判明したときは、裁判所は職権で破産手続を開始すべきであろう（会社574条1項1号）。

4　特別清算の終結手続

(1)　特別清算終結の申立て

特別清算が結了し、または特別清算の必要がなくなった場合には、清算人、監査役、債権者、株主または調査委員が、特別清算終結の申立てをすることができる（会社573条）。旧商法では申立権者の範囲について争いがあったが、会社法ではこれを明示した。裁判所は、職権で終結決定をすることはできないが、裁判所の補助機関である調査委員が終結の申立てができる。なお、清算会社に申立権がないのは、特別清算開始の申立てと同様である。

特別清算の結了を理由として手続を終結させる場合には、前述のとおり、資産と負債をいずれもゼロの状態にして清算手続を終了させることになる。なお、債権者との間で債権の内容について争いがあり、訴訟手続が長期化しているような場合では、資産・負債がゼロになったわけではないから、特別清算の結了を理由として終結の申立てをすることはできない。

(2)　特別清算終結決定

裁判所は、特別清算終結の申立てがなされた場合、終結事由の有無を確認して、その事由が認められる場合には特別清算の終結決定をする（会社573条）。終結事由が認められないときは却下する。却下の裁判に対して申立人は1週間の不変期間内に即時抗告ができる（会社902条2項、民訴332条）。終結決定をするときは、通常清算へ移行するかどうかを明らかにするため、終結事由を明示する必要がある。

裁判所は終結決定をしたときは、直ちに官報でその旨を公告する（会社902条1項）。終結決定に対しては、公告が効力を生じた日から2週間以内に即時抗告ができる（同条2項）。終結の申立権者は利害関係を有する者とし

て即時抗告ができよう。特別清算終結の決定は、確定したときにその効力が生じる（同条3項）。

(3) 特別清算終結決定確定後の手続

(ア) 通常清算への移行

特別清算終結の決定が確定した場合、裁判所書記官は、職権で、遅滞なく、清算会社の本店の所在地を管轄する登記所に特別清算終結の登記を嘱託する（会社938条1項3号）。清算結了を理由とする終結の場合、支店の所在地を管轄する登記所にも登記を嘱託する（同条1項本文かっこ書）。終結決定の確定により清算会社の法人格は消滅し、登記は閉鎖される。

特別清算の必要がなくなったことを理由とする終結の場合は、通常清算に移行する。このとき、嘱託によって終結の登記がなされ、特別清算開始の登記が朱抹され、特別清算人がそのまま通常清算人となる。

通常清算に移行した後、営業を再開するときは事業を継続する旨の株主総会の決議により会社の継続ができ（会社473条）、その場合は、決議の日から2週間以内に、本店所在地において、会社継続の登記をする（会社927条）。

(イ) 保全処分等

特別清算手続の下でなされた保全処分等は、特別清算終結決定の確定により当然に失効する。別途取消命令は必要ではない。会社財産の保全処分（会社540条1項2項）、発起人、設立時取締役、設立時監査役、取締役、会計参与、監査役、執行役または会計監査人、並びに清算人に対する損害賠償請求権について対象役員の財産に対してされた保全処分（会社542条1項・2項）の登記または登録は、裁判所書記官が職権で遅滞なく抹消の嘱託をする（会社938条4項・5項）。ただし、すでになされている役員等に対する責任査定決定の効力は失われない（会社545条4項かっこ書）。

(ウ) 破産・強制執行等の手続

特別清算の開始命令により、特別清算の手続の関係においては、その効力を失う（会社515条2項）とされている破産手続、清算会社の財産に対してすでになされていた強制執行、仮差押えまたは仮処分の手続並びに財産開示手続のうち、破産手続以外の手続については、続行すべきことになる。ただし、特別清算の結了によって終結する場合は、すでに財産等はすべて処分され、

債務の弁済は終了しているから、手続の続行を考える余地はなく、特別清算の必要はないとして特別清算から通常清算に移行した場合にのみ続行することになる。債権者はその債権の全部の満足を得られるはずであるが、特別清算開始前の法的状態を保護するためである。

特別清算の開始により効力を失った破産手続は、特別清算が結了した場合も、特別清算の必要がなくなった場合も、その必要はないから続行しない。

　　(エ)　新たな財産の発見

特別清算終結決定後に新たな財産が発見された場合、普通清算手続に移行しそれが結了していない場合は問題ないが、特別清算が結了により終結した場合、または普通清算に移行後に結了した場合は、結果として法人格は消滅していなかったというべきであるから、閉鎖した登記簿の回復登記をして、あらためて清算人を選任し、債権者に追加弁済または株主に追加配当をすべきことになろう。

　　(オ)　帳簿資料の保存

特別清算の結了によって終結した場合、帳簿資料については、普通清算の清算結了の場合と同様に、終結の登記後10年間の保存が必要となる（会社508条）。

5　他の手続への移行

(1)　破産手続への移行

　　(ア)　移行原因

裁判所は、①協定の見込みがないとき、②協定の実行の見込みがないとき、③特別清算によることが債権者の一般の利益に反するときのいずれかの場合において、清算会社に、破産手続開始の原因となる事実があると認めるときは、職権で破産手続開始の決定を行わなければならず、かかる破産手続開始決定がなされた場合には、特別清算手続は当然に終了し、破産手続に移行する（会社574条1項）。

上記①の協定の見込みがないときとは、協定が必要とされるのに、内容が適法で実行可能な協定の作成の見込みがないか、債権者の法定多数の同意を得る見込みがないときをいう。上記②の協定実行の見込みがないときとは、

協定が成立認可したが、協定の実行のために換価を予定していた財産が予定以上の価額で換価できないなど、協定に定める弁済資金に不足する場合などが該当する。上記③は、破産の場合の清算価値が保障されていない場合で、具体的には、重大な否認対象行為があり破産手続に移行して否認権を行使したほうが弁済率が高くなる場合などである。法文上は、上記①〜③の場合は破産手続への移行が義務的であるが、裁判所が直ちに職権による破産手続を開始すべきかどうかについては検討を要する。すなわち、特別清算を終了させて破産手続を開始するとなると、あらためて破産管財人の選任や債権届出の手続等を行う必要があるなど、さらなる時間と費用等を要し債権者にとっても不利益となる場合があるだけでなく、他方で、特別清算においては協定内容の変更が認められる以上（会社572条）、清算人が実行の見込みのない協定の内容を変更して特別清算を完遂することが想定されているから、裁判所としては、清算人と協議を行い、協定内容の変更等によって上記①〜③の状況が解消されるかどうかについて検討することが望まれる。かかる協議の結果、なお上記①〜③の状況に変わりがないと判断される場合には、破産手続への移行はやむを得ない。

なお、破産手続への移行は裁判所の職権による判断であり、債権者等の利害関係人に申立権はない。また、特別清算手続は、破産手続への移行によって当然に終了する。

破産手続開始決定に対して利害関係人は即時抗告ができる（破33条1項）。

(イ) 裁量による移行

裁判所は、①協定が否決されたとき、②協定の不認可の決定が確定したとき、清算会社に破産手続開始の原因となる事実があると認めるときは、職権で、破産手続を開始できる。裁量的移行である。清算会社はあらためて協定を作成し、債権者集会に申し出ることができるから、直ちに、協定の見込みがないとはいえないからである。しかし、あらためて協定を申し出ても債権者集会で可決される見込みも認可される見込みもなければ、破産手続開始もやむを得ない。

(ウ) 相殺・否認等

破産手続に移行した場合、破産に関する相殺・否認等の実体法規定の適用

については、特別清算開始の申立て前に特別清算開始の命令の確定によって効力を失った破産手続における破産手続開始の申立てがある場合には、当該破産手続開始の申立てをもって、破産手続開始の申立てがあったものとみなし、それ以外の場合には、特別清算開始の申立てがあったときに破産手続開始の申立てがあったものとみなす（会社574条3項）。

また、特別清算手続の中で協定の効力が及ぶ債権は、原則として破産債権になる。他方、特別清算の手続のために清算会社に対して生じた債権や特別清算の手続に関する清算会社に対する費用請求権で、破産手続開始時に未払いのものは、財団債権となる（会社574条4項）。

担保権付債権の担保は破産手続の開始によっても影響を受けないし（破65条）、一般の先取特権その他一般の優先権のある債権は、破産手続においてもその優先的地位は変わらない。特別清算開始後の従業員給料は、清算手続に関する費用であるから財団債権となる。

(エ) 債権の免除等

協定の認可決定が確定し、債権の全部または一部免除等の効力が発生したとしても、その後に破産手続に移行した場合には、それらの免除等の効力は失われる。協定や個別和解による免除等は、特別清算手続が完遂されることを解除条件としてなされたものと解されるからである。

破産手続に移行する前に協定に基づく弁済がなされていた場合、その弁済行為は有効であり、直ちに覆滅することはない。また、債権者との個別和解によって債権の全部または一部免除等を受けた場合であっても同様に、債権者は個別和解前の状態の債権を主張することができるが、和解に基づく弁済は有効であり、直ちに覆滅することはない。

特別清算手続後に開始された破産手続における破産債権の額は、免除前の債権額から協定による弁済額を控除した金額となるが、破産配当額は、免除前かつ弁済前の債権額を基準として算定した金額から既弁済額を控除した金額とすることにより、協定による弁済を受けた債権者と、弁済を受けなかった債権者との間の平等を確保することになる。

協定による弁済段階で一部債権者に対する弁済のみが先行し、残余財産が不足したために、その後の破産配当手続を通じて債権者間の平等を確保でき

ないような場合は、破産管財人は債権者間の平等を確保するため、協定に基づく弁済金であっても、債権者に対して取り戻しを請求できるというべきである（会社484条3項）。

(2) 再建型倒産手続への移行

(ア) 再生手続への移行

特別清算会社が、再生手続開始の申立てをすることは何ら妨げられない。清算人会があるときは清算人会の決議により、清算人会がないときは清算人の過半数の決議により、清算人が一人のときは清算人の判断で申立てができる。再生手続開始の申立ては、債権者も可能である（民再21条）。ただし、特別清算手続によることが債権者の一般の利益に適合するときは開始されない（民再25条2号）。

再生手続開始の申立てがあった場合、必要があると認めるときは、再生手続開始の申立てについて決定があるまでの間、特別清算手続の中止を命ずることができる（民再26条1項1号）。再生手続開始決定があると、特別清算手続は失効して終了する（民再39条1項）。特別清算の手続に関する費用請求権等は、民事再生法上の共益債権となる（同条3項2号）。相殺や否認の基準時は、破産手続へ移行する場合と同様に、先行する特別清算開始の申立て、またはそれに先行する破産手続開始の申立て時である（民再93条1項4号・127条1項2号等）。

再生手続開始決定に対して利害関係人は即時抗告ができる（民再36条1項）。

(イ) 更生手続への移行

特別清算会社は、株主総会の特別決議（会社309条2項）を得て、更生手続開始の申立てができる（会社更17条1項・19条）。債権者や株主は、所定の要件を充足すれば申立てができる（会社更17条2項）。ただし、特別清算手続によることが債権者の一般の利益に適合するときは開始されない（会社更41条2号）。

更生手続開始の申立てがあった場合、必要があると認めるときは、更生手続開始の申立てについて決定があるまでの間、特別清算手続の中止を命ずることができる（会更24条1項1号）。更生手続開始決定があると、特別清算手続は失効して終了する（会更50条1項）。特別清算の手続に関する費用請求権

等は、会社更生法上の共益債権となる（同条9項2号）。相殺や否認の基準時は、破産手続へ移行する場合と同様に、先行する特別清算開始の申立て、またはそれに先行する破産手続開始の申立て時である（会更49条1項4号・86条1項2号等）。

　更生手続開始決定に対して利害関係人は即時抗告ができる（会社更44条1項）。

第5章
事業者破産

I　破産手続の開始

1　破産手続開始の申立て

(1)　破産能力

　破産能力とは、破産者となりうる法的資格のことである。法主体性を有する者であれば制限はない。法人、自然人はもとより、権利能力なき社団も破産者となれる。外国人、外国法人も含まれる（破3条）。法人では、株式会社等の営利法人以外に、医療法人、学校法人、宗教法人、公益法人や中間法人も含まれる。国や地方自治体は、本源的統治団体で、破産能力はない。それ以外の公法人の破産能力については争いがあり、特別地方公共団体である財産区の破産能力を否定した判例がある。[1] 学説では、破産能力を否定する特別の規定のない限り破産能力を認めるべきだとする見解が多い。

　破産手続開始の申立ては、債務者が個人のときは、日本国内に営業所、住所、居所、財産を有する場合に限られ、債務者が法人その他の社団または財団のときは、日本国内に営業所、事務所、財産を有する場合に限られる（破4条1項）。

　破産者とは、債務者であって、破産手続開始決定がされている者をいう（破2条4項）。破産法では、破産手続開始の申立て後、破産手続開始決定までの間の倒産債務者を単に債務者と呼んでいる。

　法主体性を有する者以外に、相続財産と信託財産にも破産能力が認められている（破222条以下・244条の2以下）。そのうち、信託とは、委託者が受託者に対して財産権の移転その他の処分をし、信託目的に従って、受託者が受益者のために信託財産の管理・処分をすることをいう（信託2条1項・3項）。信託財産は受託者名義の財産となるが、受託者は自由にこれを処分することはできず、受託者から独立した財産となるので、受託者の破産とは別に信託財産自体に破産能力を認めて、信託財産を破産の対象（破産財団）としてい

1　大決昭和12・10・23民集16巻1544頁。

る（破244条の5）。

(2) 破産手続開始の申立権者

破産手続開始の申立権者は、債務者または債権者である（破18条1項）。債務者が法人の場合は、理事等の所定の機関にも申立権が認められている（破19条1項・2項）。外国管財人にも申立権がある（破246条1項）。外国管財人とは、外国で開始された破産手続または再生手続に相当する外国倒産処理手続で当該手続において債務者の財産の管理および処分をする権利を有する者をいう（破245条1項）。

債務者の株主には申立権は認められていないし、監督官庁の申立権や通告による職権開始の制度もない。

信託財産についての申立権は、信託債権（信託法21条2項2号の債権）を有する者、受益者、受託者、信託財産管理者、管理人に認められている（破244条の4第1項）。

他の倒産手続が終了した場合に、裁判所が職権で破産手続を開始することがある（民再250条、会更252条、会社574条）。

(ア) 債務者

債務者が法人の場合、理事等の全員の一致による必要はなく、理事会や取締役会の決議等の通常の意思決定手続で、破産手続開始の申立てができる。

債務者が一部の債権者との間に破産手続開始の申立てをするときには事前協議をするという約定があった場合に、債務者が事前協議することなく破産手続開始の申立てを行っても、債務不履行となることはあっても、申立て自体は違法や無効ではない[2]。実務上は、ほとんどが債務者申立てで、債務者申立ての破産を自己破産と呼んでいる。

(イ) 債権者

債権者の範囲は、法律上は限定がない。債権の額についても制限がない。債権者に申立権を認めた理由は、破産が債権者の権利実現の手段であるという点にあるから、破産債権者には申立権があるが、財団債権者は手続外で随時弁済を受けられるので、申立権は認められない。実務上は、債権者申立て

---

[2] 東京高決昭和57・11・30下民集33巻9-12号143頁。

の破産を債権者破産と呼んでいる。

　債権者の差押債権者や債権質権者等、債権を直接取立てできる者は、債権者と同様に申立権が認められる。債権差押えを受けた債務者や債権質の設定者は、当該債権の取立権を奪われる（民執145条1項、民366条1項参照）から、差押債権者や質権者の同意がある等、特別の事情がない限り、当該債権の債務者に対する破産の債権者申立てはできない[3]。

　　　(ウ)　法人の理事等

　債務者が法人の場合は、一般社団法人・一般財団法人の理事、株式会社・相互会社の取締役、合名会社・合資会社・合同会社の業務執行社員、これらの法人の清算人は、その資格で、法人に対する破産手続開始の申立権が認められる（破19条）。実務上は準自己破産と呼んでいる。

　法人の理事や清算人等の機関には、法人が債務超過の場合に、実体法上の義務として、破産手続開始の申立義務が課せられることが多い（会社656条1項等）。

　(3)　**破産手続開始の申立ての時期**

　破産手続開始の申立てには時期的な制限はないが、債務者が法人の場合は、解散後、残余財産の引渡しまたは分配が終了するまでという制限がある（破19条5項。信託財産の破産につき破244条の4第4項）。

　(4)　**破産手続開始原因**

　破産手続の開始原因は、支払不能である（破15条1項）。債務者が存立中の合名会社と合資会社以外の法人と信託財産では、開始原因は、支払不能以外に債務超過である（破16条・244条の3）。破産手続開始原因は、破産手続開始決定時に存在することが必要で、かつ、それで足りる。

　　　(ア)　支払不能

　支払不能とは、債務者が支払能力を欠くために、その債務のうち弁済期にあるものにつき、一般的かつ継続的に弁済することができない状態をいう（破2条11項）。支払不能は、破産手続開始原因以外に、相殺禁止と偏頗行為の否認の始期要件になっている（破71条1項2号・72条1項2号・162条1項1

　3　債権質に関する最決平成11・4・16民集53巻4号740頁。

号イ）が、その意味は同じで、開始原因と別異に解釈すべきではない。

　支払能力を欠くとは、財産もなく資金調達をする信用もなく稼働力もないことをいう。債務は金銭債務に限られない。一般的かつ継続的とは、弁済期が到来した債務一般について弁済ができず今後も弁済ができない状態をいう。弁済期が到来して初めて支払不能となるから、将来弁済できないことが確実に予想されても弁済期が到来しなければ支払不能ではない。支払不能は客観的状態をいうもので、債務者がどのように考えていたか、どのように行動したかとは、無関係である。

　　(イ)　支払停止

　債務者が支払いを停止したときは、支払不能にあるものと推定される（破15条2項）。この規定は、支払停止を前提事実、支払不能を推定事実とする法律上の事実推定規定である。支払停止の定義規定はないが、債務者が弁済能力を欠くために、債務を一般的かつ継続的に弁済することができないと考えて、その旨を明示的または黙示的に外部に表明する行為をいう。

　支払停止は一時点の事実で債務者の行為でもあるので、支払停止があったとしても、支払不能であるとは限らないが、通常は支払不能であるから支払停止という行為を行うことや、支払不能は客観的判断でこれを直接証明することは容易ではない場合もあるので、支払停止を支払不能とする推定規定が設けられている。

　支払停止は、破産手続開始原因の推定以外に、否認の始期要件である支払不能の推定の前提事実となる場合（破162条3項）と、相殺禁止や否認の始期要件となる場合（破71条1項3号・72条1項3号・160条1項2号）があるが、その意味は同じで、別異に解釈すべきではない。

　資金不足で手形を不渡りにしたときは、特別の事情でもない限り支払停止である。それ以外に、営業停止、債務の支払いができないので倒産手続をとるという通知、夜逃げ等が支払停止に該当する。債務整理を行う旨の代理人

4　東京高決昭和33・7・5金法182号3頁。
5　東京地判平成19・3・29金法1819号40頁、東京地判平成22・7・8判時2094号69頁。
6　最判平成24・10・19集民241号199頁、最判昭和60・2・14判時1149号159頁。
7　東京地判平成6・9・26金法1426号94頁。

弁護士の債権者あての通知は、支払停止に該当する[8]。債権者に支払猶予や一部免除を求める行為も支払停止に該当する[9]が、事業再生ADRの申請に向けた金融機関への弁済猶予申出は支払停止に該当しないとする下級審の判例がある[10]。債務者が債務整理の方法等について弁護士との間で破産手続開始申立ての方針を決めただけでは、外部への表明行為がないので支払停止ではないし[11]、破産会社の代表者が倒産を示唆する発言をしたことのみでは、外部への表明行為とはいえないから同様である[12]。

(ウ) 債務超過

債務超過とは、債務者がその債務につき、その財産をもって完済することができない状態をいう（破16条1項かっこ書）。債務超過とは、債務者の負債の額（評価額）が資産の額（評価額）を上回ることをいう。債務超過の判断基準となる資産の評価方法は、継続企業価値を基準とすべきである。

債務超過は、合名会社と合資会社以外の法人の破産手続の付加的開始原因である。債務超過を付加的開始原因としたのは、法人の社員は法人の債権者に対しては有限責任しか負担しないから（合名会社と合資会社は無限責任社員がいる）、責任財産は法人の資産だけであるという理由による。債務超過かどうかは当該法人の財産のみを対象として判断すべきで、他に保証人や物上保証人がいることは考慮の対象とならない[13]。破産原因としての債務超過の状態にあるか否かを判断するにあたり、修正貸借対照表において子会社からの借入金を子会社株式の評価額よりも大きく計上していることは不合理とはいえないとする下級審の判例があり[14]、破産手続開始の申立債権者の債権額が債務者の積極財産の額を超過していれば、他の債権者がいるか否かを検討するまでもなく、債務超過状態にあるとする下級審の判例がある[15]。債務超過と支払不能は別の概念である。債務超過でも資金繰りができて支払不能ではない

8　前掲（注6）最判平成24・10・19。
9　東京地判平成22・11・12判タ1346号241頁。
10　東京地決平成23・11・24金法1940号148頁。
11　前掲（注6）最判昭和60・2・14。
12　高松高判平成22・9・28金法1941号158頁。
13　東京高決昭和56・9・7判時1021号110頁。
14　東京高決平成23・9・16金商1381号33頁。
15　福岡高決平成23・3・16判タ1373号245頁。

ことはあり、実際上もよく経験する。債務超過ではないが支払不能となる場合があるとされるが、そのような例は実務上は考えられない。

債務超過は信託財産の破産手続開始原因で、この債務超過とは、受託者が信託財産責任負担債務につき、信託財産に属する財産をもって完済することができない状態をいう（破244条の3）。

(5) 破産手続開始の申立て

(ア) 申立手続

破産手続開始の申立ては、最高裁判所規則で定める事項を記載した書面でしなければならない（破20条1項）。最高裁判所規則で定める事項は、申立人の氏名・住所、法定代理人の氏名・住所、債務者の氏名・住所、法定代理人の氏名・住所、申立ての趣旨、破産手続開始の原因となる事実である（破規13条1項）。この書面は破産手続開始の申立書と呼ばれる。

破産手続開始の申立書に必要的記載事項の記載がないときと、手数料の納付がないときは、裁判長による申立書の却下の前提として、裁判所書記官は一次的な不備の補正や手数料の納付を命じる処分ができる（破21条1項）。この書記官の処分は、他の倒産制度では認められていない。

破産手続開始の申立書には、必要的記載事項以外に、債務者の収支の状況、資産や負債の状況、破産手続開始原因が生ずるに至った事情、債務者の財産に対してなされている他の手続または処分で申立人に知れているもの、債務者について他の倒産手続（他の破産、民事再生、会社更生、金融機関の更生）が係属しているときは、係属裁判所と事件番号、労働組合の状況、外国倒産処理手続の係属等の記載が要求される（破規13条2項）。これらの記載がないときでも申立書が却下されることはないが、これらの記載は、申立てに関する審理の資料となるから、実務上は、その全部を記載している。

債権者以外の申立てには、添付書類として、債権者一覧表の提出が必要であるが、申立てと同時に提出できないときは、申立て後遅滞なく提出しなければならない（破20条2項）。債権者一覧表に記載すべき事項は、破産債権となるべき債権、租税等の請求権、使用人の給料や退職手当の請求権、先行する再建型倒産手続における共益債権について、その債権者の氏名、住所、債権、担保権の内容である（破規14条1項）。この記載を求めるのは、利害関係

第5章　事業者破産

人を開示させて債権者に対する通知に必要だからである。債権者破産でも、債権者一覧表を提出するものとされるが、当該債権者がこれを作成することが著しく困難である場合は、作成は不要とされる（同条2項）。債権者は、債務者に対する他の債権を把握していないので、債権者一覧表を提出することが困難だからである。この場合は、裁判所は、債務者に対して、調査の一環として職権で債権者一覧表の提出を求めればよい（破8条2項）。債権者一覧表以外の添付書類は、債務者が法人の場合は、登記事項証明書、破産手続開始の申立ての日の直近の法令の規定に基づき作成された債務者の貸借対照表と損益計算書、債務者の財産目録等である（破規14条3項）。それ以外に破産手続の円滑な進行を図るために必要な資料の提出を求められることもあり（破規15条）、債務者財産に属する権利で登記や登録がされたものについての登記事項証明書の提出（破規2条5項）等が考えられる。これらの書類の添付が求められるのは、破産手続開始の申立書の記載事項の確認や審理の資料とするためである。

　(イ)　管轄裁判所

　破産事件の原則的な管轄は、債務者が営業者のときは、主たる営業所の所在地を管轄する地方裁判所である（破5条1項）。営業所がない場合は、財産所在地を管轄する地方裁判所に管轄が認められる（同条2項）。親子会社や関連会社では、その一方に破産事件が係属しているときは、その管轄地方裁判所にも他方の破産事件の管轄権が認められる（破5条3項～5項）。親子会社等の一体処理を可能とするもので、管轄の特則である。法人と法人の代表者の場合も、その一方に破産事件が係属する裁判所に他方の管轄権が認められる（同条6項）。中小企業では、会社の代表者が会社の債務保証をしている例が非常に多く、その一体的処理を可能とするもので、これも管轄の特則である。さらに、破産債権者が500名以上の場合は、本来の管轄裁判所の所在地を管轄する高等裁判所の所在地を管轄する地方裁判所も管轄権を有する（同条8項）し、破産債権者が1000名以上の場合は、本来の管轄裁判所がどこであっても、東京地方裁判所と大阪地方裁判所も管轄権を有する（同条9項）。大規模事件は人的設備を有する大規模庁で処理をすることを可能とするために認められた管轄の特則である。

管轄は専属管轄（破6条）であるが、著しい損害または遅滞を避ける目的で幅広く移送が認められている（破7条）。

　　(ウ)　費用の予納

　手続当初の段階では、破産管財人もなく破産財団が構成されないから、費用の出所がない。そこで、一時的にその財源を破産手続の申立人に求める必要があり、それが費用の予納制度である。

　破産手続開始の申立てをするときには、申立人は、破産手続の費用として裁判所の定める金額を予納しなければならない（破22条1項）。費用の決定に対しては即時抗告ができる（同条2項）。予納すべき費用の額は、破産財団となるべき財産および負債の状況、債権者の数その他の事情を考慮して定める（破規18条1項）が、実務では、従来から、各裁判所は基準額を設けてこれを公表している。予納された予納金の大半は、破産管財人報酬の最低限の引当てになっている。

　予納すべき資力がない場合は、一定の要件で、特に必要と認められるときは国庫から費用の仮支弁が受けられる（破23条）。しかし、配当が期待できず破産手続で清算する特段の公益的要請もない法人の自己破産では、回収の見込みのない国庫仮支弁を行うべきではない。[16]

(6)　破産手続開始決定前の措置

　破産手続開始の申立てがされてから破産手続開始決定までの間には、審理等にある程度の期間が必要となる。その間に、債権者から権利行使がされたり債務者の財産が隠匿されたりして、債務者の財産が散逸すると、債権者間に不平等が生じたり、破産手続の実効性が確保できなくなる可能性がある。申立て自体に債権者の個別的な権利行使を阻止する効力はなく、財産の現状維持の効力もないからである。そこで、破産では、他の倒産手続と同じように、破産手続開始の申立て後、破産手続開始決定までの間、種々の保全の措置を設けて、これを防止しようとしている。

　ここでは財産に対する保全措置と組織に関する保全措置だけを説明する。

---

[16]　広島高決平成14・9・11金商1162号23頁。

(ア)　財産に対する保全措置

　裁判所は、利害関係人の申立てまたは職権で、破産手続開始の申立てにつき決定があるまでの間、債務者の財産に関し、財産の処分禁止の仮処分その他必要な保全処分が命じることができる（破28条1項）。不動産に対する処分禁止の仮処分、弁済禁止の仮処分、債務者の在庫商品等の動産類に対する仮差押え等がその例である。実務では、民事再生や会社更生とは異なり、弁済禁止の仮処分がされることは、あまりない。弁済禁止の仮処分に反して債務者から弁済がされた場合は、債権者が当該保全処分の存在を知っていたときは、債権者は弁済の効力を主張できない（破28条6項）。債権者は、弁済受領額を不当利得として返還しなければならない。

　保全命令に対して即時抗告ができるが、即時抗告には執行停止の効力はない（破28条3項・4項）。

　(イ)　組織上の保全措置

　裁判所は、債務者（法人に限る）の財産の管理および処分が失当であるとき、その他債務者の財産の確保のために特に必要であると認めるときは、利害関係人の申立てまたは職権で、破産手続開始の申立てにつき決定があるまでの間、保全管理人による財産の管理を命じることができる（破91条1項）。この命令を保全管理命令という。財産の管理や処分が失当とは、債務者が財産を隠匿し、または偏頗な弁済や財産処分によって債権者間の平等を害する行為をする場合をいう。行為を行った場合だけではなく行為を行う可能性がある場合も含まれる。財産の確保のために特に必要であるとは、財産の管理や処分が特に失当とはいえなくとも、債務者に財産管理を任せておくことが不相当と認められることをいう。保全管理人が選任されると、債務者の財産の管理処分権は保全管理人に専属するが、保全管理人が常務に属さない行為をするには裁判所の許可を受けることを要する（破93条1項）。保全管理人の資格には制限がないが、実務では倒産処理に経験を有する弁護士が選任されている。

　保全管理人の職務は、再建型とは異なり、特別の事情でもない限り事業継続を行う（破36条）わけではないから、通常は、債務者の財産の現状を維持してその散逸を防止するという文字どおり財産の保全と管理である。債権の

回収を行い、放置しておくと価値が劣化する財産の換価処分を行うことも可能である。保全管理人がその権限によってした行為によって生じた請求権は、破産手続開始前の原因に基づく債権であるが、破産手続の開始で財団債権化される（破148条4項）。

　裁判所は、保全管理命令を必要に応じて変更し、取り消すことも可能である（破91条4項）。保全管理命令や変更、取消命令に対しては即時抗告ができるが、即時抗告には執行停止の効力はない（破91条5項・6項）。

(7) 破産手続開始の申立ての取下げの制限

　破産手続開始の申立ては、破産手続開始決定までは取り下げることができるが、破産手続開始前の措置がとられた等、所定の事由がある場合は、申立ての取下げには裁判所の許可が必要である（破29条）。

　保全の措置等がとられると、債務者は一時的にせよ債権者の追及を免れることになり、不誠実な債務者は、その間に財産隠匿や偏頗な弁済を行う等した後に破産手続開始前に申立てを取り下げるという弊害も予想されるから、濫用防止のために、破産手続開始前の取下げを裁判所の許可にかからしめることとしている。破産手続開始によって利害関係人に個別的権利行使の禁止等の各種の効果が生じるから、破産手続開始後は、破産手続開始の申立ての取下げはできない。

2　破産手続開始の決定

(1) 破産手続開始の申立ての審理

　裁判所は、破産手続開始の申立てがあると、開始要件の有無について審理をする。任意的口頭弁論である（破8条1項）から、口頭弁論は任意で、必要があれば審尋をすることもできる（破13条、民訴87条）。債権者破産で債務者を審尋することなく破産手続開始決定を行うことは、裁量権の逸脱で違法である。[17]

　証拠資料の収集は、職権探知主義が採用されている（破8条2項）から、裁判所は、申立人に対して必要書類の提出を求め（破規15条）、相当と認め

17　日本国憲法82条に違反しない。最判昭和45・6・24民集24巻6号610頁。

るときは、破産手続開始原因と破産手続開始障害事由について、事実調査を裁判所書記官に命じることも可能である（破規17条）。

破産手続開始決定の要件は、管轄、申立人の申立権の存在等の形式的要件が具備されていること、破産手続開始原因があること、破産手続申立てと開始の障害事由がないことである。

　(ｱ)　破産手続開始の適法要件

自己破産では、破産手続開始原因となる事実の疎明は不要であるが、準自己破産では、理事等の機関が全員でするときを除いて疎明が必要である（破19条3項）。債権者破産では、申立債権者は、破産手続開始原因と、その有する債権の存在も疎明しなければならない（破18条2項）。濫用的申立てを防止するため、申立人に疎明義務を課したものである。事実の疎明は、申立ての適法要件で、疎明がないときは、申立ては不適法として却下される。

　(ｲ)　破産手続開始の実体要件

適法要件とは別に、裁判所が破産手続開始決定をするためには、破産手続開始原因たる事実の存在は、疎明では足りず証明が必要である。破産手続開始原因の証明がないときは、破産手続開始の申立ては棄却される。

破産手続開始原因である支払不能の有無は、裁判所は、破産手続開始時点において収集した資料から判断すればよい。自己破産が大半で、支払不能を自認して申し立てられるから、実務では、支払停止の有無とは無関係に、支払不能を直接認定して破産手続開始決定をするのが一般である。債権者破産で債務者が支払不能を争う等で、資料では支払不能と判断することができないときは、支払停止が認定できれば、破産法15条2項の推定規定を用いて支払不能と判断すればよい。

債権者破産の場合の債権の存在は、疎明で足りる。

　(ｳ)　破産手続開始の障害事由

再生手続開始決定、更生手続開始決定、特別清算開始命令があったときは、破産手続開始の申立てができない（民再39条1項、会更50条1項、会社515条1

18　前掲（注4）東京高決昭和33・7・5、東京地決平成3・10・29判時1402号32頁。
19　福岡高決昭和52・10・12判時880号42頁参照。
20　大決大正3・3・31民録20輯256頁。

項)。再建は清算に優先し、特別清算は株式会社に関する清算手続であって一般法である破産手続に優先するからである。

破産手続開始の障害事由は、①破産手続の費用の予納がないとき、②不当な目的で破産手続開始の申立てその他申立てが誠実にされたものでないときである(破30条1項)。

上記①は予納命令(破22条1項)に反して予納がされなかった場合をいう。上記②の不誠実な申立ての典型例は、破産手続の開始や進行を求める意思がないのに債権者からの取立てを回避して時間稼ぎをしようとして申立てをする、債権者が自己だけが有利な債権回収をしようという目的をもって申立てをする等である。不誠実な申立てが障害事由とされたのは、破産手続の濫用防止のためである。

(2) 破産手続開始の申立てに対する決定

裁判所は、形式的要件が具備され、破産手続開始原因があり、破産手続開始の障害事由がないときは、破産手続開始決定をする(破30条1項)。この要件がないときは、申立てを却下ないしは棄却する。

破産手続開始の申立てについての裁判に対しては、利害関係人は即時抗告ができる(破33条1項)。この裁判とは、破産手続開始決定、棄却決定、却下決定、再度の考案による破産手続開始決定・棄却決定である。即時抗告期間は公告の翌日から2週間である(破10条2項・9条)ので、それ以前に破産手続開始の決定書の送達を受けていても、この期間内なら即時抗告ができる。[21]

株主は、破産手続の開始によって直ちに株主権が消滅しないし、自益権や共益権に変更は生じないから、株主には破産手続開始決定に対する即時抗告権は認められない。[22] 債権者破産において、破産法人の代表取締役は、破産手続開始決定があっても組織上の職務権限は残るから、破産手続開始決定に対して、会社を代表して即時抗告をすることができる。[23]

破産手続開始決定に対して即時抗告がされても、破産手続開始の決定時から効力が生じる(破30条2項)。破産手続開始の決定時点で効力を生じさせな

---

21 最判平成13・3・23判時1748号117頁。
22 大阪高決平成6・12・26判時1535号90頁。
23 最判平成21・4・17判時2044号74頁。

463

いと、倒産手続の迅速性に支障が生じ、倒産手続に対する安定や信頼を損なうおそれがあるからである。この点は、他の倒産手続開始決定も同じで、倒産手続に普遍的なものである。

破産手続開始の申立てに対する棄却決定に対して即時抗告があった場合は、抗告裁判所は、即時抗告に対する決定があるまで、棄却決定によって効力を失った他の手続の中止命令、包括的禁止命令、財産の保全命令（破24条～28条）を発令することができる（破33条2項）。

破産手続開始の申立てに対する却下決定と棄却決定を取り消す場合に、抗告裁判所は原決定を取り消したうえで、即時抗告によって抗告裁判所に破産事件自体が移審するものではないから、原審に差し戻して、原審が破産手続開始決定をすればよいと解すべきである。

(3) **破産手続開始決定の手続**

破産手続開始決定は、裁判書を作成してしなければならない（破規19条1項）。破産手続開始決定は、破産手続の中でも重要な裁判であるから、裁判書（決定書）を作成するものとされる。破産手続開始の決定書には、決定の年月日時を記載する（同条2項）。時間も記載するのは、破産手続開始の効力が破産手続開始の決定時に生じる（破30条2項）ので、破産手続開始の決定の時を明確にしておく必要があるからである。

(4) **破産手続開始決定と同時に定められる事項**

破産手続開始決定と同時に定められる事項がある。必要的同時処分、任意的同時処分、付随処分、その他の事項に分けられる（破31条）。

　　(ア) 必要的同時処分

破産法で、破産手続開始決定と同時に定めなければならないものを必要的同時処分と呼ぶが、必置の機関である破産管財人を選任し、原則として、破産債権届出期間、財産状況報告集会の期日、債権調査期間または債権調査期日を定めなければならない（破31条1項）。特別の事情のない限り、破産債権届出期間は破産手続開始決定の日から2週間以上4カ月以下、財産状況報告集会期日は破産手続開始決定の日から3カ月以内の日、破産債権の調査期間は破産債権届出期間の末日から1週間以上2カ月以下の期間をおいて1週間以上3週間以下、債権調査期日は破産債権届出期間の末日から1週間以上2

カ月以内の日とされている（破規20条）。知れている破産債権者が1000名以上の場合で相当と認めるときは、裁判所は同時処分として、債権者への通知や債権者集会の呼び出しをしない旨の決定ができる（破31条5項）。この場合は、破産管財人が日刊新聞紙やインターネット利用等で周知方法をとる（破規20条3項）。

必要的同時処分には、特則が二つある。

第1は、裁判所は、破産財団をもって破産手続の費用を支弁するのに不足するおそれがあると認めるときは、破産債権届出期間と債権調査期間や債権調査期日を定めないことができ、これらを定めなかった場合は、破産財団をもって破産手続の費用を支弁するのに不足するおそれがなくなったと認めるときは、速やかに届出期間と債権調査期間、期日を定めなければならないとされる（破31条2項・3項）ことである。この特則を設けたのは、破産では、財団不足で異時廃止（破217条）になることが多く、異時廃止では配当はないので、配当に参加できる債権を確定するために、破産債権の届出、調査、確定手続をとることは、時間と労力と費用が無駄だからである。

第2は、財産状況報告集会について、知れている破産債権者の数その他の事情を考慮して、招集することを相当でないと認めるときは、その期日を定めないことができるとされる（破31条4項）ことである。民事再生と会社更生では財産状況報告集会を最初から任意的としているが、破産では原則的に財産状況報告集会を開催するが、特別の事情がある場合は開催しないこととしている点が異なっている。

　　(イ)　任意的同時処分

必要的同時処分以外に、破産手続開始決定と同時に定めることもできる任意的同時処分がある。期間調査の認否書の提出期限（破117条3項）、財産状況報告集会を開催しない場合は破産法157条1項の報告書の提出期限（破規54条1項）、要許可事項の許可不要とする事項の指定（破78条3項2号）、破産管財人による破産者の財産の管理や処分の状況その他裁判所の定める事項の報告（破157条2項）等がこれに該当する。

　　(ウ)　付随処分

破産法で、裁判所が破産手続開始決定をしたときには、直ちにしなければ

ならないと定められているものを付随処分と呼ぶ。

　破産手続開始決定の主文、破産管財人の氏名または名称、破産債権届出期間、調査期間や調査期日、破産財団に属する財産の所持人の破産者に対する当該財産の交付の禁止、破産者の債務者の破産者に対する弁済の禁止、簡易配当について開始時異議確認型を採用する場合の異議のある債権者は異議を指定された調査期間の終了日または期日の終了時までに述べるべき旨の公告（破32条2項）、破産法31条5項の決定をしたときはその決定の内容の公告（破32条2項）と、その公告内容を、破産管財人、破産者、知れている破産債権者、保全管理人、労働組合等に通知をする（同条3項）等である。

　　(エ)　その他の事項

　破産手続開始決定があったときに裁判所書記官が行うものは、①破産者が法人の場合の破産手続開始の登記の嘱託（破257条1項。同条2項で破産管財人の氏名等所定の事項の登記も必要である）、②破産者が個人の場合の破産者に関する登記の嘱託（破258条1項1号）、③破産財団に属する権利で登記されているときの破産手続開始の登記の嘱託（破258条1項2号）、④事業の開始や設立について許可を要する法人について当該機関に対する破産手続開始の通知（破規9条1項）である。

　上記②の破産者に関する登記とは、破産者の地位や権限の登記で、支配人登記等をいう。上記③の破産財団に属する権利の登記とは、所有権その他の物権等、登記が可能なもの（不登3条）をいう。破産財団に属する権利の登記は報告の登記にすぎないが、破産管財人の申請でなければ爾後の登記申請は却下されるという実質的な処分制限の効果がある[24]。

3　破産手続開始の効果

　破産手続が開始されると、種々の効果が生じる。

　(1)　**破産財団**

　破産財団は、清算目的のための財産の集合体である。破産財団は、倒産債務者の財産という点では、再生債務者財産（民再12条1項1号）、更生会社財

24　昭和30・8・16民事甲712号民事局長通達。

産（会更2条14項）と意味は変わらないが、破産法では、破産者財産とは呼ばずに、破産財団と呼ぶのには別の意味がある。民事再生と会社更生では、債務者の財産は一体として再建目的で維持管理されるし、破産でも、法人破産では法人の財産全部を清算の対象とすればよいが、自然人の破産では破産手続で清算（換価）の対象となる財産と破産者の生活保障のため破産手続で清算の対象とはならない財産に分ける必要がある。つまり、破産手続の対象となる破産者財産を、破産財団と呼んでいるのである。

(ア) 破産財団の意義

破産財団とは、破産者の財産または相続財産、信託財産であって、破産手続で破産管財人にその管理および処分をする権利が専属するものをいう（破2条14項）。破産財団には、三つの内容がある。第1は法定財団（破34条）と呼ばれ、破産法が予定する財団である。第2は現有財団（破62条）と呼ばれ、現に破産管財人の管理下にある財産をいう。第3は配当財団（破209条）と呼ばれ、配当原資になる財団をいう。法定財団と現有財団は食い違っていることが通常であり、否認権の行使は現有財団の法定財団への増殖要因となるし、取戻権の行使で財産を返還するときは現有財団の法定財団への減少要因となる。破産財団を構成できないとか形成できないという場合の破産財団は、配当財団のことで、財団不足とは、配当財団が構成できない場合、つまり財産を換価しても財団債権の支払原資に不足する場合をいう。

(イ) 破産財団の範囲

破産者が破産手続開始の時において有するいっさいの財産は破産財団とされる（破34条1項）が、一定の範囲の財産は、破産財団に属さないものとされる（同条3項・4項）。破産財団には、時間的範囲があり、客観的範囲がある。

(A) 時間的範囲

破産者の破産手続開始時点の財産が破産財団となるから、個人の破産者が破産手続開始後に取得した財産は、破産財団に属する財産とはならない。破産手続開始時を基準にして、破産財団の範囲を固定する立法主義は、固定主義と呼ばれる。

(B) 客観的範囲

　破産手続開始時に破産者が有するいっさいの財産は、原則として、その全部が破産財団になる（破34条1項）。財産的価値があるものは、すべて破産財団に組み入れられる。不動産、動産、債権、無体財産権、担保権等の法律上の権利はもとより、のれん、ノウハウ等、財産的価値があるものはすべてが含まれる。財産は日本国内にあるものに限られない（同項かっこ書）。

　破産者が破産手続開始前の原因に基づいて行うことがある将来の請求権も、破産財団に属する財産となる（破34条2項）。この将来の請求権とは、破産法103条4項の将来の請求権という概念よりは広く、停止条件付請求権や期限付債権も含まれる。破産手続開始決定前に成立した保険契約について、破産手続開始後に発生した保険事故による保険金請求権は、破産財団に属する財産となるし[25]、破産手続開始前に成立した第三者のためにする生命保険契約に基づき破産者である死亡保険金受取人が有する死亡保険金請求権も、同様である[26]。

　信託財産自体に破産能力が認められている（破244条の2以下）ので、信託財産は受託者の破産財団に含まれない。公共工事の請負で、地方公共団体から公共工事を請け負った者が保証事業会社の保証の下、前払金の支払いを受け、これを金融機関に預金した場合、地方公共団体を委託者、請負人を受託者とし、前払金を工事の必要経費にあてるという合意をすることがあり、この場合は信託契約が成立したと解されるから、当該前払金は受託者である請負人の破産での破産財団に属する財産ではないので、破産財団に組み入れられない[27]。

　破産者の財産で、財産的価値があるが、破産財団に属さないとされるものがあり、これを自由財産と呼んでいる（破34条3項・4項）。破産者の生活保障のための必要な財産がこれに該当する。破産財団に属する破産法人の財産を破産財団から放棄することが認められるし、破産規則56条も、法人の自由[28]

25　東京高決平成24・9・12判時2172号44頁。
26　最判平成28・4・28民集70巻4号1099頁。
27　最判平成14・1・17民集56巻1号20頁。
28　最判平成12・4・28金法1587号57頁参照。

財産を認めることを前提にしているので、法人にもその限度で自由財産がある。

(2) **事業の継続**

破産の目的は清算であるから、事業者は、通常は、遅くとも破産手続開始時には事業を廃止している。しかし、早期の営業や事業の譲渡、半製品が多くそのままでは価値がないとき等、いったん事業継続をしたほうが高額で財産を換価ができる場合もある。この場合は、破産管財人は、裁判所の許可を得て事業を継続することができる（破36条）。事業継続は、換価までの暫定的な措置であるから、破産管財人は、漫然と事業を継続することなく、迅速に換価をするように努めなければならない。

(3) **法人に対する破産手続開始の効果**

解散前の法人に対して破産手続開始決定がされると、法人の解散事由となる（一般社団法人及び一般財団法人に関する法律148条6号・202条1項5号、会社471条5号・641条6号等）から、法人は解散する。解散後は清算手続を行わず破産手続が清算手続に代置する（会社475条1号かっこ書参照）。また、解散後の法人に対して破産手続開始決定がされる（破19条5項）と、その後の清算手続は破産手続が代置する。破産手続開始決定を受けた法人は、解散の前後を問わず破産手続による清算の範囲で破産手続が終了するまで法人格が存続する（破35条）。

破産手続が終了すれば、法人である破産者の法人格が消滅するが、資産が換価されて財団債権の弁済や配当に費消されていることが前提となる。破産手続終了後も資産が残っている場合（破産管財人が財団から放棄した不動産等の財産がある）は、清算は未了であるから、法人格は消滅せず、破産法人がさらに清算手続を行わなければならない。

(4) **説明義務と重要財産開示義務**

破産者やその代理人、破産法人の理事、取締役、執行役、監事、監査役、清算人と破産者の従業者は、破産管財人、債権者委員会、債権者集会の決議に基づく請求があったときは、破産に関して必要な説明をしなければならない（破40条1項本文）。破産者の従業者に説明を求める場合は、裁判所の許可が必要となる（同項ただし書）。これらの職にあった者についても同様である

(同条2項)。破産に関する必要な説明とは、資産と負債の状況、破産に至った事情等、破産手続を遂行するために必要な事実の説明である。

この説明義務を強化するために、破産者は、破産手続開始決定後、遅滞なく、その所有する不動産、現金、有価証券、預貯金その他裁判所が指定する財産の内容を記載した書面を裁判所に提出しなければならないとされる（破41条）。重要財産開示義務と呼ばれている。もっとも、自己破産では、実務では、破産手続開始の申立書の添付書類として提出すべき財産目録（破規14条3項6号）に、詳細な財産の明細を記載することを要求しているので、財産目録が提出されていれば、その内容に疑義やその後の変動がない限り、破産手続開始後に重ねて重要財産の内容を記載した書面の提出を破産者に求めることは無駄であり、提出された財産目録を引用すれば足りる。

破産者を含む説明義務者が、説明義務に反して説明を拒み、または虚偽の説明をしたときは刑罰の対象となる（破268条1項）。破産者が、重要財産開示義務に反して、その書面の提出を拒み、または虚偽の書面を裁判所に提出したときも刑罰の対象となる（破269条）。説明義務の履行を間接的に強制しているのである。

(5) 個別的権利行使の禁止と手続の失効

破産手続が開始されると、①破産財団に属する財産に対する強制執行、仮差押え、仮処分、②一般の先取特権の実行、企業担保権の実行、外国租税滞納処分、③民事執行法上の財産開示手続の申立ては、禁止される。上記①③は破産債権に基づくもの以外にも財団債権に基づくものであっても禁止され、上記②は被担保債権が破産債権以外に財団債権であっても禁止される（破42条1項・6項）。また、これらの手続が破産手続開始時に、すでにされている場合は、破産手続開始によって、上記①②の手続は破産財団に対しては効力を失い、上記③の手続は失効する（同条2項本文・6項）。

上記①②は、破産財団に対しては効力を失うから、破産管財人は、この手続や処分を無視して破産財団に属する財産を管理処分することができる。禁止や失効の対象となる手続に、手続債権である破産債権以外に財団債権に関するものも含まれるのは、破産では財団不足になることが多く、財団債権者間の実質的平等を図る必要があること等から財団債権に基づく強制執行等も

禁止や失効の対象としたのである。

仮執行宣言付判決に対する上訴に伴い担保を立てさせて強制執行停止、差押命令・転付命令の取消しがされた後に、債務者が破産した場合、破産手続開始だけでは、担保の事由が消滅した（民訴405条2項・79条1項）ことにはならない[29]。

破産財団に属する財産に仮差押えの執行がされた後に破産が開始された場合は、仮差押えは効力を失うから、破産手続開始後にされた仮差押執行の排除を求めて提起された第三者異議の訴えは、不適法として却下される[30]。第三者異議の訴えが破産手続開始前に提起されていた場合も、仮差押えは破産手続開始で失効するから、第三者異議の訴えは目的を失うので、不適法として却下すべきである。目的財産が自己の物であると主張する者はあらためて破産管財人を被告として取戻訴訟を提起すればよい。

破産管財人は、すでにされている手続のうち、強制執行と一般の先取特権の実行手続を続行することも可能である（破42条2項ただし書）。手続の続行は、従来の手続を破産財団に属する財産の換価手続として利用するものであるから、民事執行法上の無剰余の取消しの対象とはならない（同条3項）。

(6) 訴訟手続の中断

(ア) 破産債権に関する訴訟手続

破産者を当事者とする破産債権に関する訴訟手続は中断する（破44条1項）。破産手続における債権調査を優先させて、当該訴訟を異議等により未確定となった場合に、その訴訟手続を破産債権確定手続に利用（転用）するために中断させることとしたのである。破産債権者が、破産債権の届出をし、異議等により未確定になったときは、無名義破産債権者は確定を求めるため、有名義破産債権に対する異議者等は確定防止のため、それぞれ、法定の不変期間内に受継の申立てをしなければならない（破127条・129条2項）。

(イ) 破産債権に関しない破産財団に関する訴訟手続

破産者を当事者とする破産債権に関しない破産財団に関する訴訟手続も中断する（破44条1項）。破産者は破産手続開始によって財産の管理処分権を失

---

29 最決平成13・12・13民集55巻7号1546頁。
30 最判昭和45・1・29民集24巻1号74頁。

い、当事者適格を喪失するからである。破産管財人は法定訴訟担当として当事者適格を有する（破80条）ので、中断した破産財団に関する訴訟手続を受継することができ、訴訟の相手方も受継の申立てをすることができる（破44条2項）。破産管財人は相手方の受継の申立てに対して受継を拒否することはできない。

賃料滞納を理由に建物賃貸借契約を解除し、建物明渡しと、未払賃料、解除後明渡しまでの賃料相当損害金の支払いを求める訴訟が係属中に、被告である賃借人に破産手続が開始された場合は、その訴訟手続の全部が中断するが、建物明渡請求権は取戻権、破産手続開始日以降の賃料相当損害金は財団債権であるので、この処理になるが、未払賃料と解除後破産手続開始日前日までの賃料相当損害金は破産債権であるから前記(ｱ)の処理になる。[31]

(ｳ) 破産財団に関しない訴訟手続

破産者を当事者とするが破産財団に関しない訴訟手続は、破産管財人の財産の管理処分権とは無関係だから中断しない。社団的組織的事項に関する訴訟手続は、破産財団に関しないから中断しない。[32]会社法上の各種の訴訟がこれに該当する。株主総会決議取消訴訟手続は、破産会社を被告とする訴訟手続（会社834条17号）であるが、決議が組織に関するもの（取締役選任決議等）は中断しない。決議が事業譲渡や剰余金の処分といった財産に関する場合も会社組織内のもので破産財団に関するものとはいえないから、訴訟手続は中断せず、破産管財人は、必要があれば、財産に関する決議に関して破産会社に共同訴訟的補助参加できると解すべきである。

(ｴ) 債権者代位訴訟、詐害行為取消訴訟

破産者を当事者とはしないが、破産財団に関する訴訟手続である破産債権者や財団債権者が提起している債権者代位訴訟（民423条）、破産債権者や財団債権者が提起している詐害行為取消訴訟（民424条）の訴訟手続は中断する（破45条1項）。

債権者代位訴訟手続が中断するのは、債権者の個別的権利行使が禁止される（破42条1項等）し、債権者の個別的満足を防止する必要があるからであ

---

31 最判昭和59・5・17判時1119号72頁。
32 大判昭和14・4・20民集18巻495頁等。

る。転用型と呼ばれる債権者代位権が金銭債権の保全以外に用いられる債権者代位訴訟手続も中断する。

　詐害行為取消訴訟手続が中断するのは、債権者代位訴訟手続が中断する理由に加え、責任財産の回復は破産手続開始によって破産財団の増殖に変更され、破産管財人の否認権行使によって実現されるからである。

　中断の対象となる債権者代位訴訟と詐害行為取消訴訟は、破産債権者の提起したものに限らず、財団債権者の提起したものも含まれる。この点が、再生債権者が提起した訴訟に限られるとする民事再生（民再40条の2）とは異なっているが、破産では、財団不足になる可能性があるからである。

　破産管財人は、中断した当該訴訟手続を受継することができ、相手方も受継の申立てができる（破45条2項）。債権者代位訴訟手続は代位された債権の請求訴訟として受継され、詐害行為取消訴訟手続は否認訴訟として受継される。相手方の受継の申立てに対して、破産管財人は不利な訴訟状態を引き継ぐ必要がないから、受継を拒否できると解すべきである。

　破産手続開始後は、破産債権者と財団債権者は債権者代位訴訟や詐害行為取消訴訟を提起することができないから、破産手続開始後に、この訴訟が提起されても、不適法却下される[33]。

　第三者の訴訟担当である株主の会社責任追及訴訟手続（商847条）も中断する[34]。

　破産債権や財団債権を請求債権として破産者が有する債権を差し押さえた破産債権者や財団債権者の差押債権取立訴訟も中断する[35]。

　滞納者の破産手続開始時に係属していた租税等の請求権による債権者代位訴訟と詐害行為取消訴訟手続（税通42条、地税20条の7）は、国税滞納処分に準じて（破43条2項）中断せず、請求権者は、当該訴訟手続を続行して回収額を直ちに滞納額に充当できると解すべきである[36]。滞納者の破産手続開始時に係属していた滞納処分により差し押さえた債権の取立訴訟手続も、国税滞

33　大判昭和4・10・23民集8巻787頁。
34　東京地決平成12・1・27金商1120号58頁。
35　最判平成11・12・17判時1707号62頁。
36　大判昭和5・11・29民集9巻1093頁参照。

479

納処分の一環として行われるから、同様に解すべきである。

(7) **国税滞納処分の特則**

(ア) 租税等の請求権

国税徴収法または国税徴収の例で徴収することができる請求権を、租税等の請求権と呼んでいる（破97条4号）。いわゆる公租公課のことである。法律で明文の規定がおかれているが、国税、地方税以外に、社会保険料、その他の公の負担金等、数多くの公課がこれに該当する。国税と地方税は、公課のその他の請求権に優先し（税徴8条、地税14条等）、公課は、各法律により国税・地方税に次ぐ旨が規定されているから私債権に優先する。

地方税の徴収の例による旨規定されるものもある（国民健康保険料、下水道使用料等）が、地方税の徴収は国税徴収の例によるから、租税等の請求権である。共助対象外国租税の請求権も、国税徴収の例によって徴収できるから、租税等の請求権に含まれる。

罰金等の請求権（破97条6号）である追徴金と過料の中には国税徴収の例により徴収できるとされるものがあり（労働保険の保険料の徴収等に関する法律30条、砂防法38条1項、地方自治法231条の3第3項等）、この請求権も租税等の請求権に含まれる。

(イ) 新たな国税滞納処分の禁止

破産手続開始決定があった場合は、破産財団に属する財産に関する新たな国税滞納処分（外国租税滞納処分を除く）はできない（破43条1項）。国税滞納処分には国税滞納処分の例による処分を含むが交付要求は含まれない（破25条1項）。国税滞納処分とは、租税等の請求権を徴収するために行われる交付要求以外の滞納処分をいう。外国租税滞納処分（共助対象外国租税の請求権に基づく国税滞納処分の例によってする処分をいう。破24条1項6号）が除外されるのは、共助対象外国租税の請求権は優先権が認められない（租税条約等実施特例法11条4項）ので、外国租税滞納処分は、強制執行等と同様に、破産手続開始によって、禁止、失効の対象となる（破42条1項・2項）からである。

交付要求は国税滞納処分には該当しない（破25条1項）から、破産手続開始後も強制換価手続で交付要求をすることが可能である。もっとも、破産財

団に属する財産に対する担保権の実行による競売手続に交付要求がされて、配当等の手続で交付要求に対する配当があるときは、当該租税等の請求権に基づいて破産手続開始前に当該財産に滞納処分による差押え（参加差押えを含む）をしていた場合を除いて、その配当金は交付要求を行った徴収機関ではなく破産管財人に交付され、破産財団に組み入れられる。[37]破産財団に属する財産に破産手続開始前に滞納処分手続がされ、この手続に交付要求がされたときも同様である。[38]破産手続開始前に滞納処分（参加差押えを含む）がされていて、担保権実行手続（滞納処分と強制執行等との手続の調整に関する法律の続行決定があった場合も含む）や破産手続開始前に着手されていた他の滞納処分に交付要求をした場合で、配当金があったときは、その配当金は、破産管財人ではなく交付要求をした徴収機関に交付されることになるから、当該交付要求が破産手続開始後にされた場合は、当該破産手続開始前の国税滞納処分の続行（破43条2項）としての性質を有する。

共助対象外国租税の請求権以外の破産手続開始前の原因に基づく租税等の請求権は、財団債権（破148条1項2号・3号）、優先的破産債権（破98条）、劣後的破産債権（破99条1項1号・97条3号・4号・5号。租税等の請求権に該当する追徴金や過料は破99条1項1号・97条6号）に分類されるが、どの債権であれ、破産手続開始後は国税滞納処分に着手することは許されず、財団債権は破産債権に先立って弁済され、破産債権は、債権届出のうえ、その順位に従って破産配当の対象となるだけである。

(ｳ)　先着手の国税滞納処分の続行

徴収機関が、破産手続開始前に国税滞納処分（外国租税滞納処分は除く）に着手していたときは、滞納処分を続行することができ、財団債権や破産債権（劣後的破産債権を含む）を回収することができる（破43条2項・100条2項1号）。租税等の請求権（共助対象外国租税の請求権を除く）には担保権のような追及力はないが、別除権の被担保債権に優先する場合がある（税徴8条・15条・16条等）ところ、別除権の行使は破産手続開始で影響を受けないこととのバランスから、別除権の行使に準じて、破産手続に対する先着手を認め

37　最判平成9・11・28民集51巻10号4172頁。
38　最判平成9・12・18民集51巻10号4210頁。

たのである。

　この国税滞納処分には、差押え（税徴47条以下）以外に、参加差押え（税徴86条）は差押えに準じた効力がある（税徴87条）から、国税滞納処分に含まれるし、債権の二重差押えや、滞納処分と強制執行等との手続の調整に関する法律の二重差押えも同様である。

　先着手によって続行できる国税滞納処分は、差押え後の換価等の処分だけでなく、差し押さえた債権の破産手続開始後の取立訴訟等の裁判手続の提起（その後の強制執行も含む）も、債権取立方法（税徴67条1項、国税徴収法基本通達第67条関係3）で、金銭を取り立てた場合は徴収とみなされる（税徴67条3項）から、国税滞納処分の続行と解すべきである。また、国税滞納処分による債権差押えの効力は、債権者不確知を理由とする弁済供託が行われた場合の供託金の還付請求権に及ぶが、滞納者の破産手続開始前に滞納処分による債権差押えを行った徴収機関の破産手続開始後の供託金の還付請求権の差押えは、取立権を確認するもので、国税滞納処分の続行として可能である。[39]

　　　　(エ)　その他

　破産手続開始決定の直前に、不動産、預金、売掛金等に滞納処分による差押えがされる例は多い。徴収機関は、先着手による国税滞納処分で先取りを図る一方では、請求権者は、破産手続で、財団債権の申出や破産債権の届出として交付要求（税徴82条1項等）を行う。

II　破産手続の機関

　倒産手続は裁判手続であるから、裁判所が中心となるが、倒産処理の本体は債務者の財産であり、これを一定の目的のために管理や処分することが必要である。管理や処分を裁判所自らが行うことは不可能であるから、倒産手続を円滑に運用するために、破産手続上の機関が設けられている。

　破産法上、破産手続の機関とされているのは、破産管財人と保全管理人であるが、債権者集会、債権者委員会、代理委員も広い意味での機関と考えて

39　大分地判平成16・3・26訟月51巻5号1315頁参照。

よい。保全管理人については、すでに説明している（前記Ⅰ1⑹(イ)参照）し、債権者委員会、代理委員は実務上ほとんどないので、破産管財人と債権者集会について説明する。

1 破産管財人

　破産管財人とは、破産手続において破産財団に属する財産の管理および処分をする権利を有する者をいう（破2条12項）。

　破産手続は包括執行手続だとして、破産管財人は差押債権者と同視できるとされるが、破産管財人の一面を表すものにすぎず、破産手続を強制換価手続ととらえた場合は、破産管財人は執行機関としての性質を有する（税徴2条13項）し、実体法上は、破産管財人は、破産財団に属する財産の管理処分権者として、広範な権限を有し、また、権限に応じた責任を負担している。

(1) 破産管財人の選任

　破産管財人は、同時廃止をする以外は、破産手続開始と同時に裁判所が選任する必置の機関である（破31条1項）。破産管財人の資格の制限はなく、法人も管財人になれる（破74条2項）が、実務では、法律上の知識が必要であるので、一定の経験を有する弁護士の中から選任されている。複数の破産管財人が選任された場合は、共同してその職務を行うが、裁判所の許可を受けて、それぞれが単独で職務を行うことも、職務を分掌することもできる（破76条1項）。第三者の意思表示は、破産管財人の一人に対してすればよい（同条2項）。破産管財人は、必要があれば、自己の責任で、裁判所の許可を受けて、破産管財人代理を選任することができる（破77条）。

(2) 破産管財人の職務

　破産手続開始決定によって、破産財団に属する財産の管理処分権は、破産者から剥奪されて、破産管財人に専属する（破78条1項）。破産管財人は、裁判所の監督に服し（破75条1項・157条等）、その職務の行使には善管注意義務を負う（破85条1項）が、裁判所からは独立した第三者機関である。破産管財人の善管注意義務とは、職務の執行にあたり、総債権者の公平な満足を実現するため、善良な管理者の注意をもって、破産財団をめぐる利害関係を調整しながら適切に破産財団を形成することである。破産管財人の職務は、

破産手続を遂行することであるから、その内容は広範で多岐にわたるが、主たる職務内容は、①破産財団の管理・換価、②破産債権の調査確定への関与、③財団債権の弁済や破産債権に対する配当等である。

上記①には、否認権の行使、契約関係の処理等も含まれる。破産管財人は、就職の後、直ちに破産財団の属する財産の管理に着手しなければならない（破79条）。実務上は、破産管財人は、破産手続開始決定の直後に、申立代理人である弁護士から、管理している現金、預貯金の通帳、有価証券類、生命保険証書、ゴルフ場の預託金証書、車検証、決算書類や重要な帳簿、建物の鍵その他の重要な物の引渡しを受け、土地・建物は、現地に赴いて占有を取得し、事務所や倉庫に存在する什器備品類や商品類の占有を取得する。

破産管財人は、破産財団に関する訴えについて、当事者適格を有する（破80条）。吸収合併存続会社の債権者の破産管財人は、破産財団に属する債権の管理処分権に基づき、その回収の実効性を確保するため吸収合併無効の訴えを提起することができ、当該訴えは破産財団に関する訴えに含まれる[40]。

破産管財人が善管注意義務に反した場合は、利害関係人に対して損害賠償義務を負う（破85条2項）。利害関係人とは、破産管財人の職務と法律上の利害関係を有する者で、破産者、破産債権者、財団債権者、取戻権者、別除権者等が含まれる。損害賠償請求権は財団債権になる（破148条1項4号）ので、破産財団も損害賠償責任を負担し、破産管財人個人の損害賠償責任とは不真正連帯債務になる。

　(ｱ)　破産管財人の行為制限

破産管財人が、①不動産、船舶の任意売却、②鉱業権、漁業権や特許権、実用新案権、意匠権、商標権等の知的財産権の任意売却、③営業または事業の譲渡、④商品の一括売却、⑤借財、⑥相続放棄の承認、包括遺贈の放棄の承認、特定遺贈の放棄、⑦動産の任意売却、⑧債権または有価証券の譲渡、⑨双方未履行双務契約の履行の請求、⑩訴えの提起、⑪和解または仲裁合意、⑫権利の放棄、⑬財団債権、取戻権、別除権の承認、⑭別除権の目的である財産の受戻し、⑮その他裁判所が指定する行為をするには、裁判所の許可を

40　名古屋高金沢支判平成24・1・17判タ1373号224頁。

得なければならない（破78条2項）。この裁判所の許可は、破産管財人の財産の管理処分行為に対する監督の一環として行われるものである。もっとも、行為の都度、裁判所の許可を受けていては、迅速な財産の換価という破産管財人の職務を全うできない可能性があるので、上記⑦〜⑭の行為は、その額が100万円以下のときは、裁判所の許可を不要とし（破78条3項1号、破規25条）、裁判所は、上記⑦〜⑭の行為について、許可そのものを要しないとすることもできる（破78条3項2号）。100万円を超える財団債権の支払いや、100万円を超える物件の取戻権を承認して返還をする必要性はかなり高いから、上記⑬の財団債権の承認や取戻権の承認は、要許可事項から除外される運用がされる場合が多い（それ以外に、自動車の任意売却や有価証券の市場での時価売却を除外事由にする運用もある）。

　裁判所は、上記③の営業または事業の譲渡の許可をするには、労働組合等の意見を聴かなければならない（破78条4項）が、実務上は、従業員は開始時点ではすでに解雇されていて、営業や事業が廃止されているのが通常だから、ほとんど例がない。破産では、事業譲渡は裁判所の許可で足り、法人の組織的な手続（株主総会の決議等）は不要である。また、民事再生と会社更生で要求される、知れている手続債権者や債権者委員会の意見を聴く（民再42条2項、会更46条3項1号・2号）必要もない。

　破産管財人が、上記の行為をしようとするときは、遅滞を生じるおそれがある場合と裁判所の許可を要しない場合を除いて、破産者の意見を聴かなければならない（破78条6項）。破産者は、財産の価値や有利な換価方法を知っていることも多いので、意見を聴くこととしている。破産者から意見を聴かなくても、破産管財人の善管注意義務に反することはあっても、破産管財人の行為の効力に影響しない。

　破産管財人が裁判所の許可を得ないで行った行為は無効であるが、善意の第三者に対抗することができない（破78条5項）。この第三者には、転得者以外に行為の相手方も含まれ、善意とは、破産管財人が行った行為が裁判所の許可を要する行為で裁判所の許可を受けていないことを知らないことであり、善意であれば、無過失であることを要しない。

(イ)　破産管財人の調査等の権限

　破産管財人は、説明義務を負担する破産者等（破40条1項・2項）や子会社等に対して、必要な説明を求め、破産財団に関する帳簿、書類、その他の物件の検査をし、子会社等の帳簿、書類その他の物件の検査をする権限がある（破83条）。義務者が、説明義務に違反し、検査を拒絶した場合は罰則の制裁（破268条・277条）がある。

(ウ)　破産管財人による郵便物等の管理

　裁判所は、管財業務の遂行のために必要であれば、破産者にあてた郵便物や民間業者の行う信書便物を破産管財人に配達することを嘱託することができ（破81条1項）、破産管財人は破産者にあてた郵便物等を開いて見ることができる（破82条1項）。

　破産管財人が破産者の財産状況等を把握するために認められた日本国憲法21条2項の「通信の秘密」の合理的な制限である。破産では、事業継続をしない限り、配達の嘱託は必要となる。実務上は、破産管財人が破産者あての郵便物等を見ることによって、財産目録に記載漏れの財産を発見し、債権者一覧表に記載漏れの債権を発見する場合もある。

2　債権者集会

　債権者集会は、裁判所が主宰して行われる情報開示や決議を行ったりする債権者の集合体である。必要的決議事項はなく、破産者等に対する説明の請求（破40条1項）と、破産管財人に対する状況説明の請求（破159条）は、決議事項になっているが、実務上は、この例はほとんどない。

　債権者集会は、裁判所が指揮し（破137条）、期日を開く場合は、債権者集会期日には、破産管財人、破産者、届出破産債権者を呼び出し、期日と会議の目的は官報で公告される（破136条）が、期日を開かない場合は書面投票の方法で行う（破141条）。

　破産法で、債権者集会が規定されているのは、①破産管財人、債権者委員会、破産債権者の総債権額について裁判所が評価した額の10分の1以上にあたる債権者の申立てがあったときと、裁判所が相当と認めるとき（破135条）、②財産状況報告集会（破31条1項2号・158条）、③異時廃止の意見聴取のた

めの債権者集会（破217条1項）、④破産管財人の任務終了による計算報告のための債権者集会（破88条3項）であるが、上記②〜④の債権者集会には代替措置が認められている。

上記③④は後に説明する（後記Ⅸ1・2参照）ので、ここでは、上記②について説明する。財産状況報告集会は、破産手続開始決定から3カ月以内（破規20条1項2号）に開かれる集会で、破産管財人は、破産手続開始に至った事情、破産者および破産財団に関する経過および現状、法人の役員の責任の追及に関する保全処分、損害賠償の査定を必要とする事情、その他破産手続に関し必要な事情について報告をする（破158条）。財産状況報告集会は、破産債権者に対する情報開示を目的とするもので、裁判所は相当でないと認めるときは開催する必要はなく（破31条4項）、財産状況報告集会が開かれないときは、情報開示の目的は、破産管財人による報告書の要旨の債権者への通知や適当な場所への財産状況報告書の備置（破規54条3項）と、財産状況報告書の閲覧や謄写（破11条1項・2項）で達せられる。実務では、財産状況報告集会が開かれることが多い。法定の決議事項でないことも決議に付することは可能であるが、決議の結果は、裁判所や破産管財人を拘束しない。

Ⅲ　破産財団に対する債権

どの債権を倒産手続に服させる手続債権とするか、手続債権以外の債権をどのように処遇するかといったことは、立法政策で決まる。破産では、手続債権として順位のある破産債権があり、手続外債権として破産債権に優先する財団債権がある。

1　破産債権

破産債権は手続債権で、破産債権者は法定の除外事由がない限り破産手続でしか権利行使ができず、破産債権をもって破産手続に参加できるだけである（破100条1項・103条1項）。手続参加の主目的は、配当を受けることである。破産債権とは、破産者に対し破産手続開始前の原因に基づいて生じた財産上の請求権で財団債権に該当しないものをいう（破2条5項）とされるが、

それ以外に破産法97条1項で破産手続開始後の利息等、12種類の破産債権（ただし財団債権は除く）が規定されているし、破産手続開始後の原因に基づいて生じた請求権も破産債権とされることがある（破54条1項・57条・58条2項・3項・59条2項・168条2項2号等）。

(1) **破産債権の要件**

原則的な破産債権の要件である破産手続開始前の原因に基づくとは、請求権自体は破産手続開始決定後に発生したものでもよいが、その基礎となる主たる発生原因事実が破産手続開始前に生じているものをいう。この要件を満たすときは、開始決定後に履行期が到来する債権、停止条件付請求権、将来の請求権も破産債権になる。

停止条件付請求権とは、請求権の発生原因となる法律行為に停止条件が付されているもの（民127条1項）、将来の請求権とは、保証人の事後求償権のように停止条件が法定されている請求権をいう。停止条件付請求権と将来の請求権は、停止条件が特約か法定されているかの違いはあるが、破産手続開始時点では、発生が将来の不確実な事実の成否にかかっている点は同じであるから、倒産法では同様の取扱いを受ける（70条・198条2項等）。これに対して、解除条件付請求権は、請求権自体は発生しているので、異なる取扱いがされる（破69条・201条3項等）。

破産債権は債権であるから、人的請求権であることが要件となる。破産者に対する物権的請求権は、人的請求権ではないので破産債権ではない。所有権に基づく返還請求権、妨害排除請求権は、破産債権でなく取戻権である。

財産上の請求権（財産の給付を求める請求権）であればよく、金銭債権である必要はない。作為請求権のうち、代替的作為請求権は金銭債権に転化しうる（民414条、民執171条）から破産債権となる。たとえば、引渡請求権や登記請求権が取戻権にならない場合は破産債権となる。非代替的作為請求権と不作為請求権は、破産手続開始前の不履行によって損害賠償請求権に転化していない限り金銭評価ができないし、強制執行上も間接強制しかできない（民執172条）ので、破産債権にならないとされるが、法人では非代替的作為請求権を観念できない。

例外的な破産債権は、破産手続開始後の原因に基づいて生じる請求権で財

団債権として処遇されない請求権を、種々の理由で破産債権に格上げしたものであるが、全部明文の規定がある（破97条各号・54条1項・60条1項・2項等）。

(2) **破産債権の順位**

破産債権には順位が設けられている。第1順位が優先的破産債権（その中でも実体法による順位がある）、第2順位が一般破産債権、第3順位が劣後的破産債権、第4順位が約定劣後破産債権である。この順位は、配当における順位で絶対的なものである（破194条）。破産では、個別的な衡平という理念はないから、破産会社の支配会社等の債権を具体的事情によって劣後化することはできない。[41]

(ア) 優先的破産債権

破産財団に属する財産につき一般の先取特権その他一般の優先権がある破産債権は、優先的破産債権として他の破産債権に優先する（破98条1項）。

一般の先取特権は、債務者の総財産の上に存在する（民306条）から、包括執行である倒産手続では、担保権としての効力は認めず、その被担保債権を優先的破産債権としている。一般の先取特権の被担保債権とされるものは、①共益費用、②雇用関係、③葬式費用、④日用品供給の各請求権である（民306条）。

上記②の雇用関係の債権には、未払給料、退職金等、労働債権の全部が含まれる。もっとも、その一部は労働者保護の見地から財団債権とされている（破149条）ので、優先的破産債権となる部分は財団債権となる以外の部分である（退職金請求権に付帯する遅延損害金のうち破産手続開始後の部分は劣後的破産債権となる。同条2項かっこ書）。解雇予告手当（労基20条）も、雇用関係の請求権として優先的破産債権となる。上記④の日用品供給の請求権は、生活に必要な最後の6カ月間の飲食料品および燃料、電気の供給とされており（民310条）、自然人の破産者では、ガス、水道、電気等の供給が含まれるが、法人の破産者では先取特権は認められない。[42] この債権が継続的給付契約に基

---

41 東京地判平成3・12・16金商903号39頁。反対の判示をした裁判例として広島地福山支判平成10・3・6判時1660号112頁参照。
42 最判昭和46・10・21民集25巻7号969頁。

489

づくものであるときは、破産者が自然人、法人を問わず、その一部が財団債権に格上げされる（破55条2項）。

その他一般の優先権のある債権は、①企業担保権で担保される社債（企担2条1項）、②租税債権（税徴8条、地税14条・14条の2等）、③国税徴収の例による徴収できる公課（健保182条、厚年88条、国年98条等、多くのものがある）等である。

破産手続開始前の原因に基づいて生じた上記②③の請求権（租税等の請求権）は、財団債権（破148条1項3号）とならないものは、本税（公課については本来の徴収金をいう。以下同じ）部分と、これに対する破産手続開始前の延滞税、利子税、延滞金が優先的破産債権となる。破産手続開始日の延滞税等が優先的破産債権になるかどうかは、実務では、破産手続開始日の前日までの分が優先的破産債権となるものとするもの（国税と社会保険料）が多いが、地方税では破産手続開始日までの分を優先的破産債権とするものがある。地方税や公課の督促手数料も同様である。なお、共助対象外国租税の請求権は、優先権は与えられていない（租税条約等実施特例法11条4項）から、本税部分は優先的破産債権ではなく一般の破産債権となる。

優先的破産債権の間には優劣があり、その順位は、民法、商法、その他の法律に定めるところによる（破98条2項）。実体法上の順位は、①国税・地方税（国徴8条、地税14条等）、②社会保険料等の公課（各法律で、国税、地方税に次いで徴収する旨規定されている）、③一般の先取特権の被担保債権（その間でも順位がある。民329条1項）、④企業担保権の被担保債権である社債の順で、配当においても、この順位は絶対的である。公租間、公課間の交付要求先着手主義（税徴13条等）は採用されず、債権額で按分される。

　　(イ)　劣後的破産債権

劣後的破産債権とされるものは、①破産手続開始後の利息、②破産手続開始後の不履行による損害金、違約金、③破産手続開始後の延滞税、利子税、延滞金、これに類する共助対象外国租税の請求権、④租税等の請求権で破産財団に関して破産手続開始後の原因に基づいて生じるもの、⑤加算税（過少申告加算税、無申告加算税、不納付加算税、重加算税）または加算金（過少申告加算金、不申告加算金、重加算金）、これらに類する共助対象外国租税の請求

権、⑥罰金、科料、刑事訴訟費用、追徴金、過料（これらを罰金等の請求権と呼ぶ）、⑦破産手続参加費用であって、それぞれ財団債権に該当しないもの（破99条1項1号・97条1号〜7号）と、⑧破産手続開始後に弁済期が到来する無利息債権で、破産手続開始時から弁済期まで期間の年数（端数は切り捨て）に応じた債権に対する法定利息に該当する部分、⑨破産手続開始後に期限が到来する無利息の不確定期限付債権で、その債権額と破産手続開始時の評価額との差額部分、⑩金額および存続期間が確定している定期金債権のうち、各定期金について上記⑧の計算をした場合の合計額に相当する部分（破99条1項2号〜4号）である。劣後的破産債権には議決権が与えられない（破142条1項）。

　これらの債権は、種々の理由で、他の破産債権から劣後化されているが、本来的な破産債権を劣後化したものと、破産手続開始後の債権で本来的には破産債権にならないものを破産者自身に対する請求権とせず、免責の対象とすること等を目的に政策的に劣後的破産債権としたものに分けられる。

　上記①②の利息、損害金、違約金（破97条1号・2号）は、破産手続開始後に発生する請求権で、立法政策上、劣後的破産債権としたものである。上記③の破産手続開始後の延滞税等（同条3号）は、上記①②の利息、損害金と同じ性質を有するので、本税が優先的破産債権となる場合の破産手続開始後の延滞税等を劣後的破産債権としたものである。上記④の租税等の請求権（同条4号）は、破産手続開始後の原因に基づいて破産財団に関して生じるもので、破産財団の管理や換価に関する費用（たとえば、固定資産税や消費税）は財団債権になる（同項2号）が、例外的に財団債権とならないものは、本来は破産手続開始後の債権で破産債権にはならないことから、どのように取り扱うか問題があったので、破産財団に関して生じたものに限って劣後的破産債権になるとして立法的に解決したものである。予納法人税制度は廃止され、土地重課税は適用が停止されているから、実際上は、本号に該当する請求権は、ほとんど考えられない。なお、破産管財人の管理処分権放棄後に放棄財産に対して生じる固定資産税や放棄財産の換価による消費税、破産手続開始日の属する月以降の国民年金保険料等は、破産財団に関して生じたものでなく、破産手続開始後に破産者に対して生じたものであるから、破産手

続とは無関係で、最初から破産債権にならない。これらの租税等の請求権は、破産者自身の自由財産を引当て（責任財産）にする破産者に対する請求権である。上記⑤⑥は、本来的な破産債権であるが、破産者に対する一種の制裁であるから、これを一般破産債権と同様に扱うとすれば、破産者の負担を破産債権者に転嫁することになるので劣後的破産債権としたものである。上記⑤の加算税と加算金（同条5号）は、破産手続開始前の原因に基づいて生じた本税（破148条1項3号の財団債権、または破98条1項の優先的破産債権）についての加算税と加算金である。上記⑥の罰金等の請求権（同条6号）は、発生原因が破産手続開始前の破産者の行為によるものに限る。破産手続開始後の破産者の行為によって生じた罰金等の請求権は、破産手続とは無関係で最初から破産債権にはならない。破産手続開始後の破産管財人の職務に関する行為によって生じた罰金等の請求権は財団債権となる（破97条柱書かっこ書・148条1項4号）。上記⑦の破産手続参加費用（同条7号）は、手続参加に必要な費用ではあるが、破産手続開始後の原因に基づくもので、本来は破産債権にはならないのであるが、政策的に劣後的破産債権にしたものである。上記⑧〜⑩は、本来的な破産債権であるが、破産債権の現在化の関係で、債権の手続開始時点の現価と債権額との差額を劣後的破産債権としたものである（破99条1項2号〜4号）。上記⑧の無利息債権の典型例は約束手形金債権であるが、年未満は切り捨てるので、破産手続開始から1年を超える満期の手形はほとんどないから、劣後債権部分は、ほとんどない。

　　(ウ)　約定劣後破産債権

　破産債権者と破産者との間で、破産手続開始前に、破産手続が開始されたとすれば、当該破産手続における配当の順位が劣後的破産債権者より劣後する旨の合意された債権（約定劣後的破産債権）は、劣後的破産債権に遅れる（破99条2項）。約定劣後破産債権は、債務者にとっては実質的には株式に類するものとして、一定の要件で自己資本と取り扱われるので、自己資本比率の規律が大きい金融機関にとって意味があり、金融機関が貸付審査の判断要素に自己資本比率を勘案することもあるので、それなりの利用がある。

　約定劣後的破産債権は、破産手続における最下位の手続債権であるが、一般社団法人の破産手続では、基金（出資金に相当する）の返還に係る債権は、

約定劣後破産債権に遅れる（一般社団法人及び一般財団法人に関する法律145条）とされるので、約定劣後破産債権よりさらに下位の破産債権となる。

(3) 破産債権の額（金銭化、現在化）

　破産手続は、配当という金銭による強制的按分弁済を行うことを目的とするから、配当を受けるべき破産債権は、破産手続開始時点を基準にして金銭債権としてその金額を確定させる必要がある。非金銭債権、期限未到来の債権、額が未確定の金銭債権は、破産手続開始時点の確定額の金銭債権とする必要がある。これを破産債権の金銭化、現在化と呼ぶ。

　破産債権の金銭化、現在化の効果は、破産債権の確定時ではなく、破産手続開始によって当然に生じると解すべきである。

　確定額の金銭債権で、破産手続開始時に弁済期が到来している債権は、その債権額が破産債権の額となる（破103条2項2号）。期限が未到来の債権は、破産手続開始時点でその弁済期が到来したものとみなされる（同条3項）。金銭の支払いを目的としない債権、額が不確定、外国の通貨で定めた金銭債権、金額または存続期間が不確定な定期金債権は、破産手続開始時点の評価額が破産債権の額となる（同条2項1号イ・ロ・ハ）。

　破産手続開始時点の条件付債権または将来の請求権は、その破産債権をもって破産手続に参加することができる（破103条4項）とされる。破産では、無条件の債権と同様に破産手続に参加させることとして、破産債権の届出はできるが、相殺や配当では、特別の規定を設けて（破69条・70条・198条2項・201条2項・3項・205条・212条・214条1項4号・5号）、他の破産債権者と不公平にならないようにしている。

(4) 破産債権の行使

　破産債権は、破産手続が開始されると、法定の除外事由がない限り、破産手続によらなければ、権利行使をすることができない（破100条1項）。

　破産管財人は破産債権を弁済することを禁止され、破産債権者が弁済を受けることも禁止される。これに違反してなされた破産債権の弁済等の債権消滅行為は破産債権者の善意・悪意を問わず無効である。法定の除外事由は、別除権の行使、別除権の目的となる財産の受戻し、相殺権の行使等がある。

　破産債権となる租税等の請求権（共助対象外国租税の請求権は除く）も除外

事由の一つで、破産手続開始決定時に破産財団に属する財産にすでにされている国税滞納処分は、続行して（破43条2項）、換価処分によって得た金銭を当該租税等の請求権に充当できる（破100条2項1号）。また、還付金や過誤納金があるときは、それを破産債権である租税等の請求権に充当することができる（破100条2項2号、税通57条、地税17条の2）。

　優先的破産債権である給料の請求権、退職手当の請求権についての届出破産債権者に対する弁済も除外事由の一つで、当該債権者が破産債権の弁済を受けなければ、その生活の維持を図るのに困難を生じるおそれがあり、財団債権または他の先順位もしくは同順位の優先的破産債権を有する者の利益を害するおそれがない場合は、裁判所は、破産管財人の申立てまたは職権で、配当の許可までの間に、破産手続外の弁済を行うことができる（破101条1項）。労働者保護の見地から、従業員の未払給料と未払退職金の一部を財団債権化している（破149条）が、さらに、財団債権部分を超える債権で優先的破産債権となる部分の破産手続外での弁済を認めたものである。生活の維持を図るのに困難を生じるおそれという許可要件があるので、この許可によらないで同額の貸付を行い（配当段階で配当金と相殺する）、あるいは、早期の中間配当の実施で替えるといった実務運用もある。手続外弁済の対象となる請求権には、解雇予告手当（優先的破産債権である）は含まれないが、労働者保護の見地から、この規定を類推して手続外弁済の対象とする実務運用もある。

　破産手続中でも、個人の破産者自身が、自由な判断で自由財産の中から破産債権の弁済をすることは妨げられない[43]。

(5) 多数債務者と破産債権

　ある債務について全部の義務履行のある債務者が複数ある場合に、債務者の一部または全部に倒産手続が開始されたときに、債権者をどのように処遇するかという問題がある。倒産法では、徹底した開始時現存額主義を採用している（破104条、民再86条2項、会更135条2項）。

　開始時現存額主義を採用したのは、債権者にとっては、多数の全部義務者

43　最判平成18・1・23民集60巻1号228頁。

がいる場合、債務者の弁済資力の欠如による回収の危険を分散することができるという実体法上の効果を倒産法でも貫徹して、配当時に実際の債権額との乖離があっても、当初の債権額で配当を受けられることとし、本来の債権者にできるだけ多くの満足が得られるようにしたのである。

複数の債務者が全部履行の義務を負うのは、連帯債務、不可分債務、不真正連帯債務、手形小切手の合同債務、主債務と保証債務、連帯保証人間等である。実務上多いのは連帯保証債務である。債務の一部でも履行義務を負う者が複数ある場合もこれに含まれる。主債務者と一部保証人等がこれに該当する。

(ア) 複数の全部義務者の一部または全部の破産

債権者は、開始時点の債権額の全額で破産債権者として権利行使ができ、その後に他の全部義務者が当該破産債権の弁済等の債権消滅行為を行った場合でも、債権全額が消滅しない限り、債権者は破産手続開始時点の債権全額について権利行使ができる（破104条1項・2項）。破産法104条1項・2項は、破産手続開始時の現存額で破産手続に参加できるということに意味がある規定である。参加できるとは、具体的には破産配当を受けられるということである。破産手続開始時に有する額で手続参加ができるので、主債務者の破産手続開始時に連帯保証人が一部の保証履行をしている場合は、債権者は破産手続開始時の残額でのみ破産債権の行使ができ、連帯保証人は保証履行した額について現在の事後求償権として権利行使ができる。開始時現存額主義は、債権者に破産手続開始時の債権による権利行使を認めるものであるから、破産手続開始後に全部義務者からの一部弁済で債権が一部消滅した後も、破産配当で破産手続開始時の債権に対する配当金を受領することになるが、[44]受領した配当金が債権残額を超過した場合は弁済をした全部義務者に当該超過分を不当利得として返還しなければならない。

次に、破産者に対して将来の求償権を有する全部義務者は、その全額について破産手続に参加（破産債権届出）できるが、債権者が破産手続開始時点での債権額で破産手続に参加をしているときは手続参加ができない（破104

---

[44] 物上保証人の一部弁済に関する最決平成29・9・12裁判所HP。

条3項)。将来の求償権を有する者が、その全額について破産手続に参加できることは、将来の求償権は将来の請求権の一種であるから、当然のこと(破103条4項)を確認したものにすぎない。全部義務者は債権者が破産債権の届出をしている場合は権利行使ができない(ただし、債権者が破産債権届出を取り下げることがあるので、全部義務者の債権届出は却下すべきではない)ことに意味がある規定である。したがって、債権者が破産債権の届出をしていないときは、全部義務者として将来の求償権としての権利行使が可能である。最後配当や簡易配当の除斥期間の満了時までに債権者に義務履行をして事後求償権を発生させたときは、破産配当を受けることができる(破198条2項・205条)。

　受託保証人の事前求償権は、現在の求償権で将来の求償権ではないから、この規定の適用はない。債権者が破産手続に参加しているときは権利行使が認められない(民460条1号)が、債権者が破産債権の届出をしていない場合は、現在の破産債権として無条件で破産配当を受けることができる。

　債権者が破産債権の届出をしているときは、将来の求償権を有する全部義務者が弁済等で、その原債権の全部を消滅させた場合に限って債権者が有した原債権を求償権の範囲で行使できる(破104条4項)。民法上の弁済による一部代位(民500条・502条)を排除して、開始時現存額主義を徹底させたものである。1個の債権について限度保証をした連帯保証人が、主債務者破産後に債権者に限度額の保証履行した場合でも、保証履行では破産手続開始時点の主債務の全額が消滅しなかったときは、原債権に代位できない。[45]

　義務履行により原債権の全部を消滅させたときは、手続的には、破産債権(原債権)の届出名義を履行した全部義務者に承継させるという届出名義の変更(破113条)による。全部義務者が求償権として債権届出をしていないときは、確定による時効延長効(民174条の2第1項)はないが、届出名義変更時から破産手続の終了時までは消滅時効は中断する。[46] 全部義務者が将来の求償権について破産債権の届出をしている場合は、債権者が破産債権届出を取り下げて(破産手続に参加しなかったことになる)、将来の請求権の停止条

45　東京高判平成18・10・31判タ1240号336頁参照。
46　最判平成7・3・23民集49巻3号984頁。

件が成就したとして、事後求償権で配当を受けることも可能である。

　　(イ)　物上保証人

　これらの処理方法は、物上保証にも準用されている（破104条5項）。物上保証人は債務を負担しないので、全部義務者に関する規定があてはまるものではないが、被担保債権の第三者弁済や担保権の実行によって物上保証人に求償権が発生する（民351条）し、物上保証人の求償権と原債権者の権利行使を調整する必要があるのは、全部義務者と同様であるから、物上保証人が、主債務者の破産手続開始後、債権者に対して弁済その他の債権消滅行為をした場合に、全部義務者の規定を準用することとしたのである。

　債権の消滅行為とは、物上保証人の被担保債権の第三者弁済以外に、債権者から担保権の実行を受けた場合も含む。主債務者の破産後に担保権の実行により法定充当がされた結果、被担保債権全部が消滅（複数口の債権の一部口への全額充当を除く）に至らなかった場合は、物上保証人は自己の責任を全部履行したにもかかわらず、被担保債権（破産債権）に代位できない。

　　(ウ)　債権者の破産債権が複数ある場合

　債権者が債務者に対して複数口の債権を有していた場合で、その一部口にのみ全部義務者があり、債務者の破産後に全部義務者が当該債務の全額を弁済したとき（金融機関の信用保証協会の保証付融資で、信用保証協会が金融機関に保証履行した例が典型例である）は、当該全部義務者は、その弁済にかかる原債権を求償権の範囲で権利行使することができ、債権者が複数口の債権を有していた場合で、その一部口を被担保債権とする物上保証があり、主債務者破産後に担保権実行等によってその被担保債権全額の満足が得られたときも、物上保証人はその満足にかかる被担保債権を求償権の範囲で権利行使することができる[47]。

　主債務者の破産手続開始後に、物上保証人が複数口の被担保債権のうちの一部口の債権の全額を弁済した場合は、被担保債権の全額が消滅していないときでも、当該一部口の債権につき、その全額が消滅した場合に該当する[48]。物上保証人は求償権の範囲で当該消滅した債権に代位できる。主債務者の破

47　最判平成17・1・27民集59巻1号200頁参照。
48　最判平成22・3・16民集64巻2号523頁。

産手続開始後に、複数口の全部義務者から一部弁済があり、それが複数口の債権のうちの一部口の全部に指定または法定充当されて当該債権が消滅した場合は、全部義務者は当該消滅した一部口の債権について求償権の範囲で代位できるし、主債務者の破産後に物上保証した財産についての担保権の実行がされて、法定充当の結果、複数口の被担保債権のうち一部口に全額充当された場合も、物上保証人は当該消滅した一部口の債権について求償権の範囲で代位できる。

　　㈍　保証人の破産

　保証人に破産手続が開始されたときは、債権者は破産手続開始時点の債権全額で破産手続に参加することができる（破105条）。保証人も全部義務者であるから、保証人に破産手続が開始された場合、債権者は破産手続開始時の全額で保証人の破産手続に参加できる（破104条）。

　保証人の破産について、独立の規定を設けたのは、保証人に破産手続が開始されたときは、保証人が有する催告の抗弁権、検索の抗弁権（民452条・453条）を排除して、保証人に対する債権者の権利行使の機会を与えて人的担保の効用を全うさせるためである。保証履行請求権は破産債権であるから、主債務の弁済期が未到来でも、保証人の破産手続開始で保証履行請求権の弁済期が到来する（破103条3項）。

　実務では、保証は連帯保証が大半で、連帯保証では催告の抗弁権と検索の抗弁権がない（民454条）から、実務上は、この規定は、あまり意味がない。

2　財団債権

　財団債権とは、破産手続によらないで破産財団から随時弁済を受けることができる債権（破2条7項）で、破産債権に先立って弁済をする（破151条）債権をいう。破産財団を引当てにする債権であるという意味で財団債権という名称が付されている。

　破産手続を遂行するためには費用が必要で、その費用は債権者全体のために支出されるので、破産手続で最優先の弁済が受けられる必要があるから、財団債権とされるのは当然である。破産手続開始後に発生した債権も公平の見地から劣後的債権ではなく財団債権とされ、破産手続開始前の原因に基づ

いて生じる債権は、本来は破産債権であるが、公益的なあるいは政策的な見地から財団債権に格上げされる場合がある。財団債権は、全部、明文の規定がある。

財団債権は、民事再生や会社更生の共益債権に相当するが、その範囲に一致していない。

(1) 財団債権の内容

破産法では、財団債権となるべき債権は、148条〜150条に規定されているが、それ以外にも破産法に散在している。かなりの数になる。ここでは、その主なものについて説明する。

(ア) 破産債権者の共同の利益のためにする裁判上の費用の請求権（破148条1項1号）

破産手続の申立費用、保全処分の費用、裁判の公告費用、送達費用、債権者集会開催の費用等がこれに該当する。破産手続開始で中断した破産者を当事者とする破産債権に関する訴訟手続が、債権調査手続において異議等で未確定になり、中断した訴訟手続が破産管財人を相手方として受継され、破産管財人が敗訴した場合の破産債権者の訴訟費用請求権は本号で財団債権となると解すべきである。債権調査手続で異議等がなく確定した場合は中断した訴訟手続は終了するが、破産債権者の訴訟費用請求権は破産手続開始前の原因に基づく請求権として破産債権になる。[49]

(イ) 破産財団の管理、換価および配当に関する費用の請求権（破148条1項2号）

これらの費用は、破産債権者が共同で負担すべき共益的な費用であるから、財団債権とされている。破産管財人や破産管財人代理の報酬、補助者の給料、在庫商品の保管料や廃棄費用、マンションの管理費、駐車場代、賃借物件の返還費用、換価や管理のための事務費や交通費、不動産を売却するときの仲介手数料、配当の通知費用等、種々のものが考えられる。

本号の請求権は、破産管財人の行為によって生じた請求権（破148条1項4号）と重複することがあるが、財団不足の場合の弁済の順位がある（破152条

---

[49] 最判平成25・11・13民集67巻8号1483頁。

2項)があるので、共益性の強いものに限って本号の財団債権と解すべきである。

　破産手続開始後の原因に基づいて生じた租税等の請求権のうち、破産財団の管理や換価に関する費用に該当するものは本号の財団債権になる。破産手続開始後に原因に基づいて生じる固定資産税、都市計画税、自動車税が破産財団の管理の費用として本号の財団債権となるが、破産財団の換価(建物、原材料、機械器具類の売却や競売等)によって生じる消費税も本号の財団債権となる。それ以外に、課税文書(売買契約書等)を作成した際の印紙税、法人住民税の均等割、事業継続をしたときの従業員の源泉所得税、厚生年金保険料、健康保険料、児童手当拠出金も本号に該当する。破産法人の弁護士である破産管財人の報酬についても、破産管財人は所得税法204条1項の支払いをする者に該当するから源泉徴収義務があるので、この源泉所得税も本号の財団債権となる。破産管財人が支払う破産手続開始後の補助者の報酬等の源泉所得税も同様である。破産手続開始前の給料や退職金は、それが財団債権(破149条)であれ破産債権であれ、破産管財人は所得税法199条の支払いをする者には該当しないから、財団債権の弁済や破産配当に際して源泉徴収義務を負担しないので、源泉所得税は発生しない。

　破産手続開始後の清算事業年度と清算確定年度の法人税(発生することはほとんど考えられない)は、暦年の各種所得を総合して個人的事由による諸控除を行って算定される個人所得税とは異なり、平成22年の税制改正で、通常の法人の所得に対して課税されるものとなった。この法人税は、改正前の予納法人税とは異なり、納付済法人税は清算確定年度の確定申告によって還付されるものではない(法税80条参照。平成22年改正前の法人税法110条1項では、清算確定申告で納付済予納法人税は還付された)。したがって、法人税は、破産財団の管理や換価に関する費用として破産債権者が共同して負担すべきものであるから、本号の財団債権になると解すべきである。復興特別法人税、

50　名古屋高金沢支判平成20・6・16判タ1303号141頁。
51　最判昭和62・4・21民集41巻3号329頁。
52　最判平成23・1・14民集65巻1号1頁。
53　前掲(注52)最判平成23・1・14。
54　前掲(注51)最判昭和62・4・21は、予納法人税は財団債権ではないとする。

法人住民税の法人税割、法人事業税、地方特別法人税も、税制改正後は、法人の所得を課税標準とし、清算確定によって当然に還付の対象とはならないから、本号の財団債権と解すべきである。

　㋒　破産手続開始前の原因に基づいて生じた租税等の請求権（共助対象外国租税の請求権と破産法97条5号で劣後的破産債権とされる加算税と加算金を除く）で、破産手続開始当時、納期限が未到来または納期限から1年（その間に包括的禁止命令があったことにより国税滞納処分をできなかった期間がある場合はこれを除く）を経過していないもの（破148条1項3号）

　この請求権は、本来は（優先的）破産債権であるが、国家や公共団体の歳入の確保の必要から、その一部を財団債権に格上げしたものである。共助対象外国租税の請求権が除外されるのは、わが国の租税等の請求権と同様の優先権を与えないとされている（租税条約等実施特例法11条4項）からである。納期限が破産手続開始決定前1年を経過しないものに限られているのは、納税の猶予が原則1年以内とされている（税通46条1項～3項）ことや、納期限が到来しても納付がないときには、請求権者は滞納処分を行えばよい（破産手続開始後も続行して回収ができる。破43条2項・100条2項1号）のだから、それを放置している場合は財団債権としては処遇しないとされたからである。

　納期限とは、具体的納期限をいう。具体的納期限とは、その期限までに納付されない場合は督促状が発せられ滞納処分がされる期限（税通36条2項等）のことで、申告納税方式では法定納期限と具体的納期限は一致する（同条2項）が、自動確定や賦課の租税では、具体的納期限は、納税告知書や賦課決定通知書を発した日の翌日から1カ月経過後である（税通令8条1項）。健康保険料、厚生年金保険料、児童手当拠出金は月額で徴収され、具体的納付期限は翌月末日（健保164条1項、厚年83条1項）である。

　破産手続開始前の原因とは、賦課（課税）要件等の請求権発生の主要な原因が破産手続開始前に生じていたことをいう。したがって、この要件を満たす限り、発生自体は破産手続開始決定の前後を問わない。破産手続開始時に納期限が未到来の租税等の請求権は、破産手続開始時に発生しているが具体的納期限が未到来の場合と、破産手続開始後に賦課処分等によって生じる場

合の2種類がある。前者の例としては、固定資産税（毎年1月1日が賦課期日である。地税359条）の具体的納期限（地税362条1項）が破産手続開始時に未到来の場合等がある。後者の例としては、破産手続開始後に税務調査等で判明し課税処分等によって発生した破産手続開始前の原因に基づく租税債権（具体的納期限は、更正・決定を発した日の翌日から1カ月経過時である。税通35条2項2号）や、破産手続開始後の私的独占の禁止及び公正取引の確保に関する法律違反による課徴金納付審決で発生した破産手続開始前の原因に基づく課徴金請求権（同法70条の9第5項）、破産手続開始後の補助金等に係る予算の執行の適正化に関する法律による交付取消補助金返還命令で発生した破産手続開始前の原因に基づく交付金返還請求権（同法21条）、破産手続開始後の納入の告知で発生した破産手続開始前の保険給付の不正利得による返還金請求権（厚年40条の2・89条、健保80条、国年23条・95条、会計6条）等の公課（具体的納期限は、個別の賦課処分や同条の納入の告知で定められる）がある。

　実務上は、法人破産では、源泉所得（住民）税、消費税、固定資産税、都市計画税、厚生年金保険料、健康保険料、児童手当拠出金、下水道使用料等が未払いになっていることが多く、破産手続費用と管財人報酬以外は、この租税等の請求権が財団債権の大半を占める。

　財団債権となる本税以外に延滞税、利子税、延滞金も租税等の請求権であるから、破産手続開始前日までの部分は本号の財団債権になる。地方税や公課の督促手数料も同様である。

　延滞税と延滞金は、財団債権、優先的破産債権を問わず、破産手続開始後の部分を含めて、減免を受けることができることがある。これには、本税全額が支払可能な場合の裁量減免（税通63条6項4号、税通令26条の2第1号、地税20条の9の2第2項3号、地税令6条の20の3）と、本税の支払可能性とは無関係な裁量減免（地税64条3項・326条3項・369条2項・701条の60第2項等）がある。前者は要件に合致すれば通常は減免が受けられるが、後者は、国税や公課には規定がないので減免が受けられず、地方税は一般財源不足を理由とする免除を容易に受けられることが多い。もっとも、異時廃止では按

---

[55] 会社更生に関する東京高判平成25・5・17判時2204号8頁参照。
[56] 名古屋高判平成5・2・23判タ859号260頁。

分弁済になる（破152条）ので、公平の見地から、一部の公租公課のみに延滞税等の免除を受ける必要性に乏しい。

　　㈐　破産財団に関し破産管財人がした行為によって生じた請求権（破148条1項4号）

　破産債権者の利益を代表する破産管財人の行為によって発生した請求権は破産債権者全体が負担するのが公平であるという判断による。前記㈐と重なることもあるが、財団不足では前記㈐に劣後する（破152条2項）から、破産管財人が行った行為のうち、前記㈐以外の請求権を本号の財団債権と解すべきである。破産管財人が第三者との契約等の法律行為を行い、それによって生じた相手方の請求権で前記㈐以外のものが典型例であるが、破産管財人のした行為は、法律行為以外に事実行為も含まれ、行為は作為・不作為を問わない。また、適法・違法を問わないので、破産管財人の善管注意義務違反によって生じた被害者の損害賠償請求権、不法行為によって生じた被害者の損害賠償請求権も本号に該当する。当該財団債権を支払った破産財団が破産管財人個人に求償ができることは別論である。

　財団債権となる破産手続開始前の原因に基づいて生じた租税等の請求権である本税の破産手続開始後の延滞税、利子税、延滞金は、破産管財人の不納付という行為の結果発生した請求権であるから、本号の財団債権になる。また、破産手続開始後の原因に基づいて生じた租税等の請求権で、破産財団の管理や換価の費用に該当する本税の延滞税と延滞金は、破産管財人の不納付という行為、加算税と加算金は、破産管財人の不申告等の行為の結果発生した請求権であるから、本号の財団債権になる（破99条1項1号・97条3号・5号の劣後的破産債権ではない）。

　　㈑　事務管理または不当利得により破産手続開始後に破産財団に対して生じた請求権（破148条1項5号）

　これらの請求権は、破産手続開始後に破産財団に利益や利得が生じているので、公平の見地から財団債権とされるものである。この請求権が財団債権となるためには、事務管理による利益や不当利得が破産手続開始後に破産財

57　東京高判平成元・9・25判時1328号42頁。
58　前掲（注52）最判平成23・1・14参照。

団に現実に生じた場合に限られる。

　事務管理の例としては、教科書的には、破産財団に属する建物が台風で壊れたので隣人が修理を行った場合の隣人の修繕費用請求権がある。

　不当利得の例としては、株式を信用取引のために預託したところ、受託者が破産し破産手続開始後に当該株式に対して支払われた配当金と割り当てられた新株について不当利得として返還を請求する場合[59]、破産手続開始後に破産財団に属する対抗力ある債権譲渡担保の目的債権の支払いのため振り出された手形を、破産管財人が自ら取り立て破産財団が得た手形金相当額を不当利得として請求する場合[60]、敷金返還請求権に質権が設定されているのに、破産管財人が、正当な事由なく担保価値維持義務に反して、賃貸人との合意で破産手続開始後の賃料を敷金に充当したときに、質権者が当該賃料分を不当利得として請求する場合[61]等がある。

　動産売買の先取特権の目的物である動産を破産管財人が任意売却して代金を受領した場合は、先取特権には追及効がない（民333条）から、不当利得にならない[62]。

(2) 財団債権の行使

　財団債権は、破産手続によらないで、破産債権に先立って、随時弁済を受けられる（破2条7項・151条）。財団債権は、金銭化、現在化の対象となるとされる（破103条3項・103条2項・3項）が、随時弁済の対象となるから、破産手続終了時に弁済が未了の場合に金銭化、現在化がされる。

　財団債権が破産管財人に判明しているとは限らないので、破産手続を迅速に進める必要から、財団債権者は、速やかに破産管財人に財団債権を有する旨を申し出るものとされている（破規50条）。財団債権が租税等の請求権の場合は、徴収機関は、破産管財人に財団債権の申出として交付要求書による交付要求を行う（税徴82条1項）が、財団債権の弁済に交付要求が要件となるものではない。財団債権の申出がない場合も、財団債権としての権利が失

59　最判昭和43・12・12民集23巻13号2943頁。
60　東京高判平成20・9・11金法1877号37頁。
61　最判平成18・12・21民集60巻10号3964頁。
62　大阪地判昭和61・5・16判時1210号97頁。

われるものではないが、異時廃止では、按分弁済時点までに破産管財人の善管注意義務によっても判明しなかった財団債権は弁済をされないまま破産手続が終了して弁済を受けることができなくなるし、配当事案でも、最後配当、簡易配当、同意配当の配当額の通知や同意配当の許可までに破産管財人に知れなかった財団債権は、配当をする金額からは弁済を受けることができなくなる（破203条・205条・208条3項）という不利益を受ける。実務上は、財団債権となる租税等の請求権で、この時点までに交付要求がない場合（たとえば、固定資産税は毎年1月1日の登記名義人に課税されるが、具体的な税額が確定するのが4月〜5月頃になり間に合わないことがある）は、按分弁済や配当をする原資から弁済が受けられなくなる。配当事案では、配当実施後に破産財団に金銭があれば弁済は可能であるが、金銭が破産財団に残らないように最後配当、簡易配当、同意配当がされるので、実際上は弁済がほとんど受けられない。財団債権であるにもかかわらず破産債権として債権届出がされ債権調査手続で異議等がなく確定した債権は、破産配当の対象となるが、最後配当や簡易配当の除斥期間満了時以降は財団債権として行使することができなくなると解すべきである[63]。

　名目上の取締役で実質は従業員である者の給料や退職金等、財団債権かどうかについて争いがあるときは、確認訴訟等の通常の方法で、その内容を確定する。

　財団債権が支払われないときも強制執行ができない（破42条1項）し、財団債権となる租税等の請求権についても、破産手続開始後は滞納処分ができない（破43条1項）。

　財団債権が正当な理由もなく支払われない場合の財団債権者のとりうる手段は、裁判所への破産管財人の監督を行う職権発動の求め（破75条1項）、裁判所に破産管財人の解任の申立て（同条2項）、財団債権を支払わないで支払原資を破産配当に回したときの破産管財人に対する損害賠償の請求（破85条2項）[64]である。

　財団不足が判明したときの財団債権の弁済は、法令に定める優先権にかか

63　民事再生に関する最判平成25・11・21民集67巻8号1618頁参照。
64　最判昭和45・10・30民集24巻11号1667頁。

わらず、債権額の割合による按分弁済である（破152条1項本文）が、財団債権の間には順位があり、破産法148条1項1号・2号の請求権（ただし、保全管理人の行為によって生じた請求権で2号に該当するものを除く）は、他の財団債権に先立って弁済される（同条2項）。この順位以外は、公租は公課や私債権に優先するという国税徴収法等の実体法上の規定は適用されず、財団債権の額に応じた按分弁済がされる。

　この按分弁済は、財団不足が判明した場合の弁済方法に関するものであるから、その判明時点までにされた財団債権の弁済は有効である。破産手続の進行に従って、裁判上の費用や、破産財団の管理や換価に要する通常の費用は、すでに支払われてしまっていることが多い。延滞税・延滞金・遅延損害金が財団債権となる（破148条1項3号・4号）ので、按分弁済の基準日は財団不足が判明した日ではなく、按分弁済日である。実務では、破産管財人が按分弁済の日を定めて財団債権者から弁済日現在の債権額の申告を各財団債権者から受けて、その定めた弁済日に按分弁済をする方法をとることが多い。

　財団債権の弁済は、財団債権を被担保債権とする担保権（留置権、特別の先取特権、質権、抵当権）の効力を妨げない（破152条1項ただし書）。実務上は、租税等の請求権で納税が猶予される場合に抵当権等の担保権が設定される例（税通46条5項等）がある。

　破産管財人報酬は公租公課に優先するので[65]、破産管財人報酬が、既払いの財団債権を除く破産法148条1項1号・2号の請求権の中では最優先の請求権であると解すべきである。

　破産手続が終了したときに、財団不足（破152条）や配当額の通知までに破産管財人に知れなかった（破203条・205条）ことから弁済されなかった財団債権は、破産者が法人の場合は財団債権の債務者は破産法人であって、破産法人に弁済責任が残るが、破産法人は原則として破産終了により法人格が消滅するので、財団債権も破産法人との関係では消滅する。

(3) 財団債権の第三者弁済と代位する財団債権の行使

　破産者の保証人等の第三者が財団債権を弁済した場合は、求償権の範囲内

65　前掲（注64）最判昭和45・10・30。

で原債権および担保権に代位する(民501条柱書)。

　弁済による代位は、原債権を一種の担保として機能させるもので、求償権が破産債権としてしか行使できないという制約を受けるとしても、原債権の行使自体は倒産手続では制約されず、代位弁済者が財団債権を行使しても他の手続債権者が不当に不利益を受けるわけではないから、破産手続開始前に弁済により労働債権に代位した者の原債権である財団債権となる労働債権の破産手続外の行使が認められ[66]、破産手続開始後に双方未履行双務契約の解除によって財団債権となった原状回復請求権の弁済をした保証人の代位にかかる財団債権の破産手続外の行使も認められる[67]。

　上記の二つの例は、私人の弁済による私債権の代位に関するもので、独立行政法人労働者健康福祉機構が賃金の支払の確保等に関する法律によって労働債権の立替払いをした場合や財団債権となる租税等の請求権の保証人が当該租税債権を弁済した場合は、争いがある。下級審の判例には、同機構が立替払いで代位した財団債権である労働債権の手続外の権利行使を認めるもの[68]と、租税等の請求権の保証人の弁済で、租税債権が財団債権とされるのは当該債権に内在するものではなく立法政策上認められたものであるから、保証人は財団債権として破産手続外の権利行使はできないとするものがある[69]。

Ⅳ　破産財団をめぐる法律関係

　倒産手続を遂行していくためには、破産手続開始時点を基準として、倒産債務者が関係する法律関係を整理し、その法律関係から生じる債権者等の利害関係人の権利を確定し、倒産債務者の権利も確定しておく必要があることは、破産に限らず、倒産法に共通する要請である。

66　最判平成23・11・22民集65巻8号3165頁。
67　民事再生に関する最判平成23・11・24民集65巻8号3213頁。
68　横浜地川崎支判平成22・4・23判タ1344号244頁。
69　東京高判平成17・6・30金商1220号2頁等。

1　破産管財人の実体法上の地位

　民事実体法には、第三者保護の規定や、対抗要件を具備しなければ物権変動の効果を第三者に主張できないとする規定がある。破産管財人がこれらの規定の第三者に該当するかどうかは、民事実体法の個々の解釈問題である。破産手続が包括執行手続であることを理由に、破産管財人も差押債権者と同視できるとして、差押債権者が第三者に該当する場合は破産管財人も第三者的地位に立つとする判例があるが、その点に触れずに、破産管財人は破産者の代理人や一般承継人ではなく、破産債権者の利益のために独立の地位を与えられる破産財団の管理機関であることを、第三者性を認める理由とする判例もある。[71]

　破産管財人は、通謀虚偽表示の善意の第三者（民94条2項）、[72]詐欺による意思表示の取消しの善意の第三者（民96条3項）、取締役会決議なくして利益相反取引がされた場合の第三者となる。[73]善意を要する場合は、破産管財人が利益を代表している破産債権者の善意をいい、そのうち1名でも善意であればよい。[74]

　不動産物権変動や指名債権譲渡等、第三者対抗要件が必要なもの（民177条・467条。動産及び債権の譲渡の対抗要件に関する民法の特例等に関する法律による登記等）は、破産管財人は対抗要件なくして権利の取得を対抗できない第三者になる。[75]破産者が破産手続開始前に設定した土地の賃借権につき、破産管財人は借地借家法10条1項の第三者となる。[76]契約解除前の第三者（民545条1項ただし書）では、解除された契約による給付物の差押債権者は、第三者になるので、[77]差押債権者と同視すれば破産管財人も第三者に該当する

70　大判昭和8・11・30民集12巻2781頁。
71　最判昭和48・2・16金法678号21頁、大阪地判昭和62・4・30判タ651号85頁、東京高判平成24・5・31判タ1372号149頁。
72　最判昭和37・12・13判タ140号124頁。
73　東京地判平成25・4・15判タ1393号360頁。
74　前掲（注73）東京地判平成25・4・15。
75　指名債権譲渡に関する最判昭和58・3・22判時1134号75頁等。
76　前掲（注71）最判昭和48・2・16。
77　名古屋高判昭和61・3・28判時1207号65頁。

（権利保護要件としての登記等は破産者にある必要がある）が、解除によって消滅する未履行債権の差押債権者は第三者にはならないので、破産管財人も第三者にはならない。[78]

融通契約の当事者である手形の所持人の破産管財人は、裏書譲渡を受けた者ではないから、人的抗弁の切断（手形17条）は認められないので、融通手形の抗弁を対抗される。[79]

動産売買先取特権に基づく物上代位は、破産手続開始後も行える。[80] 先取特権者の物上代位による差押えと債務者の破産とは対抗問題ではないから、破産管財人の第三者的地位とは関係がないのである。

2 破産者が破産手続開始後に行った法律行為の効力

破産財団に属する財産の管理処分権は破産管財人に専属する（破78条1項）から、破産者は管理処分権を失う。破産者が破産手続開始後に破産財団に属する財産に関して法律行為を行ったとしても、無権限者が行ったものだから、破産手続の関係ではその効力を主張できない（破47条1項）。この法律行為とは、狭義の法律行為だけではなく権利義務の発生、移転、消滅という法律効果が生じる行為の全部が含まれる。行為の相手方の善意、悪意を問わない。行為の相手方に善意取得（民法192条、手形16条2項等）の要件があっても、相手方は善意取得ができないと解すべきである。もっとも、行為の相手方からさらに権利を取得した第三者がある場合は、その第三者には善意取得が認められる。

破産手続の関係では効力を主張できないとされるので、破産管財人は、破産財団にとって有利だと思われるときは、破産者の行為の効力を追認して、相手方に対して未履行の給付を求めることができる。

3 破産者の行為によらない破産手続開始後の権利取得

破産手続開始後に、破産財団に属する財産に関して破産者の法律行為によ

---

78 大判明治34・12・7民録7輯1278頁。
79 最判昭和59・2・2民集38巻3号431頁。
80 最判昭和46・2・23判時622号102頁。

らないで権利を取得しても、その権利取得の効力を破産手続の関係では主張できない（破48条1項）。権利取得をした者の善意・悪意は問わない。

権利取得について限定がないので、破産債権者が、破産債権に関して権利取得をした場合に限られない。破産手続開始後になされた、譲渡債権の債務者の承諾や債権質権設定の質権の目的である債権の債務者の承諾による第三者対抗要件の取得（民467条2項・364条）は、債権譲受人や債権質権者等の権利取得者が破産債権者かどうかに関係なく、破産手続では権利取得の効力を主張できない。

この規定は、破産法47条と同様に、破産手続開始による破産者の管理処分権の喪失という効果を前提とする規定であるから、破産者の管理処分権と関係のない権利取得（時効取得や破産者以外の者からの善意取得）は可能である。

賃貸人の破産手続開始時に転貸可とする対抗力のある建物賃借権がある場合は、賃借人が破産手続開始後に転貸をしても転借権はこの権利取得には該当しない[81]。転借可とする賃借権の負担付建物が、破産手続開始で破産財団に属する財産になるからである。

4　善意取引の保護

破産手続開始前の法律関係に関して破産手続開始後に行われた破産者の行為の効力を全部認めないものとすれば、第三者に不測の損害を与え、取引の安全を害する場合も生じる。そこで、破産法は、一定の場合に限って、破産手続開始の事実を知らない善意の第三者の保護規定をおいている。

善意を主張する者が善意の立証責任を負担する。破産法は、善意と悪意に関して、破産手続開始の公告との関係で、行為が公告前であれば善意を推定し、行為が公告後であれば悪意を推定するという規定（破51条・60条3項。民事再生と会社更生にも同じ規定がある）を設けている。この規定のうち善意の推定は、法律上の事実推定であるが、悪意の推定は、悪意の立証責任は誰にもないから、無意味な規定である。

善意取引の保護規定のうち、破産手続開始後の登記、登録と破産手続開始

81　最判昭和54・1・25民集33巻1号1頁。

後の破産者に対する弁済を説明する。

(1) **破産手続開始後の登記・登録**

不動産や船舶に関し、破産手続開始前に生じた原因に基づき、破産手続開始後にされた登記や不動産登記法105条1号の仮登記(以下、「1号仮登記」という)は、破産手続の関係では効力を有しない。ただし、登記権利者が破産手続開始の事実を知らないでしたときはその効力を主張できる(破49条1項)。この規定は、権利の設定、移転、変更に関する登録と仮登録、企業担保権の設定、移転、変更に関する登記に準用される(同条2項)。

破産手続開始前の原因に基づいて破産手続開始後に登記や登録がされても、取戻権や別除権として権利保護がされるためには、破産手続開始時点で第三者対抗要件を具備していることが必要であるから、登記権利者や登録権利者は保護されないし、登記や登録が破産者の行為によるときは破産法47条1項で無効であり、登記権利者や登録権利者は破産債権者であるのが通常で、売買契約や抵当権設定契約等で破産手続開始前に生じた原因に基づく登記請求権や登録請求権は、債権的請求権で破産債権だから、破産債権の弁済は無効(破100条1項)である。したがって、破産法49条1項本文は当然のことを規定したものにすぎず、同項ただし書で、破産手続開始前に物権変動があった場合に限って、善意者保護規定をおいたことに意味がある。

この規定の趣旨からみて、破産手続開始後に、登記権利者や登録権利者は、破産管財人に登記や登録の請求をすることはできない。

実務上は、破産手続開始後に登記や登録がされるという事態はほとんど起きない。法人破産では法人登記簿に破産の登記がされ(破257条)、個人破産では破産登記がされる(破258条)ので、登記や登録申請の添付書類で破産の事実が判明して、破産者の登記や登録申請が却下されるし、破産債権者には破産手続開始直後に破産に関する通知される(破32条3項)ので、破産債権者は債務者の破産手続開始の事実を知るからである。

公信力がない登記や登録について善意者を保護する必要性は乏しいし、債権者平等に反してまで手続債権者の保護規定を設けること自体に立法論的疑

82　民事再生に関する最判平成22・6・4民集64巻4号1107頁。

問がある。この規定（特に破49条1項ただし書）を厳格に解し、登記と登録以外の、動産、債権譲渡、債権質、借家権等の第三者対抗要件（動産及び債権の譲渡の対抗要件に関する民法の特例等に関する法律による登記を含む）には、類推適用されないと解すべきである。したがって、破産手続開始前に生じた原因に基づき、確定日付ある証書による通知等の第三者対抗要件が具備されても、権利者の善意・悪意を問わず無効である。

破産手続開始前に生じた原因に基づき、破産手続開始後に不動産登記法105条2号の仮登記（以下、「2号仮登録」という）がされた場合の規定はないが、2号仮登記は物権変動の効力自体が発生していないから、仮登記権利者の善意・悪意を問わず、破産手続との関係で仮登記の効力を主張することはできない。

破産手続開始前に1号仮登記がされているときは、破産法49条とは無関係で、権利者は、破産手続開始の事実を知ったとしても破産管財人に対して仮登記に基づく本登記手続を請求することができる[83]。その理由は、すでに破産手続開始前に権利変動が生じて本登記請求ができる状態であった登記権利者に本登記請求を認めないのは酷で、仮登記の効力として差押え等の中間処分の効力を排除できる（順位保全の効力）からだとされる。もっとも、1号仮登記の原因となった契約が双方未履行双務契約である場合は、破産管財人が破産法53条1項により当該契約を解除したときは、登記原因自体が消滅するから、本登記請求はできない。

破産手続開始前に2号仮登記がされている場合も、破産法49条とは無関係である。2号仮登記も、順位保全の効力があるから、本登記請求が可能である[84]。また、本登記請求が仮登記担保権の実行である場合は、別除権の行使として有効である。2号仮登記の基礎となる契約が双方未履行双務契約の場合は、破産管財人が破産法53条1項により当該契約を解除したときは、本登記請求ができないのは、1号仮登記と同様である。

(2) 破産手続開始後の破産者に対する弁済

破産手続開始後に、その事実を知らないで、破産者にした弁済は、破産手

---

83 大判大正15・6・29民集5巻602頁。
84 最判昭和42・8・25判時503号33頁。

続の関係でも、その効力を主張することができる（破50条1項）。受領権限のない者（破産者）に対する弁済は、本来その効力を有しないものである（破47条1項）が、債務者が常に債権者（破産者）の財産状態に注意を払うことを要求するのは債務者に不当な負担をかけるので、善意弁済の保護規定をおいている。悪意による弁済の場合は、破産財団が受けた利益の限度で、その弁済は破産手続の関係でも効力を有する（破50条2項）。これは、関係者間の決済を容易にするために設けられた規定で、民法479条を倒産法にアレンジしたものである。

5　未履行契約の処理

債権は、事実行為から発生することもあるが、その大半は契約によって発生する。契約による債務の履行が、破産手続開始前に全部完了していれば、否認は別として、契約関係の処理の必要はない。しかし、契約関係から生じた義務の履行が一部残った状態で倒産手続が開始されたときは、法律関係の整理が必要となる。

債務が一部残存する状態は、①破産者の契約相手方だけに債務が残ったとき、②破産者だけに債務が残ったとき、③破産者と契約相手方のいずれにも債務が残ったときの3通りに分けられる。契約の類型は、一方当事者のみが債務を負う片務契約と双方当事者が債務を負う双務契約に分けられる。上記①は、契約相手方が債務を負うだけの片務契約と、双務契約のうち破産者の債務だけが先履行された場合に生じる。この場合は、破産管財人は相手方に対してその権利を行使すればよく、相手方は契約上の義務を履行すればよいのであるから、相手方は破産者の破産手続の開始を理由として履行を拒否できない。上記②は、破産者が債務を負うだけの片務契約と、双務契約のうちで契約相手方の債務だけが先履行された場合に生じるが、上記①と逆で、契約相手方の請求権は破産債権となる。双務契約で、自己の債務を履行したにもかかわらず、自己の請求権が破産債権になることは、公平に反するようにみえるが、契約相手方は双務契約上の同時履行の抗弁権（民533条本文）を自ら放棄した結果であるからやむを得ない。上記③は、双務契約で破産手続開始時にその双方の債務の全部または一部が未履行の場合で、破産管財人に契

約の履行か契約の解除かの選択権が与えられている（破53条1項）。破産財団の整理と相手方の利益保護の見地から、従来の法律関係に特別の解除権の付与を中心とする実体的変更を加えて処理しようとしているのである。

(1) 双方未履行の双務契約

双方の債務が未履行の双務契約について、破産法は、一般原則と、継続的給付契約、賃貸借契約等の特則を設けている。この点は、民事再生や会社更生でも同じであるが、破産では、民法上、破産手続開始決定を契約終了事由や契約の解約申入れ事由としている場合があり、民法も含めて規定が整備されている。ここでは、主なものについて説明する。

(ア) 一般原則

双務契約であって、破産手続開始時点において、破産者と契約相手方の双方に債務の履行が完了していないときは、破産管財人は、当該双務契約の解除をし、または破産者の債務を履行して相手方の債務の履行を請求することができる（破53条1項）。

双務契約かどうかは、契約上の両当事者の債務が対価関係にあるかどうかによって決められるが、当事者の意思による。典型契約では双務契約かどうかは意思解釈がおおむね一致しているが、非典型契約は意思解釈を行わなければならない場合もある。

債務の履行が完了しないとは、破産手続開始時点で債務の全部または一部が未履行の状態をいう。対価関係にある双方の債務が未履行であることが必要である。双方の債務が同時履行の関係にある場合に限らない。年会費の支払義務がない預託金ゴルフ会員契約は、双務契約ではあるが、会員契約上の会員の施設利用による利用料金支払義務は、会員が施設を利用しない限り発生しないから、会員に倒産手続が開始された時点では会員の未履行債務はなく、双方の債務の履行が完了しないときには該当しない[85]。未履行の理由は問わないので、期限未到来以外に履行遅滞や履行不能の場合も含まれる。

(A) 解除権の制限

破産管財人の解除が許されない場合がある。判例[86]は、破産管財人の解除に

---

85 最判平成12・3・9判時1708号123頁。
86 最判平成12・2・29民集54巻2号553頁。

より相手方に著しい不利益を与えるときは、解除権の行使はできないとし、著しく不利益な状況が生じるかどうかは、①解除によって契約当事者双方が原状回復としてなされる給付内容が均衡しているかどうか、②原状回復義務に関する財団債権、破産債権の規定により相手方の不利益がどの程度回復されるかどうか、③破産者の未履行債務が双務契約において本質的、中核的なものか、それとも付随的なものか等の諸事情を総合的に考慮して決するべきであるとしている。

(B) 解除の場合

破産管財人が解除したときは、契約関係は即時に消滅し、双方の未履行債務は消滅する。

破産管財人は、相手方に対して、契約解除に基づく給付物の返還等、原状回復を請求することができる。原状回復請求権の根拠は、解除の効果が遡及する契約では民法545条1項本文、継続的契約では返還合意等である。

一方、原状回復を求める相手方の請求権は、双務契約の債務の履行として給付した物が破産財団に現存するときは、その返還を請求することができ、現存しないときは、その価額について財団債権者として権利行使ができる（破54条2項）。価額返還請求権を財団債権としているのは、破産管財人に解除権を与えたこととの公平からである。給付物が金銭のときは、金銭の所有権は占有者に帰属するので、常に価額返還請求権となる。給付物が現存しないとは、給付後に給付物を他に処分し、滅失した場合をいう。財団債権となる価額の評価時点は給付時である。

破産管財人の解除により損害が生じたときの相手方の損害賠償請求権に、破産債権とされる（破54条1項）。この損害賠償請求権は、債務不履行に基づくものではなく、特別の解除権を破産管財人に与えた見返りとして破産債権の限度で相手方に与えられたものである。

(C) 履行の請求の場合

契約上の債務の履行の請求がされたときは、従来の契約関係が維持されるので、相手方は破産管財人に対して残債務の履行をしなければならないが、公平の見地から、相手方の有する請求権は財団債権とされる（破148条1項7号）。

(D) 解除と履行の請求の選択基準

　破産管財人の解除か履行の請求かの選択基準は、反対給付を受けたものの返還や今後の給付内容を考慮して、いずれの方が経済的合理性があるかによる。特に解除を選択する場合は、給付を受けている物が現存しないときはその価額の全部を財団債権として返還しなければならなくなり、破産財団に過大な負担が生じることもあるので、慎重な判断が必要である。民事再生や会社更生とは異なり、破産管財人が履行しなければならなくなる残債務が非金銭債務の場合、破産管財人はその履行の手足をもたないので、履行の選択をすることが困難なこともある。

(E) 他の規定との競合

　不動産の売主の破産で、破産手続開始時に売買代金の一部と引渡しが未履行であったが所有権移転登記が既履行であった等、破産管財人が、契約当事者としての契約関係の処理と、第三者として所有権の帰属を争う対抗関係とが競合する場合が考えられるが、契約関係の処理が優先される。所有権の移転の原因となった売買契約等による物権変動の効果が破産管財人の解除により遡及的に消滅するからである。

　不動産の売主の破産で、破産手続開始時に売買代金の一部と所有権移転登記が未履行であったが、破産手続開始後、破産者に売買代金が支払われ所有権移転登記がされたが、買主が売主の破産手続開始の事実を知らなかった等、破産管財人の契約の処理と善意取引の保護規定(破49条1項ただし書・50条1項)とが競合する場合も考えられる。この場合も、契約関係の処理が優先されると解すべきである。双方未履行かどうかは破産手続開始時点で決められ、その後の善意取引による効果が破産手続開始時に遡及することはないからである。

(イ) 相手方の催告権

　双方未履行双務契約の相手方は、破産管財人に対して、相当の期間を定め、その期間内に契約の解除をするか、または債務の履行を請求するか確答することを催告することができ、破産管財人がその期間内に確答しなかったときは、契約の解除をしたものとみなされる(破53条2項)。

　破産管財人が解除か履行の請求かを選択しない場合は、契約相手方は不安

定な状態におかれるので、これを保護するために相手方に催告権を与えたものである。催告に対する確答がなかったときは、契約の解除とみなされるのは、清算型では法律関係の早期終了が原則であることによる。

(2) **相手方の契約解除権**

契約相手方には、催告権が認められるだけで、破産手続開始を理由とする特別の契約解除権は認められていない。

　(ア) 特約解除

一方当事者に、破産等の倒産手続開始の申立ての事実が生じた場合は契約解除ができるとの特約をする例は多く、相手方に特約による解除権が認められるかどうかの議論がある。再建型の倒産手続では、特約解除を認めると再建目的を達成できないから、この特約は無効とするのが判例であるが[87]、破産でも解除権を認めると破産管財人に特別の解除権を認めた意味がなくなる、特定の債権者のために私的な差押禁止財産を設定するに等しいので破産制度の趣旨を没却する等の理由で、特約を無効とするのが多数説である。

この契約がリース契約や所有権留保契約である場合は、担保権であるので、特約が被担保債権（残リース料や未払売買代金）の期限の喪失特約で、契約解除が担保権の私的実行のときは、期限の利益の喪失特約は有効で、担保権実行は別除権の行使として破産手続外でできるから、特約解除の可否とは別論である。

　(イ) 債務不履行解除

弁済禁止の仮処分や破産手続開始によって債務の履行がされなくなっても、債務履行が許されないから、債務不履行解除の事由とはならない。

弁済禁止の仮処分や破産手続開始までに債務不履行があり、解除権が発生していた場合は、解除権は破産債権ではないから、破産手続開始後も契約解除が可能とするのが通説である。

(3) **継続的供給契約の相手方の破産**

破産者に対して継続的給付の義務を負う双務契約の相手方は、破産管財人が履行の請求をした場合は、破産手続開始申立て前の給付に対する破産債権

---

[87] 会社更生に関する最判昭和57・3・30民集36巻3号484頁、民事再生に関する最判平成20・12・16民集62巻10号2561頁。

の弁済がないことを理由に、破産手続開始後はその義務の履行を拒めない（破55条1項）。また、破産手続開始の申立て後、破産手続開始前にした給付にかかる請求権は財団債権とされる（同条2項）。そして、毎月1回というように一定期間ごとの債権額を算定する場合は申立日の属する期間内の給付にかかる請求権全部が財団債権となる（同項かっこ書）。

　再建型の手続では、電気、ガス、上水道等の継続的供給契約は、これを継続することが再建に不可欠なことが多いが、清算型の破産でも、契約をいったんは継続することが破産財団の管理や換価に不可欠なこともある。そこで、民事再生と会社更生にならって、履行の請求がされた場合は、破産手続開始申立て前の給付に対する弁済がないことを理由に破産手続開始後の供給を拒絶できないものとしている。

　継続的供給契約とは、当事者の一方が一定期間あるいは期間の定めなく反復的な給付義務を負い、他方当事者が給付ごと、または、一定期間を区切ってその間の給付に対する対価を支払うという契約形態をいう。電気、ガス、上水道の供給契約以外にも、電話加入契約、原料や燃料の継続的供給契約、ビルや事務所の清掃契約、警備契約等がある。

　継続的給付の義務を負うとは、法令上（電気、ガス、上水道等）または、契約上その義務を負担していることをいう。実務上よく見かける継続的売買契約を締結して買主が必要の都度、商品の種類、数量等を指定して注文する契約は、契約上の給付義務がある契約とはいえない。

　給付の拒絶が禁止されるのは、破産手続開始後の履行拒絶に限られるから、破産手続開始の申立て前の給付に対する弁済がないことを理由に、破産手続開始の申立て後、破産手続開始までの間は履行拒絶ができる。

　一方では、継続的給付に対する請求権は、破産手続開始前の部分は破産債権であることを前提に、破産手続開始の申立て後、破産手続開始前の給付に対する対価部分は財団債権に格上げするものとした。日割計算がされるので、破産手続開始決定の前日までの給付に対する対価である。財団債権化される破産債権と申立日の関係では、計算の便宜上、申立日の属する期間内全部の請求権を財団債権化している。

(4) 賃貸借契約

　賃貸借契約は、賃貸人の使用収益をさせる義務と賃借人の賃料支払義務が対価的な性質を有する双務契約である（民601条）。継続的契約であるから、契約当事者の一方に破産手続が開始された時点では、常にその双方の義務が未履行の状態にある。

　賃貸人の使用収益をさせる義務は賃貸目的物を賃借人に引き渡すことによって完了し、その後は不作為的な義務が残るだけで反復給付とはいえないし、前期の賃料未払いを理由とする当期以降の履行拒絶は認められないので、賃貸借契約は継続的給付契約には該当しない。

　実務上は、不動産の賃貸人、賃借人の破産の例は非常に多く、借地借家法の適用がある不動産賃貸借の契約当事者の倒産に関して、判例学説上、種々の議論があったところであるが、立法的解決がされている。

　㋐　賃貸人の破産

　土地と建物の賃貸人に破産手続が開始された場合、賃借人が第三者対抗要件を具備（賃借権の登記、借地は登記以外に地上建物の登記、借家は登記以外に引渡し）しているときは、破産法53条1項・2項の双方未履行双務契約の処理の規定が適用されない（破56条1項）。賃借人の第三者対抗要件の具備を対抗問題としているのではなく、適用排除の権利保護要件としている。

　第三者対抗要件は、賃貸人の破産手続開始時点で具備されていることが必要である。破産手続開始後に善意で第三者対抗要件が具備された場合（破49条1項ただし書参照）は、破産法56条1項で適用が排除される同法53条1項・2項は、破産手続開始時点を基準とするから、適用排除の要件に該当しないと解するべきである。

　賃貸人の破産管財人は、賃貸人の破産手続開始を理由に賃貸借契約を解除することができないから、賃貸借契約は従来どおり継続される。賃借人は、賃貸人の破産手続開始後は、賃貸人の破産管財人に対して賃料を支払うことになり、賃料請求権は破産財団に属する財産になる。

　賃借人の請求権は財団債権とされる（破56条2項）。破産管財人は賃貸借契約を解除できないから、履行の請求があった場合の相手方の請求権と同視して、財団債権化したのである。賃借人の請求権は、賃貸借契約によって生じ

る賃借権や費用償還請求権（民606条1項・608条1項・2項）をいう。

　賃貸借契約には敷金が授受されることが多い。敷金返還請求権は、賃貸借契約によって生じる請求権ではなく、賃貸借契約に付随する敷金契約によって生じる請求権であるから、破産法56条2項で財団債権になるわけではなく、賃貸借契約終了と破産管財人に対する明渡しを停止条件とする破産債権である[88]。もっとも、敷金があるときは、賃借人は、破産手続開始後に破産管財人に賃料債務を弁済するに際して、将来の相殺に備えて弁済額の寄託を請求することができ（破70条後段）、その後に賃貸借契約が終了して賃貸借の目的不動産を破産管財人に明け渡したときは、敷金の返還請求権と賃料支払義務を相殺して、敷金返還請求権の額に相当する賃料の寄託金の返還を求める（破148条1項5号）ことができる。

　実務上は、賃借人はこの法律知識がないので、寄託の請求をすることはなく、賃料を支払っても敷金の返還を受けられると思っていることが多いし、不払賃料は当然に敷金額に充当されていくから、破産管財人は、善管注意義務があるので、相殺権を保障する目的で、敷金が高額でない限り、賃料を受領しながら、賃貸借契約が終了して賃借人が目的物を明け渡す場合には、賃借人に敷金返還請求権を放棄させ、敷金の返還額と同額を明渡料名下に支払うという合意をして、実質的に敷金返還請求権を財団債権化（破148条1項4号）するという処理を行うこともある。

　破産管財人が賃貸目的不動産を任意売却する場合は、賃借権と敷金返還請求権の負担付きで処分するのが通常で、賃借人は新たな買主に対して地位承継時点の未払賃料を除く敷金の残額の返還を請求することができるから[89]、実際上は、敷金返還請求権は全額保護されることが多い。敷金返還請求権は破産債権として確定していても、停止条件付破産債権で、破産管財人に対する明渡しという停止条件が永久に成就しないので、破産配当の対象とはならない（破198条2項）。

　第三者対抗要件を具備していない不動産賃貸借契約や賃借人に第三者対抗要件の具備方法がない賃貸借契約（たとえば動産の賃貸借契約）では、双方未

88　前掲（注61）最判平成18・12・21参照。
89　最判昭和44・7・17民集23巻8号1610頁。

履行双務契約の一般原則に従った処理が行われる。

賃借人は、賃貸人の破産手続の開始自体を理由として賃貸借契約の解除はできないし、破産法53条2項の催告権も与えられない。

　(イ)　賃借人の破産

賃借人に破産手続が開始された場合は、特別の規定がないので、双方未履行双務契約の処理規定が適用される。

破産管財人は賃貸借契約の解除と履行の選択が可能であるが、賃借権が借地権の場合は、借地権には財産的価値があるので、借地契約を解除することは、借地上の建物に価値がなく、購入者が現れず、地代の支払いが破産財団の負担になる等、特別の事情でもない限り、善管注意義務違反になる。[90]

相手方である賃貸人は、賃借人の破産管財人に対する解除するか履行の請求をするかの催告権はある（破53条2項）が、賃借人の破産手続の開始を理由とする賃貸借契約の解除はできない。借地借家法の保護を受ける賃貸借契約では、借地借家法の規定に反する特約で賃借人に不利なものは無効とされている（借地借家9条・30条）ので、賃貸人に特別の解約権を認める特約は無効と解すべきである。破産管財人に解除と履行の選択権が与えられている趣旨に反すること等を理由として無効とする下級審の判例がある。[91]もっとも、破産手続開始時点で債務不履行（賃料不払い）による解除権が発生していた場合は、賃貸人は破産手続開始後も、賃貸借契約を解除して目的物を破産管財人から取り戻すことができる。賃借権は解除によって将来に向かって消滅するし、賃借人の破産管財人は、解除で消滅する賃借権の差押債権者と同じで、解除前の第三者（民545条1項ただし書）にはならないからである。

破産管財人が賃貸借契約を解除したときは、破産手続開始前の賃料請求権は破産債権となる。賃貸借契約が解除されたときの破産手続開始後解除までの賃料債権は財団債権となり（破148条1項8号）、解除後明渡しまでの賃料相当損害金は、破産管財人の明け渡さないという不作為によって発生した請求権であるから財団債権になる（同項4号）。

破産管財人の解除によって賃貸人に損害が生じた場合の損害賠償請求権は

90　東京地判平成9・10・28判時1650号96頁参照。
91　東京地判平成21・1・16金法1892号55頁。

破産債権となる（破54条1項）。この点に関し、違約金の特約が有効かどうかは、無効であることを前提とする実務運用がある一方では、定期建物賃貸借契約の中途解約時には残存期間中の賃料相当額と解除後明渡し時まで賃料の倍額相当の損害金を支払う特約を有効とする下級審の判例もある。[92]

賃貸借契約が履行の請求によって継続されたときは、破産手続開始前の賃料請求権は破産債権となる。破産手続開始後の賃料は、履行の請求までの部分を含めて、全部財団債権となる（破148条1項7号）。

敷金が差し入れられていることが多い。破産債権部分を含めた未払賃料は敷金で担保されているから、賃貸人は、破産管財人による解除にせよ履行の請求後の解約にせよ、敷金返還時に敷金額から弁済期が先に到来した破産債権部分から未払賃料相当額を控除できる。この控除は、敷金の特性に基づくもので相殺ではないので、相殺の禁止規定には抵触しない。

敷金返還請求権は、破産財団に属する権利である。賃貸借契約に賃借人が敷金返還請求権を放棄するときは即時解除が可能という特約がある場合でも、賃借人の破産管財人の破産法53条1項による解除では、この特約は適用されず、敷金返還請求権は消滅しないとする下級審の判例がある。[93]一方では、中途解約原則不可、賃借人の自己都合により中途解約するときは、保証金は違約金として全額返還されない旨の特約がある定期建物賃貸借契約の賃借人が破産し、賃借人の破産管財人が同項により解除した場合、その特約は破産管財人の解除権を不当に制約するとはいえず、当該特約を有効とする下級審の判例がある。[94]

賃借人の破産管財人による破産法53条1項の解除、履行請求後の解約や合意解約の結果発生する賃貸人の賃貸目的物の返還請求権は取戻権である。目的物返還以外の原状回復請求権は、破産債権とする実務運用がある一方では、破産法148条1項4号・8号で財団債権となるとする下級審の判例もある。[95]

92　大阪地判平成21・1・29判時2037号74頁。
93　東京地判平成23・7・27判時2144号99頁。
94　東京地判平成20・8・18判時2024号37頁。
95　前掲（注94）東京地判平成20・8・18。

(5) **請負契約**

　請負契約は、仕事の完成と報酬の支払いが対価関係にある双務契約である（民632条）。報酬の支払いは、請負目的物の引渡し時であるとされている（民633条）が、これは意思解釈の規定で、特約で一部の前払金が支払われることや、出来高に応じて中間金が支払われることが多い。請負契約中に当事者の一方に破産手続が開始されたときは、注文者の破産では、民法642条に規定があるが、請負人の破産では何の規定もない。

　(ｱ)　注文者の破産

　仕事の完成と報酬支払の双方の債務が未履行の状態で、注文者に破産手続が開始された場合は、契約相手方である請負人、注文者の破産管財人のいずれもが請負契約を解除できる（民642条1項前段）。請負人に解除権を認めたのは、請負契約は基本的には仕事の完成という義務を先履行する内容になっているので、先履行義務を負担する請負人には不安の抗弁権が認められるところ、注文者の破産は信用不安の最たるもので、請負契約の性質上同時履行関係への転換もできず、破産手続開始後の仕事に対する報酬部分は財団債権になるが、財団不足になる場合は、その支払保障があるわけではないからである。商事留置権も成立することがあるが、請負契約が建物建築の場合は、注文者所有の敷地を商事留置権に基づいて留置できるかどうかは議論があり、下級審の判例も分かれている。[96]

　注文者の破産管財人または請負人が請負契約を解除した場合は、請負人のすでにした仕事に対する報酬部分と報酬に含まれない費用の請求権は破産債権となる（民642条1項後段）。出来高清算では、請負契約の解除は将来に向かっての解約で、出来高に対応する未払報酬や費用が破産債権となるということである。[97] その反面では、破産手続開始時に、すでにされていた仕事の成果（工事の出来高等）は、材料の提供者が誰であるかを問わず、破産財団に属する。[98]

96　否定するものとして東京高決平成10・12・11判時1666号141頁等、肯定するものとして東京高決平成6・2・7判タ875号281頁等。
97　大判昭和6・11・28新聞3347号9頁。
98　最判昭和53・6・23金法875号29頁。

破産管財人が請負契約を解除した場合に限って、請負人の損害賠償請求権は破産債権になる（民642条2項）。請負人が解除した場合は、破産管財人の損害賠償請求権も請負人の損害賠償請求権も認められていない。

民法642条の規定は、双方未履行双務契約の処理に関する破産法53条の特則となっている。すでに請負人の仕事が完成しているときは適用されないので、引渡し未了等で双方未履行状態になっているときは、破産法53条が適用される[99]。

破産管財人が履行を請求（破53条1項）し、請負人も解除をしない場合は、請負人には残工事を完成する義務があり、報酬支払請求権は財団債権となる（破148条1項7号）。残工事に対応する未払報酬が財団債権となるのは当然であるが、破産手続開始時の出来高に対する未払報酬請求権があるときは、当該未払報酬請求権は、公平の見地からも、解除（民642条1項後段）とのバランスから考えても、可分の債権として破産債権になると解すべきである。

　(イ)　請負人の破産

請負人の破産は、規定がなく、破産法53条の規定が適用されるかどうか争いがあるが、判例[100]は、当該請負契約の目的である仕事が破産者以外の者では完成することができない性質のものであるため、破産管財人において破産者の債務の履行を選択する余地のないときでない限り、双方未履行双務契約の処理の規定が適用されるとしている。請負人の仕事の完成義務が非代替的作為義務であるときは破産法53条は適用されず、それ以外は同条の適用があるが、法人破産では非代替的作為義務が観念できないから同条が適用される。

建設工事の請負契約では、出来高清算の方法がとられることが通常で、注文者から前払金（前渡金）が支払われることがあり、解除をしたとき（解除とみなされた場合を含む）に、出来高に対応する未払報酬があったときは、当該未払報酬請求権は破産財団に属する財産となるが、出来高を超える前払金の支払いがあった場合の出来高を超過する部分の前払金返還請求権は、破産法54条2項によって財団債権となる[101]。

99　東京地判平成24・3・1判タ1394号366頁。
100　最判昭和62・11・26民集41巻8号1585頁。
101　前掲（注100）最判昭和62・11・26。

請負人の責めに帰すべき事由を原因とする注文者からの任意の解除権を定め、その場合は、請負人は請負代金額の10分の１に相当する違約金を支払うという特約がある請負契約について、請負人の破産管財人が破産法53条１項により解除したときは、後に注文者が請負契約の解除をしたとしても、注文者は破産管財人に違約金の請求ができないとする下級審の判例がある[102]。

請負人の破産管財人が履行の請求をした場合は、注文者は報酬（出来高清算では未完成部分も含めた仕事全部に対する未払報酬）を支払わなければないが、注文者の仕事完成請求権（出来高清算では残工事全部の完成請求権）は財団債権となる（破148条１項７号）。破産管財人は、事業継続をした場合を除き履行の手足をもたないので、第三者と新規の請負契約を締結して、報酬を支払って仕事を完成させなければならない。

(6) 委任契約

委任契約は、報酬の特約のあるときは双務契約で、報酬の特約のないときは片務契約である。民法653条２号は、双務契約・片務契約を問わず、委任者・受任者いずれかの破産手続の開始決定は、委任契約終了事由としている。

受任者の破産では委任契約終了原因となる[103]。しかし、委任者の破産では、民法653条２号は、制限的に解釈されることが多い。会社に破産手続が開始されても取締役の地位は当然には失われず、会社の財産的な面は破産管財人が管理処分権を取得するので財産の管理処分に関する権限は消滅するが、会社の組織的な面での権限は消滅しないとする判例がある[104]。会社の破産で取締役との間の委任契約は同号によって終了するので、破産手続廃止後は従前の取締役は当然には清算人にはならないとする判例もあり[105]、実務では、この判例の趣旨に従って、破産管財人が破産財団から放棄した財産の任意処分は、利害関係人の申立てにより、裁判所が清算人を選任（会社478条２項）し、清算人が任意処分を行うという取扱いをしている。

民法653条２号で委任契約が終了する場合は、委任契約の終了事由が委任

102　名古屋高判平成23・6・2金法1944号127頁。
103　名古屋高金沢支判昭和61・8・20判時1217号72頁。
104　最判平成16・6・10民集58巻5号1178頁、前掲（注23）最判平成21・4・17等。
105　最判昭和43・3・15民集22巻3号625頁。

者・受任者のいずれにあっても、この事由を相手方に通知するか、または、相手方が終了事由を知らなければ、委任契約の終了を相手方に対抗できない（民655条）ので、委任者の破産では、受任者が、破産手続開始の通知を受けず、かつ破産手続開始の事実を知らないで、受任事務を処理したときの費用や報酬の請求権は、破産手続開始後の請求権となるが、破産債権としている（破57条）。委任者の破産で、委任終了後急迫の事情があって、受任者が行った行為によって発生した請求権は、財団債権として保護される（破148条1項6号）。

　破産者が受取手形を取立委任して金融機関に交付している場合は、委任者の破産手続の開始によって取立委任契約は終了するので、破産管財人はこの受取手形を破産者が取立依頼をしている金融機関から返還を受けてあらためてその満期に取り立てる。もっとも、当該金融機関が破産債権者で、商事留置権（商521条）が成立する場合は、金融機関は当該手形を留置できるから、委任契約が終了してもその返還を要しない。[106]

(7) 使用者の破産

　労働契約は、労務提供と賃金の支払いが対価関係に立つ継続的契約で、使用者に破産が開始したときは、双方の債務が常に未履行である。労働契約の使用者の破産では、破産手続の開始が、使用者の破産管財人と使用人の労働契約の解約申入れ事由になっている（民631条前段）。使用者に破産手続が開始されたときは、労働契約に期間の定めがあっても、破産管財人・使用人とも、民法627条の規定によって労働契約の解約申入れができ、解約によって損害が生じたとしても、破産管財人・使用人とも、その損害賠償の請求ができない（民631条後段）。民法631条の規定は、破産法53条1項・54条1項の特則になっている。使用者に破産が開始したときは、破産は清算が目的で、遅かれ早かれ従業員の労働は不要になるからである。実務上は、破産手続開始時には使用人を解雇しているのが通常であるが、解雇がされないまま使用者に破産手続が開始されたときは、使用者の破産管財人は、この規定によって労働契約の解約申入れを行う。

106　最判平成10・7・14民集52巻5号1261頁。

解約申入れ後2週間で労働契約は終了する（民法631条・627条）が、破産管財人の解約には労働基準法の適用があるので、30日以上前に解雇予告をするか、解雇予告手当の支払いが必要となる（労基20条）。解雇予告手当は、破産管財人の解約行為によって生じた請求権であるから財団債権となる（破148条1項4号）。

破産管財人による解約であれ使用人による解約であれ、破産手続開始日以降労働契約の終了までの間の賃金は財団債権となる（破148条1項8号）。

例外的に事業継続をする場合は、必要に応じて、解約を申し入れることなく破産法53条1項によって履行の請求を行い、使用人がこれに応じれば労働契約が継続するとされるが、実務では、この方法はとらず、従来の労働契約を解約して再雇用を行う。暫定的な雇用であるので、従前と賃金等の労働条件も異なるし、退職金規程を設けることもできないからである。雇用が継続されあるいは再雇用をされた場合、破産手続開始後の労務提供に対する賃金は、全部が財団債権となる（破148条1項2号・4号・7号）。

破産手続開始前の労務提供に対する給料は、労働契約の解約（開始前の解雇を含む）、履行の請求に関係なく、優先的破産債権となるが、破産手続開始前3カ月間の労務の提供に対する給料は財団債権化されている（破149条1項）。給料支給日とは無関係である。また、給料とは、労働の対価として支払われるもの全部をいうので、基本給、加算給、超過勤務手当、家族手当等、名称のいかんを問わないが、給料から天引きされる社会保険料や源泉所得税はこれに含まれない（これらは、破148条1項3号により事業主である破産者に対する財団債権となる）。破産手続開始3カ月前より以前の労務提供の対価としての未払給料があるときは、労働契約の解約（開始前の解雇を含む）、履行の請求には関係なく、優先的破産債権となる（破98条1項、民306条2号）が、一定の要件で手続外弁済を受けることも可能である（破101条）。

破産手続終了前に退職した使用人の退職手当の請求権（退職金）は、契約の終了原因に関係なく、退職前3カ月間の給料の総額か破産手続開始前3カ月間の給料の総額かのいずれか多いほうの額が財団債権となる（破149条2項）。退職金規程では、退職金の額は退職時の給料を基準に算定するのが通常であるところ、破産手続開始後も労働契約が継続した場合は、従来の給料

より減額されることが多く、この点も考慮したのである。退職金は、破産手続開始時に退職していたときは既発生の債権となるが、破産手続開始時に退職していないときは退職を停止条件とする請求権となる。退職金が破産債権と仮定した場合に劣後的破産債権となる部分（退職金に対する破産手続開始後の遅延損害金や退職金が定期金の場合は支払期までの中間利息相当額）は財団債権とはならない（破149条2項）。退職金の一部が破産手続開始前に支払われていたときは、残額が財団債権計算上の対象となる。退職金が中小企業退職金共済法等の社外積立型の退職金制度による場合は、給付機関から退職者に退職金が直接支払われるので、計算上の退職金の額には含まれない。退職金の額が財団債権部分を超えるときは、当該超過部分は優先的破産債権（ただし劣後的破産債権となる部分は除く）となる（破98条1項、民306条2号）が、一定の要件で手続外弁済を受けることが可能である（破101条）。

　破産財団を早急に構成できないか、弁済や配当の財源が不足する場合は、破産管財人は、元の従業員に対して、賃金の支払の確保等に関する法律7条に基づく独立行政法人労働者健康福祉機構の立替払制度の利用を促し、立替払いに必要な証明書を作成することが多い。賞与と解雇予告手当は立替払いの対象ではない。

　元従業員は、自分の給料（賃金）がいくらなのか正確には知らないことが多く、未払退職金の額がいくらか知らないことも多い。そこで、破産管財人は、破産債権である給料の請求権または退職手当の請求権を有する者に対し、破産手続に参加するのに必要な情報を提供するよう努めなければならないとされる（破86条）が、財団債権との区別がつかない者もいることから、未払給料と未払退職金の全額の破産債権届出をさせて、振分けをするという運用をすることもある。

　使用人の社内預金は、使用人と使用者との間の消費寄託（民666条）である。社内預金返還請求権は破産債権で、民法306条2号の雇用関係に基づく債権とはいえないので、優先的破産債権ではない。[107] 社内預金は、賃金の支払の確保等に関する法律で、金融機関による保証等の保全措置が要求されてい

---

[107] 札幌高判平成10・12・17判時1682号130頁、東京高判昭和62・10・27判時1256号100頁。

る（同法3条）が、保全措置がとられていないこともある。保全措置がとられているときは、使用人は保証をした金融機関に保証履行を求める等の保全措置を要求すればよい。

6 取戻権

　取戻権とは、ある財産が破産財団に属さないことを主張する権利のことをいうが、その権利が破産法以外の実体法に基づくものと、破産法に基づくものに分けられる。前者を一般の取戻権（破62条）、後者を特別の取戻権（破63条・64条）と呼んでいる。民事再生と会社更生でも、同じ規定が設けられている（民再52条、会更64条）。取戻権は破産手続外で、通常の権利行使や、場合により訴訟等で行使する。

　実務上は、リース物件の返還が非常に多いが、それ以外は、賃料不払いで建物や土地の賃貸借契約を解除されたが、目的物を返還しないまま賃借人に破産手続が開始されるという事例も散見される。

(1) 一般の取戻権

　破産手続の開始は、破産者に属しない財産を破産財団から取り戻す権利に影響を及ぼさない（破62条）。

　倒産手続である破産手続の対象となる財産は、破産財団に属する財産に限られる。ある財産が破産者以外の第三者に属するときは、その財産が破産手続開始時に破産者の財産の中に混入していたとしても、その財産に権利を有する第三者は、その財産を破産管財人から取り戻すことができるのは当然である。この実体法上の権利を、破産法63条・64条の取戻権と区別して、一般の取戻権と呼んでいる。

　一般の取戻権の根拠となる権利は、所有権、その他の物権、債権的請求権等である。

　取戻権の典型的な例は、所有権を根拠とする場合である。取戻権は所有権に基づく物上請求権である引渡請求権として発生する。引渡請求権が発生するためには、単に所有権があるだけでは足りず、破産者に占有権限があるときは、その占有権限の発生原因となる法律関係が終了していなければならない。所有権は、原則として、破産手続開始時点で第三者対抗要件を具備した

ものであることが必要である。破産手続開始後に第三者対抗要件が具備された場合も善意取引保護規定で保護されるときがある（破49条1項ただし書）。また、破産管財人は、通謀虚偽表示と詐欺による取消しの第三者となり、解除前の第三者となる等、第三者保護規定の第三者となるから、第三者に対する所有権の主張が認められない場合は、取戻権は生じない。

　所有権以外の物権も取戻権の根拠となるが、物上請求権として引渡請求権が発生するのは、その物権が目的物の占有を権利内容としている場合に限られる。地上権や永小作権等の用益物権や、質権や留置権等の担保物権は、目的物の占有がその権利の内容になっているので、これらの物権を根拠にする引渡請求権は取戻権となる。取戻権の根拠となる物権も破産手続開始時点で第三者対抗要件の具備が必要なのは所有権と同じである。

　債権的請求権も取戻権の根拠となる場合がある。目的物引渡請求権が債権的請求権として発生するときは、通常は、破産債権であって取戻権とはならないが、破産財団に属しない目的物につき、破産管財人の支配を排除して給付を求める債権的請求権は、取戻権の根拠となるとされている。他人の物の賃貸借契約（転貸）の終了による目的物返還請求権や、自己の物の賃貸借契約終了による債権的請求権である返還請求権が、この例となる。

　問屋（商551条）が委託の実行としてした売買により取得した権利を取得後に委託者に移転しないまま問屋が破産した場合は、委託者は、その権利について取戻権を行使できる。

　特定の動産について留保所有権や譲渡担保権を有する者は、担保権の実行をすべきで、担保目的物の所有権を主張してその引渡しを求める取戻権はないが、担保権者は担保権の私的実行（契約解除）の結果、破産管財人に担保目的物の引渡しを請求できることは当然である。

(2) 特別の取戻権

　関係当事者間の公平といった考慮から、破産では3種の特別の取戻権が創設されている。

108　大判昭和8・7・22新聞3591号14頁。
109　最判昭和43・7・11民集22巻7号1462頁。
110　札幌高決昭和61・3・26判タ601号74頁。

(ア)　売主の取戻権（運送中の物品の取戻権）

　隔地取引の安全を図る趣旨から認められた取戻権である。隔地者間の売買（隔地取引）において、売主が買主に売買目的物である物品を発送したところ、買主が代金の全部を弁済せず、かつ到達地で物品を受け取らない間に買主に破産手続が開始された場合は、売主はその物品を取り戻すことができるが、破産管財人は代金の全額を支払って売主にその物品の引渡しを請求することができる（破63条1項）。

　隔地取引が破産手続開始時に双方未履行のとき（物品の到達によって売主の引渡義務の履行が完了する）は、破産管財人は履行の請求と解除の選択権を有する（破63条2項・53条1項・2項）。

　(イ)　問屋の取戻権

　問屋（商551条）と委託者が隔地である場合に、隔地取引の安全を図る見地から認められた取戻権である。物品買入れの委託を受けた問屋がその委託物品を委託者に発送した場合に、前記(ア)と同じ要件で問屋にも売主と同様の取戻権が認められる。また、破産管財人は、これに対して物品買入れの委託による報酬および費用を問屋に弁済することによって、委託物品の引渡しを問屋に請求することができる（破63条3項）。

　(ウ)　代償的取戻権

　取戻権者は、破産者や破産管財人が取戻しの目的物を他に譲渡した場合は、譲渡の反対給付が未履行のときはその給付請求権（譲渡が売買によるときに売買代金）を取戻しの対象として、破産管財人にその請求権の移転を請求でき、その反対給付が破産手続開始後にされた場合は、破産管財人が反対給付として受けた財産を取戻しの対象とすることができる（破64条）。

　取戻権は目的物の取戻しを請求する権利であるが、その目的物が他に譲渡されてしまった場合、破産管財人は取戻しができなくなる。譲受人からの返還の可否はともかく、譲受人の反対給付がある場合は、公平の見地から、その反対給付を代償物として取戻しの対象とすることとしているのである。反対給付が未履行の場合の請求権の移転（破64条1項）は、当然移転ではなく、移転を請求する債権的な請求権である。したがって、破産管財人に債権譲渡を要求することになる。反対給付が破産手続開始後に破産管財人にされた場

合は、給付の現物が特定性をもって破産財団に存在するときはその現物の引渡しを請求でき（破64条2項）、特定性がないとき（売買代金が金銭で支払われたとき）は、その価額相当額は不当利得として財団債権となる（破148条1項5号）。反対給付が破産手続開始前に破産者に対してなされた場合は、反対給付が破産財団に現存するかしないかにかかわらず、代償的取戻権は発生せず、不当利得返還請求権を破産債権として行使できるだけである。

7　別除権

(1)　担保権者の処遇

担保権は、債務者の財産について優先弁済権を内容とし、その実行によって被担保債権を回収することを目的としている。担保権がその効用を発揮するのは、被担保債権の弁済が受けられない場合で、その典型的な場面が債務者の倒産である。したがって、担保権者には、倒産手続においても、債権者平等原則の例外として、把握している担保物目的物の価値の限度で優先的地位が保障されなければならない。

優先的な地位の保障の方法は、担保権の行使を倒産手続外で認める別除権方式と、担保権の行使は認めないが担保物の価値に相当する被担保債権を倒産手続で優遇する更生担保権方式があるが、破産では、民事再生と同様に、伝統的、一般的な手法である別除権方式が採用されている。別除権方式は、担保権の行使を倒産手続外において、担保権者に倒産手続とは無関係に担保権の行使を認める方法である。担保権で把握された担保目的物の価値部分は担保権者のために別に除かれ、その価値の実現方法は倒産手続によらない担保権の本来の実行方法によるものとされる。この担保権者の権利を別除権と呼んでいるが、倒産法で創設された権利ではない。一方では、被担保債権が手続債権（破産債権・再生債権）の場合は、担保権の実行等で弁済されなかった部分だけを手続債権者として処遇する不足額責任主義をとる。

(2)　別除権の基礎となる担保権

別除権の基礎となる担保権は、破産では、破産手続開始時点で破産財団に属する財産についての特別の先取特権、質権、抵当権で、この担保権を破産手続外で行使できる権利を別除権と呼んでいる（破2条9項）。

特別の先取特権は、多種多様なものがある（民311条〜328条、商842条・343条等）が、実務上は、動産売買の先取特権（民311条5号・321条）が多い。

商法、会社法上の留置権は、破産手続開始で、破産財団に対しては最下位の特別の先取特権とみなされる（破66条1項・2項）ので、特別の先取特権として、別除権の基礎となる担保権となる。商法、会社法上の留置権も種々のものがあり（会社20条、商521条・557条・562条・589条・753条2項）、商事留置権と呼ばれるが、実務上多いのは、商人間の留置権（商521条）である。民事留置権は、破産財団に対して効力を失う（破66条3項）ので、民事留置権者は、留置物を破産管財人に返還しなければならない。

質権（民342条〜366条）は、実務上は、預金や敷金返還請求権に質権を設定し、抵当権の目的建物の火災保険金に質権を設定することがある（権利質）が、不動産や動産の質権設定の例は、ほとんどない。

抵当権は、根抵当権を含むが、民法に定められているものに限られず、工場抵当法、自動車抵当法等、特別法によるものも含まれる。実務上は、事業者の破産では、ほとんど例外なく金融機関等からの借入金があり、破産財団に属する不動産には根抵当権が設定されているし、商品取引等によって発生する債権を担保する場合は、商社に根抵当権が設定されていることもある。

仮登記担保権も別除権の基礎となる担保権である（仮登記担保19条1項。根担保仮登記は効力を有しない）が、実務では、ほとんど見かけない。

非典型担保である譲渡担保の譲渡担保権、所有権留保の留保所有権、リースのリース所有権は、別除権の基礎となる担保権となると解されている。実務上は、債権、株式、手形、ゴルフ会員権の譲渡担保、自動車の所有権留保、什器備品類のリースが多い。金融取引で担保として用いられる代理受領や振込指定は、別除権の基礎となる担保権にはならない。

(3) **別除権の要件**

(ア) 破産財団に属する財産上の担保権

別除権は、破産財団に属する財産に一定の担保権を有する者に与えられた地位であるから、担保権の被担保債権は破産債権である必要はない。破産者に対する破産債権を被担保債権として破産財団に属する財産の上にある担保権を有する者は別除権者で被担保債権の破産債権者であるが、破産者が物上

保証をしているときは、担保権者は別除権者ではあるが破産債権者ではない。

破産者を被担保債権の債務者として第三者の財産の上にある担保権（物上保証）は別除権の基礎となる担保権ではなく、担保権者は被担保債権を有する通常の破産債権者として破産手続で権利行使ができ、主債務者の破産は物上保証人に影響を及ぼさないので、物上保証人に対する担保権の実行を自由になしうる（破253条2項）。

別除権は破産手続開始当時に破産財団に属する財産の上にあれば足り、その後に目的財産が破産管財人の任意売却やその他の事由で破産財団に属さなくなっても、別除権者はその財産に別除権を有する（破65条2項）。任意売却とは、担保権の負担付きのまま売却処分すること、その他の事由とは、担保権の付着した財産を破産財団から放棄することである。担保権はその目的物が他に移転されても効力に影響を受けない（追求力）が、この場合も担保権者は破産手続で別除権者として処遇することとし、被担保債権が破産債権の場合は、担保目的物が破産財団から離脱しても、その全額が破産債権として処遇されるわけではなく、不足額責任主義が貫徹される。

　　(イ)　対抗要件

担保権者が破産手続で別除権者として認められるためには、実体法上、第三者対抗要件の具備が必要な担保権では、破産手続開始時点でその対抗要件を備えていなければならない（例外は破49条1項ただし書の場合）。

(4) 別除権の行使

破産手続によらないで権利行使ができる（破65条1項）。つまり、破産手続開始の前後を問わず、担保権本来の実行ができるということである。被担保債権が破産債権の場合は、破産手続開始によってその弁済が禁止される（破100条1項）が、弁済期が到来すれば（債務者の倒産手続開始申立てで期限の利益を喪失するという特約がされることが多いし、期限の利益喪失約款は有効である）、被担保債権の不履行になり、担保権の実行が可能となる。

法定担保権では、その実行方法は民事執行法によるが、実行方法が民事執行法以外にも規定されている場合（動産質につき民法354条による簡易充当の方法、債権質につき同法366条による直接取立て等）は、その実行方法によることも可能である。

動産売買の先取特権は、担保権の実行以外に、物上代位も可能である（民304条）。売掛金を有する債権者は、売り渡した商品等の動産が破産財団に存在するときは、先取特権の実行（民執190条・192条）、当該動産が転売されているが転売代金が未払いのときは転売代金に物上代位（民執193条）ができる。この先取特権は対抗要件が考えられず、債務者に破産手続開始がされた後も債務者を破産管財人として権利行使が可能である[111]。権利行使がされないまま商品が転売され転売代金が回収されると、動産売買の先取特権は消滅する（民333条・304条）。

　商事留置権は、破産手続開始によって特別の先取特権とみなされる（破66条1項）が、その順位は他の特別の先取特権に後れる（同条2項）。商事留置権が破産手続開始で特別の先取特権に転化するのは、破産が清算を目的とする手続で、商事留置権に優先弁済権を与えて目的物の担保権実行手続をとることができるようにしたからである。破産における商事留置権は特別の先取特権に転化して消滅し留置権能がなくなるかどうかは争いがある。手形については留置権能が認められるが[112]、不動産については留置権能を否定する下級審の判例もある[113]。不動産の留置権能を認めないか、留置権能を認めるが民事執行における消除（民執59条4項）の対象となると考えた場合は、目的物の抵当権との優劣が問題となり、争いがあるが、商事留置権成立と抵当権設定登記との先後によるとする下級審の判例がある[114]。

　特約による担保権実行方法が定められている場合は、特約が不合理なものでない限り、その特約によることも可能である（破185条1項参照）。手形の商事留置権の担保権実行方法について、民事執行法上の特別の先取特権の担保権実行方法によらず、留置している手形を満期に取り立てて、その取立金を被担保債権に充当することができるかどうかについて、金融機関がその内容の銀行取引約定により手形を取り立てた場合、被担保債権の履行期が到来し債権額も手形金額を超過しており、当該手形について商事留置権者に優先

111　前掲（注79）最判昭和59・2・2。
112　前掲（注106）最判平成10・7・14。
113　東京高決平成10・11・27判時1666号141頁。
114　前掲（注113）東京高決平成10・11・27、福岡地判平成9・6・11判タ947号291頁。

する他の先取特権者もいないときは、取立てや充当行為は破産管財人に対する不法行為にならない。[115] 株式会社である金融機関（銀行）が商人である破産者から取立委任を受けて手形を所持している場合は、この要件を満たすので、実務上は、この実行手続がとられる。民事再生から移行した破産手続における権利行使も同様であるし、[116] 小切手の一種である米国のクリーンビルについて商事留置権を有する銀行は、取立金を破産債権の弁済に充当できる。[117]

譲渡担保では、設定契約で合意された私的実行方法（処分清算型が原則とされる）による。譲渡担保権に基づく物上代位も可能である。[118] 所有権留保やリースでは、契約解除がその実行方法であるとする下級審の判例がある。[119] 仮登記担保権の実行手続等からみると、この下級審の判例には疑問があるが、この下級審の考え方にしたがうと、担保権実行は瞬時に終了し、後は担保目的物を取り戻して他に処分し、あるいは価値を評価して、その額を被担保債権に充当するという清算が行われる。

別除権を実行したときの被担保債権への充当は、実体法で認められる方法でよい。普通抵当権の場合は、被担保債権の範囲は、元金以外に利息、損害金は最後の2年間に限られる（民375条）。根抵当権では、主債務者や物上保証人の破産により元本が確定する（民398条の20第1項4号）が、極度額の範囲では利息、損害金の期間制限はない。別除権者は、被担保債権が破産債権の場合は、劣後的破産債権（破産手続開始後の損害金）から充当が可能である。[120] 担保権の実行による配当手続では、法定充当により、利息、遅延損害金から充当がされる。[121]

(5) 破産管財人の担保価値維持義務

担保権設定者は、担保権者に対して担保設定契約上の附随義務として担保価値維持義務を負担するので、担保権設定者の破産管財人も別除権者に対し

---

115 前掲（注106）最判平成10・7・14。
116 東京高判平成24・3・14金法1943号119頁。
117 東京高判平成21・2・24金商1323号42頁。
118 最決平成11・5・17民集53巻5号863頁。
119 大阪地決平成13・7・19判時1762号148頁、東京地判平成15・12・22判タ1141号279頁。
120 名古屋高判昭和53・5・29金商562号29頁。
121 最判昭和62・12・18民集41巻8号1592頁。

て担保価値維持義務を承継して負担することになる。

敷金返還請求権に質権が設定されている場合も、賃貸人との合意で、賃貸人が費用を出して原状回復を行い、その費用と未払賃料の額を敷金返還請求権から控除するという合意をすることが許されるかどうかが問題となるが、判例は、①原状回復費用を敷金に充当することは広く行われていることで、質権者もこれを予定して質権を取得するので、原状回復費用を敷金に充当するという処理は担保価値維持義務に反しない、②正当な事由なく、破産手続開始後の未払賃料を生じさせて敷金返還請求権の発生を阻害することは担保価値維持義務に反する、③財団債権である破産手続開始後の賃料を支払う弁済資力が破産財団にあるのに、担保価値維持義務に反してこの合意を行うことは、質権者の損失において破産財団が財団債権の支払義務を免れるという利得をしているので、質権者に対する不当利得（破148条1項5号）となるとしている。[122]

(6) 別除権への対応

民事再生では、事業に必要不可欠な財産についても別除権の自由な行使を認めると再建の障害となることから、担保権の実行中止命令と担保権消滅請求の制度を設けている。これに対して、破産では、別除権者が担保権の実行をすれば換価の目的を達することができるので、中止命令や担保権消滅請求の制度を設ける必要はない。かえって、別除権者が担保権の実行をしないために破産財団の換価が進まず破産手続の遅延が起こるという現象が生じるので、破産財団に属する財産の換価を目的とする担保権の消滅許可制度（破186条～191条）を設けて、破産手続の円滑・迅速な進行を図ることとしている。

また、暫定的に破産手続開始後も事業継続がされることもある（破36条）ので、商事留置権の消滅許可の制度も設けている（破192条）。

(7) 別除権者等の破産手続参加

別除権である担保権の被担保債権が破産債権であるときは、別除権者に、①別除権の行使によって弁済が受けられなかった債権の部分について権利行

122　前掲（注61）最判平成18・12・21。

使ができ、②その被担保債権の全部または一部が破産手続開始後に担保されないこととなったときにはその全部または当該部分について破産債権者として権利行使ができる（破108条1項）。不足額について破産債権者として参加する権利を認めることとして、不足額責任主義をとることを明らかにしたものである。配当に関しては、中間配当の段階では、不足額が確定していれば配当を受けられるが、確定していないときは、除斥期間内に別除権の目的財産の処分に着手したことを証明しかつ不足額を疎明した場合に限って、その配当額相当額が寄託される（破214条1項3号）が、最後配当や簡易配当の除斥期間が満了するまでに、不足額確定の証明がない限り、配当から除斥され（破198条3項・205条）、中間配当における寄託額は他の破産債権者の配当原資となる（破214条3項）。

　上記①は、最後配当や簡易配当の除斥期間の満了時までに別除権の実行手続が完了していることが必要（破198条3項・205条）で、不足額が生じたことを配当表等で証明しなければならないし、担保権消滅許可における配当（破191条）で配当を受けられなかった額は配当表等で証明しなければならない。上記②は、担保権の全部または一部の放棄による確定と、合意による確定が考えられる。担保権の全部の放棄に関しては、別除権の目的物の受戻しによる任意売却が典型で、担保権者は任意売却に際して担保権を放棄するから、弁済金を被担保債権に充当した後に残額があれば不足額として確定する。担保権の全部または一部の放棄が実際上の問題となるのは、担保権の実行手続の完了が最後配当や簡易配当の除斥期間満了時までに間に合わない場合である。破産管財人は破産財団に属する財産について、担保権の実行の完了まで最後配当や簡易配当を待つ義務はないので、他の財産の換価が終了すれば、当該目的物を破産財団から放棄して、最後配当や簡易配当の手続を行う。後順位の抵当権者は、自己の破産債権である被担保債権に担保権の実行により配当される見込みがない場合で、除斥期間満了時までに不足額確定の証明が間に合わないときは、当該抵当権の放棄しなければ最後配当や簡易配当を受けられない。担保権の放棄の相手方は破産管財人であるが、破産管財人が破産財団から放棄した場合は、管理処分権は破産者に復帰するので、担保権の放棄の相手方は破産者になる。破産者が個人の場合は破産者に担保権放棄の

意思表示をすればよいが、破産者が法人の場合は旧取締役にした意思表示は無効で[123]、破産管財人から放棄の2週間前までに通知がされる（破規56条後段）ので、破産管財人に担保権の放棄の意思表示を行う必要がある。担保権の一部放棄は、担保権が根抵当権の場合は、根抵当権は極度額だけを把握する担保権で被担保債権の選択ができない（競売による配当では法定充当がされる）ので[124]、一部放棄ができるかどうか実体法上も問題がある。合意による確定は、民事再生では、別除権協定がされるが、破産は清算型で、破産管財人は別除権者との間で被担保債権の一部を不足額として確定させる合意をする義務も必要もないので、合意による確定が必要な場面はほとんど考えられない。登記や登録を要する担保権の放棄では、全部放棄による抹消登記や一部放棄による変更登記が必要である[125]。

　根抵当権で被担保債権の額が極度額を超過している場合は、不足額の確定の証明がないときでも、最後配当や簡易配当の許可があった日における被担保債権のうち極度額を超過する部分は最後配当や簡易配当の対象とされる（破198条4項・205条）。

　準別除権者も同一の要件で破産手続に参加ができる（破108条2項）。

8　相殺権と相殺の禁止

　相殺は、弁済、代物弁済、更改等と同様の債権の消滅原因である。民法上は、両当事者に同種の目的を有する債務があり、その両債務がともに弁済期にあるときは、当事者の一方が相殺の意思表示をすると、その債務は対当額で消滅する（民505条1項）。相殺は、債権債務の簡易な決済方法である。

　債権者が債務者の債務者でもあるという例は多くはないが、金融取引や商社取引等では見かける。債権者にとって、相殺は債権の回収手段となっている。債権回収という面からみると、相殺は一種の担保（受働債権を目的とする債権担保）としての機能があり[126]、この担保的機能が発揮されるのは、取引

123　最決平成16・10・1集民215号199頁。
124　前掲（注121）最判昭和62・12・18。
125　大阪高決平成11・10・14金商1080号3頁参照。
126　最大判昭和45・6・24民集24巻6号587頁参照。

相手方の財産状態が悪化したときで、その典型が、相手方が倒産状態に陥った場合である。

破産債権者の相殺を許すとすると、割合的弁済しか受けられない破産債権を自己の債務（受働債権）の範囲で、破産手続外で全額弁済を受けたのと同様の結果になり、債権者平等原則に反する。しかし、相殺の担保的機能を期待して行われる取引は、担保権を別除権として保護するのと同様に、債権者平等原則の例外として保護される必要がある。破産では、破産手続開始時に破産債権と債務の双方があることを前提に、破産手続外で相殺によって破産債権の回収ができるものとして、相殺権として保護する（破67条1項）が、担保的機能の期待が合理的でない場合等は債権者平等原則違反として、原則に戻って、相殺を禁止することとしている（破71・72条）。

実務上は、事業者は、ほとんど例外なく金融機関からの借入金があるので、貸付金融機関から貸付金と預金との相殺が頻繁に行われる。

(1) **相殺権**

(ｱ) 債権債務の存在

相殺権を行使するためには、破産手続開始時に破産債権と当該破産債権者の破産者に対する債務の双方が存在している必要がある（破67条1項）。

破産者に対して債務を負担する者が、当該債務に係る債権を受働債権とし、自らと完全親会社を同じくする他の株式会社が有する破産債権を自働債権としてする相殺は、これをすることができる旨の合意があらかじめされていた場合であっても、破産法67条1項によってすることができる相殺に該当しないから、破産手続ではその効力を有しない。[127]

(ｲ) 自働債権と受働債権

破産では、破産債権の金銭化、現在化がされるから、それを相殺の場面でも貫徹することとしている。破産債権者の有する自働債権は、破産手続開始時点で期限付債権、解除条件付債権、非金銭債権、金銭債権で額が不確定なもの、外国通貨によるもの、金額または存続期間が不確定である定期金債権であっても、金銭債務と相殺が可能とする（破67条2項前段）。これは、破産

127　民事再生に関する最判平成28・7・8民集70巻6号1611頁。

債権が金銭化、現在化されて、確定額の金銭債権となる結果にすぎない。ただし、自働債権として相殺に供することができる債権の額は破産債権の額（破103条2項各号）でなければならないし、当該債権が無利息債権または定期金債権では、一般破産債権となる部分が相殺に供することができる債権の額になる（破68条1項・2項）。有利息債権でも破産手続開始日以降の損害金は劣後的破産債権（破99条1項・97条2号）であるので、当該債権が抵当権等の担保権の被担保債権になっているかどうかにかかわらず、破産法68条2項を類推し、あるいは破産手続開始後の原因に基づいて発生する破産債権であるから、破産法72条1項1号を類推して、相殺に供することはできないと解すべきである[128]。実務では、金融機関は、破産手続開始日以降の遅延損害金は相殺の対象とせず、破産手続開始日以降の先取利息分（手形買戻請求権の割引料も含む）は戻しをかけて、相殺することが多い。

停止条件付請求権は、停止条件が成就しなければ相殺できないし、将来の請求権は、法定の停止条件が成就しなければ相殺ができない。それまでの間は、受働債権である自己の債務を破産管財人に弁済しなければならないが、停止条件の成就に備えて、自己の債務を弁済する際に、破産管財人に対し自働債権の額の限度で、弁済額の寄託を請求することができる（破70条前段）。敷金の返還請求権（停止条件付請求権）を有する者が賃料を支払う場合も同様である（同条後段）。これらの債務弁済は、自働債権の停止条件の成就を解除条件としてなされるものである。そして、最後配当や簡易配当の除斥期間満了時までに停止条件が成就すれば（破198条2項・205条）、破産債権者は、破産管財人に対して相殺の意思表示をして、寄託額の返還を受けることができる（破148条1項5号）。除斥期間満了時までに停止条件が成就しないときは除斥される（破198条2項・205条）ので、寄託額は破産財団に組み入れられて他の破産債権者の配当原資になる（破201条2項・205条）。

自働債権となる破産債権が解除条件付である場合は、相殺時に解除条件の不成就が確定していない限り、その相殺によって消滅する債務の額について、担保を供しまたは寄託しなければならない（破69条）。最後配当や簡易

---

[128] 大阪地判昭和56・2・12判タ452号140頁。反対の判示をした裁判例として大阪地判昭和49・2・18金商423号12頁。

配当の除斥期間満了時までに解除条件が成就しなければ、担保や寄託は効力を失い、担保物や寄託された金銭は破産債権者に返還される（破201条3項・205条）。

　破産債権者が負担する受働債権は、期限付きでも条件付きでもよいし、将来の請求権であってもよい（破67条2項後段）。破産では、相殺の時期的な制限はないから、緩やかに相殺を認めるものとして、自働債権の範囲が破産債権の金銭化、現在化の関係で拡張されていることに対応して、受働債権も現在化の限度で、その範囲を拡張している。

　破産債権者は、破産手続開始後に、受働債権について、期限の利益を放棄し、あるいは、（法定の）停止条件不成就の利益を放棄して相殺することができる。停止条件が成就してみなければ額が確定しない場合は放棄のしようがないのであるが、上限が決められるものであれば、上限に達しないという停止条件不成就の利益も放棄することによって相殺ができる（敷金返還債務等）。賃貸人の破産では、賃借人が敷金返還請求権以外の破産債権を有する場合は、その債権額に満つるまで将来の賃料支払債務（将来の請求権である）と相殺をすることが可能である。破産手続開始後に期限が到来し、あるいは、停止条件が成就したときは、その時点で相殺をすることもできる。[129]銀行が販売した投資信託の受益者の破産では、銀行の有する破産債権を自働債権とし、受益者の有する解約実行請求を条件とする解約金支払請求権を受働債権とする相殺が可能である。[130]

　(ｳ)　相殺権の行使

　破産債権者は、相殺権を破産手続によらないで行使することができる（破67条1項）。自働債権である破産債権は、債権調査手続でその存在が確定している必要はない。破産管財人に対して相殺の意思表示を行うと、破産債権（自働債権）と破産財団に対する債務（受働債権）は対当額で消滅する（民506条）。実務上は、内容証明郵便で相殺の意思表示を行うことが多い。

　相殺権の行使期限は定められてないが、最後配当や簡易配当の除斥期間の満了時（破198条・205条）だとされている。

---

[129]　最判平成17・1・17民集59巻1号1頁。
[130]　大阪高判平成22・4・9金商1382号48頁。

㈩　破産管財人の催告権

　破産管財人は、①債権調査の期間が経過した後または債権調査期日が終了した後に、②相殺権を行使できる破産債権者に対して、③破産債権者の負担する債務が弁済期にあるときに限って、④１カ月以上の期間を定めて、その期間内に相殺するかどうかの確答をするように催告することができ（破73条１項）、⑤破産債権者が、この催告期間内に確答をしないときは、破産手続の関係では、破産債権者は相殺の効力を主張することができない（同条２項）。

　破産は清算型の手続であるから、再建型のように相殺を時期的に制限して（民再92条１項、会更48条１項）、債権を早期に確定する必要はないが、相殺権の行使が可能であるにもかかわらず、破産債権者が相殺するどうかを明らかにしないために破産管財人の管財事務に支障を来すことがあり、配当が遅れる原因となる場合もあるので、破産手続の円滑・迅速な進行を図るために、催告・失権の制度を設けている。

　上記①は、破産手続開始直後に催告ができるとすれば、債権債務の整序が困難な場合があることを考慮したからである。この例として、破産債権が多数の割引手形買戻請求権がある場合や破産債権の中に複数の保証付きの債権がある場合が考えられる。上記②の相殺権を行使できる場合は、破産債権が期限付きや解除条件付きのときは、破産債権者は相殺権が行使できる（破67条２項前段）から、破産管財人は催告権の行使ができるが、破産債権が停止条件付請求権、将来の請求権、敷金返還請求権の場合は、停止条件が成就していなければ相殺権を行使できないので、停止条件が成就した後でなければ、破産管財人は催告権を行使できない。上記③の破産債権者の債務が弁済期にあるという限定をしたのは、破産債権者に期限や条件の利益の放棄を強制することになり、清算型の手続では債権者に不当な不利益を課すからである。破産債権者が破産財団に負担する債務が期限付債務で期限が未到来の場合は、期限が到来しない限り催告権の行使ができず、停止条件付債務や将来の債務の場合は停止条件が成就するまでは催告権の行使ができない。上記④は、破産管財人は事案に即して１カ月以上の適当な期間を定めて催告する。上記⑤の期間内に確答しないとは、期間内に相殺の意思表示をしないことをいう。

543

いずれ相殺するとか、相殺の予定であるとかの回答は確答に該当しない。そう解釈しなければ、この制度の趣旨が没却されるからである。

　　(オ)　破産管財人による相殺

　破産管財人は、破産財団に属する債権を自働債権とし、破産債権を受働債権として相殺することが破産債権者の一般の利益に適合するときは、裁判所の許可を得て、相殺することができる（破102条）。相殺した方が破産財団の利益になる場合が破産債権者の一般の利益に適合する。破産債権者に受働債権の弁済資力がなく、予想される配当金より少ない額しか回収できないといった場合がこれに該当する。

　　(カ)　その他の債権の相殺

　財団債権と破産財団に属する債権との相殺、破産配当金受領請求権と破産財団に属する債権との相殺は、相殺権とは無関係であるから、債権者または破産管財人は、民法上の相殺が可能である。

(2)　**相殺の禁止**

　民法上の相殺禁止（民509条〜511条）に触れる相殺ができないのは当然であるが、相殺が禁じられる場合がある（破71条・72条）。

　相殺の禁止には、相殺権の要件を満たさない場合（破71条1項1号・72条1項1号）と、相殺権の要件を満たすが債権者平等原則違反が顕著であることを理由とする場合（破71条1項2号〜4号・72条1項2号〜4号）の2種類がある。

　破産法の相殺禁止は強行規定であるから、破産債権者と破産管財人との間で、相殺の禁止規定と異なる合意がされても、無効である[131]。

　　(ア)　破産債権者の債務負担に関する相殺の禁止

　　(A)　破産手続開始後の債務負担

　破産債権者が破産手続開始後に破産財団に対して債務を負担したときは、相殺が禁止される（破71条1項1号）。相殺権が与えられるのは、破産手続開始時に両当事者間に債権債務があることが要件になっている（破67条1項）ので、これを確認した規定で、相殺を認めると当該債権者だけが破産手続開

---

[131]　最判昭和52・12・6民集31巻7号961頁。

始後の事情で債権者平等原則に反して破産債権の弁済を受けることになるからである。主観的要件は不要で、後記(B)の除外事由（同条2項）の適用もない。

公共工事の前払金保証事業に関する法律に基づき請負人の預金口座に振り込まれた前払金は、請負人の破産により請負契約が解除された場合は、出来高確認で注文者の公共団体への返還額が確認されるまで破産財団に帰属すべき残余財産として特定されず、金融機関が預金払渡債務を負担するのは破産手続開始後になるから、金融機関は、この預金返還債務と相殺することはできない。[132] 破産手続開始後、金融機関が投資信託受益金の解約金を破産者の口座に振り込んだ場合、金融機関は、振込にかかる預金返還債務との相殺はできない。[133]

破産法67条2項後段の規定があるので、当該債務（受働債権）が停止条件付請求権や将来の請求権で、その原因が破産手続開始前にあったときは、破産手続開始後に停止条件が成就して請求権（受働債権）が発生した場合は、相殺は禁止されない。[134] この点が、破産法67条2項後段に相当する規定がない民事再生と会社更生とは異なる。[135]

(B) 危機時期における債務負担

破産債権者が、破産者の危機時期に、危機状態を知って破産者に対する債務を負担したときは、相殺が禁止される。破産債権者の主観的要件を要するのは取引の安全を保護するためである。債権者平等原則違反を立法趣旨とする偏頗行為の否認と平仄を合わせて、支払不能後を始期としている。

　　(a) 支払不能後の債務負担

破産債権者が、破産者が支払不能後に、①契約によって負担する債務を、もっぱら破産債権をもってする相殺に供する目的で、破産者の財産の処分を内容とする契約を破産者との間で締結し、②破産者に対して債務を負担する者の債務を引き受けることを内容とする契約を締結することにより、破産者

132　名古屋高金沢支判平成21・7・22判時2058号65頁。
133　大阪地判平成23・10・7金法1947号127頁。
134　前掲（注129）最判平成17・1・17。
135　旧会社整理に関する最判昭和47・7・13民集26巻6号1151頁は相殺禁止とする。

に債務を負担した場合であって、当該契約の締結の当時、破産債権者が破産者が支払不能であったことを知っていたときは、相殺が禁止される（破71条1項2号）。

　偏頗行為の否認について、支払不能で危機時期を画することとしているので、相殺についても、同じように始期要件を前へ遡らせたが、支払不能は客観的状態で、外部に判明する支払停止とは異なり外部には明確ではないことから、すべての取引を否認対象にすると、後に支払不能であったといわれることを警戒して取引をしなくなるおそれがあるので、取引の萎縮効果を避けるため、特定の債務負担行為だけを相殺禁止の対象としている。支払不能を知っていたとは、破産債権者が支払不能と評価できる具体的事実を知っていたことをいう。上記①の契約では、「専ら」という要件が設けられているから、債務負担行為が、もっぱら破産債権の相殺による回収を目的としたものでないときは、相殺禁止に該当しない。従来から継続している取引によって破産者から商品を購入した場合の買掛金債務は「専ら」という要件を欠く。財産の処分行為のほかに、相殺目的かどうかを問わない上記②の債務引受行為も相殺禁止の対象となっている。債務引受行為は取引の萎縮効果とは無関係だからである。この債務引受けは、免責的債務引受け以外に重畳的債務引受けも含まれる。

　(b)　支払停止後の債務負担

　破産債権者が、破産者の支払いの停止後に破産者に対して債務を負担した場合であって、債務負担の当時、破産債権者が破産者に支払いの停止があったことを知っていたときは相殺が禁止されるが、支払いの停止があった時において破産者が支払不能でなかったときは、相殺は禁止されない（破71条1項3号）。

　支払いの停止を知るとは、破産債権者が、破産者が支払停止に該当する行為を行ったことを知っていることである。支払停止があったが支払不能ではなかった場合は、相殺は禁止されない。訴訟法的には、支払停止を支払不能と推定したのと結果は同様であるが、実体法上は、支払不能後を危機時期の始期とした関係で、支払不能後に支払停止があった後の債務負担を相殺禁止の要件としている。

(c)　破産手続開始の申立て後の債務負担

　破産債権者が、破産手続開始の申立て後に破産者に債務を負担した場合であって、債務負担の当時、破産手続開始の申立てがあったことを知っていたときは相殺が禁止される（破71条1項4号）。

　破産手続開始の申立ては危機の典型的徴表であるから、申立て後の債務負担行為を相殺禁止の対象としている。この申立てには、債務者以外の申立ても含まれる。

　牽連破産では、先行する倒産手続の開始申立て等が破産手続開始の申立てとみなされ、本号の適用がある（民再252条1項・3項、会更254条1項・3項）。

　(d)　危機時期の債務負担による相殺禁止の例外

　危機時期における債務負担による相殺禁止（破71条1項2号～4号）は、当該の債務負担が、①法定の原因、②支払不能であったことまたは支払いの停止もしくは破産手続開始の申立てがあったことを破産債権者が知った時より前に生じた原因、③破産手続開始の申立てがあった時より1年以上前に生じた原因に基づく場合は除外され、相殺が可能となる（同条2項）。

　上記①の法定の原因とは、相続、合併、事務管理、不当利得等がこれにあたる[136]。この場合は、破産債権者が危機状態を知って債権債務の状態を創出したとはいえず、相殺権の濫用にはあたらないから、相殺が可能だとされる。上記②が除外されるのは、破産債権者が危機状態を知る前から有していた相殺の担保的機能の期待を保護するためである。前に生じた原因が何であるかは、相殺の担保的機能の期待が合理的かどうかで判断する必要がある。前の原因かどうかで問題となるのは、金融取引が大半である。単純な口座振込みの場合は、債権者である金融機関と債務者との預金契約があるだけでは金融機関の相殺の担保的機能の期待としては具体性を欠くので、この預金契約は前の原因とはいえず、金融機関は自己の破産債権と口座振込にかかる預金返還債務とを相殺できない[137]。口座振込みが振込指定や代理受領による場合は、この約定の対象が特定されていて約定により振り込まれる金員を実質的な担

136　大阪高判平成15・3・28金法1692号51頁。
137　当座預金について前掲（注131）最判昭和52・12・6、普通預金について最判昭和60・2・26金法1094号38頁。

保としてなされた貸付金の相殺に供するときは、振込指定や代理受領契約は前の原因に該当する[138]。取立委任による手形の取立てでは、信用金庫取引約定締結後、危機時期前に取立委任契約があったときは、これによって生じた相殺の期待は保護すべきで、取立委任が前の原因となる[139]。投資信託の販売金融機関が投資信託受益権の購入者と管理委託契約を締結した場合において、販売金融機関が購入者の危機時期以降に、投資信託契約の解約で解約金の交付を受けた結果生じた解約金返還債務については、当該管理委託契約は前の原因とはならないから、当該金融機関は自己の破産債権と解約金返還債務を相殺できない[140]。上記③は、債務負担が破産手続開始の申立てより1年以上も前の原因によるときは、危機状態の認識と破産手続との関係が希薄になり、取引の安全を確保する必要があるからである。

　　(イ)　破産者に債務を負担する者の破産債権取得に関する相殺の禁止
　　(A)　破産手続開始後の他人の破産債権取得

破産者の債務者が、破産手続開始後に他人の破産債権を取得したときは、相殺が禁止される(破72条1項1号)。

破産手続開始後の債務負担と同様の趣旨で相殺が禁止される。他人の破産債権の取得は、譲渡や代位等、債権移転の原因は問わない。他人の破産債権とするのは、破産手続開始後の破産者に対する債権の原始取得は通常は財団債権となるからで、財団債権による相殺は相殺禁止の対象外である。

危機時期前に保証委託を受けた受託保証人が、破産手続開始後に債権者に保証債務を弁済して、原債権である破産債権に代位した場合も原債権による相殺は本号の禁止に触れるが、受託保証人の弁済により発生した事後求償権は将来の求償権の停止条件が成就したものであるから、事後求償権を自働債権とする相殺は可能である。保証委託のない保証人が破産手続開始後に保証債務を履行した場合に事後求償権で相殺することは、破産者の意思や法定の原因とは無関係に破産手続において優先的に取り扱われる債権を認めるに等

---

[138] 振込指定に関して名古屋高判昭和58・3・31判時1077号79頁、代理受領について横浜地判昭和35・12・22判タ122号18頁。
[139] 最判昭和63・10・18民集42巻8号575頁。
[140] 民事再生に関する最判平成26・6・5民集68巻5号462頁。

しいもので、破産債権を行使する者が入れ替わった結果相殺適状が生じる点で本号が禁じる相殺と異なるところはないから、本号を類推して相殺が禁止される[141]。

破産手続開始後の破産債権の単なる第三者弁済は、本号を類推して相殺禁止とする下級審の判例がある[142]。

破産法が破産手続開始後の原因に基づく破産債権の原始取得を認める場合がある。双方未履行双務契約の破産管財人の解除による相手方の損害賠償請求権（破54条1項）、破産手続開始後の委任事務処理に基づく受任者の請求権（破57条）、為替手形の支払人等の求償権（破60条）、受益者が有する反対給付の償還請求権で破産債権となるもの（破168条2項2号）等がこれに該当する。この場合も、本号を類推して相殺を禁止すべきである。請負工事完成前に破産手続開始決定を受けた請負人（破産者）の破産管財人が注文者に対し破産法53条1項に基づき行う請負残代金の請求に対して、注文者が破産法54条1項に基づく損害賠償請求権を自働債権として行う相殺は許されない[143]。

(B) 危機時期における破産債権取得

破産者の債務者が、破産者の危機時期に、その危機状態を知って破産債権を取得したときは、相殺が禁止される。破産債権の取得には、他人の破産債権を承継取得する以外に、自己に破産債権が発生する原始取得も含まれる。危機時期の債務負担と同様に、始期を支払不能後としている。

(a) 支払不能後の破産債権取得

破産者の債務者が、破産者の支払不能後に破産債権を取得した場合で、その取得の当時、破産者の支払不能を知っていたときは、相殺が禁止される（破72条1項2号）。

破産債権者の危機時期の債務負担とは異なり、取得する債権の限定はない。この破産債権の取得は、通常は廉価で取得した破産債権で相殺して自己の債務を免れようとする以外には考えられないからである。

141　最判平成24・5・28民集66巻7号3132頁。
142　名古屋高判昭和57・12・22判時1073号91頁。
143　札幌地判平成25・3・27金法1972号104頁、東京地判平成24・3・23判タ1386号372頁。

(b) 支払停止後の破産債権取得

　破産者の債務者が、破産者に支払いの停止があった後に破産債権を取得した場合であって、その取得の当時、破産者に支払いの停止があったことを知っていたときは相殺が禁止されるが、支払いの停止があった時に破産者が支払不能でなかったときは相殺は禁止されない（破72条1項3号）。

(c) 破産手続開始の申立て後の破産債権取得

　破産者の債務者が、破産手続開始の申立て後に破産債権を取得した場合であって、その取得の当時、破産者に破産手続開始の申立てがあったことを知っていたときは相殺が禁止される（破72条1項4号）。

　牽連破産では、先行する倒産手続の開始申立て等が破産手続開始の申立てとみなされ、本号の適用がある（民再252条1項・3項、会更254条1項・3項）。

(d) 危機時期の破産債権取得による相殺禁止の例外

　危機時期における破産債権取得による相殺禁止（破72条1項2号～4号）は、当該破産債権の取得が、①法定の原因、②支払不能であったことまたは支払いの停止もしくは破産手続開始の申立てがあったことを破産債権者が知った時より前に生じた原因、③破産手続開始の申立てがあった時より1年以上前に生じた原因、④破産者に対して債務を負担する者と破産者との間の契約に基づく場合は除外され、相殺が可能となる（同条2項）。

　上記①～③の除外事由は、危機時期の債務負担と同じで、その趣旨も同じである。上記②に関しては、危機時期の債務負担とは異なり、金融取引に関する問題はあまりない。銀行取引として行われる手形割引契約は、危機時期に発生した割引手形買戻請求権の前の原因となるが[144]、現在では、金融機関は取引約定書で割引手形買戻請求権を支払停止や倒産手続の申立てを要件として発生させる約定をしているので、危機時期（支払いの停止「後」、破産手続開始の申立て「後」）の破産債権取得という要件を満たさず、相殺可能となっている（破72条1項2号の場合はありうる）。金融機関は、金融取引の一環として委託による債務保証（支払承諾）をすることがあるが、主債務者が破産した場合に、危機時期前の保証契約に基づいて危機時期に保証債務を履行し

---

[144] 最判昭和40・11・2民集19巻8号1927頁。

て求償権を取得したときの保証契約は前の原因となる。危機時期前に連帯債務関係が成立していて、連帯債務者の1名の危機時期後に他の連帯債務者が連帯債務の弁済をしたときは、その求償権で相殺が可能である。危機時期前に、孫請に対する請負代金の支払を怠ったときは元請がその債務を立替払いし弁済期の到来の有無を問わず立替金と下請代金とを相殺できるという約款を有する下請契約を締結した元請が、下請業者の危機時期に孫請に孫請代金を立替払いした場合、この立替払金の求償権は前の原因（下請契約）によって取得したものであるから、相殺が可能である。上記④は、破産債権者の債務負担の除外事由にはない除外事由である。契約によって破産債権が発生する場合は、破産者の債務者が有する自己の債務の範囲で自己の破産債権を相殺によって回収できるという相殺の担保的機能の期待を一律に保護すべきであるし、債務負担を免れるために破産債権を取得したとはいえないからである。金融機関が、預金先の依頼で預金先が危機状態を脱するために預金を引当てにして救済融資を行った場合等を除外する趣旨で設けられたものである。相殺を企図していたという主観的要件は不要と解すべきである。破産債権が破産者との間の契約によって発生した場合は、この除外規定で相殺が可能となるので、危機時期の破産債権取得として相殺が禁止されるのは、第三者の破産債権を取得した場合と破産債権が事務管理、不当利得、不法行為等の事実行為によって発生した場合に限られる。

(ウ) 相殺禁止の効果

破産手続開始後に相殺禁止規定に触れる相殺がされても無効である。

破産手続開始前に破産債権者が相殺禁止規定に触れる相殺をしても、破産手続が開始すると、相殺は遡及して無効になる。そう考えないと、相殺禁止の意味がなくなるからである。

---

145 和議に関する最判平成10・4・14民集52巻3号813頁。
146 東京高判平成17・10・5判タ1226号342頁。
147 東京地判平成22・8・25判タ1387号364頁。

V 破産財団の管理

1 財産状況の調査等

破産管財人は就職の後直ちに破産財団に属する財産の管理に着手し（破79条）、必要な調査を行わなければならない。破産手続開始後時間が経過すると財産や帳簿等が散逸し、破産財団の管理や換価に支障を来すからである。

(1) 財産の評定

破産財団に属する財産の現状を把握するためには、まず、その財産の価額を評価することが必要となる。破産は換価が目的で、換価対象物の特定と評価に主眼がある。

破産管財人は、破産手続開始後遅滞なく、破産財団に属するいっさいの財産について破産手続開始時における価額を評定しなければならないが、財産評定は破産管財人が裁量で行えば足り、破産者を評定に立ち会わせてもよい（破153条1項）。評価方法の規定はない。破産管財人は、実際の財産にあたって処分価額で評価すればよい。破産管財人は、別除権者に対して別除権の目的物の提示を求めることができ、別除権者は破産管財人の財産の評価を拒むことができない（破154条）。評定が完了したときは、破産管財人は、直ちに破産手続開始時における財産目録および貸借対照表を作成して裁判所に提出する（破153条2項）。ただし、破産財団に属する財産の総額が1000万円に満たないとき（破規52条）は、破産管財人は、裁判所の許可を受けて、貸借対照表の作成および提出をしないことができる（破153条3項）。破産財団の規模が小さく簡易な事案では、破産管財人の労力を節約して破産手続を簡易迅速に行えるようにするためである。

(2) 破産財団に属する財産の引渡し等

破産管財人の管理には、破産財団に属する現金その他の財産の占有が含まれる。実務上は、破産管財人は、申立代理人から必要な物品の引渡しを受け、土地・建物は、現地に赴いてその占有を取得する等、平穏に管理や占有の取得が行われるが、債権者破産では、破産者が占有している財産を破産管財人

に任意に引き渡さないときもある。裁判所は、破産管財人の申立てにより、破産者を審尋のうえ、破産者に対し、破産財団に属する財産を破産管財人に引き渡すべき旨を命じることができる（破156条1項・2項）。引渡しの申立てに対する決定に対しては即時抗告が可能で（同条3項）、引渡しを命じる決定は確定しなければ効力を生じない（同条4項）。

破産財団に属する財産が独立の占有を有する第三者の占有下にある場合は、引渡命令の制度がないので、第三者が引渡しに応じないときは、通常の引渡請求訴訟等による強制執行や、引渡しの断行の仮処分命令を得てその執行をすることになる。

破産封印も可能である（破155条）が、実務では、破産封印がされることは、あまりない。

(3) 裁判所等への報告

破産管財人は、破産手続開始後遅滞なく、破産手続開始に至った事情、破産者および破産財団に関する経過および現状、法人の役員等に対する損害賠償請求権のための保全処分、損害賠償の査定決定を必要とする事情の有無について記載した報告書（財産状況報告書）を裁判所に提出しなければならない（破157条1項）。財産状況報告書の提出期限は、財産状況報告集会の期日が定められた場合はその期日までであるが、財産状況報告集会の期日を定めない（開催しない）場合は、裁判所は破産管財人の意見を聴いて提出期限を定めることができる（破規54条1項）。財産状況報告集会が招集されたときは、破産管財人は、債権者集会でこれらの事項の要旨を報告しなければならない（破158条）。財産状況報告集会を開催しない場合は、破産管財人は、裁判所に提出した財産状況報告書の要旨を知れている破産債権者に周知させるために、要旨を記載した書面の送付、適当な場所における財産状況報告書の備置き、その他の適当な措置をとる（破規54条3項）。

破産管財人は、それ以外に、裁判所の定めるところにより、破産財団に属する財産の管理および処分状況その他裁判所の命ずる事項を裁判所に報告しなければならない（破157条2項）。実務では、定期報告を要求される場合が多い。

2　否認権

　債務者は、経済的窮境に陥ると、財産を隠匿、処分して将来の再起に備えようとし、特定の破産債権者にだけ有利な弁済をし、担保を提供する等の行為をする場合がある。また、破産債権者も自己の債権の抜け駆け的回収を図ろうとすることもある。責任財産を不当に減少させる行為や特定の破産債権者にだけ利益を与える偏頗行為は、破産債権者の一般の利益を害するし、破産財団の基礎を失わせる。そこで、破産では、破産財団の回復と債権者平等を目的として否認制度を設けている。否認権は、倒産手続開始前になされた破産者の行為やこれと同視される第三者の行為の効力を覆滅させる形成権である。否認権の行使者は、破産管財人で（破173条1項）、行使の相手方は、破産者の行為の相手方（以下、「受益者」という）と、受益者から転得を受けた転得者であるが、否認権は裁判上行使する必要がある。

(1)　否認類型

　一般的な否認類型として、行為の類型を財産減少行為と偏頗行為に分類して否認の要件を区別し、否認対象行為の時期的な要件、債務者や受益者の主観的要件、その立証責任について行為の性質に応じた区別を行っている。相当の対価を得て財産を処分する行為では、否認の要件を限定することによって取引に関する萎縮的な効果を除去して、窮境にある債務者が財産の売却によって資金調達ができるように配慮している。窮境にある債務者の再建や事業継続のために行われる救済融資のように、貸付等と同時またはこれに先行して担保の供与が行われる場合は、偏頗行為の否認の対象とならないことを明らかにしている。それ以外に、特殊な否認類型として対抗要件の否認、執行行為の否認、転得者に対する否認がある。

(2)　否認の一般的要件

　否認の要件は、否認類型ごとに個別的な要件が規定されているが、これらの否認類型に通じる一般的要件として、行為の有害性と、行為の不当性が必要である。

　行為の有害性とは、否認の対象となる行為は破産債権者にとって有害なものでなければならないということで、否認には逸失した財産を破産財団に取

り戻すことによって破産債権者の利益を図るという目的があることから導かれる要件である。否認の類型が整備され有害な行為の類型が明確化されているので解釈論としての意味は減少したとされるが、個別の否認要件を解釈する際に有用である。否認の対象となる破産債権者に有害な行為とは、広義には破産債権者の弁済率を低下させる行為をいうが、否認類型が財産減少行為と偏頗行為に分類されて規定されているから、否認類型ごとに異なる。

　財産減少行為（条文では破産債権者を害する行為と規定されている）における有害な行為とは、破産債権者の引当てになっている責任財産から破産債権の総額を控除した残額を純資産と呼ぶとすると、この純資産を減少させて、その結果、全破産債権者の弁済率を低下させる法律効果を生じさせる行為をいう。この有害性の要件は、破産法160条1項1号・2号と同条2項では条文上で破産債権者を害する行為として要件化されているが、同条3項の否認類型では要件化されていないので、書かれない要件として機能するものである。

　偏頗行為における有害な行為とは、債権者平等原則に違反する行為のことで、特定の破産債権者だけに債権消滅行為や担保の供与行為（破産債務者の財産にかかるものに限られる）を行い、その結果、純資産は減少しないが、他の破産債権者全員の弁済率を低下させる法律効果を生じさせる行為をいう。有害性の要件は、破産法162条では条文化されていないから、書かれない要件として機能するものである。

　行為の不当性とは、その行為が有害な行為であってもその行為のなされた動機や目的に照らして、破産債権者の利益を不当に侵害するものでなければならないということで、この要件がないときは否認ができないという否認権発生の阻害事由として機能するものである。

(3) 財産減少行為の否認

　財産減少行為とは、責任財産の減少だけに限らず、破産者の純資産を減少させて、その結果、全破産債権者の弁済率を低下させる法律効果を生じさせる行為をいう。純資産を減少させる法律効果を生じさせる行為であれば足り、現実に純資産を減少させた行為（債務履行行為）である必要はない。双方未履行状態で破産が開始されたら破産管財人は解除すれば足りることや、現実

に履行が行われ純資産を減少させた場合に原状回復をさせるために否認する必要が生じることは別論である。契約締結行為等の法律行為に限らず、準法律行為、事実行為でもよく、作為、不作為（消滅時効の中断の懈怠等）を問わない。

　財産減少行為は、特定の資産だけを減少させる法律効果を生じさせる行為（贈与契約締結行為）、資産の費目の交換がされて純資産を減少させる法律効果を生じさせる行為（廉価販売契約締結行為）、資産と負債が交換されて純資産を減少させる法律効果を生じさせる行為（過大な代物弁済契約締結行為）、負債だけが増大して純資産を減少させる法律効果を生じさせる行為（贈与の意思による債務引受契約締結行為）等、種々の行為が考えられる。

　会社分割行為も財産減少行為となることがある。資産を全部新設会社に承継させるが債務は一部しか承継させず、承継させた債務について分割会社が重畳的債務引受けをするという行為は財産減少行為に該当し[148]、新設会社に承継させた債務につき重畳的債務引受けをしながら、担保権の設定のない土地を移転させた行為は財産減少行為に該当し[149]、詐害性のある会社分割の実施を目的とするコンサルタント業務契約は財産減少行為となる[150]。

　また、破産手続開始の申立てに関する弁護士との報酬契約で、報酬額が過大である場合も、過大部分は財産減少行為として否認の対象となる[151]。

　破産法160条は、財産減少行為を、行為類型や主観的意思に区分して行為の始期を定め、否認類型を、詐害意思による行為、危機時期の行為、財産減少行為が債務の消滅行為としてされた場合、無償行為の４種類に分類して、否認の要件を定めている。受益者の主観的意思を要求している否認類型は、取引の安全に配慮したものである。

　　　(ｱ)　詐害意思による行為の否認
　担保の供与と債務の消滅に関する行為以外の破産者が破産債権者を害することを知ってした行為は否認できるが、受益者が、行為当時、破産債権者を

148　福岡地判平成21・11・27金法1911号84頁。
149　福岡地決平成22・9・30判タ1341号200頁。
150　東京高判平成24・6・20判タ1388号366頁。
151　東京地判平成22・10・14判タ1340号83頁、東京地判平成23・10・24判時2140号23頁。

害する事実を知らなかった場合に否認を免れる（破160条1項1号）。

　破産者の行為は、担保の供与と債務の消滅に関する行為以外の行為で、破産債権者を害する行為でなければならない。担保の供与と債務の消滅に関する行為が除外されているのは、これらの行為は偏頗行為の否認類型に該当するのでこれを除外するためである。したがって、除外される担保の供与とは、破産者が所有する財産について、破産債権を被担保債権として行う担保の供与で、物上保証はこの除外事由には該当しない。行為の始期は、その行為によって債務超過になるか、債務超過時である。破産者の主観的要件は、破産者が破産債権者を害することを知っていたことで、詐害意思と呼ぶが、その行為をすることによって破産債権者の弁済率が低下するという事実の認識をいい、債権者に対する害意は不要である。

　立証責任の分配は、破産管財人が、破産者の行為が上記に該当する有害行為で、かつ、破産者に行為当時詐害意思があったという事実についての立証責任を負担し、受益者が、その行為が破産債権者を害するという事実を知らなかったことについて立証責任を負担する。

　　(イ)　危機時期の行為の否認

　破産者に支払いの停止または破産手続開始の申立てがあった後に、破産者がした破産債権者を害する担保の供与と債務の消滅に関する行為以外の行為を否認できるが、受益者が、当該行為が破産債権者を害する行為であることを知らず、かつ、行為当時、支払いの停止、破産手続開始の申立ての事実を知らなかった場合は否認を免れる（破160条1項2号）。

　当該行為は、破産債権者を害する行為（その内容は前記(ア)と同じ）であることが必要であるが、破産者の詐害意思は不要である。危機時期にこの行為を行うときには通常は破産者に詐害意思があるからである。始期は、支払いの停止または破産手続の開始申立て後で、支払不能である必要はない。もっとも、破産債権者を害する行為であるから、行為の時点では債務超過（あるいは当該行為によって債務超過となる）であることが必要である。

　牽連破産では、先行する倒産手続の開始申立て等が破産手続開始の申立てとみなされ、本号の適用がある（民再252条1項・3項、会更254条1項・3項）。

　破産者が支払停止後に受益者と行った過払金債権放棄を含む和解は、本号

の否認対象行為となる。[152]

　立証責任の分配は、破産管財人が、有害行為が支払いの停止後または破産手続開始の申立て後になされたという事実について立証責任を負担し、受益者が、当該行為が有害行為であるとは知らず、かつ、行為当時、支払いの停止や破産手続開始の申立てがあったことを知らなかったことについて立証責任を負担する。

　　(ウ)　債務の消滅行為の否認

　破産者が行った債務の消滅に関する行為で、前記(ア)(イ)の要件に該当し（ただし、否認の対象行為は異なる）、受益者の受けた給付の価額が当該行為によって消滅した債務の額よりも過大であるものは、消滅に係る債務を超過する部分について否認ができる（破160条2項）。

　この行為とは、過大な代物弁済しか考えられない。この規定は一部否認を認めたもので、財産減少行為として否認できるのは超過分（責任財産の減少分）だけで、価額が均衡している部分は否認できない。代物弁済の対象物が不動産等で不可分のときは、行為当時の価額と消滅した債務の額との差額を金銭で返還させることになる。超過部分だけを否認の対象とするのであるから、消滅する債務は破産債権に限らず、財団債権も含まれる。否認権を行使しても消滅した破産債権は復活しない。

　立証責任の分配は、前記(ア)(イ)と同様である。

　過大な代物弁済行為が、この規定の要件以外に偏頗行為の否認要件（破162条1項）も満たすときは、全体として偏頗行為の否認の規定で否認するのが簡明である。

　債権額に比して過大な価値の財産を担保に供した場合は、担保の供与行為自体が偏頗行為として否認の対象となることは別論として、財産減少行為の否認の対象とはならない。担保権者には清算義務があり、被担保債権を超える価値部分は破産者の責任財産だからである。

　　(エ)　無償行為の否認

　破産者が支払いの停止または破産手続開始の申立てがあった後、またはそ

---

[152]　神戸地伊丹支決平成22・12・15判時2107号129頁。

の前6カ月以内にした無償行為およびこれと同視すべき有償行為は否認できる（破160条3項）。

　この類型は、対価なくして責任財産（純資産）だけが減少するので、有害性が顕著であることから、破産者や受益者の意思等の主観的要件は不要とし、行為の時期と無償性だけを要件としている。したがって、破産者が当該行為時に債務超過であることや当該行為によって債務超過になることは否認権行使の要件ではない。[153]

　無償行為とは、贈与、債務免除、権利放棄等、破産者が対価を取得しないで行う財産減少行為をいう。これと同視すべき有償行為とは、負担付贈与でその負担が軽微なもの等、破産者が取得する対価が僅少で実質的に無償行為と同視できる有償行為をいう。

　否認は破産財団の復元や増殖を目的とするから、破産者（破産財団）にとって無償かどうかだけで判断されるので、破産者が保証料をとらずに自己が代表取締役をしている会社の債務保証をし、物上保証をする行為は、本項の否認対象となる。[154]この点は、親会社が貸付を受ける際に子会社が抵当権設定等の担保の供与をする場合も同じで、[155]債権者の貸付と保証、物上保証が同時交換的にされた場合も同じである。[156]

　立証責任の分配は、破産管財人が、この否認要件の全部の立証責任を負担する。

(4) 相当の対価を得てした財産の処分行為の否認

　破産者が、財産の処分行為をした場合において、受益者から相当の対価を取得しているときは、①その処分行為が、当該処分行為が不動産の金銭への換価その他の当該処分による財産の種類の変更により、破産者において隠匿、無償の供与その他の破産債権者を害する処分（以下、「隠匿等の処分」という）をするおそれを現に生じさせるものであり、②破産者が、当該行為の当時、対価として取得した金銭その他の財産について、隠匿等の処分をする意思を

---

[153]　民事再生に関する最判平成29・11・16裁判所HP。
[154]　最判昭和62・7・3民集41巻5号1068頁。
[155]　民事再生に関する東京地判平成23・3・1判時2116号91頁。
[156]　東京地判平成18・12・22判タ1238号331頁、大阪高判平成22・2・18判時2109号89頁。

有しており、③受益者が当該行為の当時、破産者が隠匿等の処分をする意思を有していたことを知っていた、という三つの要件を満たすときは、当該処分行為を否認することができる（破161条1項）。この否認類型は独立の否認類型であり、破産法160条の特則ではない。

　従来は、否認の要件に該当するかどうかで種々の議論があった破産者の適価による財産処分行為について、否認の要件を定めて立法的に解決したものである。相当の対価を得てする責任財産の処分行為自体は、責任財産の費目が等価で交換されるだけで、破産債権者の弁済率を低下させることにならず、財産減少行為にはならない。それに引き続き財産隠匿等の行為が行われると全破産債権者の弁済率を低下させるから、水際で相当の対価を得て行われた財産処分行為自体を否認の対象としたもので、この意味では否認権の範囲を拡張したものということができる。もっとも、相当な対価の取得による財産処分を一律に否認の対象とするときは、窮境にある債務者と取引をしようと相手方は、将来、否認することをおそれて取引をすることをためらうことになり、ひいては、窮境にある債務者が財産の処分によって資金調達をする途を閉ざすことにもなるので、否認の要件を限定している。

　財産の処分行為とは、財産の売却だけではなく、同時交換的行為として偏頗行為の否認の対象にはならない財産に担保を設定して金銭を借り入れる行為も含まれる。この場合は、借入金の取得が相当の対価の取得になる。

　現実に相当の対価を取得していることが要件だから、対価取得がないときは、否認できない。相当の対価は評価概念で、行為者の主観とは無関係に客観的に判断される。処分の当事者が相当の価格であると考えていても、客観的には適正価額ではなく廉価であるときは、本条での否認はできないが、財産減少行為の否認要件（破160条1項1号・2号）を満たす限り、財産減少行為として否認ができる。

　また、財産処分自体を否認の対象としているので、隠匿等の処分が現実に行われたかどうかを問わない。隠匿等の処分が現実になされ、財産減少行為の否認（破160条）の対象となる場合は、当該行為を財産減少行為として否認することも可能である。

　破産債権者を害する処分（隠匿等の処分）とは、処分に引き続いてなされ

る隠匿等の処分が、その結果、純資産を減少させて破産債権者の弁済率を低下させる客観的な危険性を有する行為をいう。したがって、隠匿等の処分によって債務超過になるか、隠匿等の処分が債務超過状態でなされる財産処分である必要がある。

　隠匿等の処分は、例示された不動産の売却による金銭の隠匿以外に、取得した対価（金銭）を費消し浪費する等がこれに該当するが、客観的な危険性が必要であるので、商品等の動産の売却はこれには該当せず、取得した対価を他の破産債権の弁済に使用した場合も財産減少行為ではないから、破産債権の弁済行為を偏頗行為として否認することは別論として、隠匿等の処分には該当しない。

　会社分割で、新設会社の重畳的債務引受けによって分割会社の純資産には変動がなく新設会社の株式の交付により分割会社が相当な対価を取得しているとしても、本条による否認の対象となりうる。[157]

　受益者の主観的な要件は、財産処分の当時、破産者が隠匿その他の破産債権者を害する処分をする意思を有していたという事実を知っていたことをいう。取引の萎縮効果を除去するために主観的要件を要求したのである。

　立証責任の分配は、破産管財人が、全部の要件に該当する事実についての立証責任を負担するが、受益者の悪意に関しては、受益者が、破産法人の役員、破産法人の大株主、親法人、破産者の親族、同居者等の内部者であるときは、悪意が推定される（破161条2項）。この推定は、法律上の事実推定であるから、破産管財人が受益者の悪意の証明に代えて受益者がこの内部者である事実を証明すれば、受益者は善意の証明をしなければ、この推定を破ることができない。

　(5) 　偏頗行為の否認

　この否認の対象となる行為は偏頗行為で、既存の債務についてされた担保の供与と債務の消滅行為である。偏頗行為とは、債権者平等原則に違反する行為をいう。財産減少行為とは異なり、破産者の純資産を減少させないが、他の破産債権者全員の弁済率を低下させるものである。危機時期に偏頗行為

---

[157] 前掲（注149）福岡地決平成22・9・30。

が行われると、一部の破産債権者のみに債権額の実際上の価値を超える弁済等の利益を与えることで、破産債権者間の平等が損なわれるので否認を認めたものである。

否認対象行為である担保の供与は、責任財産に担保権（典型担保以外に非典型担保も含む）を設定する行為をいう。通常は、担保権設定契約締結行為がこれに該当するが、手形を取立委任して交付し商事留置権を発生させる行為もこれに含まれる。物上保証は含まない（物上保証行為が財産減少行為として否認の対象となることは別論である）。第三者名義の預金に質権を設定する行為は、同預金が実質的に破産者に属するものであるから、当該担保の供与は否認の対象となる。[158]

債務の消滅行為は、弁済、代物弁済、更改等である。債権者がする相殺はこの債務消滅行為に該当しない。相殺は破産者の行為ではないので否認対象行為とはいえないし、[159]偏頗行為である相殺は、相殺の禁止規定で賄える（相殺は当然に無効となるので債務消滅行為にならない）ので、相殺の禁止に触れない相殺行為は否認の対象外とすることで割り切ったからである。免除が含まれないのは当然である。

条文では既存の債務としか規定されていないが、立法趣旨が破産債権者間の平等原則違反であることから、既存の破産債権にかかる債務をいう。したがって、偏頗行為が既存の財団債権に関して行われたときは、否認の対象とはならない。

否認の対象は、既存の債務についてされた行為に限られるから、債権の発生と担保の供与が同時に行われ（対抗要件の具備も必要である）、または債権の発生と消滅が同時に行われる同時交換的行為は、否認の対象ではない。このような破産債権者は、信用リスクを負担しないので、債権者平等原則の対象外だからである。しかし、同時交換的行為でなければ否認できるということにはならない。双務契約締結後に一定期間が経過した後に双方の債務が同時に履行された場合は、同時交換的行為とはいえない。しかし、破産債権者は同時履行の抗弁権を有しているから信用リスクを負担しないので、債権者

---

158 東京地判平成20・6・30判時2014号96頁。
159 最判平成2・11・26民集44巻8号1085頁。

平等原則の対象とならず、否認の対象にならない。仮に否認できるすれば、相手方の給付は否認で返還され破産債権が復活する一方では相手方からの反対給付は返還不要となって、相手方は同時履行の抗弁権があったのに先履行させられたのと同じになり、その結果は不合理である。したがって、既存の債務とは、一つの取引で破産債権である債務だけが残存した状態をいうと考えなければならない。

破産者が既存の債務と新規の債務の双方を担保するために自己所有の不動産に抵当権を設定する等の担保の供与をした場合は、既存の債務の部分の担保の供与は否認でき、新規の債務部分の担保の供与は否認できないが、不可分の場合は全体として否認の対象となる。

偏頗行為には有害性が必要であるから、担保供与行為や債務消滅行為がされても、他の破産債権者の弁済率を低下させない場合は、有害性を欠く。条文上の要件ではないので、有害性がないことは受益者に立証責任がある。

担保目的物の価額に相当する被担保債権について担保目的物を代物弁済する行為は有害性がない[160]。また、抵当権付きの土地を相当価額で売却し、その大半が抵当権の被担保債権の弁済にあてられたときには、その弁済は否認の対象にならない[161]。被担保債権のうち担保の価値相当額は破産手続外で担保権の実行によって回収できるから、資産の担保の価値部分は破産債権の引当てになっていないので責任財産ではなく、当該行為によって他の破産債権者の弁済率を低下させないからである。

さらに、破産者が特定の債務の弁済に充てることが確実に予定され、他の使途に流用される可能性のない借入金により行った特定の債務への弁済は、破産債権者の共同担保を減損するものではないから、否認の対象とならない[162]。破産債権者が入れ替わっただけで、他の破産債権者の弁済率を低下させないからである。

行為の義務性と行為の時期を区別して、危機時期の行為、非義務行為の2

---

160 抵当権の目的物について最判昭和34・2・26集民35号549頁、譲渡担保の目的物について最判昭和36・6・26民集18巻5号887頁、動産売買の先取特権の目的物について最判昭和41・4・14民集20巻4号611頁等。
161 東京高判平成5・5・27判時1476号121頁。
162 最判平成5・1・29民集47巻1号344頁。

種類の否認類型がある。

　(ｱ)　危機時期の行為の否認

　破産者が、支払不能後または破産手続開始の申立て後にした、既存の債務についてされた担保の供与と債務の消滅に関する行為で、行為の当時、受益者が、支払不能後の行為のときは、破産者の支払不能または支払停止の事実を知っていた場合、破産手続開始の申立て後の行為のときは、破産手続開始の申立てを知っていた場合は、それぞれ否認ができる（破162条1項1号）。

　支払不能後の行為であれば、受益者が支払不能の事実を知らなくても支払停止の事実を知っていれば否認が可能である。もっとも、支払不能後を偏頗行為の否認の始期要件の一つとしていることから、支払停止の事実があって受益者もそれを知っていたが、当該行為当時は支払不能ではなかったときは、この否認の要件に該当しない。破産手続開始の申立ての後であれば支払不能後でなくとも否認の対象となる。

　牽連破産では、先行する倒産手続の開始申立て等が破産手続開始の申立てとみなされ、本号の適用がある（民再252条1項・3項、会更254条1項・3項）。

　破産者の行為は、債権保全の必要性がある場合は必要な担保を供与するという約定に基づく担保の供与や、弁済期が到来した債務の弁済（本旨弁済）等、義務としてなされたものであっても否認の対象となる。

　危機時期前に支払停止等を停止条件とする債権譲渡担保設定契約があった場合は、危機時期に担保設定契約がなされたのと同視できるときは、本号による否認の対象となる。[163]債務者の支払停止等を予約完結権の発生原因とする債権譲渡契約も同様である。[164]

　否認対象行為は、破産者の行為である必要があるが、給与の支払機関が地方公務員共済組合の組合員の給与を支払う際に、同組合への借入金を控除して同組合に払い込んだ行為は、破産者の債務弁済を代行したものであるから否認の対象となる。[165]

　支払不能後に債権者である銀行が行った預金口座凍結の解除を受けるた

163　最判平成16・7・16民集58巻5号1744頁。
164　前掲（注9）東京地判平成22・11・12。
165　最判平成2・7・19民集44巻5号837頁。

に、当該銀行に小切手の交付により弁済をした行為は否認の対象となる。[166]

　動産売買の先取特権の目的物を転売先から合意解除により取り戻して債権者に代物弁済する行為は、実質的には新たな担保権の設定と同視でき、代物弁済は取戻しと一体として行われたものであるので、支払停止後に義務なき行為として設定された担保権の目的物を被担保債権の代物弁済に供したに等しいので、代物弁済は否認の対象となる。[167]

　立証責任の分配は、破産管財人が否認要件に該当する事実全部の立証責任を負担する。危機時期における破産者の行為を否認類型にしていることから破産者の詐害意思を要件としないが、受益者の悪意の立証責任は、破産管財人が負担する。

　もっとも、悪意や行為の時期について、法律上の事実推定規定を置いて、破産管財人の立証の負担を軽減させている。受益者が破産法161条2項の内部者であるときは、受益者の悪意（支払不能の事実も支払停止の事実も知っていた）が推定される（破162条2項1号）。破産管財人が受益者の悪意の証明に代えて受益者が内部者であることを証明すれば、受益者が善意を証明しなければ、この推定を破ることができない。また、当該行為が破産者の義務に属せず、またはその方法もしくは時期が義務に属しないものである場合も、同様に悪意の推定がされる（破162条2項2号）。破産管財人が受益者の悪意の証明に代えて当該行為がこれらの義務なき行為であることを証明すれば、受益者が善意を証明しなければ、この推定を破ることができない。危機時期に非義務行為があったという事実から受益者の悪意を推定するものである。破産者の義務に属しないとは、破産者の行為が義務の履行行為でないことで、あらかじめの担保供与の合意がないのに担保を供与する場合をいう。その方法が破産者の義務に属しないとは、義務履行の方法が本旨弁済とは異なることで、たとえば、代物弁済をする場合をいう。その時期が破産者の義務に属しないとは、履行期が到来していない義務の履行をすることで、金銭債務の期限前弁済がこれに該当する。さらに、支払不能後の行為は、支払不能の前1年以内に支払いの停止（破産手続開始の申立て前1年以内のものに限る）が

166　前掲（注5）東京地判平成19・3・29。
167　前掲（注38）最判平成9・12・18。

あった場合は支払不能が推定される（破162条3項）。破産管財人が当該行為が支払不能後の行為であることの証明に代えて、支払いの停止後の行為であること、つまり、当該行為が支払停止の後にされ、その支払停止から1年以内に破産手続開始の申立てがあったという事実を証明すれば、受益者が行為当時に支払不能でなかったことを証明しなければ、この推定を破ることができない。

　(イ)　非義務行為の否認

　既存の債務についてされた担保の供与と債務の消滅に関する破産者の行為で、①その行為が破産者の義務に属せず、またはその時期が破産者の義務に属さない行為であって、②支払不能になる前30日以内にされたもので、③受益者が行為当時、他の破産債権者を害する事実を知っていた場合は、当該行為を否認できる（破162条1項2号）。

　偏頗行為は、支払不能後の行為でなければ否認することができないのが原則であるが、弁済期未到来のために支払不能にはなっていないが、近い将来弁済期が到来すれば支払不能になることを債権者が知っていて非義務行為が行われる可能性があり、それを防止することと、本来弁済期が後に到来する債権者ほど債務者の倒産リスクを負担すべきところ、非義務行為を行うことは倒産リスクを他の債権者に転稼することになるので、債務者の義務行為より広く否認を認める必要性が高いことから、行為の時期を前に拡張したものである。

　破産者の義務に属しない、その時期が破産者の義務に属しないの意味は前記(ｱ)のとおりである。前記(ｱ)とは異なり、方法が義務に属しない場合が除外されているのは、弁済の方法が変更されただけでは債権者平等原則に反しないからである。

　主観的要件の対象である他の破産債権者を害する事実を知るとは、文言から離れるが、当該破産債権者が当該行為によって破産者が支払不能となることを知っていたか、近い将来に支払不能となることが確実であると知っていたことをいう。

　立証責任の分配は、破産管財人が、破産者が当該義務なき行為を行ったこと当該行為後30日以内に支払不能となる事実が発生したことについて立証

責任を負担し、受益者が、行為当時、他の破産債権者を害する事実を知らなかったことについて立証責任を負担する。支払停止の事実（破産手続開始の申立て前1年以内ものに限る）があれば、支払不能と推定される（破162条3項）ので、破産管財人は支払不能の証明に代えて、当該行為から30日以内に支払停止があり、支払停止後1年以内に破産手続開始の申立てがあったという事実を証明すれば、受益者が支払不能ではなかったことを証明しなければ、この推定を破ることができない。

  (ｳ) 否認の例外

 偏頗行為の否認には、例外がある。

 例外の第1は、危機時期の否認（前記(ｱ)の場合）における手形債務支払の例外で、破産者から手形の支払いを受けた者がその支払いを受けなければ手形上の債務者の一人または数人に対する手形上の権利を失う場合には否認ができない（破163条1項、償還に関しては同条2項）。破産者から約束手形金の支払いを受けたが、その支払いが否認されると、振出人から支払いを受けたときは拒絶証書が作成されないので、手形の中間裏書人に対する遡求権を失うことになるので、手形取引の安全に配慮した例外規定を設けたものである。実務上は、裏書人は裏書の際に拒絶証書作成免除の意思表示を行うので、この例外規定が適用されることはない。手形の支払いとは、約束手形にあっては振出人の支払いを指し、債務者の一人または数人に対する手形上の権利とは、遡求権を指すので、約束手形の裏書人に対する請求権ないしは買戻請求権は、これには該当しない。[168]

 例外の第2は、破産者が租税等の請求権（共助対象外国租税の請求権を除く）または罰金等の請求権について、担保の供与や債務の消滅に関する行為（非義務行為を含む）を行ったときである（破163条3項）。この租税等の請求権は財団債権または破産債権、罰金等の請求権は劣後的破産債権であるが、公法上の請求権で、財団債権では最初から否認の対象とならず、破産債権でも爾後の返還になじまないからである。

---

168 最判昭和37・11・20民集16巻11号2293頁。

(6) 権利変動の対抗要件の否認

　支払いの停止または破産手続開始の申立てがあった後に、権利の設定、移転、変更について、登記や仮登記等の第三者対抗要件を具備する行為をした場合であって、その第三者対抗要件具備行為が、設定や譲渡等、権利変動があった日から15日を経過した後、悪意でなされたときは、否認することができる（破164条1項本文）。

　権利変動の原因となる行為自体が否認されれば、対抗要件の否認を問題とする余地はないが、第三者対抗要件の具備行為も権利変動を完成させる行為で財産処分の一種であることから、原因行為の否認が困難な場合も含めて、権利変動の対抗要件の具備行為自体を否認の対象としたのである。対抗要件充足行為も、他の否認規定で否認できるはずであるが、原因行為そのものに否認の理由がない限り、できるだけ対抗要件を具備させて所期の目的を達成させるのが相当で、それゆえ、一定の要件を満たす場合にのみ、特にこれを否認できることにしたのである[169]。

　牽連破産では、先行する倒産手続の開始申立て等が破産手続開始の申立てとみなされ、本号の適用がある（民再252条1項・3項、会更254条1項・3項）。

　対抗要件の否認は他の否認の特則であるから、対抗要件具備行為が他の否認要件に該当しても、その規定による否認は認められない。対抗要件具備行為が詐害意思による財産減少行為の否認要件（破160条1項1号）を満たす場合も否認できないと解すべきである。

　否認の対象となる第三者対抗要件の具備行為は、登記、仮登記、登録、指名債権の譲渡通知等、実体法上その具備が要求されるいっさいの行為を含む。

　条文上は、否認行為の主体について規定されていない。判例は、否認の対象となる行為は破産者の行為またはこれと同視しうる行為でなければならないから、指名債権の譲渡について第三債務者の確定日付ある証書による承諾は否認の対象にならない[170]とする一方では、仮登記仮処分では、仮登記義務者（破産者）は関与しないが、その効力において共同申請による仮登記と何ら異なることはないという理由で、対抗要件の否認が可能としている[171]。

169　最判昭和45・8・20民集24巻9号1339頁。
170　最判昭和40・3・9民集19巻2号352頁。

条文上は悪意の主体が抜けているが、受益者である。悪意とは、受益者が対抗要件具備行為の当時、支払いの停止または破産手続開始の申立ての事実を知っていることをいう。

権利変動の日と第三者対抗要件具備行為の間には15日以上の間隔が要求されているのは、原因行為がされた後、速やかに第三者対抗要件具備行為がされたときは、原因行為を否認の対象とすべきであるといえるからである。15日の起算日は原因行為（契約等）の日ではなく、権利変動の効力が生じた日である。

仮登記、仮登録がされた後の本登記、本登録は否認の対象から除外されている（破164条1項ただし書）。当該仮登記や仮登録を否認の対象とすればよいからである。

登録は、当該登録が第三者対抗要件ではなく権利取得の効力発生要件とされるもの（たとえば、特許66条1項）もあるが、この場合の登録も否認の対象としている（破164条2項）。

否認権行使の効果は、第三者対抗要件の否認では、第三者対抗要件がなかったことになることで、原因行為の効果は消滅しないが、受益者は第三者対抗要件を欠くので、権利取得を破産管財人に主張できなくなる。登記や登録が効力要件である場合の否認の効果は、当該登記や登録がなかったことになり、効力要件を欠くので、権利変動の効力が消滅する。

立証責任の分配は、破産管財人が、否認要件に該当する事実の全部について立証責任を負担する。

(7) **執行行為の否認**

否認権は、否認しようとする行為について、執行力のある債務名義があるとき、またはその行為が執行行為に基づくものでも、その行使ができる（破165条）。破産者の否認の対象となる行為が、債権者の執行力ある債務名義を背景になされたものであるとしても、執行力のある債務名義があるという理由で否認権の行使が否定されるものではないし、否認すべき行為が破産者の

---

171 最判平成8・10・17民集50巻9号2454頁。
172 大判昭和6・9・16民集10巻818頁。
173 最判昭和48・4・6民集27巻3号483頁。

行為ではなく国家機関が介在する執行行為による債権者の満足であっても、任意弁済が否認されることとの均衡から、執行行為による債権者の満足という効果も否認の対象としたもので、債務名義や執行行為が介在する場合も否認の対象とできることを確認した規定である。

否認類型には、破産者の詐害意思を要件とするもの（破160条1項1号）と、それ以外のものがあり、破産者の詐害意思を要件とする執行行為の否認では、破産者が故意に強制執行を招来したことや、自ら弁済したとすれば悪意をもってしたと認められる状況になければ否認が認められないが[174]、それ以外の否認類型では、破産者の行為は不要で、破産者の害意ある加功も不要である[175]。

(ア) 債務名義があるときの否認

債務名義とは、民事執行法22条各号の債務名義をいう。否認すべき行為について債務名義があるときは、次の3種類に区別されている。

第1は、原因行為の否認として、債務名義の内容である義務を発生させた行為を否認する場合である。たとえば、詐害目的で不動産の廉価売買を行い、当該不動産について引渡しや移転登記を命じる確定判決があるときに、廉価売買を財産減少行為として否認する場合がこれに該当する。否認の効果は、債務名義の内容である義務自体が消滅することである。

第2は、債務名義を成立させる行為の否認として、債務名義を成立させる認諾、和解、自白等の行為を財産減少行為等として否認する場合である。否認の効果は、債務名義自体が失効することである。

第3は、履行行為の否認として、債務名義に基づく義務の履行自体を否認する場合である。たとえば、確定判決に基づいて破産者が任意の弁済をしたときに、その弁済を偏頗行為として否認する場合である。否認の効果は、債権者の満足である弁済等の効力が消滅することである。

(イ) 狭義の執行行為の否認

否認しようとする行為が執行行為に基づくものも否認の対象とされる。否認しようとする行為とは、執行機関の行為によって実現された弁済や権利移転等の法律効果自体をいう。法律効果は行為ではないが、このように考えな

---

[174] 最判昭和37・12・6民集16巻12号2313頁等。
[175] 最判昭和57・3・30判時1038号286頁。

いと否認の網をかぶせることができないし、執行行為は国家機関が行うものであるので、執行行為自体を否認することは認められないからである。執行行為とは、執行機関の行為または執行機関として行う行為をいう。執行機関の行為とは、不動産競売の執行裁判所の売却許可決定や動産競売の執行官の売却代金の交付等をいう。執行機関としての行為とは、裁判所の執行文の付与や登記を命じる判決に基づく登記官の登記行為等をいう。

　強制執行による配当等の債権の満足以外にも、法律効果自体を否認する例としては、競売自体の否認と転付命令の否認がある。競売自体を財産減少行為として否認する場合、競売の結果、売得金の配当による債権者の満足を否認する以外に、競売による破産者から買受人に対する目的物の所有権移転も否認類型に該当する（廉価による売却等）ときは否認できる[176]。もっとも、買受人の権利を保護する必要があるので、否認が認められるのは、買受人が競売の申立人である債権者である場合（債権者の計算で競落した第三者も含む）に限られる。転付命令の否認は、転付命令により、第三債務者が差押債権者に被転付債権をすでに弁済していたときは、破産管財人はこの弁済による差押債権者の満足を偏頗行為として否認し、差押債権者が第三債務者から受けた弁済金の償還請求ができるが、第三債務者の差押債権者に対する弁済は有効で、第三債務者に対しては差押債権の再度の弁済を請求することはできない。次に、差押債権が弁済されていない場合は、否認権者は転付命令の法律効果である差押債権の債務者から差押債権者への移転という法律効果を否認して第三債務者に対して差押債権の弁済を求めることができる。

(8)　否認の制限

　破産手続開始の申立ての日から1年以上前にした行為は、無償行為の否認（破160条3項）を除いて、支払いの停止があった後にされたものであること、または支払いの停止の事実を知ってしたことを理由として否認することができない（破166条）。

　否認の対象となる行為が、破産手続開始の申立て（民再251条1項・3項、会更254条1項・3項で破産手続開始の申立てとみなされる場合を含む）より1年

---

[176]　東京高判昭和31・10・12高民集9巻9号585頁等。

以上も前にされたときは、否認によって形成された法律関係がすべて覆滅されると、取引の安全を害し関係人に不測の損害を被らせるので、否認を制限している。無償行為の否認が除外されているのは、受益者は利益だけを受けているので、この制限の対象とはならないからである。

この制限の対象となるものは、支払停止後の行為か支払停止の事実を知ってしたことが否認の要件とされている類型で、破産法160条1項2号・2項・162条・164条の否認である。

(9) **否認権行使の効果**

否認権が行使されると、否認される行為の効果は、否認対象行為時に遡って消滅し、原状回復されるが、否認権の行使によって破産財団に不当な利得をさせてはならないから、受益者には、その性質に応じて権利が与えられる。

(ア) 原状回復

否認権の行使は、破産財団を原状に復させる（破167条1項）。否認権は形成権で、これが行使されると、否認対象行為の時点に遡って、否認対象行為がなかったという効果が生じる。受益者の行為を待たずに、流失した財産が当然に破産財団に復元される。否認の対象が財産の移転行為である場合は、その財産が破産財団に当然に復帰するから、受益者は当該財産を返還しなければならない。この効果は物権的復帰と呼ばれている。この物権的復帰の効果は、破産財団と受益者との間でのみ生じる相対的な効果である。[177]

返還すべき財産が金銭の場合は、金銭の所有権は占有者にあるから、同額の金銭を返還することになる。返還すべき財産が金銭（種類物）以外の財産ですでに滅失していたり他に処分されていたりして、その財産を返還できない場合は、受益者はその財産に代わる価額を返還しなければならない。その価額は、否認権が行使された時点の価額である。[178]

新株引受権の贈与が否認された場合は、目的物の時価は新株引受権と株式が同一のものとして株式の価額をもって算定し、[179] 事業譲渡が否認された場合は受益者が破産者の債務の一部について重畳的債務引受けをしてその一部を

177　浦和地判昭和57・7・26判時1064号122頁。
178　最判昭和61・4・3判時1198号110頁。
179　名古屋地判平成19・11・30判時2005号40頁。

弁済していても、価額償還の減少要因とならない[180]。

受益者は、価額償還に応じて初めて、否認権行使によって復した権利を行使できる[181]。

無償行為の否認（破160条3項）がされた場合は、受益者が、行為の当時、支払いの停止または破産手続開始の申立て（民再251条1項・3項、会更254条1項・3項で破産手続開始の申立て等とみなされる場合を含む）があったことと破産債権者を害する事実の双方を知らなかったときは、現存利益を償還すれば足りる（破167条2項）。無償行為について、受益者の善意の内容を明確にして、悪意者と区別して、現存利益の償還の範囲で善意の受益者を保護したものである。現存利益は、不当利得の善意の場合の現存利益（民703条）と同様である。善意の立証責任は、受益者が負担する。

　(イ)　受益者の権利
　　(A)　財産減少行為の場合

財産減少行為が否認された場合は、否認によって破産財団が利得することは許されない。したがって、破産財団の利得分は受益者に返還しなければならない。

否認の対象となる行為で破産者が反対給付を受けている場合（財産減少行為がこれに該当し、偏頗行為は反対給付自体がないので該当しない）は、反対給付自体が破産財団に現存しているとき、反対給付が現存していないが反対給付によって生じた利益の全部または一部が現存しているとき、反対給付もそれによって生じた利益も現存していないときの3種類に分けられる。

破産法は、反対給付が現存している場合はその反対給付の返還請求権を受益者に与え、反対給付が現存していない場合は、原則として財団債権とするが、破産者が財産処分の対価を隠匿等の処分をする意思を有しており、受益者もそれを知っていたときは例外として、利益が現存しているときは財団債権、現存していないときは破産債権としている（破168条1項・2項）。

さらに、破産者の隠匿等の意思についての知・不知に関して、受益者が内部者であるときは、その悪意を推定する規定もおいている（破168条3項）。

180　東京地決平成22・11・30金商1368号54頁。
181　東京地判平成23・9・12金法1942号136頁。

この点は、双方未履行双務契約の解除の場合の相手方の請求権（破54条2項）とは少し異なっているが、相当の対価を得てされた財産処分を否認してみても、給付された相当の対価を財団債権として返還すると、処分目的物の価値が上昇していない限り否認の経済的な意味がなくなることも、その理由である。

破産管財人は、否認によって返還を請求する財産の返還に代えて、その返還価額（否認時の時価）から、反対給付の価額や財団債権となる部分の価額を控除した残額の返還を請求することもできる（破168条4項）。否認による返還と受益者の請求権の決済を簡便にする措置である。

(B) 偏頗行為の場合

既存の債務についてされた担保の供与や消滅に関する破産者の行為が否認されたときは、受益者がその給付を返還し、あるいは、その価額を返還したときは、受益者の債権（破産債権のことである）は原状に復する（破169条）。

偏頗行為の否認の立法趣旨は債権者平等原則違反であるので、受益者の破産債権も復活させて、債権者平等原則に服させる必要があるからである。

破産債権消滅行為によって消滅した破産債権に関する弁済物の返還や代物弁済で価額償還がされた場合は、消滅した破産債権が復活する。

担保の供与行為が否認されても、被担保債権が担保のない破産債権となるだけであるから、復活すべき破産債権はないが、担保権が実行されて被担保債権である破産債権に充当されていた場合は、担保の供与行為を否認することにより、価額償還請求に準じて担保権実行の結果充当された金員の返還を求めることができ、その返還の結果、担保権実行により消滅した破産債権が復活すると解すべきである。

破産財団の確保のために、受益者の破産債権復活の時期を、否認権行使時ではなく返還時としている。受益者の返還義務と同時履行の関係に立たないので、受益者は復活する破産債権との相殺をすることはできない。

復活する破産債権について破産者の財産上に担保権が設定されていたときは、担保権も復活し、破産管財人は抹消されていた担保権の設定登記の回復登記をしなければならないとされるが、担保目的物の価値に相当する被担保債権（破産債権）の弁済があった場合は、当該担保物は責任財産を構成しな

いので、最初から偏頗行為としての否認の対象にならない。復活する破産債権について保証があった場合は、保証債務も復活し[182]、物上保証があった場合は担保権も復活する。所有権移転登記や新たな担保権設定登記が先にされていたときは、担保権復活を譲受人や担保権者には主張できず、物上保証人に担保権の回復に代わる経済的利益の提供を請求することができる。

　(ウ)　否認の登記

　登記の原因である行為や登記行為が否認された場合は、破産管財人が否認の登記を行う（破260条1項）。否認の登記は、否認権行使による物権変動を公示する特殊な終局登記（抹消登記ではない）である。

　破産法260条1項の規定は、否認された場合に破産管財人が単独で否認の登記の申請を行うという内容になっているが、それ以外に、否認の結果、破産管財人には相手方である受益者や転得者を登記義務者とする否認の登記請求権が発生すると考えられる。実務もそのように考えて、受益者や転得者を義務者とする否認の登記請求手続を求める給付訴訟を認めて、通常はこの訴訟形態がとられる。否認の登記は、原因行為の否認と対抗要件の否認について行われるから、原因行為の否認による否認の登記請求権と対抗要件の否認による否認の登記請求権が別個の請求権として発生する。

　否認の登記がされても、登記面上、否認の対象となった行為を登記原因とする登記（たとえば、不動産処分行為による所有権移転登記）や否認された登記（たとえば、抵当権設定登記行為を否認された抵当権設定登記）等、抹消されない登記が残ることになり、そのため取り戻した財産を処分する際に買受人が不安を抱いて処分に支障を来すことがあり、登記面での所要の手当をすることとしている。不動産の処分によって否認の登記がされた権利に関する登記の際には、登記官は職権で、①当該否認の登記、②残存している否認の対象となった登記、③否認の対象となった登記に遅れる登記で否認権の行使に対抗することができない登記を職権で抹消しなければならない（破260条2項）。また、上記②に遅れる登記で、否認権の行使に対抗できる場合（不動産を取得した受益者から抵当権の設定を受けた転得者の抵当権設定登記で転得者

---

[182]　最判昭和48・11・22民集27巻10号1435頁。

の否認ができなかったとき等）は、否認された行為を原因とする登記の抹消に代えて、職権で、受益者から破産者への移転登記をする（同条3項）。転得者の登記を残すための技術的なものである。

否認の登記に関しては、通達が発出されていて、登記実務はこの通達に従って行われている。[183] この通達は、破産法260条1項の規定に従って、登記原因行為の否認（財産減少行為、偏頗行為等）と登記の否認（対抗要件の否認）の2種類に分けて、申請書に記載する登記の目的を区別している。通達によると、不動産所有権の移転を例にとれば、登記原因行為の否認では、「○番所有権移転登記原因の破産法による否認」が登記の目的となり、登記の否認では、「○番所有権移転登記の破産法による否認」が登記の目的となる。

(10) 転得者に対する否認

否認権の行使を行為の相手方である受益者に限ると、否認の目的物である財産が転得によって第三者に移転しているときは否認の目的を達することができなくなり、一方では、否認の相手方を無条件に転得者にまで広げると取引の安全を害するので、一定の要件があれば、転得者に対して破産者と受益者間の否認対象行為を否認して、否認の効果を転得者に及ぼすこととしている（破170条）。

転得者とは、受益者から否認の目的物である財産の所有権を取得した者に限らず、当該財産上に何らかの権利（たとえば賃借権、担保権、財産の差押え等）を取得した者をいう。再転得者を含む。

転得の時期は、破産手続開始の前後を問わず、また、受益者に対する否認権行使の有無、行使の前後を問わない。転得行為自体は否認対象行為ではないから、転得者に対する否認は、否認対象行為と転得者の悪意を要件とする特殊な否認類型（独立の否認類型）である。

転得者に対する否認権は、破産者と受益者間の行為を否認対象とするが、その効果を、直接転得者に対して、否認権の行使という方法で主張させるもので、受益者に対する否認権とは別個の権利である。

破産会社が破産手続開始前に土地建物の賃貸借契約を締結した場合におい

---

[183] 平成16・12・16法務省民二第3554号民事局長通達（「破産法の施行に伴う不動産登記事務の取扱いについて」）。

て、破産管財人は、当該賃貸借契約の賃借権の譲受人に対し、賃借権設定について否認権を行使し、当該譲受人の従業員が建物の一部を占有していたとしても、当該譲受人に対し従業員の占有部分の明渡請求ができるとする下級審の判例がある[184]。

　(ア)　否認の要件

　否認の要件は、①転得者が転得の当時、それぞれその前者に対する否認の原因のあることを知っていたとき（破170条1項1号）、②転得者が無償行為またはこれを同視すべき有償行為によって転得した場合は、それぞれその前者に対して否認の原因があるとき（同項3号）である。

　立証責任の分配は、破産管財人が全部の要件に該当する事実について立証責任を負担するが、上記①の転得者が内部者であるときは、それぞれその前者に対する否認の原因を知らなかったことについて、転得者が立証責任を負担する（破170条1項2号）。

　転得が無償行為によってなされた場合以外は、前者の否認原因を転得者は知っている必要があるが、転得者が上記①の内部者のときは、否認原因の知・不知について立証責任が転換されて善意の立証責任を転得者に負担させ、上記②の転得が無償行為による場合は、転得者の主観的要件は不要とされている。

　否認の原因とは前者に否認要件があることをいうが、受益者の否認の原因は、否認類型が財産減少行為、偏頗行為、対抗要件の否認等があるので、その否認類型に該当する否認要件に該当する要件事実、つまり、客観的要件以外に主観的要件が必要な場合は主観的要件があることである。この点は実体法上は間違いのないことであるが、受益者の主観的要件の不存在（善意）について受益者に立証責任がある否認類型（破160条1項・2項・162条1項2号）の転得者に対する否認では、受益者の悪意の立証責任を破産管財人に負担させると過重な負担を課すので、公平の見地から、受益者の善意の立証責任は転得者に負担させるべきである。

184　金沢地判平成25・1・29金商1420号52頁。

(イ)　転得者に対する否認の効果

　破産財団が原状に復帰するので、転得者は破産管財人に目的物の返還または価額償還をしなければならない。もっとも、否認の効果は相対的で、転得当事者間では転得は有効であるから、転得者はその前者（通常は受益者であるが再転得もある）に行った反対給付の返還を、破産管財人に請求することはできない。

　否認による返還の範囲は、転得が無償行為による場合は、転得者が善意、つまり、支払いの停止または破産手続開始の申立てがあったことおよび破産債権者を害する事実を知らなかったときは、現存利益の範囲で返還すれば足りる（破170条2項・167条2項）。

　転得者が破産管財人に目的物を返還したときは、前者に転得者に対する担保責任が生じる。目的物を破産管財人に取り戻される等して、転得契約の目的が達成されなくなったのは、受益者を含む前者に否認の原因があったことによるから、転得者は転得契約を解除して、前者に対して転得契約による反対給付の返還を請求できる。前者は、転得者の請求に対して、自己に否認の原因はなかったとして争うことができるのは、否認の相対的効果から当然である。受益者は、転得者に転得契約にかかる反対給付を返還した場合は、破産管財人に対して否認対象行為によって破産者に行った給付の返還を財団債権として行使することができる。

　破産管財人は、転得者だけを相手にして否認権を行使することが可能で、転得者があっても受益者だけを相手として否認権を行使することも可能である。転得者と受益者の双方を相手方とする否認訴訟は通常共同訴訟で、合一確定の要請はない。否認権行使で取り戻す対象物が不動産等の特定物の場合は、受益者に対する否認は可能でも転得者に対する否認は無理なときは、受益者に対する価額償還請求をすることになるが、受益者に対する否認も転得者に対する否認も可能なときは、転得者に対する否認権を行使して目的不動産を取り戻してもよいし、受益者に対して価額返還請求をしてもよい。もっとも、受益者と転得者の双方に対して否認権を行使して、受益者から価額返還を受け、さらに転得者から目的物を取り戻すことは二重の利得になるので、できない。

登記実務では、転得者に対する否認権が行使された場合は、転得の原因となった受益者名義の登記と転得を原因とする転得者名義の登記があるときは、転得の前提となった受益者の登記について転得者に対する否認の登記を行い、転得の登記自体は否認の登記の対象としないが、破産管財人の目的不動産の譲渡等の登記に際して、否認の登記と当該受益者の登記が抹消され（破260条2項1号・2号）、転得の登記は受益者の登記に遅れる登記として抹消される（同項3号）。

(11) 否認権の行使方法

　否認権は、破産管財人が否認の訴え、否認の請求、抗弁で行使する（破173条1項）。破産管財人が積極的に否認権を行使する場合は否認の訴えと否認の請求とを選択できるが、相手方である受益者や転得者の対応や立証の容易さ等を勘案して選択することになる。

　破産管財人は、裁判手続外で否認権を行使できないが、実務では、否認権の行使には時間も手間もかかるし立証の問題もあるから、裁判所の許可を受けて、相手方と交渉して否認権を行使したのと同様の結果となる裁判外の和解をすることが多い。

(ア) 否認の訴え

　否認の訴えの性質は、否認権行使の結果生じる給付または確認訴訟である。否認権を裁判上行使する旨の意思表示をすれば足り、否認の訴えの訴訟物は否認権行使の結果生じる法律関係に基づく否認目的物の給付請求であったり目的物が破産財団に属することの確認請求であったりする。否認の主張は、請求権を発生させる攻撃防御方法の一つで、否認権の有無は判決理由中の判断である。否認の訴えの管轄裁判所は破産裁判所で（破173条2項）、この管轄は専属管轄である。破産裁判所とは、破産事件が係属している地方裁判所をいう。訴訟上の和解、請求の放棄、請求の認諾も可能である。

　破産債権者は、破産管財人の提起した否認訴訟に補助参加できる。[187]

185　前掲（注183）平成16・12・16法務省民二第3554号民事局長通達。
186　大判昭和11・7・31民集15巻1547頁。
187　大阪高決昭和58・11・2下民集33巻9-12号1605頁。

(イ)　否認の請求と異議訴訟

　否認の請求は、否認権行使の簡易迅速な手続として設けられた制度である。決定手続で行われ、決定に不服のある者が異議の訴えを提起するという手続構造になっている。否認の請求の管轄裁判所は、破産裁判所である（破173条2項）。否認の請求をする破産管財人は、当事者と代理人の表示、申立ての趣旨、申立てを理由づける具体的な事実等を記載した書面（否認の請求書）で証拠書類の写しを添付して否認の請求を行い（破規2条1項～3項）、否認の原因事実を疎明しなければならず（破174条1項）、裁判所は、受益者や転得者を審尋して（同条3項）、理由を付した決定で、否認の請求を認容し、または棄却する（同条2項）。否認の請求を認容する決定の裁判書は当事者に送達される（同条4項。公告で代置できない）。

　否認の請求を認容する決定に不服のある者は、裁判書の送達を受けたときから1カ月の不変期間内に、異議の訴えを提起できる（破175条1項）。不服申立ては異議の訴えのみにより即時抗告は許されない。否認権の存否を最終的に確定するためには、憲法上の要請（憲32条・82条）で、判決手続によらなければならないからである。全部認容の場合は、相手方となった受益者や転得者が破産管財人を被告に異議の訴えを提起できる。一部認容の場合は、相手方となった受益者や転得者が異議の訴えを提起できるが、破産管財人も異議の訴えを提起できると解すべきである。破産管財人に新たに否認の訴えを起こすことを認めると、異議の訴えと否認の訴えの判決内容が矛盾抵触する可能性があるからである。

　否認の請求を却下し、棄却した決定に対する不服申立方法はないので、不服のある破産管財人はあらためて否認の訴えを提起する必要がある。

　異議の訴えの管轄裁判所は破産裁判所である（破175条2項）。異議の訴えの訴訟手続は、判決手続で行われるが、判決では不適法却下の場合以外は、主文で、認容決定を認可し、変更し、取り消す判決をする（同条3項）。認可判決が確定したとき、異議の訴えが提起期間内に提起されなかったとき、提起されたが却下されたときは、認容決定は確定判決と同一の効力を有する（同条4項）。否認の請求が給付を求めるもので、異議訴訟の判決で認容決定を認可する判決と変更する判決には、判決主文中には給付文言がないが、強

制執行を行うための仮執行宣言を付することができる（同条5項）。

　　(ウ)　抗　弁

　抗弁とは、請求原因事実と両立し、当該権利の発生を阻害し、または発生した権利を消滅させる事実の主張をいう。たとえば、原告と被告である破産管財人との間の売買契約の目的物の引渡請求訴訟で、原告の売買契約の主張に対して、破産管財人が売買を否認するとするのが、否認権を抗弁で行使したということである。否認権を再抗弁で行使することも可能である[188]。たとえば、破産管財人が債務者に対して提起した貸金返還請求訴訟で、被告の抗弁が債務免除と消滅時効とその援用であるとすると、破産管財人が再抗弁として破産者の債務免除を否認し、破産者が時効中断行為をしなかったことを否認する場合である。

　　(エ)　行使期間

　否認権は、破産手続開始の日から2年を経過したとき、または否認しようとする行為の日から20年を経過したときは、行使することができない（破176条）。否認権の行使を受ける者は、行使されるまでの期間は不安定な状態におかれるので、この地位を保護して、取引の安全を図り、また、手続の迅速な処理の必要性から、否認権の行使期間が制限されている。受益者は総破産債権の不存在を理由として否認権の不存在を主張することは許されず、総破産債権者について詐害行為取消権の消滅時効が完成していても否認権が消滅するわけではない[189]。

(12)　否認権のための保全処分

　受益者や転得者が取得した財産を、隠匿または処分してしまうと、破産手続開始後に否認権を行使しても、その回復が困難となるおそれがある。そこで、破産手続開始決定前の時点で否認権を保全する保全命令を可能とする制度が設けられている。否認権者は破産管財人で、破産手続開始までは否認権者は存在しないから、特殊な保全処分である。

　裁判所は、破産手続開始の申立てがあった時から当該申立てについて決定があるまでの間に、否認権を保全する必要があると認められるときは、利害

188　大判昭和10・8・8民集14巻1695頁。
189　最判昭和58・11・25民集37巻9号1430頁。

関係人(保全管理人があるときは保全管理人)の申立てまたは職権で、仮差押え、仮処分その他の保全処分を命じることができ(破171条1項)、開始決定がされたときは、破産管財人は当該保全処分にかかる手続の続行ができる(破172条2項)。

3 法人の役員の責任の追及

　法人の理事、取締役、執行役、監事、監査役、清算人またはこれらに準じる者(破177条1項で「役員」と呼ぶ)は、善管注意義務違反等により、法人に損害を与えたときは、法人に対する損害賠償義務がある(民644条・415条、会社330条・355条・423条1項等)。破産管財人は、役員に対する損害賠償請求権の有無を調査のうえ、その結果を報告書にして裁判所に提出しなければならない(破157条1項3号)し、財産状況報告集会が開催された場合は、その要旨を報告しなければならない(破158条)。

　役員が、損害賠償義務を認めて賠償金を支払う等で損害が回復できる場合は、裁判手続をする必要はない。役員が損害を賠償しないときは、破産法では、通常の民事訴訟によるよりも簡易迅速に債務名義を取得することにより、役員の責任追及を実効あらしめて破産財団を増殖させて債権者に対する弁済原資を増やすことができるように、査定という制度を設け、また、強制執行までの間に役員が個人資産を隠匿・費消するという結果を防ぐために、法人の役員に対する保全処分の制度を設けている。

(1) 損害賠償請求権の査定と異議訴訟

　査定の申立て、不服申立ての方法としての異議訴訟という構造である。損害賠償請求権の査定は、決定手続で行われる。裁判所は、法人である破産者について破産手続開始の決定があった場合において、必要があると認めるときは、破産管財人の申立てまたは職権で、役員の責任に基づく損害賠償請求権の査定の裁判をすることができる(破178条1項)。査定の裁判の申立てをするときは、損害賠償請求権の発生原因となる具体的事実について疎明しなければならず(同条2項)、裁判所が職権で査定手続を開始するには、その旨の決定が必要である(同条3項)。裁判所は役員を審尋(破179条2項)したうえ、損害賠償請求権があると判断するときは請求権の額を定めて支払いを

命じる査定の裁判を行い、理由がないと判断するときは申立てを棄却する裁判を行うが、いずれの決定にも理由を付する必要がある（同条1項）。

査定の裁判に対して不服のある者は、その裁判書の送達を受けた時から1カ月の不変期間内に、破産裁判所に異議の訴えを提起することができる（破180条1項）。不服申立ては、異議の訴えのみにより即時抗告は許されない。損害賠償請求権の存否を最終的に確定するためには、憲法上の要請（憲32条・82条）で、判決手続によらなければならないからである。異議の訴えの被告は、不服の申立てをする者が役員であるときは破産管財人、不服の申立てをする者が破産管財人であるとき（一部認容の場合）は役員である（同条3項）。査定に対する棄却の決定に対しては、不服のある破産管財人は異議の訴えを提起することは認められず、通常の損害賠償請求訴訟を提起しなければならない。

異議の訴えの訴訟手続は、判決手続で行われるが、本案判決は、査定の裁判を認可、一部変更、取消しという形式で行われ（破180条4項）、認可と変更の判決は、強制執行に関しては、給付判決と同様の効力がある（同条5項）。異議の訴えが提起期間内に提起されなかったときや、提起されても却下されたときは、査定の裁判（決定）は、給付を命じる確定判決と同一の効力を有する（破181条）。

(2) **損害賠償請求訴訟**

役員に対する損害賠償の裁判は、査定手続によらなければならないわけではなく、通常の損害賠償請求訴訟を提起することも可能である。役員が損害賠償義務を争っている場合は、査定手続によるか通常の損害賠償請求訴訟によるかは事案による。善管注意義務違反になるかどうかは微妙な点（注意義務の有無は経営判断の原則によるとされることも多い）もあり、損害賠償の査定がされても異議の訴えが必至であるといった場合は、査定手続にかけた分だけ時間と労力が無駄になるので、最初から通常訴訟を提起したほうがよい。

(3) **法人の役員の財産に対する保全処分**

強制執行までの間に、役員がその個人財産を隠匿・処分してしまうと損害の回復が困難となるおそれがあるので、役員の財産に関する保全処分の制度が設けられている。裁判所は、法人である債務者に破産手続が開始された場

合に、必要と認めるときは、破産管財人の申立てまたは職権で、役員の責任に基づく損害賠償請求権について、役員の財産を対する保全処分をすることができ（破177条1項）、緊急の必要があると認められるときは、裁判所は、破産手続開始決定前でも、債務者（保全管理人が選任されているときは保全管理人）の申立てまたは職権で、同様の保全処分をすることができる（同条2項）。裁判所は、これらの保全処分を変更しまたは取り消すことができる（同条3項）。保全処分とその変更や取消しの決定に対しては即時抗告ができる（同条4項）が、即時抗告には執行停止の効力はない（同条5項）。

VI　破産債権の届出・調査・確定

破産では、破産手続に参加して議決権を行使し、破産配当を受けようとする破産債権者は、破産債権を届け出る必要があり、債権調査を経て、破産債権が確定して初めて配当を受けることができる。

1　破産債権の届出

破産手続に参加しようとする破産債権者は、裁判所が定めた破産債権届出期間内に、破産債権の届出をしなければならない。

(1)　届出と方式

破産債権の届出をしなければならない債権者は、破産債権者と破産債権を被担保債権とする別除権者や準別除権者である。

破産債権者は、その債権の額、原因、優先的破産債権、劣後的破産債権、約定劣後破産債権であるときはその旨、少額の配当（破規32条1項で1000円未満とされる）でも、それを受領する意思があるときはその旨、そのほかに最高裁判所規則で定められた事項を、裁判所に届け出なければならない（破111条1項）。最高裁判所規則で定められた届出事項は、①破産債権者と代理人の住所・氏名、②破産手続および免責手続において書面を送付する方法によってする通知または期日の呼び出しを受けるべき日本国内の場所、③執行力ある債務名義または終局判決ある破産債権（有名義債権）であるときはその旨、④破産債権について訴訟が係属するときはその内容（破規32条2項）

である。上記①②に関して、破産債権届出書に本人の住所地しか記載されず、その後に通知先を代理人事務所に変更する旨の届出がされない場合は、破産管財人が配当通知を本人に行い、代理人に行わなかったとしても違法ではないとする下級審判例がある。[190] 上記③は、当該破産債権が有名義債権かどうかの確認のため、上記④は、係属する訴訟手続は中断しているのでその確認のためである。

そして、破産債権の届出書には、破産債権に関する証拠書類の写し、破産債権が有名義債権である場合は執行力ある債務名義の写しまたは判決書の写し等の添付が必要である（破規32条4項）。破産債権に関する証拠書類の添付を要求しているのは、破産管財人は債務の内容を知っているわけではないからである。

別除権者と準別除権者は、上記事項以外に、別除権の目的である財産と、別除権の行使によって弁済を受けることができないと見込まれる額も届け出なければならない（破111条2項）。別除権の行使によって弁済を受けられないと見込まれる額（予定不足額という）も届け出るのは、予定不足額で議決権が行使できるとされている（破140条1項2号）ので、その額の届出が必要となるからである。

実務では、知れたる破産債権者には、裁判所から破産債権届出書が送付され、その届出書には必要な届出事項を記載する書式になっており、必要事項を記載して必要書類を添付して、届出期間内に裁判所に郵送または持参すればよい。

届出後に破産債権が消滅する等、届出事項について他の破産債権者の利益を害しない変更が生じたときは、破産債権者は遅滞なく、その変更の内容と原因を裁判所に届け出なければならない（破規33条1項）。実務でよく見かけるのは、税務上の損金とするために債権放棄による届出の取下げである。届出債権取下書を作成して裁判所に届け出る。この取下げには同意は不要である。破産債権確定後に、取下げがされたときは、将来に向かって配当金受領請求権の破産手続上の権利を放棄するものとして有効である。破産債権者が

190　東京地判平成23・9・29金法1934号110頁。

放棄通知だけを文書で破産管財人に行い、取下げをしないこともあるので、破産管財人も、その事実を知っている場合は証拠書類を添付して変更の届出を行わなければならない（同条3項）。

届出にかかる破産債権を破産債権者から取得した者は、一般調査期間、一般調査期日の後でも届出名義の変更をすることができる（破113条1項）。相続や合併等の包括的移転や、債権譲渡や弁済による代位等の個別的な移転があったときに行うものである。

破産債権者が一般調査期間の経過後や一般調査期日の終了までに届出をしなかった場合でも、一定の範囲で届出が許されることがある。破産債権者の責めに帰することができない事由によるときは、その事由が消滅した後1カ月以内に限って届出の追完を認め、あるいは債権届出期間経過後または一般調査期日の終了後に生じた破産債権は、権利発生後1カ月以内に限ってその届出が認められる（破112条1項～3項）。

届出をした破産債権者が債権額を増加させる、破産債権の原因を変更する等、他の破産債権者の利益を害する変更を行う場合は、新たな破産債権届出と変わらないから、その変更が破産債権者の責めに帰することができない事由によるときに限って、変更が認められる（破112条4項）。

不適法な届出があった場合は、裁判所は届出を却下すべきである。却下によって当該破産債権者は破産配当から除外されるので、却下に対しては、破産法9条にかかわらず、即時抗告ができると解すべきである。

(2) 届出の有無と効果

届出がされたときは、破産債権者は、破産手続上の破産債権者に与えられた、配当受領権、議決権を行使することができる。

裁判所書記官は、届出があった破産債権について、破産債権者表を作成し、各債権の額、原因等の届出事項を記載する（破115条1項・2項、破規37条）。この記載が債権調査の対象となる。届出事項につき他の破産債権者を害しない変更がされた場合も、その内容を破産債権者表に記載する（破規33条4項）。破産債権者表の記載に誤りがあったときは、裁判所書記官は更正処分を行うことができる（破115条3項）。

破産債権者が届出をしなかった場合は、破産債権者としての権利を失う。

これを失権と呼ぶとすると、民事再生と会社更生では、最終的には再建計画によって免責される（民再178条（例外として民再181条）、会更204条）が、破産では破産配当から除斥されるものの、債権自体は破産手続で免責されることはない。失権の時期も、破産では、破産債権の早期確定の必要性がないことから、一般調査期間の経過時または一般調査期日の終了時とされている（破112条1項）。この時点までに破産債権の届出をすれば、その届出が破産債権届出期間満了後であっても失権しない。もっとも、破産債権届出の追完等が認められる場合（同項・3項・4項）は、その認められる範囲で失権することはない。実務運用では、期日調査を原則とし、中間配当をする場合はともかく、最後配当だけを行う一般の事案では、一般調査期日までに破産財団の換価が終了しないときは、一般調査期日を延期し、あるいは続行する処理が多いから、換価終了後の一般調査期日までは届出が可能で、失権しない。

　1000円未満の配当額でも受領するとの届出をしなかった場合は、配当額は中間配当では寄託され、最後配当では除斥されて、配当額は他の債権者に対する配当原資になる（破201条5項・214条1項6号・5項）。少額の配当は破産債権者には受領のための費用がかかり、破産管財人にも負担がかかるので、不経済な少額配当を実施しないこととしたのである。

2　債権調査

　破産債権の調査は、破産管財人が作成する認否書と、調査期間における届出破産債権者、破産者の書面による異議によって行う期間調査（破116条1項）を原則とするが、裁判所は必要と認めるときは、破産債権調査期日を開いて、破産管財人の認否、届出破産債権者、破産者の異議の方法による期日調査をすることもできる（同条2項）。裁判所は、期間調査と期日調査を併用することも可能である。

　期日調査方式では、調査期日を指定しておき、当初は配当可能だとして債権届出期間を定めて債権届出をさせたが、途中で財団不足による廃止見込みとなった場合に債権調査期日において債権調査を延期したうえ追って指定として事実上債権調査を行わないことができるということや、債権者が多数で破産管財人の債権の認否の作業が間に合わなかった場合に期日を延期または

続行することも可能で、臨機応変かつ柔軟な対応ができる利点がある。

　破産管財人は、添付された債権の存在を証する書類や、破産者の資料、破産者からの聴取等によって、債権の存否を判断して認めるか認めないかを決定している。将来の求償権の届出がされたが債権者から破産債権届出がされているとき（破104条3項）、資料に疑義があるのに債権者がそれ以上の資料を提出しないとき、親会社や破産会社の代表者の債権は実質的に劣後化すべきであると考えるとき等は、認めないとすることが多い。

　他の届出破産債権者に確定防止のための異議権を認めたのは、乏しい配当原資を取り合うことになるので、分母となる破産債権の確定を遮断する権利を与える必要があるからである。

　破産債権の届出には時効中断の効果がある（民152条）。無名義債権に対して債権調査で異議等があっても、時効中断の効果は失われない[191]。

(1) 期間調査方式

　期間による破産債権の調査は、①破産債権者は届出期間内に破産債権の額や原因等、所定の事項を記載した破産債権の届出（破111条）、②破産管財人は届出期間内に届出のあった破産債権の額、原因、順位についての認否を記載した認否書を作成して裁判所が命じる期間内に提出（破117条1項）、③届出をした破産債権者は一般調査期間内に、裁判所に対して破産債権の額等の内容について書面での異議（破118条1項。ただし、濫用防止のために異議の理由の記載が要求される（破規39条1項））、破産者も破産債権の額について書面での異議（破118条2項）という手順で行われる。破産管財人は届出期間経過後に届出があった破産債権や他の債権者を害する変更があった破産債権についても、認否書の記載の対象にすることができ（破117条2項）、認否書の記載の対象とされた場合は、他の届出破産債権者、破産者の異議の対象となる（破118条1項・2項）。失権しない破産債権の調査について、特別調査期間の手間を節約できるからである。

　裁判所は、①債権届出期間の経過後、一般調査期間の満了前または一般調査期日終了前に破産債権の届出や他の破産債権者を害する届出事項の変更が

191　最判昭和57・1・29民集36巻1号105頁。

されたとき（ただし、認否書の記載の対象とされたものを除く）、②一般調査期間満了後または一般調査期日の終了後に要件を満たす届出の追完がされ、他の破産債権者の利益を害する届出事項の変更があったときは、その調査をするための特別調査期間を定める（破119条1項・2項）。上記①は失権しないから、上記②は失権させることが不相当だからである。債権調査は、破産管財人の認否書の作成、提出、届出破産債権者、破産者の異議という手続がとられる（破119条4項・5項）。特別調査期間に関する費用は当該破産債権者の負担とされる（同条3項。その予納等につき破120条）。実務上は、破産債権者は、費用の予納（財団債権ではなく予納者は出し切りになる）と自己が配当を受ける予想配当額との関係で届出や変更をするかどうかを決めることになるし、手続の労力や予納額との関係で、複数の届出がされる場合は、最後配当の直前に一括して特別調査期間を指定するという運用も考えられる。

他の届出破産債権者の異議があった場合は、異議を受けた債権者はそれを知らないから、裁判所書記官は当該破産債権者に異議があったことを通知しなければならない（破規39条2項）。

(2) 期日調査方式

期日による破産債権の調査は、①破産債権者は届出期間内に破産債権の額や原因等の所定の事項を記載した破産債権の届出（破111条）、②裁判所に命じられた場合は破産管財人の認否予定書の提出（破規42条1項）、③破産管財人は一般調査期日に出頭して届出期間内に届出のあった破産債権の額、原因、順位についての認否（破121条1項・8項）、③届出をした破産債権者は一般調査期日に出頭して破産債権の額、原因、順位について異議を申述（同条2項。異議には理由を述べなければならない（破規43条1項））、③破産者も原則として出頭する義務があり、破産債権の額について異議（破121条3項・4項。異議には理由を述べなければならない（破規43条1項）。破産者が出頭できなかったときの異議は破123条参照）という手順で行われる。届出期間経過後に届出があった破産債権や他の破産債権者を害する変更があった破産債権についても、破産管財人と破産債権者の異議がない場合は、期日における調査の対象にすることができる（破121条7項）。

債権届出期間の経過後一般調査期間の満了前または一般調査期日終了前に

破産債権の届出がされたとき、他の債権者の利益を害する届出事項の変更（ただし、期日での調査対象とされたものを除く）、または、一般調査期間経過後、一般調査期日の終了後に要件を満たす届出の追完がされ、他の破産債権者の利益を害する届出事項の変更があったときは、裁判所は調査をするための特別調査期日を定め、破産管財人の認否、届出破産債権者、破産者の異議という手続がとられる（破122条）。特別調査期日に要する費用は当該破産債権者の負担とされる（破122条2項・119条3項。その予納等につき破120条）。

期日調査では、調査期日に出頭しなかった破産債権者の届出事項について破産管財人が認めなかった場合や他の破産債権者が異議を述べた場合は、当該破産債権者はその事実を知らないから、破産管財人が認めなかった場合は、破産管財人が当該破産債権者にその旨を通知し（破規43条4項）、他の破産債権者が異議を述べた場合は、裁判所書記官が当該破産債権者にその旨を通知する（同条5項）。実務上は、破産管財人が認めなかった場合は、当該破産債権者の出頭の有無にかかわらず、破産管財人が異議通知を行うという運用もある。

3　破産債権の確定

(1)　確定の要件と効果

破産債権の調査の結果、破産管財人が認め、かつ、届出破産債権者の異議がなかったときは、その破産債権の額、優先劣後の内容は確定し、その結果は破産債権者表に記載され、その記載は破産債権者全員に対して確定判決と同様の効力を有する（破124条）。これを実体的確定と呼んでいる。

認否書で破産管財人が認否の記載をしなかったときは認めたものとみなされる（破117条4項）。また、破産管財人は認否書で認めないとしたことを、後に撤回して認めるとすることも可能である。届出破産債権者の異議がなかったとは、異議を述べなかった場合と、述べた異議が後に失効した場合がある。述べた異議が後に失効するのは、異議債権者が異議の撤回をした場合や異議を述べた破産債権者が破産債権の届出を取り下げた場合である。

確定の相手方は、条文（破124条3項）では、破産債権者全員となっているが、破産管財人も確定手続に認否することを通じて確定手続に関与している

以上、破産管財人にも確定の効力は及ぶ。

異議等がなく確定した場合の確定判決と同一の効力が、既判力かどうかは争いがある。確定した破産債権者表の記載は、破産手続内で確定され不可争となるにすぎないと解すべきである。[192] 調査手続で異議等がなく確定した破産債権の内容が後の破産手続（配当手続等）で争われることを防止するということに意味があり、この目的のためには、手続内で不可争性を認めれば十分だからである。

確定の実際上の効果は、破産配当の対象債権となるということである。破産手続終了後は、破産者の債権調査での異議がない限り、破産者に対して強制執行が可能となる（破221条1項）が、免責手続中は強制執行が禁止され（破249条）、破産債権が非免責債権（破253条1項）でない場合は、破産者が免責許可を受ければ免責されるし、破産者が法人の場合は通常は破産手続の終了で法人格が消滅することになり債権も消滅するから、あまり意味はない。[193]

破産者の異議（破118条2項・119条5項・121条4項・122条2項・123条）は、確定に影響を及ぼさない（破124条1項参照）が、破産者が異議を述べたときは、破産手続が終了しても、破産債権者表には執行力が付与されないという効果がある（破221条2項）。

別除権者が届け出た別除権の行使によっては弁済を受けることができないと見込まれる額（予定不足額）について、破産管財人が認め、かつ届出破産債権者から異議がなかった場合でも、予定不足額を前提として配当はされない。予定不足額は確定の対象ではなく（破124条1項・117条1項4号）、債権者集会の議決権の行使に関する額（破140条1項2号）で、別除権の行使その他の方法で不足額が確定してはじめて破産配当の対象となる（破198条3項・205条）からである。

(2) 未確定の場合の措置

破産債権の調査で、破産債権の額、優先的破産債権、劣後的破産債権、約定劣後破産債権であるかどうかについて、破産管財人が認めないか、届出破産債権者が異議を述べたとき（これらを「異議等」と呼ぶ）は、当該破産債権

---

192 大阪地判平成19・10・12判例集未登載。
193 最判平成15・3・14民集57巻3号286頁。

は届出どおりには確定しない。全部について異議等があれば全部が未確定になるが、一部について異議等があった場合は異議等のない残部について確定し、異議等のあった部分が未確定となる。

　㋐　無名義債権の場合

　無名義債権とは、届出破産債権が、執行力ある債務名義がある破産債権と終局判決がある破産債権以外の破産債権をいう。

　⒜　査定の申立て

　異議等を受けた届出破産債権者は、開始決定時にその破産債権に関する訴訟が係属していない場合は、未確定となった破産債権の額、原因、順位を確定するため、調査期間の末日、調査期日から1カ月の不変期間内に異議等を述べた破産管財人や届出破産債権者（これらを「異議者等」と呼ぶ）の全員を相手方として、裁判所に査定の申立てをすることができる（破125条1項・2項）。

　査定の申立ては、申立書によらなければならない。申立書には、当事者の表示、申立ての趣旨と理由を記載し、申立ての理由には申立てを理由づける具体的な事実と事実ごとの証拠の記載が必要で、証拠資料の添付も要する（破規2条1項〜3項）。

　査定手続では、破産債権者は異議等のある破産債権に関して、破産債権者表に記載されている事項のみを主張することができる（破128条）。主張制限がされるのは、破産債権者表に記載された事項と異なる事項を争わせることになれば、破産債権者と異議者等と二当事者間の争いになってしまい、全届出破産債権者の関与の下に債権確定をさせるという法の趣旨が没却されるからである。しかし、破産債権者表の記載と多少でも異なるものは全部認めないものとすれば、届出期間という限られた時間内に適切な法律構成ができるとは限らない破産債権者には酷である。そこで、法律構成を変更することは一定の範囲で認められる。問題は、その変更の許容性の範囲で、広狭種々の見解があるが、判例は、届出書で債権の原因の表示を要するとするのは債権の特定をすることにあり、債権の同一を害さない限り届出書の原因とした発生事実に多少の付加変更をする場合も許されるとして、届出書記載の消費貸借を準消費貸借とすることや、自己が原始取得したとする債権を譲り受けた

と変更することは、債権の同一を害しないとしている。[194]

　査定の裁判は、破産手続等に関する裁判であるから、決定手続で行われ、不適法として却下する（たとえば、中断した訴訟手続の受継の申立てをすべきであるのに査定の申立てがされた場合）以外は異議者等を審尋し（破125条4項）、査定の裁判では、当該破産債権について存否と額と優先劣後の別を定める（同条3項）。したがって、債権が不存在と判断するときは棄却ではなく、0円と査定しなければならない。査定の裁判の裁判書は当事者に送達しなければならない（同条5項。送達を公告で代置できない）。

　(B)　異議の訴え

　査定の裁判に不服がある者は、査定の裁判書の送達から1カ月の不変期間内に異議の訴えを起こすことができる（破126条1項）。不服申立ては、異議の訴えのみにより即時抗告は許されない。破産債権の存否を最終的に確定するためには、憲法上の要請（憲32条・82条）で、判決手続によらなければならないからである。

　異議の訴えの審判の対象と主張制限は、査定の申立てと同じで、破産債権者表に記載されている事項（破128条）である。異議の訴えは、破産裁判所（破産事件の管轄裁判所）が管轄する（破126条2項）。この管轄は専属管轄である。

　異議訴訟の被告は、原告が異議等のある破産債権者のときは、異議者等の全員、原告が異議者等であるときは、当該破産債権者である（破126条4項）。同一債権について数個の異議の訴えがある場合は、全員の異議の訴え提起が可能な不変期間経過後に口頭弁論を開始するものとして（破126条5項）、弁論および裁判は併合され、必要的共同訴訟の規定が準用される（同条6項）。判決効は破産債権者全員に及ぶ（破131条1項）ので、合一確定の要請があるからである。

　異議の訴えは形成の訴えであるから、判決は、訴えを却下する以外は、主文で、査定の裁判を認可し、または変更する（破126条7項）。この訴訟で破産債権の存否と額、優先劣後を最終的に確定する必要があるので（破131条

194　大判昭和11・10・16民集15巻1825頁。

1項)、査定の裁判の内容を変更する場合は、確定の内容が判るように判決をする必要がある。たとえば、破産債権は〇〇〇〇円と査定する査定の裁判に対して破産債権が存在しないと判断するときは、査定の裁判を取り消して破産債権は存在しないという判決をしなければならないし、破産債権は0円という査定の裁判に対して破産債権が存在すると判断するときは、査定の裁判を取り消して破産債権〇〇〇〇円が存在するという判決をしなければならない。

　　(C)　破産債権について訴訟が係属している場合

　異議等があった破産債権に関し、破産手続開始当時、訴訟が係属している場合は、確定を求めようとする破産債権者は、査定の申立てによることはできず、異議者等の全員を相手方として、破産手続開始で中断している訴訟手続(破44条1項)の受継の申立てを、調査期間の末日や調査期日から1カ月の不変期間内にしなければならない(破125条1項ただし書・127条)。

　破産債権の届出もないのに、裁判所がした破産管財人に対する続行命令(民訴129条)は違法である。[195]

　受継後の訴訟は、異議等のあった事項についての破産債権確定訴訟となる。その審判の対象と主張は、査定に対する異議の訴えと同様に、破産債権者表に記載されている事項に限られる(破128条)。損害賠償請求権と遅延損害金として届け出た再生債権について、受継後の訴訟手続で従来の主張である損害賠償や遅延損害金の請求を予備的請求とし、請負代金を主位的請求とする訴えの変更(追加的変更)を行うことは、民事再生法108条(破128条に相当)に違反するから、許されない。[196]請負代金と損害賠償金や遅延損害金との間には、債権の同一性が認められないからである。

　異議者等の全員を相手方とするのは、判決の効力は当事者以外にも破産債権者全員に対して及ぶ(破131条1項)ので、合一確定の必要があり、固有必要的共同訴訟とされているからである。

　破産債権確定訴訟は確認訴訟であるから、従来の訴訟形態が給付訴訟の場合は、給付訴訟を確認訴訟に訴えの変更をすることが必要である。上告審に

195　最判平成25・7・18集民244号55頁。
196　仙台高判平成16・12・28判時1925号106頁。

給付訴訟が係属中に債務者に破産手続が開始されて中断し、破産管財人に受継された場合は、上告審であっても破産債権者は給付の訴えを破産債権確定の訴えに変更することができる。[197]

(イ) 有名義債権の場合

届出破産債権が、①執行力ある債務名義がある破産債権、②終局判決がある破産債権（これらを有名義債権と呼ぶ）では、異議等で未確定になった破産債権の確定に関し、起訴責任が転換されている（破129条）。上記①は、直ちに強制執行できるから優越性が認められ、上記②は、当該債権の存在について裁判所による判断がされていて高度の推定力があるから優越性が認められるので、これらの破産債権について優越性を認めて、破産債権の確定を防止するため異議者等に起訴責任を転換している。

上記①の債務名義とは、民事執行法22条各号の債務名義のうち、上記②の終局判決以外のものをいうが、執行文の付与（民執25条・26条）が必要な債務名義は執行文の付与がされていなければならない。[198] 直ちに強制執行ができる点に起訴責任転換の根拠があるので執行文の付与がないと強制執行できないからである。執行文の付与が不要であるのは、未確定の仮執行宣言を付した支払督促（民執22条4号・25条）だけで、それ以外の債務名義は、全部執行文の付与が必要である。民事執行法22条7号の確定判決と同一の効力を有するものには、和解調書、認諾調書、調停調書、先行する倒産手続における債権者表等があるが、これらは上記②の終局判決には該当しないので、執行文の付与を要する。執行文付与の時期は、起訴責任転換の根拠と個別的権利行使の基準時からみて、破産手続開始時点までに限ると解すべきである。上記②の終局判決とは、当該債権の存在が、既判力で確定されているか、既判力で確定される予定である終局判決をいう。給付判決であるかどうかは問わないし、判決の確定、未確定を問わない。また、債務名義とは無関係で執行力の有無とも関係がない。

有名義債権は、異議者等は破産者がすることができる訴訟手続によってのみ異議等を主張できるが、その主張方法は、破産手続開始時点で訴訟手続が

197　最判昭和61・4・11民集40巻3号558頁。
198　最判昭和41・4・14民集20巻4号584頁。

係属している場合と、訴訟手続が係属していない場合とでは異なる。

訴訟手続が係属している場合（破産者の第1審の敗訴判決に対する控訴による控訴審係属中に破産手続が開始した、判決確定後に破産者が提起した再審訴訟手続が係属していた等）は、当該訴訟手続は、破産手続開始で中断している（破44項1項）ので、異議者等が、確定防止のため、調査期間の末日や調査期日から1カ月の不変期間内に、訴訟手続を受継しなければならない（破129条2項・3項）。

訴訟手続が係属していない場合は、異議者等が、調査期間の末日や調査期日から1カ月の不変期間内に、破産者が行える訴訟手続によってのみ異議等の主張ができる（破129条1項）。破産者が行える訴訟手続は、確定判決に対しては、再審の訴え、判決の更正の申立て、口頭弁論終結後の事情に関しては消極的確認訴訟、請求異議の訴え、和解調書や認諾調書に対しては、和解や認諾の無効を原因とする和解や認諾無効確認の訴え、執行証書に対しては、債務不存在確認の訴えや執行文付与に対する異議の訴え、先行する倒産手続の債権表の記載に対しては更正処分や無効確認訴訟等がある。

数個の確定防止の訴訟手続があったときは、合一確定の必要があるから、査定異議訴訟の規定を準用している（破129条3項・126条5項・6項）。

　　(ウ)　確定手続の結果

査定の裁判の確定、異議訴訟の確定等の破産債権の確定に関する裁判の結果は、破産債権者表に記載される（破130条）。破産債権の確定に関する判決が確定した場合は、破産債権者全員に対して効力を有し、査定の裁判に対して法定の不変期間内に異議の訴えが提起されなかったか、提起されても却下されて査定の裁判が確定した場合は、破産債権者全員に対して確定判決と同一の効力を有する（破131条）。

　　(エ)　確定手続の懈怠

無名義債権では、異議等を受けた破産債権者が、法定の不変期間内に、査定の申立てをしなかったとき（会更151条6項は更生債権や更生担保権の届出がなかったものとみなすとしているが、破産ではこれに相当する規定がない）は、債権確定の機会を失うことになり、権利行使できなくなるが、異議等の内容（たとえば債権の不存在）が確定するわけではない。

異議等の内容が破産債権の額を認めなかった場合は配当から除斥され、異議等の内容が優先的破産債権の届出に対する異議等である場合は、優先的破産債権としては配当を受けられず、一般の破産債権者としての配当しか受けられない。

査定の申立てをしたところ、その全部または一部が認められず、その査定決定に対して、法定の不変期間内に査定異議の訴えを提起しなかった場合、異議等のあった破産債権に関して訴訟が係属しているときに、法定の不変期間内に受継の申立てを行わなかった場合も同様である。

有名義債権では、異議者等が、法定の不変期間内に中断している訴訟手続の受継や訴訟手続による異議の主張をしなかったときは、異議等を述べなかったものとみなされる（破129条4項）ので、異議者等の全員がその手続を懈怠したときは、届出事項が確定する（破124条1項）。

　(オ)　異議等の撤回

異議等の権利は、届出破産債権を届出どおり確定することを防止するために認められた破産管財人や届出破産債権者の固有の権利で放棄することが可能であるから、異議者等は異議等の撤回をすることができる。

異議等の撤回は、その手続に関する規定が破産規則で定められている（破規38条・39条3項）だけで、異議等の撤回がいつまで可能かについての規定はない。最後配当や簡易配当の除斥期間満了時まで撤回可能とする運用と、確定に関する裁判手続の法定の不変期間経過後は撤回不可とする運用がある。確定手続の懈怠により異議等の内容が確定するものではないことを勘案すると、前者の運用のほうが妥当である。

4　租税等の請求権、罰金等の請求権の特例

破産債権である租税等の請求権（共助対象外国租税の請求権を含む）と罰金等の請求権（罰金、科料、刑事訴訟費用、追徴金、過料の請求権）は、公債権である等の理由によって、破産債権の届出、調査、確定手続で、特殊な処理がされる。共助対象外国租税の請求権は、共助実施決定（租税条約等実施特例法11条1項）を受けていなければ、破産手続に参加できない（破103条5項）。

(1) 届　出

　請求権者は、遅滞なく、その額、原因、当該請求権が共助対象外国租税の請求権である場合にはその旨等、所定の事項を届け出なければならない（破114条前段）。これらの請求権が別除権の被担保債権となっている場合は、別除権の目的である財産と別除権の行使によって弁済を受けることができない見込額も届け出なければならない（破114条後段・111条2項）。破産債権の額、原因以外の届出事項は、請求権者の名称、住所、当該請求権に関する訴訟や行政手続がある場合はその内容、優先的破産債権、劣後的破産債権、約定劣後破産債権であるときはその旨である（破規36条）。

　破産債権である租税等の請求権の届出は、裁判所に対する徴収機関の交付要求書による交付要求として行われる（税徴82条1項、地税68条4項等）が、これは、破産手続が公租公課の徴収手続で強制換価手続（税徴2条11号）とされた結果にすぎず、国税徴収法82条1項等の規定は破産法の特則ではないから、徴収機関は破産法の規定を遵守して交付要求を行うべきである。破産債権である租税等の請求権の交付要求書も破産管財人あてに送付することを要請する裁判所もあるが、法律上の根拠がない便宜的な処理である。

　届出の時期は、遅滞なくとされているが、実務運用では、裁判所がいっさいの事情を考慮して判断するとする運用も多いようである。遅滞の有無に関係なく、最後配当の除斥期間満了時（破198条）までに届出がなかった場合は、配当から除斥される[199]。

　破産債権の届出として行われる租税等の請求権による交付要求に抗告訴訟の対象となる処分性があるかどうかについては、交付要求は破産者に対する権利義務を変動させるものではないし、財団債権の申出としての交付要求には処分性がないこと[200]を勘案すると、交付要求には処分性はないと解すべきである[201]。

(2)　調査、確定手続

　これらの請求権は、破産債権の一般の調査対象にならないし、確定手続の

199　最判平成2・6・28民集44巻4号785頁参照。
200　最判昭和59・3・29訟月30巻8号1495頁。
201　反対の判示をした裁判例として大阪地判平成24・2・17裁判所HP。

対象とならない（破134条1項）。一般の調査確定手続を排除したのは、公債権で債権の真実性の一応の推定があり、届出破産債権者の異議にもなじまないからである。もっとも、破産債権であることに変わりはないので、届出事項は、破産債権者表に記載される（破134条5項・124条2項）。

届出のあった請求権（罰金、科料、刑事訴訟費用は除外される）の原因（共助対象外国租税の請求権にあっては共助実施決定）が、審査請求、訴訟（刑事訴訟は除外される）、その他の不服申立てをすることができる処分である場合は、破産管財人のみが、当該届出のあった請求権について、その不服申立ての方法で異議主張ができる（破134条2項）。

破産管財人の異議主張は、主張の制限があり、確定に関する訴訟の結果が破産債権者表に記載され、判決等は破産債権者全員に効力を有する（破134条5項・128条・130条・131条1項）から、破産債権確定防止のために認められたものであることは明らかである。異議権を破産管財人にだけ認めたのは、届出破産債権者に異議権を認めても有効な行使が期待できないし、手続が頻瑣になるからである。不服申立方法は、破産債権の債務者は破産者であり、破産管財人に特別の不服申立権を認めたものではないから、異議主張は、破産者が行える不服申立方法に限られる。

その不服申立方法は、請求権の原因となる行政処分によって異なり、各法律に規定されている。

租税では、申告を要するものは更正や決定、申告を要しないものは賦課決定や納税の告知である[202]。

共助対象外国租税の請求権では、共助実施決定が規定されているが、共助実施決定は請求権の原因となる処分でない（原因となる処分についての争訟は共助要請国の法令で行われる）が、共助実施決定が破産手続参加の要件となっており（破103条5項）、共助実施決定は滞納処分の督促に相当するから、共助実施決定に対する異議主張を特に認めたものである。

公課では、保険料その他の徴収金に関する処分で、徴収金の発生に個別の行政処分が必要な場合は当該行政処分であるが、公課の徴収の前段階として

202　最判昭和45・12・24民集29巻13号2243頁。

行われる会計法6条による納入（納付）の告知については、社会保険料に関して賦課処分として処分性を認める徴収実務（健保と厚年に関する納入の告知等）や処分性を認める見解があるが、納入の告知は事実の通知で、行政処分に該当しないとする下級審の判例がある。[203]

追徴金では、労働保険の保険料の徴収等に関する法律による認定決定等、過料では、地方自治法その他多くの根拠規定による行政処分である。

不服申立前置主義がとられていることが多いので、その場合は、審査請求等を行い、不服があれば行政処分取消訴訟を提起することになる。当該行政処分に対して破産者から法定の申立期間内に行政不服申立てや訴訟提起がされず、破産手続開始時に当該行政処分が確定しているとき（行政行為の不可争力）は、破産管財人もその確定の効力を受けると解すべきである。

交付要求に行政処分性を認めるとしても、交付要求は請求権の原因となる行政処分ではなく、交付要求を含む滞納処分は租税等の請求権の発生や成立に関する行政処分（賦課処分等）とは独立の行政処分で、違法性の承継はないから、交付要求の不服申立手続では、租税等の請求権の発生や成立に関する行政処分の違法を取消理由とすることはできない。[204]

当該行政処分に重大かつ明白な瑕疵がある場合は、処分等の取消訴訟（行訴3条2項・3項）のほか、無効等確認の訴え（同条4項）を提起して異議主張をすることも可能である。無効等確認の訴えには不服申立前置主義の適用もなく出訴期間の制限もないが、異議主張として行う場合は不変期間（破134条4項）内に行うことになる。

租税等の請求権や罰金等の請求権の成立や発生は争わない（あるいは、行政処分が確定していて争えない）が、納付、徴収権の消滅時効、滞納処分の執行停止による納付義務の消滅（税徴153条3項）等で、租税等の請求権や罰金等の請求権が事後的に消滅したとの主張は処分を争うものではないが、上記の異議主張に準じ、不変期間（破134条4項）を遵守したうえで、請求権者を相手方とする債務（徴収権）不存在確認訴訟（行訴4条の実質的当事者訴訟と

---

[203] 労災の休業補償給付の返還請求に係る納入の告知について東京地判昭和44・5・14判時559号81頁、厚生保険料の延滞金の納入の告知について東京高判平成19・3・13訟月54巻5号1130頁。
[204] 最判昭和50・8・27民集29巻7号1226頁、鳥取地判昭和26・2・28行集2巻2号216頁等。

解すべきである）を提起することができると解すべきである。なお、租税等の請求権に関しては、交付要求に行政処分性を認めると、交付要求は後続処分になるから、租税等の請求権（徴収権）の消滅の異議主張が不服申立理由となる。

　届出があった租税等の請求権と罰金等の請求権について、破産手続開始時に行政処分取消し等の訴訟手続（刑事訴訟は除外される）が係属している場合と行政庁に審査請求等の行政不服審査手続が係属している場合は、破産手続開始で当該手続が中断している（破44条1項・46条）ので、破産管財人は、当該訴訟手続や行政不服審査手続を受継して異議主張をしなければならない（破134条3項）。有名義債権に関する訴訟手続が係属中の場合は、異議者等が中断している訴訟手続を受継して異議等の主張をする（破129条2項）のと同趣旨である。

　行政不服申立てや訴訟による異議主張（無効等確認の訴えや債務不存在確認訴訟を含む）や中断している手続の受継は、破産管財人が債権届出を知った日から1カ月の不変期間内にしなければならない（破134条4項）。法定の行政不服申立期間や出訴期間が経過していなくても、不変期間を徒過した行政不服申立て、訴訟、手続の受継は不適法である。

　租税等の請求権の場合は、徴収実務では、徴収機関は、交付要求書の裁判所への送付と同時に、破産者あての交付要求通知書（税徴82条2項）を破産管財人の住所あて（破81条1項参照）に送付するから、その頃に破産管財人は破産債権の届出があったことを知ることになる。

　破産管財人が、法定の不変期間内（行政不服審査法の救済規定は適用されず、破13条、民訴97条1項によって、追完が認められる場合があるだけである。破134条4項の規定を知らないことは追完事由にはならない）に、行政不服申立て、訴訟、手続の受継をしなかった場合の効果に関する規定はないが、破産債権の確定防止のための起訴責任が破産管財人に転換されているのであるから、有名義債権に関する規定（破129条4項・124条1項）からみて、届出事項は存在が確定し、不可争になると解すべきである。[205]

205　前掲（注201）大阪地判平成24・2・17。

Ⅶ 破産財団の換価

　破産管財人は、倒産手続を適正かつ迅速に進行させるために、現金以外の破産財団に属する財産を金銭に換えていかなければならない。また、税務処理も必要である

1　破産財団の換価方法

　破産管財人は、善管注意義務をもって、破産財団の管理を行いながら破産財団に属する財産の換価を行う。破産手続を迅速に進行させて、配当ができない場合は異時廃止で手続を終了し、配当ができる場合は配当を早期に行って手続を終結させるためにも、換価を早期に開始し、迅速に完了する必要がある。破産管財人は、就任後は直ちに換価手続を開始しなければならない。換価や回収しやすい財産から着手するのが通常である。消費税の対象となる物が多いから、消費税相当分の支払いを受ける必要もある。

(1)　通常の換価の方法

　換価は、現金以外の財産について、預貯金は払戻しを受け、生命保険契約等は解約して返戻金を受け、債権は回収し、動産、不動産、有価証券、会員権等は他に売却処分して代金を破産財団に組み入れるという方法による。換価が裁判所の要許可事項に指定されているとき（破78条2項・3項、破規25条）は、裁判所の許可を受けて行う。換価の方針は、早期に、かつ、高価に、であるが、早期と高価は必ずしも両立しないことがある。拙速は慎むべきではあるが早期を優先させるべきである。

　　(ア)　高価品の保管

　破産管財人は、破産手続開始後遅滞なく、破産財団に属する財産のうち金銭および有価証券についての保管方法を定め、その保管方法を裁判所に届け出る（破規51条1項）。現金は破産管財人名義の銀行口座を開設して銀行に寄託して保管するが、有価証券は適当な保管方法を定めなければならない。受取手形は破産管財人口座からの取立てを依頼して寄託銀行に取立委任裏書をして交付しておけば足りるが、有価証券類は、破産管財人事務所の金庫で保

(イ) 営業または事業の譲渡

営業または事業を譲渡するには、労働組合等の意見を聴かなければならない（破78条1項3号・4号・4項）。破産者が株式会社でも株主総会の決議は不要で、裁判所の破産法78条2項3号の許可で足りる。実務では、通常は、営業や事業は破産手続開始時点では廃止されているから、ゴルフ場等を除いて、営業または事業の譲渡の例はほとんどない。

(ウ) 売掛金の回収

売掛金の債務者は種々の主張をして自己の債務を免れようとする傾向がある。その主なものは、破産者から仕入れた商品は不良在庫化し継続して仕入れることができなくなるので仕入れた商品は返還するから売掛金を支払わない、売掛金から損害を控除する、商品は仕入れたものではなく委託販売であるから商品を返還する、仕入先の破産の申立を売買契約解除事由とする特約があるから売買契約を解除するので商品は返還するが売掛金は支払わないといった主張である。また、継続的な売買では、債権債務の突合をしていない場合もあって、売掛金の額について争いがあることも多い。破産管財人としては、債務者と交渉して、減額してでも早期に回収することが肝要であるが、債務者の主張が失当であるときは、早急に訴訟手続を行って強制執行を行う等して回収に努めなければならない。放置して消滅時効（民173条1号）にかけた場合は善管注意義務違反となる。[206]

(エ) 在庫商品の換価

在庫商品は、時間の経過とともに劣化することが多いから、特に迅速な換価が必要である。また、商品類を保管場所が倉庫業者の倉庫であるときは保管料も嵩む（破産手続開始後の保管料は財団債権となり、開始前の保管料は商事留置権の被担保債権で、破産手続開始で特別の先取特権の被担保債権となるが留置権能は残存する）。個別売却と一括売却の方法があるが、どちらが高額で売却できるか考えて売却方法を選択する。実務では、買受希望者が複数あるときは私的な入札を行って最高価の買受希望者に売却する。同業者や取引先に

---

[206] 東京高判昭和39・1・23下民集15巻1号39頁。

売却するほうが高額で売却できることが多い。仕入先に売却することもあるが、売却のために仕入先に商品を見せるときは、動産売買先取特権を放棄させておくことが必要である。動産売買先取特権がある商品の売却（売買代金未払いの商品はかなり多い）は、動産売買先取特権者に対する不当利得や不法行為にならないが[207]、商品を売却する場合は、動産売買先取特権に基づく物上代位による差押えを防ぐために、売買契約と同時に商品を引き渡し、同時に売買代金を現金で受け取るようにしなければならない。

(オ) 有価証券等の換価

株式は、市場のあるものは証券市場で売却する。価額の妥当性が特に問題となることはない。譲渡制限株式の場合は、当該会社に依頼して株式の譲渡人を斡旋してもらうことが多いが、売却価額の客観性が判明しないときも多いので、会社から最新の貸借対照表を取得して価額の算定の資料にすることが多い。ゴルフ場の会員権は、通常は、譲渡可能な預託金制会員権であるが、取引相場が形成されているので、相場があるものは、取引業者に売却することが多い。預託金の据置期間が満了している場合でその返還額が会員権の相場より高いときは、退会して預託金の返還の方を選択すればよいとは一概にいえない。ゴルフ場会社は預託金の返還原資をもっていないのが通常で、預託金の回収可能性は高いといえないからである。預託金の返還を受ける場合は、分割払いは不履行になる可能性が高く、時間もかかるので避けるべきである。据置期間が満了しておらず、市場での相場もない会員権は、双方未履行双務契約の解除を認めないのが判例であるから[208]、ゴルフ場会社と交渉して相当程度減額しても返還を受けるようにするが、それも難しい場合は、破産手続開始後の年会費は財団債権となる（破148条1項2号）ので、破産財団から放棄せざるを得ない。

(カ) 別除権の目的物の別除権受戻しによる任意売却

別除権の目的となっている財産、特に不動産は、通常は、抵当権者と交渉して、裁判所の許可を得て別除権の目的物の受戻しによる任意売却を行う（破78条2項1号・14号）。別除権者の被担保債権額より担保目的物の価額の

---

207 前掲（注62）大阪地判昭和61・5・16等。
208 前掲（注86）最判平成12・2・29。

ほうが高額である場合は、破産管財人は被担保債権全額の弁済をして別除権の目的物を受け戻し、その余剰金を破産財団に組み入れる。いわゆるオーバーローンになっている場合は、別除権者は、担保権を実行するよりも破産管財人に任意売却をさせたほうが高価に換価ができ、売却コストも安くすむことが多いことや、不足額が早期に確定すること等から、破産管財人の別除権の目的物の受戻しによる任意売却に応じることも多い。任意売却による価額と競売による価額の差額を全部別除権者に得させる必要はないことや破産管財人は売却のために努力をするので、売却価額の一定額（10％～3％程度）を破産財団が取得するという方法（この額を財団組入額と呼んでいる）によっている。破産管財人にとっても破産財団が増殖することになり、高額に売却ができれば、被担保債権が破産債権であるときは、別除権者への支払分は配当の分母の額から減少するので、他の破産債権者の利益にもなり、換価も早く終了するという利点がある。裁判所によって運用は異なるものの、一定額（たとえば3％）以上の財団組入額があることを売却の許可要件とするのが通常である。破産者が事業者である場合は、任意売却の対象に建物があるときは消費税が発生するので、破産管財人は、消費税分を売却額とは別に買主から受領して破産財団に組み入れなければならない。また、売却年度の固定資産税等の清算金を破産管財人は財団組入額以外に買主から受領するのが通常で、その清算金は破産財団の収入という処理が行われるが、この清算金は売買代金の一部であるから、消費税の計算にあたっては清算金部分も消費税の対象となる譲渡対価になる。

　(キ)　別除権の目的物の担保の負担付による任意売却

　別除権の目的物である財産を担保の負担付きのまま第三者に任意売却することも可能である。不動産の任意売却で、担保権について登記があるときは、破産管財人は、任意売却の2週間前までに当該担保権を有する者に対し、任意売却をする旨および任意売却の相手方の氏名と住所を通知しなければならない（破規56条前段）。任意売却を行う時期は最後配当や簡易配当の直前であることが多いことから、別除権者（後順位担保権者）に、不足額確定のために破産管財人に対する担保権の放棄の機会を与えるためである。

(2) 民事執行手続等による換価

　破産財団に属する財産のうち、民事執行の対象となる財産は、別除権の目的物であるか否かを問わず、破産管財人は、破産財団に属する財産を民事執行法その他強制執行の手続に関する法令によって換価することができる（破184条1項・2項）。不動産や知的財産権は任意売却ができるに越したことはないのであるが、買受人が直ちに見つからないとか、換価目的物が別除権の目的物であるのに別除権者がいつまでも別除権の行使をしない場合は、民事執行の方法で換価する必要があることもある。この競売は形式競売の一種であるが、無剰余執行禁止の規定は破産管財人の形式競売には適用されないこととして（破184条3項）、無剰余であっても、破産管財人は民事執行法に基づく換価処分を行うことを可能にしている。任意売却に比べると低い価格でしか換価できないので、実務上は、ほとんど例がない。

(3) 任意売却による担保権の消滅

　破産財団に属する財産、特にオーバーローンの不動産の別除権者が売却価額や破産財団への組入額に難色を示すことがあり、本来ならば余剰のない後順位の担保権者がいわゆる判押し料として高額の抹消料を求める等、円滑な別除権の受戻しによる任意売却ができない場合もある。この任意売却が円滑に進まないときに、いわば最後の手段として、任意売却に伴う担保権の消滅を認めることを一定の範囲で制度化したのが、破産管財人の任意売却に伴う担保権の消滅制度である。この制度を設けたことにより、別除権の目的物の受戻しによる任意売却の協議が促進されるという効果がある。担保権の消滅という点では、民事再生にも担保権消滅制度が設けられているが、破産とはその方向が全く逆である。民事再生では、別除権の行使がされて事業の継続に必要な財産が失われるのを防止する制度であるが、破産では、別除権付財産の換価の制度の一つとなっている。

　オーバーローンで、別除権者が任意売却に応じる意思がなく別除権の行使を行っているときは、担保権消滅の許可を求める意味はない（後記のように担保権者は担保権実行の証明をすれば不許可となる）ので、当該担保目的物を早期に破産財団から放棄すべきである。

　担保権消滅許可の制度は以下のとおりである。

(ア) 担保権消滅許可の申立て

　破産手続開始時点で、破産財団に属する財産に担保権（特別の先取特権、質権、抵当権、商事留置権）がある場合に、当該財産を任意売却して当該担保権を消滅させることが、破産債権者の一般の利益に適合し、当該担保権を有する者の利益を不当に害さないという要件が前提となる（破186条1項）。

　通常は、換価の時期が早くなり、固定資産税等の財団債権となる管理費用の負担を免れることができ、破産財団に何らかの金銭が組み入れられて破産財団が増殖して配当額が増えるので、破産債権者の一般の利益に適合しないことは、あまり考えられない。財団不足の場合は配当がないから問題となるが、破産手続は清算手段で早期の換価が必要とされることや、異時廃止が多く、破産手続は財団債権者のためにも行われることを考えると、財団不足の場合も除外する必要はないであろう。

　担保権者の利益を不当に害するのは、財団組入額が過大である、売却価格が不当に廉価である、事前の協議がないといった場合等である。売却価額は担保権者の把握している担保価値（処分価額）を侵害するものであってはならないから、売却価額の適正を担保するために、不動産では、複数の業者の査定書や複数の買受希望者から買付証明書を提出させて（破規57条3項）、最高価の買受希望者への売却を許可するという運用を行う裁判所もある。

　財団組入額はどの程度が妥当かという問題があるが、売得金の5％以上多い金額での買受申出があれば（破188条3項）、裁判所はその買受希望者に対する売却の許可を行うから、この場合は財団組入額が全くないまま売却が行われるので、売却価額の5％程度が、財団組入額の一応のめやすとなる。

　破産管財人は、担保権を消滅させて担保目的の財産を任意売却しようとする場合、裁判所に対し、売得金の額、破産財団に組み入れる額、売却の相手方、消滅する担保権、被担保債権額、担保権者との協議内容等を記載した書面（申立書）によって、売買契約の内容を記載した書面を添付して、任意売却と担保権消滅の許可の申立てをする（破186条1項・3項・4項）。破産管財人は申立てに先立って組入額について担保権者と協議しなければならない（同条2項）。申立書には任意売却の交渉の経緯の記載が必要で、相手方が法人の場合には登記事項証明書、個人の場合には住民票を添付しなければなら

ない（破規57条1項・2項）。

　売得金とは、売却に際して相手方から取得できる金額で、売買代金のことではなく、売買契約で、売買契約の締結や履行費用を破産財団が負担するときは、その額を売買代金額から控除し、消費税額がある場合もその額を控除した額が売得金の額になる（破186条1項1号）。要するに破産財団の手取金額のことである。売買契約の締結や履行費用には、売買契約書に貼付する印紙代、土地の測量（隣接地の所有者との境界確認を含む）を要する場合の測量費用、登記費用、賃借人の立退費用、工作物の撤去費用、仲介手数料等が含まれる。滞納固定資産税は売却の有無にかかわらず財団債権として支払わなければならないから、この費用には含まれない。すでに固定資産税の滞納処分による差押えがされているときは差押えの解除を受けないと売却できないから、この費用に含まれるという考え方もあるが、他の公租公課の滞納処分による差押えがされている場合も同じであり、このように考えることはできない。

　裁判所は、申立てがあったときは、申立書と添付書面を担保権者全部に送達する（破186条5項）。

　　(イ)　担保権者の対抗手段

　破産管財人の許可申立てに対する担保権者の対抗方法の一つは、担保権の実行で、担保権者は、破産管財人の許可申立てに異議があるときは、すべての担保権者に申立書等の書面が送達された日から1カ月以内に、担保権の実行の申立てをしたことを証する書面を提出すれば（破187条1項）、裁判所は担保権消滅許可の申立てに対する不許可決定をする（破189条1項）。当該担保権者にやむを得ない事由がある場合は、裁判所はその期間を伸長することができる（破187条2項）。当該担保権者と破産管財人との間に売得金と財団組入額について合意があるときは、担保権の実行ができない（同条3項）。担保権の実行が、法定期間内にされない場合は、担保権者は以後、担保権の実行ができなくなる（同条4項）。

　もう一つの対抗方法は、すべての担保権者に申立書等の書面が送達された日から1カ月以内に、担保権者自身または他の者が破産管財人の申立売得金より5％以上高額で買い受ける旨の申出を破産管財人に行う方法である（破

188条1項・3項)。この買受申出は、買受希望者の氏名や名称、買受けの申出額等、所定の事項を記載した書面で行い(同条2項)、買受申出に際し、買受希望者が買受けの申出額の20％(破規60条1項)の保証金を破産管財人の口座に振り込んだ証明書や金融機関との間の支払保証委託契約を証する書面(同条2項)を添付しなければならない(破188条5項)。破産管財人は、すべての担保権者に前記(2)の書面が送達された日から1カ月経過後に、裁判所に当該買受希望者(複数いるときは、最高価の買受希望者)に売却する旨の届出をする(同条8項)。土地建物を一体として売却することを前提に担保権消滅の許可の申立てがあった場合に、土地の商事留置権を有しない建物を占有する建物建築請負人が建物の商事留置権を主張して建物の買受申出をすることは、経済的合理性がなく権利の濫用にあたる。[209]

　(ウ)　申立ての許可等

　担保権者から担保権の実行の申立てを証する書面の提出がなかったときは、裁判所は破産管財人の申立てを許可するが、その相手方は、買受申出がなかったときは当初のは申立書記載の相手方、買受申出があったときは(最高価の)買受希望者である(破189条1項)。買受申出のあった者を相手方とする許可決定が確定すると、売得金は申出額とみなされるが、その他は申立書添付の売買契約と同一内容の売買契約が成立したものとみなされる(同条2項)ので、破産財団への組入れはない。

　(エ)　代金等の納付、担保権の消滅、配当等

　許可決定が確定すると、売却の相手方が申立書記載の相手方のときは、その相手方は売得金から組入額を控除した残額を裁判所に納付する。売却の相手方が買受申出の買受希望者のときは、買受希望者は申出額から保証金を控除した残額を裁判所に納付し、破産管財人は保証金を裁判所に納付する(破190条1項・3項)。納付がされなかったときは、任意売却および担保権消滅の許可は取り消され(同条6項)、相手方が買受申出の買受希望者のときは、破産管財人に提供した保証の返還を請求することができない(同条7項)。代金等の納付があったときに、担保権は消滅する(同条4項)。裁判所書記

---

[209]　東京高決平成24・5・24判タ1374号239頁。

官は、消滅した担保権にかかる登記や登録の抹消を嘱託する（同条5項）。用益権は消滅する担保権に対抗できないものでも消滅しない。この点が民事執行における消除主義（民執59条2項）と異なる点である。ただし、抵当権との併用賃貸借は、用益権としての効力は認められないので、抵当権の抹消に際して併用賃借権の登記も抹消される[210]。

裁判所は、代金等の納付があったときは、民事執行と同様に、配当表に基づいて配当を実施し、または弁済金交付の手続をする（破191条）。

2　破産財団からの放棄

破産手続は円滑迅速な進行が必要であるから、破産管財人は、破産財団に属する財産を破産財団から放棄することがよくある。法文上は権利の放棄と呼ばれる（破78条2項12号）。100万円を超える財産の権利放棄は、原則として裁判所の要許可事項である（破78条2項12号・3項、破規25条）。権利の放棄は破産財団を減少させるので、裁判所の許可事項とされたものである。

権利の放棄は、実体法上の権利放棄、破産管財人の管理処分権の放棄、請求の放棄や訴えの取下げ等の訴訟法上の権利放棄を含むが、通常は、破産管財人の管理処分権の放棄をいう。不動産を破産財団から放棄すると、破産管財人は、爾後の管理義務（マンションの管理費等の支払義務、固定資産税、都市計画税の支払義務）や、占有者としての責任（民717条）を免れる。

管理処分権が放棄されると、放棄目的物は破産財団から離脱して自由財産になるので、管理処分権は破産者に復帰する。破産者が法人のときは清算法人に管理処分権が復帰するが、従来の理事や取締役には管理処分権はなく、清算人の選任が必要である[211]。破産者が法人であるときは、破産財団から放棄する財産の別除権者に放棄の2週間前に通知をする必要がある（破規56条後段）。破産管財人が担保目的物を放棄した後に別除権者が不足額確定のために別除権を放棄する場合は、放棄の相手方は破産者となるが、破産者が法人のときは放棄の相手方は従来の代表取締役ではなく、清算人を選任しなけれ[212]

210　最判昭和52・2・17民集31巻1号67頁。
211　前掲（注105）最判昭和43・3・15等。
212　前掲（注28）最判平成12・4・28。

ばならないので、破産管財人に対して、破産財団からの放棄前に別除権放棄[213]の意思表示ができる機会を与えようとするものである。担保権の実行手続中に目的物が破産財団から放棄がされたときは、破産者が法人のときは特別代理人を選任して実行手続が続行され、破産者が個人のときは放棄によって破産者に管理処分権が復帰するので、破産者を所有者として実行手続が続行される。

価値のない財産（回収可能性のない債権等）や、買受けの申出が全くなく売却自体が困難な不動産等の財産は、処分に努力すべきであるが、他の財産の換価が終了したら、最後配当の直前か異時廃止の申立て直前までに破産財団から放棄せざるを得ない。

財産に換価価値があっても、その財産は別除権が目的となっており、別除権の行使に着手され（別除権者は任意売却に応じる意思がないということである）、オーバーローンの場合は、マンション等では財団債権（破148条1項2号）となる管理費等の管理のための費用も嵩むので、早期に破産財団から放棄する。建物が担保権実行の対象となっている場合は、余剰がないときも消費税の対象となるので、換価による消費税の賦課を免れるために、売却までに破産財団から放棄する必要がある。固定資産税は毎年1月1日現在の登記名義人に課税される（地税343条2項）ので、破産財団が固定資産税の課税を免れるために、年末までに破産財団から放棄すべきである。放棄後の強制換価等による消費税や放棄後の固定資産税は、破産財団に関して生じたものではないから、財団債権（破148条1項2号）にならないし、劣後的破産債権（破97条4号）にもならない。

担保目的物が建物で賃借人がある場合は賃料が入るから破産財団が増殖するので放棄すべきではないが、担保権者に物上代位によって賃料を差し押さえられているときは放棄の障害にならない。

財産として価値があっても、換価に長期間を要する場合は、破産手続の迅速な進行の必要性から、破産財団から放棄することが妥当な場合もある。たとえば、再生債権や更生債権で再建計画による権利変更で長期間の分割払い

---

[213] 前掲（注123）最決平成16・10・1。

になっている場合は、他への売却（債権譲渡）を試みるべきであるが、それが困難で弁済額が多くないときは適当な時期に放棄する。

　破産財団から放棄できるのは権利であって義務ではないので、すでに発生している債務を放棄することはできない。賃借人の破産手続開始前に賃貸借契約が賃料不払いを理由として解除されていたが、目的物の返還が未了の場合は、破産管財人は目的物の占有を破産財団から放棄して目的物返還義務と放棄後の賃料相当損害金の財団債権の支払いを免れることができるかどうかにつき、破産管財人は不法占拠を特定承継したものにすぎないので、破産手続の進行を図り不法占拠に基づく賃料相当損害金の財団債務の増加を防止するために占有を放棄することができるとする下級審の判例があるが[214]、破産管財人は取戻権の相手方になるから妥当とは思えない。この問題は、賃借人の破産手続開始前の賃料不払いを理由とする破産手続開始後の賃貸人による賃貸借契約解除の場合でも生じる。破産管財人は取戻権の相手方となり、財団債権として原状回復義務を負担する（破148条1項2号）ので、占有（借地契約では借地上の建物の所有権も含む）を放棄して、取戻しや原状回復義務を免れることはできないと解すべきである。建物所有目的の借地契約の場合は建物収去費用も嵩むが、やむを得ない。

　賃借人の破産管財人が破産法53条1項により賃貸借契約を解除した場合は、原状回復請求権や目的物返還までの賃料相当損害金は財団債権となる（破148条1項4号・8号）から、占有を放棄して、目的物返還義務、原状回復義務、賃料相当損害金の支払義務を免れることはできないと解すべきである。

　破産財団に属する工場の用地や建物にPCB（ポリ塩化ビフェニル）、毒物、劇物がある等、破産管財人が放棄すると、第三者の生命、身体、財産に不測の危害をもたらすおそれのあるときは、安易に放棄することは不相当である。危険の除去は、本来は事業者である破産者の義務であるが、破産者にはその資力がないし、破産管財人は善管注意義務を負担するから、配当財源を犠牲にして手続費用以外の全部の破産財団の換価金を投入してでも、危険の除去措置をとるべきである。しかし、破産財団に余裕がなく、所管官庁、地方公

214　大阪高判昭和53・12・21判時926号69頁。

共団体、付近住民の協力も得られない場合は、最終的には破産財団から放棄することもやむを得ない。

破産財団から放棄された財産につき、放棄後に生じる請求権は財団債権ではなく、当該財産の管理処分権が破産者（破産法人）に復帰して自由財産となるので、破産者が負担すべきものである。その例として、不動産等の放棄後に発生する固定資産税や区分所有建物の管理費等がある。[215]

3　破産管財人の税務

税の還付を受けられる場合もあるし（ただし、滞納があると滞納破産債権や滞納財団債権に充当される。破100条2項2号、税通57条等）、財団債権となる租税（破148条1項3号）を確定させる必要もあり、破産財団の換価によって発生する租税は、管理や換価の費用である場合は財団債権（破148条1項2号）になるから、破産管財人は、税理士に依頼してでも、必要な税務処理はすべきである。

(1)　破産者が個人の場合

破産者が法人でない場合は、破産管財人は、破産手続開始の前後を問わず、確定申告等、税法上の申告義務はない。[216]したがって、必要な申告は破産者が行う。申告することによって還付されるべき税金（源泉徴収税、予定納税額の還付や純資産の繰戻しによる所得税の還付、仕入れに要した消費税を控除しきれないときの消費税の還付）がある場合は、破産管財人は破産者に申告をさせるべきであるが、自らが申告をすることも可能とされている。

破産財団に属する財産の管理や換価に関する費用となるべき破産手続開始後の税金は、財団債権になり、破産者が事業者の場合の消費税もこれに該当するので、破産財団の換価によって消費税が発生する場合は、破産者に申告をさせて、消費税を破産財団から財団債権として支払う。破産管財人が申告することも可能だと考えられる。

破産財団に属する財産が換価されて譲渡による利益が発生しても、譲渡所得は非課税である（所税9条1項10号）。

215　東京高判平成23・11・16判時2135号56頁。
216　最判昭和43・10・8民集22巻10号2093頁。

(2) 破産者が法人の場合

　破産者が法人の場合には、破産管財人に公法上の申告義務があるとされる。[217] 法人税は、平成22年税制改正で清算所得課税制度は廃止され（予納法人税制度はなくなっている）、平成22年10月1日以降に破産手続開始決定を受けた法人は清算中も通常の所得課税が行われるようになった。破産法人は例外なく債務超過であるから、資産を簿価より高価で処分したときや、債務免除を受けて益金が発生した場合も、欠損金への充当（期限切れ欠損金の損金算入制度が設けられた。法税59条）等で、所得自体が生じないのが一般である。破産管財人が消費税の納税義務者である事業者（消税5条1項・2条1項4号）に該当するかどうかについて、下級審の判例は破産法人に納税義務があるとしているし[218]、実務では納税義務があるものとして処理されている。商品や機械、建物等を換価処分すると消費税が発生する。

　破産手続の開始によって法人は解散し（会社471条5号・641条6号等）、税務上は破産手続開始決定の日に事業年度が終了したものとされ（法税14条1号、消税2条1項13号）、その後は清算確定事業年度まで、事業年度ごとに申告と納税が行われる。

(ア) 解散事業年度

　破産管財人に解散事業年度（事業年度の初日から破産手続開始決定日まで）の法人税と消費税の申告義務がある（破産手続開始決定日の翌日から原則2ヵ月以内。法税74条1項、消税45条1項）。申告にかかる法人税（所得がないのが一般であるが）や消費税がある場合は、財団債権（破148条1項3号）となるが、直ちに納付するかどうかは破産財団次第である。欠損金が生じているとき（法税80条等）、過大申告による過納金があるとき（法税70条等）、利子と配当の源泉徴収がされているとき（法税78条）、中間申告による納税がされているとき（法税79条）、仕入れに要した消費税額が控除しきれないとき（消税52）、中間納付額の納付があるとき（消税53）は還付が受けられる場合がある。

(イ) 清算事業年度

　清算事業年度（破産手続開始決定の翌日から本来の事業年度の末日まで、さら

217　最判平成4・10・20訟月39巻7号1378頁。
218　前掲（注50）名古屋高金沢支判平成20・6・16。

に、次の事業年度の末日までに換価が終了しない場合は本来の次の事業年度の末日まで）は、各事業年度の資産売却益等の益金が青色欠損金を超えて生じるときも、破産では期限切れ欠損金の損金算入が認められている（法税59条3項）ので、法人税は通常は発生しない。破産管財人は法人税の申告（期限は解散事業年度と同じ）をしなければならないし、利子の源泉徴収による還付が受けられる場合がある。

清算事業年度の換価によって発生する消費税は申告（期限は解散事業年度と同じ）をしなければならないし、消費税は財団債権（破148条1項2号）となる。直ちに納付するかどうかは、破産財団次第である。

　(ウ)　清算確定年度

残余財産がないことが確定した場合は、清算確定年度の法人税の申告（期限は換価終了日の翌日から1カ月以内。法税74条2項）を行うが、その確定日は破産財団に属する財産の換価が終了した日であるというのが実務運用である。破産管財人が法人税の申告をすると、必要な還付（利子の源泉徴収等）を受けられる場合がある。

清算確定年度の消費税は、申告（消税45条4項）しなければならないし、財団債権（破148条2号）となるのは、清算事業年度と同様である。配当できる場合は消費税の申告、納付、還付の処理は、換価終了後早期に行って最後配当等の配当手続に進む必要があるし、財団不足の場合は、財団債権となる消費税等の交付要求を受けて、他の破産法148条2号の財団債権も含めた弁済原資があれば全額弁済し、弁済原資がないときは按分弁済する（破152条）。

Ⅷ　配　当

配当は、破産手続の最終目標であり、個別的権利行使を禁じられた破産債権者にとっては、最大の関心事である。破産管財人の換価による破産財団の収集の努力は、清算という目的もあるが、配当実施を最終的な目的になされる。倒産手続における手続債権の弁済という観点から考えると、破産は、民事再生、会社更生、特別清算とは根本的に異なっている。民事再生と会社更

生では手続債権は再生計画や更生計画による一部免除等の権利変更がなされ、権利変更後の手続債権を全部支払うことになり、特別清算では通常は協定という方法で手続債権の債務の一部免除等の権利変更がされて権利変更後の債権を支払うという方法がとられるのが通例であるが、破産では、手続債権の権利変更は行われない。破産債権に対する弁済原資がない場合は財団不足で破産手続が廃止され、破産債権に対する弁済原資がある場合は配当という強制的な金銭による按分弁済がされて破産手続が終結する。破産廃止で全く弁済されなかった債権や配当で弁済されなかった破産債権は、破産手続が廃止や終結で終了しても、消滅するわけではない。もっとも、法人破産では、通常は手続の終了で法人格が消滅するから、債務者が存在しなくなるので債権自体が消滅するし、個人破産では、免責されると、手続債権のうち免責対象となる破産債権は免責される。

破産管財人は、可能な範囲で、できるだけ早期に、かつ配当率の高い配当を実施できるように管財事務を進めることが肝要である。配当には、破産財団の換価終了前に実施される中間配当、破産財団の換価終了後に実施される最後配当、最後配当後に実施される追加配当の3種類があり、また、最後配当に代えて簡易な方法で行える簡易配当と同意配当がある。

実務では、最後配当とこれに代わる簡易配当が大半なので、ここでは、最後配当と簡易配当についてだけ説明する。

1　最後配当

最後配当とは、一般調査期間の経過後または一般調査期日の終了後であって破産財団に属する財産の換価の終了後に、配当をすることができる破産財団に属する金銭があるときに、届出破産債権者にされる配当をいう（破195条1項）。実務では、最後配当1回だけの配当で手続が終了することが多い。別除権者が別除権行使を行っている場合でオーバーローンのときは、破産管財人は、別除権実行の完了を待つ必要はなく、直ちに担保目的物の管理処分権を破産財団から放棄して、最後配当に進むべきである。

破産手続を迅速に進め、早期の配当を実施する必要性から、裁判所は破産手続を計画的に進行させるため、破産管財人の意見を聴いて最後配当の実施

時期をあらかじめ定めることができるものとしている（破195条3項）。

最後配当の原資は、換価終了時の破産財団に属する現金から、既発生の財団債権、裁判所が決定する破産管財人、管財人代理の報酬、最後配当に要する費用（官報公告費用や通知費用）の概算額を控除した残額の大半である。

最後配当の手続は、①破産管財人の報酬決定（破87条）、②配当許可（破195条2項）、③破産管財人による配当表の作成と提出（破196条1項・2項）、④配当の公告または通知（破197条）、⑤配当表の更正（破199条1項）、⑥最後配当の除斥期間の経過、配当表に対する異議があったときは異議に関する手続の終了、⑦破産管財人による配当額の定めと通知（破201条）、⑧配当金の交付、供託、⑨配当額の破産債権者表への記載（破193条3項）、⑩最後配当の裁判所に対する報告（破規63条）という手順で行われる。

(1) 裁判所書記官の許可

破産管財人は、最後配当をするには、裁判所書記官の許可を受けなければならない（破195条2項）。破産管財人は、破産財団の状況や予想される最後配当の概要を示して許可を受ける。配当手続の簡素化と迅速化の必要性から、許可権限が裁判所書記官に与えられている。

(2) 配当に加えられる債権

　(ア) 配当が受けられる破産債権

無条件で配当が受けられる債権は、破産債権の届出がされて異議等がなく確定した債権で、停止条件付請求権、将来の請求権、解除条件付請求権でないものである。

確定済破産債権のうち、停止条件付請求権と将来の請求権は、最後配当の除斥期間（破198条1項により、配当公告の官報掲載日の翌日か配当の通知の届出日から2週間）内に停止条件の成就で権利行使ができるようになっていれば、通常の確定破産債権と同様に配当を受けることができる（破198条2項）。

別除権付破産債権は、最後配当の除斥期間内に、別除権の行使等による不足額が確定したことを破産管財人に証明した場合に限って、不足額について配当を受けることができる（破198条3項）。

別除権付破産債権が根抵当権の被担保債権で、不足額の証明がない場合は、最後配当の許可の日における被担保債権額が極度額を超えているときは、そ

の超過額を確定不足額とみなして、その額について配当を受けることができる（破198条4項）。根抵当権の場合は、優先弁済の範囲は極度額に限られるから、不足額確定の証明ができない場合でも、極度額を超過する被担保債権部分を確定不足額と同視して最後配当に加えるものとしたものである。被担保債権は、破産手続開始決定後の損害金（劣後的破産債権）を含み、担保権の実行による配当手続では法定充当により劣後的破産債権部分から充当がされるので、超過額算定の基準日を定める必要があるが、基準日を最後配当の除斥期間の満了日としたときは、配当表の更正の問題が常に生じ、配当表作成時点で超過額が判明しているほうが処理が簡単だから、最後配当の許可の日を基準日として、算定した超過額を配当表の配当に加える債権として記載させることとしている（破196条3項）。したがって、別除権者が根抵当権者の場合は、最後配当の除斥期間の満了時までに不足額の確定を証明したときは不足額が、確定を証明できなかったときでも最後配当の許可の日における被担保債権の額が極度額を超過していればその超過部分が、それぞれ配当の対象となる。

確定済破産債権のうち、解除条件付債権で解除条件が最後配当の除斥期間内に成就しなかった場合は、無条件で最後配当が受けられ、中間配当の際に供した担保は効力を失い、寄託された金額は当該債権者に交付される（破201条3項）。

　　(イ)　配当額が供託される破産債権

配当額が供託される債権には、①異議等ある破産債権で、配当額の通知を発した時に破産債権確定手続中（有名義債権、無名義債権を問わない）のもの、②破産債権である租税等の請求権または罰金等の請求権で、配当額の通知を発した時に訴訟その他の不服申立ての手続が終了していないもの、③破産債権者が受け取らない配当額がある（破202条）。上記①②は、配当額の通知を発した後に、その債権が存在することが確定した場合に破産債権者の被る不利益の救済としてされるもので、供託の性質は執行供託である。その後に確定手続で債権が確定した場合は、破産管財人は供託金を取り戻して、確定の

219　前掲（注121）最判昭和62・12・18。

内容に従って、配当金として交付する。上記③の供託の性質は、弁済供託である。

(3) 最後配当からの除斥

最後配当から除斥される債権には、①異議等のある破産債権のうち、無名義債権で最後配当の公告の効力発生日または通知の届出日から2週間以内（最後配当の除斥期間）に破産債権確定手続が係属していることを破産管財人に証明しなかった場合（破198条1項）、②停止条件付きおよび将来の請求権で、最後配当の除斥期間満了時までに停止条件が成就しなかった場合（同条2項）、③別除権者（準別除権者を含む）で最後配当の除斥期間満了時までに破産管財人に対して不足額の確定を証明しなかった場合（同条3項。ただし、この証明がない場合でも根抵当権で被担保債権が極度額を超過する部分は確定不足額とみなされる）があり、それぞれ最後配当に参加することができず、最後配当から除斥される。

上記①は、破産管財人を当事者とする確定手続の場合は、破産管財人は知っているから、特に証明の必要はない。上記②③は、民事再生とは異なり（民再160条等）、除斥期間の満了で最後配当から除斥するという打切主義を採用している。清算型の破産では、処理を後に残すことは配当手続を遷延させるからである。上記③の不足額確定の証明は、担保権を実行や担保権消滅許可で不足額が確定したこと、担保権の放棄で不足額の確定したことを証明する必要がある。破産管財人は、破産債権届出で別除権と予定不足額が届け出られた場合は、その後に担保権の実行による配当や担保権消滅許可で配当がされたときは不足額が確定したことを知るし別除権の目的物の受戻しによる任意売却を行ったときも別除権放棄で不足額が確定したことを知る。

破産管財人は、最後配当を行う際に、別除権者から不足額を証明する資料が提出されていない場合は、別除権者に不足額確定の証明を促して書面を提出させて、確定不足額を配当に加えることが必要である。破産管財人が、この義務を怠り、不足額の証明がないものとして取り扱い、配当表に記載せず、配当から除斥するのは、善管注意義務違反である。[220]

---

220 札幌高判平成24・2・17金商1395号28頁。

最後配当からの除斥は永久的なものであって、追加配当がされることになり、その時点で停止条件が成就し、または不足額が確定していたとしても、追加配当の対象とはならない（破215条2項）。また、上記②③で、中間配当時に寄託されていた寄託額は、他の破産債権の配当原資となる（破214条3項）。

(4) 配当表の作成等

破産管財人は、裁判所書記官から最後配当の許可を受けたときは、遅滞なく配当表を作成して裁判所に提出しなければならない（破196条1項）。

配当表を裁判所に提出するのは、破産債権者の閲覧に供して（破11条）、配当表に対する異議（破200条）の対象とするためである。配当表に記載する事項は、①最後配当に参加できる破産債権者の氏名、名称および住所、②最後配当に参加できる債権の額、③最後配当をすることができる額である（破196条1項1号～3号）。

上記①の最後配当に参加できる破産債権として配当表に記載される債権は、配当表作成時に、すでに確定した破産債権・異議等がある破産債権で有名義のもの、根抵当権の被担保債権で確定しているもの、租税等の請求権・罰金等の請求権である。配当表作成時に、停止条件が成就していない破産債権・未確定であるのに破産債権確定手続が係属していることの証明がない無名義債権・根抵当権以外の別除権付債権で確定不足額の証明がないものは配当表から除くか、配当額を0円として配当表に記載する。これらの債権が最後配当の除斥期間満了時までに配当ができるようになった場合は配当表の更正（破199条）で対応することになる。根抵当権では、最後配当の許可のあった日における極度額を超過する破産債権額がある場合は、その破産債権者は超過額を最後配当に参加できる債権額として最後配当に参加できる債権者として配当表を作成する。

上記②の最後配当に参加できる債権の額は破産債権の額で、破産債権確定手続中であることが判明している債権も含むから確定している場合に限らない（破202条1号で供託のすることになる）。中間配当があっても、配当後の残額ではなく、本来の破産債権の額を記載しなければならない。破産債権の順位に区分して記載しなければならないが、優先的破産債権については実体法

上の順位に従う（破196条2項）。

上記③の最後配当ができる額は、最後配当の原資となる総額を破産債権の順序に従って割り振った額である。最後配当の原資となる総額は、配当表作成時の破産財団の額から、財団債権となる配当費用を控除し、中間配当で除斥されたがその後配当可能になったことが判明している（破213条）場合はその配当額を控除した残額である。配当費用の概算が狂うこともあるから1万円程度を財団に残す計算をする。配当表作成時点で寄託している金員がある場合で、供託しなければならないとされている債権（破214条1項1号・2号）以外の債権（同条1項3号・4号・70条）の寄託額は、配当表作成時点で、配当することや相殺されることが明らかになっていない限り、配当原資に算入して算定し、その後更正事由が生じた時点で配当表を更正する。

(5) 配当公告等

破産管財人は、配当表を裁判所に提出した後、遅滞なく、最後配当に参加できる債権の総額と最後配当をすることができる金額を公告し、または届出破産債権者に通知しなければならない（破197条1項）。

配当公告は、官報に掲載して行われる（破10条1項）が、申込みから官報掲載までに通常は2週間程度かかるので、迅速な配当を行うために、破産管財人は公告に代えて、公告事項を届出破産債権者に通知する方法も可能としている。公告か通知かは、破産管財人が、通知を受けた債権者からの問合せに対する対応の煩瑣さ、債権者の多寡、通知の労力、双方の費用との比較等の事情を勘案して裁量で決めればよい。配当に代わる通知は、その通知が通常到達すべきであった時に到達したものとみなされる（破197条2項）。通知の方法は規定はないが、書面で行われることが予定されている。破産管財人は通知の方法を選択した場合は、通知が通常到達すべきであった時を経過したときは、遅滞なくその旨を裁判所に届け出なければならない（同条3項）。裁判所への届出は書面で通知の方法と通知を発した日を記載する（破規64条）。配当公告や通知は、公告の効力発生日と通知の届出日が除斥期間の起算点としての意味をもつ（破198条）だけである。

(6) 配当表の更正

法定の事由が生じると、破産管財人は作成した配当表を更正しなければな

らない（破199条）。法定の事由は、①破産債権者表を更正すべき事由が最後配当の除斥期間内に生じた場合（破199条1項1号）、②無名義債権者が最後配当の除斥期間内に破産債権確定手続が係属していることを証明した場合（同条1項2号・198条1項）、③別除権者（準別除権者）が最後配当の除斥期間内に別除権の行使等によって不足額が確定したことを証明した場合（破199条1項3号・2項）、④配当額の通知前に新たな財産が発見されたとき（破201条6項）、⑤配当額の通知を発する前に破産管財人に知れていない財団債権が判明したとき（破203条）である。

上記①の破産債権者表を更正すべき事由とは、破産債権者表に誤りがあった場合（破130条）、破産債権確定手続における破産債権の確定、異議等の撤回、届出債権の取下げ、債権者の変更、解除条件付請求権の解除条件の成就等である。それ以外に、最後配当の除斥期間内に停止条件付請求権や将来の請求権の停止条件が成就したとき（破198条2項）も含まれる。それぞれ、配当表に最後配当に参加できる債権として追加する等の更正をする。

上記②③は、その証明があれば、それぞれ、配当表に最後配当に参加できる債権として追加する。

上記④の新たな財産が発見されたときは、この財産も換価して最後配当の配当原資にする必要があるからである。配当額の通知後配当の実施までに新たな財産が発見された場合は、最後配当ではなく追加配当の対象となる（破215条1項）。

上記⑤は、財団債権となる租税等の請求権の交付要求が配当額の通知前にあった場合が該当し、配当表更正の必要が生じるが、交付要求が、配当額の通知を発した後にあった場合は、配当表更正の必要はなく、最後配当ができる金額から財団債権として支払う必要はない（破203条）ので、最後配当後に破産財団に残額があれば残額の限度で支払えばよい。法定の事由以外に、配当表に明白な誤謬がある場合も、更正が許される（破13条、民訴257条1項）。

実務上は、配当表を更正しなければならなくなることは、あまりない。更正事由が生じること自体があまりないし、最後配当の段階で、破産管財人は更正の事由が間近に生じるときは、その時点まで最後配当を待つという処理

が行われるからである。配当表を更正することによって公告や通知事項に変更が生じる場合も、実務では、手続の煩瑣さを避け、迅速性を図る必要性から、新たな公告や通知を要しない処理をしている。

(7) 配当表に対する異議

破産管財人が作成した配当表、更正された配当表に対して、届出破産債権者で、配当表の記載に不服のある者は異議申立てができる（破200条）。異議申立期間は、最後配当の除斥期間経過後1週間以内である（破200条1項）。

異議の事由は、配当に加えるべき債権が配当表に記載されていないこと、配当に加えられない債権が配当表に記載されていること、誤った順位や誤った債権額が配当表に記載されていること等である。確定済破産債権の順位や額は異議事由にはならない（破124条3項・131条2項）。

異議申立ては書面で行われ（破規1条1項）、異議の審理は、任意的口頭弁論、職権探知による決定手続で行われる（破8条）。裁判所は、異議に理由があると認めるときは、決定で破産管財人に対して配当表の更正を命じ（破200条2項）、異議に理由がないときは申立てを棄却する。異議の申立てに対する裁判に対しては即時抗告ができる（同条3項）。

実務では、裁判所書記官が配当表の内容を確認するし、債権者は、異議制度を知らないことが多いから、配当表に対する異議の申立てはほとんどない。異議の申立てがあって異議の理由が明白であるときは、裁判所は、破産管財人に配当表の更正を促し、破産管財人はこれに応じて配当表を更正し（明白な誤謬を理由とする更正）、異議者は異議の申立てを取り下げるという処理が行われる。このほうが配当表の確定が早くなり、配当の実施が早くできるからである。

(8) 配当額の通知

破産管財人は、配当表に対する異議申立期間経過後（配当表に対する異議の申立てがあった場合は申立てに対する手続の終了後）、遅滞なく、配当額を定め、その配当額を最後配当の手続に参加できる破産債権者に通知する（破201条1項・7項）。配当表に対する異議申立てがあった場合は、その手続が終了しなければ最後配当ができないので、配当表に対する異議申立てに関する決定に対して即時抗告がされたときは、その不服申立手続が全部終了しな

第5章　事業者破産

ければ配当額の通知はできない。

　実務上は、配当額の通知だけがされることはない。配当に参加できる破産債権者に配当額の通知だけをしてみても、破産債権者は、どのようにして配当金が受け取れるかわからないからである。配当に参加できる破産債権者に対して、具体的な配当額（配当率の記載は法律上要求されていないが、配当率も記載する）、配当金の交付のための支払日、支払方法を定めた通知書を送付する方法で配当額の通知を行う。

　(9)　配当金の交付、供託

　配当金は、各破産債権者が、破産管財人の職務を行う場所（破産管財人の法律事務所）に出向いて受け取る（破193条2項本文）。

　破産債権は持参債務であるのが原則（民484条、商516条）であるが、これを取立債務に変更したものである。破産管財人事務所で配当金を現金で支払うという処理は準備の時間と労力が必要で、実務では、従来から債権者の銀行口座に対する振込送金の方法が圧倒的であった。この実務の処理を勘案して、破産管財人と破産債権者の合意により別段の定めをすることを妨げない（破193条2項ただし書）ものとして、従来の実務の取扱いを認めている。振込送金をする合意をする場合に、振込手数料を破産財団が負担するか破産債権者が負担するかは合意によって決めればよいが、実務上は、振込手数料は破産財団が負担するという処理が多い。振込手数料を一律に財団債権（破148条1項2号）とすることは、総債権者の利益を害しないとされている。

　配当額の供託（破202条）は、義務履行地（破産管財人の職務を行う場所）を管轄する供託所で行う。実務上は、配当額の通知が所在不明で到達しない破産債権者や到達しても受領しない破産債権者がある。所在調査や受領のための連絡に、あまり時間をかけることなく、早期に供託すべきである。

　(10)　配当の裁判所への報告

　最後配当が終了すると、破産管財人は、遅滞なく、裁判所に、配当の報告を書面でしなければならない（破規63条1項）。

　その書面には、各届出をした破産債権者に対する配当額の支払いを証する書面の写しを添付しなければならない（破規63条2項）。配当額の支払いを証する書面は、通常は破産管財人あての領収書であるが、振込送金の場合は破

産債権者の振込送金を依頼する文書と振込送金の事実を証する書面（振込依頼書の控え）でもよい。実務上は、それ以外に供託をしたときは供託書の写しを添付する必要もある。

2　簡易配当

　破産財団の規模が比較的小規模で、配当額が多くないと見込まれる破産事件では、厳格な手続による配当を行うことは、配当に要する費用や時間をかけることによって、破産債権者の配当の額を減少させ配当が遅れることから、配当手続の簡素化・合理化が望ましいと考えられる。

　そこで、従来の実務運用を取り入れて、最後配当に代わる簡易配当の制度が設けられている。簡易配当は、最後配当と比較すると、除斥期間が2週間から1週間に短縮されていること、配当表に対する異議についての裁判に対する即時抗告を許さないこととして配当実施時期を早めていること、破産債権者に配当の通知をする際に配当見込額を定めて通知することにより再度の配当額の通知を省略して、通知費用と破産管財人の事務負担を軽減していることが特色で、最後配当より簡素化・迅速化が図られている。

　(1)　簡易配当の要件

　裁判所書記官は、最後配当ができる場合に、中間配当をしていないときに限って、簡易配当の要件があれば、破産管財人の申立てにより、最後配当に代えて簡易配当を行うことを許可することができる（破204条・207条）。簡易配当の要件は、以下のとおりである。

　　(A)　少額型

　配当をすることができる金額が1000万円に満たないと認められるとき（破204条1項1号）に実施する。少額型と呼ばれる。簡易配当に対する異議は認められていない。

　　(B)　開始時異議確認型

　裁判所が、相当と認めて、破産公告において簡易配当の公告と、破産債権者が簡易配当手続による配当をすることに異議があるときは一般調査期間の末日または一般調査期日の終了時までに異議を述べることを公告し、知れたる債権者にその旨を通知した場合（破32条1項5号）に、届出破産債権者が

異議期限までに異議を述べなかったとき（破204条1項2号）に実施する。開始時異議確認型と呼ばれる。

破産手続開始時に、簡易配当で配当を行うことを予定して行われる手続である。この異議の申述は書面で行わなければならない（破規66条1項）が、異議は最後配当を要求するということであるから、理由の記載は不要である。異議があった場合は、破産財団の換価が終了した時点で少額型が選択できるときは、少額型の簡易配当は可能であるが、あらためて配当時異議確認型の簡易配当を選択することは相当ではない（再度異議がある可能性がある）から、最後配当を選択すべきである。

(C) 配当時異議確認型

その他相当と認められるとき（破204条1項3号）に実施する。配当時異議確認型と呼ばれる。前記(A)(B)以外で、簡易配当によるのが相当と認められる場合である。破産管財人は、届出破産債権者に対して、簡易配当に関する通知（同条2項）をするときに、同時に、簡易配当をすることについて異議のある破産債権者は、裁判所に対し、その通知が到達されたとみなされた後に破産管財人からの届出があった日から1週間以内に異議を述べるべき旨を通知しなければならない（破206条前段）。その期間内に破産債権者から異議があった場合は、裁判所書記官は簡易配当の許可を取り消さなければならない（同条後段）。異議の申述は書面でしなければならない（破規66条3項・1項）が、異議は最後配当を要求するということであるから、理由の記載は不要である。したがって、相当と認められるときとは、届出破産債権者が異議の申述をする可能性が低いことをいう。異議があった場合は、最初から最後配当の手続をやり直すことになるからである。

(2) 簡易配当の手続

簡易配当は、特別規定を設けて最後配当手続の簡易化・迅速化を図っている。簡易配当は、①破産管財人の報酬決定（破87条）、②簡易配当の許可（破204条1項）、③配当表の作成、提出（破205条・196条）、④簡易配当の通知（破204条2項）、⑤簡易配当の通知の裁判所への届出（同条4項）、⑥除斥期間（破205条・198条）の経過、⑦配当表の更正（破205条・199条）、⑧配当表に対する異議期間の経過または異議についての決定後に配当額を定めて配当

の実施(破205条・201条1項)、⑨配当額の破産債権者表への記載(破193条3項)、⑩配当の裁判所への報告(破規63条)、という手順で行われる。

　上記③の配当表の作成、提出は、最後配当と同じである。上記④の簡易配当の通知は、最後配当の公告や通知に代わるもので、簡易配当では配当の公告や通知は行われない。簡易配当の通知は、破産管財人から届出破産債権者に対し、配当見込額を定めて、配当に参加することができる債権の総額、配当ができる金額、当該配当見込額が通知される。これらの額は、作成した配当表に基づくものであるから、あくまでも予定額で、配当表を更正する必要が生じたときはその額が変更される場合もある。上記⑤の裁判所への届出は、簡易配当の除斥期間の起算点を画することが目的で、簡易配当の通知は通常到達すべき時に到達したものとみなされ(破204条3項)、破産管財人は、その到達すべき時を経過したときは裁判所にその旨を届け出る(同条4項)。上記⑥の簡易配当における、異議等のある債権に関する破産債権確定手続の係属の証明、停止条件付債権、将来の請求権の権利行使可能時期、別除権の行使等による不足額確定の証明に関する除斥期間は、簡易配当の通知の届出の日から1週間に短縮されている(破205条・198条)。上記⑦の配当表の更正は、最後配当と同様であるが、新たな公租公課の交付要求や新たな財産の出現による配当表の更正に関しては、最後配当ではその時期は配当額の通知前とされている(破201条6項・203条)が、簡易配当では配当額の通知がされない(破205条による201条7項の除外)ので、その時期は、配当表に対する異議申立期間と同様に、簡易配当の除斥期間経過後1週間経過時とされる(破205条)。上記⑧の配当表に対する異議は、最後配当と同様であるが、簡易配当では配当表に対する異議申立てについての決定に対しては即時抗告が認められていない(破205条による200条3項の除外)。

　配当の実施の時期は、最後配当では配当表に対する異議の手続が不服申立手続を含めて終了していなければならないが、簡易配当では配当表に対する異議の申立てについての決定後である。配当金の交付や供託についても、最後配当と同様であるが、簡易配当では配当額の通知がされないので、配当額の供託の際の破産債権確定手続中の債権の未確定の時点は、最後配当では配当額の通知を発する時とされている(破202条1号・2号)が、簡易配当では

簡易配当についての除斥期間経過後1週間経過した時とされている（破205条）。配当額の破産債権者への通知では、配当をするためには破産債権者に配当の実施に関する個別の連絡をしなければ配当の実施ができないので、配当を実施するに際しては、配当金の額、配当の実施日や場所を個別に通知する。もっとも、簡易配当の通知の時点で、将来、配当表に更正事由が発生した場合や配当時異議確認型で異議があった場合以外は配当見込額を配当するとして、配当実施の予定日、配当実施場所（管財人事務所）、配当実施方法（原則は銀行振込み）等を通知しておいて、配当実施の個別通知を前倒しでしておく方法が一般である。

(3) **実務運用**

簡易配当の実務運用は裁判所によって異なっている。配当原資が1000万円未満の事件では少額型が選択されるが、配当原資が1000万円以上の事件では、①簡易配当を行わないで最後配当を行うのを原則とする、②配当時異議確認型を原則とする、③開始時異議確認型を活用する、などがあるとされる。

IX　破産手続の終了

　破産手続は、破産手続終結決定、破産手続廃止決定の確定、その他の終了事由によって終了する。
　破産手続終結決定は、破産手続が本来の配当という目的を達して終了する方法である。
　破産手続の廃止とは、破産手続開始後に破産手続が目的を達することなく裁判所の決定によって破産手続の効力を将来に向かって消滅させる手続終了の方法をいう。破産手続廃止は、破産手続開始時点で財団不足が明らかになっている場合に、破産手続開始決定と同時に破産手続が廃止される同時廃止、破産手続開始後に財団不足が明らかになったときに破産手続が廃止される異時廃止、債権者の同意によって破産手続を廃止する同意廃止の3種類に分けられる。同時廃止と同意廃止は、事業者破産では、ほとんどないから、説明は省略する。
　また、破産手続開始決定に対する取消決定の確定（破33条3項）、破産に優

先する順位の倒産手続の開始で中止された破産手続が後に失効する場合（民再184条、会更208条）等も終了原因となる。

1　破産手続の終結

　本来の破産手続の終了事由で、最後配当（または、これに代わる簡易配当、同意配当）の終了後に、破産管財人は任務終了の計算報告を行って裁判所は終結決定で破産手続を終了させる。債権届出期間内に債権届出が皆無であるときは、破産手続を続行する意味がないので、職権で破産終結決定をすべきである。[221]

(1)　任務終了による計算報告

　破産管財人が、最後配当、簡易配当、同意配当の手続を終了すると、原則としてその任務は終了するので、破産管財人は、任務終了による計算報告を目的とした債権者集会の招集の申立てを裁判所に行い（破88条3項）、裁判所は任務終了による計算報告集会を招集する（破135条1項本文）。任務終了による計算報告集会は、利害関係人の期日への呼び出し、公告等の所定の手続（破136条）が必要である。実務では、手続の迅速化のために、あらかじめこの集会を招集し、集会期日に任務が終了していない場合は集会期日を延期するという運用をすることが多い。

　破産管財人は、任務終了による計算報告書を、集会期日の提出日までの間に3日以上の期間をおいて裁判所に提出する（破88条1項・5項）。任務終了による計算報告書は、実務では、収支の明細を示した収支の報告書を提出している。収支報告書は、管財期間中に破産財団の換価でどのような収入があり財団債権の支払いや配当でどのような支出があったかという事項を記載した書面である。集会期日前に提出するのは、破産者、破産債権者に異議を述べるための閲覧の機会を与えるためである。破産者と破産債権者は、この集会に出席して異議を述べることができ（破88条4項）、異議がなかった場合はその計算は承認されたものとみなされる（同条6項）。この集会で異議が述べられても、集会自体は終結する。破産管財人の任務終了の計算は、決算と

221　大阪高判昭和50・12・18訟月22巻2号520頁。

同じで客観的に存在するもので、決議を要するものではないからである。異議が述べられたときは、破産管財人に善管注意義務違反があれば損害賠償責任が残るだけである。異議がなく計算が承認されたとみなされた場合は破産管財人の責任が解除される。

　破産債権者は無関心であるから、この集会に出席する者はほとんどなく、出席しても異議を述べる者はほとんどいないので、任務終了による計算報告集会方式以外に、簡素化のため、公告と異議による方式が設けられている。破産管財人は、任務終了による計算報告集会の招集の申立てに代えて、書面による計算の報告をする旨の申立てをすることができ（破89条１項）、申立てを受けた裁判所は、破産管財人から計算報告書の提出を受けたときは、計算報告書の提出があった旨、その計算に異議があれば一定の期間（１カ月を下らないことが必要である）内に異議を申し出るべき旨を公告する（同条２項）。破産者、破産債権者はこの期間内に異議の申述ができる（同条３項）が、この異議の申述は書面でしなければならない（破規28条）。異議の申述期間内に異議がなければ、破産管財人の計算は承認されたものとみなされる（破89条４項）。異議があった場合や承認の効果等は、任務終了の計算報告集会と同様である。

(2) 破産手続終結決定

　裁判所は、前記の任務終了による計算報告集会が終結したとき、または、前記の異議の申述期間が経過したときは、破産手続終結決定をしなければならない（破220条１項）。この決定は職権で、かつ、裁判所の義務である。

　裁判所は破産手続終結決定をしたときは、直ちに、その主文と理由の要旨を公告し、破産者に通知する（同条２項）。破産手続終結決定に対しては、不服申立ては許されないから、終結決定で破産手続は終了する。

　裁判所書記官は、破産者が法人の場合は、破産手続終結の登記を登記所に嘱託する（破257条７項・１項）。

(3) 破産手続終結決定の効果

　破産者が個人の場合は、住居制限等の破産者に対する効果が解かれる。破産者は破産財団に属する財産の管理処分権を回復するが、通常は、財産は換価されて存在しない。破産者が法人の場合は、破産手続が終結すると原則と

して法人格が消滅するので、清算結了と同様に、破産手続終結の登記がされたときは、その登記記録は閉鎖される（商登規117条3項1号）。しかし、破産法人に残余財産があったり（破産財団からの放棄でこの事態が生じる）、新たな財産が発見された場合は、法人格は消滅しないので、清算が開始されると登記記録も回復される。清算を開始する場合の破産法人の清算人は、裁判所によって新たに選任されなければならない。[222]

破産手続終結後における破産者の財産に関する訴訟は、当該財産が破産財団を構成しうるものであっても、その財産による追加配当を予定しまたは予定すべき特段の事情のない限り、破産管財人には当事者適格がない。[223]

破産手続が終結すると、個別的権利行使の禁止効は消滅するから、破産者が異議を述べなかった場合に限り、確定した破産債権に関する破産債権者表の記載は確定判決と同様の効力を有し、破産債権者は、この破産債権者表の記載に基づいて強制執行ができる（破221条1項・2項）。しかし、破産者が法人の場合は、通常は残余財産もなく破産の終結によって法人格が消滅するから、債権も消滅するので、実際上は意味がない。また、個人破産でも免責の申立てがされているときは強制執行ができない（破249条1項）。[224]法人の場合は、破産者の主務官庁へ通知がされる（破規9条）。

2　異時廃止

(1)　異時廃止の手続

裁判所は、破産手続開始決定があった後に、破産財団をもって破産手続の費用を支弁するのに不足すると認めるときは、破産管財人の申立てまたは職権で、債権者集会の期日で破産債権者の意見を聴いたうえ、破産廃止の決定をする（破217条1項）。これを異時廃止と呼んでいる。

破産財団をもって破産手続の費用を支弁するのに不足するとは、破産財団では財団債権の全部を弁済できないという状態で配当ができない状態をいう。

裁判所は、相当と認めるときは、債権者集会の期日における破産債権者の

222　前掲（注105）最判昭和43・3・15。
223　最判平成5・6・25民集47巻6号4557頁。
224　前掲（193）最判平成15・3・14。

意見聴取に代えて、書面で意見を聴くことができ、この場合は、債権者委員会と少数破産債権者は、意見聴取を目的とする債権者集会の招集の申立てをすることができない（破217条2項）。意見聴取だけを目的とする債権者集会を開いても、出席する債権者はほとんどないのが実情であるから、債権者集会の開催に代えて、書面による意見聴取の方法も設けている。書面による意見聴取の方法は、特に規定がないので、裁判所が適当な方法で書面による意見聴取をすればよい。集会や書面で破産債権者が意見を述べるときは、その理由も述べなければならない（破規71条2項）。破産手続の費用を支弁するのに足りる費用の予納があった場合は、廃止決定はできない（破217条3項）が、実務上は、費用の予納をする破産債権者はいない。

　裁判所は、破産手続廃止の決定をしたときは、直ちに、その主文と理由の要旨を公告し、裁判書を破産者と破産管財人に送達し（破217条4項）、棄却の決定をしたときは、その裁判書を破産管財人に送達する（同条5項）。破産手続廃止決定と棄却決定に対しては、即時抗告ができ（同条6項）、破産手続廃止決定は確定しなければ効力が生じない（同条8項）。

　異時廃止決定が確定すると、破産手続は終了し、破産管財人の任務は終了する。任務終了の計算報告は、終結決定と同様である。

(2) 異時廃止の実務

　破産法上は、破産廃止決定が確定してから、破産管財人は財団債権を弁済し（破90条2項）、任務終了による計算報告がされる（破88条1項）という手順になるが、実務では、そんな悠長な運用はされていない。

　大半を占める小規模の管財事件で、配当ができないと考えられるときには、手続の簡素化、迅速化から、破産手続開始決定の同時処分として、債権調査期間や調査期日の指定をしないで、財産状況報告集会、破産廃止の意見聴取集会、破産管財人の任務終了による計算報告集会をあわせて期日を定めて招集し、その期日までに財団の換価を完了して財団債権を支払い（後順位の財団債権は破152条1項によって按分弁済）、任務終了による計算報告書を提出し、集会期日後直ちに廃止決定を行うという処理がされる場合が多い。

　また、集会期日までに換価が終了していない場合は、意見聴取集会と計算報告集会の期日を延期する。任務終了による計算報告集会は、破産廃止決定

が確定することによって破産管財人の任務が終了するので、破産廃止決定が確定することを停止条件として開催される。

　大規模の破産管財事件では、財団の換価が終了した時点で、破産財団で財団債権が弁済できないことが判明している場合は、破産管財人は、裁判所に破産廃止の申立てと、任務が終了することを前提に任務終了の計算報告集会の招集または書面による計算報告の申立てを行い、破産管財人の報酬決定を受けて管財人報酬を含めた財団債権の弁済（破152条。後順位の財団債権は按分弁済になる）を遅滞なく行って任務終了の計算報告書を提出し、その後に廃止決定がされるという処理が行われることが多い。

(3) 異時廃止決定確定の効果

　破産手続廃止決定が確定すれば、破産手続は終了するから、法人の法人格は原則として消滅する（登記記録の閉鎖は商登規117条3項2号）等、破産者の地位、破産債権者の権利行使等は、終結決定と同様である。もっとも、破産債権者は破産債権が確定している場合に限って破産債権者表の記載によって強制執行ができる（破221条）が、破産債権の調査確定手続がされていない場合（実務上はこれが大半である）は強制執行の前提がない。破産手続廃止後における破産者の財産に関する訴訟であっても、破産者の重要財産開示義務違反によって破産管財人が財団債権に対する弁済や破産債権に対する配当の機会を失ったときは、破産管財人に当事者適格を認めるべき特段の事情があるとする下級審の判例があり[225]、特段の事情を認めたものである[226]。

---

[225] 東京地判平成24・5・16判時2169号98頁。
[226] 前揚（注223）最判平成5・6・25参照。

第6章
個人再生・個人破産

第1節　個人再生

I　序説

1　個人再生の制度趣旨

　個人再生は、個人債務者が、保有する資産および将来収益（将来収入）を基に、過去の負債である再生債権の一部（多くの場合2割程度）を原則3年間、最長5年内に弁済することにより、残債務の免除を受ける手続である。

　いわゆるバブル経済崩壊後の長期にわたる不況に伴い、個人破産が急増し、住宅ローン破綻者の増加が危惧されていた中で、個人債務者のための再生手続が求められ、平成12年4月1日の民事再生法の施行から1年後の平成13年4月1日に個人再生は施行された（通常の再生手続の特則となる）。

　個人再生は、個人債務者の経済的再生を目的としているが、破産財団を破産手続開始時で固定させ、その範囲で配当を行う破産手続とは異なり、将来収益（給与や事業収益）から一定期間（原則3年間、最長5年内）の分割弁済を行うことを想定するとともに、住宅資金特別条項を定めることにより、住宅ローン（これを「住宅資金貸付債権」という）を支払い続け、担保権の実行を認めないことで、住宅の保持を図ることとした（破産では、担保権は別除権とされるので、自宅不動産を手放す必要がある）。

　この個人再生には、①小規模個人再生（民再221条以下）、②給与所得者等再生（民再239条以下）があり、通常の再生手続の特則として規定されている（将来、継続的または反復して収入を得る見込みがあり、無担保債権額が5000万円を超えない個人債務者を対象）。また、③住宅資金特別条項（民再196条以下）は、個人再生に限らず、通常の再生手続においても定めることができる（別除権の考え方からすると大いなる例外となる）。

2　個人再生利用の可能性の検討

典型的な事例を用いて、個人再生利用の可能性の検討をしておく。

> Aは、妻と子2人の4人暮らしをしている会社員であるが、念願の一戸建ての自宅をB銀行で住宅ローンを組んで購入し、生活費や教育費の不足を信販会社のC社や消費者金融のD社からのキャッシングで賄ってきたが、徐々にキャッシングが膨らみ、返済のために他にも数社からキャッシングを重ねることになってしまった。Aは、不景気で勤務先の業績も悪く、給料も下がり気味であるが、何とか債務を整理し、自宅だけは手放したくないと考えている。

Aは、会社員で将来においても継続的に給料収入を得る見込みがあり、住宅ローンを除く無担保の再生債権の総額が5000万円を超えない範囲であれば（多額の連帯保証でもない限り範囲内であろう）、個人再生の利用が可能である（民再221条1項・239条1項）。

そして、B、C、Dら再生債権者のうち、住宅ローン債権者B（たとえば、ローン残高2000万円、期間残20年）には、従前どおり毎月の住宅ローンを弁済し、他のC、Dらの一般の再生債権者に対しては、再生計画により権利変更した額を弁済することが家計収支から可能か検討することになる。

住宅ローン債権を除く再生債権の権利変更については、最低弁済額要件があり、C、Dらの再生債権総額がたとえば300万円（利息制限法超過部分は利息制限法により引き直し計算した債権残高）とすると、その総額の5分の1（60万円）または100万円のいずれか多い額であり、ここでは100万円が最低弁済額となる（民再231条2項4号・241条2項5号）。

また、個人再生も通常の再生手続の特則であり、破産配当よりも多くの弁済をすべきとの清算価値保障原則があり（民再230条2項・174条2項4号・231条1項・241条2項2号・236条・242条参照）、前述の再生債権額基準といずれか多い額が最低弁済額となる。Aの財産の清算価値（評価額）が50万円であるとすると、再生債権額基準の100万円が最低弁済額となる。

これを原則の3年間で分割弁済する場合、1カ月あたりの弁済額は2万7778円となる。〔毎月の収入－生活費－住宅ローンの支払い＝余剰分〕として2万7778円以上捻出できる場合には、履行可能性があるとして、個人再生を選択することが可能となる（任意整理の場合は、原則として利息制限法による引き直し計算をした債権残高を基準とするので300万円となるが、個人再生の場合は、再生計画によりさらに債権カットが可能であり、債務者にとって有利となる）。基本的に、住宅ローンは、約定どおり支払っていることが多く（任意の交渉によりリスケジュールした変更契約後の約定に基づく場合も含む）、住宅資金特別条項の内容として、期限の利益回復型（民再199条1項）を立法者は想定していたが、住宅ローンの遅滞のない約定型（そのまま弁済型）が圧倒的に多い（これも民199条1項に含めている。実務上、約9割を占める）。

なお、給与所得者等再生においては、再生計画案の決議を不要とするために、可処分所得の2年分の要件もある（民再241条2項7号）。実際には、小規模個人再生において同意しないとする債権者が少なく、可処分所得2年分の要件が、もともと生活保護を基準とした計算となっており、可処分所得額が高くなる傾向にあったため、給与所得者等再生の対象者であっても小規模個人再生が選択されることが多い（実務上、小規模個人再生が9割を超え、給与所得者等再生が1割もない比率となっている。後記4参照）。

個人再生においては、破産の免責不許可事由はなく、資格制限もない。なお、破産の非免責債権に相当する非減免債権がある（民再229条3項・244条）。

3　個人再生手続の利用状況

個人再生手続は、平成13年4月1日から施行され、順調に件数が増え、平成16年以降、年間2万6000件から2万7000件程度で推移していたが、平成19年をピークとして減少傾向にあり、平成25年には、施行当初の件数程度まで落ち込んでいる。

近年は、中小企業者等に対する金融の円滑化を図るための臨時措置に関する法律（以下、「中小企業金融円滑化法」という）により住宅ローンのリスケジュールも認められていたことも影響していると思われるが、中小企業金融円滑化法は平成25年3月に終了し、平成27年以降、再度増加に転じている。

4　個人債務者の倒産処理手続

　個人の債務者が借金等の返済が苦しくなった場合の倒産処理手続には、大きく、①任意整理（債務整理、私的整理）、②特定調停、③個人再生、④破産の四つがある。

　これを弁済原資の観点で区分すると、①任意整理、②特定調停、③個人再生は、債務の全部または一部を債務者の保有する資産および将来収益（将来収入）により債権者に弁済していくものであり、④破産は、債務者が保有する資産のみを供出して債権者に配当する（場合によっては１円も支払わないこともある）ものである。

　法的整理と私的整理の区分では、③個人再生と④破産が法的整理で、①任意整理と②特定調停が私的整理となる（②特定調停も、裁判所における調停手続を利用するものの、実質的には私的整理と類似の手続である）。

　本章では、法的整理である③個人再生（第１節）と④個人破産（第２節）につき説明することになるが、①任意整理、②特定調停についても比較対象として簡単に特徴を説明し、手続選択についても若干触れておきたい。

(1)　任意整理

　任意整理は、法的整理ではなく私的整理であり、債務者の委任を受けた弁護士が、各債権者との間で債務の整理方法（債権額を調査、確認し、債務者の資産および将来収入から返済可能な分割弁済に組み替える、すなわちリスケジュールをする）について個別的に和解を行うものである。

　いずれの倒産処理手続でも前提となる点として、利息制限法による引き直し計算がある。消費者金融業者からの借入れの中には、利息制限法所定の制限利率（元本額10万円未満の場合は年２割、元本額10万円以上100万円未満の場合は年１割８分、元本100万円以上の場合は年１割５分）を超えて貸付をしている場合がある（貸金業法は平成18年に改正され、平成22年６月18日に完全施行された）。利息制限法超過部分を元本に充当していく作業（これを「引き直し計算」といい、その結果、過払いになる場合もあり、債務と思っていたところへ、逆に過払金返還請求権が資産となってくる。この点、法改正により今後はなくなっていくが、過去の取引については残る）をしたうえの債権残高（実務上、最終取引

時点の債権残高とし、最終取引日から合意成立までの経過利息（この間の期間に相当する利息）やそれ以降の分割弁済期間の将来利息を付さないようにしている。この方法により、債権残高を固定するようにしているのである）を基に返済計画を立案する。通常は、3年～5年程度の分割弁済としている（減額合意できる場合もあるが、交渉による）。その際、住宅ローンについては、約定どおり弁済し、任意整理の対象としないことも多いが、住宅ローン債権者との個別の交渉で、リスケジュール（返済可能な分割弁済に組み替える）することもある。弁済原資は、債務者の保有する資産および将来収益（将来収入）となる。通常は、〔毎月の収入－生活費－住宅ローンの支払い＝余剰分〕を任意整理の弁済原資とする。履行可能な返済計画を立案し、各債権者と個別に合意をしていく。ただし、合意できない債権者を拘束することはできない。

前記2の冒頭の例では、住宅ローンのB銀行には、約定弁済をすることで任意整理の対象とはせず（または個別の交渉をし）、信販会社のC社や消費者金融のD社らを対象に任意整理を行い、個別に合意していくことになる。

　(2)　**特定調停**

特定調停（第2章第2節参照）は、裁判所で行われる民事調停であるが、特定調停法により基本的に簡易裁判所で行われている。特定調停においても、任意整理と同様に、個別の話し合いによる調停であり、減額合意できない限り、債権残高を基準とした分割弁済となる。調停に応じない債権者とは合意ができない（ただし、調停に代わる決定（民調17条。いわゆる「17条決定」）による場合がある）。なお、任意整理と異なり、経過利息を付されることが通例である。弁護士が債務者を代理する場合、前記(1)の任意整理により処理が可能であり、特定調停は、弁護士が代理しない債務者本人による申立てが多い。

前記2の例では、住宅ローンのB銀行には、約定弁済をすることで特定調停の対象とはせず、A本人が信販会社のC社や消費者金融のD社らを対象に特定調停を申し立てて、調停委員が間に入り、個別に合意していく。

　(3)　**手続選択**

　　(ア)　**四つの倒産処理手続の関係**

任意整理は、私的整理であり、法的整理である個人再生や破産とは異なり、個々の債権者との個別の合意が必要となる（特定調停も基本は調停なので同

様）。

　また、破産では、破産債権に対する配当は、破産者が破産手続開始時に保有する資産（破産財団）のみであるが（固定主義）、任意整理や特定調停は、将来収益（将来収入）も弁済原資とする。この点は、個人再生も同様であるが、個人再生では、個別合意ではなく、再生債務者が策定し、裁判所に認可された再生計画により権利変更が行われることになるので、反対債権者の再生債権についても強制的に権利変更を行うことができる点に違いがある。

　法的整理の場合、手続開始決定があると、官報に公告されるが、任意整理や特定調停の場合にはない。ただ、信用情報（いわゆるブラックリスト）に記載される点は共通する。

　破産においては、免責不許可事由や資格制限がある。

　　(イ)　手続選択における考慮要素

　基本的に、どの手続を選択するかは、債務者の自由である。たとえば、個人再生の申立てが可能な債務者が破産を選択することも自由である（個人再生前置主義は採用されていない）。

　この点、端的にいえば、①債務の状況、②債務者の財産状況、③債務者の収支状況の3点を考慮することになる。

　まず、債務につき、リスケジュールや一定程度の債権カット（債務免除）により返済が可能であれば任意整理（または特定調停）、大幅な債権カット（たとえば8割カット）をすることで、資産や将来収入から債権の一部の返済が可能であれば個人再生、返済が困難であれば破産を選択することになる。

　次に、住宅を保持したい場合には、住宅ローン債権以外の債権を対象に任意整理（または特定調停）を、さらに大幅な債権カットを必要とするなら個人再生を選択することになる（住宅ローンについては全額支払うことが前提となる）。この点、破産の場合には、原則として住宅を保持できない（破産管財人により任意売却されるか、担保権の実行で競売されることになる）。債務者の収支状況から住宅ローンの返済も難しければ、破産を選択するしかない。

　別の考慮要素として、相当程度の免責不許可事由がある場合や資格制限がある場合には、破産を選択しにくく、任意整理か個人再生を選択することになる。

〈表1〉 個人再生事件の内訳と推移

	新受件数(件)	小規模個人再生(件)	割合(%)	給与所得者等再生(件)	割合(%)
平成13年	6,210	1,732	27.9	4,478	72.1
平成14年	13,498	6,054	44.9	7,444	55.1
平成15年	23,612	15,001	63.5	8,611	36.5
平成16年	26,346	19,552	74.2	6,794	25.8
平成17年	26,048	21,218	81.5	4,830	18.5
平成18年	26,113	22,379	85.7	3,734	14.3
平成19年	27,672	24,586	88.8	3,086	11.2
平成20年	24,052	21,810	90.7	2,242	11.2
平成21年	20,731	18,961	91.5	1,770	8.5
平成22年	19,113	17,665	92.4	1,448	7.6
平成23年	14,262	13,108	91.9	1,154	8.1
平成24年	10,021	9,096	90.8	925	9.2
平成25年	8,374	7,655	91.4	719	8.6
平成26年	7,668	6,982	91.1	686	8.9
平成27年	8,477	7,798	92.0	679	8.0
平成28年	9,602	8,841	92.1	761	7.9

※平成13年は4月1日から。司法統計およびNBL1098号37頁から作成。

II 小規模個人再生

　小規模個人再生は、将来において継続的にまたは反復して収入を得る見込みがある個人債務者で、無担保の再生債権が5000万円を超えない場合に利用が可能で、基本的にはその将来収入を弁済原資として、再生計画に基づき権利変更された再生債権につき、原則3年間（最長5年内）で分割弁済し、残債務については免除を受けることにより、経済的再生を図る制度である。
　主に中小企業の事業再生を目的とした通常の再生手続（個人債務者も通常の再生手続の対象となる）の特則として、比較的負債が多額ではない個人債

務者につき、通常の再生手続を簡素化・合理化した手続となる（機関としては、個人再生委員とし、債権確定手続も実体的確定ではなく手続内確定として、評価の申立てまでとしている）。債務者としても利用しやすく、かつ、債権者としても破産手続よりも多くの債権回収ができるように制度設計されている。

1 再生手続開始の要件

(1) 小規模個人再生の特則の利用資格者

小規模個人再生の特則の適用を求めることができる者は、一般の再生手続開始の要件（民再21条）のほかに、①個人債務者であること、②将来において継続的にまたは反復して収入を得る見込みがあること、③再生債権の総額（住宅資金貸付債権の額、別除権の被担保債権のうち別除権行使で弁済を受けることが見込まれる額および再生手続開始前の罰金等の額は除外される）が5000万円を超えないことである（民再221条1項）。

上記②の継続的にまたは反復して収入を得ることができるとは、小規模個人再生では、再生計画による権利変更は3カ月に1回以上の分割弁済でその期間が原則3年間（特別事情があれば最長5年内）であることが要求されており（民再229条2項1号・2号）、弁済原資である収入が3年から5年にわたり、少なくとも3カ月に1回の割合で得られる見込みがある必要があることになるが、3カ月以内に1回の収入がなくとも、得られる収入を均等にならせば3カ月に1回の弁済資金を得られるような場合もこれに該当する。このような者としては、給与所得者はもちろん、年金生活者、パートタイマー、保険外交員・タクシー運転手等の歩合による給料や報酬の取得者、個人商店主、農業・漁業従事者等が該当することになる。

上記③の上限は、従来は3000万円以下であったのを、平成16年の改正で増額させたものである。債権額の上限を設けた趣旨は、高額の再生債権がある場合（よくある例は、中小企業の経営者が会社の債務を連帯保証している場合で、この額を簡単に超過する）も、簡素化された小規模個人再生を利用させることは、再生計画認可による免除額が高額になり債権者に不利益を与えるので、通常の再生手続によるべきであるとされたからである。また、債権総額の算定上、住宅資金貸付債権等の3種類の債権が除外されているのは、これらの

債権が再生計画による権利変更の対象とはならないからである。

(2) 小規模個人再生の特則の適用を求める申述

小規模個人再生の特則の適用を求める債務者は、その旨の申述を、自己申立ての場合は再生手続開始の申立ての際に、債権者申立ての場合は再生手続開始決定までに、それぞれ行わなければならない（民再221条2項）。

自己申立ての場合（実務上はこれがほとんどである）は、再生手続開始の申立書にその申述の記載をしなければならない（民再規112条1項）。

なお、自己申立ての場合は、小規模個人再生の要件に該当しない場合も通常の再生手続の開始を申し立てる意思があるか否かも明らかにしなければならない（民再221条6項。実務上、通常の再生手続を求めることはない）。

債権者申立ての場合、裁判所書記官からの通知（民再規113条1項）を受けた債務者は、適用を求める申述を書面でしなければならない（同条2項）。

(3) 小規模個人再生の申述の方式

㋐ 申述書面の記載事項

申述の書面（自己申立ての場合は再生手続開始の申立書、債権者申立ての場合は独立の申述書）には、再生債務者の職業、収入その他の生活状況、再生債権総額等を記載しなければならない（民再規112条2項・113条3項）。

なお、利用資格判定のために、確定申告書や源泉徴収票の写しの添付が求められる（民再規112条3項）。

㋑ 債権者一覧表の提出

申述をするには、債権者一覧表を提出する必要があり、その記載内容は、①各再生債権者の住所・氏名、再生債権の額・原因、②別除権者については、その別除権の目的となっている財産と別除権行使によって弁済を受けることができないと見込まれる再生債権の額（担保不足見込額）、③住宅資金貸付債権についてはその旨、④住宅資金特別条項を定めた再生計画案を提出する意思があるときはその旨、⑤当該債権が手続開始後の利息・損害金・再生手続参加費用である場合はその旨、⑥執行力のある債務名義または終局判決のある債権についてはその旨等である（民再221条3項、民再規114条）。

注意しなければならないのは、住宅資金貸付債権がある場合は、申述の時点で、住宅資金特別条項を定めるか、通常の別除権付再生債権とするのかに

ついて、選択をしなければならないということである。住宅資金特別条項を定めた再生計画案を提出する意思があると記載しながら、再生計画に住宅資金特別条項の定めをしなかったときは、不認可事由となる（民再231条2項5号）。

また、債権者一覧表に債権の漏れや誤記があって、提出後にそれが判明した場合は、手続開始決定までは訂正ないし補正が可能であると考えられる。

　　(ｳ)　異議の留保

再生債務者は、債権者一覧表に再生債権の額と担保不足見込額を記載するに際して、その額の全部または一部につき異議を述べることがある旨を記載することができる（民再221条4項）。この記載があれば、債務者は一般異議申述期間内に異議を述べることができる。逆に、異議の留保をしていない場合、禁反言の原則により、異議を述べることができなくなる（民再226条1項ただし書）。再生債務者は、利息制限法の超過利息を元金に充当する計算には手間と時間がかかり、債権者一覧表提出段階では、正確な額を記載することが困難な場合もあり、手続の迅速性との関係から、このような異議の留保を認めたものである。

　　(ｴ)　条件付再生債権等

再生債権総額の算定、債権者一覧表の債権額の記載に関しては、期限未到来の債権、非金銭債権、条件付債権、将来の請求権など民事再生法87条1項1号～3号に掲げる再生債権については、当該各号の区分に従って評価した額を記載しなければならない（民再221条5項）。

通常の再生手続では、破産とは異なり、再生債権の現在化・金銭化は行われていないが、小規模個人再生では3年間で3カ月ごとの分割弁済という短期間における金銭による弁済が要求されていることから、現在化・金銭化した金額の債権として取り扱うこととされている。この各債権は、再生計画認可決定の確定によって民事再生法87条1項1号～3号までに定める金額（通常の再生手続では議決権の額である）の再生債権として現在化・金銭化がされる（民再232条1項）。

　　(ｵ)　債権者一覧表未提出の効果

債権者一覧表の提出は再生債務者の義務であり、これが提出されないとき

は、小規模個人再生は行わないこととされる（民再221条7項）。適用要件の判断ができないからである。

　　(カ)　その他

　裁判所の定める費用の予納が必要である（民再24条）。官報公告費用と個人再生委員を選任する場合の報酬が主なもので、通常の再生手続に比べ低廉である。予納額は個人再生委員を選任するかしないかの裁判所による運用によって異なるが、個人再生委員を選任しない場合、1万数千円程度である。

2　保全処分

　再生手続開始決定までの各種の保全処分は小規模個人再生でも可能であるが、実務上は保全措置がとられることはほとんどない。

　通常は弁護士が代理し申立代理人になり、申立代理人が受任通知を発すると、貸金業者等からの取立てはやみ、債務の支払いも一般的に停止されることから、現実的に弁済禁止の保全命令は不必要である。なお、給料の差押え等がされるときは、再生手続開始決定を早めたり、必要に応じて中止命令（民再26条1項2号）を発すれば足りる。

3　再生手続開始の申立て

(1)　再生手続開始の申立ての審理

　審理は通常の再生手続と変わるところはない。申立棄却事由については、小規模個人再生では否認権の制度が適用除外のため（民再238条）、再生債務者が否認権の行使を免れる目的で小規模個人再生の申立てを行ったときは、一般の棄却事由に該当する場合がある（民再25条4号）。小規模個人再生手続開始の要件がない場合は、再生債務者が通常の再生手続開始の要件を具備しているときは通常の再生手続開始決定を行うが、再生債務者が通常の民事再生を求める意思がないことを明らかにしているときは申立てを棄却する（民再221条7項）。

　なお、小規模個人再生手続が開始された後は、手続開始後に給与所得者等再生や通常の再生手続に移行する手続はない。ただ、給与所得者等再生から小規模個人再生への移行は、再生手続開始前であれば可能である（民再239

条5項参照)。

(2) 再生手続開始に伴う措置

裁判所は、小規模個人再生においては、手続開始決定と同時に、債権届出期間と届出があった再生債権に対して異議を述べることのできる期間(一般異議申述期間)を定め(民再222条1項)、再生手続開始決定の主文、債権届出期間、一般異議申述期間を公告する(同条2項)。

再生債務者と知れている再生債権者には公告事項と同じ事項を通知し、さらに、知れている再生債権者には債権者一覧表に記載された事項も通知する(同条3項・4項)。実務上、債権者一覧表の写しを通知に同封している。

債権届出期間は、原則として開始決定の日から2週間以上1カ月以内とされ、一般異議申述期間は、原則として債権届出期間の末日から2週間以下の期間をおいて1週間以上3週間以下とされる(民再規116条2項)。

なお、裁判所は一般調査期間を定めることを要しない(民再222条1項)。実体的確定を求める債権の調査、確定手続はとられないからである。

また、裁判所は再生債務者の行為制限として要許可事項を定めることも可能である(民再238条・41条)が、実務上はこのような要許可事項の指定はされていない(小規模個人再生では監督委員の制度はない)。再生債務者が通常の日常生活を営む限り、特に要許可事項を指定して監督する必要性がないからであろう。もっとも、再生債務者が事業者であって別除権の目的である財産の受戻し等の別除権協定(弁済協定)等を締結する際には、その必要性を申立代理人に裁判所へ上申させるという運用をしている裁判所もある。

(3) 再生手続開始決定の効果

通常の再生手続開始決定の効果と同様で、再生債権者の個別的権利行使は禁止され(民再85条1項)、再生債務者は財産の管理処分権を喪失しない(民再38条1項)が、公平誠実義務を負う(同条2項)。他の手続の禁止等(民再39条)、再生債務者の行為によらない権利取得(民再44条)、開始後の登記登録の効力等(民再45条)、双務契約の処理(民再49条~51条)、取戻権(民再52条)、別除権(民再53条)、相殺権(民再92条)や相殺禁止(民再93条・93条の2)、担保権消滅の許可等(民再148条~153条)の規定なども適用される。

(ア)　給料に対する差押えや仮差押え

　すでにされている場合、再生手続開始決定によって中止される（民再39条1項後段）が、第三債務者（給料支払義務者）の債務者への弁済禁止効（民執145条1項、民保50条1項）は消滅しないので、（仮）差押えを受けた給料部分（民執152条、民保50条5項）がなければ生活ができないといった事情がある場合は、再生のため必要があるとして、執行の取消命令を受けることも可能である（民再39条2項）。なお、再生計画の認可決定が確定すると失効する（民再184条1項）ので、（仮）差押えを受けた部分についても支払いを受けることができる。

　(イ)　賃貸借契約

　住居を賃借している場合、賃借人の再生の場面となり、賃借人の民事再生に関する双務契約の規律（民再49条）が適用される。基本的に居住し続けることから、再生債務者としては履行を選択し、賃料を支払い続けることになる。敷金返還請求権は、再生債務者の財産として、清算価値の算定を行う（多くは、原状回復等を考慮するとほとんど価値がないと評価されている）。

　なお、賃貸借契約書に、賃借人が個人再生の申立てをした場合に、当然に解除されるとの特約条項があったとしても、個人再生の申立て自体では信頼関係が破壊されるわけではなく、この特約条項の効力は否定され、かかる条項を基に賃貸人が解除することはできない。

　再生手続開始前にすでに賃料不払いの債務不履行があった場合についても、再生債務者が手続開始後に遅れながらも賃料を支払っていけば、賃貸人が債務不履行解除できるかどうかは信頼関係が破壊されたかどうかの事情により結論を異にする場合がある。賃料の延滞が2、3カ月と敷金返還請求権によりカバーされているような場合には、破産手続開始決定後の賃料の支払いが継続されているなら信頼関係が破壊されたと判断されることはないであろう。

　(ウ)　自動車の所有権留保

　普通自動車（軽自動車を除く。以下、単に「自動車」という）につき、信販会社に所有権留保する旨の特約が存在する場合として、自動車登録が、①所有者欄：信販会社、使用者欄：債務者の場合は、信販会社が第三者対抗要件である登録を有しており別除権者として取り扱うことで特段問題がない。

〈表2〉 自動車登録と所有権留保

	①	②	③
所有者欄	信販会社	債務者	販売会社
使用者欄	債務者	—	債務者
引き揚げの可否	○	×	×

 次に、②所有者欄：債務者（信販会社も販売会社も登録上現れない）となっている場合は、信販会社は第三者対抗要件を有しておらず再生債務者に対抗することができないので、別除権者としては認められない。[1]

 さらに、③所有者欄：販売会社、使用者欄：債務者（信販会社が登録上現れない）の場合につき、判例は、再生手続開始の時点で信販会社を所有者とする登録がされていない限り、信販会社は所有権を別除権として行使できないとした。[2] 以上をまとめると、〈表2〉のとおりとなる。

 軽自動車の場合は、動産として、第三者対抗要件は引渡し（民法178条）であり、占有改定によって通常認められることから、ここでは対象外となる。占有改定が認められない場合には、別除権としての行使はできない。

 そして、信販会社が別除権者として再生債務者に対抗できない場合は、その自動車の価値は、清算価値として把握されることになる（別除権ではないので、ローン債権を控除しないことになる）。

　(エ)　ファイナンス・リース契約

 いわゆるフルペイアウト方式のファイナンス・リース契約は双方未履行の双務契約ではなく、残リース料債権は別除権付再生債権として処理されるのが実務の取扱いである。[3] リース物件が不要であれば、リース業者からリース契約の解除を受けてリース物件をリース業者に返還し（別除権の行使）、残リ

---

1 大阪地方裁判所・大阪弁護士会個人再生手続運用研究会編『改正法対応　事例解説個人再生～大阪再生物語～』229頁。

2 最判平成22・6・4民集64巻4号1107頁。その後、特に破産で、いわゆる純粋な法定代位構成の契約条項の事案につき争われている（札幌高判平成28・11・22金法2056号62頁は破産管財人に対する自動車の引渡請求を認容）。問題状況等は、野村剛司編著『実践フォーラム破産実務』97頁以下参照。脱稿後、最判平成29・12・7金法2080号6頁は、破産管財人の上告を棄却した。

3 倒産解除特約を無効とした最判平成20・12・16民集62巻10号2561頁参照。

ース料や規定損害金からリース物件の価値を控除した残額を確定した不足額として取り扱うことになる。

　この点、個人の再生債務者が事業者でリース物件が事業の継続に必要不可欠な場合は、リース業者によるリース物件の引き揚げはその後の事業再生の妨げとなることから、別除権協定又は弁済協定を行って残リース料の全部または一部を別除権の受戻しまたは共益債権として支払う処理が行われている。[4]

　ただ、消費者の場合はこのような必要性は基本的には想定されないとして、通勤に使用する自動車のリース契約をしているような場合は弁済協定で残リース料債権を共益債権として弁済する処理は認められないとされる。[5]

　　(オ)　雇用契約（労働契約）

　労働者の再生の場合は、雇用契約（労働契約）には、双方未履行双務契約の規律（民再49条）の適用はないと解されている。職業選択の自由に委ねられることになる。

　再生債務者である労働者は、再生手続開始後の賃金等（将来収入）をもって、再生計画による権利変更後の再生債権の弁済原資とすることになる。

　使用者は、労働基準法上、従業員に再生手続が開始されたことをもって従業員を解雇できないことは当然である。また、再生債務者が公務員の場合は、分限免職や懲戒免職の対象とはならない。もっとも、再生手続開始の申立てに至る過程で、就業規則等に違反する行為があったとして懲戒の対象となったり、経理等金銭を扱う部署から異動を命じられたりすることは別論である。

　　(カ)　否認権の適用除外と否認対象行為があった場合の対応

　簡易・迅速な再生を図る手続の性格から監督委員や管財人が選任されないので、否認権の規定の適用がない（民再238条による第6章第2節の適用除外）。再生手続開始後、否認すべき事実（実務上は偏頗弁済がみられる）が発見された場合は、再生計画の認可決定に際して否認によって回復される財産の評価額を清算価値に上乗せして清算価値保障原則（破産では否認されることになる）を満たしているかどうかを判断（民再174条2項4号）することになる。

4　鹿子木康ほか編『個人再生の手引〔第2版〕』277頁・281頁、大阪地方裁判所・大阪弁護士会個人再生手続運用研究会編・前掲（注1）230頁。
5　大阪地方裁判所・大阪弁護士会個人再生手続運用研究会編・前掲（注1）135頁・231頁。

なお、小規模個人再生の手続開始後には、再生債権者は、再生手続外で詐害行為取消権（民424条）を行使することはできない。

(キ) 相殺と相殺制限

相殺権（民再92条）と相殺制限（民再93条・93条の2）については、通常再生と同様である（前述のとおり、否認権は適用除外）。

相殺に関してよくあるのは、金融機関にローン債務がある場合の預金との相殺がある。

再生債務者が会社の従業員で会社から貸付を受けていて、会社との合意により毎月の給料から天引きで分割返済しているような場合は、会社は将来の給料と相殺することはできず（民再92条1項・93条）、会社は通常の貸付金を有する再生債権者となるだけである。

再生債務者が生命保険契約に関して契約者貸付（保険金や解約返戻金の一部に相当する金員を生命保険会社から保険契約者が借り入れる制度）を受けている場合は、貸付時の約定に基づいて再生手続開始決定時に当然に相殺されたものとする下級審裁判例がある。このような意思解釈をしたのは、生命保険契約における契約者貸付は、その経済的実質において保険金または解約返戻金の前払いと同視できるとする判例があるからであろう。

また、相殺制限については、投資信託に関し、個人（法人代表者）の通常の再生手続の事案であるが、判例は、再生債務者が支払停止前に再生債権者から購入した投資信託受益権につき、信託契約の解約により再生債務者が再生債権者に対して取得した解約金の支払債権を受働債権とする相殺は、相殺の担保的機能に対して合理的な期待を有していたとはいえず、民事再生法93条2項2号の「前に生じた原因」に該当せず許されないとした。

(ク) 訴訟への影響

小規模個人再生では債権の実体的確定がされないから、再生債務者を当事者とする再生債権に関する訴訟は中断しない（民再238条による40条の排除）。

6　東京高判平成22・12・22判タ1348号243頁。
7　福岡高決平成15・6・12金法1701号64頁。
8　最判平成9・4・24民集51巻4号1991頁。
9　最判平成26・6・5民集68巻5号462頁。

4 小規模個人再生の機関——個人再生委員

　小規模個人再生では、通常再生とは異なり、監督委員、調査委員の制度は設けられていない（民再238条による第3章第1節・第2節の適用除外。なお、管財人と保全管理人は法人を前提とするから個人再生では選任されることはない）。

　監督委員・調査委員に代わるものとして、必要最小限の範囲で費用対効果を考慮して、個人再生委員を機関として設けている（民再232条1項）。

(1) 個人再生委員の選任

　裁判所は、必要があると認めるときは、利害関係人の申立て、または職権で、一人または数人の個人再生委員を選任することができるが、再生債権の評価の申立てがあったときは、当該申立てを不適法却下する場合以外には必ず個人再生委員を選任しなければならない（民再223条1項）。

　再生債権の評価の申立てがあった場合以外は、個人再生委員の選任は裁判所の裁量で、その資格に特に制限はない。実務では弁護士が選任されている。

(2) 個人再生委員の職務

　個人再生委員の職務は、①再生債務者の財産および収入の状況を調査すること、②再生債権の評価に関し裁判所を補助すること、③再生債務者が適正な再生計画案を作成するために必要な勧告をすることの一つまたは二つ以上で、裁判所が指定したものである（民再223条2項）。

　上記①は、再生手続開始の要件の有無の調査で、裁判所は報告期限を定め、個人再生委員はその期間内に調査結果の報告をする（民再223条3項）。

　上記②は、再生債務者や他の再生債権者の異議に対する再生債権の評価の申立てについて、利息制限法の超過利息の計算や、担保不足見込額の算定のための担保目的物の評価等の調査が主となるもので、個人再生委員は裁判所の定める期限までに調査結果の報告をする（民再227条5項）。

　上記③は、法律専門家が代理人になっていない場合に再生計画案の作成に必要な勧告を行うためである（この点、「勧告」に限定されており、再生債務者の「補助」をすることまでは含まれていないことに注意すべきである）。

　個人再生委員は、上記①の職務のために、再生債務者に対し再生債務者の財産や収入の状況について報告を求めたり、再生債務者の帳簿、書類その他

の物件を検査する権限が与えられ（民再223条8項）、上記②の職務を行うため、再生債務者や再生債権者等に対して、再生債権の存否・額、担保不足見込額に関する資料の提出を求めることができる（民再227条6項）。なお、上記②の資料の提出に応じないときは、過料の制裁がある（民再266条2項）。

(3) 実務上の運用

(ア) 東京地方裁判所の運用状況

東京地方裁判所では、個人再生手続開始の申立て受理後、全件で個人再生委員が選任され、その職務は、前記(2)①〜③のすべてが指定されている。個人再生委員には、倒産処理の経験が豊富で精通した弁護士が選任され、個別案件に応じた実質的な判断や適切な処理が可能となることが重視されている[10]。特に、住宅資金特別条項につき、個人再生委員の意見を尊重し柔軟な処理が行われている。報酬は、原則15万円（本人申立ての場合は原則25万円）で、再生債務者が約6カ月間の履行テストで分割予納した中から支払われる。前記(2)②の再生債権の評価の申立てがあった場合、すでに個人再生委員が選任されているので、評価の申立てを行った債権者には予納金の負担がない。

(イ) 大阪地方裁判所の運用状況

大阪地方裁判所では、個人再生委員の選任は極めて限定されている。弁護士代理の場合、申立てを行うにあたり、申立人の財産および収入状況を適切に調査したうえで申立書を作成しているので、申立代理人の役割が果たされている以上は、個人再生委員を選任してあらためて財産および収入状況を調査する必要はないと考えられているためである（民事再生におけるDIP型を重視しているものといえるであろう）。そして、具体的には、住宅ローンと保証債務を除いた負債額が3000万円を超える事業者の申立ての場合に限って個人再生委員を選任し、財産および収入状況の調査を行っている。この場合、前記(2)①③が指定されることが多く、そのうち主な職務は前記(2)①となる[11]（前記(2)③の適正な再生計画案の作成は申立代理人の職責として当然のことであ

---

[10] 東京地裁破産再生実務研究会編著『破産・民事再生の実務〔第3版〕民事再生・個人再生編』390頁。なお、この全件選任の運用は個人再生委員の給源の点からも東京地方裁判所独自の運用であったが、その後、全件選任とする裁判所も増えつつある。

[11] 破産事件においても管財相当事案とされている類型である。詳しくは、大阪地方裁判所・大阪弁護士会個人再生手続運用研究会編・前掲（注1）232頁以下参照。

る)。この場合の予納金は原則として30万円で、予納後に個人再生委員が選任される。また、弁護士代理でない本人申立ての場合は個人再生委員が選任されることになるが、司法書士関与の場合には、個人再生委員が選任されるケースは非常に少ないのが実情である。なお、前記(2)②の再生債権の評価の申立てがあった場合、評価の申立てを行った債権者は予納金として原則5万円(事案によっては増額の可能性あり)を予納する必要がある。

5 債権の届出・調査・手続内確定

通常の再生手続では、債権届出、調査、異議等に対する再生債権の査定申立て・異議の訴えにより再生債権の実体的確定(民再94条～113条)がされるが、小規模個人再生では、簡易迅速な手続の遂行の必要性から、議決権、債権総額要件、最低弁済額の計算の基礎を確定するためだけの目的で、簡略な債権調査・確定手続が行われ、再生債権の存否、額、担保不足見込額についての調査等の結果は、確定判決と同様の効力があるわけではなく、これらの額等が再生手続内で確定されるだけである。これを手続内確定と呼んでいる。

(1) 債権の届出

再生債権者は、通知された債権者一覧表に記載された事項に異議がないときは、改めて債権届出をする必要がなく、債権届出期間の初日に債権者一覧表の記載と同一内容の再生債権の届出があったものとみなされる(みなし届出。民再225条)。再生債権者の債権届出の負担を軽減して、債権届出と調査の手続を簡素化したものである。

通知された債権の内容や額に不服がある債権者や、債権者一覧表に記載のない債権を有する債権者は、原則どおり届出期間内に債権届出をする必要がある。再生債権の届出をする場合、現在化・金銭化して金銭的に評価することから、議決権の届出は不要である(民再224条1項)。また、条件付債権等、民事再生法87条1項1号～3号までの評価をしなければならない債権は、その評価額を再生債権額として届出する(民再224条2項・221条5項)。

なお、再生債権者の責めに帰することができない事由によって届出期間内に再生債権の届出ができなかった場合の届出の追完は通常の再生手続と同様である(民再95条)。

Ⅱ 小規模個人再生

(2) 債権調査

小規模個人再生における債権調査は、異議申述期間内に、裁判所に対する書面による異議の申述により行われる。異議の対象は、届出再生債権の額または担保不足見込額である。異議を述べることができるのは再生債務者と届出再生債権者である。再生債務者は、債権者一覧表に異議の留保の記載をした場合に限って異議を述べることができる（民再226条1項）。もっとも、債権者一覧表に記載されなかった再生債権の届出がされた場合、債権者一覧表に記載された額を超える債権額の届出がされた場合の超過額については、再生債務者も異議を述べることができる。

届出があったとみなされた再生債権者も異議を述べることができる。

なお、①再生手続開始前の罰金等、②債権者一覧表に住宅資金特別条項を定めた再生計画案を提出する意思を記載した場合の住宅資金貸付債権は、異議の対象とはならない。また、上記②の場合は、当該住宅資金貸付債権者と当該債権の保証会社は、他に再生債権がある場合を除いて異議の申述権がない（同条5項・6項）。

(3) 手続内確定

異議申述期間内に再生債務者と他の届出再生債権者から異議を述べられなかった再生債権の額と別除権付再生債権の担保不足見込額は、手続内確定する。この債権を「無異議債権」といい、その額が議決権の額とされ（民再230条8項）、認可要件となる最低弁済額（民再231条2項3号・4号）を算定する際の基礎となる。なお、手続内確定のため、実体的に確定するものではない。

(4) 再生債権の評価の申立て

適法な異議があった場合は、異議を受けた再生債権者は、異議申述期間の末日から3週間の不変期間内に裁判所に対して再生債権の評価の申立てをすることができる（民再227条1項）。もっとも、当該再生債権が執行力ある債務名義または終局判決のあるものの場合は異議者が再生債権の評価の申立てをしなければならない（同項ただし書）。

裁判所は、再生債権の評価の申立てがあると、個人再生委員に所要の調査をさせ報告させることでその意見を聴いて（民再227条8項）、再生債権の存

否・額・担保不足見込額を定める（同条7項・9項）。対審的な審理構造はとられていない。この評価の裁判に対しては不服申立てができない。

　裁判所の評価の裁判によって、評価の額で手続内確定がされる。これを「評価済債権」といい、その額が議決権の額になり、再生計画による権利の変更、弁済もそれを基準に行われるのは無異議債権と同様である（民再230条8項・232条1項〜3項）。また、評価は債権の実体的な確定ではないから、評価に不服のある再生債権者は、通常の訴訟を提起してその存否・額を確定することができ、訴訟手続で存在すると確定された額に基づいて再生計画に従った弁済を受けることができる（同条3項ただし書）。

6　再生債務者の財産の調査・報告

　通常の再生手続より簡素化されている。再生債務者は、民事再生法124条・125条に基づく財産の評定および裁判所に対する報告をすることは必要であるが、貸借対照表の作成・提出は免除され（民再228条）、財産目録は再生手続開始申立書に添付した財産目録の記載を引用することができる（民再規128条）ものとされる。また、財産状況報告集会は招集されない（民再238条で第4章第4節を適用除外）。

7　再生計画案

(1)　再生計画案の提出者と提出時期

　再生計画案の提出は再生債務者のみができ（民再238条で163条2項を適用除外）、その提出時期は、一般異議申述期間の末日から2カ月以内で、裁判所が定める期間内である（民再163条1項、民再規84条・130条）。

　再生債務者は、再生計画案の付議決定までの間は、裁判所の許可を受けて再生計画案の修正ができる（民再167条）。

(2)　再生計画案の内容

　通常の再生手続の再生計画の条項とは異なり、複雑な条項を考える必要はなく、基本的には、権利変更の一般的基準（民再156条）を考えればよい。

　もちろん、再生債権の権利変更の一般的基準だけを定めれば足りるわけではなく、共益債権・一般優先債権の弁済の定め（民再154条1項2号）や別除

権者の権利に関する定め（民再160条。担保不足見込額が手続内確定されても、別除権の行使等で不足額が確定しない限り弁済を受けられない）が必要である。

なお、第三者の保証条項や担保提供の条項（民再158条）の適用は排除されている（民再238条）。再生債権の実体的確定手続がないから、再生債権の個別の権利変更条項（民再157条）や未確定再生債権が確定した場合の措置条項（民再159条）の規定の適用もない（民再238条）。もっとも、個別の権利変更条項は不要であるといっても、実際には、各債権者は、いつ、いくらの弁済が受けられるか判然としないので、実務上は、付議決定がされた再生計画案を裁判所が送付する際に、申立代理人が作成した各債権者に対する弁済時期と弁済額を記載した弁済計画表を同封している。

　　(ア)　権利変更における形式的平等とその例外

通常の再生手続における実質的平等主義とは異なり、再生計画における権利変更の内容は、一定の例外を除き、再生債権者の間で平等でなければならない（民再229条1項）とされている。

この形式的平等の例外は、①不利益を受ける再生債権者の同意がある場合、②少額の再生債権の弁済の時期について別段の定めをする場合、③手続開始後の利息損害金・手続参加費用について別段の定めをする場合である。

上記①は、私的自治の原則を根拠とする場合であり、たとえば、親兄弟・親戚からの借入金はその同意を得て全額ないしは大幅な免除を受けるといったようなことである。

上記②は、分割払いになる関係から手数がかかる少額債権の弁済期を優遇するためである。通常の再生手続とは異なり弁済率の優遇は認められていないことに注意が必要である。ここにいう少額債権とは、他の再生債権に比較して格段に額の少ない再生債権をいうとされるが、裁判所によっては、原則として1カ月あたりの分割弁済額が1000円未満となるような再生債権というような運用基準を設けている庁もある[12]。

上記③は、本来は劣後的な取扱いがされる債権で、再生計画で劣後的な取扱い（通常は全額免除）を可能とするものである。

---

[12] 大阪地方裁判所・大阪弁護士会個人再生手続運用研究会編・前掲（注1）244頁。

(イ)　弁済基準額

　計画弁済総額が定められ、その額に満たないときは不認可事由とされている（民再231条2項3号・4号）ので、再生計画でその計画弁済総額を満たすような権利変更の条項を作成しなければならない。

　便宜上、ここで説明しておく。

　弁済基準額は、①無異議債権と評価済債権の総額から住宅資金貸付債権の額、別除権の行使で弁済を受けることができると見込まれる額、手続開始後の利息・損害金、手続参加費用を控除した残額（以下、本書では「基準額」という）が5000万円以下3000万円超の場合は、無異議債権と評価済債権の総額から別除権の行使で弁済を受けることができると見込まれる額、手続開始後の利息・損害金、手続参加費用を控除した残額（以下、「基準債権」という）に対する計画弁済総額が、基準額の10分の1を下回っていないこと（民再231条2項3号）、②基準額が3000万円以下の場合においては、基準債権に対する計画弁済総額が基準債権の5分の1または100万円のいずれか多いほうの額（基準債権の総額の5分の1が300万円を超過するときは300万円、基準債権の総額が100万円を下回っているときは基準債権の総額）を下回らないこと（同項4号）である。

　上記①については、民事再生法231条2項3号の規定が複雑で、同号の後半の「当該無異議債権の額及び評価済債権の額」が、本書でいう基準額なのか基準債権の額なのか2通りの考え方が可能であるが、条文の書きぶりからみて、基準額をいうものと考えられる[13]。

　これらの規定はかなり複雑で、住宅資金貸付債権がある場合は再生計画案に住宅資金特別条項を定めるときもあれば定めないときもある。これを5000万円以下要件（民再231条1項2号）を含めて説明すると以下のようになる。

(A)　債権の種別

債権を以下のように分ける。

①　無異議債権・評価済債権の総額（住宅資金貸付債権を含む）

②　住宅資金貸付債権の額

13　鹿子木ほか編・前掲（注4）217頁。

③ 住宅資金貸付債権のうち、別除権の行使によって弁済を受けられると見込まれる額
④ 別除権付再生債権（住宅資金貸付債権を除く）のうち、別除権の行使によって弁済を受けられると見込まれる額
⑤ 再生債権である再生手続開始前の罰金等（民再84条2項）
(B) 5000万円以下の要件（民再231条1項2号）

本書でいう基準額が5000万円以下であるということは、〔①－②－④－⑤≦5000万円〕でなければならないということである。

(C) 基準額が3000万円以下の場合（民再232条2項4号）

本書でいう基準額が3000万円以下の場合、基準債権の額によって異なる。基準債権の額の計算式は、
Ⅰ 住宅資金貸付債権がある場合で住宅資金特別条項を定めるとき
　　基準債権額＝①－②－④－⑤
Ⅱ 住宅資金貸付債権がある場合で住宅資金特別条項を定めないとき
　　基準債権額＝①－③－④－⑤
Ⅲ 住宅資金貸付債権がないとき
　　基準債権額＝①－④－⑤

となる。最低弁済額は、基準債権の額、つまりⅠⅡⅢで計算された額が、
・100万円未満の場合は、その全額
・100万円以上500万円以下の場合は、100万円
・500万円を超え1500万円以下の場合は、その5分の1（20％）
・1500万円を超え3000万円以下の場合は、300万円

となる。これを図を用いて説明すると、〔図1〕のようになる（後記(D)の基準額が3000万円を超え5000万円以下の場合も含む）。

(D) 基準額が3000万円を超え5000万円以下の場合（民再231条2項3号）

本書でいう基準額が3000万円を超え5000万円以下の場合には、最低弁済額は、前記(C)とは異なり、基準債権の額ではなく基準額である、〔①－②－④－⑤〕の額の10分の1（10％）となるということになる。そして、住宅資金特別条項を定める場合と定めない場合では、住宅資金貸付債権者以外の再生債権者に対する実際の弁済率は変わることになる。

〔図1〕 再生債権額基準による最低弁済額

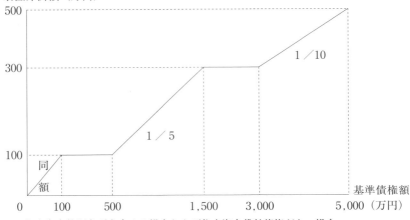

※住宅資金特別条項を定める場合および住宅資金貸付債権がない場合

　(ウ)　期限の猶予

　少額債権の支払時期を一括払いにする等の優遇的な定めをする以外は、①分割弁済の支払時期は3カ月に1回以上の分割払いであること、②最終の弁済期を再生計画認可決定の確定の日から3年（特別の事情があれば最長5年）後の日が属する月中の日とすることである（民再229条2項）。

　もっとも、これを短縮する弁済期間は認められていないので、再生計画としては、3年間分割弁済の案を作成しなければならないということになる。

　(エ)　非減免債権

　一般の再生債権でも、①再生債務者が悪意で加えた不法行為に基づく損害賠償請求権、②再生債務者が故意または重大な過失により加えた人の生命または身体を害する不法行為に基づく損害賠償請求権で上記①以外のもの、③夫婦間の協力扶助義務・婚姻費用の分担義務、子の監護に関する義務、扶養義務と、これらの義務に類する義務で契約に基づくもの（たとえば、認知していない非嫡出子の養育費）は当該再生債権者の同意がない限り、債務の減免その他権利に影響を及ぼす定めをすることができない（民再229条3項）。

　これらの債権は特に保護の必要性が高く、破産における非免責債権である

から（破253条1項2号〜4号）、これとのバランス上、個人再生でも、債権者の同意がない限り、権利変更の対象とはならないものとしたのである。

上記③は、日々発生する請求権であり、これに該当するのは再生手続開始決定までの部分で未払いの債務に限られ、再生手続開始後に発生する部分は共益債権（民再119条2号・7号）であり、再生手続外で随時弁済すべきものである。

なお、破産では非免責債権とされる公租公課や使用人の労働債権（破253条1項1号・5号）は、民事再生では一般優先債権（民再122条1項）で、再生手続外で随時弁済すべきものである（同条2項）。

これらの非減免債権は権利の減免ができないだけで、再生計画認可決定が確定したときは、弁済期について大幅な制約を受ける（民再232条4項・5項）。

注意しなければならないのは、非減免債権かどうかは手続内確定の対象とならないし、非減免債権も無異議債権と評価済債権である場合は、前述の基準額や基準債権等、計画弁済総額の算定上の基礎に含められることである。また、非減免債権は、再生計画認可決定が確定すると弁済期の点で重大な権利変更を受けることになるので、再生計画案に対する議決権も有する。

　(オ)　清算価値保障原則
　　(A)　個人再生における清算価値保障原則の意味

個人再生手続においても、通常の再生手続と同様に清算価値保障原則があり、個人再生手続を申し立てた再生債務者が仮に破産した場合に、一般の破産債権者となるべき再生債権者に、どれくらいの配当が可能となるか評価し、その評価額である清算価値を上回る弁済を行うべきとする原則である。民事再生法の条文では、清算価値保障原則という用語は出てこないが、小規模個人再生の場合は、再生計画の付議決定の場面で、「再生債権者の一般の利益に反するとき」（民再230条2項・174条2項4号。認可・不認可の場面で231条1項）、給与所得者等再生の場合は、再生計画の認可・不認可の場面で、同様の表現が用いられている（民再241条2項2号）。また、再生計画の取消しの要件として、破産した場合の配当総額を下回ることが明らかとなったことが規定されている（民再236条・242条）。個人再生は通常の再生手続の特則であり、破産配当よりも多くの弁済を行うべしとする民事再生における大原則が

適用されるのは当然のこととなる。

　このように、個人再生においては、破産時の一般の破産債権者に対する配当との比較を行うが、実際には再生債務者は破産するわけではないので、ここにいう清算価値は、いわゆる財産評定（民再124条）を行うことで算出する。すなわち、「評価」をするわけである。そして、この清算価値保障原則を満たしているかどうかの判断は、再生計画に基づく弁済額と破産手続による場合の予想配当額のほか、手続に要する時間の長短、費用の多寡、財産の換価の難易、履行の確実性などを総合的に考慮して行うべきで、破産手続による予想配当額の算定に際しては、破産法における固定主義を前提とすべきことは当然であり、債務者が将来得るべき収入は考慮に入れるべきではないと考えられている。[14] そして、具体的な評価方法は、財産評定における評定の方針によるが、実務上、個別の事案ごとに評定の方針を立てて評価されるものというよりは、多数の事件を処理する関係上、各裁判所において、原則的な評価方法が定められており、再生債務者は、その評価方法に従い、申立ての際に清算価値を算出しているのが実情である。

　(B)　個人再生において清算価値保障原則が問題となる場面

　通常の再生手続においては、清算価値保障原則のみが最低弁済額を律するものであるが（再生計画の認可・不認可の場面で考慮される。民再174条2項4号）、個人再生においては、最低弁済額は、小規模個人再生の場合、①再生債権額の基準（民再231条2項3号・4号）、②清算価値保障原則があり、給与所得者等再生の場合、上記①②に加え、③可処分所得2年分の基準（民再241条2項7号）があり、その最も高い基準が最低弁済額を律するものとなる。そのため、再生債権額基準で、基準債権額500万円以下の100万円ライン、基準債権額500万円を超え1500万円以下の2割ライン、1500万円を超え3000万円以下の300万円ライン、3000万円を超え5000万円以下の1割ラインを清算価値が上回ることになる場合に、清算価値の評価が大きく問題となってくる。

　結局のところ、清算価値が100万円までの場合は、再生債権額の基準との関係上特段問題となることはないのであって、清算価値が100万円を超える

14　園尾隆司＝小林秀之編『条解民事再生法〔第3版〕』922頁。

場合が問題となる。このような場合は、破産事件であれば、管財事件となる可能性が高い。[15]

なお、農業協同組合の共済の解約返戻金の一部で延滞していた住宅ローンの弁済（本件弁済）をしていた点につき、個人再生委員から清算価値に計上すべきとの勧告を拒絶した事案で、「本件弁済は、農業協同組合の共済の解約返戻金を直接の原資とし、既に住宅ローンの分割返済金が 3 か月分支払われなかった後の、再生手続開始の申立てに近接した時期にされたものであって、偏頗行為として否認の対象となる可能性の高い行為であるというべきである（破産法162条 1 項 1 号イ）。抗告人は、個人再生委員から、本件弁済が清算価値保障原則に違反する可能性を指摘されながら、これに対する反論を記載した書面、資料等を提出せず、本件弁済額を上乗せした新たな再生計画案の提出に応じなかったのであるから、本件においては、裁判所の定めた期間内に提出された再生計画案が決議に付するに足りないものである（民事再生法191条 2 号）と認められる」と判断している裁判例がある。[16] この点、住宅資金特別条項を前提とした場合の延滞中の住宅ローンに対する弁済が偏頗弁済となるかについては、当該債権が担保でカバーされているときは、一般に有害性を欠くと考えられる。[17] この事案では、申立代理人として、個人再生委員の指摘につき説明を尽くすべきであった点が注意点であろう。[18]

8　再生計画案の決議

(1)　付議決定

付議決定の時期は、異議申述期間が経過し、かつ民事再生法125条 1 項の

15　この点、個人再生における清算価値保障原則につき実務上の問題点を指摘するものとして、野村剛司「個人再生における清算価値保障原則の再検討」日本弁護士連合会倒産法制等検討委員会編『個人の破産・再生手続──実務の到達点と課題』131頁、野村剛司「清算価値保障原則と清算価値の算定」日本弁護士連合会倒産法制等検討委員会編『倒産処理と弁護士倫理』287頁、野村剛司「否認対象行為の取扱い」日本弁護士連合会倒産法制等検討委員会編『倒産処理と弁護士倫理』291頁を参照されたい。
16　東京地決平成22・10・22判タ1343号244頁。
17　山本和彦「個人再生手続の現状と課題」高木新二郎ほか編『講座　倒産と法システム〈第 2 巻〉』296頁参照。
18　野村・前掲（注15）「否認対象行為の取扱い」294頁。

報告書が出された後である。また異議の申述があった場合は、評価の申立てが申立期間にされなかったときは申立期間経過後、評価の申立てがされたときは評価の裁判がされた後である（民再230条1項）。再生債権の評価は、短時間で行われる簡易な裁判であり、それまで決議を待っても手続の進行を長時間遅らせるものではないからである。

裁判所は、提出された再生計画案が、民事再生法174条2項各号の一般の不認可要件（同条3号は除く）、住宅資金特別条項を定めた再生計画案については民事再生法202条2項1号〜3号の不認可要件、民事再生法231条の小規模個人再生特有の不認可要件に、それぞれ該当する事由があると認める場合には付議決定ができない（民再230条2項）。不認可になると考えられる再生計画案を決議に付してみても意味がないからである。

小規模個人再生においても前述の清算価値保障原則（民再174条2項4号）があるが、債務者が資産をほとんど有していない事案では、再生債権額基準の100万円を超えることがなく、清算価値保障原則が問題となることはない。

清算価値保障原則は、清算価値以上のものを弁済原資とするということで、破産手続になったと仮定した場合の破産配当以上の弁済を保障するというものである。再生債務者の手続開始時や再生計画認可時の財産が全部破産配当の原資となるわけではなく、破産財団に属する財産が破産配当の原資となるから、清算価値算定の基礎となる再生債務者の財産には、破産の場合に自由財産となる財産や不換価財産（裁判所ごとに基準が異なっているが、たとえば、東京地方裁判所の場合は、破産手続における換価を要しない財産を個人再生手続において清算価値の算定の対象としない財産としている（99万円以下の現金、20万円以下の預金、保険解約返戻金、自動車、退職金債権等、居住用家屋の敷金返還請求権、退職金債権の8分の7等）[19]。

不認可事由の除去が再生計画案の修正（民再167条）で可能な場合（たとえば、評価の裁判の結果、弁済総額が最低弁済額を満たさなくなったような場合）は、裁判所は再生計画案を修正させて（裁判所は再生計画案の修正を命じることもできる。民再規89条）、付議決定をすることも可能である。

---

[19] 鹿子木ほか編・前掲（注4）238頁。

なお、付議決定がされない場合は、職権で再生手続が廃止され（民再191条2号）、再生手続は終了する（実務上、牽連破産にはしていない）。

(2) 決議方法

再生計画案の決議の方法は、書面等投票に限られ、裁判所は付議をするときは、書面等投票による議決権行使方法と、不統一行使をする場合の裁判所への通知の期限を定めて付議決定をし（民再230条3項）、その旨を公告するとともに、議決権者に対して、①不統一行使の通知期限、②再生計画案の内容またはその要旨、③再生計画案に同意しない者は裁判所の定める期間内に付議決定で定められた方法によりその回答をすべき旨を通知する（同条4項）。回答の方法は、書面か電磁的方法で最高裁判所が定めるものである（民再169条2項2号、民再規90条2項。通常は書面である）。

(3) 可決要件

議決権額は、無異議債権はその再生債権額と担保不足見込額、評価済債権は裁判所が定めた再生債権額と担保不足見込額である（民再230条8項）。

裁判所が定めた回答期間内に、不同意の旨を付議決定で定めた方法で回答した議決権者が議決権者総数の半数に満たず、かつ、その議決権の額が議決権者の議決権の総額の2分の1を超えないときは、再生計画案の可決があったものとみなされる（民再230条6項。なお、議決権の不統一行使の議決権の頭数要件の算定方法は通常再生と同じである。同条7項）。つまり、通常の再生手続とは異なり、積極的な反対がない限り同意とみなすという消極的同意の方法によっていて、可決要件が緩和されているのが特徴である。

同意を取り付ける労力から債務者を解放することと、債権者の大多数を占める貸金業者や信販会社は不同意の意思を付議決定で定めた方法で表明することは困難でないとの趣旨からこのような要件が定められたとされる。実際上は、債権者は、不同意にして破産になるよりは回収の可能性があるということで不同意の回答をしていないと思われる。

可決要件が満たせなかったときは、裁判所は職権で手続の廃止決定をし（民再237条1項）、廃止決定の確定（民再195条5項）により手続は終了する。

実務上、牽連破産は行われていない。

9　再生計画の認可

(1)　再生計画の認可・不認可の判断

再生計画案が可決された場合、裁判所は認可・不認可の判断をする。裁判所は、不認可事由がない限り、認可決定を行う（民再231条1項）。

不認可事由は、一般的な不認可事由（民再174条2項。清算価値保障原則等）や住宅資金特別条項を定めるものであるときはそれに関する不認可事由（民再202条2項）があるとき、収入要件、再生債権額要件を欠くとき、計画弁済総額が最低弁済額を満たさないとき、債権者一覧表に住宅資金特別条項を定めた再生計画案を提出する意思がある旨の記載をしたのに再生計画案では住宅資金特別条項の記載がないときである（民再231条2項～5項）。

この点、再生債権の額に関する開始要件と不認可事由は少し異なっている。開始要件は、再生債権の総額から、①住宅資金貸付債権の額、②別除権の行使によって弁済を受けることが見込まれる額、③再生手続開始前の罰金等の額を控除した残額が5000万円を超えないことである（民再221条1項）が、不認可事由は、無異議債権と評価済債権の総額から、①住宅資金貸付債権の額、②別除権の行使によって弁済を受けることが見込まれる額、③再生手続開始後の利息・損害金と手続参加費用の額を控除した残額が5000万円を超えることである（民再231条2項2号）。再生債権の総額は申立て時の判明額と再生手続で手続内確定をした債権額の違いがあるし、再生手続開始前の罰金等は再生計画の権利変更の対象とならず（民再155条4項）、手続内確定の対象でもないし、再生手続開始後の利息等は申立て時には未発生であることが、その異なる理由である。

再生計画が認可決定の確定で効力を生じるのは通常の再生手続と同じである（民再176条）。官報公告後2週間の経過をもって確定する。

実務上は、通常の再生手続と同様に、不認可で終了する例はあまりない。

不認可事由の存否は、再生計画の決議が不正の方法でされた場合を除いて、前もって付議決定の際に（もっといえば、開始決定前の段階で）不存在が判断されているからであろう。もっとも、付議決定の際に判明しなかった不認可事由が認可・不認可の判断時に判明するということはありうる。

不認可決定が確定すると手続は終了する。実務上、牽連破産は行われていない。そのため、給与所得者等再生も可能な再生債務者が、まず小規模個人再生で申立て、再生計画が否決された後に、あらためて給与所得者等再生を申し立てることも可能である（もっとも、小規模個人再生の申立ての際に、あらかじめ大口債権者の動向を探っておくべきであろう）。

(2) 再生計画認可決定の確定の効力

再生計画認可決定が確定すると、条件付債権等（民再87条1項1号～3号の債権）は、当該各号に定める金額の再生債権に変更される（民再232条1項）。すでに述べたように、金銭による分割弁済をするという小規模個人再生の特徴から債権の現在化・金銭化がされるのである。

すべての再生債権者の権利は、再生計画で定められた一般的基準に従って変更される（民再232条2項）。実体法上の再生債権は、その届出の有無、手続内確定の有無にかかわらず、一般的基準に従った権利変更を受けるということである。しかし、民事再生法229条3項の請求権（非減免債権）、手続開始前の罰金等はこのような権利変更がされないから、権利変更の対象から除外される（民再232条2項かっこ書）。

再生債権者の権利が、届出の有無に関係なく、再生計画の一般的基準に従って変更されることになるのは、小規模個人再生では再生債権の実体的確定手続がとられないからである（再生債権の実体的確定手続がとられない簡易再生や同意再生でも同じである）。

(ア) 劣後化

無異議債権および評価済債権は、再生計画の一般的基準によって権利変更を受けた後の債権について再生計画に従った弁済を受けられる。

これに対し、無異議債権および評価済債権以外の再生債権は、再生計画で定められた弁済期間が満了する時までの間は、弁済をし、弁済を受け、その他債権を消滅させる行為（免除を除く）をすることができない（民再232条3項本文）。小規模個人再生は債権の実体的確定手続を採用していないから、失権効もなく、届出債権以外の債権が出てきて、その債権にも同じように計画弁済をしなければならないとすれば、確定済の債権の弁済に支障を来すことにもなりかねないから、このような債権を弁済期の点で劣後化したもので

ある。通常の再生手続とは異なり失権はしないが、計画弁済期間経過後に、再生計画で一般的基準に従って権利変更を受けた後の権利について弁済が受けられるだけということになる。この場合の権利行使については、期間経過後に一括弁済が受けられるとする見解と、再生計画による分割弁済の定めが適用され分割払いの始期は計画弁済期間満了時であるとする見解に分かれている。分割弁済による弁済期の猶予自体も権利変更の内容であり、この点についても弁済時期の劣後化がされたと考えることが可能であることと、期間経過後に一括弁済をしなければならないとすると、その債権の額が多額の場合は、その支払いに窮してしまい、そうなれば再生の趣旨が没却されることを考えると、後者の見解のほうが妥当である。

ただし、弁済期の劣後化には例外があり、①再生債権者の責めに帰することができない事由によって債権届出期間内に届出をすることができず、その事由が付議決定前に消滅しなかったもの、②再生債権の評価の対象となったものである（民再232条3項ただし書）。

上記①につき、再生債務者が故意に特定の再生債権者に再生手続開始の申立てをした事実を秘匿し債権者一覧表にその債権を記載しないで再生計画認可決定が確定した例で、当該再生債権者はこの事実を知らなかったので、この要件に該当するとして弁済期の劣後化はされないとした下級審裁判例がある。[20]

上記②は、評価の裁判で認められなかった債権について弁済期間中に通常訴訟等で債権の存在が確定した場合をいう。

別除権の被担保債権の不足額については、通常の再生手続と同じように、不足額が確定すれば、計画弁済を受けられる（民再232条6項・182条）。

住宅資金貸付債権については、住宅資金特別条項が定められた場合に、当該住宅資金特別条項によって変更された後の債権についても、劣後的取扱いは受けない（民再232条7項）。

再生債権の実体的確定手続がないから再生債権者表は作成されないし、再生計画認可決定が確定しても執行力が付与されるというようなこともないの

---

[20] 給与所得者等再生に関する高松高判平成17・9・28金商1249号45頁。

で、計画弁済がされない場合は、再生債権者は通常の訴訟等を提起して債務名義を得て強制執行しなければならないということになる。

　　(イ)　非減免債権

　前述したとおり、破産法における非免責債権（破253条1項2項〜4項）に相当する非減免債権が定められている（民再229条3項）。

　この権利の減免ができない各請求権は、一般の再生債権のように債権額については権利変更を受けないが、弁済時期に関しては一種の権利変更を受ける。当該債権が無異議債権か評価済債権である場合は、一般的基準によって弁済を受け、再生計画に定められた弁済期間が満了する時点で、当該請求権の額から当該弁済期間内に弁済された額を控除した残額の弁済を受ける（民再232条4項）。また、当該債権が無異議債権でも評価済債権でもない場合は、再生計画で定められた弁済期間中は弁済が受けられないが、満了時点でその全額の弁済が受けられる（同条5項）という弁済期の劣後化がされる。もっとも、この弁済期の劣後化には一般の再生債権の場合と同様の例外（同項ただし書）がある。なお、再生債務者が弁済しない場合は、通常の訴訟等で決着を図る必要があるのは一般の再生債権の場合と同様である。

10　再生手続の終了

(1)　再生手続の終結

　小規模個人再生では、再生手続は再生計画認可決定の確定によって当然に終結する（民再233条）。通常の再生手続のように裁判所の終結決定はされない。個人再生委員が選任されている場合も、その職務は終了し、監督委員のように履行監督は予定されていない。

　実務上、申立代理人による履行補助が行われている[21]。

(2)　再生手続の廃止

　小規模個人再生では、通常の再生手続における再生手続の廃止（民再191条〜193条）以外に、①再生計画案に不同意の者が多数で、可決要件（民再230条6項）が満たせなかったとき、②再生債務者が財産目録に記載すべき

---

[21]　全国倒産処理弁護士ネットワーク編『個人再生の実務 Q&A100問』198頁。

第6章　第1節　個人再生

財産を記載せず、または不正の記載をしたときに、手続が廃止される（民再237条）。

上記①の事由があるとき、裁判所は職権で廃止決定をしなければならない。

上記②は、通常の再生手続の再生債務者の義務違反に対する懲罰的廃止事由（民再193条1項）の特則で、この事由があるときは、裁判所は、届出再生債権者もしくは個人再生委員の申立て、または、職権で裁量による廃止決定ができる。小規模個人再生では再生計画案の可決要件を消極的同意にして成立を容易にしているので、手続の適正・相当性の確保のための代替措置ともいうべきものである。

小規模個人再生の決議において再生計画案が否決され廃止決定がされた後に、反対債権者から再生計画案への同意が得られた場合、即時抗告審において、再生手続廃止決定を取り消すことができるとした下級審裁判例がある。[22]

手続廃止決定が確定する（民再195条5項）と手続は終了し、通常は再生債務者には破産原因があるから、裁判所は職権で破産手続開始決定ができる（民再250条1項）。実務上、牽連破産は行われていない。

(3) 再生債務者の死亡

規定はないが、再生手続中に個人である再生債務者が死亡したときは、相続財産には再生能力が認められないことから、再生手続は当然に終了すると考えられる。[23]

11　再生計画の取消し

小規模個人再生でも、通常の再生手続における再生計画の取消事由によって再生計画が取り消されうる（民再189条）。個人再生の場合、再生債権が実体的確定ではなく手続内確定にとどまることから（強制執行するためには、別途債務名義が必要）、再生計画の取消しが、小規模個人再生の場合の履行確保手段となる（再生債務者が再生計画の履行を怠った場合の再生計画の取消しの申立ては、裁判所が評価した額の10分の1以上の再生債権者に限定される）。

小規模個人再生では、通常の再生手続の再生計画の取消事由以外に、再生

22　東京高決平成21・3・17判タ1318号266頁。
23　全国倒産処理弁護士ネットワーク編・前掲（注21）143頁。

計画認可の決定確定後に、計画弁済総額が再生計画認可の決定があった時点で破産手続が行われた場合における基準債権に対する配当の総額を下回ることが明らかになったときは、裁判所は、再生債権者の申立てによって、再生計画取消しの決定ができるものとしている（民再236条。なお、民再189条2項準用による申立て制限がある）。

小規模個人再生は簡易な再生手続であり、再生債務者の財産につき十分な調査がされずに再生債務者が財産隠しをしていた場合も、誤って再生計画が認可されてしまう場合がある。そこで、認可決定確定後に財産隠し等がわかり、清算価値保障原則に反することが判明した場合も取消事由にした。

再生計画取消決定は確定によって効力が生じる（民再189条6項）。通常は再生債務者には破産原因があるから、裁判所は職権で破産手続開始決定ができる（民再250条1項）。実務上、牽連破産は行われていない。

12 再生計画の変更

小規模個人再生でも再生計画の変更ができるが、通常の再生手続の再生計画の変更とは異なっている。それは、①申立ては再生債務者に限られること、②やむを得ない事由で再生計画を遂行することが著しく困難になった場合が変更事由であること、③変更の内容は債務の最終期限の延長だけで、その延長は2年間に限られること、④変更の申立ては手続終了（再生計画認可決定の確定）後も可能であることである（民再234条1項）。

「やむを得ない事由」とは、病気、転職等で定期的な収入が減少するような場合が考えられる。

変更の内容は、毎回の分割弁済の額を減少させて弁済期間を延長することができるだけで、弁済総額を減少させることは認められていない。

延長の期間は最大限2年であるから、通常は3年間を5年間に延長することができ、特別の事情があって当初の計画で弁済期間が最長の5年間とされたときは7年間に延長することができることになる。

手続は、再生計画案の提出があった場合と同様である（民再234条2項）。

13　ハードシップ免責

　再生計画の遂行が極めて困難になった場合、かなり厳しい要件であるが、一定の要件があれば、破産せずに残債務について免責が得られる制度（ハードシップ免責と呼ばれる）がある。

(1)　ハードシップ免責の要件

　ハードシップ免責の要件は、①再生債務者がその責めに帰することができない事由によって再生計画の遂行をすることが極めて困難になったこと、②再生計画によって権利変更をされた各債権（無異議債権・評価済債権、担保不足額が確定している再生債権、民再232条3項ただし書の債権）の4分の3以上の弁済が完了していること、③権利変更の対象とならない再生債権（民再229条3項各号）についても、一般的基準に従って弁済される額の4分の3以上の弁済が完了していること、④免責をすることが再生債権者の一般の利益に反しないこと、⑤再生計画の変更をすることが極めて困難であること、である（民再235条1項）。

　上記①は、たとえば、勤務先の倒産で失業し、その努力にもかかわらず再就職ができない等の事由が考えられる。

　上記②は、弁済期に関して劣後化がされた債権等（民再232条3項本文・5項）は算定の基礎には含まれない。4分の3という高い弁済条件が要求されているのは、免責が全再生債権に及ぶこととの均衡からである。

　上記④は、清算価値保障原則が適用されて、それまでの弁済額総額が認可時の清算価値（破産手続をしたならば配当を受ける配当額の総額）を上回る必要があるということである。

(2)　ハードシップ免責の手続

　ハードシップ免責の申立ては再生債務者のみができ、免責要件に該当する事実の具体的な記載を含む申立書を裁判所に提出して行う（民再規133条）。

　免責には再生債権者の同意等は不要であるが、裁判所は、届出再生債権者に意見を聴かなければならない（民再235条2項）。再生計画に住宅資金特別条項が含まれている場合は、住宅資金特別条項で権利変更を受けた者の意見も聴かなければならない（同条8項）。

ハードシップ免責の申立てに対する裁判（免責決定や棄却決定）は決定手続で行われるが、この裁判に対しては即時抗告ができる（民再235条4項）。

免責決定があったときは、主文と理由の要旨を記載した書面を再生債務者、届出再生債権者等に送達しなければならず（民再235条3項・8項）、免責決定は確定しなければ、その効力を生じない（同条5項）。

(3) ハードシップ免責の効果

免責決定が確定すると、再生債務者は履行をした部分を除き、再生債権者に対する債務（再生手続開始前の罰金等（民再97条）と非減免債権（民再229条3項）を除く）の全部について責任を免れる（民再235条6項）。

ただし、別除権者が有する担保権、再生債権者が再生債務者の保証人や連帯債務者等の再生債務者とともに債務を負担する者に対する権利、物上保証にかかる担保には、免責の効果は及ばない（民再235条7項）。

Ⅲ 給与所得者等再生

給与所得者等再生は、小規模個人再生の特則と位置づけられるものである。その特色は、利用者は会社員のように給与のような定期収入がある個人債務者に限られ、一定の可処分所得を弁済にあてることを要件とするが、再生計画の成立に債権者の決議は不要としていることである。

小規模個人再生に関する特則規定は、そのほとんどが給与所得者等再生に準用されている（民再244条）ので、その相違点を中心に説明する。

1 再生手続開始の要件と再生手続の開始

給与所得者等再生の開始要件は、通常の再生手続の開始要件、小規模個人再生の開始要件をそれぞれ満たしていることに加え、①債務者が給与またはこれに類する定期的な収入を得る見込みがある者で、かつ、②その額の変動の幅が小さいと見込まれるものである必要がある（民再239条1項）。

上記①の要件は、会社員等の給与所得者をその典型とするが、歩合制の賃金や報酬を得ている者や年金の定期的収入がある者などが含まれる。

次に、上記②の要件は、弁済計画の信頼性の基礎となる将来の収入の確実

673

性を担保するための要件であり、債務者の過去および現在の収入状況、経済情勢等を総合的に勘案して判断されるが、計画弁済総額の算定の基準（民再241条2項7号イ）の点から、年収換算で5分の1程度内の変動が基準となる。もっとも、収入の額は年収で換算するから、収入が季節的に変動しても年収の変動が少ない場合はこの要件は満たされる。

　申述の時期（民再239条2項）、債権者一覧表の提出（民再244条・221条3項）等は小規模個人再生と同様である。

　給与所得者等再生は、小規模個人再生の特則であることから、申述には、予備的申述として、もし給与所得者等再生の要件を満たさないときは小規模個人再生の開始を求める意思があるのか否か、小規模個人再生の要件をも満たさないときは通常の再生手続の開始を求める意思があるのか否かも明らかにしなければならない（民再239条3項）。

　再生手続開始の申立書の記載事項、添付書類等は小規模個人再生とおおむね同じである（民再規136条・137条）。

　さらに、給与所得者等再生に特有の再申立制限がある。それは、給与所得者等再生を求める申述が、①前に給与所得者等再生における再生計画が遂行された場合はその再生計画認可決定の確定日から7年以内、②前に給与所得者等再生か小規模個人再生でハードシップ免責の決定が確定している場合はその再生計画認可決定の確定日から7年以内、③破産の免責許可決定が確定している場合はその免責許可決定の確定日から7年以内の場合である（民再239条5項2号）。債務者による安易な利用を禁止する趣旨である。

　裁判所は、給与所得者等再生の要件が認められるときは、再生手続開始決定を行うが、要件の一部が欠けているときは、前記の予備的申述に応じて、申立ての棄却や他の再生手続の開始決定を行う（民再239条4項・5項）。

　給与所得者等再生の要件に該当する者は、小規模個人再生の選択も可能である。給与所得者等再生は、後述するとおり計画弁済総額のハードルが高く、実務では、決議で否決されるリスクを負担することとなっても小規模個人再生を選択する者が多く、給与所得者等再生を選択する者が少ない。

　再生手続開始に伴う措置（民再244条・222条）、再生手続開始の効果は、小規模個人再生と同様である。

2　給与所得者等再生の機関

小規模個人再生と同様に、個人再生委員が選任される場合がある（民再244条・223条1項本文）。個人再生委員は任意機関であるが、再生債権の評価の申立てがあったときは、その申立てが不適法として却下する場合以外は必ず選任される（民再244条・223条1項・2項）。

3　債権の届出・調査・手続内確定

債権の届出、調査、手続内確定の方法は、小規模個人再生と同様である（民再244条・94条・224条・226条・227条）。

なお、再生債権者の責めに帰することができない事情等で再生債権の届出の追完ができる終期は、給与所得者等再生では再生計画案の決議がないので、再生計画案の付議決定時ではなく、再生計画案に対する意見聴取の決定時である（民再240条3項・95条4項）。

4　再生債務者の財産の調査・報告

財産調査、その報告に関しては、貸借対照表の作成免除（民再244条・228条）、財産目録の開始申立書面添付の財産目録の引用（民再規140条・128条）など、小規模個人再生と同様である。

5　再生計画案

(1)　再生計画案の提出者と提出時期

再生計画案の提出は再生債務者のみができ、その提出時期は、小規模個人再生と同じように、一般異議申述期間の末日から2カ月以内で裁判所が定める期間内である（民再163条1項、民再規84条・140条・130条）。

なお、再生計画案が修正できる終期は、再生計画案に対する意見聴取の決定時である（民再240条3項・167条ただし書）。

(2)　再生計画案の内容

計画弁済総額以外は、小規模個人再生と同じである（民再244条・229条）。
給与所得者等再生における最低弁済額は、小規模個人再生と同様の①再生

債権額基準（民再241条2項5号・231条2項3号・4号）、②清算価値保障原則（民再241条2項2号）に加え、③可処分所得2年分の基準がありその額に満たないときは不認可事由とされている（同項7号・3項）ので、再生計画で、その計画弁済総額の最低基準以上の弁済をするような権利変更の条項を作成しなければならない。

③可処分所得2年分の基準は、原則的には、再生計画提出前2年間の再生債務者の収入の合計額から、その期間における所得税、住民税および社会保険料に相当する額を控除した額を2で割る（民再241条2項7号ハ）。そして、その手取り収入額から、再生債務者およびその扶養を受けるべき者の最低限度の生活を維持するために必要な1年分の費用（最低生活費）の額を控除して、その残額（可処分所得額）を2倍した額が最低弁済額になる。再生計画の弁済期間は、小規模個人再生と同様に原則3年間（特別の事情があるときは最長5年内）とされている（民再244条・229条2項2号）から、2年分の可処分所得額を3年間で分割弁済するというのが原則となる。

給与所得者等再生では、債権者の利益のために債務者の可処分所得から最大限の弁済がされるべきであるが、一方では、可処分所得の全部を弁済原資とすると再生債務者やその家族に非常に窮屈な生活を強いることになって再生計画の履行に問題が生じることとなるので、その両者のバランスで2年分の可処分所得額を3年間で分割弁済するという基準が定められたのである。

この最低限度の生活を維持するために必要な費用の額は、政令で定められることとされ（民再241条3項）、民事再生法241条3項の額を定める政令（平成13年政令第50号）が制定されている。この政令では最低限度の生活とは、憲法25条および生活保護法で用いられている用語と同一であるところから、費用の額は、生活保護法8条1項の厚生労働大臣の定める基準、すなわち、厚生労働省が告示している生活保護法による保護の基準に基本的に準拠すべきものとされているが、将来の発生が不確実なものは対象費目から除外する等の一定の修正が加えられて、地域、扶養家族の有無、人数等に応じて詳細かつ具体的な金額が定められている。

この原則に対して、給与等の定期収入の額について再生計画案提出前2年間の年収に5分の1以上の変動が生じているとき、あるいは、その2年間に

自営業をやめて給与生活者になった等で給与所得者等再生の適用要件を備えるに至ったときには、特別の規定が設けられている（民再241条2項7号イ・ロ）。5分の1以上の変動後、または定期収入発生後の収入額から租税・社会保険料等を控除し、その額を1年分に換算した額から、1年間の上記の最低生活費を控除した額（可処分所得）を2倍した額が最低弁済額となる。

この最低生活費の額が少なく可処分所得の額が大きくなって、その2年分の額を原則3年間（最長5年内）で弁済することは過去の生活実態からみて履行が難しいと考える場合は、基準債権の額にもよるが、給与所得者等再生を諦めて小規模個人再生のほうを選択することが多くなるということになる。

6　再生計画案の決議不要

給与所得者等再生では、再生計画案は裁判所の認可を受ければよく、再生債権者の決議は不要である。もっとも、再生計画案を認可すべきかどうかについて、債権者からの意見聴取は必要とされている（民再240条）。

裁判所は、異議申述期間が経過し（異議があり、評価の申立てがないときは申立期間経過後、評価の申立てがあったときは評価後）、再生債務者から民事再生法125条1項の報告書が提出された後に、再生債権者の意見を聴く旨の決定をする（民再240条1項）。裁判所がこの決定をしたときは、その旨を公告し、届出再生債権者に再生計画案の内容またはその要旨を通知して、不認可事由があるとの意見を有する者はその具体的事実を記載した書面を裁判所の定める期間内に提出するように求める書面を送付する（同条2項）。意見聴取の期間は、意見聴取の決定から原則として2週間以上2月以内の範囲で定められる（民再規139条1項）。

債権者は、これに応じて不認可事由に該当する事由があるとの意見を述べることができるが、それは裁判所の再生計画案の認可・不認可の判断の際の資料になるだけで、裁判所の判断を拘束するものではない。

7　再生計画の認可

(1) 再生計画の認可・不認可の判断

裁判所は、定めた再生債権者からの意見聴取期間が経過すると、再生計画

の認可・不認可の判断をする（民再241条）。

　不認可事由は、通常の再生手続における不認可事由（民再174条2項1号・2号）や住宅資金特別条項を定めるものである場合はそれに関する不認可事由があるとき、再生計画が債権者一般の利益に反するとき、小規模個人再生・給与所得者等再生の開始要件を欠くとき、計画弁済する総額が最低基準額（小規模個人再生による要件、すなわち、①再生債権額基準、②清算価値保障原則と③可処分所得による要件がある）を満たさないとき、債権者一覧表に住宅資金特別条項を定めた再生計画案を提出する意思がある旨の記載をしたのに再生計画案では住宅資金特別条項の記載がないとき等である（民再241条）。

　このような事由がない限り、裁判所は認可決定をする（民再241条1項）。

　(2)　再生計画認可決定の確定の効力

　再生計画認可決定が確定した場合の効力は、小規模個人再生と同様である（民再244条・232条）。

8　再生手続の終了

　(1)　再生手続の終結

　給与所得者等再生では、小規模個人再生と同様に、手続は再生計画認可決定の確定によって当然に終結し、通常の再生手続のように裁判所の終結決定はされない（民再240条・233条）。個人再生委員が選任されている場合もその職務は終了し、履行監督は予定されていない。実務上、申立代理人による履行補助が行われる場合がある点も小規模個人再生と同様である。

　(2)　再生手続の廃止

　給与所得者等再生における手続廃止事由は、通常の再生手続における再生手続の廃止事由以外に、①民事再生法241条2項各号の不認可事由に該当しない再生計画案の作成の見込みがないことが明らかになったとき（民再243条1号）、②再生計画案提出期間内に再生計画案が提出されなかったとき、または再生計画案が提出されても民事再生法241条2項の不認可事由に該当するとき（同条2号）、③再生債務者が財産目録に記載すべき財産を記載せず、または不正の記載をしたとき（民再244条・237条2項）である。

　上記①②は職権で行う必要的廃止であるが、上記③は再生債権者もしくは

個人再生委員の申立て、または職権で行う裁量的廃止である。

9 再生計画の取消し

給与所得者等再生でも、小規模個人再生と同じように、再生計画は、通常の再生手続における取消事由によって取り消されうる（民再189条）。

さらに、給与所得者等再生では、通常の再生手続の再生計画の取消事由以外に、再生計画認可決定確定後に、①計画弁済総額が再生計画認可の決定があった時点で破産手続が行われた場合における基準債権に対する配当の総額を下回ることが明らかになったとき、②給与所得者等再生特有の最低弁済額（民再241条2項7号）を下回ることが明らかになったときは、裁判所は、再生債権者の申立てによって、再生計画の取消しの決定ができるものとしている（民再242条。なお、189条2項準用による申立て制限がある）。

上記①は、小規模個人再生の裁量の取消事由と同じである。

上記②は、給与所得者等再生における最低弁済額を下回ると不認可事由になる（民再241条2項7号）が、そのことが再生計画認可決定確定後に判明したときにも再生計画の裁量的取消しを可能にしたものである。

10 再生計画の変更・ハードシップ免責

給与所得者等再生でも、小規模個人再生と同様の要件で、再生計画の変更ができるし、ハードシップ免責も可能である（民再244条・234条・235条）。

IV 住宅資金貸付債権に関する特則

1 住宅資金特別条項の趣旨と利用場面

(1) 住宅資金特別条項の趣旨としくみ

経済的危機に瀕した個人債務者が、住宅を手放すことなく、経済生活の再生を図れるように、住宅資金貸付債権の特則が設けられている[24]。

---

24 立法の経緯については、始関正光編著『一問一答　個人再生手続』6頁。

住宅ローンを組み、自宅不動産（一戸建てやマンション）を建築・購入したが、住宅ローンが支払えなくなると、最終的には、担保権実行され、住宅を失うことになる。また、破産した場合も別除権とされ（破65条）、やはり住宅を失うことになる。

　そこで、住宅ローンを被担保債権とする抵当権を設定していたが、再生債務者が住宅ローンの分割弁済を遅滞している場合に、一定の要件で、遅滞による期限の利益の喪失状態を消滅させ、期限の利益を回復し、弁済期の繰延べ等の方法をも認めて、その間の抵当権の実行を制限し、住宅を確保させようとするのが本特則である。

　住宅資金特別条項を定めた場合、住宅資金貸付債権は、利息・遅延損害金を含めてその全額の弁済が必要であり（その減免に関しては債権者の同意がなければ行えないが、それは想定していない）、その反面では、住宅資金貸付債権者には再生計画案に対しては意見を述べることができるだけで議決権は与えられないという規定になっている。

(2) 住宅資金特別条項の利用場面

　住宅資金貸付債権に関する特則を利用する場合、もともと住宅資金貸付債権も別除権付再生債権であるが、その全額を支払わなければならないから、特則の要件に該当する場合でも個人債務者はこの特則を利用するかどうかは自由であり、住宅ローンの残額の金額の多寡やその履行可能性、オーバーローン（不足額が多額になるかどうか）かどうか、住宅を維持する必要性等も考慮して、特則を利用するかどうかの判断をすればよいことになる。

　この特則を利用しない場合（住宅の維持を求めない場合）、住宅資金貸付債権者は、原則に戻り、住宅ローンを被担保債権とする別除権付再生債権者になるだけである（民再53条）。

　もっとも、実務では、他の債権の弁済は遅滞しても住宅ローンだけは支払っているという債務者が多く、この場合に住宅を確保するためには、この特則を利用することが必要となり、再生手続開始決定によって、再生債権である住宅ローンの弁済ができなくなるから（民再85条1項）、再生手続開始から再生計画認可決定までは裁判所の許可で再生手続によらない弁済を続け（民再197条3項）、認可決定後は、この特則を利用して弁済を継続する。

住宅資金貸付債権に関する特則は、小規模個人再生、給与所得者等再生に適用があるのはもちろん、通常の再生手続における個人債務者にも適用される。通常の再生手続の場合は、個人事業者が自宅を確保したいときや、多額の保証債務のある中小企業の経営者が自宅を確保したいとき、などが考えられるが、実務上は、そのほとんどが小規模個人再生と給与所得者等再生の場合である。個人再生の半数以上で、住宅資金特別条項が定められている。

(3) 住宅資金特別条項のみの再生計画

住宅ローン以外の債務はないが、住宅ローン債務の弁済を遅滞していて、住宅資金特別条項を利用して担保権の実行を避けたいという債務者もあるが、小規模個人再生や給与所得者等再生の要件を満たす場合は、この特則だけの適用を求めて再生手続を利用することも可能である[25]。この場合、他の再生債権者は存在せず、住宅資金貸付債権者の意見を聴取するのみとなる。

2　住宅資金貸付債権の特則の適用の要件

住宅資金貸付債権の特則の適用対象となるのは、住宅資金貸付債権である。前提の「住宅」を説明したうえで、「住宅資金貸付債権」を説明する。

(1) 住　宅

住宅とは、①個人である再生債務者が所有する建物であること、②個人である再生債務者が自己の居住の用に供する建物であること、③その床面積の2分の1以上に相当する部分が専ら自己の居住の用に供されるものであること、④当該建物が2以上ある場合には、再生債務者が主として居住の用に供する一つの建物であることを要する（民再196条1号）。

上記①は、自己の所有物件であれば足り、所有には共有も含まれる。区分所有建物も含まれる。

上記②は、家族等が再生債務者と同居していても、その同居者に独立の占有がなければよく、居住の用に供する建物であれば足り、現に居住の用に供していることは要件になっていないから、現在は転勤でその建物が空家や賃貸中でも近い将来その建物に居住することが予定されていればよいとされて

25　始関編著・前掲（注24）92頁、東京地裁破産再生実務研究会編・前掲（注10）465頁。

いる。なお、純粋な事業用建物は対象外となる。

　上記③は、建物が二世帯住宅等や建物の一部を第三者に貸している、建物の一部を店舗等の居住以外の用途に利用しているような場合も適用があるが、その建物の床面積の２分の１以上を再生債務者が自己の居住用に利用している場合に限っている。

　上記④は、生活の本拠と別荘、また単身赴任先にも建物を有している等、複数の建物が要件に該当する場合でも、その本拠建物だけが対象となるということである。一つの建物は、生活の本拠を確保する意味であり、必ずしも不動産登記上の１棟の建物に限らないといえよう。

(2) 住宅資金貸付債権

　住宅資金貸付債権とは、単純化すれば、住宅ローン債権で、これを被担保債権とする抵当権を住宅に設定している場合をいい、①住宅の建設や購入に必要な資金（住宅の敷地の取得や借地権の取得に必要な資金を含む）、または住宅の改良に必要な資金の貸付であり、②分割払いの定めがある再生債権で、③当該債権または当該債権にかかる債務の保証人（保証を業とする者に限る）の主債務者である再生債務者に対する求償権を被担保債権とする抵当権が当該住宅に設定されているものである（民再196条１項３号）。

　上記①は、敷地を購入したり敷地に借地権の設定を受けて、その敷地の上に建物を新築したときの資金の借入れ、中古住宅をその敷地とともに（敷地が借地権の場合も含む）取得したときの取得資金の借入れ、新築マンションや中古マンションの取得資金の借入れがその典型例である。増改築やリフォームの資金を借り入れた場合もこれに含まれる。

　上記②の分割払いの定めを要件としているのは、住宅資金特別条項が分割払いの方式の期限の利益の回復や変更が対象となっているからである。

　上記③の住宅に対する担保の関係では、本来の貸付金を被担保債権とする抵当権だけではなく、この貸付金を保証した保証を業とする者（保証会社という）が保証委託契約に基づく求償権を被担保債権とする抵当権がある場合も適用対象としている。住宅の確保を目的とする制度であるから、保証会社が保証の履行を行い、求償権に基づいて担保権の実行がされれば、その目的を達せられなくなるからである。

なお、ここにいう抵当権には、通常抵当権のほかにも根抵当権も含まれる（ただし、被担保債権が住宅資金貸付債権である場合に限る）し、仮登記担保も含まれる。また、この抵当権は住宅を対象とするので、住宅と他の不動産（たとえば、住宅敷地）が共同担保になっている場合はこれに含まれるが、敷地だけを担保としている場合は含まれないとされている[26]。

(3) 住宅資金特別条項が定められない場合と別除権協定の可否

住宅資金特別条項の要件に該当せず、住宅資金特別条項を定めることができない場合に、住宅を確保するために、別除権付再生債権者である住宅ローン債権者との協議により、別除権協定を締結することで住宅資金特別条項を定めたのと同様の処理が可能かは争いのあるところである。事業の継続に必要不可欠な場合に限るとする見解もあるが、東京地方裁判所においては、共益債権となる「生活に関する費用」（民再119条2号）の趣旨に照らし、具体的な事案によっては、別除権協定を締結することで、他の再生債権の権利変更を定める再生計画が認可された例もあり[27]、柔軟な処理の可能性は十分ある。

3　再生手続中の住宅資金貸付債権の弁済許可

住宅資金貸付債権も再生債権であるから、再生手続開始後は弁済禁止の対象となってしまう（民再85条1項）が、これを支払わないと期限の利益を喪失することになる可能性がある。もっとも、抵当権で価値が把握されている部分の弁済は有害性を欠くといえ、また、住宅資金特別条項を定めるときは、権利の減免の対象とならない再生債権である。このようなことから、個人再生の施行当初はこの債権の手続外の支払いの可否については議論があり、運用上の工夫で対応していたが、その後、平成14年の会社更生法の改正の際に、立法的に解決された（民再197条3項を追加）。

裁判所は、再生手続開始後に、住宅資金貸付債権の一部を弁済しなければ住宅資金貸付契約による期限の利益が喪失することとなる場合で、住宅資金特別条項を定めた再生計画認可の見込みがあると認めるときは、再生計画認可決定の確定前でも再生債務者の申立てにより、その弁済をすることを許可

26　始関編著・前掲（注24）63頁。
27　鹿子木ほか編・前掲（注4）283頁。

することができるものとしている（民再197条3項）。実務上、個人再生の手続開始の申立ての際に同時に弁済許可申請も行っている。

4 住宅資金特別条項

(1) 住宅資金特別条項の定めができる要件

住宅資金特別条項は、別除権者の権利に変更を加え、さらに再生債権であるオーバーローン部分（担保不足額）についても、一般の再生債権とは異なる弁済を行うことになるから、その制度目的に反するときや公平に反する場合等を例外にして、住宅資金特別条項を定められる要件を厳格に規定しておく必要があることになる。

住宅資金特別条項を定めることができない場合は、①民法500条の規定によって住宅資金貸付債権を有する者に法定代位した再生債権者が当該代位により住宅資金貸付債権を有しているとき（ただし、保証会社による代位弁済は除く）、②住宅の上に住宅資金特別条項の対象とならない民事再生法53条1項所定の担保権があるとき、③住宅以外の不動産が対象抵当権の共同担保物件になっている場合で、その不動産の上に住宅資金特別条項の対象とならない民事再生法53条1項所定の担保権で当該抵当権に後れるものが存在するときである（民再198条1項）。

(ア) 保証人等（保証会社を除く）が保証履行し法定代位した場合

前記(1)①は、保証会社以外の保証人や第三者が住宅資金貸付債権を代位弁済して原債権である住宅資金貸付債権を代位取得した場合にも、再生計画で分割払いを強いるのは酷であるとの理由による。

この点、代位取得に限られるので、住宅資金貸付債権者が債権譲渡をしたとき（たとえば、金融機関が不良債権処理のためにサービサーに債権を売却したような場合）は、これに含まれない。

(イ) 他の担保権が存在する場合

前記(1)②は、このような担保権があるときは、住宅資金特別条項を定めてみても、当該担保権者は自由に担保権の実行ができ、住宅の確保という目的が達せられないからである（民再198条1項ただし書前段）。この担保権は対象抵当権に優先するものでも劣後するものでもよい。劣後する場合は無剰余で

あるときでも、先順位の抵当権の被担保債権が弁済されていくと順位が上昇し、結局は住宅確保の目的を達することができなくなるからである。

(A) 無剰余担保権者への対応

このような担保権が付着しているときは再生債務者が住宅の確保を望む場合は、無剰余の担保権者との交渉により抵当権設定登記の抹消を求めることになる。この場合に、再生債務者が弁済することは否認対象行為に該当する可能性があり、清算価値保障原則との関係で不利益となるおそれがあるため、実務的には、親族等による第三者弁済により対処している。[28]

(B) マンションの管理費、修繕積立金の滞納がある場合

マンションの管理費や修繕積立金は、建物の区分所有等に関する法律7条1項の区分所有者が他の区分所有者に対して有する債権ないしは管理者または管理組合法人が区分所有者に対して有する債権となる。したがって、これらの滞納があるときは、債権者たる管理組合等は債務者に対する管理費・修繕積立金を被担保債権として区分所有権と建物に備え付けた動産の上に先取特権を有することになり、その効力と順位は共益費用の先取特権とみなされる（同法7条1項・2項）が、特定の物（不動産と動産）の上にある先取特権であるから、特別の先取特権として民事再生法53条1項の担保権（別除権）となる。したがって、管理費・修繕積立金の滞納がある場合は、住宅資金特別条項を定めることができないので、その滞納を解消する必要がある。この点も、実務上は、前述した第三者弁済により対処している。

(C) ペアローンの場合

たとえば、夫婦共有不動産につき、抵当権が住宅ローンの被担保債権を夫と妻に分けて設定されている、いわゆる「ペアローン」の住宅ローンの場合、形式的にみれば、夫の持分につき妻のために担保提供（物上保証）し、逆に、妻の持分につき夫のために担保提供（物上保証）していることになり、形式的には、民事再生法198条1項ただし書の「住宅の上に第53条1項に規定する担保権が存するとき」の要件に該当する。しかし、同一家計を営む夫婦の場合で、一方のみが支払いを遅滞し、その抵当権が実行されるという場面は

---

[28] 全国倒産処理弁護士ネットワーク編・前掲（注21）168頁。

想定しにくいところであり、この点は、夫婦双方が個人再生の手続開始の申立てを行い、住宅資金特別条項を定めることで実務上は解決している。

さらに、この考え方を進めると、当該担保権について、担保権の実行の可能性が法律上あるいは事実上ないと考えられる場合、特に夫には他の債務があるが、妻が住宅ローン以外に債務がなく、妻にあえて個人再生の手続開始を申立てさせ、債務を整理する必要性に乏しい場合（さらにいえば、従前どおり支払う約定型の住宅資金特別条項であれば、何ら手続を行う必要性がない）、住宅ローン債権と抵当権の設定状況、弁済状況、夫婦の収入状況、住宅ローン債権者の意向などの諸事情を総合的に考慮したうえで、夫単独の個人再生の手続開始の申立ての場合にも住宅資金特別条項の利用を認めるべき場合があると考えられ、実例もあるところである。[29]

　(ウ)　他の共同担保物件の後順位の担保権が存在する場合

前記(1)③は、他の共同担保物件の後順位の担保権も、当該他の不動産が担保権の実行をされると、住宅に対する対象抵当権に代位することとなり（民392条2項・361条）、前記(1)①とのバランス上も代位された対象抵当権の実行を認めないとすることは酷であり、住宅が代位された担保権の実行で売却される可能性があるからである。

　(エ)　保証会社が代位弁済した場合の例外

保証会社が代位弁済を行ったときは、前記(1)①の例外として、保証会社が住宅資金貸付債権の全部の保証債務の履行をした後6カ月以内に再生手続開始の申立てがされたときは、住宅資金特別条項を定めることができるものとしている（民再198条2項）。住宅ローンでは保証会社の保証の例が多く、保証会社は保証リスクをとって保証をしている（保証料を受け取っている）のであるから、このような特別条項を定められても酷ではないと考えられた。

この場合は、保証履行がなかったとして巻き戻しがされる（民再204条）から、住宅資金特別条項の対象者は元の住宅資金貸付債権者（住宅ローンの債権者）とされている（民再198条2項）。

29　鹿子木ほか編・前掲（注4）385頁、全国倒産処理弁護士ネットワーク編・前掲（注21）175頁。

(オ) 複数の住宅資金貸付債権者が存在する場合

　複数の住宅資金貸付債権者がある場合は、必ず、その全員を対象とする特別条項を定めなければならない（民再198条3項）。

(2) **住宅資金特別条項の内容**

　住宅資金特別条項とは、再生債権者の有する住宅資金貸付債権の全部または一部を法律の定めに従って変更する再生計画の条項である（民再196条4号）。その変更の内容は、①期限の利益回復型（民再199条1項）、②リスケジュール型（同条2項）、③元本猶予期間併用型（同条3項）、④同意型（同条4項）の4種類があり、この類型の間では、上記①で認可の見込みがない場合には上記②の内容で、上記②で認可の見込みがない場合に上記③の内容で、というように補充性があるが、上記④はどのような定めをしても当事者間の自由であるから、この補充性はない。

　いずれの方法によるにしても、計算等が複雑で、条項を定めるためには住宅資金貸付債権者の協力がないと実際には条項を定めることが難しい。

　再生債務者は、住宅資金特別条項を定めた再生計画案を提出する場合には、あらかじめ、当該住宅資金特別条項によって権利変更を受ける者と協議することになっており、この権利変更を受ける者は、住宅資金特別条項の立案について必要な助言をすることになっている（民再規101条）。住宅資金貸付債権者にはこの協議に応じる義務や必要な助言をする義務まではないが、オーバーローンになる場合も全額弁済を受けられるという利益があるから、実務上はこのような協議に応じ必要な助言をしている場合が多い。裁判所も、申立書の添付書類中に事前協議の内容や経過の記載を求める運用をしている。

(ア) 期限の利益回復型（民再199条1項）

　この類型は、第1次選択をするべき類型で、再生計画認可決定の確定時を境にして、それまでに弁済期が到来する分割弁済の元金、利息、遅延損害金と元金に対するその後の経過利息を、再生計画で定める期間内（個人再生では原則3年間、最長5年内、通常の再生手続であれば原則10年であるが最大限5年間）に、認可決定確定後に到来する部分については従来の住宅ローン契約（住宅資金貸付契約と呼ばれる）の支払方法によりながら、当該部分を上乗せして弁済するというものである。

(ｲ)　リスケジュール型（民再199条2項）

　期限の利益回復型は、従来の分割弁済を継続しながら、それに遅滞分の分割弁済金等を上乗せして支払わなければないことから、その支払い以外に一般の再生債権の権利変更による一部免除後の再生債権も弁済する必要があり、通常は弁済が困難である場合もあるので、その見込みがないときは、債務の弁済期を当初の約定から後ろにずらして1回あたりの分割弁済額を軽減するという方法が第2次選択の類型である。

　これが認められる要件は、①住宅資金貸付債権の元本の全部とその元本に対する再生計画認可決定確定後の従来の約定利息の支払いをすること、②再生計画認可決定確定時までの約定利息と遅延損害金の全部を支払うこと、③従来の最終弁済期から10年を超えず、変更後の最終弁済期が再生債務者の年齢が70歳を超えないように定められていること、④上記①の支払いについては、住宅資金貸付契約で定められている分割弁済の間隔や弁済方法の基準におおむね従うことである。

　上記④については、いわゆるボーナス時払いをやめたり、切替え基準が事前に定まっている場合の変動金利型と固定金利型の切替えなどである。

　なお、リスケジュール型で住宅資金貸付債権に保証会社の保証があるときは、弁済期間を延ばすことになるから保証会社から追加保証料を請求されることがある。この追加保証料の性質については議論があるが、追加保証料請求権は住宅資金貸付債権ではないし、再生手続開始後に再生債権者とは異なる保証会社との間の合意によって発生する債権であるから、再生債権ではなく共益債権である（民再119条5号または7号）とする実務運用もある。

　(ｳ)　元金猶予期間併用型（民再199条3項）

　リスケジュール型を検討しても、1回の分割弁済額が多く、計画弁済期間は他の再生債権等の弁済をしなければならず、履行可能な再生計画が立案できないという場合は、計画弁済期間中（最長5年間）は住宅資金貸付債権の元金の一部と約定利息の支払いをするという元金猶予期間併用型の住宅資金特別条項を作成することができる。第3次選択である。この場合の要件もリスケジュール型と同じである。この場合の条項の作成も住宅資金貸付債権者の協力がないと難しい。

(エ)　同意型・合意型（民再199条4項）

　前述した民事再生法199条1項～3項の場合は、住宅資金貸付債権者の同意が不要であるが、実際上は協力を要する場合が多い。この同意型・合意型は、住宅資金貸付債権者の同意を得て住宅資金特別条項を定める場合である。

　住宅資金貸付債権者の同意がある場合は、どのような条項を定めることも、私的自治の原則から可能である。その例示として、リスケジュール期間を10年を超えて定めることがあげられている。なお、元金や利息・損害金の一部免除を行うことも可能である。

(3)　権利変更をしない場合——約定型・そのまま型

　実務上は、すでに述べたように、住宅ローンだけは遅滞なく支払っており、再生手続開始後は民事再生法197条3項による弁済許可を受けて弁済を続けている再生債務者が、今後も従来と同様の支払いを行おうとする場合がほとんどである。時に立案する必要はないともいえるが、前記(2)(ア)の期限の利益回復型（民再199条1項）に含めている。この場合は、オーバーローン部分（担保不足額部分）も他の再生債権者とは異なる全額弁済を行うものであるから住宅資金特別条項の定めが必要であるが、この住宅資金特別条項は住宅資金貸付債権者の権利に変更を加えるものではないから、住宅資金特別条項の定めには住宅資金貸付債権者の同意は不要であると考えるべきであり、実務上もこのような処理がされている。この場合の事前協議（民再規101条1項）は、単に従前の約定どおりの弁済を続ける旨を伝える程度で足りる。

　この点、住宅資金特別条項を利用した個人再生の手続開始の申立てを行う前に、住宅ローン債権者と協議のうえ、リスケジュールの変更契約を締結し、個人再生の手続開始の申立ての際には、この約定型・そのまま型として利用する場合もある。

　この住宅資金特別条項は、単純で、「当該住宅資金貸付債権の弁済については、再生計画認可決定の確定した日以降、原契約書の各条項に従って支払う」とすればよい。

5　抵当権の実行手続の中止命令

　住宅資金貸付債権に関する特則は、再生債務者の住宅を確保することを目

的とするものであり、住宅資金特別条項を含む再生計画認可決定が確定すると被担保債権の不履行状態が解消され、担保権実行の要件を欠くことになるが、再生手続開始申立てから認可決定確定までの間は、抵当権の実行は可能で、抵当権が実行されてしまうとその目的を達することができなくなるので、このような事態が生じないように、中止命令の制度が設けられている（民再197条1項）。

　裁判所は、再生手続開始の申立てがあった場合において、住宅資金特別条項を定めた再生計画の認可の見込みがあると認めるときは、再生債務者の申立てにより、相当の期間を定めて、住宅または再生債務者の有する敷地に設定されている抵当権の実行としての競売手続の中止を命じることができる（民再197条1項・2項）。担保権の実行手続の中止命令（民再31条）とは異なり、住宅確保の目的から、認可の見込みがあることだけを発令要件としている。

　住宅だけではなくその敷地（民再196条2号により所有権だけではなく地上権も含む）の抵当権も対象としたのは、敷地だけが売却されると法定地上権が成立しない場合は地上建物の収去が必要となるからである。なお、中止命令は、再生債務者の有する住宅の敷地に限定されている。

6　住宅資金貸付債権の調査・確定

　小規模個人再生と給与所得者等再生では、再生手続開始の申立て（申述）は再生債務者に限られ、再生計画案は再生債務者のみが提出できる（民再221条1項・239条1項）。そして、当初から住宅資金特別条項を定めるかどうかを決めさせている（民再221条3項4号・231条2項5号・241条2項5号・244条）。これらの手続では再生債権の実体的確定はないから、住宅資金特別条項を定めた再生計画案を提出する旨が債権者一覧表に記載された場合には、住宅資金貸付債権の異議申述は行われない（民再226条5項・6項・227条10項・244条）。つまり、調査の対象とはなっていないのである。

　これに対して、通常の再生手続においては、住宅資金特別条項を定めた再生計画案は再生債務者のみが提出できる（民再200条1項）が、一方では再生債権の確定手続が行われるし、住宅資金貸付債権は減免の対象とならず、議決権も有しない（民再201条1項）ことから、特別の配慮が必要で、債権の調

査・確定手続の特則が必要になる。

住宅資金特別条項を定めた再生計画案が再生債務者から提出され、①再生債権者から再生計画案が所定の期間内に提出されなかったとき、②再生債権者から再生計画案が提出されたが付議されなかったとき、③再生債権者の再生計画案と再生債務者の再生計画案が付議され後者のみが可決されたとき、は届出再生債権者が住宅資金貸付債権について述べた異議および住宅資金貸付債権者が他の再生債権について述べた異議は、その効力を失う（民再200条2項）。これらの場合は住宅資金貸付債権に対する異議は失効するが、債権は確定せず、執行力も付与されない（民再200条3項による104条1項・3項の適用除外）。また、住宅資金貸付債権者が述べた異議も失効するから他の異議等がなければ、異議を述べられていた再生債権は確定することになる。

7 再生計画案の提出

住宅資金特別条項を定めた再生計画案は、再生債務者のみが提出することができる（民再200条1項。もっとも、個人再生においては、再生債務者のみが再生計画案を提出できるので、確認的な規定である）。

なお、再生債務者が住宅資金特別条項を定めた再生計画案を提出するためには、再生手続開始の申立て時の債権者一覧表に住宅資金特別条項を提出することを記載しておく必要がある（民再221条3項4号・244条）。

8 再生計画案の決議

住宅資金特別条項を定めた再生計画案の決議においては、その債権者と保証会社は議決権を有しない（民再201条1項）。住宅資金貸付債権は権利の減免の対象となっていないからである。この規定は、通常の再生手続と小規模個人再生の場合の特則で、給与所得者等再生では議決手続そのものがない。裁判所は、住宅資金特別条項により権利変更を受ける者に意見聴取する（同条2項）。

意見聴取の時期については定められていないが、実務では、住宅資金貸付債権者との間の十分な事前協議を前提に、この意見聴取を、付議決定後の一般再生債権者の決議（小規模個人再生の場合）、意見聴取決定後の意見聴取

(給与所得者等再生の場合)と同時に行っている。

なお、裁判所は意見を聴けば足り、この意見には拘束されない。

9　再生計画の認可・不認可

通常の再生手続で、住宅資金特別条項を定めた再生計画案が可決されたときは、裁判所は不認可事由がない限り認可決定をする(民再202条1項)。

不認可事由は、民事再生法174条の一般的な不認可事由の特則として一括して定められている。そのうち、民事再生法174条と異なるのは、①再生計画が遂行可能であると認めることができないとき、②再生債務者が住居の所有権を失うこととなると見込まれるとき、③再生債務者が住宅の用に供されている土地を住居の所有のために使用する権利を失うことになると見込まれるとき、である(民再202条2項2号・3号)。

上記①は、一般の不認可要件は再生計画が遂行される見込みがないとき(民再174条2項2号)としているのを、積極的な遂行可能性の存在の認定を要求している。

上記②は、再生債務者が住居を売却することは想定できず、想定するとすれば、住居が公租公課の滞納処分売却されることがある。ただ、滞納があっても、公租公課庁と分納協議を行うことで対処するのが一般的である。

上記③は、敷地が借地で地代滞納を理由に地主から解除された場合、借地期間満了で地主に正当事由がある場合、定期借地権で期間が満了する場合等が考えられる。

住宅資金特別条項を定めた再生計画が小規模個人再生と給与所得者再生によるときは、この規定を織り込んだ不認可事由が規定されている(民再231条1項・241条2項1号)。

10　再生計画認可決定の確定の効力

住宅資金特別条項を定めた再生計画の認可決定が確定したときは、対象抵当権の被担保債権は権利変更を受けて遅滞がなくなり、被担保債権が再び遅滞にならない限りその敷地も含めて抵当権の実行をすることができず、その被担保債権である住宅資金貸付債権は、住宅資金貸付契約で住宅資金特別条

項に従った定めがされたものとみなされ、それに従った弁済がされる（民再203条2項）。基本的に、期限の利益以外の点は原契約どおりということである。

また、認可決定が確定したときは、住宅資金貸付債権や保証会社の求償権の保証人や連帯保証人等に対して住宅資金特別条項による権利変更の効力が及ぶ（民再203条1項）。通常の再生手続の場合は権利変更の効力は及ばないのが原則である（民再177条2項。附従性の例外）が、これをそのまま適用すると保証人等が代位弁済をした場合は対象抵当権に代位することになり、そのまま実行されてしまうと住宅を失うことになり、本来の目的が達成されないから、その効力を及ぼすこととしたものである。

なお、再生債務者が連帯債務者の一人である場合はその一人に与えた期限の利益の効果は他の連帯債務者には及ばない（民440条）が、住宅資金特別条項で与えられた期限の利益は他の連帯債務者にも及ぶものとしている（民再203条1項）。

11 保証会社による代位弁済がある場合

(1) 巻戻し

保証会社の代位弁済（保証債務の全部履行）後6カ月以内に再生手続開始の申立てがされた場合（民再198条2項）は、再生債務者が提出した特別条項を定めた再生計画の認可決定が確定すると、この代位弁済はなかったものと擬制されることになる（民再204条1項）。これを「巻戻し」と呼んでいる。

この巻戻しの法的性質は、他に類をみない特別なものである。

代位弁済はなかったものとみなされるので、保証会社の求償権は遡及的に消滅し、保証債務が復活する。住宅資金貸付債権は弁済による代位がなかったことになるから、保証会社から本来の住宅資金貸付債権者に復帰する。本来の住宅資金貸付債権者は、保証会社から履行を受けた保証債務にかかる金員を不当利得として保証会社に返還しなければならない。

この巻戻しの効果は絶対的に生じ、後に住宅資金特別条項を含む再生計画が取り消されてもその効力に影響を及ぼさない（民再206条2項）。

この巻戻しの効果には例外があり、①保証会社が保証債務の履行により取

得した権利に基づき再生債権者としてした行為（民再204条1項ただし書）、②認可決定確定前に再生債務者が保証会社に対してした求償債務の弁済（同条2項）は影響を受けない。

上記①は、このような効力まで消滅させると再生手続に混乱が生じるからである。保証会社が他の再生債権に対して異議を述べ、その異議に基づく確定手続がすでに終了しているような場合がその典型例だとされる。

上記②は、法律関係が複雑化するのを避ける趣旨で、再生債務者はその弁済額については、復帰した住宅資金貸付債権の債権者である住宅資金貸付債権者に重ねて弁済をする必要はなく、その弁済額は保証会社が住宅資金貸付債権者に交付することになる。実際には保証会社は住宅資金貸付債権者から保証履行額の返還を受けるからその返還請求権と相殺することになろう。

(2) 巻戻しの効力と競売費用の負担

前述のとおり、担保不動産競売が進行していても、中止命令により競売手続を止め（民再197条1項）、その間に、住宅資金特別条項を定めた再生計画の認可決定が確定した場合、競売手続は取り消されるが（民執183条1項3号・2項）、それまでに生じた競売費用の負担が問題となる。この点、住宅ローン契約の際の約定により再生債務者が競売費用を負担すべきであっても、共益債権には該当せず、再生債権と解する下級審裁判例がある[30]。

---

[30] 大阪高判平成25・6・19金商1427号22頁。

第2節　個人破産

I　個人破産の特色と傾向

1　個人破産の特色——特に消費者破産の特色

　個人破産は、事業を行っていない自然人（消費者）が、経済的に破綻したことを理由に、経済生活の再生のために債務の免責を受けることを目的として自己破産を申し立てる場合が圧倒的に多い。個人であっても事業を営む者（個人事業者）の場合や、法人である中小企業の経営者（法人代表者）が法人の債務の連帯保証をしており、法人の破産に伴い自らも破産手続開始申立てを行う場合も一定数ある（例外的に債権者申立てによる場合もある）
　破産法は、民事再生における小規模個人再生、給与所得者等再生の特則のように個人破産の特則というような規定はおいていないが、法人破産との大きな違いとして、免責・復権制度がある。
　ここで、消費者破産の特色につきまとめて述べる。
　特色の第1は、破産手続が選択されるのは、免責による経済生活の再生を目的とするものであることである。消費者の債務は消費者金融等の貸金業者からの借入金が多く、定期的な収入がない、一挙に債務の免除を受けたいなどの理由で、破産者とされても免責を受けようとするのである。
　特色の第2は、破産事件の大半を占めていることである。消費者金融等からの借入れによる多重債務者の債務整理の方法として、免責制度に着目され、破産手続が消費者金融等から借入金の債務整理の一方法として利用されるようになった昭和50年代後半から、爆発的に利用件数が増大して、それ以降は破産手続開始の申立件数の大半を占めるようになっている。平成12年から特定調停制度が、平成13年から個人再生制度（小規模個人再生、給与所得者等再生）が施行されたが、依然として破産の利用は多い状況にある。

特色の第3は、債務のほとんどが消費者金融等の貸金業者からの借入金であり、ほとんどが一般の破産債権で、債権者の数も少なく、債権額も多額ではなく、財団債権や優先的破産債権となる公租公課の負担もあまりないということである。債務の内容はほとんどが無担保の小口の高利の借入金で、債権者も数社から十数社程度の場合が多い。

特色の第4は、資産をほとんど有しておらず、申立事件のほとんどは破産手続の開始決定と同時に破産手続が廃止される同時廃止となるが、管財事件として異時廃止や多少の配当が可能な事案もあるということである。配当が可能な場合でも、債権者数が少なく、同種の債権が多く、配当財源も僅少であるから、少額型の簡易配当となるのが通常である。

特色の第5は、破産手続開始前の法律関係に複雑なものはほとんどないということである。消費者は事業者ではないから、それ程複雑な法律関係があるわけではなく、管財事件でも特別の法律関係の処理を行うことが多いわけではない。問題となるのは、継続的供給契約（ガス・水道・電気の供給等）、賃貸借契約（消費者は賃借人）、労働契約（消費者は労働者）の処理程度である。

特色の第6は、経済生活の破綻の原因は類型化されることである。消費者金融等の高利の金融に手を出す理由は、生活費や遊興費の補填がその大半である。つまり収入では消費等による支出を賄いきれないことが大きな原因である。支出超過になる原因は、本人や親族の病気等による不時の出費、倒産等によるリストラ、保証先の倒産による保証債務の履行といった本人自体を一概に責められないようなものもあるが、収入につり合わないような消費（浪費）やパチンコ、競馬、競輪といったギャンブルの場合も多い。最近まで、金融機関は、個人消費者向けの小口の無担保貸付はほとんど行ってこなかったし、利息制限法を超過する高利による小口の無担保貸付を業とする消費者金融等の貸金業者から安易に借入れができ、その元利金の負担に耐えかねて返済のための借入れによって債務が雪だるま式に増大していって破綻するという例が多かった。

特色の第7は、各破産裁判所において定型的な大量処理が行われているということである。倒産原因も似たような原因で、債務は類似し、有する資産

の内容も類型化できる同じようなものであり、複雑な法律関係はないし、膨大な量の事件処理に対応するため、各地の裁判所は、運用基準を定めて、定型的な申立書式等を整備しマニュアル化して、破産申立てから免責まで流れ作業のように事件処理を行っているのが実情である。

消費者の破産の場合、破産手続の開始決定と同時に廃止決定、その後に免責許可決定という流れが大半であるが、破産手続の開始決定と同時に破産管財人が選任され、その後、配当がなく異時廃止決定または簡易配当による破産手続の終結決定、最後に免責許可決定という場合もある。

本節では、上記の特色に沿って、法人破産や事業者破産で述べたことの繰り返しはできるだけ避けることとして、最初に個人破産の手続の概略を説明したうえで、破産手続の流れに従い説明する。その後に連動する免責手続、復権についても説明する。

2 個人破産の手続の概略

裁判所に対し破産手続開始申立てがあり（破18条1項。債務者自らが破産手続開始申立てを行う自己破産が多い）、裁判所が審査のうえ破産手続開始決定をすると（破30条1項）、破産者に対し破産手続開始前の原因に基づいて生じた財産上の請求権を有する債権者は、一般の破産債権者として個別の権利行使が禁止される（破2条5項・100条1項）。債権者平等原則の下、破産手続に参加するには、裁判所に対し破産債権の届出を行う必要があり（破111条1項）、債権調査手続を経て確定した破産債権により、配当を受けることになる。債務者は、破産者となり、破産手続開始時に有する総財産は破産財団となり（破34条1項。固定主義）、破産手続開始決定と同時に選任される破産管財人に破産財団の管理処分権が専属し（破78条1項）、破産財団は破産管財人により占有、管理、換価される（なお、破産者が自由に管理処分可能な自由財産（破34条3項）と破産財団中の財産で自由財産の範囲の拡張の裁判があった財産（同条4項）を除く）。その間に、裁判所において財産状況報告集会（破31条1項2号）等の債権者集会が開催される。

このように、破産債権については、破産手続において集団的に確定させ（平常時は、民事裁判により確定判決を得る）、破産管財人が破産財団を換価し

て形成した配当財団につき、配当手続により分配を受けることとなる。

ただし、担保権者は、別除権者とされ（破65条1項）、破産手続によらずに担保権の実行が可能である。この点は、個別の権利行使禁止の例外となる。したがって、住宅ローンを組んで所有する自宅不動産がある場合、破産管財人により任意売却されるか（破78条2項1号・14号）、抵当権を有する住宅ローン債権者（担保権者）による担保不動産競売（民執180条以下）により強制換価されるため、破産者は手放さざるを得ない。

破産者の将来収入は、破産者の新得財産として自由財産となり（破34条1項。固定主義）、破産財団のみを供出することで、それ以上の負担は原則としてない。個人再生が将来収益を弁済原資として想定している点とは異なる。

配当可能な破産財団（配当財団）が形成できた場合には、確定した破産債権に対し配当（破193条以下）を行い、破産手続は終結する（破220条1項）。配当ができない場合には、破産手続を廃止する（217条1項。異時廃止）。

ただ、個人の場合、その有する財産が乏しい場合が多く、前述した破産管財手続を経るための手続費用を賄うこともできない場合がある。かかる場合には、破産手続開始決定と同時に破産手続を廃止し（破216条1項。同時廃止）、破産手続を簡略化している（後述するが、破産事件の約6割が同時廃止で終了している。約4割が管財事件となっている）。

個人の場合、破産手続開始決定を受けただけでは、破産債権の請求権は残るため、別途、免責手続を設け（破248条以下）、免責許可決定が確定した場合に、破産債権につき免責されることになっている（破253条1項）。ただし、免責不許可事由が定められており（破252条1項）、裁量免責の余地もあるが（同条2項）、免責不許可の可能性がある。

破産すると、各種法律上の資格制限がある（個人再生では資格制限はない）。その後、免責許可決定の確定により当然復権する（破255条1項1号）。

3　個人破産手続の利用状況

(1)　破産申立て件数の推移

破産事件の中では、個人破産が圧倒的に多い。バブル崩壊後の倒産事件の激増期に倒産法制の大改正が行われ、現行の破産法が平成16年に成立したが

I 個人破産の特色と傾向

〈表3〉 破産新受件数の内訳と推移

	新受件数（件）	個　人（件）	割　合（％）	法人その他（件）	割　合（％）	うち債務者申立て（件）	割　合（％）
平成15年	251,800	242,849	96.4	8,951	3.6	817	0.3
平成16年	220,261	211,860	96.2	8,401	3.8	859	0.4
平成17年	193,179	184,923	95.7	8,256	4.3	971	0.5
平成18年	174,861	166,339	95.1	8,522	4.9	819	0.5
平成19年	157,889	148,524	94.1	9,365	5.9	643	0.4
平成20年	140,941	129,883	92.2	11,058	7.8	729	0.5
平成21年	137,957	126,533	91.7	11,424	8.3	702	0.5
平成22年	131,370	121,150	92.2	10,220	7.8	600	0.5
平成23年	110,451	100,736	91.2	9,715	8.8	542	0.5
平成24年	92,555	82,902	89.6	9,653	10.4	542	0.6
平成25年	81,136	72,287	89.1	8,849	10.9	510	0.6
平成26年	73,370	65,394	89.1	7,976	10.9	456	0.6
平成27年	71,533	64,081	89.6	7,452	10.4	456	0.6
平成28年	71,838	64,871	90.3	6,967	9.7	442	0.6

※司法統計およびNBL1098号37頁から作成。

（以下、この改正前後の破産法をそれぞれ「旧法」「現行法」ともいう）、その前年の平成15年が破産事件数のピークで、現行法が施行された平成17年にはすでに破産事件は減少しており、その後も一貫して減少傾向にある。その中でも個人破産の減少が著しい（なお、平成28年は若干であるが増加した）。平成18年の貸金業法の改正により導入された総量規制により、かつて指摘された倒産予備軍が大幅に減少していると思われる。また、過払金返還請求を行うことで、破産手続に至らない場合も相当数あったと思われる。

これに対し、法人破産は一定数あり、平成20年のいわゆるリーマンショック後増加に転じ、その後は、中小企業金融円滑化法により破産事件は減少傾向にある。ただ、同法は平成25年3月末日で終了しており、今後の動向が注目される。

〈表4〉 破産手続開始決定（破産宣告）件数の内訳と推移

	破産手続開始決定（破産宣告）件数（件）	同時廃止（件）	割合（％）	破産管財人選任（件）	割合（％）
平成15年	254,281	229,158	90.1	25,123	9.9
平成16年	219,408	195,326	89.0	24,082	11.0
平成17年	192,733	166,222	86.2	26,511	13.8
平成18年	173,060	143,675	83.1	29,305	16.9
平成19年	156,136	123,407	79.0	32,729	21.0
平成20年	139,326	101,516	72.9	37,810	27.1
平成21年	135,180	95,239	70.5	39,941	29.5
平成22年	129,576	91,725	70.8	37,851	29.2
平成23年	110,079	74,143	67.4	35,936	32.6
平成24年	91,441	58,365	63.8	33,076	36.2
平成25年	80,188	49,332	61.5	30,856	38.5
平成26年	72,296	43,588	60.3	28,708	39.7
平成27年	69,134	41,692	60.3	27,442	39.7
平成28年	69,714	41,391	59.4	28,323	40.6

※司法統計およびNBL1098号37頁から作成。

(2) 同時廃止と破産管財人選任数の推移

旧法下では、同時廃止事件が約9割、破産管財人が選任される管財事件が約1割であったが、現行法が施行された平成17年以降、自由財産拡張制度は管財事件のみで利用可能とされていることも大きく影響し、管財事件が増えていった。また、いわゆる少額管財手続の導入で低廉な予納金で破産管財人を選任する運用が進み、資産調査型や免責観察型（免責調査型）として破産管財人が選任される事案も多くなった。今では、同時廃止事件が約6割、管財事件が約4割という状況に至っている。

II 破産手続開始の申立て

個人で消費者金融等の貸金業者からの借入金の弁済ができなくなる場合に

選択する倒産処理手続は、前述したとおり、①任意整理（債務整理、私的整理）、②特定調停、③個人再生、④破産があるが、①任意整理、②特定調停、③個人再生は、将来収入からの弁済を想定しており、定期的な収入があることが前提となるので、当該債務者に定期的な収入がない場合や、定期的な収入があっても、負債の額が過大で個人再生等にはなじまない場合、定期的収入を弁済原資に充てないで破産者とされても免責を受けたいというような場合などに破産手続が選択されることになる。

法的整理につき、個人再生が可能な場合でも、破産を選択するかどうかは債務者の自由である（個人再生前置主義はとられていない）。

ただし、破産手続を選択する場合は免責による生活の再建が目的であるから、相当程度の免責不許可事由があり裁量免責も受けられないような場合は破産手続選択の意味があまりない（このような場合は定期的収入があれば個人再生等を選択することになる）ということになる。

1 破産手続開始原因と破産手続開始申立て

(1) 破産手続開始原因

自然人（個人）の場合、破産手続開始原因は、支払不能である（破15条1項。なお、支払不能の定義は破2条11項）。個人破産の場合は、消費者金融等の貸金業者に弁済ができなくなり、自己破産の申立てをする場合が多く、ほとんど例外なく支払不能で、破産手続開始原因の有無が問題となるようなことは実務上はほとんどない。多くは、弁護士が代理人となり、受任通知を送った段階で支払停止となり、支払不能が推定される（破15条2項）。

(2) 破産手続開始の申立権者

申立権者は、債務者と債権者である（破18条1項）が、実務では自己破産がほとんどである。なお、個人の債務者は、日本国籍の有無に関係なく、日本国内に営業所、住所、居所または財産を有していれば、破産手続開始の申立てができる（破3条・4条）。

(3) 破産手続開始申立て

(ア) 申立手続

破産手続開始の申立ては、必要事項を記載した書面で行う（破20条、破規

1条・13条・14条)。

同時廃止事案の場合、同時廃止決定は裁判所が職権で行う(破216条1項)が、この職権の発動を促す目的で同時廃止の申立て(上申)も行っている。

なお、破産と免責は異なる手続であるが、現行法では両手続を実質的に連動させ、自己破産の場合、反対の意思を表明しない限り破産手続開始の申立てと同時に免責許可の申立てがあったものとみなされる(破248条4項)。

(イ) 管轄裁判所

個人破産の場合、原則的な管轄裁判所は、債務者の普通裁判籍を管轄する地方裁判所である(破5条1項)。人の普通裁判籍は、住所により、日本国内に住所がないとき、または住所が知れないときは居所によって定まることになる(民訴4条2項)。

個人事業者の場合、営業者であり、その主たる営業所の所在地を管轄する地方裁判所である(破5条1項)。法人代表者の場合、法人の破産事件等が係属している地方裁判所にも関連土地管轄が認められている(破5条6項)。

また、①相互に連帯債務者の関係にある個人、②相互に主たる債務者と保証人の関係にある個人、③夫婦について、そのうちの1名について破産事件が係属する裁判所にも他の者の破産事件の管轄権が認められる(破5条7項)。

(ウ) 費用と国庫仮支弁

破産手続開始の申立てをするときは、申立人は、破産手続の費用として裁判所の定める金額を予納しなければならない(破22条1項)。実務上は、費用(予納金)の目安を各裁判所が定めているが、消費者破産の場合は同時廃止のときは1万数千円(官報公告費用)、管財事件のときは最低20万円程度とする裁判所が多い。予納がないときは、破産手続開始申立ては棄却される(破30条1項1号)。

この費用について、裁判所は、申立人の資力、破産財団となるべき財産の状況その他の事情を考慮して、申立人および利害関係人の利益の保護のため特に必要があると認めるときは、破産手続の費用を仮に国庫から支弁することができる(破23条1項。国庫仮支弁)。

ただ、実務上は、個人破産の場合は大半が同時廃止事案で費用が低廉であることや、民事法律扶助により弁護士費用等を日本司法支援センター(法テ

Ⅱ 破産手続開始の申立て

ラス）が立て替えるという運用が行われているので、国庫仮支弁の要件が厳しいこともあって、国庫仮支弁の制度はほとんど利用されていない。

2 破産手続開始決定

(1) 破産手続開始決定

破産手続開始原因事実があり、棄却事由に該当する場合を除き、裁判所は破産手続開始の決定をする（破30条1項）。

同時廃止の要件があるときは、破産手続開始決定と同時に破産手続廃止決定をする（破216条1項）。

管財事件となる場合は、裁判所は、破産管財人の選任やその他の同時処分や付随処分を行うことになる。この場合は法人破産の場合と同様である。

(2) 破産手続開始決定の私法上の効果

個人、特に消費者を契約当事者とする典型的な契約は破産によってどのようになるか、継続的供給契約、賃貸借契約、労働契約について述べる。なお、取締役の資格制限との関係で、委任契約についてもみておく。

(ア) 継続的供給契約

ガス・上水道・電気の供給契約は、ガス会社等の破産者の契約相手方が継続的給付の義務がある双務契約で破産手続開始時点では双方の債務が未履行の状態にある。

管財事件の場合は、継続的供給契約の相手方は破産手続開始申立て前の給付にかかる破産債権の弁済がないことを理由に破産手続開始後は給付の履行を拒むことができない（破55条1項）。この破産債権は、一般先取特権の被担保債権（民306条4号・310条）であるから破産手続開始前6カ月分は優先的破産債権、それ以前の部分は一般の破産債権となる。破産手続開始申立て後、破産手続開始までの給付に対する請求権（一定期間ごとに債権額が算定される場合は申立日の属する期間の給付に対する請求権も含む）は財団債権となり（破

---

1 法律扶助は、財団法人法律扶助協会により行われていたが、法テラスに引き継がれた。なお、破産予納金は、原則として法テラスの立替えの対象とならないが、生活保護受給者に対しては20万円を限度として法テラスから直接裁判所に支払われる。この点につき、全国倒産処理弁護士ネットワーク編『破産実務Q&A200問』12頁参照。

55条2項)、破産財団から弁済されることになる。破産手続開始後の給付に対する請求権はそれが破産財団のための給付であれば財団債権となる(破148条1項2号)が、破産者の生活のための給付(消費者の場合はこれが通常である)であれば財団債権とはならず、破産者が自由財産(新得財産)で支払うことになる。[2]

ちなみに、下水道使用料請求権は地方税の滞納処分の例によって徴収することができるから租税等の請求権の一種である(地方自治法231条の3第3項・附則6条3号、下水道法20条)。

(イ) 賃貸借契約

個人破産で問題となるのは、居住用の建物賃貸借契約の場合の賃借人の破産である。平成16年の破産法の改正に伴い、賃借人の破産による解約の申入れを定めた旧民法621条の規定が削除された。

賃貸借契約は双務契約で賃借人に破産手続が開始された時点では常に双方の債務が未履行であるから、双方未履行双務契約の処理規定が適用される(破53条)。したがって、破産管財人は履行と解除の選択が可能となるが、個人破産の場合は、賃貸借契約の目的物である建物が破産者の住居である場合(実務上はこれが大半である)は、賃貸借契約を解除することは破産者の生活の本拠を奪うことになり再建の観点から妥当ではない。一方で敷金返還請求権は破産財団に属する財産となるが、破産手続開始後の賃料は財団債権となる(破148条7号または8号)ので、破産財団から賃料を支出しなければならないということになる。そこで、破産者が継続して当該建物の利用を望むときは、居住用建物の敷金返還請求権を自由財産拡張することにより(破34条4項)、賃貸借契約が自由財産関係になったと解し[3]、破産者が自由財産から今後の賃料を支払って居住ができるようにしている。[4]

なお、建物賃貸人は、賃借人の破産を理由として賃貸借契約を解除することができない。賃貸借契約の賃借人が破産した場合、賃貸人は賃貸借契約を解除することができる旨の特約があっても、この特約は借地借家法に違反し

---

2 野村剛司ほか『破産管財実践マニュアル〔第2版〕』640頁の一覧表を参照。
3 山本和彦ほか『倒産法概説〔第2版補訂版〕』205頁。
4 野村ほか・前掲(注2)221頁。

て無効である（借地借家30条）。

　　(ウ)　労働契約

　個人破産では、多くの場合、労働者の破産の場面となる。会社員等の労働者に破産手続が開始された場合、労働契約には影響しない。この点、民法631条のような特別の規定もない。したがって、労働者が破産手続を選択した際に、退職する必要はなく、使用者も労働者が破産したことをもって不利益に取り扱ってはならない。

　労働契約は労働者がその自由意思に基づいて締結または継続すべきものであり、双方未履行双務契約の処理規定の適用はないとするのが通説である[5]。

　また、退職金があるときは、破産者の将来の退職金請求権のうち破産手続開始前の労働に対する部分で自由財産となる部分（民執152条2項で4分の3が差押禁止財産であり自由財産となる）以外は破産財団に属する財産となるが、破産管財人は労働契約を解除することはできないし、破産者に退職を勧告することも破産者の経済生活の再建という観点から妥当ではない。そこで破産手続開始時点の退職金見込額の8分の1相当額程度（使用者の倒産や懲戒解雇で不支給になる等の不確定要素を勘案して差押え可能額の半分ということである）の額を自由財産拡張したり（破34条4項）、自由財産拡張が認められない場合には、破産者の自由財産や親族等からの援助を受けて破産財団に組み入れるとする取扱いが多い[6]。

　労働契約は労働者の破産によって影響を受けないから、労働者は、管財事件の場合でも破産手続開始後の労働に対する給料は新得財産として自由に処分することができ、生活や再建の原資とすることができる。

　使用者は、労働者の破産を理由に解雇できない（解雇権濫用である。労契16条）。破産に至るまでの労働者の行為が就業規則や懲戒規定に抵触して懲戒処分を受けることがあることは別の問題である。また、破産は労働者の経済生活の破綻であるから、担当業務が金銭を扱うような部署の場合は、破産を理由として配置転換を受ける可能性はある。破産手続の開始自体は公務員として欠格事由でも懲戒事由でもないから、任命権者は公務員に破産手続が開

5　伊藤眞『破産法・民事再生法〔第3版〕』392頁。
6　野村ほか・前掲（注2）148頁・296頁。

始されたことをもって分限処分や懲戒処分をすることはできない。
　　　㈣　委任契約
　破産者が、会社の取締役となっていた場合、資格制限はなくなったが（会社法施行前の旧商法254条の2第2号では、取締役の欠格事由とされていたが、会社法では削除された（会331条））、会社との委任契約は破産手続開始決定により終了するため（会330条、民653条2号）、（臨時）株主総会で改めて取締役に選任される必要がある。

Ⅲ　同時廃止による破産手続の終了

1　破産手続開始決定と同時廃止決定

　破産者の財産が乏しく、破産管財人を選任して重厚な破産管財手続を行うだけの費用と労力が意味をなさない場合には、破産手続開始決定と同時に廃止決定を行い（破216条1項）、免責手続に進む。同時廃止の規定としては、破産財団をもって破産手続の費用を支弁するのに不足すると認めるときは、裁判所は、破産手続開始決定と同時に破産手続廃止の決定をしなければならない、とされている。
　前述のように、同時廃止は裁判所が職権で行うものであるが、実務上は破産手続開始の申立てに際して財団不足であるから同時廃止の決定を求めるという職権の発動を求める同時廃止の申立て（上申）を行うという定型的な書式を定めて大量処理を行っている。
　個人破産では、債務者が保有する資産が乏しいことが多く、同時廃止の申立てを行う事案が多いが、現行法に自由財産拡張制度が導入され、現在の運用では自由財産拡張は管財事件でのみ適用されるとされていることから、債務者が自由財産拡張を求める場合は、管財事件となり、管財人選任率が増加している（約4割となっている）。
　また、同時廃止では破産管財人が選任されないので、債務者が財産を隠匿する危険があり、実務では、各裁判所は同時廃止と管財事件の振り分け基準を設けて、破産手続開始申立書に資産と負債に関する明細と詳細な資料の添

付を要求し、また、同時廃止の申立てには、あらかじめの債権者からの債権調査票の提出や免責に関する債権者の意向調査を申立代理人に行わせて、同時廃止の可否を判断するという運用をする裁判所が多い。

2 同時廃止基準

同時廃止事件とするか破産管財事件とするかの振り分けは、各裁判所の運用基準により違いがある。本来的自由財産や管財事件のみで適用されるとされる自由財産拡張制度とは連動していない。

たとえば、東京地方裁判所の場合は、破産管財事件の最低予納金である20万円の資産があれば（それが本来的自由財産に該当する99万円以下の金銭（現金）であっても）、破産管財事件となる。大阪地方裁判所の場合は、本来的自由財産である99万円以下の金銭（現金）と他の個別資産（自動車や保険等のジャンルごとに20万円未満のもの）を合計して99万円までであれば同時廃止となりうる（なお、個別資産が20万円以上の場合は、その全額を按分弁済することにより（事実上の配当をすることになる）、その資産をなくし同時廃止とすることが可能となる）。そのほかにも、現金も含む総資産の合計額が50万円（40万円等の場合もある）までであれば同時廃止になるとする裁判所もある。

個別財産の評価については、たとえば、将来の退職金請求権がある場合は、破産手続開始時に退職したとしたら支給を受けられる見込額の8分の1（差押禁止部分の4分の3（民執152条2項）を除く4分の1につき、将来の不支給のリスクを考慮している）とする運用が大半である。不動産を有している場合は同時廃止の対象としない運用と、不動産があっても担保権がありオーバーローンの場合は同時廃止の対象とするという運用がある。否認の対象となるような行為があったと考えられる場合や、消費者金融等からの借入金について利息制限法による充当を行えば過払金返還請求（不当利得返還請求）ができるような事案は同時廃止の対象とはしないというような運用もある。

このような運用基準は各裁判所によって外部に公表されており、申立人が同時廃止を選択するかどうかの判断基準として利用できることになるが、上記のように裁判所ごとに基準が異なることは、同じ事案でも管轄裁判所が異なると同時廃止になったり破産管財事件になったりすることになるから、利

用者の側からいえば基準が異なることはあまり好ましいことではないが、各裁判所において、さまざまな考慮をしたうえでできあがった基準であり、運用の中で改善すべき点があれば、改善されていくことになろう。

　また、同時廃止基準は、現行法で創設された自由財産拡張制度における運用基準と連動する取扱いをするかどうかが問題となる。自由財産拡張制度は、破産管財人の調査や意見が前提となり（破34条5項）、管財事件の場合に限って認められる制度であるとして法的には連動しない取扱いとなっている。もっとも、管財事件の場合に自由財産拡張の運用基準を設けて、原則として基準内のものには拡張を認めるという実務運用をするときには、最初から自由財産拡張の運用基準と同時廃止基準を連動させておいて、あえて管財事件にまではしないという運用方針も考えられるところである。実務では、連動させないで運用している裁判所がほとんどのようである。

　破産手続開始の申立て直前に預金を引き出したり、生命保険を解約して現金化する等、破産手続開始の申立て直前の財産の現金化（直前現金化）につき、同時廃止基準や自由財産の拡張基準とも関連して、種々の運用がある。同時廃止基準に影響しない、有用の資にあてた場合は問題としない、有用の資にあてた場合以外は後記の按分弁済の対象とする等、さまざまである[8]。

3　同時廃止のための按分弁済

　債務者が同時廃止基準を超過する財産を有している場合は、同時廃止はできず、破産管財人を選任する管財事件となることになるが、旧法下では、超過する財産を債権者に按分弁済して減少させて、手続自体は同時廃止にするという運用をする裁判所が多かった。現行法下でも従来と同様にこのような運用をする裁判所と、この運用を廃止して原則として管財事件とするという

---

[7] 現行法施行後の運用状況につき全国調査の結果を発表した文献として、小松陽一郎＝野村剛司「新破産法下の各地の運用状況について—同時廃止および自由財産拡張基準全国調査の結果報告」事業再生と債権管理109号94頁がある。平成29年以降、全国的に同時廃止基準の見直しが行われており、その詳細は、野村剛司編著『実践フォーラム破産実務』241頁以下参照。同時廃止のための按分弁済の運用も廃止されることになった。

[8] 直前現金化と自由財産拡張の関係につき、全国倒産処理弁護士ネットワーク編・前掲（注1）60頁参照。

運用をする裁判所に分かれている。

　超過財産を債権者に按分弁済するという運用は、本来は管財事件として破産管財人が配当の方法で分配すべきところ、管財人報酬が必要であることや配当までの手続に時間がかかること、破産管財人の給源の問題等もあり、申立代理人が主導して債権額に応じた按分弁済という否認権の行使を受けない方法で破産財団に属する財産を減少させて同時廃止を行って早期に破産手続を終了させるという処理のために考え出された方法である。按分弁済が要求される額は同時廃止基準との関係で裁判所によりさまざまである。

4　同時廃止決定の効果

　裁判所は同時廃止の決定をしたときは、破産手続開始決定の主文とともに、同時廃止決定の主文と理由の要旨を公告して、これを破産者に通知する（破216条3項）。

　廃止決定に対しては即時抗告が可能である（破216条4項）が、即時抗告には執行停止の効力がない（同条5項）ので、確定によって効力を生じる異時廃止（破217条8項）とは異なり、確定前でも同時廃止決定により破産手続終了の効力が発生することになるが、後に抗告審の同時廃止決定を取り消す決定が確定したときは、原審は管財人の選任等の同時処分や公告等の付随処分を行うことになる（破216条6項・31条・32条）。

　同時廃止決定によって破産手続の開始と同時に破産手続が終了するから、破産管財人は選任されず、破産手続は行われないが、破産手続開始の効力はいったん発生することに変わりはなく、資格制限などの効果も生じる[9]。

　破産債権者は、破産手続が終了すると破産債権に基づく個別的な権利行使ができることになるが、ほとんどの事件で免責の申立てが連動するので（現行法では、みなし申立てとなっている。破248条4項）、破産債権に基づく強制執行等の個別的な権利行使は、同時廃止による破産手続終了後、免責申立てについての裁判が確定するまでは禁止される（破249条1項）。この点、すでに給料債権が差押えされていた場合、破産管財人が選任される管財事件の場

---

[9]　伊藤・前掲（注5）179頁。

合は、破産手続開始決定の効果として失効するが（破42条2項）、同時廃止の場合はそうではなく、中止となり（破249条1項）、免責許可決定の確定をもって失効する（同条2項）。

Ⅳ　管財事件

1　破産手続開始決定と同時決定事項

　管財事件の場合、裁判所は、破産手続開始決定と同時に破産管財人の選任等の同時処分（破31条1項）と、官報公告等の付随処分（破32条1項）を行う。
　同時決定事項は、①破産管財人の選任、②破産債権届出期間、③財産状況報告集会、④破産債権調査期間または期日である。このうち、管財事件であることから、上記①は当然として、上記②④については、配当可能事案でない限り定めない、いわゆる「留保型」が採用されており（破31条2項）、多くの事案で定められていない。なお、全件で定めたうえで、配当できず異時廃止で終了する事案では、債権調査期日を延期・続行することで債権調査を行わない運用もある。上記③は基本的に開催されている。

2　個人に対する破産手続開始の効果

　破産手続開始決定の効果については、法人の場合と変わりはなく、破産債権者は、個別の権利行使を禁止され、破産債権の届出・調査・確定手続に進む。また、債務者は「破産者」となり、その財産が破産財団として破産管財人に管理処分権が専属し、破産管財人が破産財団を占有・管理・換価していく（自由財産と自由財産の範囲の拡張された財産は、破産財団を構成しない）。そして、他の手続の失効等の効果もある。
　また、破産者が個人（自然人）の場合、破産手続が開始されても、権利能力にも行為能力にも制限を受けないが、破産者には、破産手続を円滑に進行させる必要等からいくつかの制限が課せられている。なお、破産手続開始決定を受けたことは、戸籍や住民票に載ることはなく、選挙権にも影響しない。

(1) 居住制限

　破産者は、裁判所の許可を得なければ、その居住地を離れることができない（破37条１項）。破産者に説明義務（破40条）を尽くさせるためには裁判所は破産者の所在を把握していることが必要なことから破産者に課せられる制限である。「離れる」については、原則として２泊以上の宿泊を含む旅行・出張等が該当し、海外については１泊でもあたるとされている。[10]

　居住制限に違反しても処罰の対象とはならないが、破産者の義務違反として免責不許可事由になりうる（破252条１項11号）。

　実際には、破産手続開始後も強硬・凶悪な債権者に追われて裁判所の許可を受けないで破産管財人にだけは所在を明らかにしながら所在を転々とする者もある。また、破産管財人の事実上の承認を受けて、国内旅行や仕事の関係で国内出張を行う場合もあり、住居を移転する場合にだけ裁判所の許可を受けていることが多い。

　破産者にも生活はあるし、説明義務が要求されるのは通常は破産手続開始の直後の場合が多く、裁判所は特別の事情（長期の外国出張等で、説明義務を尽くさせるのに支障を来すというような場合など）でもない限り、破産管財人の意見を聴いたうえ（実務上、破産管財人の同意を得たうえで許可申請している）、居住地を離れる許可をすべきであろう。なお、居住地を離れる許可の却下決定に対しては、破産者は即時抗告ができる（破37条２項）。

　なお、破産者と一定の関係にある者にも準用される（破39条）。

(2) 引　　致

　裁判所は、必要と認めるときは、破産手続開始前の債務者、手続開始後の破産者に引致状を発して引致を命じることができる（破38条１項～３項）。

　この「必要を認めるとき」とは、破産者が説明義務を尽くさなかったり、債務者・破産者が財産を隠匿したり、破産者が破産財団の占有管理を妨害したりするような行為をする場合をいう。

　引致決定に対しては、債務者または破産者は即時抗告ができる（破38条４項）。破産者と一定の関係にある者にも準用される（破39条）。

10　伊藤眞ほか『条解破産法〔第２版〕』324頁。

実務上は、引致の例はほとんどない。

(3) 説明義務

破産者やその代理人は、破産管財人、債権者委員会から請求があったときや、債権者集会の決議による請求があったときは破産に関して必要な説明をしなければならない（破40条1項）。これを説明義務と呼んでいる。

「破産に関する必要な説明」とは、資産・負債の状況、破産に至った事情等、破産手続を遂行するために必要な事実の説明をいう。

この義務は刑罰をもって強制されており、説明義務に反して説明を拒み、または虚偽の説明をしたときには、罰則が定められている（破268条1項）。

破産者が、この説明義務に反したときは、免責不許可事由に該当する場合がある（破252条1項11号）。

個人破産の場合は、実務上は自己破産が大半で、定型化された書式による申立書に添付される報告書によって説明義務の大半は果たしているといえよう。また、債権者委員会が設置されることもなく、債権者集会の決議による請求といったことも通常は考えられないから、破産者は、破産手続開始申立書やその添付書類では判明しない点（財産目録で漏れている財産が後に発見されることもある）等に関して、破産管財人からの質問に応じて事実や事情を説明するというのが、破産手続開始後の実際上の説明義務ということになる。

(4) 重要財産開示義務

破産者は、破産手続開始後遅滞なく、その所有する不動産、現金、有価証券、預貯金その他裁判所が指定する財産の内容を記載した書面を裁判所に提出しなければならないものとされている（破41条。重要財産開示義務）。破産者の財産を把握・調査する手段を強化する目的で導入されている。

破産者が提出を拒み、または虚偽の書面を裁判所に提出したときには、罰則が定められている（破269条）。

破産者が、この重要財産開示義務に反したときは、免責不許可事由に該当する場合がある（破252条1項11号）。

破産手続開始申立書の添付書類の財産目録（破規14条3項6号）に財産を漏れなく記載することが当然要求されており、実際上、重要財産の開示は、破産手続開始申立て段階で行われていることになる。したがって、破産手続

開始申立書添付の財産目録を流用することで足りる場合が多いが、記載漏れがあったり、その後に発見された財産があった場合は、別途その旨の書面を裁判所に提出することになる。

(5) 物件検査

破産管財人は、破産財団に関する帳簿、書類その他の物件を検査することができる（破83条1項）。破産者がこの検査を拒んだときは、罰則が定められている（破268条3項・1項）。

(6) 郵便物等の回送嘱託

裁判所は、破産管財人の職務の遂行のため必要があると認めるときは、信書送達事業者に対し、破産者にあてた郵便物等を破産管財人に配達すべき旨を嘱託できる（破81条1項）。裁判所は、破産者の申立てによりまたは職権で、破産管財人の意見を聴いて、回送嘱託を取り消し、または変更をすることができる（破81条2項）。裁判所の決定に対し、破産者または破産管財人は即時抗告ができる（同条4項）。ただし、回送嘱託決定に対する破産者の即時抗告には、執行停止の効力はない（同条5項）。

実務上は、原則として回送嘱託が行われており、郵便物から破産財団に属する財産が判明することもある。ただし、限界もある。[11]

(7) 破産財団に属する財産の引渡命令

たとえば、破産者が所有する不動産は、破産管財人の管理処分権に服する破産財団であるが、実際には破産者が自宅として居住している場合、破産管財人がこれを任意売却して買受人に目的物を引き渡そうとしても、破産者が任意に退去しないと実際には任意売却ができない。現行法は、かかる場合に、裁判所は、破産管財人の申立てにより、決定で、破産者に対し、破産財団に属する財産を破産管財人に引き渡すべき旨を命ずることができることとした（破156条1項）。この手続においては、破産者の審尋を必ず行わなければならず（同条2項）、引渡命令に対しては、破産者は即時抗告することができる（同条3項）。引渡命令は、確定しなければ効力を生じない（同条5項）。

実務上は、破産管財人は、破産者に対し、この引渡命令制度の存在を説明

11　野村ほか・前掲（注2）114頁。

し、任意の引渡しを求め、実際に引渡命令の発令までは進まないことが多い[12]。

なお、この引渡命令により、最終的には、断行まで可能となる。

3 他の手続への影響

(1) 他の手続の失効等

破産手続開始決定により、破産財団に属する財産に対する強制執行等の手続および国税滞納処分はできなくなる（破42条1項・43条1項）。すでになされている強制執行等の手続は失効する（破42条2項）。ただし、すでになされている国税滞納処分は失効せず、続行する（破43条2項）。

この点、個人の場合で関係するのは、給料債権の差押えがされていた場合が多いが、破産管財人が速やかに執行裁判所に連絡し、執行終了の上申書を提出することで、債権差押えは当然に終了する[13]。なお、注意すべき点として、同時廃止決定で破産手続が終了した場合には、破産法42条2項の適用はなく、同法249条1項で、中止されるにすぎず、免責許可決定の確定をもってようやく失効することになる（同条2項）。

また、破産管財人は、強制執行または先取特権の実行を続行することができる（破42条2項ただし書）。この場合には、無剰余取消し（民執63条・129条）は適用されない（破42条3項）。

(2) 訴訟手続の中断・受継

(ア) 破産財団に関する訴訟

破産手続開始決定により、破産者を当事者とする破産財団に関する訴訟手続は、中断する（破44条1項）。破産管財人は、中断した訴訟手続のうち、破産債権に関しないものを受継でき、相手方も受継申立てできる（同条2項）。

破産債権に関するものは、破産債権確定手続に従い、受継されることもある（破127条・129条）。この点、破産債権に関する訴訟については、破産管財人はすぐには受継できない点に注意すべきである。たとえば、貸金返還請求訴訟が第1審裁判所に係属中に被告である債務者が破産手続開始決定を受けた場合、その訴訟は中断し、原告である債権者は、破産手続内で破産債権の

---

12 野村ほか・前掲（注2）102頁。
13 野村ほか・前掲（注2）88頁。

届出を行う必要があり、債権調査において、破産管財人が認めず、または他の届出債権者から異議が述べられた場合は、無名義債権者である債権者（原告）は、異議者を相手方として受継の申立てを行う必要がある（破127条1項。同条2項で準用される125条に基づき、1ヵ月の不変期間内に行う必要がある）。

なお、個人の場合、留保型が多く、破産管財人が受継しないまま破産手続が終了することも多い。この場合、破産者は、当然に訴訟手続を受継することになる（破44条6項）。通常は、その後、免責許可決定の確定を抗弁として主張することになる。なお、債権者が非免責債権の再抗弁を主張した場合は、その審理が行われることになる。[14]

(ｲ) 身分関係に関する訴訟

個人の場合、離婚が関係することがある。たとえば、破産手続開始前に離婚訴訟等の身分関係に関する訴訟が係属していた場合、この訴訟は、破産財団に関する訴訟ではないので（破44条1項）、訴訟は中断せず、破産者がそのまま訴訟を追行することになる。

ただ、離婚訴訟の審理の対象としては、①離婚請求、②親権、③監護費用（養育費）、④財産分与、⑤年金分割および⑥慰謝料があり、上記①②は身分関係に関する訴訟であるが、上記③④となってくると破産財団に関する訴訟に該当する側面があるので、どの範囲で訴訟が中断するのか問題となる（たとえば、離婚に伴う財産分与は、離婚が成立していない以上具体的に発生していないのではないかとの疑問が生じたりもする）。事件が係属する家庭裁判所に確認が必要となる。[15]

(3) 破産登記

破産登記は、現行法では法人につき廃止されたが、個人については残っている（破258条1項）。ただ、旧法下においても、破産登記せずとも破産管財人が不動産の任意売却時の所有権移転登記が可能であったことから、破産登記を留保する運用を行っている裁判所が多かった。現行法下でも同様に、破産登記を留保する運用が行われている。もちろん、事案に応じて、破産登記

---

14 野村ほか・前掲（注2）93頁。
15 野村ほか・前掲（注2）95頁、全国倒産処理弁護士ネットワーク編・前掲（注1）101頁以下参照。

4 自由財産と自由財産の範囲の拡張

(1) 破産財団と自由財産の範囲

(ア) 固定主義と自由財産の範囲

　破産者が破産手続開始時において有するいっさいの財産が破産財団となる（破34条1項）。このことは、破産債権（破産者に対し破産手続開始前の原因に基づいて生じた財産上の請求権。破2条5項・第4章参照）に対する引き当てとなる責任財産を破産手続開始時で固定したことになる（固定主義）。

　このことから、①破産者が破産手続開始後に得た給料等の財産（新得財産）は、破産財団にならず、破産者が自由に管理処分できる「自由財産」となる。この点、個人再生が将来収益（将来収入）を再生債権の弁済原資として想定していることと異なる。

　また、破産手続開始時の破産者の財産の中でも破産財団にならないものがある（いっさいの財産とあるが、例外がある）。②差押禁止財産という意味での自由財産であり、㋐99万円以下の金銭（現金）および㋑差押禁止財産がある（破34条3項。法定の自由財産であり、実務上、本来的自由財産という）。この99万円は、民事執行法131条3号に規定する額（標準的な世帯の2カ月分の必要生計費を勘案して政令で認める額）である66万円の1.5倍の金銭のことである。また、差押禁止財産についても、民事執行法132条1項・192条の規定で差押えが許されたものと破産手続開始後に差押えができるようになったものを除く（破34条3項2号ただし書）。

　さらに、破産財団となったとしても、その後に破産管財人が破産財団から放棄した場合（破78条2項12号）には、その③破産財団から放棄された財産は破産者の管理処分権に戻るという意味で自由財産となる。

　このように、自由財産の範囲としては、三つの観点からみることになる。

(イ) 差押禁止財産

　前記(ア)②㋑の差押禁止財産は、民事執行法では、破産者の生活に欠くことができない衣服、寝具、家具、台所用品等（民執131条1号）、破産者の生活に必要な2カ月の食料と燃料（同条2号）、給料・賃金・退職手当の4分の

3相当額（民執152条）がその主なものであるが、特別法で差押禁止財産とされているものは、労働者の災害補償受給権（労災12条の5第2項等）、公的な保険給付受給権（厚年41条1項、国年24条等）、生活保護受給権（生活保護58条）など、広い意味での社会保障請求権を中心としてかなり多い。[16]

(ウ) 破産債権と自由財産の関係

破産債権は、破産手続によらなければ権利行使できないが（破100条1項）、自由財産のうち新得財産に対し権利行使できるのではないかとの問題が生じる（当然ながら、差押禁止財産に対しては権利行使できない。なお、民再85条1項参照）。この点、責任財産を破産手続開始時の財産に固定し（固定主義。破34条1項）、免責許可申立てについての裁判が確定するまでの間の強制執行が禁止されていることからしても（破249条1項）、破産法100条1項は新得財産についても適用され、破産債権者は権利行使できないと解すべきである。[17]

破産債権者からは権利行使できないとしても、破産者が自由財産から破産債権に対し任意弁済することができるかが問題となる。この点、判例は、破産者がその自由な判断により自由財産の中から破産債権に対する任意の弁済をすることは妨げられないとしたが、任意性は厳格に解すべきであり、少しでも強制的な要素を伴う場合には任意の弁済にあたるということはできないと判断した。[18]

(2) **自由財産の範囲の拡張**

裁判所は、破産手続開始決定時から開始決定確定後1カ月を経過する日までの間に、破産者の申立て、または職権で、破産管財人の意見を聴いたうえ、破産者の生活の状況、破産手続開始時の財産の種類および額、破産者が収入を得る見込みその他の事情を考慮して、破産財団に属しない財産の範囲を拡張する決定をすることができる（破34条4項・5項）。自由財産だけでは破産者の経済的な再建には不十分な場合も考えられるところから、現行法で新設された制度で、これを自由財産拡張制度と呼んでいる。

---

16 野村ほか・前掲（注2）287頁以下。差押禁止債権につき、東京地方裁判所民事執行センター実務研究会編著『民事執行の実務〔第3版〕——債権執行編(上)』187頁以下参照。
17 伊藤・前掲（注5）271頁。
18 最判平成18・1・23民集60巻1号228頁。

自由財産拡張制度は、破産管財人の意見を聴く必要があり（破34条5項）、管財事件を前提としているから、実務上、破産管財人も選任されない同時廃止事件には適用されないとされている。拡張の可否を判断するために、裁判所は破産管財人の意見を聴取しなければならないとされている趣旨は、破産管財人に拡張の可否に関する諸事情を調査させて、その結果を踏まえて裁判所が拡張の可否を判断するということである。

　破産者の自由財産の範囲の拡張の申立てを却下する決定に対しては、破産者は即時抗告ができる（破34条6項）が、拡張決定に対しては、破産管財人・破産債権者等の利害関係人は不服申立てができない。

　自由財産の範囲の拡張の裁判によって拡張された財産は、破産財団を離脱して破産者の自由財産になる。

　この自由財産拡張は、実務上、多くは破産管財人が拡張を相当と認め、その旨を財産目録に記載して裁判所に提出することで、黙示の自由財産拡張決定があったとする運用を行っている（明示の拡張決定を行う場合もある）。

　この点に関係して、自動車の自由財産拡張を認める場合、運行供用者の責任の問題が生じないよう、破産者から受領書を受け取り、自由財産拡張が認められた日を明確にしている[19]。このほかにも、自動車については、自由財産拡張でなく、破産財団からの放棄により処理する運用もある。

　また、保険解約返戻金や敷金返還請求権を自由財産拡張することにより、保険契約や賃貸借契約が自由財産関係になると解している[20]。

(3) 自由財産拡張の運用基準

(ア) 全国的な傾向

　自由財産の範囲の拡張の裁判は、条文上は、裁判所が破産管財人の意見を聴取して、個別の事案ごとに個別的な事情を勘案して拡張の可否を判断するということになっているが（破34条4項・5項）、多数の事案で自由財産の範囲の拡張の可否の判断が必要となり、この規定だけでは判断基準が明確ではないから、多くの裁判所では自由財産拡張の運用基準を設け、これを公表することで、予見可能性があり、事案間で不平等な処理が行われないよう、そ

19　野村ほか・前掲（注2）294頁。
20　野村ほか・前掲（注2）294頁・295頁、山本ほか・前掲（注4）205頁・238頁参照。

の基準に準拠して拡張の可否を判断する処理が行われている。

　全国的に、本来的自由財産の範囲内の現金を含めて、①預貯金、②保険解約返戻金、③自動車、④敷金・保証金返還請求権、⑤退職金債権（8分の1で評価）、⑥電話加入権といった拡張適格財産の総額が99万円以下である場合には原則として拡張相当とする「総額99万円基準」が普及している。総額99万円を超える自由財産拡張も認められているが、不可欠性の要件を課すなど、ハードルが高くなっている[21]。

　　(イ)　大阪地方裁判所の自由財産拡張基準

　代表例として、大阪地方裁判所の自由財産拡張制度の運用基準をあげておく（(資料1)参照）。

(資料1)　大阪地方裁判所の自由財産拡張制度の運用基準

○自由財産拡張制度の運用基準
1　拡張の判断の基準
　　拡張の判断に当たっては、まず①拡張を求める各財産について後記2の拡張適格財産性の審査を経た上で、②拡張適格財産について後記3の99万円枠の審査を行う。なお、99万円を超える現金は、後記2の審査の対象とはならず、後記3の99万円枠の審査の対象となる。

2　拡張適格財産性の審査
　(1)　定型的拡張適格財産
　　　以下の財産は、拡張適格財産とする。
　　①　預貯金・積立金（なお、預貯金のうち普通預金は、現金に準じる。）
　　②　保険解約返戻金
　　③　自動車
　　④　敷金・保証金返還請求権
　　⑤　退職金債権

---

[21]　自由財産拡張の運用基準につき全国調査の結果を発表した文献として、小松陽一郎＝野杁剛司「自由財産拡張制度の各地の運用状況——自由財産拡張基準全国調査の結果報告と過払金の取扱い」事業再生と債権管理118号107頁、野村剛司「自由財産拡張をめぐる各地の実情と問題点」自由と正義59巻12号52頁がある（後者では、自由財産拡張制度をめぐる問題点の検討も行っている）。実務の動向につき、野村編著・前掲（注7）251頁以下参照。

⑥　電話加入権

　⑦　申立時において、回収済み、確定判決取得済み又は返還額及び時期についての合意済みの過払金返還請求権
(2)　(1)以外の財産

　　原則として拡張適格財産とならない。

　　ただし、破産者の生活状況や今後の収入見込み、拡張を求める財産の種類、金額その他の個別的な事情に照らして、当該財産が破産者の経済的再生に必要かつ相当であるという事情が認められる場合には、拡張適格財産とする（相当性の要件）。
(3)　手続開始時に財産目録に記載のない財産

　　原則として拡張適格財産とならない。ただし、破産者が当該財産を財産目録に記載していなかったことにつきやむを得ない事情があると認められる場合については、その財産の種類に応じて(1)又は(2)の要件に従って拡張適格財産性を判断する。

3　99万円枠の審査

(1)　拡張適格財産の価額の評価

　　原則として時価で評価する。

　　ただし、敷金・保証金返還請求権（前記2(1)④）は契約書上の金額から滞納賃料及び明渡費用等（原則として60万円）を控除した額で評価し、退職金債権（同⑤）は原則として支給見込額の8分の1で評価し、電話加入権（同⑥）は0円として評価する。
(2)　現金及び拡張適格財産の合計額が99万円以下の場合

　　原則として拡張相当とする。

　　なお、後記(3)の場合に99万円超過部分に相当する現金を破産財団に組み入れることにより、財産の評価額を組入額分低減させ、実質的に拡張を求める財産の額を99万円以下とすることが可能である。
(3)　現金及び拡張適格財産の合計額が99万円を超える場合

　　原則として99万円超過部分について拡張不相当とする。

　　ただし、破産者の生活状況や今後の収入見込み、拡張を求める財産の種類、金額その他の個別的な事情に照らして、拡張申立てされた99万円超過部分の財産が破産者の経済的再生に必要不可欠であるという特段の事情が

認められる場合には、例外的に拡張相当とする（不可欠性の要件）。

　(ウ)　東京地方裁判所の換価基準等

　この点、東京地方裁判所では、換価を要しない財産（おおむね20万円以下は換価しない）を定め、これ以外の財産について、申立代理人と管財人の協議に基づいて自由財産拡張の可否を決めることを念頭におき、原則として拡張相当とするラインとして、99万円が参考にされていることから、おおむね同様の結論を導くことが可能と考えられる（(資料２)参照）。

(資料２)　東京地方裁判所の個人破産の換価基準

> **1　換価等をしない財産**
> 　(1)　個人である破産者が有する次の①から⑩までの財産については、原則として、破産手続における換価又は取立て（以下「換価等」という。）をしない。
> 　　①　99万円に満つるまでの現金
> 　　②　残高が20万円以下の預貯金
> 　　③　見込額が20万円以下の生命保険解約返戻金
> 　　④　処分見込価額が20万円以下の自動車
> 　　⑤　居住用家屋の敷金債権
> 　　⑥　電話加入権
> 　　⑦　支給見込額の８分の１相当額が20万円以下である退職金債権
> 　　⑧　支給見込額の８分の１相当額が20万円を超える退職金債権の８分の７
> 　　⑨　家財道具
> 　　⑩　差押えを禁止されている動産又は債権
> 　(2)　上記(1)により換価等をしない場合は、その範囲内で自由財産の範囲の拡張の裁判があったものとして取り扱う（ただし、①、⑨のうち生活に欠くことのできない家財道具及び⑩は、破産法34条３項所定の自由財産である。）。

22　中山孝雄＝金澤秀樹編『破産管財の手引〔第２版〕』145頁。

> **2 換価等をする財産**
> (1) 破産者が上記①から⑩までに規定する財産以外の財産を有する場合には、当該財産については、換価等を行う。ただし、破産管財人の意見を聴いて相当と認めるときは、換価等をしないものとすることができる。
> (2) 上記(1)ただし書により換価等をしない場合には、その範囲の拡張の裁判があったものとして取り扱う。
>
> **3 換価等により得られた金銭の債務者への返還**
> (1) 換価等により得られた金銭の額及び上記1(1)の①から⑦までの財産（⑦の財産の場合は退職金の8分の1）のうち換価等をしなかったものの価額の合計額が99万円以下である場合で、破産管財人の意見を聴いて相当と認めるときは、当該換価等により得られた金銭から破産管財人報酬及び換価費用を控除した額の全部又は一部を破産者に返還させることができる。
> (2) 上記(1)により破産者に返還された金銭に係る財産については、自由財産の範囲の拡張の裁判があったものとして取り扱う。
>
> **4 この基準によることが不相当な事案への対処**
> この基準によることが不相当と考えられる事案は、破産管財人の意見を聴いた上、この基準と異なった取扱いをするものとする。

(エ) 判断の際の考慮要素

破産法34条4項では、破産者の生活の状況、本来的自由財産の種類および額、収入を得る見込みその他の事情を考慮することになっている。具体的には、破産手続開始の申立書中の報告書の内容、家計収支表、本来的自由財産、破産者本人との面談の結果が考慮要素となる[23]。

99万円を超える拡張の場合には、厳格な不可欠性の要件を課しており、上記の各種考慮要素を総合的に考慮することになる[24]。

また、拡張の裁判については、破産者の申立てでも職権でも可能であるところから、破産申立てと同時に拡張の申立てをさせる（破産手続開始の申立書の定型書式に財産目録のうち拡張を求める財産に印を付けさせるという方法な

---

23 中山＝金澤編・前掲（注22）147頁。
24 福岡高決平成18・5・18判タ1223号298頁。

ど）という方式と、拡張する財産は換価しないものとして当該不換価財産に拡張の裁判があったものとして取扱うという方式がある。

(4) 最近の問題点

(ア) 交通事故の被害者の破産

破産手続開始前に交通事故にあった被害者が破産手続開始後に保険金を受け取る場合、破産者の加害者に対する損害賠償請求権がすべて破産財団に帰属するのか問題となる。この点は、従前から問題となっていたところであるが、交通事故が破産手続開始前に生じ、その損害額が確定していないとしてもすべてが破産財団に帰属するものと理解されてきた。[25]

ただ、その中でも慰謝料請求権については、行使上の一身専属権であることから、破産財団に帰属しない（自由財産となる）が、その後に慰謝料請求権の金額が客観的に確定することにより、破産手続開始後に差押えが可能となったとして、破産財団に帰属するとされる（破34条3項2号ただし書）。この点につき、保護法益により区別し、個人の生命、身体、または名誉侵害などに起因する慰謝料請求権については、その金額が確定しても行使上の一身専属性を失わず、破産財団に帰属しないとする有力な見解がある。[26]

また、逸失利益を考えた場合、破産手続開始後の就労による新得財産を現在価値に引き直したものであり、固定主義の考え方からすれば、破産手続開始後の新得財産として破産者本人が取得でき、破産債権者の責任財産とはならないのであって、破産手続開始前に交通事故が発生し、損害賠償請求権もすべて発生したという点を強調することは疑問である。

この点、破産者が破産手続開始前にすでに受領した保険金（代理人弁護士が預り金として保管中）につき、破産財団に帰属するとした下級審裁判例がある。[27]

いずれにしても、自由財産拡張または破産財団からの放棄により柔軟な解決が求められるところである。

---

25 問題の所在、議論の状況については、全国倒産処理弁護士ネットワーク編・前掲（注1）90頁参照。
26 伊藤・前掲（注5）243頁以下。
27 大阪高判平成26・3・20事業再生と債権管理145号97頁。この判決を契機に論じたものとして、伊藤眞「固定主義再考」事業再生と債権管理145号88頁以下がある。

(イ)　将来の保険金請求権

　破産者が契約者となっている保険については、前述したとおり、破産手続開始時に解約した場合の解約返戻金相当額が破産財団を構成し、通常は自由財産拡張されることで、保険契約は自由財産関係となり、その後の保険事故による保険金は受取人に帰属する。破産手続開始前の段階で保険事故があり保険金請求権が具体化している場合は、その保険金請求権は破産財団を構成するが、保険事故の具体的事案に応じて責任財産性の観点から自由財産拡張または破産財団からの放棄により柔軟な処理が行われている。破産手続開始後、保険解約返戻金が自由財産拡張または破産財団から放棄される前に保険事故が生じた場合の保険金請求権は、破産手続開始時を基準とすれば、保険事故はまだ生じておらず、将来の保険金請求権が破産手続開始前の保険契約に基づいて生じており破産財団を構成するとしても、その評価額としては、ゼロではなかろうか。仮に、破産手続開始後に保険金請求権に転じたことをもってそのすべてを破産財団と解したとしても、自由財産拡張または破産財団からの放棄で柔軟に対応すべきである。

　この点、破産者ではなく第三者が契約者、被保険者で、受取人が破産者となっていた事案において（その事案では、契約者、被保険者は、破産者の子で、死亡保険金の受取人が破産者）、抽象的な保険金請求権は、破産手続開始前に成立した保険契約に基づく将来の請求権（破34条2項）として破産財団に帰属するとし、破産手続開始後の保険事故による保険金につき引渡命令（破156条1項）を認めた下級審裁判例がある[28]。この理由中においても、自由財産拡張で考慮、対応すべきとしているが[29]、破産手続開始後の保険事故の発生を期待するかのような処理には疑問があるところであり、破産管財人には柔軟な対応が求められよう。

28　東京高決平成24・9・12判時2172号44頁。東京地裁破産再生実務研究会編著『破産・民事再生の実務〔第3版〕破産編』260頁。その後、別件で、最判平成28・4・28判タ1426号32頁は、破産手続開始前に成立した第三者のためにする生命保険契約に基づき破産者である死亡保険金請求権は破産財団に属する（破34条2項）と判断した。
29　和解的解決が望まれるとの指摘は、伊藤・前掲（注5）238頁参照。

5　破産財団の占有・管理・換価

(1)　固定主義と破産管財人の管理処分権

　破産者が破産手続開始時に有するいっさいの財産が破産財団となる（破34条1項）。この固定主義は、個人の場合に顕著である。法人の場合、結局のところ法人の有するいっさいの財産が破産財団になるが、個人の場合、破産手続開始後に破産者が得た新得財産は自由財産として破産財団を構成しない。

　破産管財人としては、破産者の本来的自由財産（破34条3項）および自由財産の範囲の拡張が認められた財産（同条4項）を除き、管理処分権の専属する破産財団を占有し、管理し、換価する（破78条1項。同条2項に裁判所の許可事項が定められている）。

　破産管財人の換価作業は、法人の場合と同様であるが、ここでは、居住していた自宅不動産を手放さざるを得なくなる個人の破産者につきみておく[30]。

(2)　自宅不動産の処理

　破産者の自宅不動産（一戸建てやマンション）に住宅ローンを被担保債権とする抵当権が設定されており、オーバーローン状態であるという通常よくある事案を基にする。

　法の建前としては、破産管財人は、任意売却をする場合を除き、民事執行法その他強制執行の手続に関する法令の規程により、別除権の目的である財産（ここでは不動産）を換価することができ、別除権者はその換価を拒むことはできないとされている（破184条1項・2項。無剰余取消の規定は適用されない（同条3項））。

　また、別除権者としても、破産手続外で担保権の実行としての担保不動産競売の申立てを行うことができる（破65条1項、民執180条1号・181条）。

　実務的には、破産管財人は、担保権者の協力を得て、不動産を任意売却することが多い（破78条2項1号・14号）。

　破産管財人は、任意売却の際、担保権者の譲歩を得て、通常5％〜10％程度の財団組入金を破産財団に組み入れることで破産財団増殖を図っている。

---

[30]　不動産の換価と別除権については、野村ほか・前掲（注2）180頁以下に詳しい。

担保権者としても、競売での回収との比較で経済的合理性を見出しているといえよう（確定した不足額については、破産債権として配当を受けることになる）。

このように、通常は、第三者に売却されるので、破産者は自宅不動産から任意に退去する必要がある。この点、現行法では、引渡命令の制度が導入されている（破156条）。例外的ではあるが、買受希望者が破産者の親族等で、買い取った後に破産者に賃貸借等することで、破産者が自宅不動産から退去せずにすむ場合もある（当然、買取価格の相当性が必要となる）。

任意売却であることから、当然担保権者の同意が必要であるが、たとえば、無剰余の後順位の担保権者が高額の担保抹消料を要求し、先順位の担保権者との調整が付かない場合、旧法下では任意売却することはできなかったが、現行法では、担保権消滅制度を導入し（破186条以下）、破産管財人の任意売却を促進している。

それでも任意売却できない場合は、破産管財人は、破産財団からの放棄をし（破78条2項12号）、担保権者の担保権実行に委ねることもある（この場合でも破産者は自宅不動産を手放さざるを得ないことになる）。なお、法人の場合、破産管財人は、2週間前までに担保権者に事前通知を行う必要があるが（破規56条後段）、個人の場合も同様に事前通知を行っている。

破産財団からの放棄に関連し、マンションの管理費につき、破産管財人がマンションを破産財団から放棄した後に生ずる管理費は破産者負担となり、特定承継人からの求償が認められた裁判例がある[31]。

別除権者は、最後配当の除斥期間内に、破産管財人に対し、担保権を放棄する等で担保されないことになったことを証明するか、不足額の証明をしない限り最後配当から除斥される（破198条3項）。

6　否認権、相殺禁止

(1)　否認権

否認権の規律については、法人破産の場合と変わるところはないが（破160条以下）、個人破産の場合に特有な点として、免責不許可事由（破252条1

---

[31]　東京高判平成23・11・16判時2135号56頁。

項3号）に該当する場合があり得る。ただ、その免責不許事由は、特定の債権者に対する債務について、当該債権者に特別の利益を与える目的または他の債権者を害する目的で、担保の供与または債務の消滅に関する行為であって、債務者の義務に属せず、またはその方法もしくは時期が債務者の義務に属しないもの（非本旨弁済）であるため、偏頗弁済の中でもかなり限定されているといえよう。

以下、個人破産でみられる類型をいくつかみておく。[32]

(ア) 詐害行為否認

詐害行為否認（破160条1項）で廉価売却が問題となるところでは、個人事業者で事業譲渡を行っていた場合の対価の相当性がある（個別の資産の積み上げのほかに、どの程度のれん代が加味できるかは実際上難しいところである）。破産手続開始の申立て前に、担保権者と協議のうえ、自宅不動産を任意売却している事案も多いが、適正価格売買であれば否認対象行為とならない場合が多い（破161条）。個人の場合、離婚に伴う財産分与が詐害行為否認（破160条1項）の対象となるか問題となることがあるが、通常は、2分の1相当分の財産分与であれば相当性があるが、不相当に過大な場合は、財産分与に仮託した財産減少行為となり、否認対象行為となる。また、遺産分割も否認対象行為となる可能性があるが、相続放棄をしていたことは身分行為であり否認対象行為とはならない。

(イ) 無償行為否認

無償行為否認（破160条3項）は、贈与を行っていた場合に該当してくる。また、法人代表者が連帯保証や物上保証を行っていた場合、判例は一貫して無償性を肯定している。[33]

(ウ) 偏頗行為否認

支払不能後に一部の債権者に偏頗弁済を行っている場合はしばしばあり、偏頗行為否認（破162条）の対象となる。銀行口座からの自動引落しを利用していた場合や給料からの天引きの場合も該当してくる。

最近の問題点として、第三者対抗要件を具備しない所有権留保権者に債務

---

32 典型的なパターンについては、野村ほか・前掲（注2）247頁以下に詳しい。
33 最判昭和62・7・10金法1174号29頁ほか。

者（破産者）が普通自動車を返還していた場合、破産手続開始後であれば破産管財人に対抗できないが、破産手続開始前の段階で当該自動車の引き揚げに応じることは、偏頗的な代物弁済に該当するとして否認対象行為となるとする見解があり[34]、実務上、しばしば係争となっている。

　また、給料債権が差押えされている場合でも、差押債権者が支払停止等を知った後に第三債務者である債務者（破産者）の勤務先から回収した部分は、それぞれの満足時を基準とし、偏頗行為となるものは執行行為の否認（破165条・162条）が可能となると解される。

　　　(エ)　受任通知と支払停止
　破産の申立代理人が債権者に対し受任通知（介入通知）を送付することは、支払停止に該当する。この点に関連して、判例は、債務者の代理人である弁護士が債権者一般に対して債務整理開始通知を送付した行為が破産法162条1項1号イ・3項にいう「支払の停止」にあたると判断した[35]。否認権だけでなく、次の相殺禁止の場面にも影響する。

　　(2)　相殺禁止
　相殺権の拡大と相殺禁止の規律については、法人破産の場合と変わるところはない（破67条以下）。

　個人破産の場合、申立代理人が債権者に対し受任通知を送付することで支払停止となることから、債権者が受任通知を受領し、支払停止を知った後に債務負担をした場合、端的には、金融機関債権者にある普通預金口座に入金されたものは相殺禁止となる（破71条1項3号）。

　破産者に対する貸付金につき、委託を受けた保証人が保証履行したが、その保証人が別途過払金返還請求を受けている場合がある。委託なき保証人の事後求償権につき、破産法72条1項1号の類推適用で相殺禁止とした判例は、その理由中で、委託を受けた保証人の場合は合理的な相殺期待があるものとして相殺を有効と判断しているが、受働債権が判例の事案のような預金債権

34　福田修久「所有権留保に基づく自動車引上げがされた場合の否認等について」法時64巻6号1296頁。個人再生における最判平成22・6・4民集64巻4号1107頁を契機とする議論である。問題状況や実務の動向については、野村編著・前掲（注7）97頁以下参照。
35　最判平成24・10・19民集241号199頁。

ではなく、過払金の不当利得返還請求権の場合にも同様かは問題である[36]。

また、投資信託に関し、個人の通常の再生手続の事案において、判例は、再生債務者が支払停止前に再生債権者から購入した投資信託受益権につき、信託契約の解約により再生債務者が再生債権者に対して取得した解約金の支払債権を受働債権とする相殺は、相殺の担保的機能に対して合理的な期待を有していたとはいえず、民事再生法93条2項2号の「前に生じた原因」に該当せず許されないとした[37]。破産の場面では、破産管財人が解約実行したところ、債権者である銀行が投資信託の解約金を破産債権と相殺した事案につき、相殺を認めた下級審裁判例があり[38]、破産の場面でも相殺禁止となるのか争いがあるところである（少なくとも、個人で、商事留置権や銀行取引約定が問題とならない事案については、相殺禁止となろう）。

7 破産債権の届出・調査・確定

(1) 個人破産の場合の特徴

個人破産の場合も法人破産の場合と同様、破産債権については、破産債権を届出、債権調査を経て確定する手続となる（破産では、通常の再生手続のような自認債権の制度はないので、破産債権者は必ず届出を行う必要がある）。

個人破産の場合、多くの事案は配当に至らないため、債権届出期間と債権調査期日を定めない、いわゆる留保型（破31条2項）が採用されている。この留保型であっても、債権者が時効管理のために破産債権の届出を行うことは何ら妨げていない。また、破産債権の届出まではさせるが、配当が見込めない場合には債権調査を行わない運用もある。

個人の場合に特有の問題として、免責不許可事由があるとして免責不許可を求める債権者であっても、破産手続においては破産債権の届出を行い、それが確定しないと配当から除斥される（破198条1項参照）。破産者の破産財団を平等に分配する破産手続と免責手続は目的を異にするのである。

また、非免責債権に該当する債権であっても、破産債権であることから、

---

[36] 最判平成24・5・28民集66巻7号3123頁。
[37] 最判平成26・6・5金商1444号16頁。
[38] 大阪高判平成22・4・9金法1934号98頁。上告受理申立て後、不受理決定。

破産債権の届出がされないと同じく配当から除斥されることになる。後述するが、非免責債権に該当するかは破産手続において確定するものではなく、非免責債権に該当する旨の届出があっても、破産手続上は無関係である。

非免責債権に関連して、個人事業者で労働債権の未払いがある場合、非免責債権となる（破253条1項5号）。

(2) **破産者の異議**

債権調査において、破産者も異議を述べることができる。一般調査期日の場合でみると、破産者には、一般調査期日に出頭する義務があり（破121条3項。正当な理由があれば代理人の出頭が可能。同項ただし書）、出頭した破産者は、破産債権の額について、異議を述べることができる（同条4項）。その際、異議の内容と異議の理由を述べる必要がある（破規43条1項）。ただ、破産者の異議は、破産債権の確定手続には影響しないので、破産債権査定申立てに進むこともない（破125条1項参照）。その意味は、破産債権者表の執行力を阻止することにある。債権調査を経て破産手続が終了した場合、確定した破産債権については、破産債権者表の記載は確定判決と同一の効力を有し、強制執行できるが（破221条1項）、破産者が債権調査において異議を述べていた場合には適用されない（同条2項）。

この点、免責許可決定確定後に非免責債権であると主張する破産債権者が破産債権者表の記載につき執行文付与の訴えを提起した判例を契機として、破産者の異議を再認識したところである[39]。

なお、免責不許可が見込まれる事案の場合、破産債権者表の記載につき執行文付与を求めることができることになるので、同様のことが指摘できよう。

8　債権者集会

債権者集会には、①財産状況報告集会（破31条1項2号）、②財産状況報告集会以外の集会があり、上記②には、㋐任務終了計算報告集会（破88条3項）、㋑廃止意見聴取集会（破217条1項）、㋒その他の一般的な債権者集会（破135条）がある。

---

[39] 最判平成26・4・24判タ1402号61頁（判断は消極）。

個人破産の場合も法人破産の場合と同様に財産状況報告集会が開催されている（現行法は、財産状況報告集会を任意化したが（破31条4項）、例外的な場合を除き、開催されている）。

個人の場合、免責許可に関する手続があるが、現行法は免責審尋期日を任意化し、通常、破産債権者は、裁判所が定めた意見申述期間内に書面で意見を述べている（破251条1項、破規76条2項）。

また、実務上、破産管財人は、免責に関する意見書を、債権者集会前に提出する業務要点報告書、財産目録、収支計算書、管財人通帳の写しとともに提出している（破250条1項・251条1項）。

9　異時廃止による破産手続の終了

裁判所は、破産手続開始後、破産財団をもって破産手続の費用を支弁するのに不足すると認めるときは、破産管財人の申立てまたは職権で、破産債権者の意見を聴いたうえで、破産手続廃止の決定をしなければならない（破217条1項）。これを異時廃止決定と呼ぶ。

破産債権者の意見聴取は、債権者集会において行う方法（破217条1項後段）と書面にて行う方法（同条2項）があるが、通常は、債権者集会において行われている。

最優先となる破産管財人報酬（破148条1項2号）を弁済すると他の財団債権に弁済することができない事案も多い。他の財団債権をその優先順位に従い弁済し、同一順位で総額を弁済するのに不足する場合は、按分弁済を行う（破152条）。

異時廃止の手続は、法人破産の場合と同様で、通常、廃止意見聴取集会と任務終了計算報告集会を同一期日に開催している。

異時廃止決定は、その主文および理由の要旨が公告され、その裁判書が破産者および破産管財人に送達される（破217条4項）。

10　配当と破産手続の終結

(1) 配　当

配当ができるだけの配当財団が形成できた場合、破産管財人は、①最後配

当（破195条以下）、②簡易配当（破204条以下）または③同意配当（破208条）により配当を行う。[40]

通常は、簡便な②簡易配当により配当手続を行っており、簡易配当には、㋐配当可能額が1000万円未満の少額型（破204条1項1号）、㋑開始時異議確認型（同項2号）、㋒配当時異議確認型（同項3号）がある。

中間配当（破209条以下）が行われることは、長期化する大型事件を除きほとんどない。また、追加配当（破215条）が行われる場合もある。

　(2)　破産手続終結決定

裁判所は、最後配当、簡易配当または同意配当が終了した後、任務終了計算報告集会（破88条4項）、または、書面による計算報告の申立てにつき裁判所が定めた異議申述期間（破89条2項）が経過したときは、破産手続終結の決定をしなければならない（破220条1項）。

これに先立ち、破産管財人は、任務が終了した場合、計算の報告書を提出しなければならない（破88条1項）。現行法では、上記の書面による計算の報告も可能となっているが（破89条）、実務上、債権者集会において計算の報告が行われている。

破産手続終結決定は、その主文および理由の要旨が公告されるとともに、破産者に通知される（破220条2項）。

11　個人破産と税務

個人破産の場合、会社員等であれば、毎月の給料支給の際の所得税の源泉徴収、住民税の特別徴収といった法定控除と所得税の年末調整で処理されることになり、破産管財人が関与する場面はない。また、個人事業者の場合でも所得税および消費税の申告義務は破産者本人にあり、破産管財人には申告義務がない。

個人の場合は、法人のような「みなし事業年度」はなく、毎年1月1日から12月31日が課税期間となる。

破産管財人に申告義務がないとしても、破産者が還付を受けられる場合に

40　配当手続については、野村ほか・前掲（注2）458頁以下に詳しい。

は、実務上、破産者本人が税務申告し、還付金を破産財団に組み入れる等の処理を行う。逆に、破産手続における換価作業で消費税の申告・納税が必要となる場合もあり、調整を要する場面が生じる。

V 免 責

　破産手続は、破産債権者の個別の権利行使を禁止し、破産者の破産財団を破産管財人が換価することによって形成された配当財団を破産債権者に平等に配当することが目的であり、破産手続が終了しても、配当されなかった破産債権は残ることになる。

　この点、破産者が法人の場合は、破産手続の開始で法人は解散し（会社471条5号）、清算手続は破産手続で進められ、破産手続が終了すれば、法人格は原則として消滅することになり、破産手続で配当を受けられなかった債権を免責するかどうかという問題は生じない。

　これに対し、個人（自然人）の破産の場合は、破産手続が終了した後も個人は生きて経済的生活を維持しなければならないから、破産債権が残ったままでは、破産者の経済的生活の再建は困難になる。そこで、配当されなかった破産債権についての責任を破産者に免れさせるために免責の制度がある。

　免責制度は、昭和27年に非免責主義であった従来の破産法を改正して新たに採用された制度である。しかし、この免責制度は昭和50年頃までは、ほとんど利用されることがない制度であった。昭和50年代以降は、消費者金融・信用販売等に代表される消費者信用の拡大に伴い、多重債務によって支払不能に陥る者が爆発的に増大し、昭和50年代後半から支払不能者の生活再建のために免責制度の利用が本格的に始まり、免責を目的とする消費者の自己破産（消費者破産）の件数も増大するようになり、現在に至っている。

　旧法は、基本的に事業者の破産を想定しており（しかも債権者申立てを想

41　野村ほか・前掲（注2）397頁以下参照。
42　最判平成15・3・14判時1821号31頁は、法人格の消滅により、会社の負担していた債務も消滅するとする。
43　伊藤・前掲（注5）702頁、伊藤ほか・前掲（注10）1602頁参照。

定)、破産手続と免責手続は別個の手続とされ、免責には別途の申立てが必要であり、破産手続終了後免責決定までの間には時間的間隔があって、その間の強制執行等に対する対処の方法がなく、裁量免責を認める明文の規定がない(運用上行われていたが)等の不備が指摘されていた。この点、現行法では、自己破産の申立ては原則として免責の申立てとみなし(破248条4項)、破産手続終了後免責の裁判の確定までの間の強制執行等を禁止することで破産手続と免責手続の一体化を図り(破249条1項)、裁量免責の規定を明文で定め(破252条2項)、免責の審尋を任意的とする等必要な改正がされている。

免責の裁判は、当事者の主張する実体的権利義務を確定することを目的とする純然たる訴訟事件についての裁判ではなく、その性質は非訟事件についての裁判であるから、免責の裁判が公開の法廷における対審を経ないでされるからといって、この破産法の規定は裁判を受ける権利を保障する憲法32条に反するものではない[45]。

1 免責の理論的根拠

債務は、本来その全額を返済しなければならないものであって、無限責任が原則であるから、免責を認める根拠は何かということが最初に問題となる。

免責の理論的根拠については、債権は債務者の財産を引当てに成立するから財産の限度で有限責任で担保されているにすぎず、その点は法人と自然人は同様であり、自然人は人格的道徳的主体であるとともに財産主体であって、財産主体という点からは法人が破産によって消滅するのと同様に、自然人が破産して全財産関係の清算がされると経済的に生まれ変わって財産主体性が更新するという見解が有力であるとされていた[46]。

また、免責の理念については、誠実な破産者に対する特典とする考え方(特典説)と、破産者の経済生活の再建・更生の手段とする考え方(破産者更生説、再生説)に大きく分かれている[47]。免責の理念は、破産債権者の財産権

---

44 最判平成2・3・20民集44巻2号416頁は、その間の強制執行回収分を不当利得に該当しないとした。
45 最決平成3・2・21金法1285号21頁。
46 斉藤秀夫ほか編『注解破産法〔第3版〕〔下〕』806頁。
47 議論の状況については、伊藤・前掲(注5)703頁、伊藤ほか・前掲(注10)1602頁以下参照。

を保障する憲法29条と、破産者の生存権を保障する憲法25条の間でバランスがとられるべき問題であるが、この二つの考え方のいずれを強調するかによって、免責不許可事由の判断や審理方法などに影響が生じてくることになる。つまり、債務は本来その全額を弁済すべきであると考えると、免責はこれに対する例外であるから、免責の適用範囲を限定的に解釈し、免責は破産者の再建・更生の手段であると考えると、広く免責を認める解釈につながる。

判例は、免責を誠実な破産者に与えられた特典であるとしている。[48]

実務は、この判例を基礎としながら、破産者の経済生活の再生機能を考慮に入れる立場であるとされているが、個々の事案では、免責の許可・不許可（特に裁量的免責の可否）を判断する裁判官の倫理観・価値観にもある程度左右される問題である。裁判官は自己の価値観だけではなく、現代の消費社会において一般的に通用している価値観で判断すべきであるといわれるが、一般的に通用している倫理観や価値観が何かについて不分明（精度の高い検証資料もない）だからである。

なお、この判例は、免責制度が憲法29条1項に違反するかどうかについて、免責は、その制度の目的が誠実な破産者を更生させるためにその障害となる債権者の追及を遮断する必要があること、免責不許可制度や一定の非免責債権があって免責の効力範囲を合理的に規制しているものであることから、免責は公共の福祉のために憲法上許された必要かつ合理的な財産権の制限で、合憲であるとしている。

2　免責許可の申立て

(1)　申立権者

免責許可の申立ては、個人の債務者（破産手続開始後は破産者）のみ行える（破248条1項）。債権者からの免責許可申立ては認められていない。

(2)　申立期間

(ア)　申立期間の制限

免責許可の申立ては、破産手続開始申立日から破産手続開始決定が確定し

48　最決昭和36・12・13民集15巻11号2803頁。

た日以後1カ月を経過する日までの間に行う必要がある（破248条1項）。この際、破産手続開始申立て後の申立ての場合は破産事件の事件番号を記載しなければならない（破規74条1項）。後述するみなし申立ての場合は、破産手続開始申立日に免責許可の申立てがあったこととなる。

この点、旧法では、免責の申立ては、破産宣告後、破産手続が終了するまでの間（同時破産廃止事件についてはその決定の確定後1カ月以内）にすることができることとされていたが、免責の申立てを失念するという事態が生じていたため、破産手続開始申立日からできることとした。

債権者申立てによる破産の場合には、破産者（債務者）が自ら期間内に免責許可の申立てを行っておく必要があることになる。

(イ) 免責許可の申立ての追完

ただし、免責許可の申立ての追完が認められている。帰責事由なく所定の期間内に免責許可の申立てができなかったときは、その事由が消滅した後1カ月以内に限り申立てが可能である（同条2項）。この場合は、免責許可の申立書にその事由と事由が消滅した日を記載する必要がある（破規74条2項）

なお、債権者申立てによる破産で、法定の期間内に免責許可の申立てを行わず、免責を受けられなかった破産者が、その後に新たに破産手続開始申立ておよび免責許可申立てを行った事案につき、破産手続が適法に開始された以上、その申立てが濫用にわたるなどの特段の事情のない限り、免責許可の申立てが許されない事情はないとした裁判例がある。[49]

(3) みなし申立て

自己破産の場合は、債務者が破産手続申立ての際に反対の意思を表示していない限り、破産手続開始申立てと同時に免責許可の申立てがあったものとみなされる（破248条4項）。また、自己破産の手続開始申立てに際して提出する債権者一覧表が債権者名簿とみなされる（同条5項）。

破産手続と免責手続は別個独立の手続であるが、前述したとおり免責許可の申立てを失念して免責を受けられなくなるという事態を防ぐことと、免責手続を破産手続と並行して進められるように、みなし申立ての制度が現行法

---

[49] 東京高決平25・3・19判タ1390号354頁。

で設けられた（破産手続と免責手続の一体化を図った）。

なお、みなし申立ての場合も免責許可申立てのための手数料（500円。民訴費3条1項・別表第1・17項ホ）を納める必要がある（民訴費3条4項）。自己破産の申立ての場合、その手数料（1000円。民訴費別表第1・16項イ）と合計して、1500円の印紙を貼付することになる。

(4) 債権者名簿の提出

免責許可の申立てを行う場合、所定の債権者名簿を提出する必要がある（破248条3項）。申立てと同時に提出できない場合は、遅滞なく提出することで足りる（同項ただし書）。

債権者名簿には、破産債権となるべき債権（破産手続開始後の申立ての際は破産債権）につき、その氏名または名称、住所、その有する債権、担保権の内容を記載する（破規74条3項）。なお、非免責債権とされる租税債権者と労働債権者は除外されている。これらの債権は、破産手続開始決定の時期により財団債権部分と優先的破産債権部分が変動するため（破148条1項3号・149条）、明確とならず、非免責債権に該当する債権であることから除外されている。ただ、他の非免責債権については、破産債権であり、記載が求められている。

みなし申立ての場合には、破産手続開始の申立ての際の債権者一覧表を債権者名簿とみなすこととされている（破248条5項）。

債権者名簿に記載された破産債権者は、「知れたる債権者」として、免責に関する意見聴取の機会が与えられることになる（破251条2項）。

破産者が知りながら債権者名簿に記載しなかった破産債権がある場合には、虚偽の債権者名簿を提出したとして免責不許可事由に該当する可能性があり（破252条1項7号）、非免責債権となる可能性もある（破253条1項6号。ただし、破産債権者が破産手続開始決定の事実を知っていたときは除く）。

(5) 同意廃止、再生手続との関係

債務者が免責許可の申立てを行った場合は、同意廃止の申立てや再生手続開始の申立てはできない（破248条6項）。また、債務者が同意廃止の申立てを行っていたときは、当該申立ての棄却決定の確定があった場合、再生手続開始の申立てを行っていたときは、当該申立ての棄却、再生手続廃止または

再生計画不認可の決定があった場合にはじめて免責許可の申立てを行うことができる。いずれも免責の効果と矛盾するものであり、適用を排除した。なお、互いに一方の申立ての取下げを行えば、他方の申立ては可能となる。[50]

(6) 債務者(破産者)が死亡した場合

破産手続開始後に破産者が死亡した場合は、相続財産の破産となるので(破227条)、免責の問題は生じなくなる。[51]ただし、破産者の法定相続人が債務を免れるためには、別途相続放棄(民915条1項)をしなければならないので注意が必要である。[52]

破産手続開始の申立て後、破産手続開始前に債務者が死亡した場合には、相続債権者、受遺者、相続人、相続財産管理人または遺言執行者の申立てにより破産手続を続行することが可能であるが(破266条)、法定相続人は限定承認または相続放棄が可能であり、続行の必要がないのが実情である。

3 強制執行の禁止・中止

旧法では、破産手続終了後、免責決定の確定までの間、破産債権者は、強制執行等が可能で、その間に強制執行等で取得した金員(たとえば、給料債権の差押えによる回収分)は不当利得にならないとするのが判例であった。[53]これでは、免責による破産者の再建・更生の目的を達することができないので、現行法では、破産手続終了後も免責許可の申立てについての裁判が確定するまでの間、破産債権者の強制執行を禁止することとした(破249条1項)。破産手続と免責手続を連動させることで、旧法の弊害を克服したものである。

(1) 強制執行等の禁止

免責許可の申立てがあり、かつ、破産手続が終了(同時廃止決定、異時廃止決定の確定、終結決定)したときは、免責許可の申立てについての裁判が確定するまでの間は、破産債権に基づく破産者の財産に対する強制執行、仮差押え、仮処分、破産債権を被担保債権とする一般先取特権の実行、民事留

---

50 伊藤ほか・前掲(注10)1624頁。
51 高松高決平成8・5・15判1586号79頁。
52 破産者が死亡した場合については、野村ほか・前掲(注2)96頁・179頁・302頁参照。
53 前掲(注44)最判平成2・3・20。

置権(商事留置権は除く)による競売(以下、これらを「破産債権に基づく強制執行等」という)、破産債権に基づく財産開示手続、国税滞納処分(外国租税滞納処分を除く)はすることはできない。

　この禁止の対象となる手続は、破産債権に基づくものに限られ、財団債権に基づくものはその対象とはならず、別除権の行使も対象とならない。

　民事留置権による競売(いわゆる形式的競売)が禁止の対象となっているのは、民事留置権は破産手続の開始によってその効力を失う(破66条3項)が、その失効は手続内で相対的なものであるとすれば、手続終了後は個別的執行ができることになるからである。

　破産債権に基づくものであれば、非免責債権に基づくものも禁止の対象となる。非免責債権も禁止の対象にした理由は、免責が不許可になった場合の免責債権との平等性の確保と、非免責債権であることの認定は、執行機関ではなく、別途裁判手続において判断されるものであるため、破産手続においては、他の破産債権と区別を行わないこととされている[54]。

　破産債権に基づく破産者の財産に対する国税滞納処分は禁止の対象となるが、交付要求は国税滞納処分ではないから禁止の対象となっていない。

　管財事件の場合は、破産手続中は、破産債権者は破産財団はもとより破産者の財産(自由財産・新得財産)に対しても強制執行はできない(破100条1項参照)ので、破産手続が異時廃止決定の確定か破産終結決定で終了するまでに免責許可の申立てがされているとき(これが通常である)は、これらの破産手続終了時点で、禁止効が生じることになる。

　同時廃止の場合は、破産手続開始と同時に破産手続が終了し、管財事件のような破産債権者の個別的権利行使禁止の効力自体が発生しないが、同時廃止決定までに免責許可の申立てをしている場合(これが通常である)は破産手続開始決定・同時廃止決定時に禁止効が発生する。

　(2)　すでにされている強制執行等の中止

　たとえば、破産手続開始申立て前から給料債権の差押え等の個別の権利行使がされていた場合、前述の禁止ではなく、中止となり(破249条1項後段)、

---

[54]　小川秀樹編『一問一答　新しい破産法』336頁。

その後の免責許可決定の確定をもって失効となる（同条2項）。

　管財事件であれば、破産手続開始決定の効果として、すでにされている強制執行等は失効するため（破42条2項）、管財人は続行を求めずに強制執行等の終了の処理が行われているが、すでにされている強制執行等は中止となる。[55]

　この場合、この間の給料の差押えは中止されているが、差押えの効力は残っているため、第三債務者の破産者の勤務先は、破産者に弁済することはできず（本来的には供託となるが、実務的には弁済の留保により処理している場合が多いであろう）、免責許可決定確定により、破産者に弁済できることとなる。

　失効ではなく、中止とされたのは、その後に免責許可の申立ての却下決定または免責不許可決定がされる可能性もあり、その場合には中止していた強制執行等の手続を続行させる必要があるためである。

　実務上、破産手続開始決定の事実は、執行裁判所にはわからないことから、破産者は、破産手続開始と同時廃止の旨をその決定書を添付して上申し、さらに、免責許可決定が確定した後、免責許可決定確定証明を添付して上申する。

(3) 消滅時効の特例

　強制執行等を禁止された破産債権者が消滅時効中断（民147条2号）の機会を失うことに対する配慮から、非免責債権については、免責許可の申立てについての決定が確定した日の翌日から2カ月を経過する日まで、それ以外の債権については、免責許可の申立てを却下した決定または免責不許可の決定が各確定した日の翌日から2カ月を経過する日までは、それぞれ消滅時効が完成しないものとされている（破249条3項）。

4　免責許可の要件

(1) 免責許可

　裁判所は、破産者について、次の免責不許可事由のいずれにも該当しない

---

[55] この場合、破産管財人が破産手続開始決定書を添付して終了の上申を行う（大阪地方裁判所・大阪弁護士会破産管財運用検討プロジェクトチーム編『新版　破産管財手続の運用と書式』32頁・405頁）。特に同時破産廃止事件においては、この規律は及ばない（小川編・前掲（注54）336頁）。

場合には、免責許可の決定をする(破252条1項)。

　免責不許可事由に該当する破産者の行為は破産犯罪等の犯罪行為となるものや否認の対象となるものも含まれているが、免責不許可事由に該当するかどうかを判断するのは裁判所であって、犯罪として処罰されたかどうか、否認権が行使されたかどうかは、裁判所が行う免責不許可事由に該当するかどうかの判断とは連動しない。もっとも、免責許可の決定が確定した後に、詐欺破産罪(破265条)で有罪の判決が確定したときに、免責の取消しがされる場合がある(破254条)。

　免責不許可事由は、次のとおり限定列挙されている。

　　(ア)　詐害目的での破産財団の不利益処分(破252条1項1号)

　この行為は総債権者に対する責任財産の悪質な侵害行為であって、この行為を行った者に対して免責を与えることは社会常識や社会正義に反するから免責不許可事由とされている。

　この行為の多くは詐欺破産罪(破265条)の構成要件に該当する行為でもあろう。この点、破産者が破産手続開始の申立て直前に受領した父の死亡による死亡保険金の存在を秘匿し、破産管財人に説明することなく所在不明になった事案で、詐欺破産罪の有罪も確定し、免責不許可になった事案がある[56]。

　「債権者を害する目的」とは、特定債権者を害する目的ではなく、総債権者(破産債権者に限らない)を害する目的である。

　「破産財団に属しまたは属すべき財産」とは、破産管財人が現に管理している現有財団をいうのではなく、破産法の定める財団のあるべき姿である法定財団に属する財産のことをいう。自由財産や新得財産はこれに含まれない。

　「隠匿」とは、債権者あるいは破産管財人に対して、財産の発見を不能または困難にすることをいい、財産を場所的に移動させてその所在を不明にする行為のほか、仮装の契約によって他の者に表面上所有権を帰属させる行為なども含まれる。

　「損壊」とは、物質的に破壊してその効用を失わせるいっさいの行為をいう。

56　神戸地伊丹支決平成23・12・21判タ1366号246頁。

「債権者に不利益な処分」とは、隠匿、損壊と同程度に総債権者に絶対的な不利益を及ぼすような態様での財産の処分をいう。法外な廉価販売、贈与、債権等の放棄などがこれに該当する。特定の債権者に対する優先的な弁済がこれに該当するかどうかについては争いがあるが、判例は、この弁済が本旨弁済（履行期にある債務の弁済）である場合は、債権者間の公平を破ったものに過ぎないので、これに該当しないとしている[57]。

「その他の破産財団の価値を不当に減少させる行為」とは、上記以外の総債権者を害する行為であって、たとえば、虚偽に財団債権や破産債権を負担して破産財団の負担を不当に増加させる行為をいう。破産財団の負担が不当に増加すると相対的に破産財団の価値が減少することになるからである。

破産者の行為は破産手続開始決定の前後を問わないが、行為の性質上、大半が破産手続開始前の行為である。破産手続終了後の行為は含まれない。

なお、現行法で、本来的自由財産の現金の範囲が99万円まで拡張されていることから（破34条3項1号）、破産手続開始申立て直前に、預金を引き出して現金化したり生命保険等を解約して現金化した場合（直前現金化）がこの免責不許可事由に該当するかどうかが問題となりうる。しかし、99万円までの現金は破産法が自由財産として認めているもので、破産者が再建の原資としてこれを保有することに問題はなく、自由財産拡張制度（破34条4項）も含めて考慮すべきであり、財産の現金化が破産手続開始の申立て直前であっても、破産者に許された防御の範囲内の行為であって、現金化自体がこの免責不許可事由に該当するとはいえないであろう（自由財産の範囲の拡張の場面では裁判所によって評価が異なるところではあるが）。

会社代表者がこの免責不許可事由に該当する資産移転行為をしたにもかかわらず、裁量免責されたが、抗告審がこの免責許可決定を取り消し、免責不許可決定をした事案がある[58]。

　　(イ)　破産手続開始遅延目的での不当な債務負担行為（破252条1項2号）

目前に迫った破産を回避するために、一時しのぎの策を弄することによっ

57　最判昭和45・7・1刑集24巻7号399頁。
58　東京高決平成26・3・5金商1443号14頁。

て責任財産を減少させ、結果として総債権者の利益を害することになることなどから免責不許可事由とされている。

「破産手続の開始を遅延させる目的」とは、破産手続の開始を免れる目的である場合も含まれる。

「著しく不利益な条件で債務を負担」するとは、非常に高利の借金、廉価な商品の高額での取得等、債務者の支払う給付の額が相手方の給付の額より著しく高額である場合をいう。

「信用取引による商品を買い受け」とは、代金後払いの合意による商品売買契約をいう。

「著しく不利益な条件で処分」するとは、不当な廉価売却をすることをいい、在庫商品の不当な廉価売買と同じように総債権者の利益を害する行為である。

行為の時期は、その性質上、破産手続開始前の行為に限られる。

　　(ｳ)　非義務偏頗行為（破252条1項3号）

債務者が特定の債権者だけにした弁済や担保の供与、それも非本旨弁済を行うと総債権者の利益を害するから免責不許可事由としたものである。

この行為は破産犯罪である特定の債権者に対する担保の供与等の罪（破266条）に該当するし、一定の範囲で否認の対象となる場合がある（破162条）。

この行為は非本旨弁済に限られるから、行為が本旨弁済（履行期にある債務の弁済）であるときは免責不許可事由に該当しない。

「特定の債権者」には、破産債権者以外に、財団債権者も含まれる。

「特別の利益を与える」とは、その債権者に他の債権者と比較して不相当な利益を与えるということで、破産手続における配当額を超える弁済や代物弁済を行うような場合である。

「特別の利益を与える・他の債権者を害する目的」は、単に確定的な認識では足りず、動機ないしは意欲が必要である。

「担保の供与」とは、既存の債務を被担保債権として、財産に抵当権、譲渡担保権、質権等の担保権を設定することをいう。

「債務の消滅」とは、弁済、代物弁済、供託、相殺等がある。

「債務者の義務に属しない」「方法が義務に属しない」「時期が義務に属し

ない」とは、当該行為が非本旨弁済として行われたことをいい、債務者の義務に属しないとは従前の合意もないのに担保供与をしたような例、方法が義務に属しないとは現金弁済に代わりに代物弁済をしたような例、時期が義務に属しないとは弁済期限前に弁済をしたような例をいう。

行為の時期は、破産手続開始決定の前後を問わないが、実際上は破産手続開始前の支払不能の状態で行われる行為であるのが通常である。

偏頗行為否認（破162条）に該当する場合があっても、この免責不許可事由にまでは該当しないということはある。

　　　(エ)　浪費・射幸行為による著しい財産減少等（破252条1項4号）

浪費や賭博は社会的非難の対象であって、これらにより財産を著しく減少させたり過大な債務を負担する場合を免責不許可事由としたものである。

個人破産では、免責の可否をめぐって、実務上、問題となる事例が多い。収入に見合った消費生活をせずに、あるいはギャンブル等に凝って借金を重ねるという例が多いからである。

「浪費」は評価概念であるが、単に不要不急の支出を意味するものではなく支出の程度が社会的に許される範囲を著しく逸脱することを意味するとして狭くしか認めない見解から、債務者の財産状態に照らし身のほどをすぎた消費的支出をいうとして広く認める見解まで、さまざまである。これは免責の理念についての考え方の相違とおおむね連動している。たとえば、世間並みの生活を営むのに必要な消費をした場合は、浪費の範囲を狭くしか認めない見解では浪費とはいえないことになり、広く認める見解では、世間並みの生活を送る収入のない者はもとより、世間並みの収入がある者でも借金があってその返済のためには世間並みの生活ができない者は、世間並みの生活を送ることで浪費があったと判断することになろう。

浪費を広く認める見解によると、消費者破産の場合は、病気やリストラ等で収入が途絶えたり減少したりした結果、支払不能になったというような場合以外は、破産の原因の大半は浪費ということになろう。

浪費概念については、消費的支出であることを前提に議論されてきたようであるが、従来の準禁治産者の要件であった「浪費者」の浪費とは、前後の思慮なく財産を蕩尽することをいうとされていたことから考えれば、支出は

生活費・遊興費・商品の購入等の消費的支出に限る必要はなく、他への贈与や回収可能性がない貸付等の非消費的支出も含まれると考えられる。

浪費と判断したものとしては、①被服・物品購入によって生じた負債が700万円～800万円でスナックを経営して派手な生活をしていたという例、②自転車操業状態になってからも60着もの洋服を購入して644万円の債務を負ったという例、③失業中にローンで35万円の風呂釜を購入し、手取り収入が8万5000円しかないのに指輪2個（いずれも代金15万円）を購入したという例、④月額18万円程度の収入しかないのに4年間に中古自動車を3台買い換えで購入していたという例、⑤株式投資により得た利益を失ったためにその損失填補のためにさらに3650万円を借り入れて再度株式投資を行ったという例、⑥自己の経済状況からして不相応な自宅を取得した例、⑦2年間で4台の自動車の買い換えや修理代の立替金債務が1069万円という例、⑧知人の営む事業に対する資金援助として回収の見込みがないにもかかわらず、自ら借金を重ね、知人等に消費者金融等からの借金をさせて通常の程度を超える支出をすることは前後の思慮なく財産を蕩尽したもので浪費に該当するとする例などがある。

「賭博」とは、偶然の事情による勝敗に関し、賭をすることをいう。賭博罪等の処罰される行為に限らない。いわゆるギャンブルとよばれるもので、実務上は、競馬・競輪・競艇・パチンコの例が多い。

「その他の射幸行為」とは賭博とまではいえないとしても、これに準じた射幸性の高いものをいう。株式・商品先物取引等の投機的な取引がこれに該当する。

賭博・射幸行為と判断したものとして、①競輪・競馬・パチンコ、②パチ

59　東京高決平成16・2・9判タ1160号296頁参照。
60　東京高決昭和63・1・20金法1198号24頁。
61　仙台高決平成4・5・7判タ806号218頁。
62　仙台高決平成5・2・9判時1476号126頁。
63　仙台高決平成5・3・19判時1476号126頁。
64　東京高決平成8・2・7判時1563号114頁。
65　福岡高決平成9・2・25判時1604号76頁。
66　福岡高決平成9・8・22判時1619号83頁。
67　前掲（注59）東京高判平成16・2・9。

ンコ・ポーカーゲーム、③先物・オプション取引[70]、④バカラ賭博[71]などがある。

「著しく」や「過大」も評価概念である。債務者の財産状態との関係で社会通念によって決めるよりほかないといえるが、「浪費」と同じように、支払能力を著しく逸脱することを意味するとする見解から、当該債務者の経済状況における具体的判断が必要で社会通念で判断するとする見解まである。これも免責の理念における見解の相違と連動することである。

なお、この点に関し、賭博ゲームや賭マージャンをしていたがその額が明確でなく、他に負債を増大させた原因も窺われることから、著しく財産を減少させ、過大な債務を負担したとはいえないとした裁判例がある[72]。

浪費・賭博その他の射幸行為と、著しく財産を減少したこと、過大な債務を負担したこととの間には因果関係が必要である[73]。

　(オ)　詐術による信用取引（破252条1項5号）

詐術による信用取引は、総債権者の利益を害する行為ではなく、特定の債権者だけを害する行為であるが、その行為の反社会性に鑑みて免責不許可事由としたものである。

この財産取得行為は通常は詐欺罪に該当するであろうし、仮に裁量免責がされたとしても、相手方の債権（損害賠償請求権）は通常は非免責債権となることが多いであろう（破253条1項2号）。

実務上は、免責の可否が問題となる例が多い。借金の支払いのために借金を繰り返すという自転車操業状態になって、ついに破産するという例が多いからである。

期間は、旧法では破産宣告の前1年内となっていたが、1年の基準時を破産宣告の日とすると、破産手続開始の申立てから破産手続開始までの期間の長短によって適用範囲が異なることになり相当でないので、現行法では基準

68　東京高決昭和62・6・17判時1258号73頁。
69　仙台高決平成4・7・8判タ806号218頁。
70　福岡高決平成8・1・26判タ924号281頁。
71　東京高決平成13・8・15金商1132号39頁。
72　大阪高決昭和59・1・23判タ523号164頁。
73　東京高決昭和60・11・28判タ595号91頁。賭博等が過大な債務負担の遠因にすぎないときは、相当因果関係は認められない。伊藤ほか・前掲（注10）1658頁。

時を破産手続開始の申立ての日としている。否認の基準時（破166条）と同じである。

「破産手続開始の原因となる事実を知る」とは、破産手続開始原因は支払不能であるが、これは客観的な評価概念であるから、支払不能であると評価できる具体的事実のことである。つまり、債務者がそのような具体的な事実（資産・負債・信用等に関する事実）を知っていれば足りる。

「詐術」とは、相手方を錯誤に陥れるために欺罔的な手段をとることをいう。個人破産で、詐術とされるのは、支払不能になった後に消費者金融等の貸金業者からの借入れに際し、収入を偽ったり、他の業者からの借入額を少なく偽ったりした例が多い。なお、消費者金融から借り入れる際に職業を偽っただけでは詐術にあたらないとした裁判例がある[74]。

欺罔的な手段は、どのような態様や形式で行われたものでもよいが、消極的な態度によって相手方を誤信させた場合も詐術に含まれるかどうかについては、学説上争いがあり、下級審裁判例では、これを肯定するものが多いが[75]、否定するものもある[76]。

詐術の結果、相手方が誤信して信用取引を行ったことが必要になるが、消費者金融業者からの借入れに際し、収入額と他業者からの借入額を偽ったが、消費者金融業者もこの陳述を必ずしも額面どおりに受け取ったものではないこと等を理由にして、この免責不許可事由に該当しないとした裁判例がある[77]。

「信用取引により財産を取得する」とは、債務の履行が後になるような取引をいい、取引形態は、代金後払いの売買などのほかに、金銭消費貸借もこれに含まれる。金銭消費貸借の場合の財産とは金銭のことをいうことになる。免責の可否が問題となる事案の多くは金銭消費貸借（借金）である。後にその債務の履行がされたかどうかは無関係である。

行為の時期は、規定上から、破産手続開始前の行為に限られる。

---

74 大阪高決昭和58・10・3判タ513号179頁。
75 大阪高決昭和58・9・29判タ510号117頁、神戸地決昭和63・9・30判時1301号149頁、神戸地決昭和63・11・21判タ700号252頁、仙台高決平成4・10・21判タ806号218頁。
76 大阪高決平成2・6・11判時1370号70頁。
77 大阪高決昭和59・9・20判タ541号156頁。

(カ) 帳簿等の隠滅等（破252条1項6号）

この行為は財産隠匿のために行われることが多く、総債権者の利益を害する行為であるとともに、破産管財人の財産発見や調査を困難にして破産手続の適正を妨げるものであるから免責不許可事由としたものである。

この行為が「債権者を害する目的」でされた場合は、業務および財産の状況に関する物件の隠滅等の罪（破270条）に該当することになろう。

業務および財産の状況に関する帳簿、書類その他の物件は、商業帳簿に限らないが、業務および財産に関するものに限られる。

法律上作成しなければならない帳簿類を無知その他の理由で作成していなくとも、この免責不許可事由に該当しない。

この免責不許可事由は事業を行っている個人に限られる。事業者でない者はこのような免責不許可事由は無関係である。なお、家計簿は業務および財産の状況に関する帳簿等にはならない。

(キ) 虚偽の債権者名簿の提出（破252条1項7号）

申立人は、免責許可の申立てに際して、債権者名簿を提出する義務があり、破産手続開始の申立てに債権者一覧表を提出する義務がある（破248条3項・20条2項）が、これは破産債権者に免責に関する意見申述の機会を保障するためである。破産者が虚偽の債権者名簿を提出することは、破産手続の適正な進行を妨害する行為であるから、これを免責不許可事由としたのである。

破産者が、特定の債権者名をことさら名簿から排除したとして免責不許可とした裁判例がある[78]。

なお、破産者が過失によって債権者名簿に記載すべき破産債権者を脱落させた場合は、非免責債権（破253条1項6号）となる。

(ク) 調査における説明拒絶・虚偽説明（破252条1項8号）

破産手続の適正を害する行為であるから免責不許可事由としたものである。

破産手続とは、破産手続開始の申立てから終了までの債務者の財産の清算手続をいい（破2条1号参照）、裁判所は必要な調査をすることができ（破8条2項）、その方法は必要な資料の提出、裁判所書記官に行わせる調査、破

---

[78] 名古屋高決平成5・1・28判時1497号131頁。伊藤ほか・前掲（注10）1663頁。

産管財人に行わせる調査、審尋期日における調査等多岐にわたる。

この「説明」とは、口頭による陳述の他に文書等による説明も含まれる。

説明の対象は、資産や負債の状況のみならず、破産に至る経緯、破産原因その他裁判所が必要と認めて行う調査事項の全部が含まれる。

説明拒絶・虚偽説明は故意によるものに限ると考えられる。

「説明を拒む」とは、必要な説明をしない行為をいい、期日に出頭しながら説明を拒んだような場合以外に、期日に出頭しない場合や提出を要求された資料や陳述書を提出しない場合もこれに含まれると考えられる（そうでないとしても、破252条1項11号の破産者の義務違反による免責不許可事由となる）。

旧法では、このような規定がなく、同時廃止事案では破産者に真実を陳述する義務に関する規定がなく、裁判例は、同時廃止後の免責手続の段階に至って破産手続中に破産に至る経緯について虚偽の陳述をしていたことが判明したという事案で、旧法の破産者が裁判所に対し財産状態について虚偽の陳述を免責不許可事由とする旨の規定（旧法366条ノ9第3号後段）を類推適用して免責を不許可にしているが、現行法では、この例は本号の免責不許可事由に該当することになる。[79]

説明拒絶・虚偽説明が、破産原因や同時廃止に関するものであるときは、誠実に申立てをしようとしたものとは考えられないから、このような事実が破産手続開始前に判明すれば、破産手続開始の申立て自体を却下（破30条1項2号）する場合もある。[80]

(ケ) 管財業務妨害行為（破252条1項9号）

破産手続の適正な進行を害する行為であるから免責不許可事由とされたものである。現行法で新設された規定である。

「不正の手段」とは、不正義な手段をいう。規定からみて故意が必要である。

「妨害」とは、職務の執行自体の妨害にとどまらず、職務の運営を阻害するいっさいの行為をいう。

不正の手段が、破産者の偽計あるいは威力であるときは、刑法上の偽計業

---

79 東京高決平成7・2・3判時1537号127頁。前掲（注59）東京高決平成16・2・9も同旨。
80 東京地決平成13・10・24金商1132号41頁参照。

務妨害罪・威力業務妨害罪（刑233条・234条）の特別規定である破産管財人等に対する職務妨害の罪（破272条）となり、刑法上の罪より罰金の額が高く、懲役と罰金の併科がされる。

　　㈲　免責後7年以内の免責許可申立て（破252条1項10項）

　短期間のうちに何度も免責を与えることは、破産者の免責制度の濫用の危険性があり、無責任な経済活動を追認することになるから、これを抑制するという政策的な目的による免責不許可事由である。

　旧法は、前の破産免責から10年以内としていたが、現行法では7年間に短縮し、破産以外にも同じように免責を得られる個人再生の場合も加えた。

　　㈹　破産法上の義務違反行為（破252条1項11号）

　前記㈹㈺㈯は破産法上の義務違反の態様の一つであるが、本号は破産法上の破産者の義務違反一般を不許可の対象とするもので、これらの補充的規定である。説明義務（破40条1項）、重要財産開示義務（破41条）、免責についての調査への協力義務（破250条2項）は、破産法上の破産者の義務の例示である。

　その他の破産法上の義務としては、破産手続開始前の保全処分（破28条）に違反すること、裁判所の許可（破37条）を受けないで居住地を離れること、債権調査期日への出頭義務（破121条3項本文）に違反することなどがある。

　裁判例としては、破産管財人に対する説明義務違反を理由として免責を不許可とした例[81]、所在を不明にした破産者に対して居住制限違反を理由に免責を不許可にした例[82]、引渡命令を受けてもこれに応じなかった例[83]などがある。

　(2)　**裁量免責**

　裁判所は、免責不許可事由のいずれかに該当する場合であっても、破産手続開始の決定に至った経緯その他のいっさいの事情を考慮して免責を許可することが相当であると認められるときは、免責許可の決定をすることができる（破252条2項）。この許可は、裁判所が裁量で行う裁量的な許可である。

　破産法は、要するに、諸般の事由を考慮して裁量で許可の可否を決めよと

81　大阪高決昭和60・6・20判タ565号112頁。
82　前掲（注72）大阪高決昭和59・1・23。
83　前掲（注56）神戸地伊丹支決平成23・12・21。

いうだけで、裁量の一般的基準については解釈に任せている。この裁量の幅は免責の理念における見解の相違と連動することになろう。

免責を例外的だと考える見解では、免責不許可事由に該当するときは原則的に免責を認めず、ごく軽微な違反の場合に限って例外的に裁量免責を認めるべきであるということになり、免責を破産者の再建・更生手段であるとの考え方を極端に強調すると、裁量免責を原則とし不許可とするのは常識から想像できないような著しい不誠実なものに限るということになる傾向にあろう。

免責の理念を中庸的な考え方に立脚すると、実務的には、破産者の不誠実性が顕著かどうかということが一応のメルクマールになると考えられよう。もっとも、これは評価概念で説明概念にすぎないから、一義的に決定できるものではなく、結局は、免責不許可事由となる行為の態様や悪質度、免責不許可事由となる行為を行うに至った事情、総債権者や特定債権者の利益を害した程度、その侵害利益の回復度、破産債権者の意向、破産者の反省度、破産手続開始の申立て後の破産者の再建・更生への努力等の生活態度、破産者の個人的な事情といった諸事情を勘案して免責の可否を判断することになる。

実務では、どのようにその免責の可否を判断しているかについて、公表されている下級審裁判例を参考にしてみてみると、次のようになろう。もっとも、免責の許否は決定で行われるから最高裁判所が判断を示すということは通常はないし、膨大な数の裁判（決定）がされており、そのほとんどが免責許可されているのであって、公刊物に公表される例はごくわずかである。[84]

　(ア)　破産財団に属する財産の隠匿等（破252条1項1号）

この点に関する公表された裁判例としては、少ないが、破産者が破産申立て直前に受領した父の死亡による死亡保険金の存在を秘匿し、破産管財人に説明することなく所在不明になった事案で、詐欺破産罪の有罪も確定し、免責不許可になった例[85]、会社代表者がこの免責不許可事由に該当する資産移転

---

[84]　東京地方裁判所では、原雅基「東京地裁破産再生部における近時の免責に関する判断の実情」判タ1342号4頁以下、平井直也「東京地裁破産再生部における近時の免責に関する判断の実情(続)」判タ1403号5頁以下で詳細な情報提供を行っており、参考になる。

[85]　前掲（注56）神戸地伊丹支決平成23・12・21。

行為をしたにもかかわらず、裁量免責されたが、抗告審がこの免責許可決定を取り消し、免責不許可決定をした例[86]がある。この行為の大半は詐欺破産罪（破265条）に該当するであろうし、詐欺破産罪は破産犯罪の中でも最も悪質で、法定刑も重いから、免責不許可事由としても一番悪質で、不誠実な行為の最たるものであるから、その被害の程度が非常に軽微であることに加え、行為を行うに至った動機に酌むべき事情がある等破産者にかなり有利な事情でもない限り裁量免責になじまないと考えられる。

⑴　特定の債権者に対する担保の供与等（破252条１項３号）

この点に関する公表された裁判例はみあたらなかったが、この行為は破産犯罪（破266条）に該当し、法定刑も詐欺破産罪に次いで重いから、裁量免責の可否に関しては、破産財団に属する財産の隠匿等とあまり変わらないと考えられる。

⑵　浪費（破252条１項４号）

下級審裁判例では、裁量免責が認められた例と認められなかった例がある。

裁量免責を認めたものは、①購入物品の大半を返還していること、異議申立人（後述の意見申述に該当する）が１名であること、これまでの生活態度を反省し勤務して堅実な生活をしていること、実父が借入金で100万円の債権者への任意弁済（破産債権総額の20％程度）をしていることを理由とする例[87]、②浪費は自動車の購入であるが、通勤に必要だったこと、クレジットカードで購入し質入れされた物品は父が受け戻してクレジット会社に引き渡していること、異議申立てがないこと、勤務して更生の意欲が十分あること、父親の援助で破産債権者に100万円の任意弁済（配当率は14％）をしていることを理由とする例[88]、③債務弁済のために始めた株式投資を浪費としたが、いわゆるバブル経済の渦中での株式投資には無理からぬ面があること、株式投資に行き詰まったのはバブル経済の崩壊によること、退職して退職金や自宅を売却してその代金を債務の弁済にあてる等、それなりに誠実に債務の支払いに努めてきたこと、父が死亡し妻とも離婚し重度身障者の母を扶養せざるを得

86　前掲（注58）東京高決平成26・3・5。
87　前掲（注62）仙台高決平成5・2・9。
88　前掲（注63）仙台高決平成5・3・19。

V 免責

ない立場にあることを理由とした例、④住宅購入のための多額の借財を浪費としたが、自宅の取得はそれ自体は正当で取得時点では借入れに対応する自宅という資産があったこと、住宅ローンの返済に固執して消費者金融から借り入れをしたことは酌むべき点があること、バブル経済の崩壊で自宅を安値でしか処分できず一般債権者への弁済原資とはならなかったが、バブル経済の崩壊は通常人の予想することができない経済変化であることを理由とする例、⑤元プロ野球選手が4台の自動車を買換えのために購入したことを浪費としたが、支払不能の原因はこの浪費のほかに父親の債務の返済を強いられたこと、退団を余儀なくされたこと、異議申立てがないこと、若年で更生の見込みがあることを理由とする例などがある。

　一方、裁量免責を認めなかったものは、①負債約4000万円のうち800万円程度が被服・物品購入で費消されていること、スナックを経営して派手な生活をしていること、スナックを処分すれば返済できるといって友人らから300万円～400万円を借りたがスナックを処分するや行方をくらまして返済を全くしていない等、その不行跡の程度は軽くないとした例、②債務弁済ができない状態になってからもブランド品を中心とする洋服を購入し、最終的には60着もの洋服を購入して644万円もの債務を負担するに至ったことから裁量免責は不相当とした例、③知人の営む事業に対する資金援助として回収の見通しがほとんどないのに、自己が借金をする以外にも、自己の勤務する会社の若年者を含む多数の従業員らに虚言を弄し、刑事罰にも触れるような欺罔的な手段で消費者金融等から借り入れさせてこれを借り入れる等して支出したこと等を免責不許可事由として軽微とはいえないとした例などがある。

　免責不許可例は、免責許可例におけるような破産者の有利な事情についての指摘がない。そのような有利な事情がなかったのか、あっても考慮するに値しないと考えたのかは不明である。

89　前掲（注64）東京高決平成8・2・7。
90　前掲（注65）福岡高決平成9・2・25。
91　前掲（注66）福岡高決平成9・8・22。
92　前掲（注60）東京高決昭和63・1・20。
93　前掲（注61）仙台高決平成4・5・7。
94　前掲（注59）東京高判平成16・2・9。

(エ)　賭博や射幸行為（破252条1項4号）

　公表されている下級審裁判例では、その全部が裁量免責を認めていない。①競輪・競馬・パチンコ等に合計700万円～800万円をつぎ込んでいることや詐術もあったことから破産者としての誠実性に欠けるところが大きいとした例[95]、②債務総額926万円の多くはパチンコやポーカーゲームなどの賭け事や飲食代で家庭に生活費として入れたものではないことから裁量免責は不相当とした例[96]、③証券取引法（当時）上、禁止されている投機性の非常に強い先物・オプション取引で債権総額3億4000万円余りの負債の原因をつくったこと、異議申立てが2名からされていることから、破産者が顧客に対して利益金と損失填補金の支払いを行っていて個人的に金銭的利得を得ているとは認められないこと、破産債権のうちに非免責債権があることから、破産者が自殺を図っていることや反省の情が認められることを十分考慮に入れても債務者としての誠実性の欠如は顕著であり裁量による免責は認めがたいとする例[97]、④収入が月14万円であるのに毎月15万円もの額をバカラ賭博につぎ込み、それを原因としてつくった借金600万円のうち500万円を親に立替払いしてもらった後に、借金を繰り返して破産手続開始の申立て時点で266万円の債務が残存していたという事案で、その不誠実性は顕著で裁量免責すべき事情はないとした例[98]がある。

　裁判所は、賭博は、浪費に比べて反社会性も大きいと考えているのかもしれないが、実務上は、賭博等の場合でも、債務の一部任意弁済その他の有利な事情があれば裁量免責が認められている実例も多い。

　(オ)　詐術（破252条1項5号）

　下級審裁判例では、裁量免責を認めたものと認めないものがある。

　裁量免責を認めたものは、①破産者が身体障害者であること、債権者はすべて消費者金融でその中には破産者が支払不能の状況にあることを承知のうえで金融に応じた者も多数あると思われること、債務の中には他人の債務保

---

[95]　前掲（注68）東京高決昭和62・6・17。
[96]　前掲（注69）仙台高決平成4・7・8。
[97]　前掲（注70）福岡高決平成8・1・26。
[98]　前掲（注71）東京高決平成13・8・15。

証分もあること、異議を申し立てた3名がその後全部申立てを取り下げたこと、家族が一部の支払いに協力することとなったことを考慮すれば、加害行為の違法性は軽度とみることができ、免責を不許可とすることは相当でないとする例[99]、②債務は全部消費者金融からの借金で、消費者金融の中には債務超過の状態であるのを承知で金融に応じた者もいるだけではなく、他の消費者金融から金員を借用してでもその支払いを要求する者もあり、さらに借金を重ねさせる要因となっていること、破産直前の借入れはともかく、消費者金融は高金利の支払いを受けてある程度の貸金の回収を得ていること、詐術の違法性の程度は軽微であることから、免責を不許可にすることは相当ではないとした例[100]、③詐術は消極的ないし受動的なものであること、負債の相当部分は子からの生活費の無心や子の自動車購入の連帯保証であること、借り入れた金員は浪費・遊興等に使われたものではないこと、破産者はこれまで真面目に稼働してきたが現在は建設会社等の現場労働者等として稼働していて冬期間は仕事がなく収入がほとんどないこと、異議申立てがないことから、経済的更生を容易にするため裁量免責をするとする例がある[101]。

　上記①②には消費者金融は支払不能・債務超過を承知のうえで貸し付けているとの判示部分もあるが、この場合は詐術によって消費者金融が錯誤に陥ったとはいえないから、そもそも免責不許可事由に該当しないと思われる。

　一方、裁量免責を認めなかったものは、①破産者は積極的な詐術を行い、詐術の被害者は貸付に際して保証人を求めるとともに信用照会をしているから貸付に際して重大な過失があったとはいえないとした例[102]、②事案は軽微とはいえず、破産に至る経緯には同情の余地はなく、返済のための真摯な努力の欠如、無反省、更生の意欲もない、債権者から明示の異議がある、免責を許可した場合は社会に深刻な悪影響を及ぼすが不許可にした場合でも破産者の生存の確保に何らの支障もないことを理由とする例[103]、③内容が虚偽の債権者名簿の提出もあり、詐術も軽微とはいえないとして不許可にした例、④詐[104]

99　前掲（注75）大阪高決昭和58・9・29。
100　福岡高決昭和60・2・1判タ554号205頁。
101　札幌高決昭和60・6・10判タ565号118頁。
102　大阪高決昭和58・11・4判タ516号124頁。
103　前掲（注75）神戸地決昭和63・9・30。

術が作為的な欺罔行為であって到底軽微なものとはいえず、裁量免責は相当でないとする例などがある。[105]

詐術による信用取引に該当する行為は、通常は詐欺罪にも該当する悪質なものであり、詐術が消極的行為である、被害者が嘘を見抜けなかったことに重大な過失がある、被害額が少ない、被害がある程度弁償されている等かなり有利な事情がなければ、裁量による免責は困難だと思われる。

　　㈹　破産手続に関する義務違反

虚偽の債権者名簿の提出（破252条1項7号）は、①免責不許可事由を知っている債権者の債権を故意に除外して免責不許可事由の存在を隠蔽しようとする[106]、②詐術による信用取引である借入れの時期を偽る等の目的でされることが多く[107]、自己が免責を受けるために破産裁判所の調査を妨害するもので行為自体が悪質であると考えられるから、裁量免責を受けるためには、それなりの有利な事情が必要であろう。この2例は、いずれも裁量免責が認められていない。

裁判所や破産管財人に対する説明義務の違反は、破産手続の円滑な進行を妨害する行為で、破産手続の信頼を損ねるものであるから、それなりの有利な事情でもない限り裁量で免責されることは困難と思われる。①破産に至る経緯について虚偽の陳述をした場合[108]、②破産管財人に対する説明義務を怠って否認に関する調査ができないまま手続が廃止された場合[109]は、いずれも免責が認められていない。

これに対して、居住制限（破37条・252条1項11号）の違反は程度が軽微な場合が多く、破産管財人が破産者の所在を知っていて調査に対する障害がなかったような場合は裁量で免責されるのが通常である。もっとも、破産者が行方をくらまして、破産管財人の管財業務の遂行に大きな障害があったような場合は免責は不許可となる。[110]

104　前掲（注75）神戸地決昭和63・11・21（詳細な理由が付されている）。
105　福岡高決平成5・7・5判時1478号140頁。
106　前掲（注78）名古屋高決平成5・1・28。
107　神戸地決昭和63・11・21判タ700号252頁。
108　前掲（注79）東京高決平成7・2・3。
109　前掲（注81）大阪高決昭和60・6・20。

5　免責許可に関する調査・報告と意見申述

　免責手続の審理は決定手続で行われ、免責不許可事由や裁量免責に関する事情は職権調査事項である。裁判所は、職権で免責の要件を審査するうえで必要な調査をする（破8条2項）ために、必要に応じて破産管財人や裁判所書記官に調査を行わせて報告させ（破250条1項、破規75条2項）、必要であれば審尋期日を開いて破産者を審尋し（審尋は任意的である）、裁判所や破産管財人の調査に協力させ（同条2項）、破産管財人や破産債権者に意見を述べさせる（破251条1項）。

(1)　免責についての破産管財人の調査および報告・意見申述
(ア)　破産管財人の調査

　裁判所は、破産管財人に免責不許可事由に該当する事由の有無と裁量免責の判断にあたって考慮すべき事情についての調査をさせ、その結果を書面で報告させることができる（破250条1項）。

　破産手続開始の申立て時の資料や審尋の結果から相当程度の免責不許可事由があると認められる場合には、裁量免責に関する調査や意見を述べることを主目的として破産管財人を選任し、破産管財人がいわば保護監察官のように一定期間、債務者の家計管理等について指導監督し、裁量免責の事情としての経済的再生へ向けた努力を評価・観察するという免責観察型の処理を行うといった実務の運用もある[111]。また、破産者が自由財産や親族等の援助を受け破産債権者に按分弁済をすることで裁量免責の有利な事情とするという処理をする運用もある。

　裁判所は、免責許可の申立てをした者に対して、調査のために必要な資料の提出を求めることができる（破規75条1項）。後述する破産者の協力義務（破250条2項）を具体化するための規定であるが、免責許可の申立てをした者が対象となっているので破産手続開始前の段階でも資料の提出を要求することができる。実務的には、自己破産の場合、破産申立書において、免責不

110　前掲（注72）大阪高決昭和59・1・23。
111　大阪地方裁判所・大阪弁護士会破産管財運用検討プロジェクトチーム編・前掲（注55）315頁。

許可事由の有無に関する報告書等の資料の提出を求める取扱いが多い。

　裁判所は、相当と認めるときは、前記の調査事項について、裁判所書記官に必要な調査を行わせることができる（破規75条2項）。破産手続開始の申立てにおける事実調査と同様の趣旨で設けられたものである。管財事件では必要な調査は破産管財人に命じればよいから、実務上は、裁判所書記官による調査は、主として同時廃止事件で行われることになる。

　もちろん、裁判所は、審尋期日を開いて、債務者の審尋を行うこともできる。同時廃止事件では、書面審査の段階で申立てに至った経緯から書面だけで免責が可能であるという事案以外は、モラルハザード防止の観点や、審尋での説明拒絶等の罪（破271条）による虚偽の説明等に対する抑止効果も狙って、必要に応じて免責審尋期日を指定して審尋を行う運用が多い。

　　(イ)　破産者の協力義務

　破産者には、破産手続における説明義務（破40条）等があるが、免責手続においても裁判所、破産管財人の行う調査に協力すべきとする調査協力義務を課している（破250条2項）。免責許可を求める破産者としては、調査に協力することは当然のことであるが、裁判所、破産管財人の調査の実効性を確保するために現行法で設けられた。

　具体的な協力義務としては、裁判所の設定した審尋期日への出頭、虚偽陳述をしない（破271条参照）等が考えられる。[112]その違反は、免責不許可事由（破252条1項11号）になる（協力義務違反についての罰則は規定されていない。ただし、審尋における説明義務等の罪（破271条）についてはありうる）。

　　(ウ)　破産管財人の報告・意見申述

　破産管財人の調査結果は、書面で報告することとされており（破250条1項）、実務上、定型的な免責に関する意見書のひな型が作成されていることが多く、特に報告が必要な場合に具体的な事情を記載するようになっている（破251条の意見申述も兼ねている）。免責に関する判断は、裁判所の職権によるものであり、破産管財人の報告はその際の参考資料となるものである。

---

[112]　小川編・前掲（注54）340頁。

V 免責

(2) 免責についての破産債権者の意見申述

　免責の効力を受ける破産債権者は、裁判所が定める期間内、または免責審尋期日が指定されたときはその期日において、免責に関する意見を述べることができる（破251条1項）。

　裁判所は、免責許可の申立てがあったときは、破産手続開始の決定があった時以後、破産者につき、免責の許可をすることの当否について、破産管財人と非免責債権以外の破産債権者が裁判所に対し意見を述べることができる期間を指定しなければならない（破251条1項）。

　意見を申述できる破産債権者は破産債権の届出は必要でない（同時廃止では届出そのものがないし、管財事件でも配当が見込めない事案では債権届出期間が指定されない場合（留保型）もある）が、記録上、明らかでない債権者が意見の申述をするためには、破産債権の疎明が必要と考えられる。

　なお、非免責債権を主張する債権者は、意見申述の主体から除外されている。非免責債権の制度と免責許可制度は別の制度であり、非免責債権に該当することは免責不許可事由でないので、非免責債権に該当することをもって意見申述をすることはできない（非免責債権であれば、免責の効力が及ばない）。また、免責の効力が及ばない財団債権者、別除権者、取戻権者も含まれない。

　裁判所は、意見の申述期間を定める決定をしたときは、その期間を公告し、かつ、破産管財人と知れている破産債権者にその期間の通知をする（破251条2項）が、意見申述期間は公告の効力を生じた日から起算して1カ月以上でなければならない（同条3項）。

　意見の申述は、免責審尋期日で行う場合以外は書面でしなければならない（破規76条1項）。意見の申述が審尋期日以外で行われる場合は、それを適切に管理するために書面によるものとしたのである。期日において口頭で行われる場合は必要に応じて調書に記録すればよい。

　また、意見の申述は、免責不許可事由に該当する具体的事実を明らかにしてしなければならない（破規76条2項）。免責に関する審理や破産管財人の調査の充実を図る観点から具体的事実の申述を求めている。

　なお、裁判所は、免責の可否を判断するに際して、申述された意見に拘束されることはなく、応答義務もない。

6 免責許可申立てに対する裁判

(1) 免責許可の決定

　裁判所は、免責許可の決定をしたときは、直ちに、その裁判書を破産者および破産管財人に送達し（公告で送達に代えることはできない）、その決定の主文を記載した書面を破産債権者に送達しなければならない（破252条3項）。
　免責許可の決定は、確定しなければその効力を生じない（破252条7項）。

(2) 免責不許可の決定

　裁判所は、免責不許可の決定をしたときは、直ちに、その裁判書を破産者に送達（公告で代えることはできない）しなければならない（破252条4項）。

(3) 免責に関する裁判に対する不服申立て

　免責許可の申立てについての裁判に対しては、即時抗告ができる（破252条5項）。即時抗告権者は、免責許可の決定のときは破産債権者および破産管財人、免責不許可の決定のときは破産者である。
　即時抗告についての裁判があったときは、その裁判書を当事者に送達（公告で代えることはできない）しなければならない（破252条6項）。

7 免責許可決定の確定の効果

(1) 一般原則

　免責許可の決定が確定したときは、破産者は、破産手続による配当を除き、破産債権について、その責任を免れる（破253条1項柱書）。つまり、破産債権について、同時廃止の場合はその全額について責任を免れ、配当事案の場合は配当を受けた残額について責任を免れることになるということである。
　免責の対象となるのは、後述する非免責債権以外の破産債権であって（破253条1項ただし書）、破産債権であれば優先・劣後を問わない。財団債権は免責の対象とはならない（財団債権の債務者は誰かという問題が別途ある）。
　「責任を免れる」という免責の意味については、責任だけが消滅するのであり、債務自体は消滅せず、自然債務になるという見解、免責によって債務自体が消滅するという見解に分かれている。前者によれば、破産債権者は強制執行はできないが、破産者が破産債権者に対し任意の弁済をすることは有

効であることになるが、後者によれば任意の弁済をすることができず、仮にしたとしても、その弁済は無効で、不当利得になることになる。前者の自然債務説が通説であり、判例も自然債務説を前提とすると解されている。実務上、免責を受けた破産者が、真に自発的意思をもって道義上の理由から弁済することも例外的にあるところであり、自然債務説を基に考えることになろうが、債務消滅説も有力である。

免責の対象となる破産債権を自働債権とする相殺は、相殺の禁止（破71条・72条）に触れない限り可能であるし、後に免責許可となっても相殺の効力が消滅することはない。また、免責された債権を自働債権とする相殺は、免責許可決定が確定するまでに相殺適状にあったとき（破71条・72条の相殺の禁止に触れないことが必要である）は免責許可決定確定後も可能であると考えるべきである。

(2) **非免責債権**

前述したとおり、破産者は、免責許可の決定が確定したときは、破産手続による配当を除き、破産債権について責任を免れるのが原則であるが（法253条1項柱書本文）、免責の効力を及ぼすのは適当ではないとの各種の政策的理由から免責の効力を受けられない非免責債権が定められている（同項ただし書）。

 (ア) 現行法における範囲の拡大

現行法では、非免責債権の類型を拡張し、①破産者が故意または重大な過失により加えた人の生命または身体を害する不法行為に基づく損害賠償請求権および②破産者が養育者または扶養義務者として負担すべき費用の請求権の2類型を新設した（破253条1項3号・4号）。なお、「詐術」に係る債権については、旧法と同様に免責不許可事由とされた（破252条1項5号）。

再建型の倒産処理手続には非免責債権の制度はなかったが、個人再生手続

---

113 最判平成9・2・25判時1607号51頁、最判平成11・11・9民集53巻8号1403頁。伊藤ほか・前掲（注10）1675頁。
114 伊藤ほか・前掲（注10）1675頁。
115 伊藤・前掲（注5）724頁。
116 名古屋地判平成17・5・27判時1900号135頁は、相殺の合理的期待がある場合は破産法所定の制約の下に相殺ができるとしている。

(イ)　免責不許可事由との関係

　免責許可決定の要件の場面としての免責不許可事由（破252条1項。ただ、免責不許可事由がない場合に免責許可決定をすると規定）と免責許可決定の効果の場面としての非免責債権（破253条1項）が規定された。非免責債権が存在した場合でも、免責不許可事由に該当しない場合は免責許可決定がされるので、両者は基本的に別個のものと理解されている。

　(ウ)　非免責債権の範囲

　非免責債権となった場合は、対象となる破産債権の全額が破産者の負担として残ることから、破産者の経済的更生の観点から一定程度に制限すべき面があるとも考えられるが、非免責債権とされる各債権の要保護性と破産者のモラル・ハザード防止の趣旨から、範囲の制限は設けられていない。[117]

　(エ)　財団債権についての破産者の責任

　破産者が免責の効力を受けるのは、破産債権に限られることから、財団債権については、免責の対象外となる。そこで、財団債権について破産者が破産手続終了後どこまで責任を負うのかが問題となるが、政策的判断により財団債権とされた租税債権や労働債権のように本来破産者本人の人的債務であるものは、破産手続終了後も破産者が責任を負うものと解されている。この点、破産財団のみが責任を負うとする有力説がある。[118]

　(オ)　非免責債権の類型

　非免責債権は、各類型が限定列挙されている（破253条1項1号～7号）。

　(A)　租税等の請求権（破253条1項1号）

　財団債権（破148条1項3号等）となる租税等の請求権は破産債権でないから、およそ免責の対象ではない。非免責債権となるのは優先的破産債権（破98条1項）および劣後的破産債権（法99条1項1号・97条4号・5号）となる租税等の請求権である。[119]

117　小川編・前掲（注54）347頁。
118　伊藤・前掲（注5）310頁・727頁。
119　なお、租税債権につき、財団債権、優先的破産債権、劣後的破産債権のいずれに該当するか、税目ごとの留意点、破産手続外で破産者の負担となるもの等、租税債権全般につき、野村ほか・前掲（注2）356頁以下に詳しい。

V 免　責

非免責としたのは国庫の収入の確保という徴税政策上の理由である。

　ちなみに、財団債権であろうが破産債権であろうが、租税等の請求権が滞納処分の停止により、即時または停止の継続（税徴153条4項・5項）、徴収権の消滅時効（税通72条等）等で消滅することは別論であり、実務上は、破産者の財産は乏しく、滞納処分を行うことによって破産者の生活を著しく窮迫させるおそれがある場合も多い（税徴153条1項）から、納付義務を消滅させざるを得ない場合が多い（滞納処分の停止の要件がある場合は、徴収することができないことが明らかであるとして、税徴153条5項によって、納付義務を即時に消滅させることが多い）。

　　(B)　破産者が悪意で加えた不法行為に基づく損害賠償請求権（破253条1項2号）

　被害者保護の観点とこの種の不法行為の防止のために非免責債権とされている（破253条1項2号）。旧法から変更がないが、現行法で同条1項3号が規定されたことから、3号に規定される場合は除かれる。

　ここで、「悪意」とは、単なる故意（民709条）ではなく、積極的な加害の意思ないし不正に他人を害する意思をいうと解されている[120]。旧法下では、故意によるものも含むとする解釈も有力であったが、現行法では3号が規定されたことから、2号では積極的害意を意味するとすべきとの指摘がある[121]。なお、使用者責任（民715条）を負う場合に、他人が「悪意」でも非免責債権とはならない。

　悪意による不法行為を構成するとした旧法時代の判例では、破産者のクレジットカードを利用した商品の購入行為について、カード申込みに際して他の債務の一部のみを申告し、商品の購入時には立替払金に対する支払いが滞ることを十分に認識していた破産者のカードによる商品購入を悪意による不法行為とした原審の判断を是認している[122][123]。また、同じようにクレジットカー

120　東京地判平成13・5・29判タ1087号264頁。
121　伊藤・前掲（注5）728頁。積極的害意を必要としたうえで、預託金を費消した不法行為につき害意を肯定したものとして千葉地判平成27・4・9判時2270号72頁、不貞慰謝料請求権につき否定したものとして東京地判平成28・3・11判タ1429号234頁。
122　最判平成12・1・28金商1093号15頁。
123　東京高判平成9・11・18金商1093号18頁。

ドを利用した飲食について、飲食代金の支払意思も能力もないのにカードを利用して飲食したとして、悪意の不法行為と判断した下級審裁判例があるが[124]、この裁判例は詐欺罪の故意と同様の認定をしているところをみると、悪意は故意で足りるとしているように思われる[125]。

悪意による不法行為に該当しないとした裁判例として、キャッシュカードを利用した10万円の限度額の範囲内で借入れが可能な基本契約の締結行為の事例[126]、ダイヤモンドの継続的な委託販売取引をしていた破産者が差損を生じる転売をした事例[127]がある。また、現行法における「悪意」は「積極的害意」と解されているとして、欺罔による金銭消費貸借であることを知りながら、当該借入金について保証をした者の行為を積極的害意がなかったとした事例[128]がある。

(C)　破産者が故意・重過失により加えた人の生命、身体を害する不法行為に基づく損害賠償請求権（破253条1項3号）

人の生命・身体という法益としての重大性にかんがみ、被害者救済と加害者に対する制裁の意味合いで現行法により新設された（破253条1項3号）。故意以外に重大な過失も含まれることとしている。なお、同項かっこ書は、破産法253条1項2号との重複を避ける趣旨である。

悪質かつ危険な飲酒運転や暴走運転などによる交通事故の場合などが該当すると考えられる。

(D)　破産者が養育者または扶養義務者として負担すべき費用の請求権（破253条1項4号）

親族法上の扶養請求権は、生存確保・幸福追求の観点から不可欠なものとして権利の性質上保護が必要として、現行法により新設された（法253条1項4号）。平成15年の民事執行法の改正による特例（民執151条の2第1項・152条3項）とも関係し、養育費等の履行の確保を図るためである。①夫婦間の協力および扶助義務（民752条）、②婚姻から生ずる費用分担義務（民760条）、

124　東京高判平成10・2・25金商1043号42頁。
125　最判昭和43・6・6刑集22巻6号434頁。
126　大分地判平成4・8・4判タ794号263頁。
127　前掲（注120）東京地判平成13・5・29。
128　神戸地明石支判平成18・6・28判タ1229号339頁。

③子の監護義務（民766条・749条・771条・788条）、④扶養義務（民877条～880条）に係る請求権並びに⑤上記①～④の義務に類する義務で契約に基づく請求権が対象となる（破253条1項4号イ～ホ）。

⑤については、たとえば認知していない非嫡出子の養育費、内縁の妻の生活費などで、契約によって支払うとされているものが、これに該当する。

もっとも、このような扶助・扶養の請求権のうち、破産手続開始後に発生するものは、要扶助・扶養状態によって日々新たに破産者に対して発生する請求権で破産債権ではないと考えられるので、免責の対象とはならず、免責手続中であっても新得財産に対する強制執行が可能となる。破産手続開始前の破産債権部分のみが非免責債権となる。

(E) 雇用関係に基づいて生じた使用人の請求権および使用人の預り金の返還請求権（破253条1項5号）

個人事業者の破産の場合に、労働者の権利保護という社会政策的見地から破産債権である労働債権と預り金返還請求権を非免責債権としている。法人には免責制度がないので、破産者が個人事業者の場合が対象である。また、旧法では、身元保証金も非免責債権とされていたが削除された。

給料や退職金の一部で財団債権となる部分は、免責の対象とならないから、非免責債権となるのは、破産債権となる労働関係から生じた債権である。

(F) 破産者が知りながら債権者名簿に記載しなかった請求権（破253条1項6号）

破産者は、免責許可の申立てをするには、債権者名簿を提出しなければならないが（破248条3項。みなし申立ての場合は、破産手続開始申立ての際の債権者一覧表（破20条2項）を債権者名簿とみなす（破248条5項））、破産者が知りながら債権者名簿に記載しないと、その破産債権者には免責についての意見申述期間（破251条1項）の通知がされず（同条2項）、意見申述の機会が与えられないことになるので、非免責債権とされる（破253条1項6号）。ただ、破産債権者が破産手続開始決定を知っていた場合は、参加の機会が確保されているので、除外される（同号かっこ書）。

「知りながら」の要件については、破産者の故意までは要求されず、破産者が過失により債権者名簿に記載しなかった場合でも非免責債権となるが、

当該破産債権の存在を失念していても債権者名簿に記載しなかったことについて過失が認められない場合は免責される。[130]

債権者名簿に記載されていなかった債権について、免責審尋期日に口頭で説明をしても債権者名簿に記載したことにならない。[131]

金額が未確定の債権も債権者名簿に記載しなければ非免責債権となる。[132]

破産者がその存在を争っている債権も同じように考えるべきかどうかは「破産者が知っていた」といえるかどうかの問題があるが、実務的にはこの債権も債権者名簿に記載すべきである。

(G) 罰金等の請求権（破253条1項7号）

罰金、科料、刑事訴訟費用、追徴金または過料の請求権（破97条6号）は、劣後的破産債権とされているが（破99条1項1号）、破産者本人に対する制裁的意味合いが強いので、政策的理由により、非免責債権とされている（破253条1項7号）。

(カ) 非免責債権が争点となる場面

(A) 破産手続外で争点となる

当該破産債権が非免責債権であるかどうかが争いとなるのは、免責許可決定確定後の請求訴訟の中や債務名義に基づく強制執行に対する請求異議の訴えの中であり、破産手続や免責手続内ではない。免責手続内では、免責不許可事由に該当するかが争いとなるわけであり（破産債権者は、意見申述や即時抗告することで争う）、破産債権者から非免責債権であるとの主張がされることもあるが、破産手続や免責手続内では意味をもたない。

(B) 請求訴訟における争い

非免責債権と主張する破産債権者は、債務名義を得ていない場合、免責許可決定確定後に別途請求訴訟を提起し、破産者からは免責の抗弁が出る中、再抗弁として非免責債権に該当するかが争点となる。破産手続開始前に係属していた請求訴訟が破産手続開始決定で中断し（破44条1項）、配当がないた

---

129 東京地判平成14・2・27金法1656号60頁。
130 神戸地判平成元・9・7判時1336号116頁、東京地判平成15・6・24金法1698号102頁。
131 東京地判平成11・8・25金商1109号55頁。
132 前掲（注131）東京地判平成11・8・25。

め留保型のまま破産管財人が訴訟を受継することなく異時廃止で破産手続が終了した場合、破産者が当然に当該訴訟を受継することになるが（同条6項）、この場合も同様である。[133]

　この点、破産手続において債権調査が行われ、破産債権が確定した場合、破産債権者表の記載は、破産者に対し確定判決と同一の効力を有し、強制執行が可能となる（破221条1項）。ただし、破産者が債権調査の際に異議を述べていた場合は除かれる（同条2項）。非免責債権に該当すると主張する破産債権者が破産債権者表の記載をもって強制執行するには、執行文の付与が必要であるが、この点、判例は、免責許可の決定が確定した債務者に対し確定した破産債権を有する債権者が、当該破産債権が非免責債権に該当することを理由として、当該破産債権が記載された破産債権者表について執行文付与の訴え（民執33条1項）を提起することはできないと判断した。[134] 傍論として、破産債権者表の記載内容等から非免責債権に該当すると認められるときは執行文の付与（民執26条）が可能とするが、実際上、非免責債権該当性の判断は困難であろう。結局、別途請求訴訟を提起することになろう。

　ⓒ　請求異議の訴えにおける争い

　破産債権者が破産手続開始前にすでに債務名義を得ている場合（有名義債権の場合）、当該破産債権者は、破産手続および免責手続中は強制執行ができないが（破42条1項・249条1項）、免責許可決定が確定した後、免責の効力が及ばない非免責債権による強制執行が可能となる。これに対し、免責の効力が及ぶと主張する債務者は、請求異議の訴え（民執35条）を提起し、争うことになる。ただ、執行停止の効力がないので、執行停止（民執36条）の申立ても行う必要がある。

　この点、給料債権および退職金債権を差し押さえられた債務者（破産者）が執行抗告を申し立てた事案において、債務者の免責許可決定が確定していても、破産債権が非免責債権に該当するか否かは執行裁判所が判断すべき事項ではなく、債務者が責任の消滅を理由として請求異議の訴えを提起し、また強制執行停止を申し立てることはできるものの、免責許可決定の確定が直

133　野村ほか・前掲（注2）493頁。
134　前掲（注39）最判平成26・4・24。

ちに執行手続の開始を妨げる事由にはならないとされた裁判例がある。[135]

このように、非免責債権該当性は、破産手続や免責手続でも執行手続でもなく、通常訴訟において争点となり、判断されることになる。

(3) 免責と保証人等に対する効力

免責許可の決定は、破産債権者が破産者の保証人その他破産者とともに債務を負担する者（連帯債務者等）に対して有する権利および破産者以外の者が破産債権者のために供した担保（物上保証）に影響を及ぼさない（破253条2項）。

免責の効果は、破産者の保証人や連帯保証人、連帯債務者、不可分債務者のように破産者とともに債務を負担する者、物上保証人に影響がないので、債権者はこれらの債務者に対する権利行使を自由にできるし、物上保証人から提供された担保物に対する担保権の実行を自由にできる。

債権者の受ける不利益は破産者の免責に限られるべきであるし、保証や連帯保証、担保は主債務者の無資力による回収の危険に備えて弁済を確保するために取得されるものであるから、民法の附従性の例外として、このような規定が設けられている。人的担保、物的担保で信用補完したものに影響を及ぼさないのである。

個人破産の場合は、保証人は破産者の家族、親戚や友人であるのが通常で、この保証人に迷惑がかかることから、自己破産を躊躇するということはよくあることであるが、債務者が経済的に破綻し支払不能に陥っている場合は、本人が破産してもしなくても、保証人に迷惑がかかることは同じである。

主債務の免責と保証債務履行請求権の消滅時効に関しては、判例は、免責決定の効力を受ける債権は債権者において訴えをもって履行を請求しその強制的実現を図ることができなくなるので、その債権については民法166条1項に定める「権利を行使することを得る時」という消滅時効の起算点を観念できないから、破産者が免責決定を受けた場合にはこの免責決定の効力の及ぶ債務の保証人はその債権について消滅時効を援用することはできないとしている。[136] つまり、主債務者が免責を受けたときには、その保証人は主債務者

---

135 東京高決平成26・2・25金法1995号110頁。
136 前掲（注113）最判平成11・11・9。

の主債務の消滅時効を援用して自己の連帯保証債務を免れることはできないということである。債権者は、保証債務履行請求権だけの消滅時効を中断する時効管理をすることになる。

(4) 免責と別除権の関係

破産者が所有する財産を自己の債務の担保としている場合（物的担保）は、債権者は別除権者であり、担保権は免責の対象とならないのは当然として、その被担保債権は別除権として破産手続外で担保権の価値の範囲で担保物件の交換価値から優先弁済を受けられることから、被担保債権も担保権の価値の範囲では免責の対象とならない。

たとえば、破産者が自宅不動産に住宅ローンのために抵当権を設定している場合は、破産者が免責を受けた後も住宅ローン債権者は破産者の自宅に対して住宅ローン債権を被担保債権とする抵当権の実行ができ、抵当権の実行によって回収できなかった住宅ローン債権の残額（不足額）については免責されているので、破産者に請求することができないということになる。

担保権の実行の代わりに、別除権の目的である財産の受戻しによる任意売却の方法によって被担保債権を回収する場合も同じである。

(5) その他

免責許可決定の確定によって、中止されていた強制執行等の手続は失効する（破249条2項）。免責の対象となった破産債権だけでなく、中止されている非免責債権に基づく強制執行等の手続も失効する。非免責債権に該当するかどうかは、解釈を要するものもあり、執行機関が一義的に判断できないからである。いったん失効させて、必要であれば、あらためて、強制執行等の手続を取り直させることとしたのである。

また、破産債権者表があるときは、裁判所書記官は免責許可決定が確定した旨を破産債権者表へ記載する（破253条3項）。

8 免責の取消し

免責許可決定が確定した後でも、以下の取消事由があるときは、破産裁判所は、免責取消しの決定ができる（破254条1項）。

(1) 免責の取消事由

免責の取消事由は詐欺破産罪（破265条）の有罪判決の確定と、破産者の不正の方法によって免責許可決定がされたことである。

(ア) 詐欺破産罪の有罪判決の確定（破254条1項前段）

詐欺破産罪は破産犯罪の中でも最も悪質なものであるので、免責取消事由としたものである。詐欺破産罪として有罪が確定したことが必要である。

この場合は、破産債権者の申立てのほかに、破産裁判所が職権で免責取消決定ができる。

(イ) 破産者の不正の方法による免責許可決定（破254条1項後段）

不正の方法としては、破産債権者や破産管財人に対する詐欺・脅迫・贈賄・特別利益の供与等の方法がある。意見申述を防ぐために特定の破産債権者に一部弁済や特別の利益を約束するといったような例が典型例である。

下級審裁判例では、破産者が虚偽の説明をして財産の隠匿をした場合や、破産財団に属すべき財産についての説明を怠った場合に免責取消事由があるとされた。[137]

この免責取消事由がある場合は、破産債権者が、免責許可決定があった後1年以内に免責取消しの申立てをする必要がある。

(2) 免責の取消手続

免責の手続は決定手続で審理されるから、裁判所は、免責の取消事由の有無について職権で調査し判断する。

裁判所は免責の取消事由があると判断する場合は、免責取消しの決定ができる。なお、免責の取消事由があっても裁判所は裁量で免責の取消決定をしないことも可能である。

裁判所は免責取消しの決定をしたときは、直ちにその裁判書を破産者と申立人に送達（公告で代えることができない）し、破産債権者にその決定の主文を記載した書面を送達（これは公告で代えることが可能）する（破254条2項）。

破産債権者申立てについての免責取消しについての裁判（却下決定と取消決定と棄却決定がある）、職権による免責取消しの決定に対しては、それぞれ

---

[137] 東京高決平成13・5・13金商1144号16頁、大阪高決平成15・2・14判タ1138号302頁。

利害関係人は即時抗告ができ（破254条3項）、免責取消しの決定は確定しなければ効力が生じない（同条5項）。

(3) 免責の取消しの決定確定の効果

免責の取消決定の確定で、免責許可決定は失効し、いったん免責決定で免責された破産債権者の債権が復活する（破254条5項）。

公告は不要であるが、破産債権者表があるときは、裁判所書記官はこれに免責取消しの決定が確定した旨の記載をする（破254条7項・253条3項）。

免責許可の決定の確定後免責取消しの決定が確定するまでの間に破産者に生じた債権は優先権が与えられ、当該債権者は、再度、破産者に破産手続が開始された場合は、他の債権者に先立って自己の債権の弁済を受けることができる（破254条6項）。免責されたことを信頼して取引に入った者を保護するために実体法上の優先権を与えたものである。

Ⅵ 復 権

復権は、破産手続開始によって破産者に加えられた、公法上・私法上の権利および資格に対する制限から解放され、その法的地位が回復されることをいう。

破産法は、非懲戒主義を採用しており、破産法ではこのような制限は規定されておらず、破産法上の制限（住居制限等）は手続の終了で消滅することになるが、他の法令において、「破産者で復権を得ないもの」といった規定により資格制限が定められており、破産手続における免責許可決定の確定だけでなく、復権の制度が必要である。

資格制限は、各種法令により定められており、主なものとしては、弁護士（弁護士法7条5号）、公証人（公証人法14条2号）、司法書士（司法書士法5条3号）、公認会計士（公認会計士法4条4号）、税理士（税理士法4条3項）、弁理士（弁理士法8条10号）、後見人（民847条3号）、後見監督人（民852条）、保佐人（民876条の2第2項）、保佐監督人（民876条の3第2項）、遺言執行者（民1009条）、受託者（信託法56条3号）、特定保険募集人（保険業法279条1項1号）、警備員（警備業法14条1項）がある。なお、個人再生には資格制限が

ないので、実務上、資格制限のある破産手続を回避し、個人再生手続による経済的再生を図る事案も相当数ある。

資格制限については、旧法下から立法論的に異論が多いところである[139]。

なお、資格制限が廃止されたものとして、会社法施行前の旧商法254条の2第2号では、取締役の欠格事由とされていたが、会社法では削除された（会331条）。ただし、取締役の破産により会社との委任契約は終了するので（会330条、民653条2号）、新たに株主総会において選任してもらう必要がある。

復権には、一定の要件が備われば、当然に復権の効果が生じる当然復権（破255条）と破産者の申立てに基づく裁判による復権（破256条）がある。

1 当然復権

破産者の申立てを要しない当然復権事由には、以下の四つがあるが、破産法256条の復権決定が確定した場合も同様に復権することになる。

(1) 免責許可決定の確定（破255条1項1号）

免責は、破産者の再建・更生のための制度であるから、その目的を達するために、免責の効果（破253条1項）を復権に結びつけたものである。個人の破産事件の大多数は、この復権事由に該当し、破産者は当然復権する。

免責許可の決定が後に取り消されると、免責取消しの決定の確定によって、復権の効果は将来に向かって失効する（破255条3項）。

(2) 同意廃止決定の確定（破255条1項2号）

同意廃止は、破産債権者全員の同意で破産手続を廃止するものであり、破産者の再建を許す制度であるから、当然復権の事由とされている。

(3) 再生計画認可決定の確定（破255条1項3号）

破産手続開始後の破産者に対して再生手続が開始されると、先行の破産手続は当然に中止され（民再39条1項）、再生計画認可決定の確定で先行の破産手続は失効し（民再184条）、再生債権は再生計画の条項に定められない限り

---

138 伊藤ほか・前掲（注10）1866頁以下の巻末資料に詳しい。
139 資格制限の類型別検討を行い、その全廃を提唱するものとして、宮川知法『消費者更生の法理論──債務者更生法構想・各論Ⅰ』92頁以下参照。

免責される（民再178条）。破産手続が失効しても、破産手続開始によって発生した資格制限等の効果は当然に消滅するものではなく、再生計画認可決定の確定は免責許可の決定の確定と同様の効果をもたらすので、当然復権の事由としたものである。

この場合も、後に再生計画取消決定が確定すると、復権の効果は将来に向かって消滅する（破255条3項）。

(4) 破産手続開始後10年の経過（破255条1項4号）

破産手続開始後、破産者が詐欺破産罪について有罪の確定判決を受けることなく10年を経過したことを当然復権の事由としている。免責を得られない破産者に破産手続開始後、長期間にわたって資格制限をすることは、その更生を妨げるからである。

2 裁判による復権

破産者は、当然復権の要件に該当しない場合であっても、弁済その他の方法で破産債権者に対する債務の全部について責任を免れたときは、資格制限を継続させることは妥当ではないから、裁判所は、破産者の申立てによって復権の決定を行う（破256条1項）。この復権の決定は裁判所の裁量ではなく義務である。免責許可決定を受けていない場合でも、破産手続開始決定後10年（破255条1項4号）を経ずとも、経済的再生を図るために復権を認めた。

(1) 復権の原因

破産者が弁済その他の方法により破産債権者に対する債務の全部について責任を免れた場合に可能となる。

債務を免れる方法は、弁済のほか、代物弁済、供託、相殺、更改、免除、混同、消滅時効等である。[140]

すべての破産債権を弁済等することで責任を免れる必要があるので、破産手続において届出を行わなかった債権者も含まれる。[141]

(2) 復権の手続

復権の裁判は、破産者の申立てで開始され、決定手続で審理が行われる。

---

140 伊藤ほか・前掲（注10）1698頁。
141 伊藤ほか・前掲（注10）1699頁。

裁判所は、復権の申立てがあったときは、その旨の公告をする（破256条2項）。

破産債権者は、この公告の効力の生じた日（官報公告掲載日の翌日）から3カ月以内に、裁判所に対して、意見を述べることができる（破256条3項）。破産債権者の意見とは、破産者に復権の原因が具備されていないという意見で、裁判所にとっては調査のための資料となり、意見の申述は期日外で行われることが想定されるので、意見の申述は理由を記載した書面で行わなければならないものとされている（破規77条1項・2項）。

裁判所は、不適法として却下する場合を除き、復権の原因があると認めるときは復権の決定をしなければならないし、復権の原因があると認められないときは棄却の決定をする。

この裁判をしたときは、裁判所は裁判書を破産者に送達（公告で代えることはできない）し、その主文を記載した書面を破産債権者に送達（公告で代えることができる）する（破256条4項）。

この裁判に対しては、利害関係人は即時抗告ができ（破256条5項）、即時抗告についての裁判があった場合はその裁判書は当事者に送達（公告で代えることはできない）される（同条6項）。

復権の効果は復権の決定の確定によって生じる（破255条1項）。

●事項索引●

〔英数字〕

1号仮登記　180,511
2号仮登記　180,512
DDS　→デッドデッドスワップ
DES　→デッドエクイティスワップ
DIP型更生手続　272,288
DIP型再生手続　29
DIP型手続　15
DIPファイナンス　84,91
INSOL8原則　62
RCC　→整理回収機構
RCC企業再生スキーム　63

〔あ行〕

異議等のある更生債権等　334
異議等のある再生債権　245
異議等のある破産債権　591
異時廃止　631
移送　137,276,360,465
一時停止　83,90
一般株式　328
一般更生債権　296,328
一般債権　17
一般再生債権　164
一般優先債権　16,173,245,414
委任契約　524,706
引致　711
請負契約　523
お台場アプローチ　99

〔か行〕

開始後債権　175,305,333
開始時現存額主義　167,494
会社更生　23,272
会社責任追及訴訟　153
会社分割　32
株式取得　247
株主　275,362
株主委員会　292
株主の手続参加権　306
株主名簿記載等禁止の保全処分　373
仮差押え　138
簡易配当　625
管轄裁判所　124,136,276,360,464,
　702
関係人集会　291
管財事件　710
管財人　159,288,307,483,509,613
管財人型手続　15
管財人代理　290
監査役　362
監督委員　141,155,281,387
監督命令　141,156,281
関連管轄　360
危機時期の行為の否認　557,564
給与所得者等再生　673
給与所得者等再生手続開始の申立て
　674
給与所得者等再生手続開始申立書
　674

事項索引

給与所得者等再生手続開始申立書の添
　付書類　674
給与所得者等再生の再申立制限　674
給料の差押え,仮差押え　648
共益債権　146,169,245,303,333
競業避止義務　290,385
共助対象外国租税請求権　222,597
強制執行の申立て　94
強制的按分弁済　493
協定　428
協定債権　413,430
協定認可決定　439
協定の決議　437
協定の条項　434
協定の申出　437
協定不認可決定　439
居住制限　711
クラムダウン　39
経営者保証に関するガイドライン　67
計算報告書　629
継続的供給契約　187,517,703
競売手続中止命令　690
契約解除権　185,517
決算報告　447
権利変動の対抗要件の否認　568
権利保護条項　39
更生手続　23
更生会社の取締役等　333
更生計画案　326
更生計画案の決議　337
更生計画案の付議決定　337
更生計画認可決定　340,342

更生計画の条項　327
更生計画不認可決定　340,347
更生債権　294
更生債権者　314
更生債権者委員会　292
更生債権者表　316
更生債権等の査定の裁判　318
更生債権等の査定の裁判に対する異議
　の訴え　318
更生債権等の調査　316
更生債権等の届出　314
更生債権届出書　315
更生担保権　296,329
更生担保権者　315
更生担保権者委員会　292
更生担保権者表　316
更生担保権届出書　315
更生手続開始決定　285
更生手続開始決定の取消決定　346
更生手続開始原因　274,283
更生手続開始の申立権者　274
更生手続開始の申立て　275
更生手続開始の申立ての棄却決定
　346
更生手続開始の申立ての除外事由
　283
更生手続開始申立書　275
更生手続開始申立書の添付書類　275
更生手続終結決定　349
更生手続の終了　346
更生手続廃止決定　347
更生手続への移行　454

事項索引

公平誠実義務　381, 384
個人再生　22, 636
個人再生委員　652, 675
個人債務者　14
個人破産　20, 695
固定主義　15
個別的権利行使の禁止　9, 150, 476
雇用契約　192, 650

〔さ行〕
再建型手続　14
再建計画　85, 92
再建計画案　84, 92
債権者委員会　161
債権者一覧表　644
債権者会議　83
債権者集会　160, 420, 486, 730
債権者説明会　91, 147
債権者代位訴訟　152, 478
債権者の債権回収　3
債権者の多数決による意思決定　37
債権者の手続保障　12
債権者平等　11
債権者名簿　737
債権申出　395
催告権　185, 516
最後配当　616
財産換価処分　400
財産権　44
財産減少行為の否認　555
財産状況の報告　226, 322
財産の処分禁止の保全処分（仮処分）　138, 370, 466
財産評定　222, 320, 552
再生手続　21
再生計画案　234, 656, 675, 691
再生計画案の決議　249, 665
再生計画案の付議決定　249, 663
再生計画取消決定　259, 670, 679
再生計画認可決定　252, 255, 666, 669, 678, 692
再生計画の条項　239
再生計画不認可決定　252, 666, 673, 692
再生債権　162
再生債権者　133, 240
再生債権者表　213
再生債権届出書　211
再生債権の査定の裁判　216
再生債権の査定の裁判に対する異議の訴え　217
再生債権の調査　214
再生債権の届出　210
再生債権評価申立て　655
再生債務者　133, 153, 176
再生手続開始決定　148
再生手続開始決定の取消決定　155
再生手続開始原因　134, 142
再生手続開始の申立て　135
再生手続開始の申立権者　133
再生手続開始の申立ての棄却事由　143
再生手続開始の申立ての取下げの制限　146

777

事項索引

再生手続開始申立書　135
再生手続開始申立書の添付書類　135
再生手続終結決定　259
再生手続の終了　259, 669, 678
再生手続廃止決定　261, 669, 678
再生手続への移行　455
財団債権　498
裁判による復権　773
裁判を受ける権利　48
債務者財産の価値の最大化　4
債務者財産の清算　5
債務者事業の再生　6
債務者の経済生活の再生　8
債務者法人の清算　5
債務の消滅行為の否認　558
債務超過　462
裁量免責　750
詐害意思による行為の否認　556, 727
詐害行為取消権　94, 101
詐害行為取消訴訟　152, 478
詐害行為否認　106
作為請求権　244
差押禁止財産　716
差押債権取立訴訟　153
敷金返還請求権　242
事業再生ADR　65
事業再生実務家協会　65
事業者破産　20
事業譲渡　32, 230, 323, 403
自主再建型再生　29
自主再建収益弁済型更生　326
自主再建収益弁済型再生　235

執行行為の否認　569
私的整理手続　13, 27, 52, 55
私的整理に関するガイドライン　58, 82
私的整理の開始　83
私的整理の申出　82, 90
支払停止　461
支払不能　460
自働債権　208, 540
自動車の所有権留保　648
借財禁止の保全処分（仮処分）　138, 370
集合債権譲渡担保　299
集合物譲渡担保　299
自由財産　716
自由財産の範囲の拡張　717
住宅資金貸付債権　682
住宅資金特別条項　680, 684
重要財産開示義務　475, 712
受働債権　208, 540
準則型に準ずる私的整理　88
準則型の私的整理　62
少額債権　419
小規模個人再生　642
小規模個人再生申述書　644
小規模個人再生申述書の添付書類　644
小規模個人再生手続開始決定　647
小規模個人再生の申述　644
消極要件主義　40
条件付再生債権等　645
商事留置権消滅請求　278

商取引債権の保護　70
消費者破産　695
商品取引契約　194
職権探知主義　145,284,467
職権破産　265,350
処分連動方式　330
書面による異議　214,316,587
スポンサー一括型再生　236
スポンサー型更生　326
スポンサー型再生　29
スポンサー契約　98
清算型手続　14
清算価値保証原則　42
清算計画　92
清算に関する債権　414
清算人　361,383
清算人会　383
清算人代理　384
整理回収機構　63,86
説明義務　475,712
積極要件主義　40
専属管轄　137,276,465
善意取引　179,309,510
善管注意義務　159,288,483
相殺権　207,314,400,540,651
相殺制限（禁止）　96,210,314,380,544,651,728
相当の対価を得てした財産処分行為の否認　559
双方未履行の双務契約　97,183,310,514
双務契約　183,310

租税債権　16
租税等請求権　480,597
損害賠償等請求権　17

〔た行〕
対抗要件具備行為禁止の保全処分　371
代表清算人　383
代理委員　293
単純清算型更生　326
単純清算型再生　234
担保価値維持義務　536
担保権　16
担保権実行中止命令　141,200,379
担保権実行による換価金　334
担保権消滅許可決定　202,312
担保権消滅許可請求　141,201,279,311,607
担保権消滅許可による裁判所への納付金　334
担保権付債権者等の協定参加　432
担保提供　246
担保目的物の価額決定の申立て　319
地域経済活性化支援機構　66
中止命令　138,200,277,366,646
中小企業再生支援協議会　64,87
調査委員　158,291,390
調査命令　158,282,291,390
調停委員会　125
調停条項案　125
賃貸借契約　188,519,648,704
通常再生　22,132

通常清算　357
手続内確定　654
デッドエクイティスワップ　30
デッドデッドスワップ　30
転得者に対する否認　576
同意廃止　737
動産売買先取特権　298
同時廃止　702
同時廃止基準　707
同時廃止決定　706
当然復権　772
特定調停手続　28,63,124,640
特定調停の申立て　124
特別清算手続　25,354
特別清算開始原因　364
特別清算開始の障害事由　365
特別清算開始の申立て　359
特別清算開始の申立権者　361
特別清算開始の申立ての取下げの制限　374
特別清算開始命令　374,376
特別清算開始申立書　359
特別清算開始申立書の添付書類　359
特別清算却下決定　374
特別清算終結決定　449
特別清算終結の申立て　449
特別清算人　381
特別清算の結了　445
特別清算の終了　444
特別担保権　16
特別の取戻権　530
取戻権　196,313,528

〔な行〕
任意整理　639
任意的口頭弁論　145,284,467
任意的同時処分　149,285,471
認否書　214,316,587
根抵当権　297

〔は行〕
ハードシップ免責　672,679
配当　615,731
配当公告　621
配当表　620
破産手続　19
破産債権　487
破産債権届出書　585,729
破産債権の調査　587,729
破産債権の届出　584,729
破産財団　472,602,610,725
破産財団の換価　602
破産手続開始決定　469,703
破産手続開始原因　460,701
破産手続開始の障害事由　469
破産手続開始の申立権者　459,701
破産手続開始の申立て　463,701
破産手続開始の申立ての制限　467
破産手続開始申立書　463,701
破産手続開始申立書の添付書類　463,712
破産手続終結決定　630,732
破産手続の終了　628,731
破産手続廃止決定　631,703
破産手続への移行　265,350,451

破産犯罪　115
罰金等請求権　597
罰金等の請求権　222
非義務行為の否認　566
被担保債権　16
必要的同時処分　148,285,470
非典型担保権　418
否認権　105,226,323,554
否認訴訟　152
否認の登記　575
非免責債権　761
評価済債権　656
費用の予納　137,277,359,465,702
比例弁済　4
ファイナンス・リース契約　191,649
付随処分　149,471
復権　771
物上保証　301
ブレーク・アップ・フィー　100
プレパッケージ方式　99
別除権　196,532
別除権協定　204
別除権者　206
弁護士倫理　68
弁済禁止の保全処分（仮処分）　138,277
弁済資金　333
偏頗行為の否認　107,561,727
包括的禁止命令　139,278
法人格否認の法理　93
法人債務者　14
膨張主義　15

法的倒産手続　13
法的倒産手続の競合　34
法的倒産手続の優先ルール　34
募集株式　247
保証　246
保証履行請求権　243
保全管理人　141,466,280
保全管理命令　141,466,280

〔ま行〕

巻戻し　693
民事留置権　417
無異議債権　655
無償行為の否認　558,727
無名義債権　219,592
免責　733
免責許可決定　740,750,760
免責許可の申立て　702,735
免責取消決定　769
免責不許可決定　760

〔や行〕

役員等財産に対する保全処分　374,410
役員等の責任追及　233,325,408,582
役員の財産に対する保全処分　583
約定劣後更生債権　296,328
約定劣後債権　18
約定劣後再生債権　164
約定劣後破産債権　492
優先株式　328
優先的更生債権　296,330

優先的破産債権　489
有名義債権　219,595
予想超過収益金　333
預託金制ゴルフ会員権　241

〔ら行〕
ライセンス契約　194
濫用的会社分割　93
利害関係人　282
リスケ　→リスケジュール
リスケジュール　30
利息債権　17
劣後的破産債権　490
劣後特約　18
労働契約　192,529,650,705

〔わ行〕
割合的弁済　397

●判例索引●

〔大審院・最高裁判所〕

大判明治34・12・7民録7輯1278頁	509
大決大正3・3・31民録20輯256頁	458
大判大正15・6・29民集5巻602頁	512
大判昭和4・10・23民集8巻787頁	479
大判昭和5・11・29民集9巻1093頁	479
大判昭和6・9・16民集10巻818頁	569
大判昭和6・11・28新聞3347号9頁	523
大判昭和7・12・23集民6巻3頁	106
大判昭和8・4・15民集12巻637頁	106
大判昭和8・7・22新聞3591号14頁	530
大判昭和8・11・30民集12巻2781頁	508
大判昭和10・3・13大刑集14巻223頁	117
大判昭和10・8・8民集14巻1695頁	57, 102, 581
大判昭和11・7・31民集15巻1547頁	579
大判昭和11・10・16民集15巻1825頁	217, 593
大決昭和12・10・23民集16巻1544頁	458
大判昭和14・4・20民集18巻495頁	478
最判昭和29・4・28判タ41号37頁	120
最判昭和34・2・26集民35号549頁	563
最判昭和35・4・28刑集14巻6号836頁	122
最判昭和35・6・24刑集14巻8号1103頁	116, 121
最判昭和36・6・26民集18巻5号887頁	563
最大決昭和36・12・13民集15巻11号2803頁	45, 735
最判昭和37・11・20民集16巻11号2293頁	567
最判昭和37・12・6民集16巻12号2313頁	570
最判昭和37・12・13判タ140号124頁	508
最判昭和39・3・31刑集18巻3号115頁	122
最判昭和39・11・17判タ173号129頁	105
最判昭和40・3・9民集19巻2号352頁	568

783

最判昭和40・7・8金法421号6頁･････････････････････････････106
最判昭和40・9・22民集19巻6号1600頁･･･････････････････････231
最判昭和40・11・2民集19巻8号1927頁･･･････････････････････550
最判昭和41・4・14民集20巻4号584頁･････････････････････219,595
最判昭和41・4・14民集20巻4号611頁･････････････････････････563
最判昭和42・8・25判時503号33頁･･･････････････････････181,512
最判昭和43・3・15民集22巻3号625頁･･･････････････525,610,631
最判昭和43・6・6刑集22巻6号434頁･････････････････････････764
最判昭和43・7・11民集22巻7号1462頁･･･････････････････････530
最判昭和43・10・8民集22巻10号2093頁･･････････････････････613
最判昭和43・12・12民集22巻13号2943頁･････････････････････504
最判昭和44・7・17民集23巻8号1610頁･･･････････････････････520
最判昭和45・1・29民集24巻1号74頁･････････････････････････477
最大決昭和45・6・24民集24巻6号610頁･･････････････････48,467
最大判昭和45・6・24民集24巻6号587頁･･････････････････････539
最判昭和45・7・1刑集24巻7号399頁、判タ251号149頁････118,742
最判昭和45・8・20民集24巻9号1339頁･･･････････････････････568
最判昭和45・10・30民集24巻11号1667頁･････････････････505,506
最判昭和45・12・24民集29巻13号2243頁･････････････････････599
最判昭和46・2・23判時622号102頁･･････････････････････････509
最判昭和46・6・18金法620号55頁････････････････････････････61
最判昭和46・7・16判タ266号170頁･･････････････････････････106
最判昭和46・10・21民集25巻7号969頁･･･････････････････････489
最判昭和47・7・13民集26巻6号1151頁････････････････････208,545
最判昭和48・2・2民集27巻1号80頁･････････････････････････242
最判昭和48・2・16金法678号21頁･･･････････････････････････508
最判昭和48・4・6民集27巻3号483頁････････････････････････569
最判昭和48・11・22民集27巻10号1435頁･･････････････････････575
最判昭和48・11・30判タ303号143頁･･････････････････････････105
最判昭和50・8・27民集29巻7号1226頁･･･････････････････････600
最判昭和51・11・1金法813号39頁････････････････････････････61
最判昭和52・2・17民集31巻1号67頁････････････････････････610

最判昭和52・12・6民集31巻7号961頁	544,547
最判昭和53・6・23金法875号29頁	523
最判昭和54・1・25民集33巻1号1頁	510
最判昭和57・1・29民集36巻1号105頁	538
最判昭和57・3・30民集36巻3号484頁	517
最判昭和57・3・30判時1038号286頁	570
最判昭和58・3・22判時1134号75頁	508
最判昭和58・11・25民集37巻9号1430頁	581
最判昭和59・2・2民集38巻3号431頁、判時1113号65頁	199,298,509,535
最判昭和59・3・29訟月30巻8号1495頁	598
最判昭和59・5・17判時1119号72頁	478
最判昭和60・2・14判時1149号159頁	461,462
最判昭和60・2・26金法1094号38頁	547
最判昭和61・4・3判時1198号110頁	572
最判昭和61・4・11民集40巻3号558頁	595
最判昭和61・7・18判時1207号119頁	401
最判昭和62・4・21民集41巻3号329頁	500
最大判昭和62・4・22民集41巻3号408頁	44
最判昭和62・7・3民集41巻5号1068頁、判タ647号113頁	113,559
最判昭和62・7・10金法1174号29頁	727
最判昭和62・11・26民集41巻8号1585頁	524
最判昭和62・12・18民集41巻8号1592頁	536,539,518
最判昭和63・10・18民集42巻8号575頁	548
最判平成2・3・20民集44巻2号416頁	734,738
最判平成2・6・28民集44巻4号785頁	598
最判平成2・7・19民集44巻5号837頁	564
最判平成2・11・26民集44巻8号1085頁	562
最決平成3・2・21金商866号26頁、金法1285号21頁	48,734
最判平成4・10・20訟月39巻7号1378頁	614
最判平成5・1・25判タ809号116頁	111
最判平成5・1・29民集47巻1号344頁	563
最判平成5・6・25民集47巻6号4557頁	631,633

最判平成 7 ・ 3 ・23民集49巻 3 号984頁 ……………………………………… 496
最判平成 7 ・ 4 ・14民集49巻 4 号1063頁 ……………………………… 191,310
最判平成 8 ・10・17民集50巻 9 号2454頁 …………………………………… 569
最判平成 9 ・ 2 ・25判時1607号51頁 ………………………………………… 761
最判平成 9 ・ 4 ・24民集51巻 4 号1991頁 …………………………………… 651
最判平成 9 ・11・28民集51巻10号4172頁 …………………………………… 481
最判平成 9 ・12・18民集51巻10号4210頁 ……………………………… 481,565
最判平成10・ 4 ・14民集52巻 3 号813頁 …………………………………… 551
最判平成10・ 7 ・14民集52巻 5 号1261頁 ……………………… 526,535,536
最決平成11・ 4 ・16民集53巻 4 号740頁 …………………………………… 460
最決平成11・ 5 ・17民集53巻 5 号863頁 ……………………………… 200,536
最判平成11・11・ 9 民集53巻 8 号1403頁 ……………………………… 761,768
最判平成11・11・24判タ1019号78頁 ………………………………………… 60
最判平成11・12・17判時1707号62頁 ………………………………………… 479
最判平成12・ 1 ・28金商1093号15頁 ………………………………………… 763
最判平成12・ 2 ・29民集54巻 2 号553頁、判時1705号58頁 ………… 183,194,514,604
最判平成12・ 3 ・ 9 判時1708号123頁 …………………………………… 183,514
最判平成12・ 4 ・28判時1710号100頁、金法1587号57頁 …………………… 474,610
最判平成13・ 3 ・23判時1748号117頁 ……………………………………… 469
最決平成13・12・13民集55巻 7 号1546頁 …………………………………… 477
最判平成14・ 1 ・17民集56巻 1 号20頁 ……………………………………… 474
最判平成15・ 3 ・14民集57巻 3 号286頁、判時1821号31頁 ………… 591,631,733
最判平成15・ 6 ・12民集57巻 6 号640頁 …………………………………… 153
最判平成15・ 6 ・12判時1828号 9 頁 ………………………………………… 96
最判平成16・ 6 ・10民集58巻 5 号1178頁 ………………………………… 525
最判平成16・ 7 ・16民集58巻 5 号1744頁 ………………………………… 564
最決平成16・10・ 1 集民215号199頁 …………………………………… 539,611
最判平成17・ 1 ・17民集59巻 1 号 1 頁 …………………………………… 542,545
最判平成17・ 1 ・27民集59巻 1 号200頁 …………………………………… 497
最判平成17・11・ 8 民集59巻 9 号2333頁 …………………………………… 46
最判平成18・ 1 ・23民集60巻 1 号228頁 ……………………………… 494,717
最判平成18・12・21民集60巻10号3964頁 ……………………… 504,520,537

最判平成19・9・27金商1277号19頁……………………………………………201
最判平成20・3・13判時2002号112頁…………………………………………253
最判平成20・12・16民集62巻10号2561頁…………………186,192,517,649
最判平成21・4・17判時2044号74頁……………………………………469,525
最判平成21・7・14判タ1318号105頁…………………………………………120
最判平成22・3・16民集64巻2号523頁…………………………………………497
最判平成22・6・4民集64巻4号1107頁………………………198,511,649,728
最判平成23・1・14民集65巻1号1頁……………………………………500,503
最判平成23・11・22民集65巻8号3165頁……………………………………173,507
最判平成23・11・24民集65巻8号3213頁………………………………173,184,507
最判平成23・12・15民集65巻9号3511頁……………………………………199,224
最判平成24・5・28民集66巻7号3123頁……………………………………549,729
最判平成24・10・12判タ1388号109頁…………………………………………103
最判平成24・10・19集民241号199頁…………………………………461,462,728
最判平成25・7・18裁時1584号1頁……………………………………………594
最判平成25・11・13民集67巻8号1483頁………………………………………499
最判平成25・11・21民集67巻8号1618頁……………………………………173,222,505
最判平成26・4・24判タ1402号61頁……………………………………730,767
最判平成26・6・5民集68巻5号403頁…………………………………………205
最判平成26・6・5民集68巻5号462頁、金商1444号16頁……………548,651,729
最判平成28・4・28民集70巻4号1099頁、判タ1426号32頁…………474,724
最判平成28・7・8民集70巻6号1611頁…………………………………208,540
最決平成29・9・12裁判所HP……………………………………………………495
最判平成29・11・16裁判所HP……………………………………………………559
最判平成29・12・7金法2080号6頁……………………………………………549

〔高等裁判所〕

東京高判昭和31・10・12高民集9巻9号585頁………………………………571
東京高決昭和33・7・5金法182号3頁……………………………………461,468
名古屋高金沢支判昭和36・11・16刑集18巻3号122頁………………………122
東京高判昭和39・1・23下民集15巻1号39頁…………………………………603
東京高判昭和42・12・28判時527号84頁………………………………………117

福岡高判昭和47・1・24刑月4巻1号4頁	117, 122
東京高判昭和48・2・13金法690号46頁	61
東京高判昭和49・5・28判時757号214頁	122
広島高判昭和49・11・28判タ320号177頁	61
大阪高判昭和50・12・18訟月22巻2号520頁	629
福岡高決昭和52・10・12判時880号42頁	468
名古屋高判昭和53・5・29金商562号29頁	536
大阪高判昭和53・12・21判時926号69頁	612
東京高判昭和54・10・29判時948号111頁	193
名古屋高金沢支判昭和55・6・5高検速報605号	122
東京高判昭和55・7・17東高刑時報31巻7号92頁	122
東京高決昭和56・9・7判時1021号110頁	462
東京高決昭和56・12・11判時1032号124頁	39, 341
東京高決昭和57・11・30下民集33巻9-12号143頁	459
名古屋高判昭和57・12・22判時1073号91頁	549
名古屋高判昭和58・3・31判時1077号79頁	548
大阪高決昭和58・9・29判タ510号117頁	747, 755
大阪高決昭和58・10・3判タ513号179頁	747
大阪高決昭和58・11・2下民集33巻9-12号1605頁	579
大阪高決昭和58・11・4判タ516号124頁	755
大阪高決昭和59・1・23判タ523号164頁	746, 750, 757
大阪高決昭和59・9・20判タ541号156頁	747
福岡高決昭和60・2・1判タ554号205頁	755
札幌高決昭和60・6・10判タ565号118頁	755
大阪高決昭和60・6・20判タ565号112頁	750, 756
東京高決昭和60・11・28判タ595号91頁	746
大阪高決昭和61・2・20判時1202号5頁	111
札幌高決昭和61・3・26判タ601号74頁	530
名古屋高判昭和61・3・28判時1207号65頁	508
名古屋高金沢支判昭和61・8・20判時1217号72頁	525
東京高判昭和61・10・27判時1256号100頁	193
東京高判昭和61・10・30高刑速昭和61年198頁	117

東京高決昭和62・6・17判時1258号73頁	746,754
東京高判昭和62・10・27判時1256号100頁	528
東京高決昭和63・1・20金法1198号24頁	745,753
東京高判平成元・9・25判時1328号42頁	503
大阪高決平成2・6・11判時1370号70頁	747
仙台高決平成4・5・7判タ806号218頁	745,753
仙台高決平成4・7・8判タ806号218頁	746,754
仙台高決平成4・10・21判タ806号218頁	747
名古屋高決平成5・1・28判時1497号131頁	748,756
仙台高決平成5・2・9判時1476号126頁	745,752
名古屋高判平成5・2・23判タ859号260頁	502
仙台高決平成5・3・19判時1476号126頁	745,752
東京高判平成5・5・27判時1476号121頁	106,563
福岡高決平成5・7・5判時1478号140頁	756
東京高決平成6・2・7判タ875号281頁	523
大阪高決平成6・12・26判時1535号90頁	49,469
東京高決平成7・2・3判時1537号127頁	749,756
福岡高決平成8・1・26判タ924号281頁	746,754
東京高決平成8・2・7判時1563号114頁	745,753
高松高決平成8・5・15判1586号79頁	738
福岡高決平成9・2・25判時1604号76頁	745,753
福岡高決平成9・8・22判時1619号83頁	745,753
東京高判平成9・11・18金商1093号18頁	763
東京高判平成10・2・25金商1043号42頁	764
東京高決平成10・11・27判時1666号141頁	535
東京高決平成10・12・11判時1666号141頁	523
札幌高判平成10・12・17判時1682号130頁	193,528
大阪高決平成11・10・14金商1080号3頁	539
東京高決平成13・5・13金商1144号16頁	770
東京高決平成13・8・15金商1132号39頁	746,754
東京高決平成14・9・6判時1826号72頁参照	253
広島高決平成14・9・11金商1162号23頁	465

大阪高決平成15・2・14判タ1138号302頁	770
大阪高判平成15・3・28金法1692号51頁	547
福岡高決平成15・6・12金法1701号64頁	651
東京高決平成15・7・25金法1688号37頁	254
東京高決平成16・6・17金商1195号10頁	232
東京高決平成16・2・9判タ1160号296頁	745,749,753
福岡高判平成16・8・19判例集未登載	191
名古屋高決平成16・8・10判時1884号49頁	202
大阪高決平成16・12・10金商1220号35頁	201
仙台高判平成16・12・28判時1925号106頁、判タ1210号305頁	219,594
東京高決平成17・1・13判タ1200号291頁	145
高松高判平成17・9・28金商1249号45頁	668
東京高判平成17・6・30金商1220号2頁、金法1752号54頁	174,507
東京高判平成17・10・5判タ1226号342頁	551
高松高決平成17・10・25金商1249号37頁	144
福岡高決平成18・2・13判タ1220号262頁	202
福岡高決平成18・3・28判タ1222号310頁	202
大阪高決平成18・4・26判時1930号100頁	284
福岡高決平成18・5・18判タ1223号298頁	722
東京高判平成18・10・31判タ1240号336頁	496
東京高判平成19・3・13訟月54巻5号1130頁	600
東京高決平成19・7・9判タ1263号347頁	145
東京高決平成19・9・21判タ1268号326頁	145
名古屋高金沢支判平成20・6・16判タ1303号141頁	500,614
東京高判平成20・9・11金法1877号37頁	504
東京高判平成21・2・24金商1323号42頁	536
東京高決平成21・3・17判タ1318号266頁	670
東京高判平成21・7・7判タ1308号89頁	202
名古屋高金沢支判平成21・7・22判時2058号65頁	545
東京高判平成21・9・9金商1325号28頁	200
福岡高決平成21・11・27金法1911号84頁	107
大阪高判平成21・12・22金法1916号108頁	103

大阪高判平成22・2・18判時2109号89頁	113,559
大阪高判平成22・4・9金商1382号48頁、金法1934号98頁	542,729
高松高判平成22・9・28金法1941号158頁	462
福岡高判平成22・9・30判タ1341号200頁	107
東京高判平成22・10・27金法1910号77頁	104
東京高判平成22・12・22判タ1348号243頁	651
東京高判平成23・2・17WLJ	105
福岡高決平成23・3・16判タ1373号245頁	462
名古屋高判平成23・6・2金法1944号127頁	525
東京高決平成23・9・16金商1381号33頁	452
広島高判平成23・10・26金商1382号20頁	110
福岡高判平成23・10・27金法1936号74頁	104
東京高判平成23・11・16判時2135号56頁	613,726
名古屋高金沢支判平成24・1・17判タ1373号224頁	484
名古屋高判平成24・2・7判タ1369号231頁	104
札幌高判平成24・2・17金商1395号28頁	619
東京高決平成24・3・9判時2151号9頁	145
東京高判平成24・3・14金法1943号119頁	536
東京高決平成24・5・24判タ1374号239頁	609
東京高判平成24・5・31判タ1372号149頁	508
東京高判平成24・6・20判タ1388号366頁	107,556
東京高決平成24・9・7金商1410号57頁	145
東京高決平成24・9・12判時2172号44頁	474,724
東京高決平成25・3・19判タ1390号354頁	736
東京高判平成25・5・17判時2204号8頁	502
大阪高判平成25・6・19金商1427号22頁	694
東京高決平成26・2・25金法1995号110頁	768
東京高決平成26・3・5金商1443号14頁	742,752
大阪高判平成26・3・20事業再生と債権管理145号97頁	723
札幌高判平成28・11・22金法2056号62頁	649
東京高判平成29・7・26税務通信3474号10頁	429

〔地方裁判所〕

東京地判昭和34・4・21刑集14巻6号840頁 …………………………………… 121
横浜地判昭和35・12・22判タ122号18頁 ……………………………………… 548
東京地判昭和44・5・14判時559号81頁 ………………………………………… 600
福岡地判昭和47・3・16判タ278号333頁 ………………………………………… 61
岡山地判昭和49・2・8刑月6巻2号145頁 …………………………………… 118
大阪地判昭和49・2・18金商423号12頁 ………………………………………… 541
東京地判昭和49・12・25判タ322号198頁 ……………………………………… 61,95
岐阜地判昭和54・2・27判時939号88頁 ………………………………………… 61
大阪地判昭和56・2・12判タ452号140頁 ……………………………………… 541
東京地判昭和56・4・27判時1020号122頁、金商639号26頁 ………………… 61
宇都宮地足利支判昭和56・9・8判時1044号427頁 …………………………… 61
東京地判昭和56・10・27判タ474号171頁 ……………………………………… 95
東京地判昭和57・4・27判タ492号103頁 ………………………………………… 61
浦和地判昭和57・7・26判時1064号122頁 ……………………………………… 572
東京地判昭和57・9・17判タ482号169頁 ………………………………………… 59
岐阜地大垣支判昭和57・10・13判時1065号185頁 …………………………… 110
名古屋地判昭和58・7・25金商689号27頁 ……………………………………… 109
福岡地判昭和59・6・29判タ533号192頁 ………………………………………… 58
福岡地判昭和60・1・31判タ565号130頁 ………………………………………… 93
大阪地判昭和61・5・16判時1210号97頁 ……………………………………… 504,604
東京地判昭和61・11・18判タ650号185頁 ……………………………………… 103
大阪地判昭和62・4・30判タ651号85頁 ………………………………………… 508
東京地判昭和63・8・30金商816号3頁 ………………………………………… 110
神戸地決昭和63・9・30判時1301号149頁 …………………………………… 747,755
神戸地決昭和63・11・21判タ700号252頁 …………………………………… 747,756
神戸地判平成元・9・7判時1336号116頁 ……………………………………… 766
東京地決平成3・10・29判時1402号32頁 ……………………………………… 468
東京地判平成3・12・16金商903号39頁 ………………………………………… 489
大分地判平成4・8・4判タ794号263頁 ………………………………………… 764
福岡地大牟田支判平成5・7・15判タ828号278頁 …………………………… 122
浦和地判平成5・8・16判時1482号159頁 ……………………………………… 193

判例	頁
東京地判平成5・10・4金法1381号38頁	122
東京地判平成6・9・26金法1426号94頁	461
東京地判平成8・10・29判タ949号246頁	116
東京地判平成9・1・28金商1038号11頁	434
福岡地判平成9・6・11判タ947号291頁	535
東京地判平成9・10・28判時1650号96頁	521
東京地判平成10・3・5判タ988号291頁	122
広島地福山支判平成10・3・6判時1660号112頁	489
東京地判平成10・10・29判タ1005号72頁	102
東京地判平成11・8・25金商1109号55頁	736
大阪地判平成11・10・27判タ1041号79頁	30
東京地判平成11・12・7判時1710号125頁	135
東京地決平成12・1・27金商1120号58頁	479
大阪地決平成13・7・19判時1762号148頁	200, 536
東京地判平成13・5・29判タ1087号264頁	763, 764
東京地決平成13・10・24金商1132号41頁	749
東京地判平成14・2・27金法1656号60頁	766
東京地判平成14・8・26金法1689号49頁	171
東京地判平成15・6・24金法1698号102頁	766
東京地判平成15・12・22判タ1141号279頁	200, 202, 536
大分地判平成16・3・26訟月51巻5号1315頁	482
東京地判平成16・6・10判タ1185号315頁	201, 202
神戸地判平成16・10・25金商1203号4頁	352
東京地決平成16・12・16判例集未登載	191
名古屋地判平成17・3・22裁判所HP	122
東京地判平成17・4・15金法1754号85頁	174
名古屋地判平成17・5・27判時1900号135頁	761
東京地判平成17・6・10判タ1212号127頁	197
東京判平成17・7・28WLJ	110
東京地判平成17・9・29判例集未登載	191
大阪地判平成17・11・29判タ1203号291頁	153
大阪地決平成18・2・16判タ1223号302頁	284

判例	頁
東京地判平成18・3・24判時1940号158頁	105
東京地判平成18・3・28判タ1230号342頁	184
東京地判平成18・6・27金法1796号59頁	441
神戸地明石支判平成18・6・28判タ1229号339頁	764
東京地判平成18・9・12金法1810号125頁	174
東京地判平成18・12・22判タ1238号331頁	114, 559
東京地判平成19・3・26金商1226号44頁	153
東京地判平成19・3・29金法1819号40頁	461, 565
大阪地決平成19・9・22判例集未登載	191
大阪地決平成19・10・12判例集未登載	591
名古屋地判平成19・11・30判時2005号40頁	572
東京地判平成20・1・23WLJ	93
東京地判平成20・1・24WLJ	105
東京地判平成20・2・8 WLJ	105
東京地判平成20・4・25WLJ	115
東京地決平成20・5・15判時2007号96頁	284
東京地決平成20・6・10判時2007号100頁	284
東京地判平成20・6・30判時2014号96頁	562
東京地判平成20・8・18判時2024号37頁、判タ1293号299頁	191, 522
東京地判平成21・1・16金法1892号55頁	521
東京地判平成21・1・20判時2040号76頁	200
大阪地判平成21・1・29判時2037号74頁	191, 522
大阪地判平成21・6・4 判時2109号78頁	113
東京地判平成21・9・29判タ1319号159頁	183
福岡地判平成21・11・27金法1911号84頁	556
横浜地川崎支判平成22・4・23判タ1344号244頁	507
東京地判平成22・7・8 判時2094号69頁	461
東京地判平成22・8・25判タ1387号364頁	551
東京地判平成22・9・8 判タ1350号246頁	198
福岡地決平成22・9・30判タ1341号200頁	556, 561
東京地判平成22・10・14判タ1340号83頁	556
東京地決平成22・10・22判タ1343号244頁	663

東京地判平成22・11・12判タ1346号241頁	462, 564
東京地決平成22・11・30金商1368号54頁	107, 573
神戸地伊丹支決平成22・12・15判時2107号129頁	558
東京地判平成23・1・14WLJ	100
東京地判平成23・3・1判時2116号91頁	559
東京地判平成23・7・27判時2144号99頁	522
東京地判平成23・9・12金法1942号136頁	573
東京地判平成23・9・29金法1934号110頁	585
大阪地判平成23・10・7金法1947号127頁	545
東京地判平成23・10・24判時2140号23頁	556
東京地決平成23・11・24金法1940号148頁	462
神戸地伊丹支決平成23・12・21判タ1366号246頁	741, 750, 751
大阪地判平成24・2・17裁判所HP	598
東京地判平成24・3・1判タ1394号366頁	524
東京地判平成24・3・23判タ1386号372頁	549
東京地判平成24・5・16判時2169号98頁	633
金沢地判平成25・1・29金商1420号52頁	577
札幌地判平成25・3・27金法1972号104頁	549
東京地判平成25・4・15判タ1393号360頁	508
鳥取地判昭和26・2・28行集2巻2号216頁	500
千葉地判平成27・4・9判時2270号72頁	763
東京地判平成28・3・11判タ1429号234頁	763
東京地判平成29・1・19裁判所HP	429

●編者・著者紹介●

【編　者】

今中　利昭（いまなか・としあき）

〔略　　歴〕　昭和37年弁護士登録（大阪弁護士会）、昭和56年大阪弁護士会消費者保護委員会委員長、昭和57年同副会長、昭和63年同総合法律相談センター運営委員会委員長、平成2年同研修委員会委員長、平成4年同司法委員会委員長、平成7年同司法修習委員会委員長、平成10年日本弁護士連合会司法制度調査会委員長、平成15年～30年まで甲南大学法科大学院教授（倒産法）、ニチメン㈱、㈱池田銀行、㈱池田泉州ホールディングス各社外監査役、平成19年法学博士

〔主な著書〕　『企業倒産法の理論と全書式〔新訂版〕』（共著・商事法務研究会）、『現代会員契約法』（単著・民事法情報センター）、『会員権紛争の上手な対処法』（監修・民事法研究会）、『還暦記念今中利昭著作集──法理論と実務の交錯(上)(下)』（単著・民事法研究会）、『ゴルフ場倒産と金融機関の対応』（編集・経済法令研究会）、「ゴルフ場の倒産・再生と金融機関」（銀行法務21第621号）、「手形交付の原因関係に及ぼす影響」（今中利昭著作集所収）、「取締役の第三者に対する責任に関する考察」「法人格否認論適用の限界」（司法研修所論集所収）、「株式会社の清算人の選任とその権限」（『企業法判例の展開（本間輝雄先生・山口幸五郎先生還暦記念）』所収）、『ゴルフ法判例72』（編集・経済法令研究会）、『会員権問題の理論と実務〔全訂増補版〕』（共著・民事法研究会）、『詳解会社法の理論と実務〔第2版〕』（編集・民事法研究会）、『動産売買先取特権に基づく物上代位論』（単著・民事法研究会）（博士学位論文）、『事業譲渡の理論・実務と書式〔第2版〕』（編集代表・民事法研究会）、『会社分割の理論・実務と書式〔第6版〕』（編集代表・民事法研究会）、『会社合併の理論・実務と書式〔第3版〕』（編集代表・民事法研究会）ほか多数

【著　者】

四宮　章夫（しのみや・あきお）

〔略　　歴〕　昭和48年判事補任官、昭和56年判事補退官、弁護士登録（大阪弁護士会）
〔主な著書〕　『Q&A民事再生法の実務』（共編・新日本法規）、『一問一答私的整理ガイドライン』（共編著・商事法務研究会）、『新会社更生の理論・実務と書式』（共

編著・民事法研究会)、『企業防衛法務と戦略』(共編著・民事法研究会)、『新破産法の理論・実務と書式』(共編著・民事法研究会)、『詳解民事再生法〔第2版〕』(共編・民事法研究会)、『最新事業再編の理論・実務と論点』(共著・民事法研究会)、『倒産・事業再建の法律相談』(共監・青林書院)、『事業再編のための企業価値評価の実務』(監修・民事法研究会)、『書式 民事再生の実務〔全訂四版〕』(共編著・民事法研究会)、『あるべき私的整理手続の実務』(共編・民事法研究会)、「私的整理における商取引債権の保護」(『会社法・倒産法の現代的展開(今中利昭先生傘寿記念)』所収・民事法研究会)、「私的整理の研究1〜8」(産大法学48巻1・2号、49巻1・2号、49巻3号、49巻4号、50巻3・4号、51巻1号、51巻2号、51巻3・4号所収)ほか多数

〔執筆担当〕 第2章

今泉 純一 (いまいずみ・じゅんいち)

〔略　　歴〕 昭和53年弁護士登録(大阪弁護士会)、大阪社会保険医療協議会委員(公益代表)、民事調停官(非常勤裁判官)、旧司法試験考査委員(民事訴訟法)、日本弁護士連合会資格審査会委員、甲南大学法科大学院教授(倒産法)を経て、現在、公益財団法人交通事故紛争処理センター大阪支部審査員

〔主な著書〕 『会員権問題の理論と実務』(共著・民事法研究会)、『注釈民事再生法』(共著・金融財政事情研究会)、『実務倒産法講義〔第3版〕』(共著・民事法研究会)、『実践倒産法入門』(単著・民事法研究会)、「民事再生法47条の推定規定の意味について」(『民事特別法の諸問題第4巻(関西法律特許事務所開設35周年記念論文集)』所収・第一法規)、「監査委員の職務に関する実務的な若干の考察」(『会社法・倒産法の現代的展開(今中利昭先生傘寿記念)』所収・民事法研究会)、「信用金庫の会員の法的倒産手続と会員の持分払戻請求権・持分譲受代金請求権を受働債権とする相殺の可否」(甲南法務研究5号所収)、「保障給付に関する求償と免責について」『民事特別法の諸問題第5巻(上)(関西法律特許事務所開設45周年記念論集)』所収・第一法規)、「重複塡補の調整」(『交通事故紛争処理の法理(公益財団法人交通事故紛争処理センター40周年記念論文集)』所収・ぎょうせい)、「破産における租税等の請求権をめぐる諸問題」(『会社法・倒産法の現代的展開(今中利昭先生傘寿記念)』所収・民事法研究会)ほか多数

〔執筆担当〕 第5章

編者・著者紹介

中井　康之（なかい・やすゆき）

〔略　　歴〕　昭和57年弁護士登録（大阪弁護士会）、全国倒産処理弁護士ネットワーク理事長、事業再生実務家協会専務理事、事業再生研究機構理事、日本弁護士連合会司法制度調査会副委員長、大阪弁護士会司法委員会委員長、京都大学法科大学院非常勤講師（倒産処理法）

〔主な著書〕　「債権者代位権」（『事業再生と金融実務からの債権法改正』所収・商事法務）、「対抗要件否認の行方」（『現代民事法の実務と理論(下)（田原睦夫先生古稀・最高裁判事退官記念論文集）』所収・金融財政事情研究会）、「商事留置権と民事再生手続」（『倒産判例百選〔第5版〕』所有・有斐閣）、「別除権協定に基づく債権の取扱い」（ジュリスト1459号）、「倒産手続における商事留置権の取扱い」（『実務に効く事業再生判例精選』所収・有斐閣）、「相殺をめぐる民法改正——差押えと相殺・債権譲渡と相殺」（『会社法・倒産法の現代的展開（今中利昭先生傘寿記念）』所収・民事法研究会）、「(判批) 別除権協定と再生債務者についての破産手続の開始」（民商法雑誌150巻4・5号）、「詐害行為取消権」（金融法務事情2041号）、「(座談会) これからの倒産・事業再生実務」（ジュリスト1500号）、「法定利率」「詐害行為取消権」（『詳説改正債権法』所収・金融財政事情研究会）、「開始時現存額主義と超過配当」（金融法務事情2076号）、「倒産手続活性化の処方箋」（法律時報89巻12号）ほか多数

〔執筆担当〕　第3章、第4章

野村　剛司（のむら・つよし）

〔略　　歴〕　平成10年弁護士登録（大阪弁護士会）、平成16年大阪弁護士会倒産法改正問題検討特別委員会副委員長、平成18年日本弁護士連合会倒産法制等検討委員会委員、全国倒産処理弁護士ネットワーク理事、平成25年同常務理事、平成18年近畿大学法学部非常勤講師、平成20年同志社大学法科大学院非常勤講師、平成21年神戸大学法科大学院非常勤講師、平成26年司法試験考査委員（倒産法担当）

〔主な著書〕　『民事再生実践マニュアル』（共編著・青林書院）、『破産管財実践マニュアル〔第2版〕』（共編著・青林書院）、『未払賃金立替払制度実務ハンドブック』（共著・金融財政事情研究会）、『基礎トレーニング倒産法』（共編著・日本評論社）、『破産管財BASIC』（共監・民事法研究会）、『倒産法を知ろう』（単著・青林書院）、

『法人破産申立て実践マニュアル』(編著・青林書院)、『破産管財 PRACTICE』(共監・民事法研究会)、『多様化する事業再生』(共編著・商事法務)、『実践フォーラム破産実務』(編著・青林書院) ほか多数

〔執筆担当〕　第6章

赫　　高規（てらし・こうき）

〔略　　歴〕　平成12年弁護士登録（大阪弁護士会）、大阪弁護士会民法改正問題特別委員会副委員長、近畿大学法科大学院兼任実務家教員（倒産処理法）、大阪市立大学大学院法学研究科非常勤教員（倒産法演習）、京都大学法科大学院非常勤教員（弁護士実務）

〔主な著書〕　「将来債権譲渡の効力～管財人の第三者性の議論との関係も踏まえて」（『民事特別法の諸問題第5巻(上)（関西法律特許事務所開設45周年記念論集）』所収・第一法規）、『事業譲渡の理論・実務と書式〔第2版〕』（編集代表・民事法研究会）、『会社分割の理論・実務と書式〔第6版〕』（編集代表・民事法研究会）、『基礎トレーニング倒産法』（共著・日本評論社）、『倒産法改正150の検討課題』（共著・金融財政事情研究会）、『判例にみる詐害行為取消権・否認権』（共著・新日本法規出版）、「双方未履行双務契約」（『会社法・倒産法の現代的展開（今中利昭先生傘寿記念）』所収・民事法研究会）、『注釈破産法(上)』（共著・金融財政事情研究会）、『会社合併の理論・実務と書式〔第3版〕』（共編・民事法研究会）、『実務解説民法改正』（共著・民事法研究会）、『Q&A ポイント整理改正債権法』（共著・弘文堂）、『実務解説改正債権法』（共著・弘文堂）、『債権譲渡法制に関する民法改正と事業再生』（共著・商事法務）、『Before/After 民法改正』（共著・弘文堂）ほか多数

〔執筆担当〕　第1章

倒産法実務大系

平成30年4月13日　第1刷発行

定価　本体9,000円＋税

編　　者	今中利昭
著　　者	四宮章夫・今泉純一・中井康之・野村剛司・赫　高規
発　　行	株式会社　民事法研究会
印　　刷	株式会社　太平印刷社

発 行 所　株式会社　民事法研究会
〒150-0013　東京都渋谷区恵比寿 3-7-16
〔営業〕TEL 03(5798)7257　FAX 03(5798)7258
〔編集〕TEL 03(5798)7277　FAX 03(5798)7278
http://www.minjiho.com/　info@minjiho.com

落丁・乱丁はおとりかえします。　ISBN978-4-86556-210-1 C3032 ￥9000E
カバーデザイン　袴田峯男

最新実務に役立つ実践的手引書

2018年1月刊 例要旨358件、最新法令・ガイドラインに加え、民法は現行法と債権関係改正後とも収録！

コンパクト
倒産・再生再編六法2018 ―判例付き―

再生型・清算型の倒産手続から事業再生、M&Aまで、倒産・再生・再編手続にかかわる法令・判例等を精選して収録した実務のための六法！ 2017年11月1日現在の最新法令！

編集代表 伊藤 眞・多比羅誠・須藤英章 （A5判・735頁・定価 本体3600円＋税）

2014年11月刊 利害関係人間の公正・平等を図り、組織や財産価値を保全し、迅速な解決に至る指針を詳解！

【専門訴訟講座8】
倒産・再生訴訟

手続開始決定、更生担保権、担保権の行使と消滅、否認、相殺禁止、再生・更生計画の認可決定、役員の損害賠償責任、即時抗告をめぐる問題等の争訟を網羅！

松嶋英機・伊藤 眞・園尾隆司 編 （A5判・648頁・定価 本体5700円＋税）

2017年3月刊 倒産処理の担い手の役割から手続のあり方を論究！

倒産処理プレーヤーの役割
―担い手の理論化とグローバル化への試み―

炯眼・気鋭の研究者が債権者（機関）・債務者・裁判所・管財人・事業再生支援団体等のプレーヤーの役割を歴史的変遷と比較法的視点から基礎づけることで、倒産処理手続のあるべき方向性を示す！

佐藤鉄男・中西 正 編著 （A5判・538頁・定価 本体5800円＋税）

2013年6月刊 倒産処理の実践経験が豊富な筆者だから著せた入門書！

実践　倒産法入門
―現場経験を通した実務の視点から学ぶ―

基礎から段階を踏んで順次倒産制度の概要や体系的法律知識が理解できるように、実務上重要な箇所は具体例や図を織り込み、わかりやすく解説！ 理論上・実務上の重要な基礎知識の獲得が容易にできるユニークな入門書！

弁護士 今泉純一 著 （A5判・346頁・定価 本体2700円＋税）

発行 **民事法研究会**　〒150-0013 東京都渋谷区恵比寿3-7-16
（営業）TEL 03-5798-7257　FAX 03-5798-7258
http://www.minjiho.com/　info@minjiho.com

最新実務に役立つ実践的手引書

2018年3月刊行予定 破産申立ての相談から手続終結まで網羅した構成と最新の書式を網羅！

【倒産・再生再編実務シリーズ❶】
事業者破産の理論・実務と書式

東京・大阪の裁判所で、法人破産の各場面で活用されている301の書式を通して、破産手続全体の流れ・実務の留意点を把握しながら、背景にある理論がわかり、全国で即活用できる！

相澤光江・中井康之・綾　克己　編　　　（Ａ５判・約700頁・予価　本体8000円＋税）

2017年2月刊 破産管財人の必携書として好評の『破産管財ＢＡＳＩＣ』の実践編！

破産管財ＰＲＡＣＴＩＣＥ
―留意点と具体的処理事例―

業種別（第１部）と実務の場面ごと（第２部）に、事務処理上の留意点や直面する悩みへの着眼点、知恵・工夫を網羅！　業種別では、製造業、小売業から整骨院、牧畜業まで種々掲載！

中森　亘・野村剛司　監修　破産管財実務研究会　編著　（Ａ５判・330頁・定価　本体3400円＋税）

2014年2月刊 初動から終結までそのノウハウを徹底公開！

破産管財ＢＡＳＩＣ
―チェックポイントとＱ＆Ａ―

通常の破産管財実務書では触れられていない実務上の疑問にも答えるとともに破産管財人経験者が、多くの破産管財事件を通じて長年培ってきたノウハウを惜しみなく開示！

中森　亘・野村剛司・落合　茂　監修　破産管財実務研究会　編著　（Ａ５判・494頁・定価　本体4200円＋税）

発行　**民事法研究会**　〒150-0013 東京都渋谷区恵比寿3-7-16
（営業）TEL 03-5798-7257　FAX 03-5798-7258
http://www.minjiho.com/　　info@minjiho.com

最新実務に役立つ実践的手引書

2014年1月刊 倒産・再生実務の「切り札」の「使い方」を詳解！

担保権消滅請求の理論と実務

研究者が精緻な理論的考察を試み、弁護士・金融機関関係者・司法書士・公認会計士・税理士・不動産鑑定士・リース会社関係者が豊富な図・表・書式を織り込み、制度を「どう使うか」を追究！

佐藤鉄男・松村正哲　編　　　　　　　　（Ａ５判上製・665頁・定価 本体6000円－税）

2014年9月刊 企業再建・事業再生のための「材料」が満載！

あるべき私的整理手続の実務

金融円滑化法終了後の経済環境、事業再編をめぐる歴史と外国法制、法的整理手続の活用、税制、適正な再生計画・再建手続からスポンサーの保護まで多様な執筆陣が豊富な図表を織り込み解説！

事業再編実務研究会　編　　　　　　　　（Ａ５判・584頁・定価 本体5400円－税）

2014年1月刊 ＤＩＰ型倒産法制である民事再生の手続と理論、ノウハウがわかる！

書式　民事再生の実務〔全訂四版〕
―申立てから手続終了までの書式と理論―

最新の裁判例と運用、深化を遂げた実務に対応するとともに、倒産実体法上の論点を詳解！　実際に使われた書式・記載例を織り込み、申立てから手続終了まで、日々の実務に即対応できる必携書！

四宮章夫・藤原総一郎・信國篤慶　編著　　（Ａ５判・723頁・定価 本体6500円＋税）

発行　民事法研究会

〒150-0013 東京都渋谷区恵比寿3-7-16
（営業）TEL 03-5798-7257　FAX 03-5798-7258
http://www.minjiho.com/　　info@minjiho.com

事業再編シリーズ

― 実務で活用できるノウハウが満載！ ―

2013年1月刊 分割行為詐害性をめぐる判例の分析、最新の実務動向に対応して改訂増補！

会社分割の理論・実務と書式〔第6版〕
―労働契約承継、会計・税務、登記・担保実務まで―

経営戦略として会社分割を活用するための理論・実務・ノウハウを明示した決定版！　手続の流れに沿って具体的実践的に解説をしつつ、適宜の箇所に必要な書式を収録しているので極めて至便！

編集代表　今中利昭　編集　髙井伸夫・小田修司・内藤 卓（Ａ５判・702頁・定価本体5600円＋税）

2017年2月刊 会社法・独占禁止法・企業結合基準・商業登記規則の改正等に対応し、改訂増補！

会社合併の理論・実務と書式〔第3版〕
―労働問題、会計・税務、登記・担保実務まで―

会社合併を利用・活用しようとする経営者の立場に立った判断資料として活用でき、さらに、企画立案された後の実行を担う担当者が具体的事例における手続確定作業に役立つよう著された関係者必携の書！

編集代表　今中利昭　編集　赫 髙規・竹内陽一・丸尾拓養・内藤 卓（Ａ５判・624頁・定価本体5400円＋税）

2011年8月刊 企業結合に関するガイドライン等の改定・策定に対応させ、判例・実務の動向を織り込み改訂！

事業譲渡の理論・実務と書式〔第2版〕
―労働問題、会計・税務、登記・担保実務まで―

事業譲渡手続を進めるにあたって必須となる、労働者の地位の保護に関わる労働問題や会計・税務問題、登記および担保実務まで周辺の諸関連知識・手続もすべて収録した至便の１冊！

編集代表　今中利昭　編集　山形康郎・赫髙規・竹内陽一・丸尾拓養・内藤 卓（Ａ５判・303頁・定価本体2800円＋税）

2016年8月刊 平成26年改正会社法等最新の法令・税制に対応し改訂！

株式交換・株式移転の理論・実務と書式〔第2版〕
―労務、会計・税務、登記、独占禁止法まで―

ビジネスプランニングからスケジュールの立て方・留意点、訴訟手続、経営者の責任から少数株主の保護までを網羅！　会社法上の手続はもとより、独占禁止法、労務、税務・会計、登記まで株式交換・株式移転手続をめぐる論点を解説！

編集代表　土岐敦司　編集　唐津恵一・志田至朗・辺見紀男・小畑良晴（Ａ５判・374頁・定価本体3600円＋税）

発行　**民事法研究会**

〒150-0013　東京都渋谷区恵比寿3-7-16
（営業）TEL 03-5798-7257　FAX 03-5798-7258
http://www.minjiho.com/　　info@minjiho.com